谨 以 此 书

纪念我国老一代的解剖学者

刘曜曦教授

人体解剖图谱

（第 三 版）

主　　编　高士濂　于　频
主要绘图者　王　序　姚承璋

上海科学技术出版社

图书在版编目(CIP)数据

人体解剖图谱/高士濂,于频主编;王序,姚承璋绘图.—3版.—上海:上海科学技术出版社,2000.12
ISBN 7-5323-5036-3

Ⅰ.人... Ⅱ.①高...②于...③王...④姚...
Ⅲ.人体解剖-图谱 Ⅳ.R322-64

中国版本图书馆CIP数据核字(2000)第11861号

世纪出版集团
上海科学技术出版社 出版发行
(上海瑞金二路450号 邮政编码200020)
苏州望电印刷有限公司印刷 新华书店上海发行所经销
1973年4月第1版
2000年3月第3版 2004年9月第20次印刷
开本787×1092 1/32 印张15.5 插页4 字数148 000
印数837 001—847 200 定价:38.00元

内 容 提 要

本图谱分两大部分。第一部分包括彩色、黑白图500幅；第二部分为文字说明，112千字，线条图5幅。

图谱部分按体表和皮肤、运动器、内脏、循环系统、内分泌腺、神经系统、感觉器等七方面叙述，以系统解剖为主，突出局部解剖。内容丰富、科学性强、图象清晰、图注引线准确，为医学院校师生及临床医师必备的工具书。

编　　者　高士濂　于　频　李　吉　李珍年
刘万生　曹郁琦　张　崑　孙尔玉

绘　　图　王　序　姚承璋　李洪珍　赵国治　孙笑官
冯健辛　李宝义　李　春　姚洪发

标本制作　何尚仁

第三版　前　　言

1989年第二版修订本问世后，继续得到广大读者的热爱和支持，我们表示衷心的感谢。

时光过去九年，情况又有所变化，为了进一步提高本书质量，满足读者需要，我们又做了如下修订：

1. 将少数解剖学名词按新规定予以修改。

2. 图稿增添了精子、卵巢、卵细胞、排卵、受精等内容，以丰富生殖知识。

3. 文字说明部分也相应地增加了精子、精子的运行、顶体反应、卵泡的发育、排卵、受精、植入等节段。

4. 提高印刷质量，使图稿进一步清晰，引线更为明显。

高士濂　于　频

1999年6月

修订本前言

这本图谱自 1973 年问世以来，得到广大读者的爱戴、支持和关怀，先后印刷近百万册，1978 年，获得全国科学大会的奖励。对此我们感到欣慰，谨向广大读者致以衷心的感谢。

为使这本科技读物更好地为国家现代化建设服务，我们对第一版做了修订：除保持其深入浅出、理论联系实际、面向应用等特色外，调整了结构体系，将内容全部按系统编排，将局部解剖内容穿插于各系统中；删节了一些画面，但对运动器、淋巴系、中枢神经等内容作了丰富和增强，以适应医学生学习的需要；文字说明做了缩减；书后增添了汉英解剖名词对照。

我们热诚希望广大读者继续对本书给予爱护和关怀，并提出宝贵意见。

高士濂　于　频

1986 年 5 月

目　　录

图谱部分

（三） 颅和下颌关节

（四） 上肢骨和上肢骨的连结

（五） 下肢骨和下肢骨的连结

(六)　肌肉概观

(七)　头颈肌

(八)　躯干肌

(九)　上肢肌

（二） 呼吸器

（三） 泌尿器和男性生殖器

(四) 女性生殖器

四 循环系统

（一） 心血管系

（二）脑、脊髓的被膜和血管

（三） 传导路

（四） 脊神经

(五) 脑神经

（二） 听平衡器

文字说明部分

人体解剖图谱

图 谱 部 分

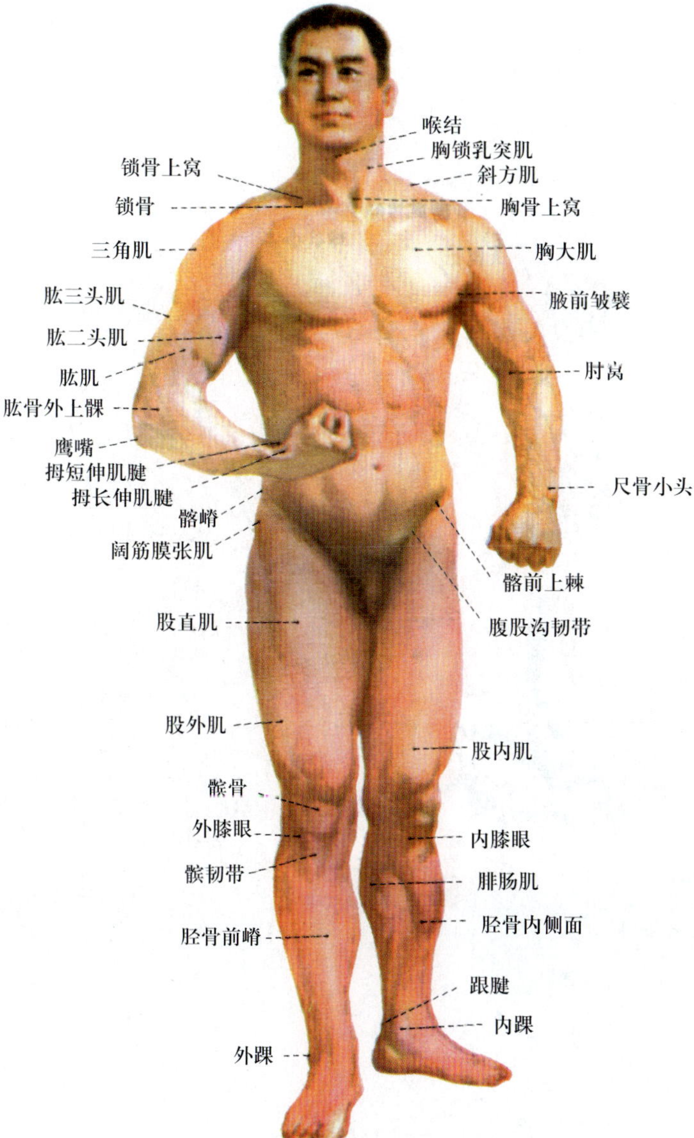

图 1 人体外貌和体表标志 前面

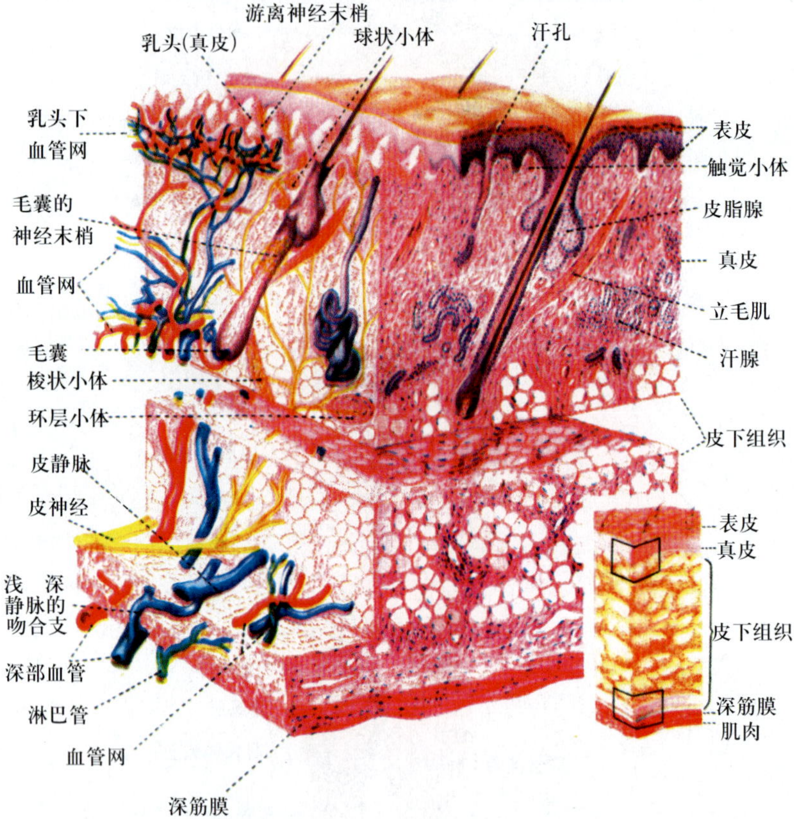

游离神经末梢
球状小体
乳头(真皮)
汗孔
乳头下
血管网
毛囊的
神经末梢
血管网
毛囊
梭状小体
环层小体
皮静脉
皮神经
浅 深
静脉的
吻合支
深部血管
淋巴管
血管网
深筋膜
表皮
触觉小体
皮脂腺
真皮
立毛肌
汗腺
皮下组织
表皮
真皮
皮下组织
深筋膜
肌肉

图 2 皮肤的构造

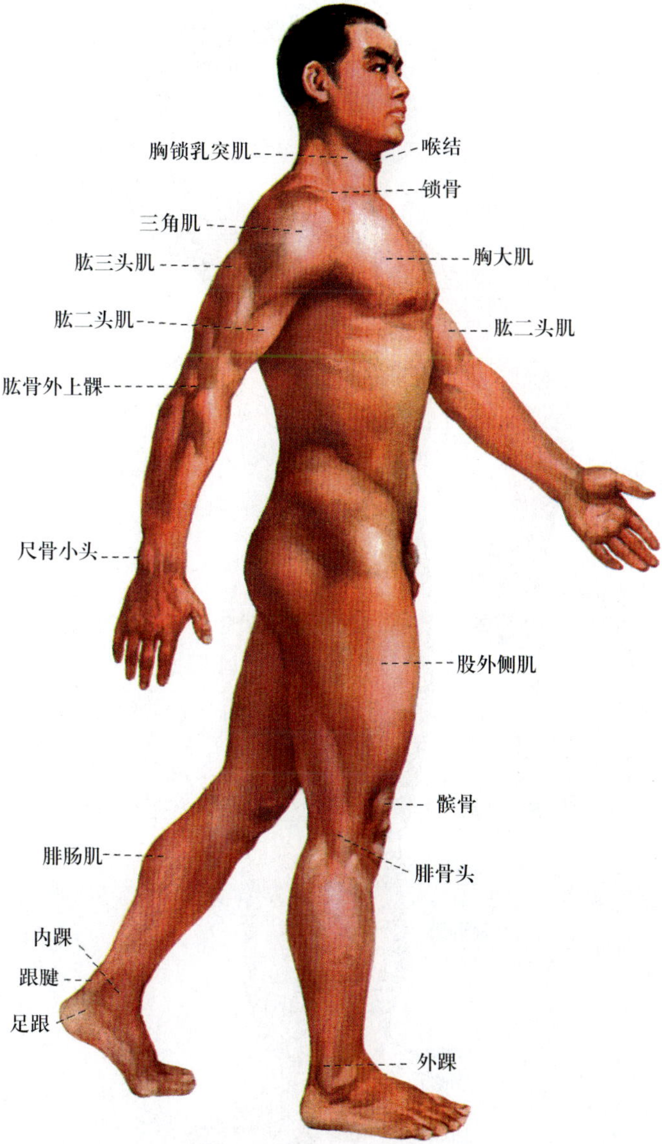

图 3 人体外貌和体表标志 侧面

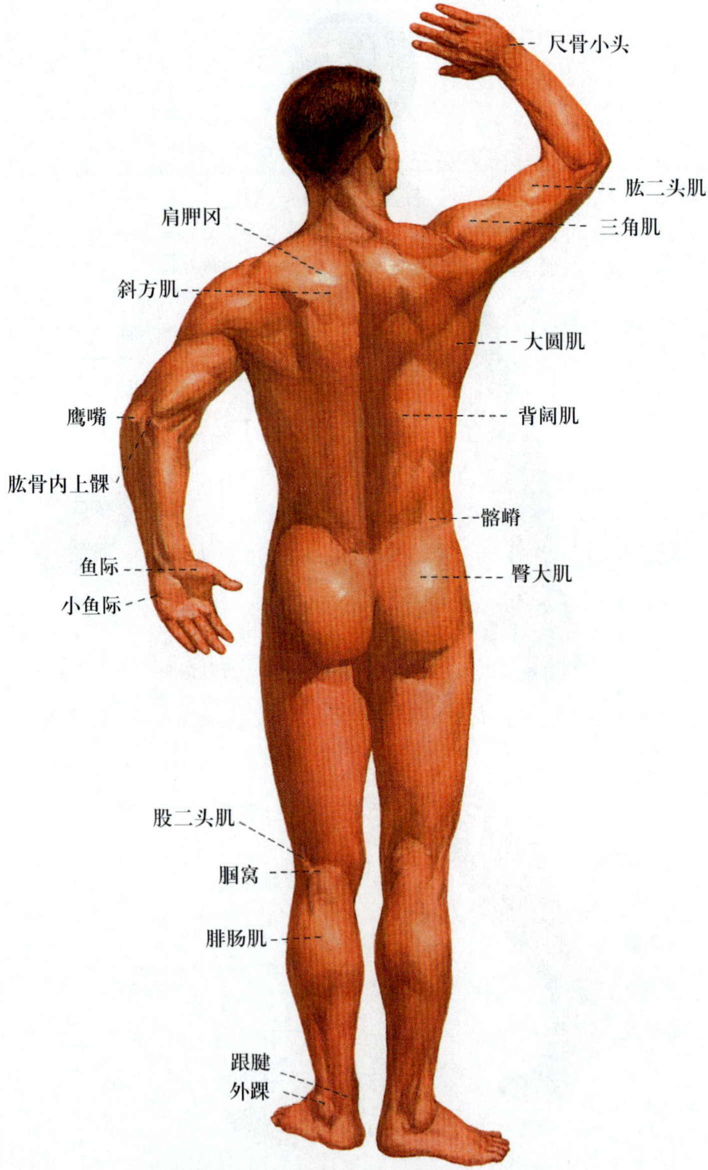

图4 人体外貌和体表标志 后面

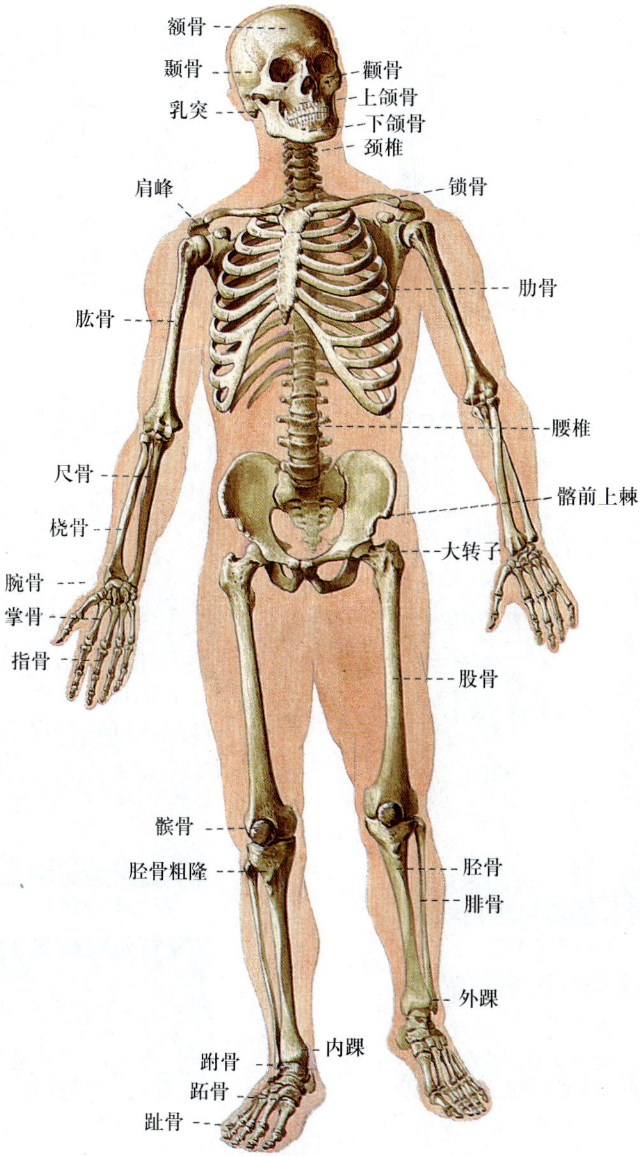
额骨
颞骨
颧骨
上颌骨
乳突
下颌骨
颈椎
肩峰
锁骨
肋骨
肱骨
腰椎
尺骨
髂前上棘
桡骨
大转子
腕骨
掌骨
指骨
股骨
髌骨
胫骨粗隆
胫骨
腓骨
外踝
内踝
跗骨
跖骨
趾骨

图5 全身骨骼 前面

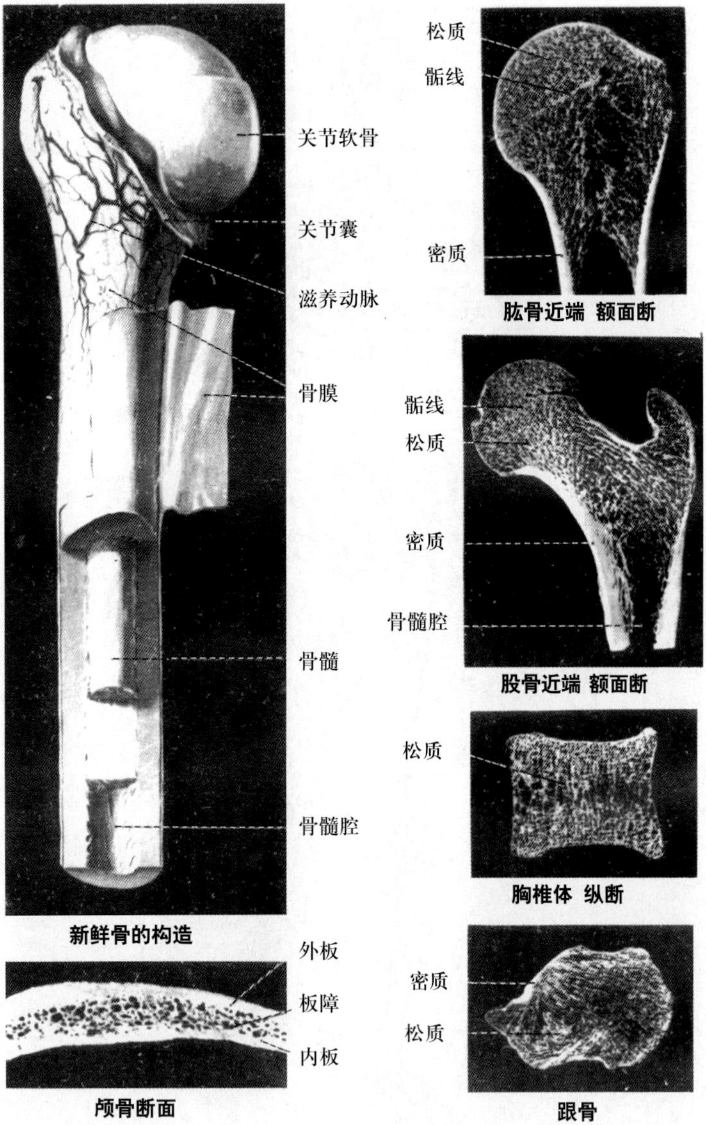
关节软骨
关节囊
滋养动脉
骨膜
骨髓
骨髓腔
新鲜骨的构造
外板
板障
内板
颅骨断面
松质
骺线
密质
肱骨近端 额面断
骺线
松质
密质
骨髓腔
股骨近端 额面断
松质
胸椎体 纵断
密质
松质
跟骨

图6 骨的构造

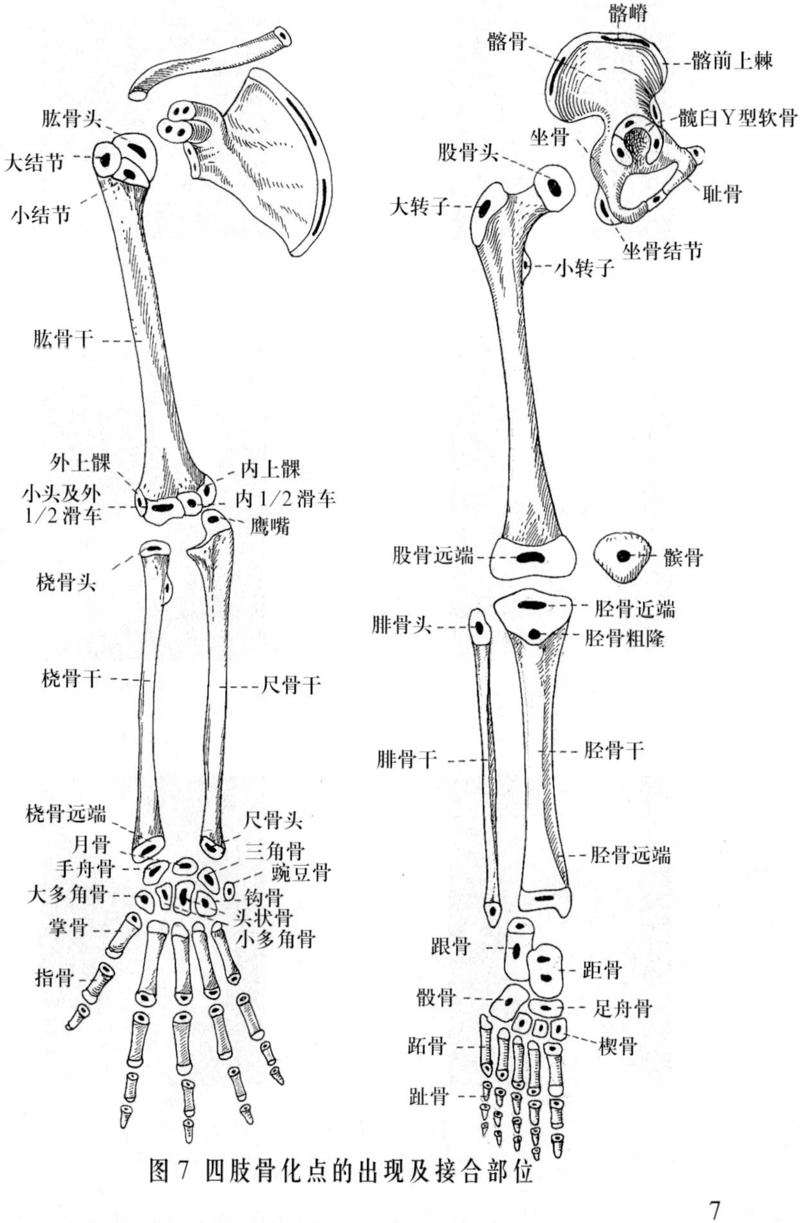

图 7 四肢骨化点的出现及接合部位

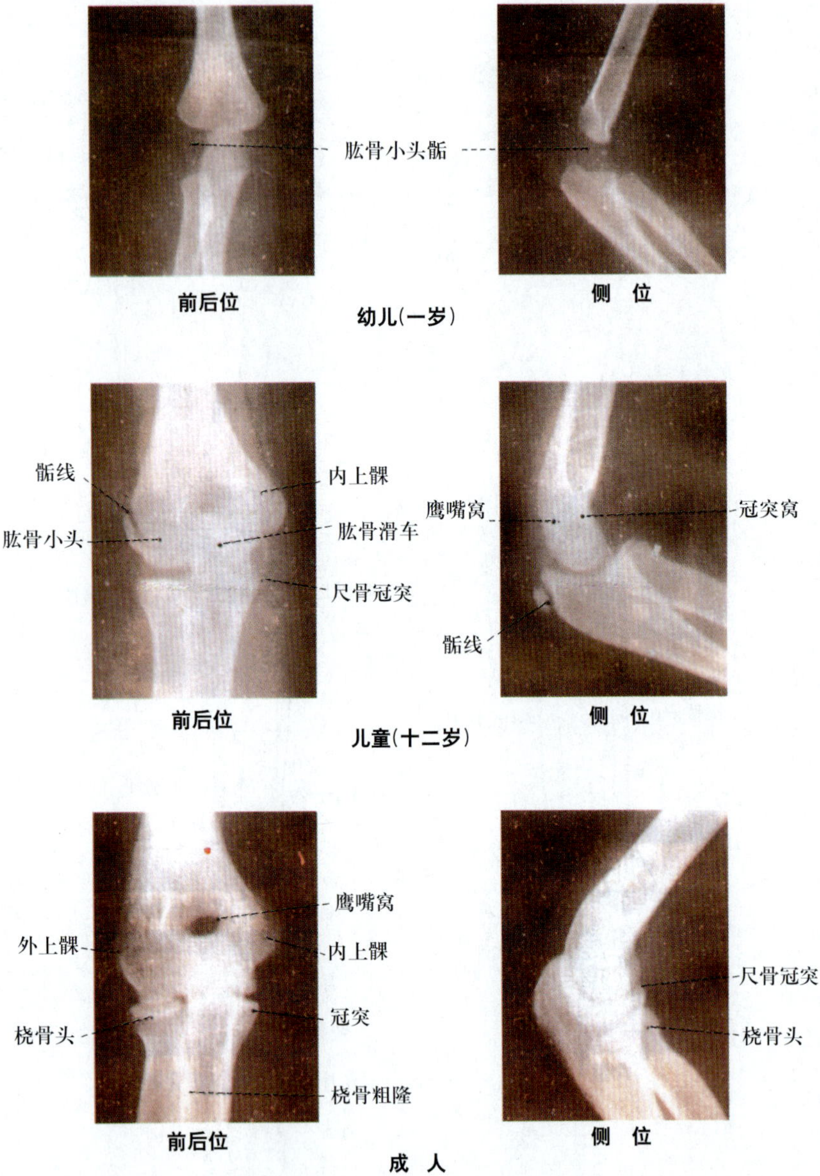
肱骨小头骺
前后位
侧 位
幼儿(一岁)
骺线
内上髁
鹰嘴窝
冠突窝
肱骨小头
肱骨滑车
尺骨冠突
骺线
前后位
侧 位
儿童(十二岁)
鹰嘴窝
外上髁
内上髁
尺骨冠突
冠突
桡骨头
桡骨头
桡骨粗隆
前后位
侧 位
成 人

图8 肘关节的X线象

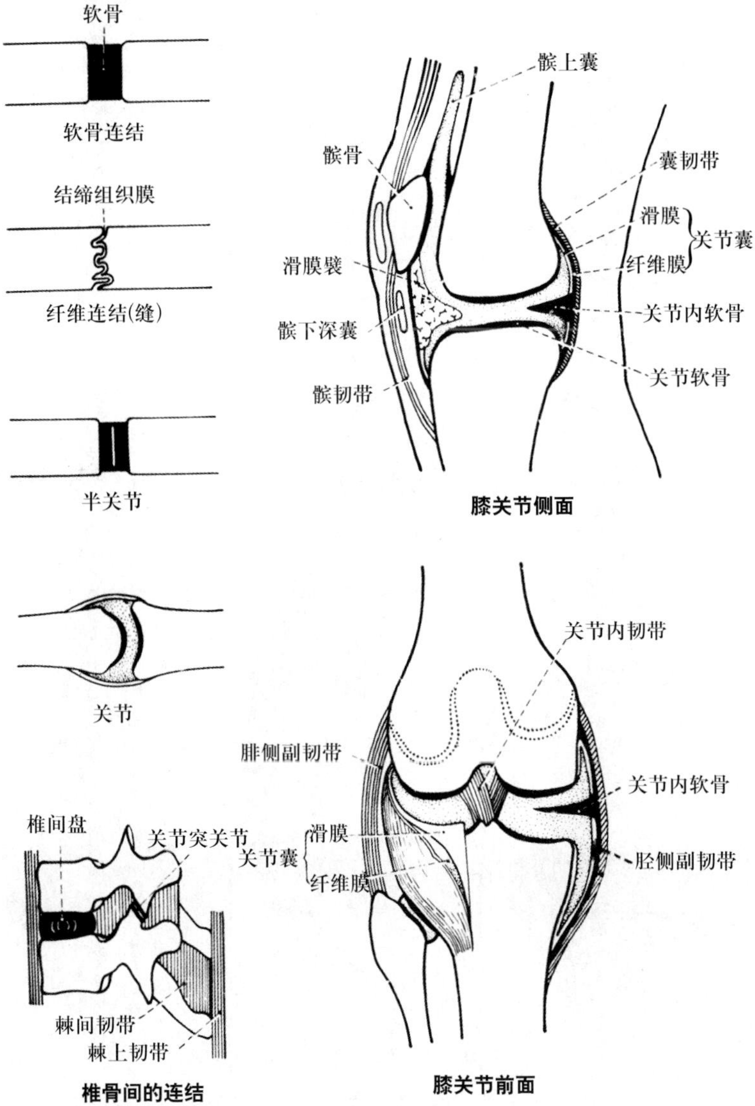

图9 骨连结各型和关节的构造

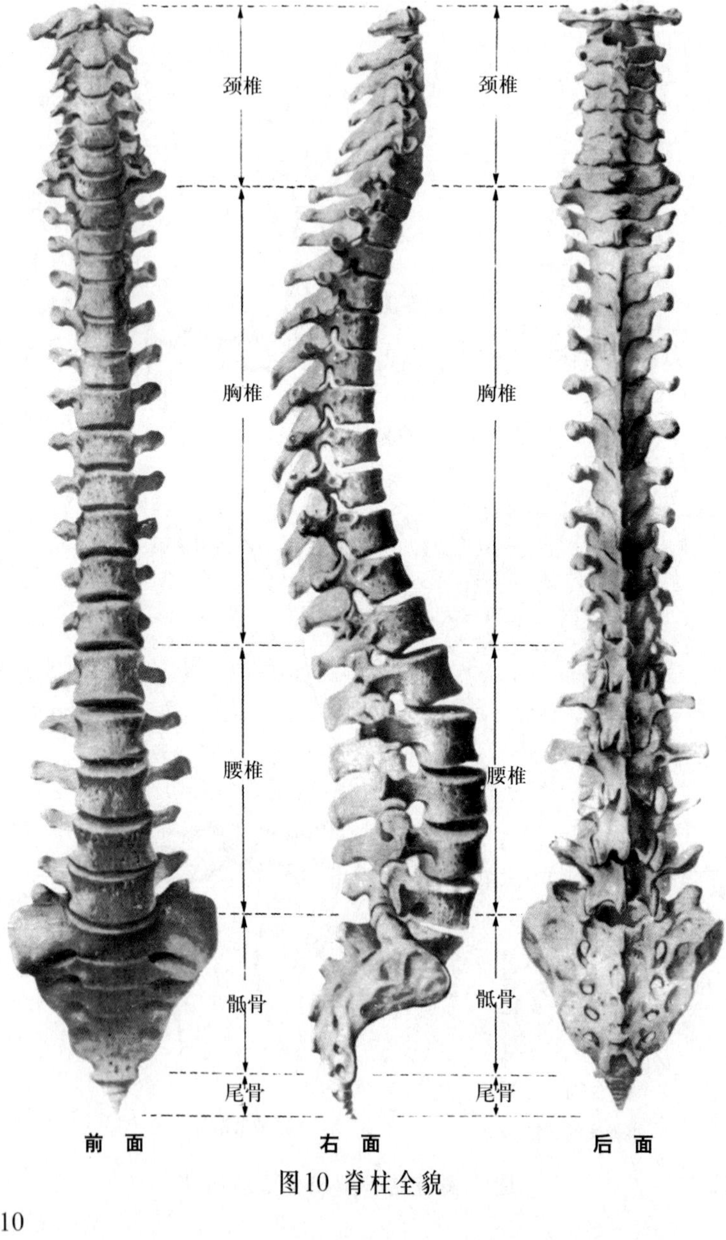

图10 脊柱全貌

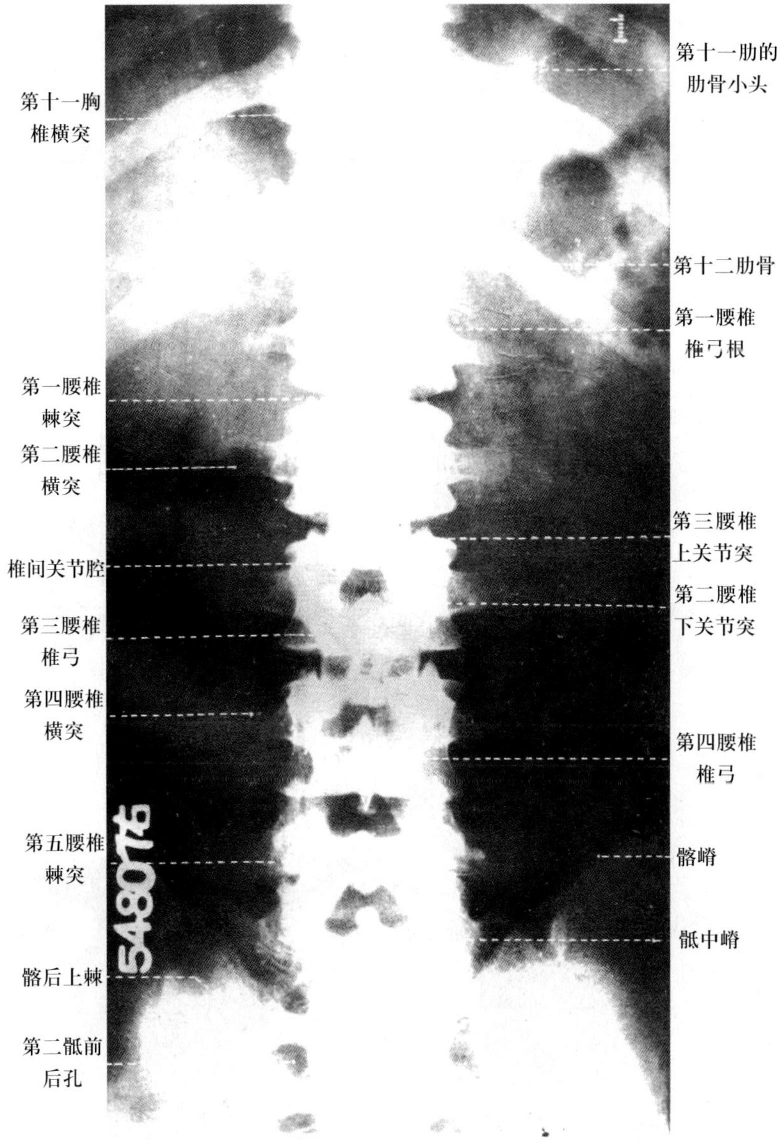

图 11 脊柱(胸腰椎)的 X 线象(前 - 后位)

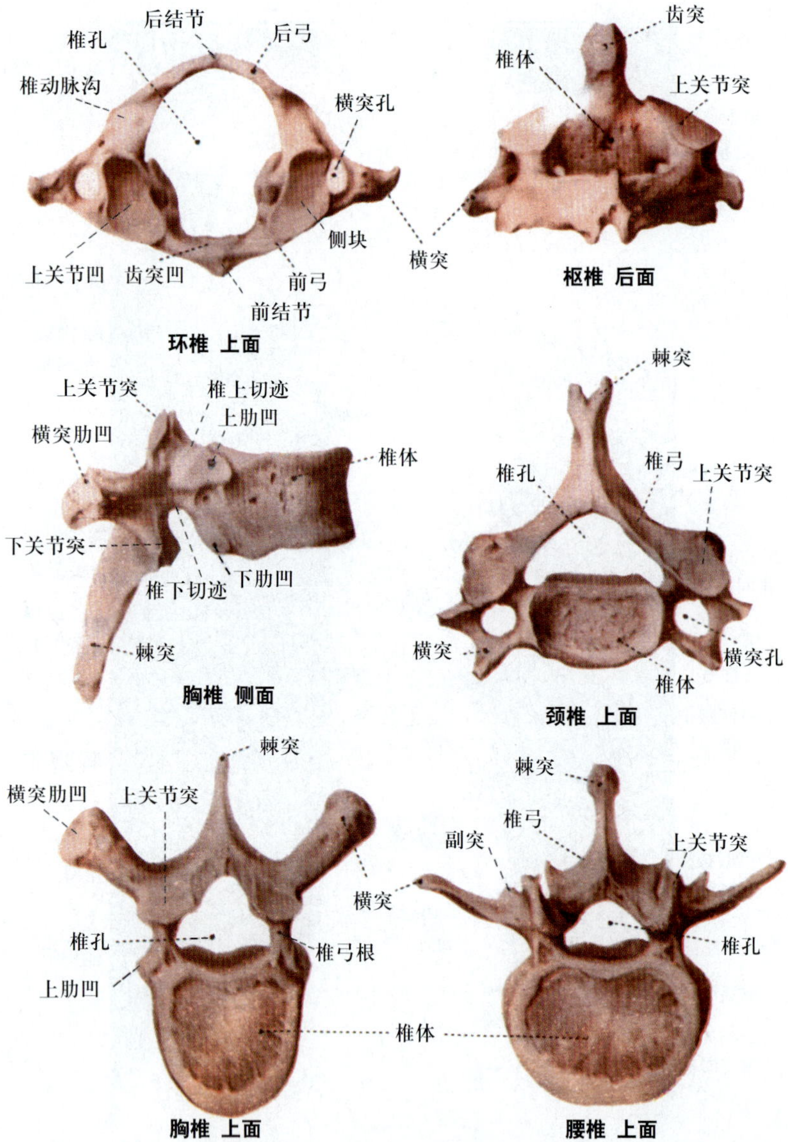

图 12 脊柱各部椎骨的形态

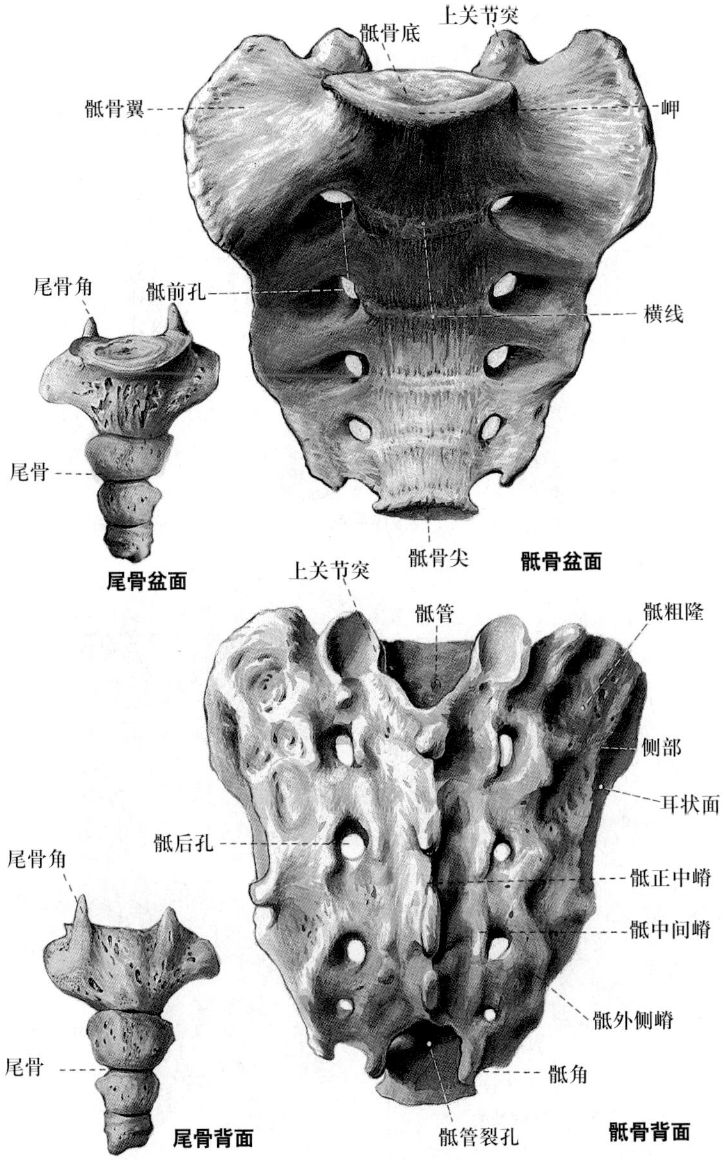
上关节突
骶骨底
骶骨翼
岬
尾骨角
骶前孔
横线
尾骨
骶骨尖
尾骨盆面
骶骨盆面
上关节突
骶管
骶粗隆
侧部
耳状面
骶后孔
尾骨角
骶正中嵴
骶中间嵴
骶外侧嵴
尾骨
骶角
骶管裂孔
尾骨背面
骶骨背面

图 13 骶、尾骨

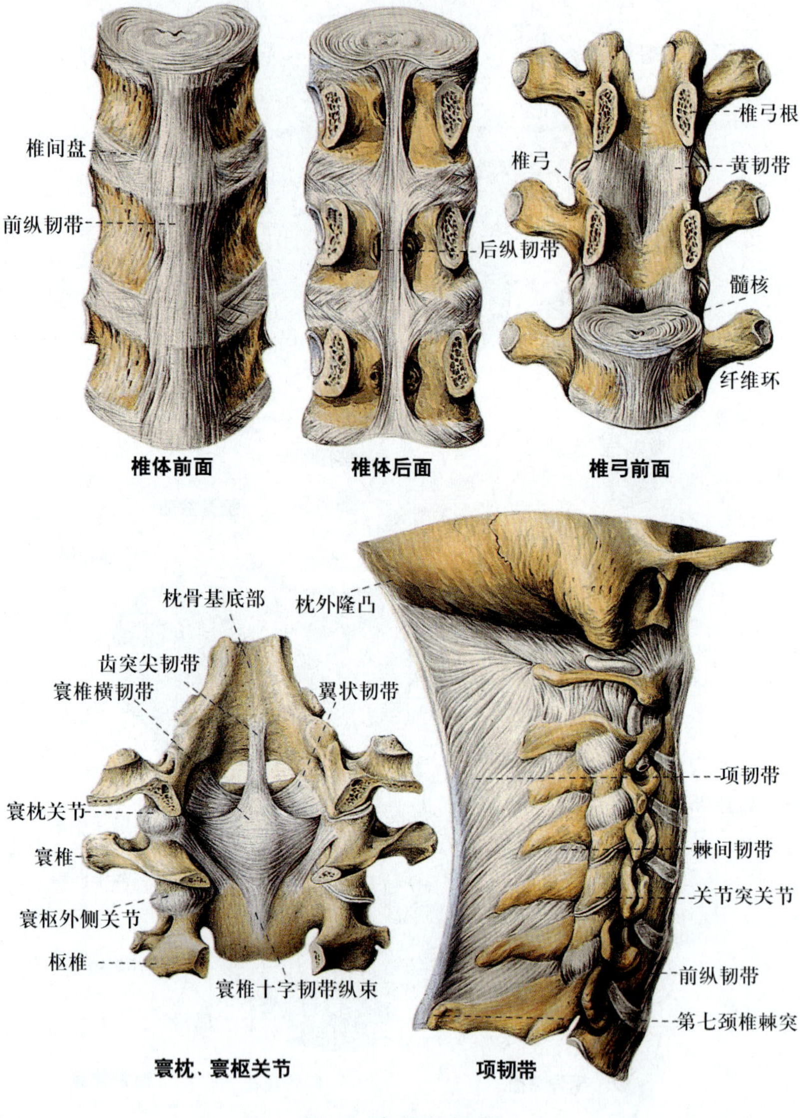
椎间盘
前纵韧带
后纵韧带
椎弓根
椎弓
黄韧带
髓核
纤维环
椎体前面
椎体后面
椎弓前面
枕骨基底部
枕外隆凸
齿突尖韧带
寰椎横韧带
翼状韧带
寰枕关节
寰椎
寰枢外侧关节
枢椎
寰椎十字韧带纵束
项韧带
棘间韧带
关节突关节
前纵韧带
第七颈椎棘突
寰枕、寰枢关节
项韧带

图 14 脊柱的韧带

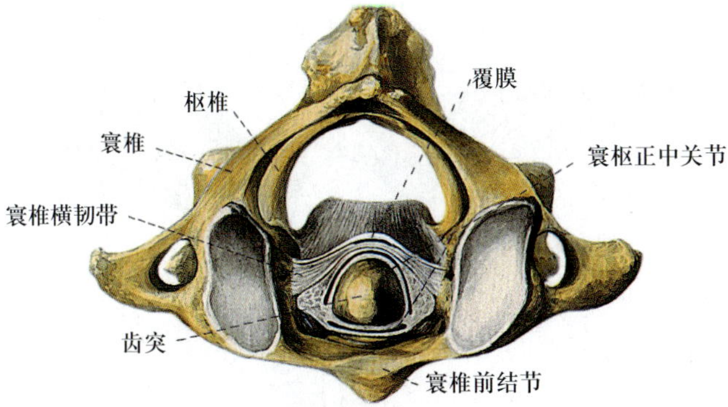

图 15 寰枢正中关节

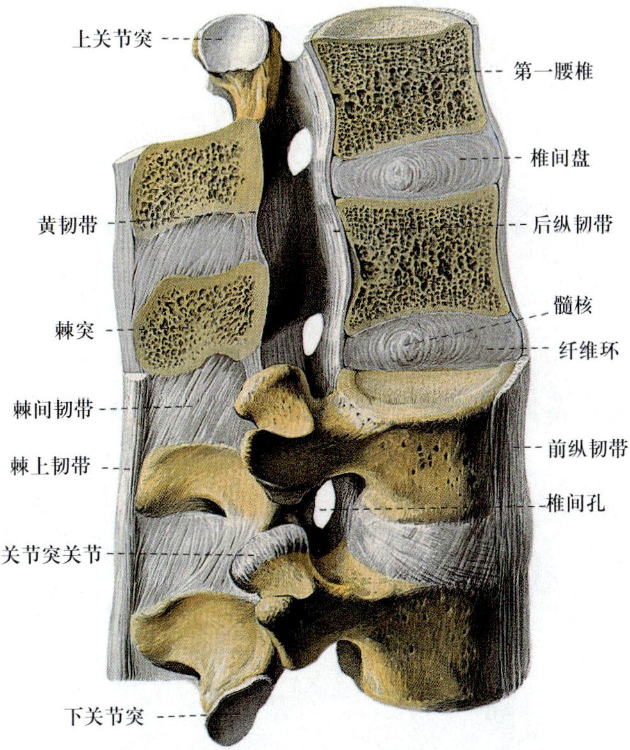

图 16 脊柱的关节和韧带 右面

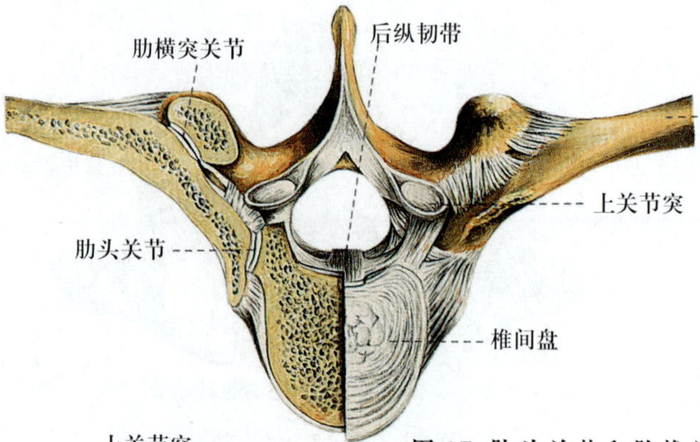

图 17 肋头关节和肋椎关节

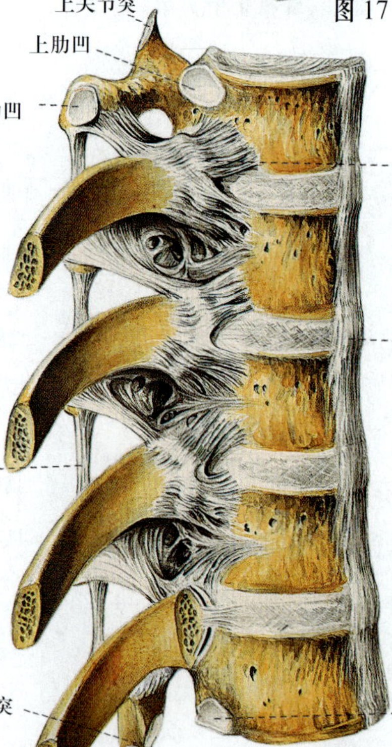

图 18 肋与脊柱的连结 右面

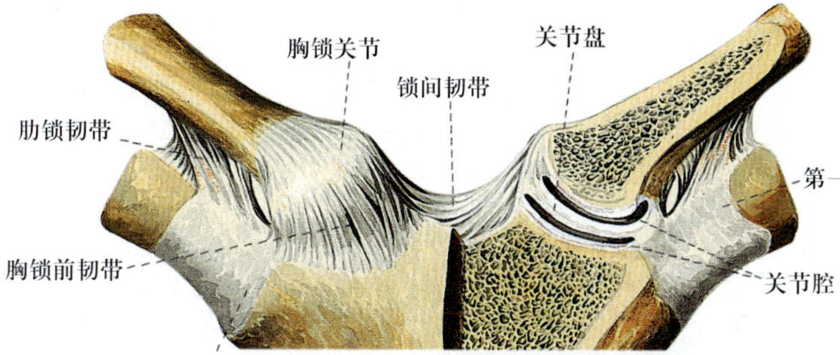

图19 胸锁关节和胸肋软骨结合 前面

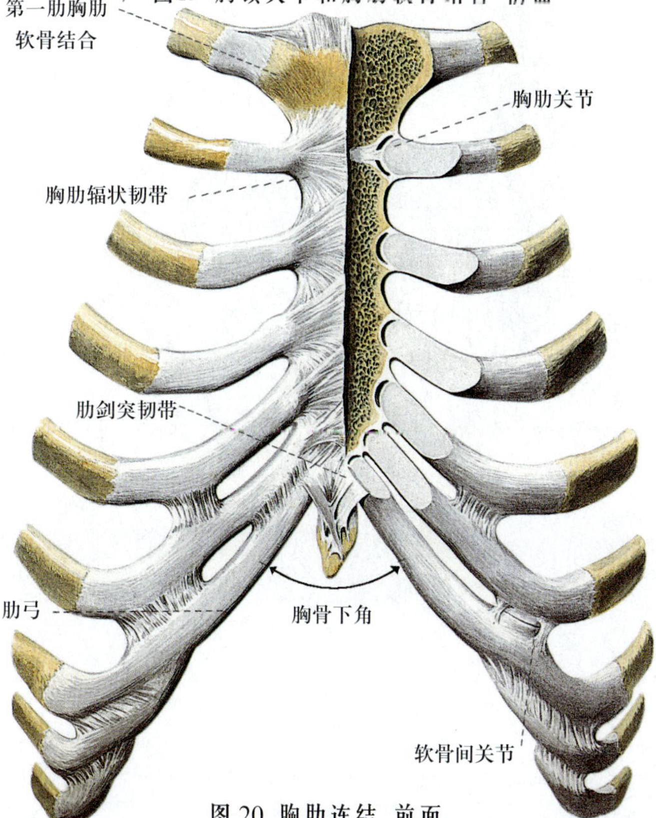

图 20 胸肋连结 前面

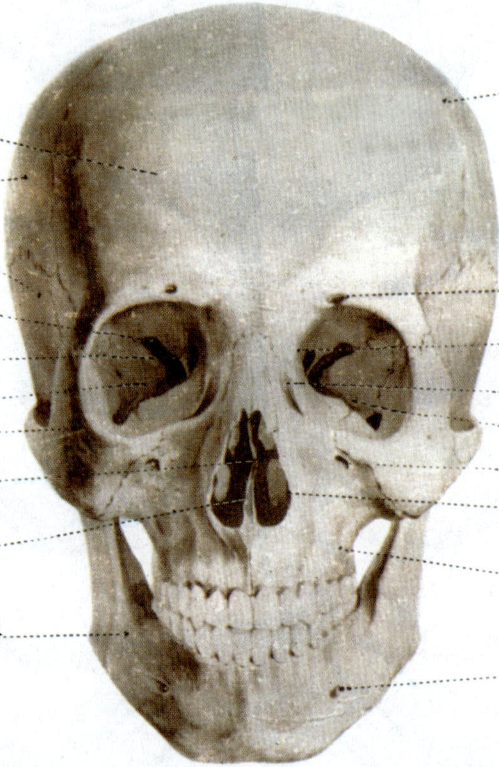

冠状缝
额骨
顶骨
颞骨
眶上孔
(眶上切迹)
眶上裂
泪骨
视神经管
鼻骨
蝶骨大翼
眶
颧骨
眶下孔
梨状孔
下鼻甲
犁骨
上颌骨
下颌骨
颏孔

图21 颅 前面

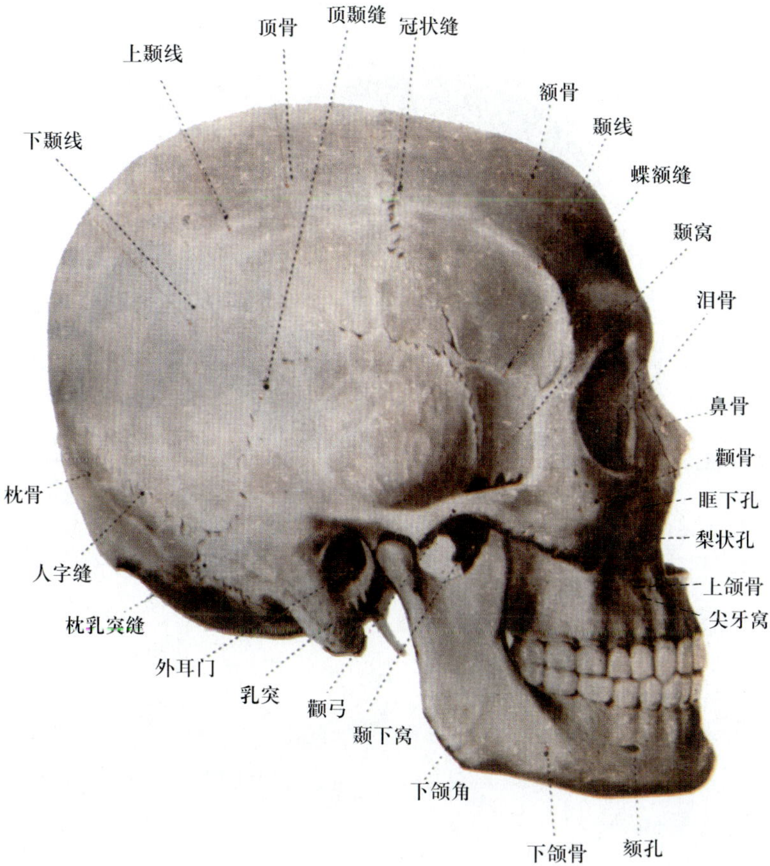

顶骨
顶颞缝
冠状缝
上颞线
额骨
下颞线
颞线
蝶额缝
颞窝
泪骨
鼻骨
颧骨
枕骨
眶下孔
梨状孔
人字缝
上颌骨
尖牙窝
枕乳突缝
外耳门
乳突
颧弓
颞下窝
下颌角
下颌骨
颏孔

图 22 颅　侧面

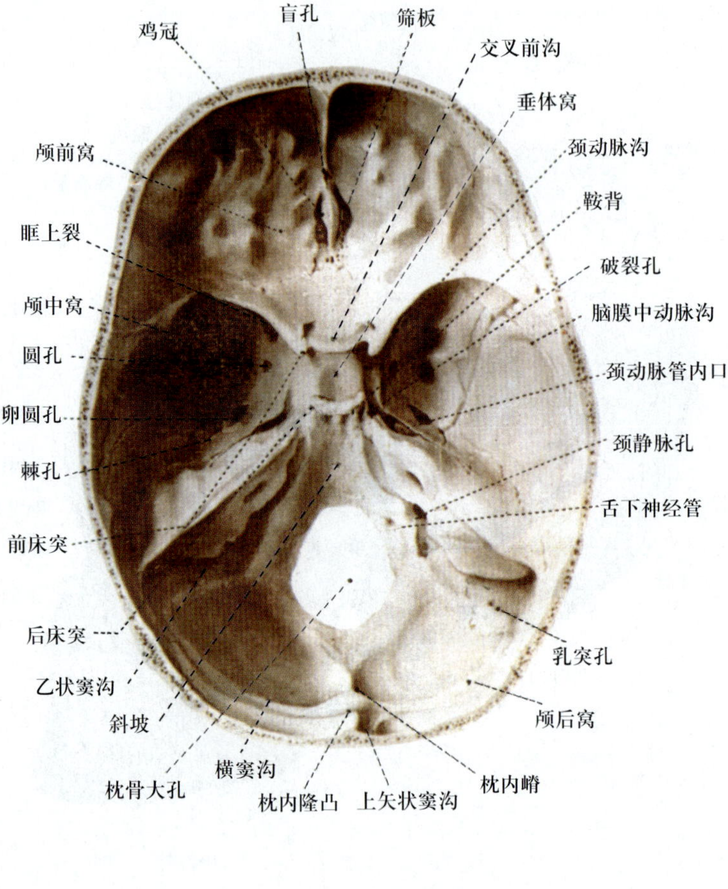

鸡冠
盲孔
筛板
交叉前沟
垂体窝
颈动脉沟
鞍背
破裂孔
脑膜中动脉沟
颈动脉管内口
颈静脉孔
舌下神经管
乳突孔
颅后窝
枕内嵴
上矢状窦沟
枕内隆凸
横窦沟
枕骨大孔
斜坡
乙状窦沟
后床突
前床突
棘孔
卵圆孔
圆孔
颅中窝
眶上裂
颅前窝

图 23 颅底内面

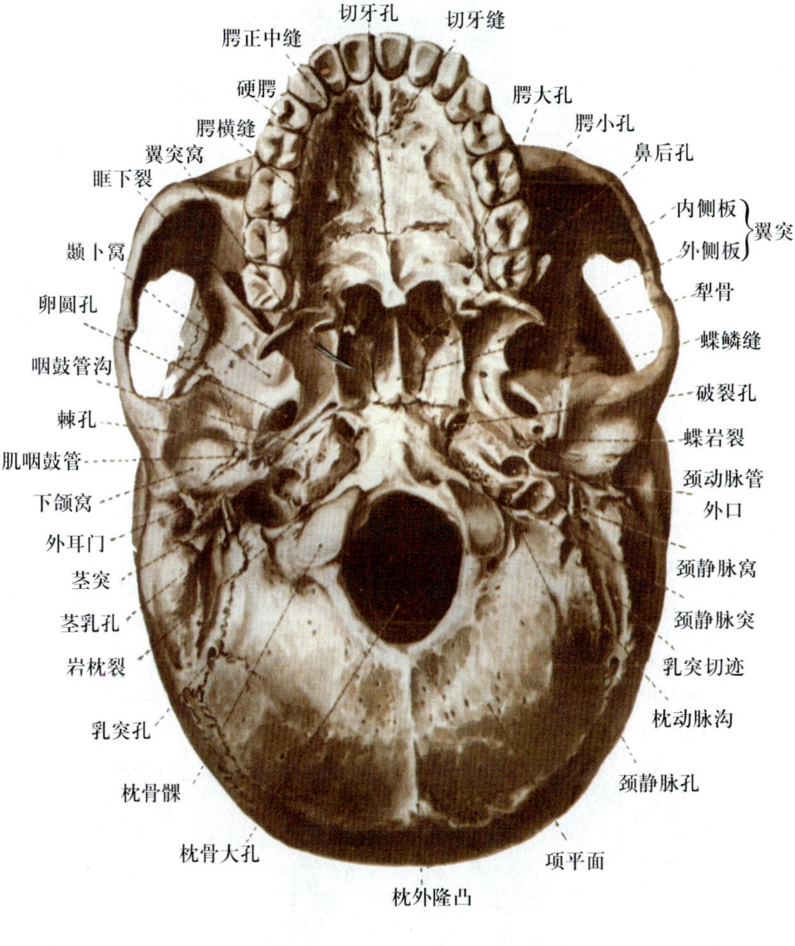
切牙孔
切牙缝
腭正中缝
硬腭
腭大孔
腭小孔
腭横缝
翼突窝
鼻后孔
眶下裂
内侧板
翼突
外侧板
颞下窝
犁骨
卵圆孔
蝶鳞缝
咽鼓管沟
破裂孔
棘孔
蝶岩裂
肌咽鼓管
颈动脉管
外口
下颌窝
外耳门
颈静脉窝
茎突
茎乳孔
颈静脉突
岩枕裂
乳突切迹
乳突孔
枕动脉沟
枕骨髁
颈静脉孔
枕骨大孔
项平面
枕外隆凸

图 24 颅底外面

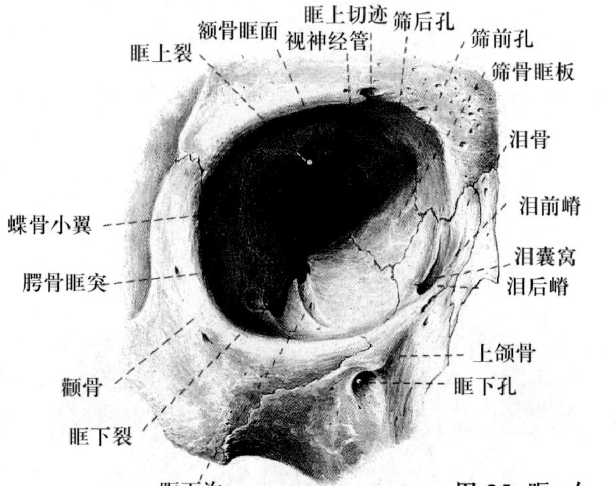

图 25 眶 右

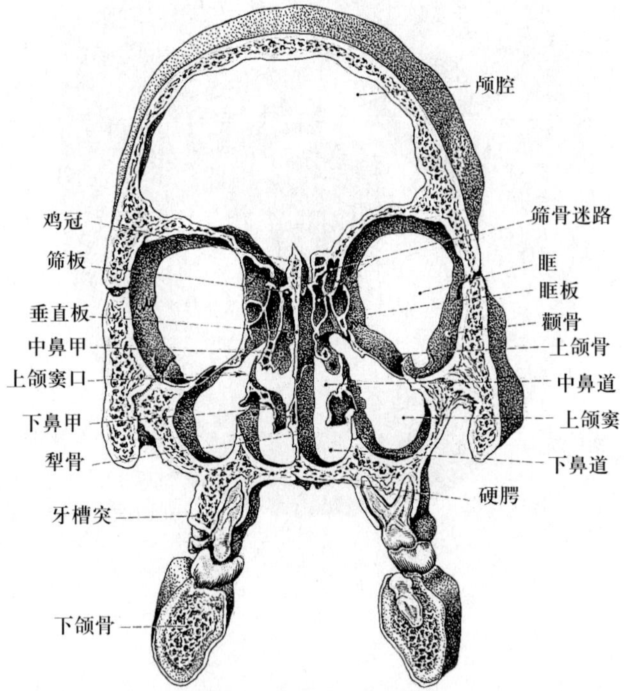

图 26 颅额面断 前面

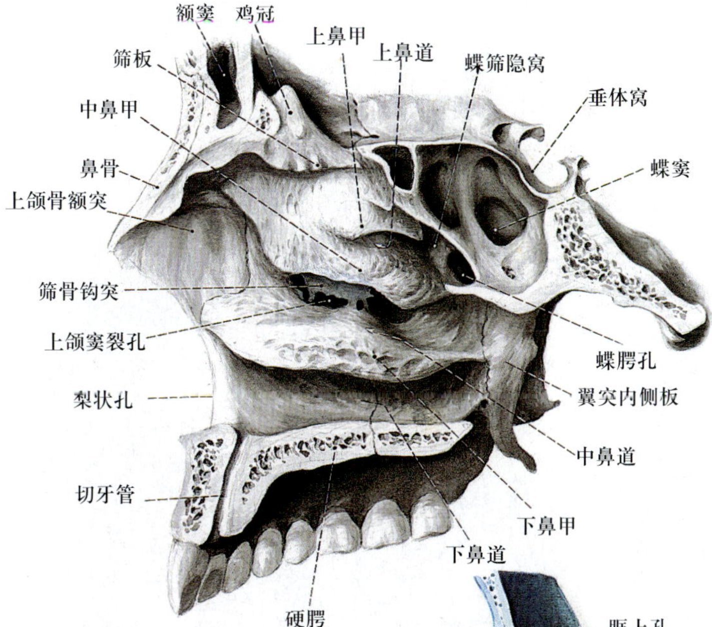

图 27 鼻腔外侧壁

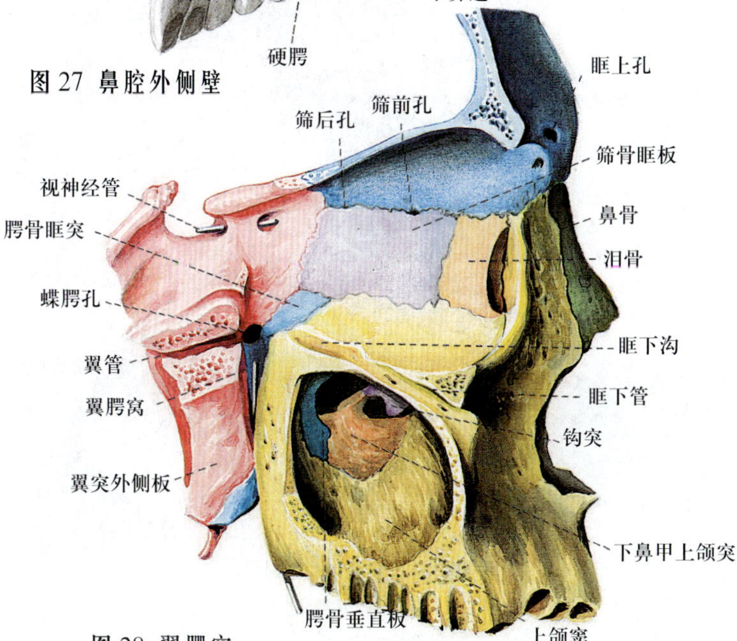

图 28 翼腭窝

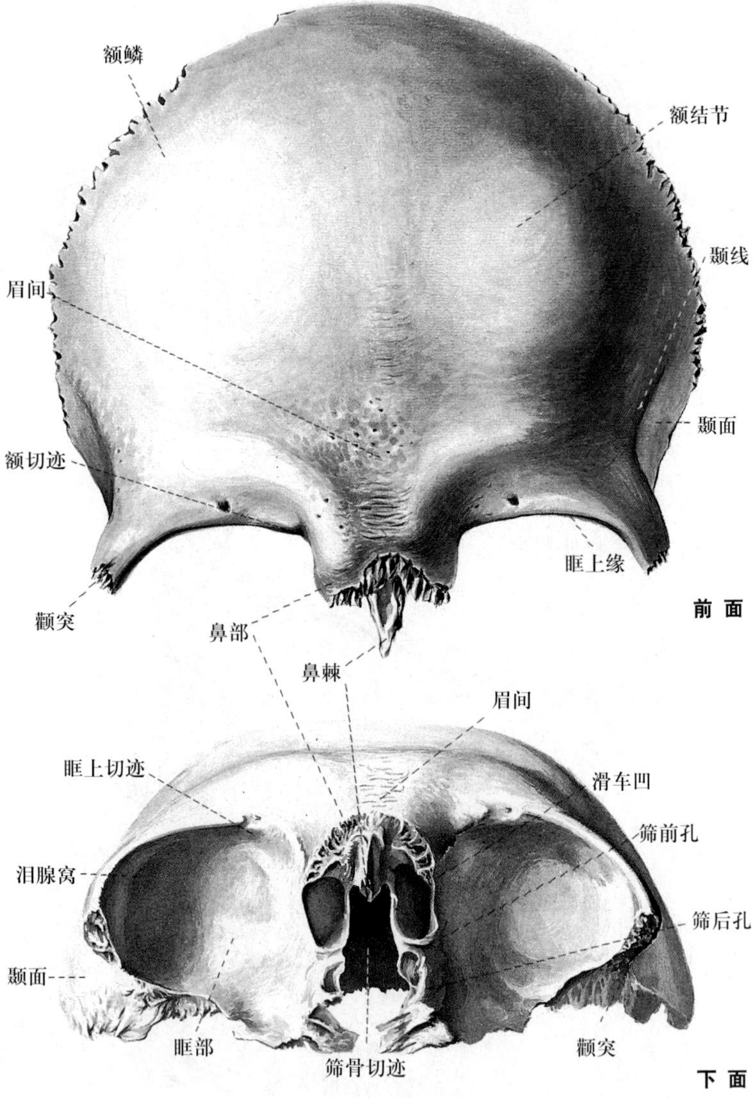
额鳞
额结节
颞线
眉间
颞面
额切迹
眶上缘
颧突
鼻部
前 面
鼻棘
眉间
眶上切迹
滑车凹
筛前孔
泪腺窝
筛后孔
颞面
眶部
颧突
筛骨切迹
下 面

图 29 额骨

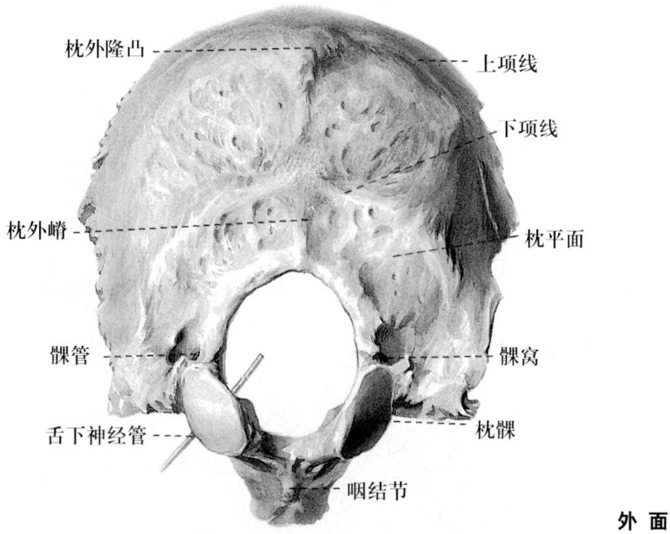
枕外隆凸
上项线
下项线
枕外嵴
枕平面
髁管
髁窝
舌下神经管
枕髁
咽结节
外 面

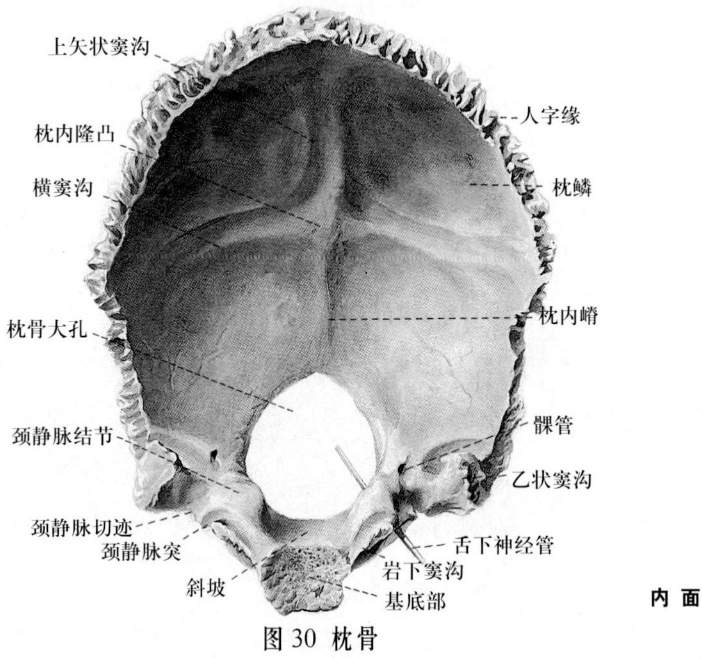
上矢状窦沟
人字缘
枕内隆凸
横窦沟
枕鳞
枕内嵴
枕骨大孔
颈静脉结节
髁管
乙状窦沟
颈静脉切迹
颈静脉突
舌下神经管
岩下窦沟
斜坡
基底部
内 面

图 30 枕骨

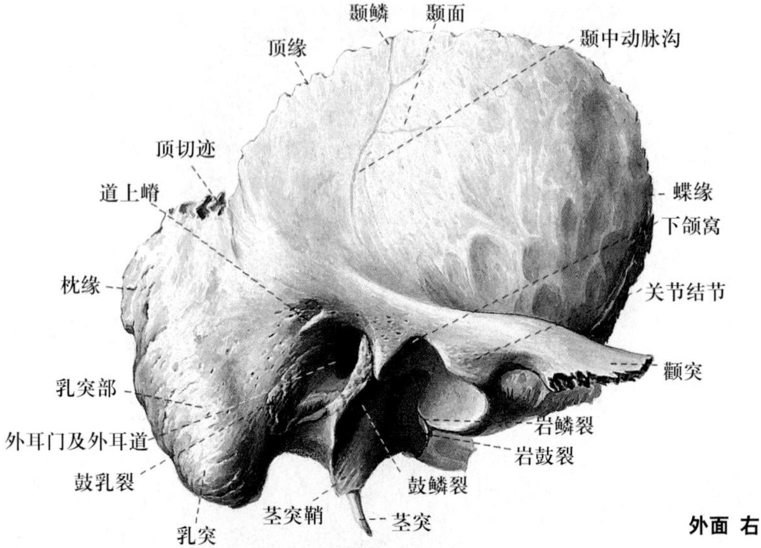
颞鳞
颞面
顶缘
颞中动脉沟
顶切迹
道上嵴
蝶缘
下颌窝
枕缘
关节结节
颧突
乳突部
岩鳞裂
外耳门及外耳道
岩鼓裂
鼓乳裂
鼓鳞裂
茎突鞘
茎突
乳突
外面 右

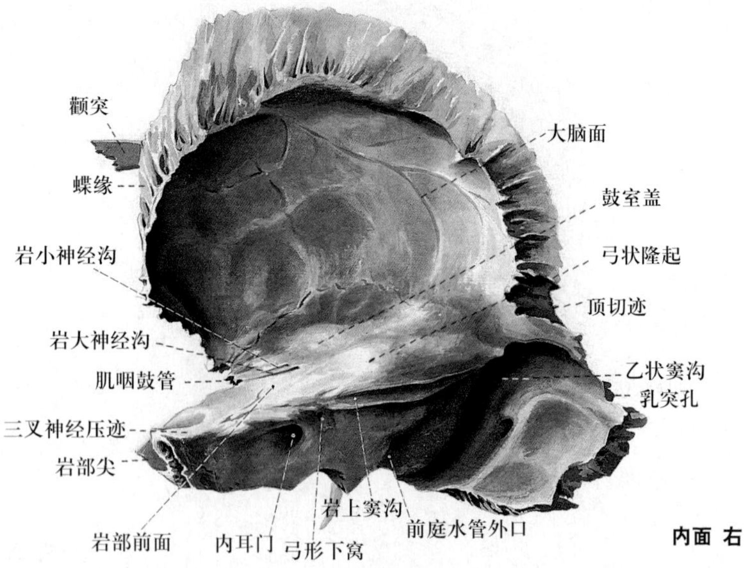
颧突
大脑面
蝶缘
鼓室盖
岩小神经沟
弓状隆起
顶切迹
岩大神经沟
乙状窦沟
肌咽鼓管
乳突孔
三叉神经压迹
岩部尖
岩上窦沟
前庭水管外口
岩部前面
内耳门
弓形下窝
内面 右

图 31 颞骨 右

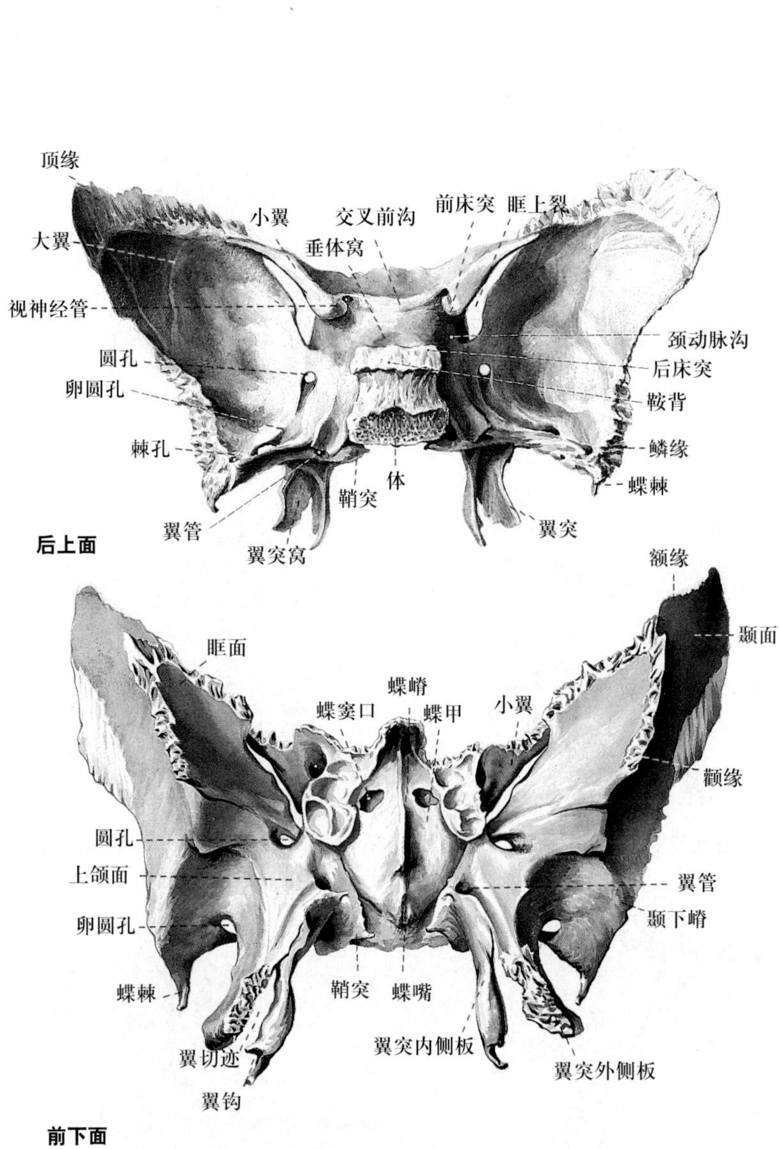
顶缘
小翼
交叉前沟
前床突
眶上裂
大翼
垂体窝
视神经管
颈动脉沟
圆孔
后床突
卵圆孔
鞍背
棘孔
鳞缘
体
蝶棘
鞘突
翼管
翼突
翼突窝
后上面
额缘
颞面
眶面
蝶嵴
蝶窦口
蝶甲
小翼
颧缘
圆孔
上颌面
翼管
颞下嵴
卵圆孔
蝶棘
鞘突
蝶嘴
翼突内侧板
翼切迹
翼突外侧板
翼钩
前下面

图 32 蝶骨

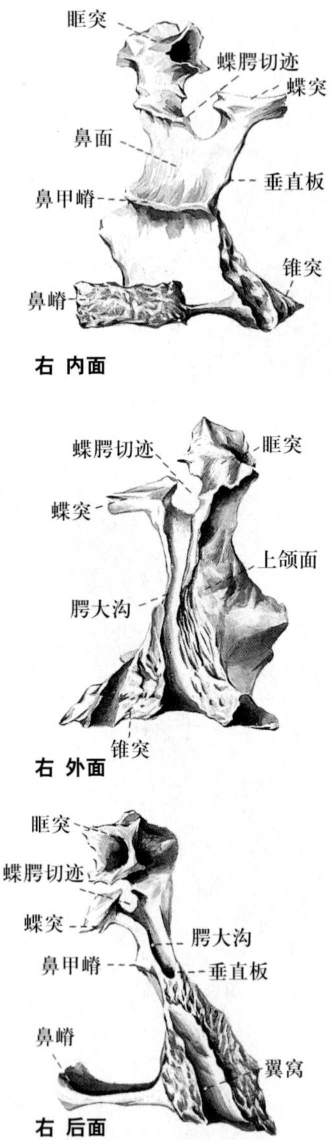

图 33 腭骨 右

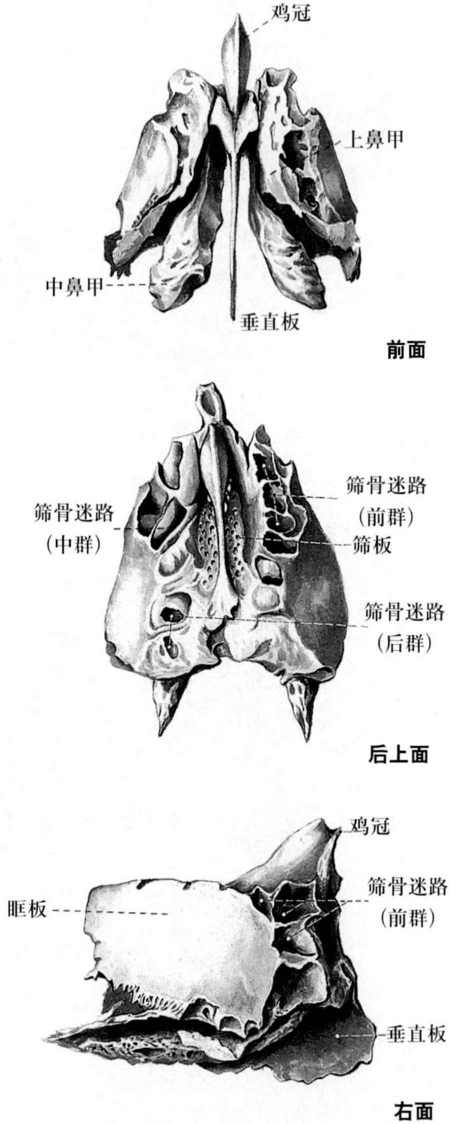

图 34 筛骨

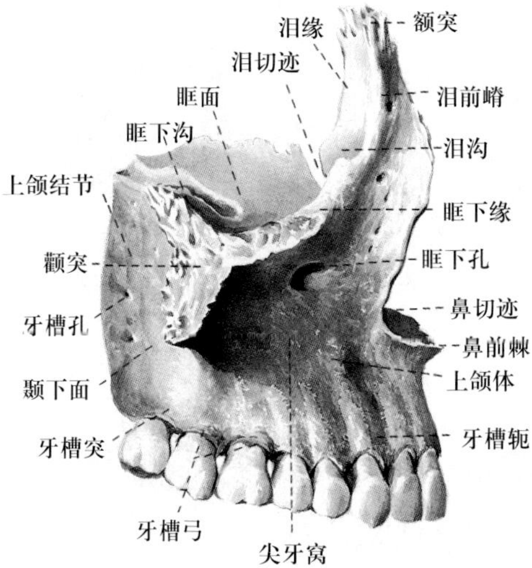

外 面

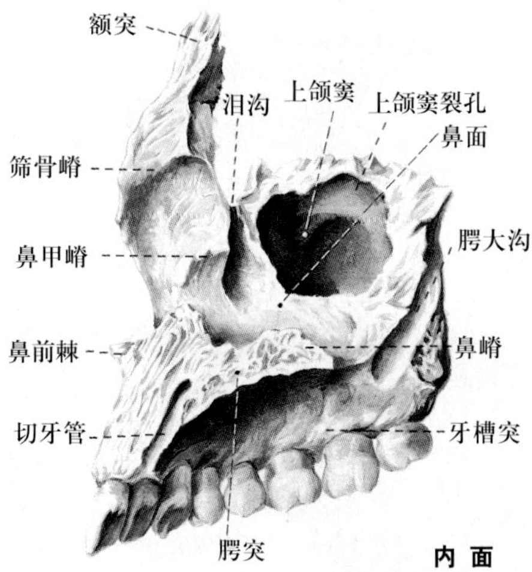

内 面

图 35 上颌骨 右

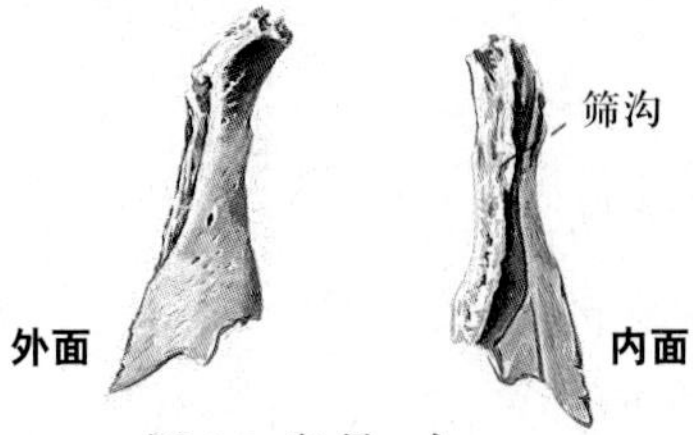

图 36 鼻骨 右

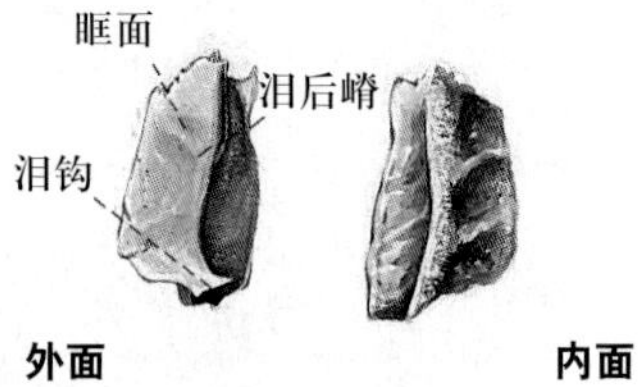

图 37 泪骨 右

图38 下鼻甲 右

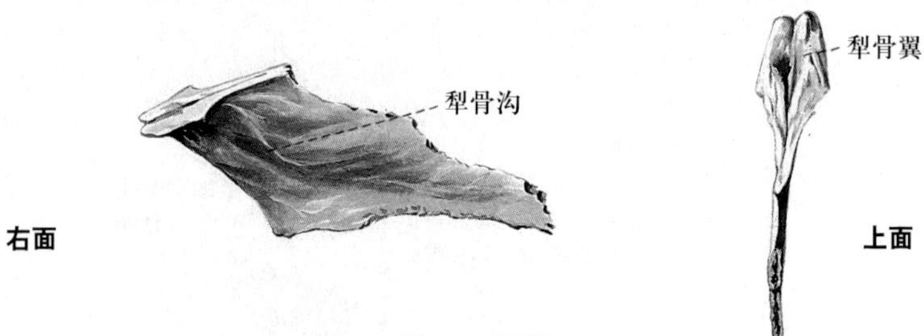

图 39 犁骨

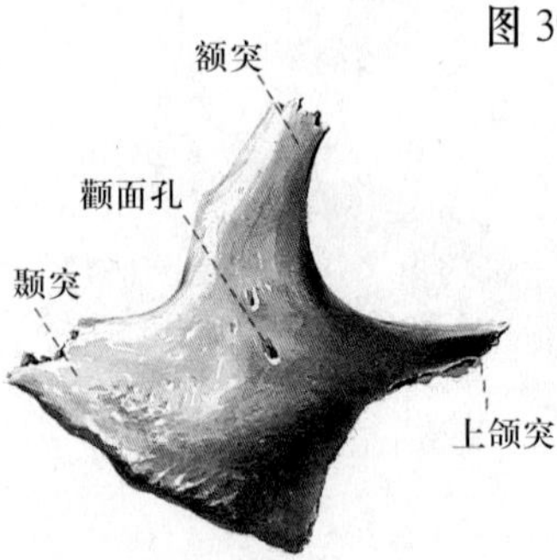

图 40 颧骨 右 前面

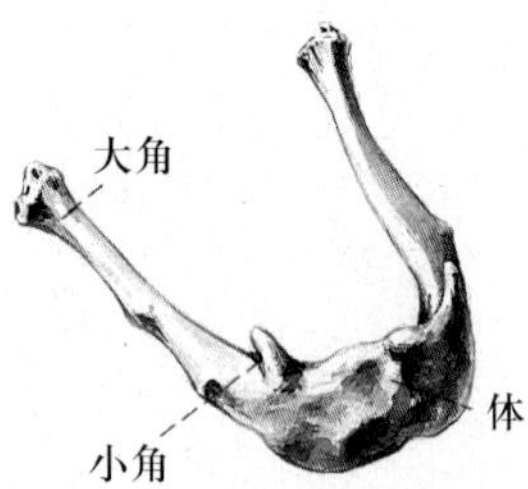

图 41 舌骨

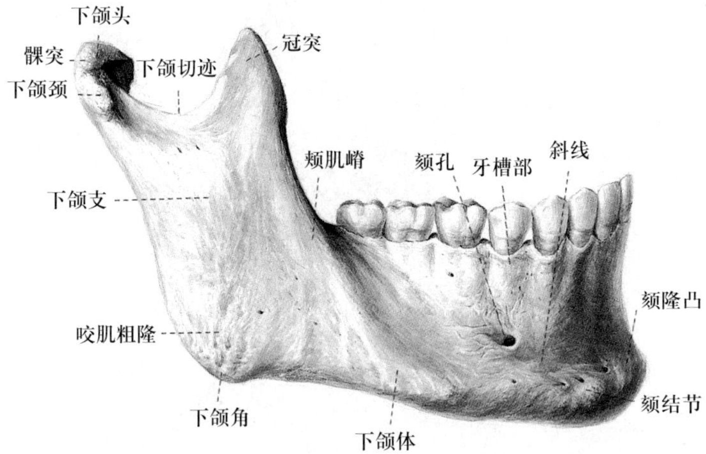

右 面

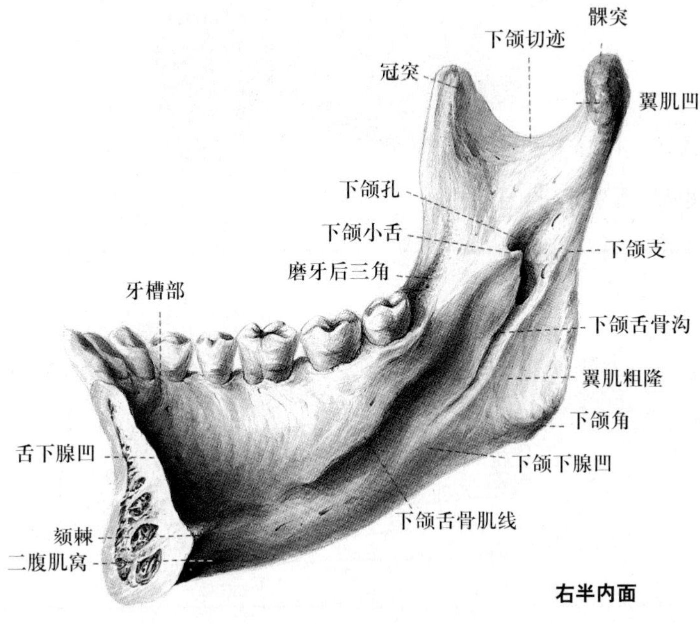

右半内面

图 42 下颌骨

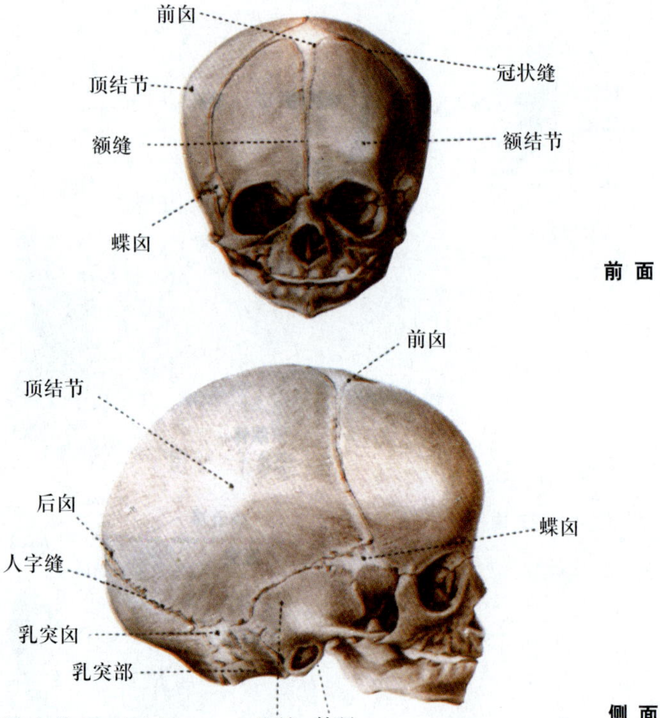

图 43 新生儿(24 日)颅

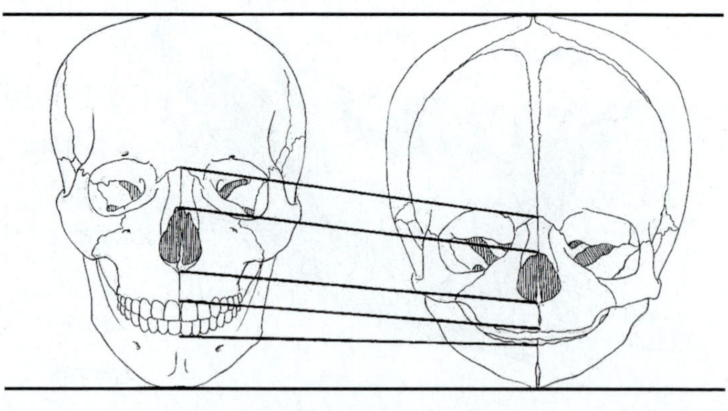

图 44 新生儿颅与成人颅的比较

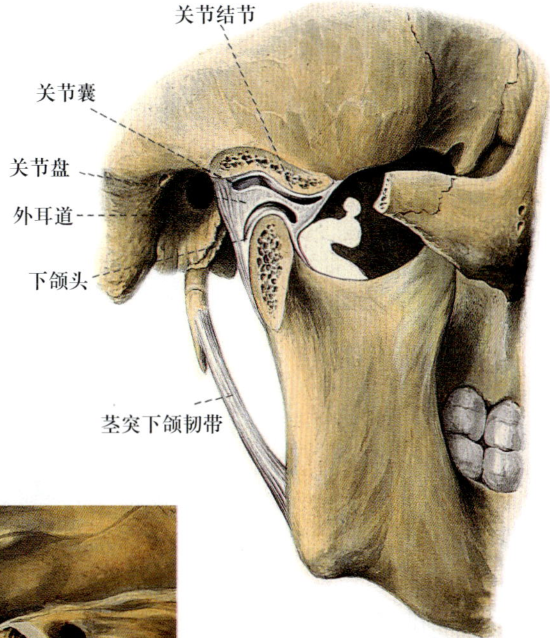

右 外面

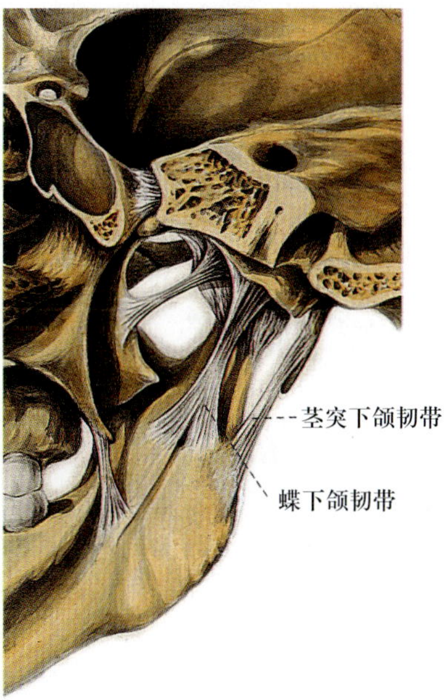

右 内面

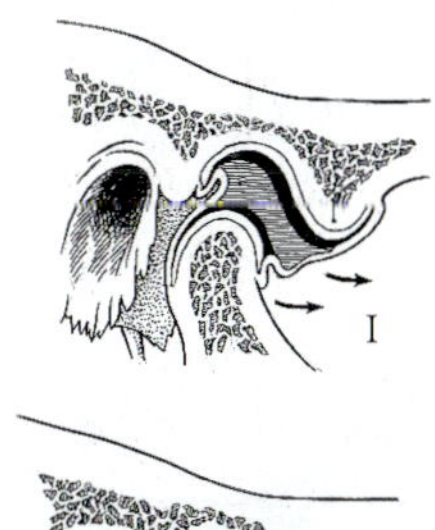

下颌关闭(Ⅰ)及张开、前进(Ⅱ)时
下颌头及关节盘的位置

图 45 颞下颌关节

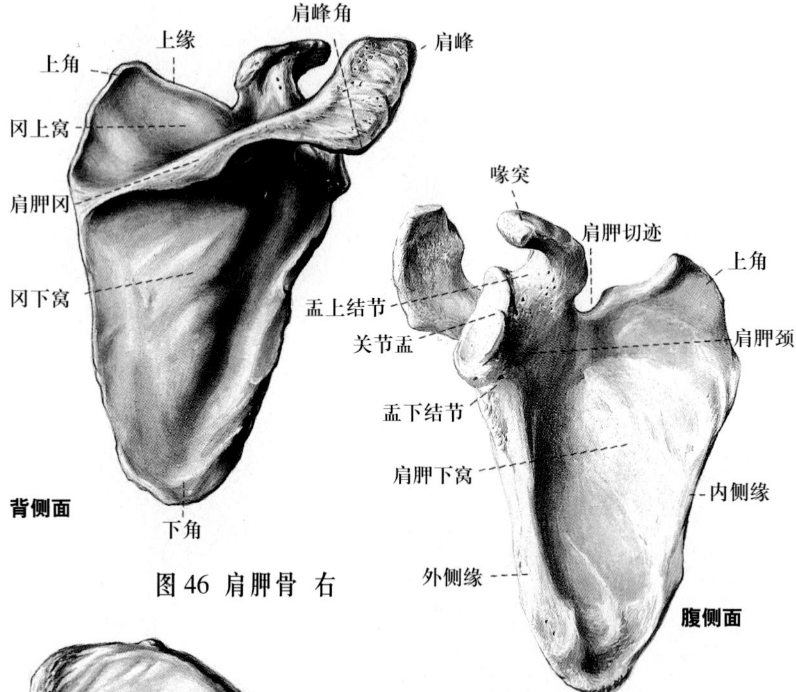

图 46 肩胛骨 右

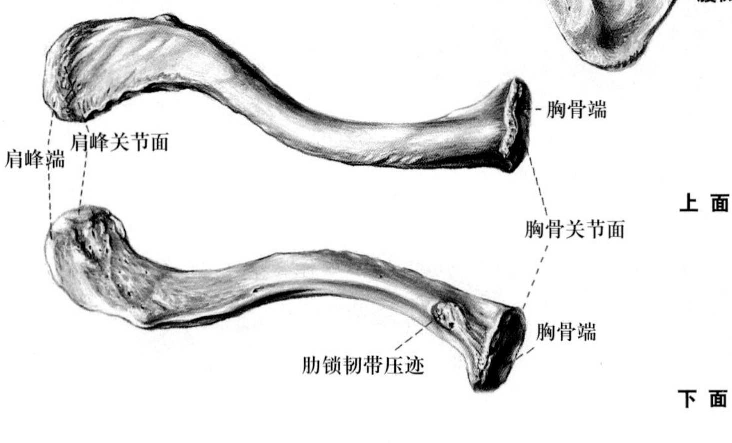

图 47 锁骨 右

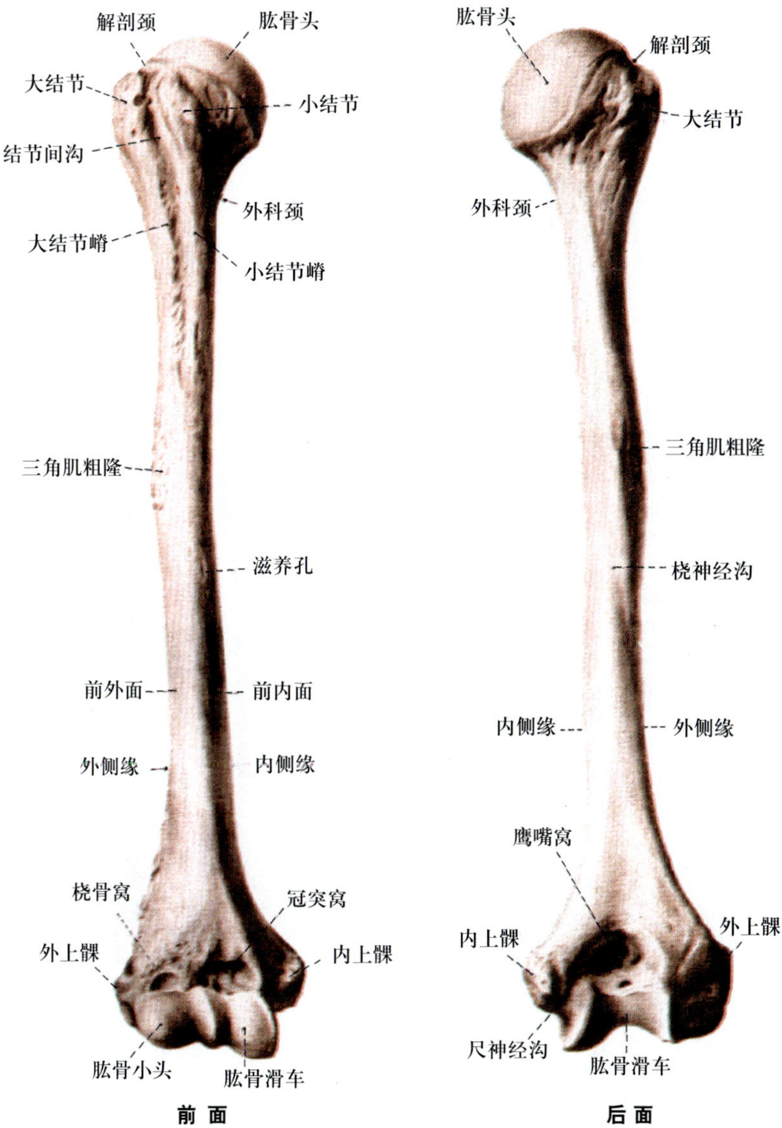
解剖颈
肱骨头
大结节
小结节
结节间沟
外科颈
大结节嵴
小结节嵴
三角肌粗隆
滋养孔
前外面
前内面
外侧缘
内侧缘
桡骨窝
冠突窝
外上髁
内上髁
肱骨小头
肱骨滑车
前 面
肱骨头
解剖颈
大结节
外科颈
三角肌粗隆
桡神经沟
内侧缘
外侧缘
鹰嘴窝
内上髁
外上髁
尺神经沟
肱骨滑车
后 面

图 48 肱骨

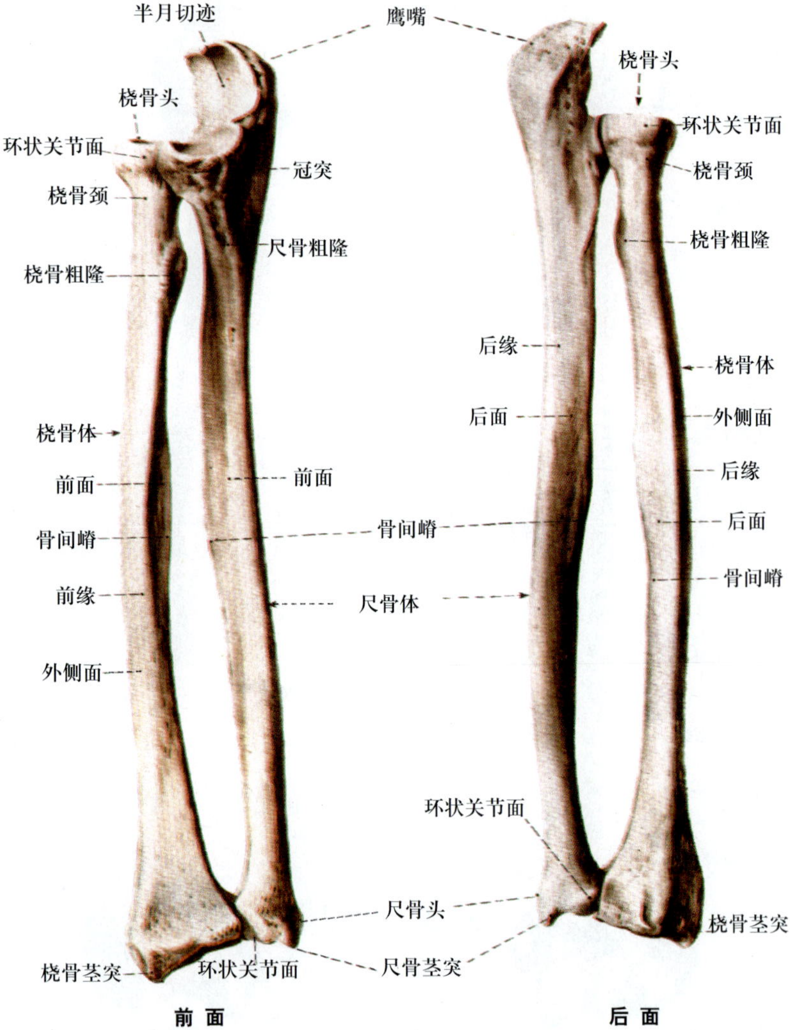
半月切迹
鹰嘴
桡骨头
环状关节面
冠突
桡骨颈
尺骨粗隆
桡骨粗隆
桡骨体
前面
前面
骨间嵴
骨间嵴
前缘
尺骨体
外侧面
环状关节面
尺骨头
桡骨茎突
环状关节面
尺骨茎突
前面
桡骨头
环状关节面
桡骨颈
桡骨粗隆
后缘
桡骨体
后面
外侧面
后缘
后面
骨间嵴
环状关节面
桡骨茎突
后面

图 49 尺骨和桡骨

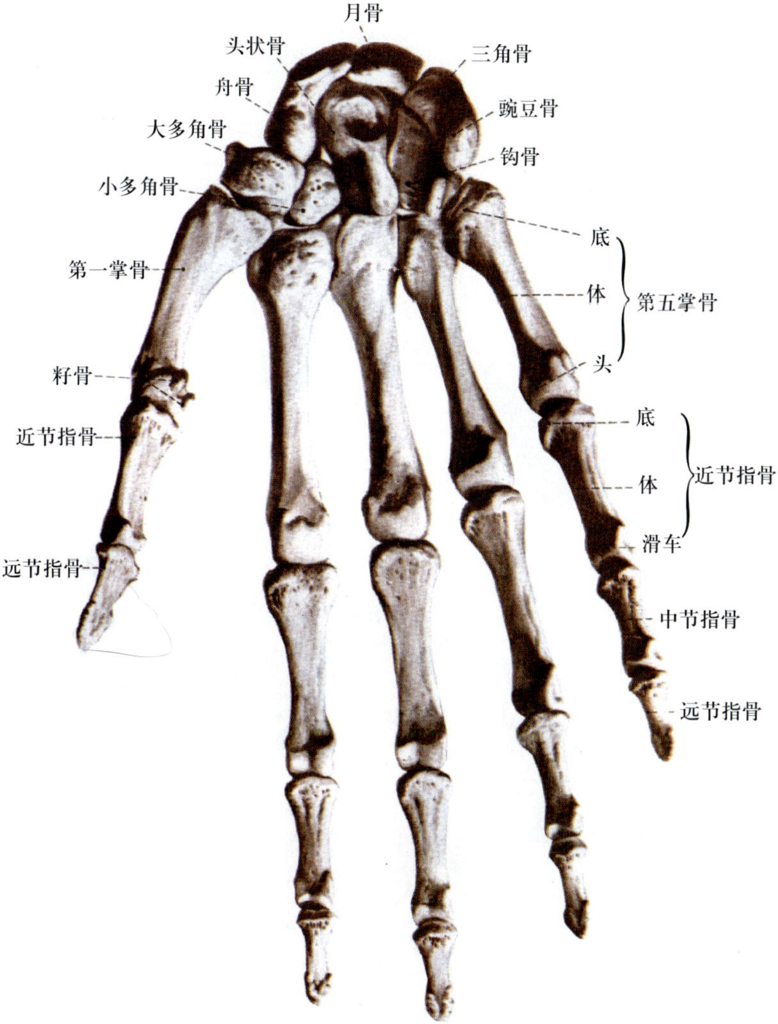
月骨
头状骨
三角骨
舟骨
豌豆骨
大多角骨
钩骨
小多角骨
底
第一掌骨
体
第五掌骨
头
籽骨
底
近节指骨
体
近节指骨
滑车
远节指骨
中节指骨
远节指骨

图 50 手骨 掌面

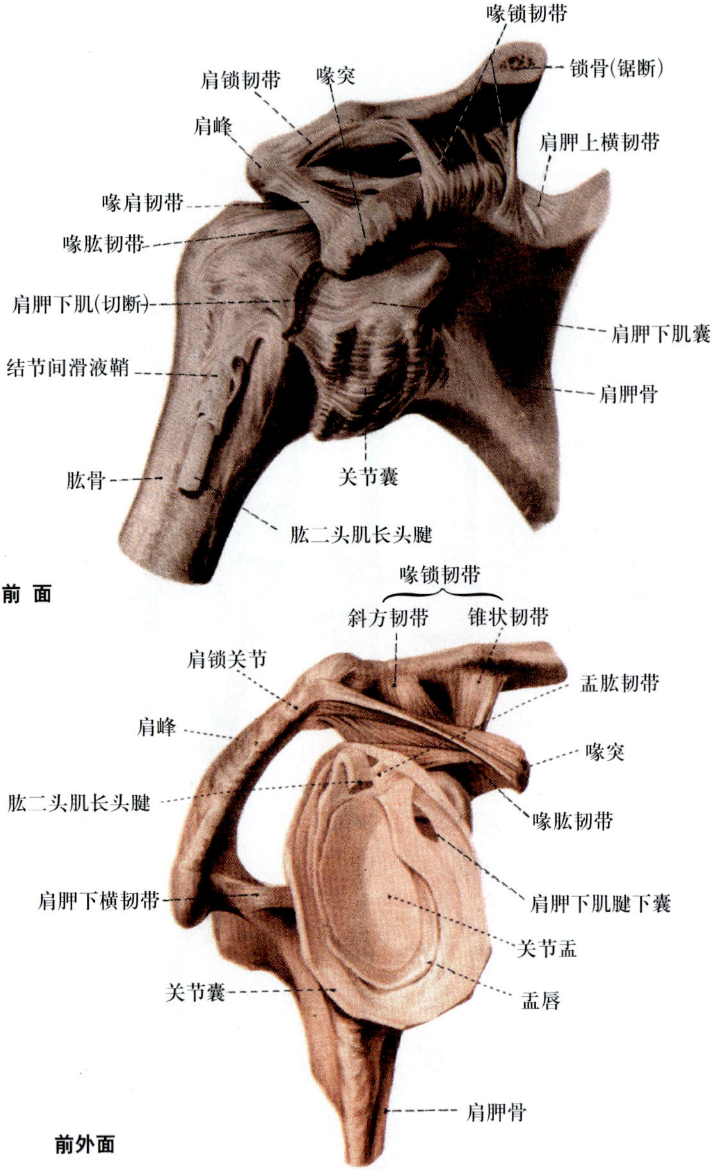
喙锁韧带
锁骨(锯断)
肩锁韧带
喙突
肩峰
肩胛上横韧带
喙肩韧带
喙肱韧带
肩胛下肌(切断)
肩胛下肌囊
结节间滑液鞘
肩胛骨
关节囊
肱骨
肱二头肌长头腱
前 面
喙锁韧带
斜方韧带
锥状韧带
肩锁关节
盂肱韧带
肩峰
喙突
肱二头肌长头腱
喙肱韧带
肩胛下肌腱下囊
肩胛下横韧带
关节盂
关节囊
盂唇
肩胛骨
前外面

图 51 肩关节

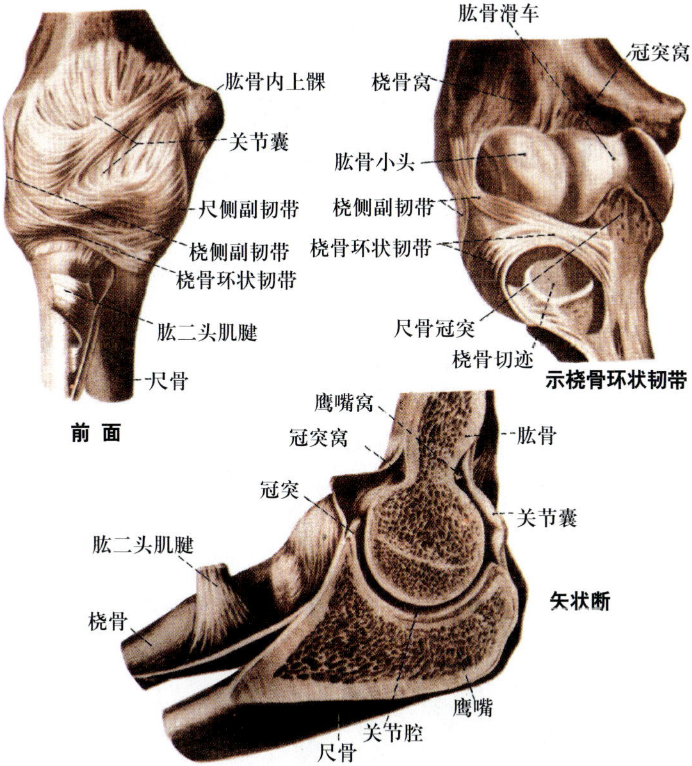

图 52 肘关节

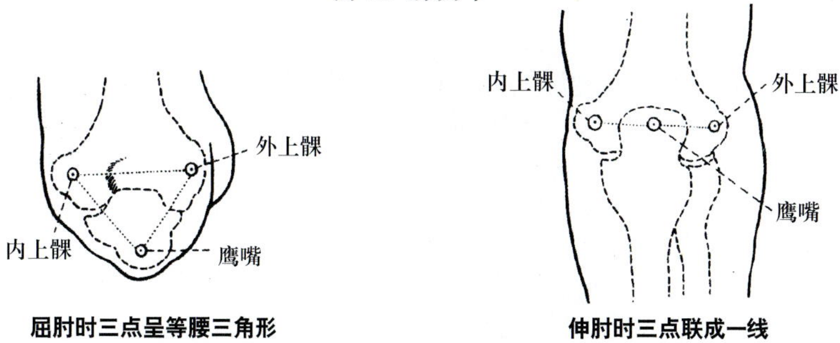

图 53 肱骨内、外上髁和尺骨鹰嘴的关系

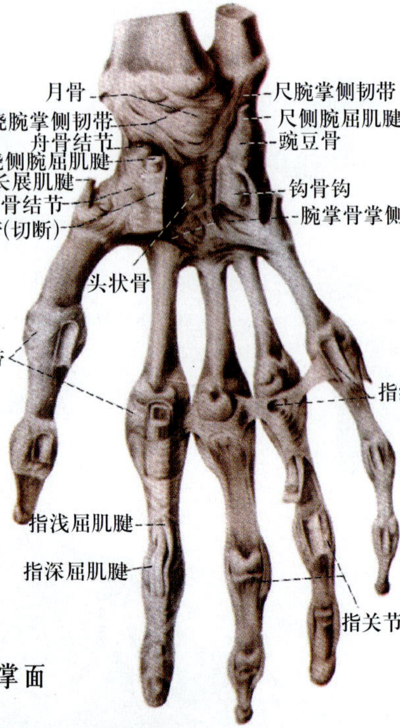

图 54 手骨的连结 掌面

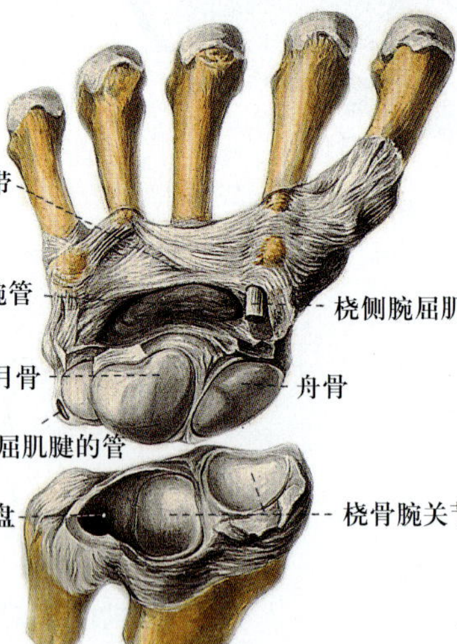

图 55 桡腕关节和腕管

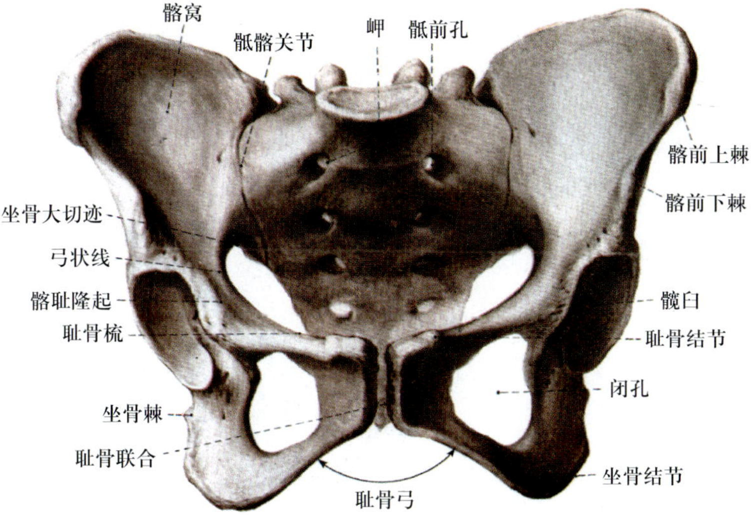

前 面

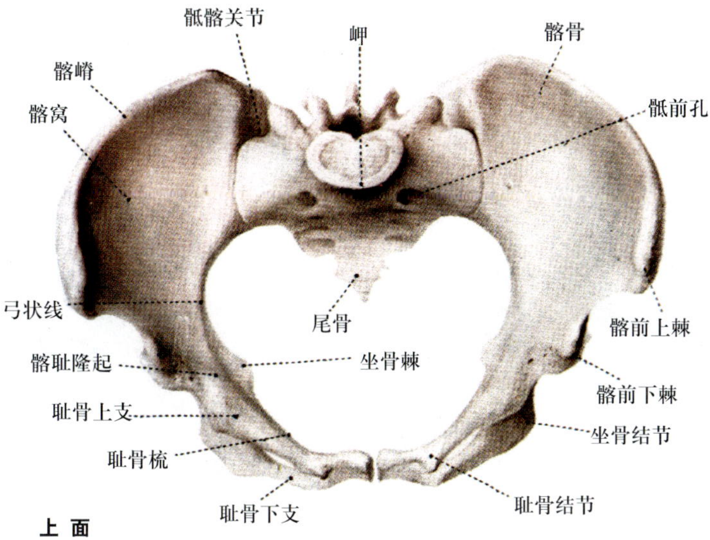

上 面

图 56 女性骨盆

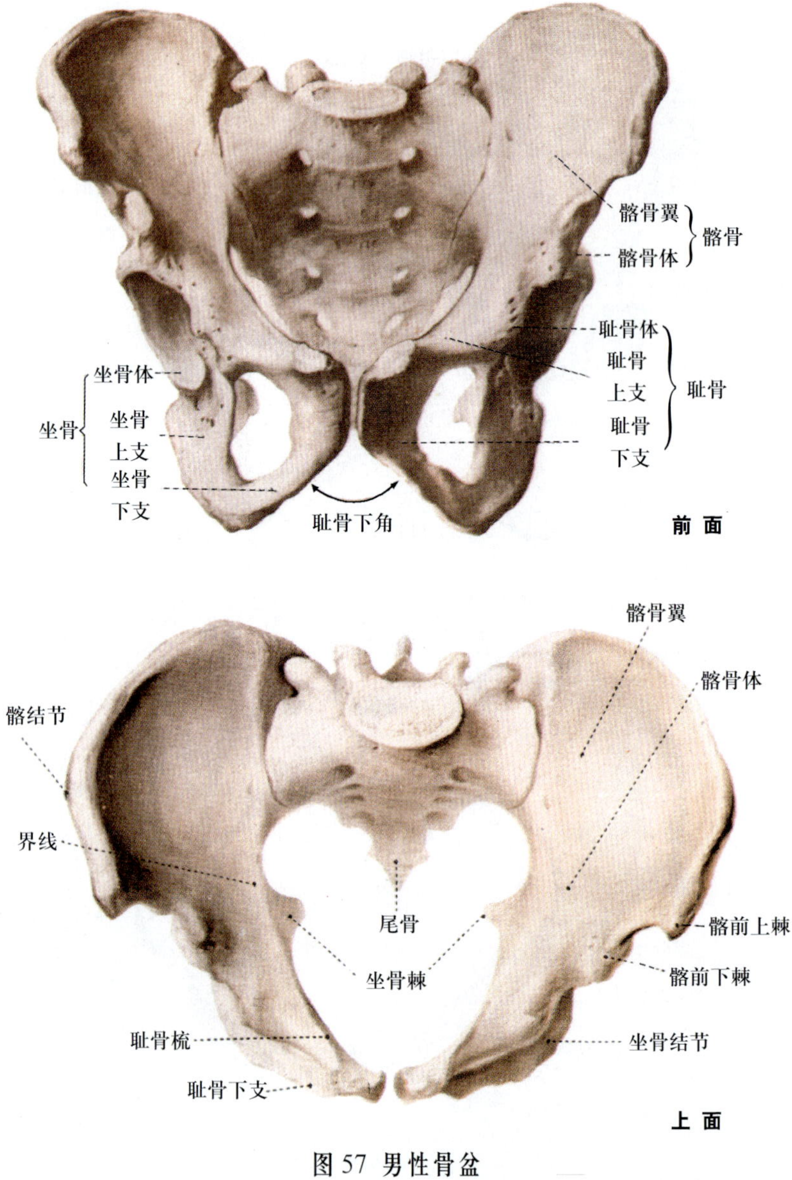
髂骨翼
髂骨
髂骨体
耻骨体
耻骨
上支
耻骨
耻骨
下支
坐骨体
坐骨
坐骨
上支
坐骨
下支
耻骨下角
前 面
髂骨翼
髂骨体
髂结节
界线
尾骨
髂前上棘
坐骨棘
髂前下棘
耻骨梳
坐骨结节
耻骨下支
上 面

图 57 男性骨盆

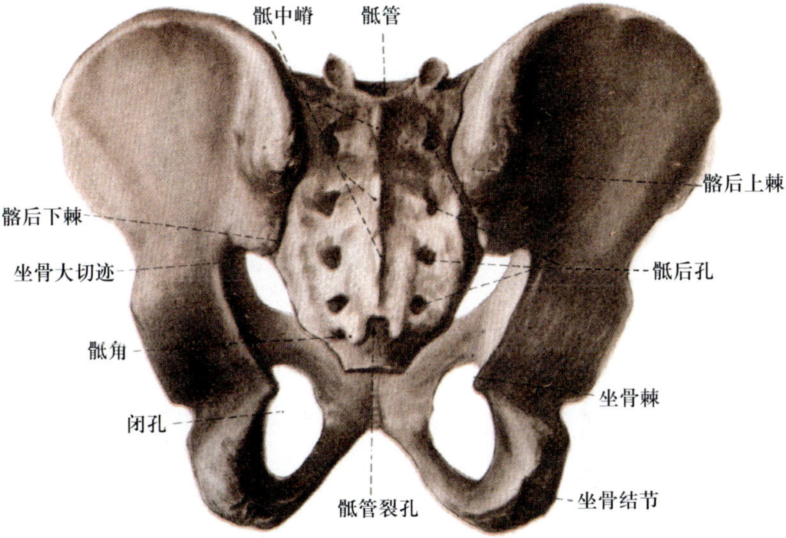

图 58 男性骨盆 后面

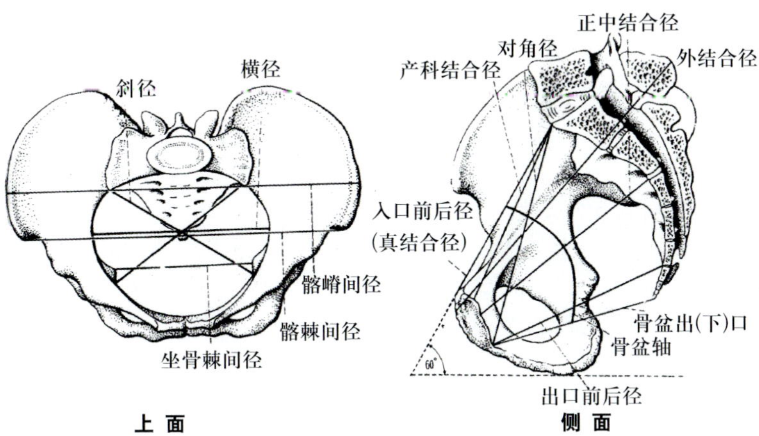

图 59 骨盆诸径线

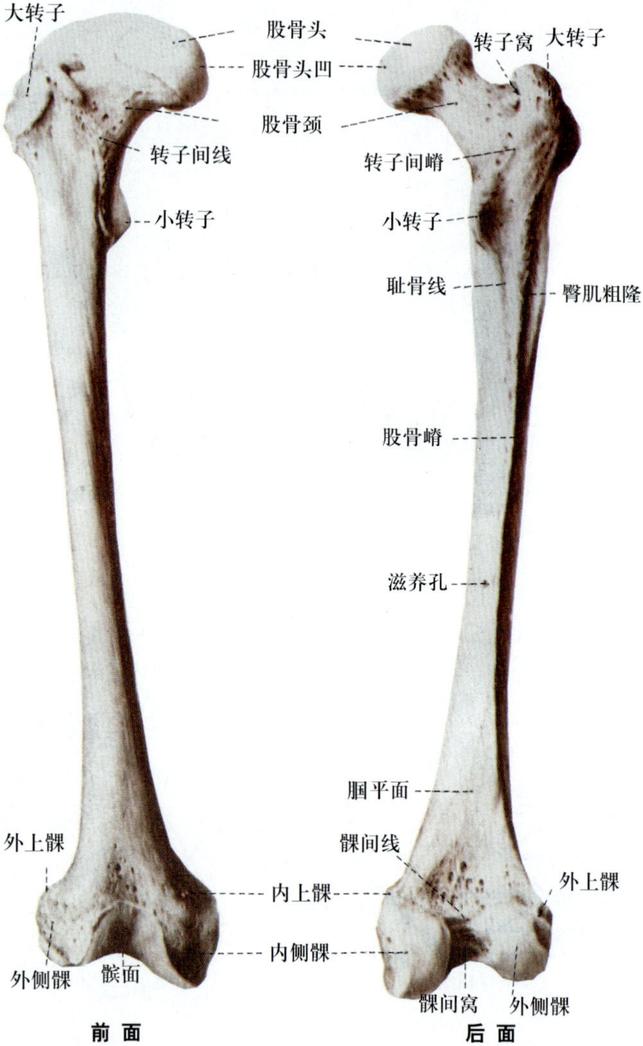
大转子
股骨头
股骨头凹
股骨颈
转子间线
小转子
外上髁
内上髁
内侧髁
外侧髁
髌面
前 面
转子窝
大转子
转子间嵴
小转子
耻骨线
臀肌粗隆
股骨嵴
滋养孔
腘平面
髁间线
外上髁
髁间窝
外侧髁
后 面

图 60 股骨

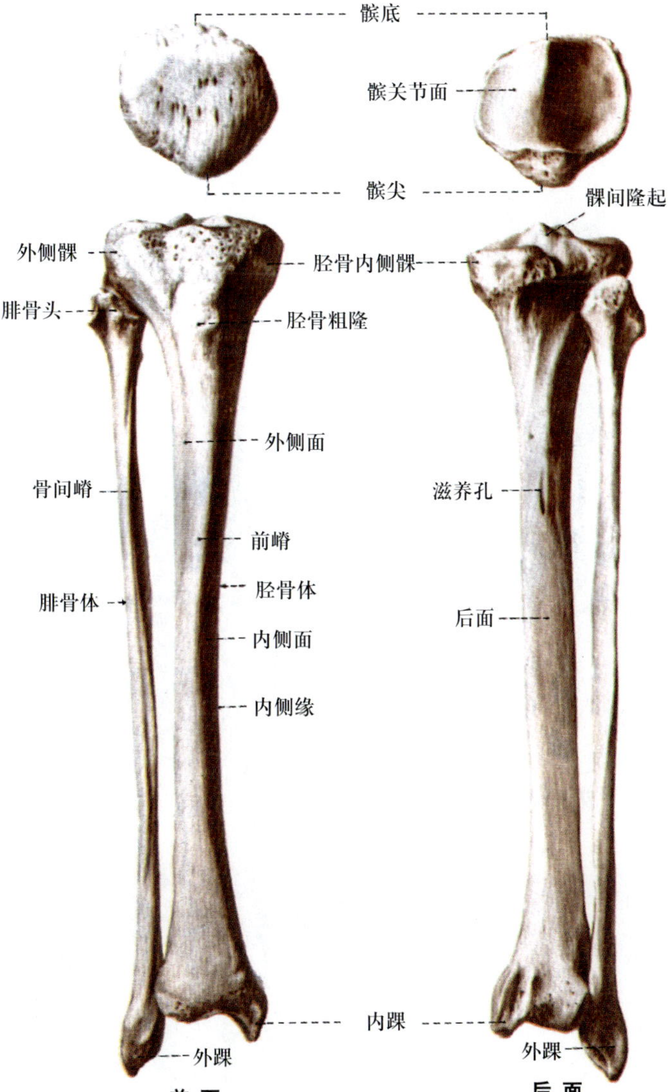

髌底
髌关节面
髌尖
髁间隆起
外侧髁
胫骨内侧髁
腓骨头
胫骨粗隆
外侧面
骨间嵴
滋养孔
前嵴
胫骨体
腓骨体
后面
内侧面
内侧缘
内踝
外踝
外踝
前 面
后 面

图 61 髌、胫骨和腓骨

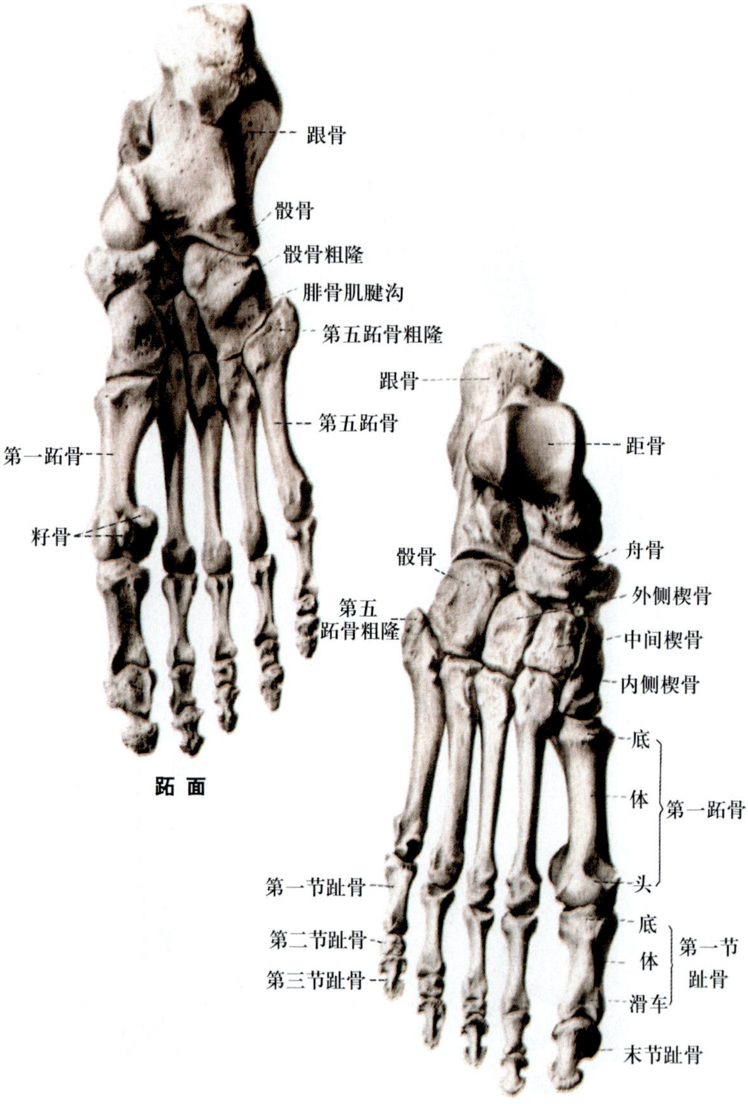
跟骨
骰骨
骰骨粗隆
腓骨肌腱沟
第五跖骨粗隆
第五跖骨
第一跖骨
籽骨
跖面
跟骨
距骨
舟骨
骰骨
外侧楔骨
第五
跖骨粗隆
中间楔骨
内侧楔骨
底
体
第一跖骨
头
第一节趾骨
底
第二节趾骨
体
第一节
趾骨
第三节趾骨
滑车
末节趾骨
背面

图 62 足骨

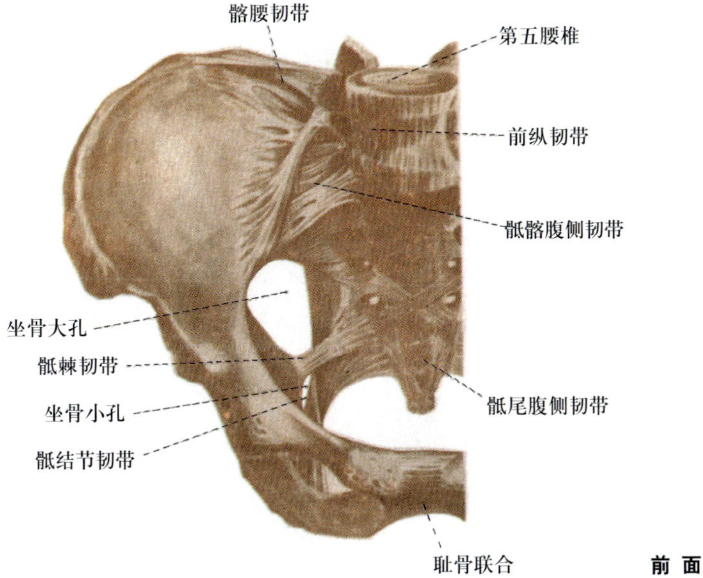

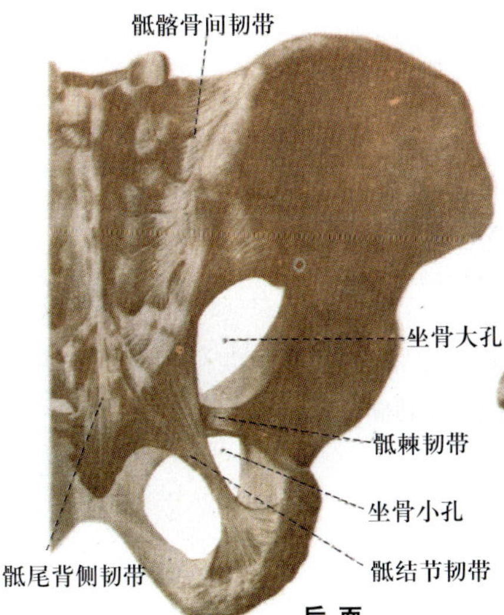

图 63 骨盆的连结

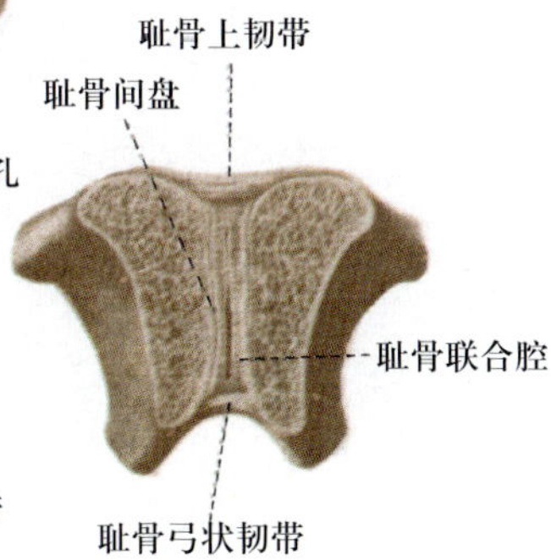

图 64 耻骨联合 额面断

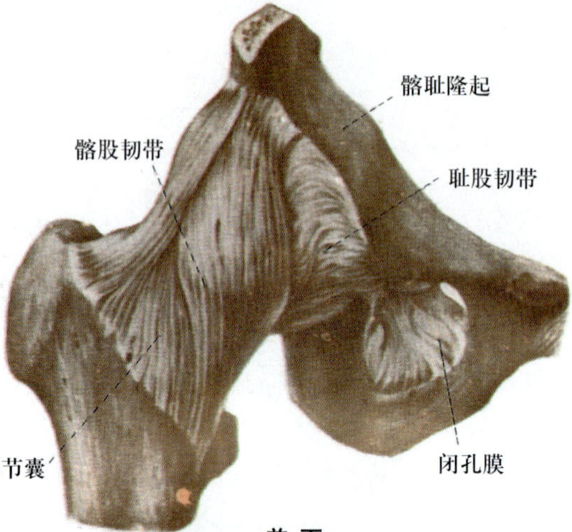

前 面

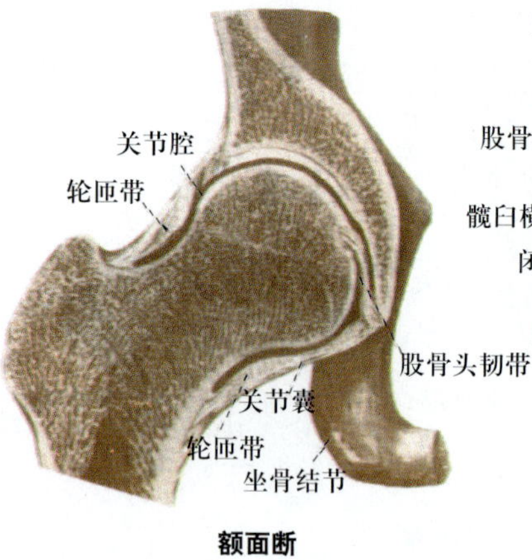

额面断

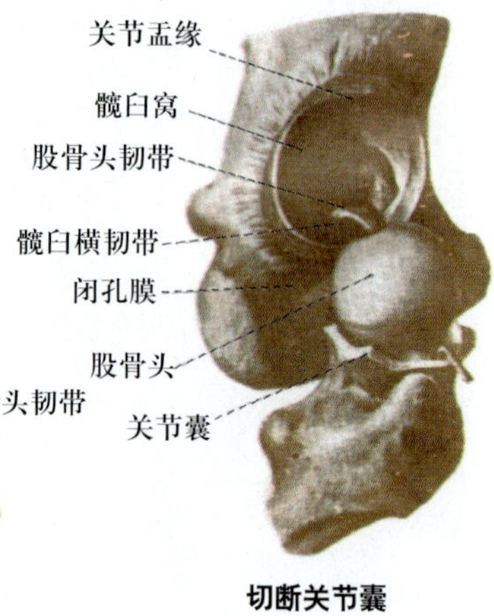

切断关节囊

图 65 髋关节

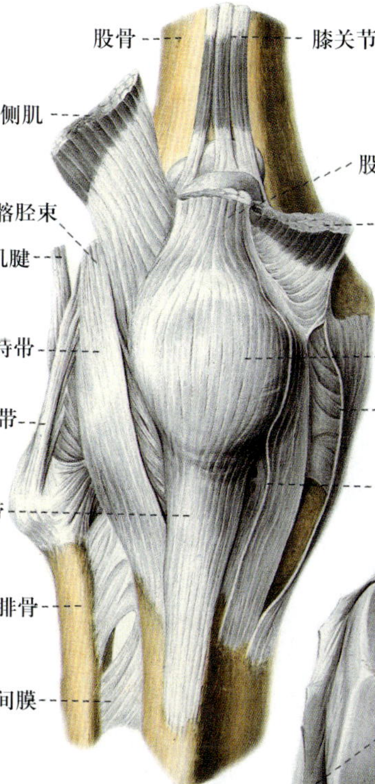

图 66 膝关节 前面

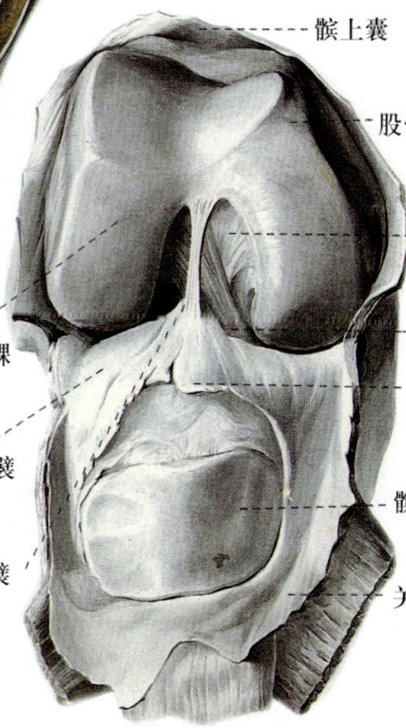

图 67 膝关节 前面(髌骨拉向下方)

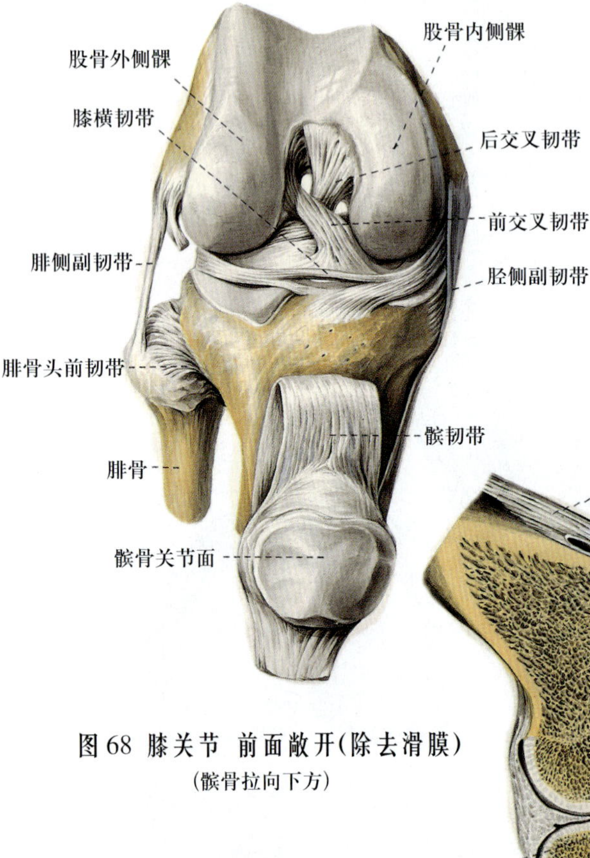

图 68 膝关节 前面敞开(除去滑膜)
(髌骨拉向下方)

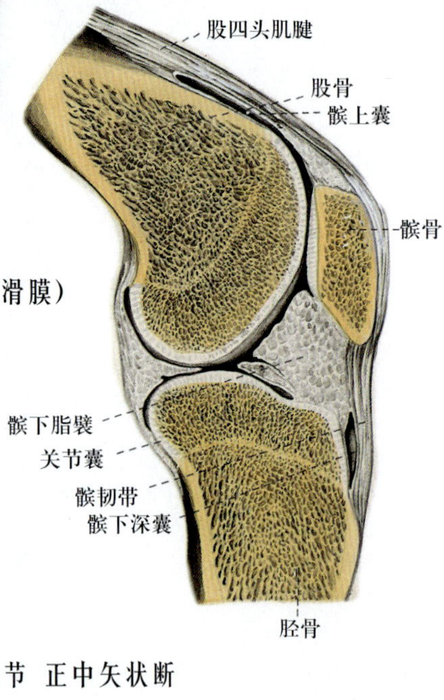

图 69 膝关节 正中矢状断

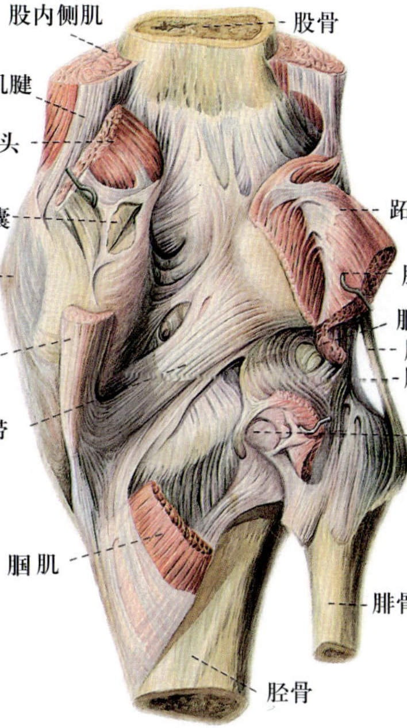

图 70 膝关节 右 后面

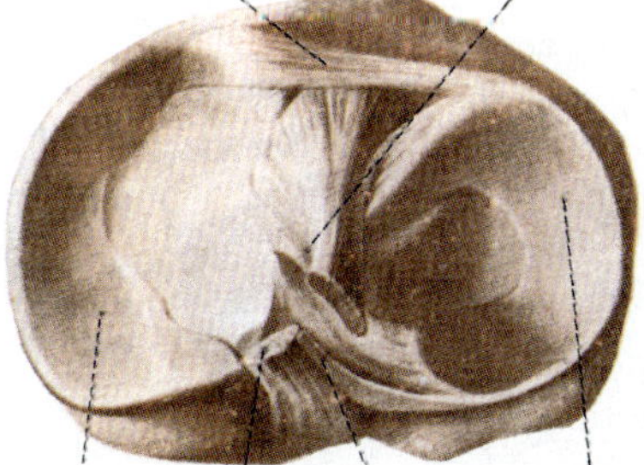

图 71 胫骨近端和半月板上面

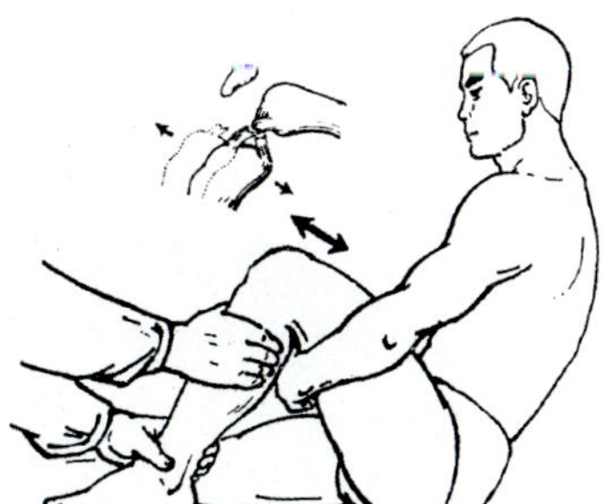

图 72 检查交叉韧带损伤的“抽屉试验”

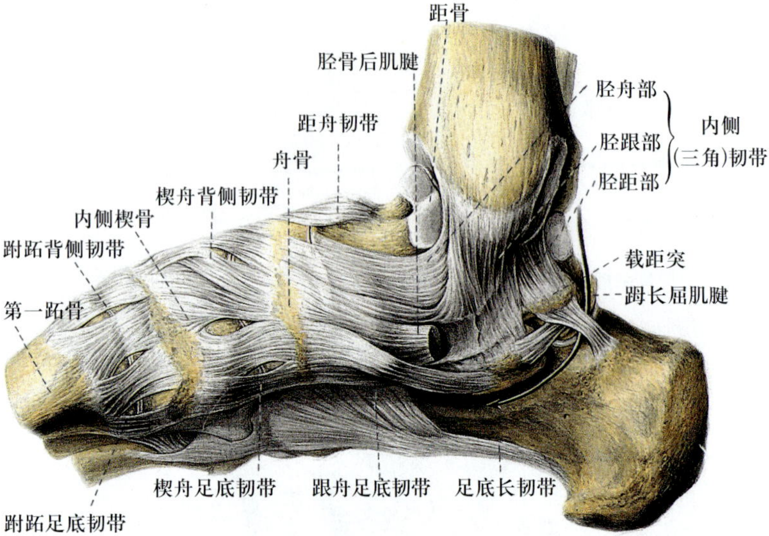

图 73 踝足的连结 内面

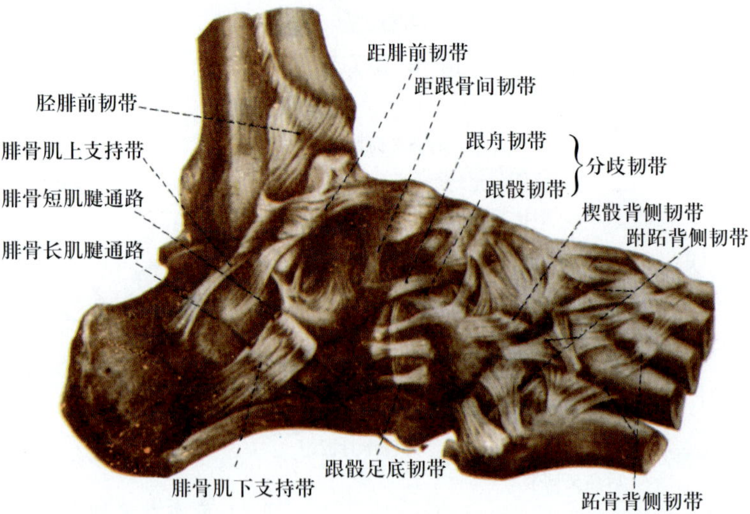

图 74 踝足的连结 外面

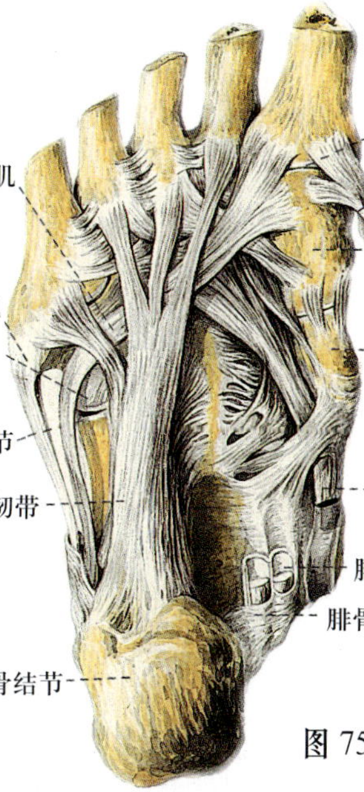

图 75 足骨的连结 跖面

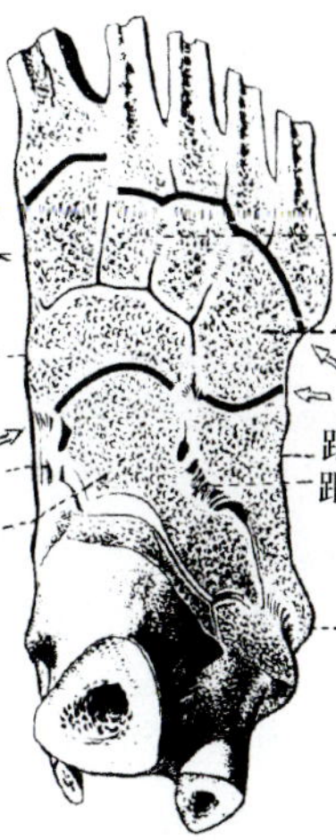

图 76 跗横关节和跗跖关节

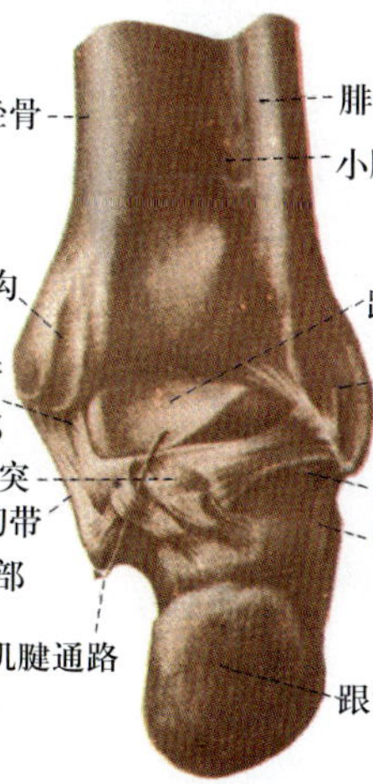

图 77 踝足的连结 后面

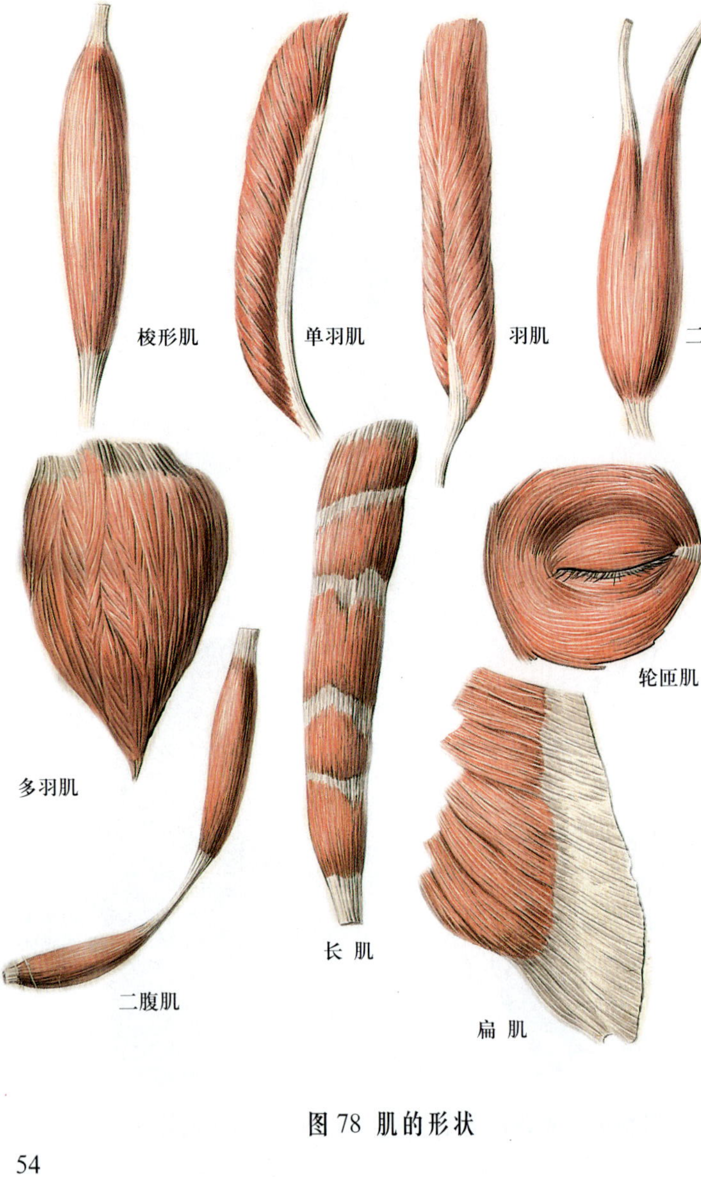

图 78 肌的形状

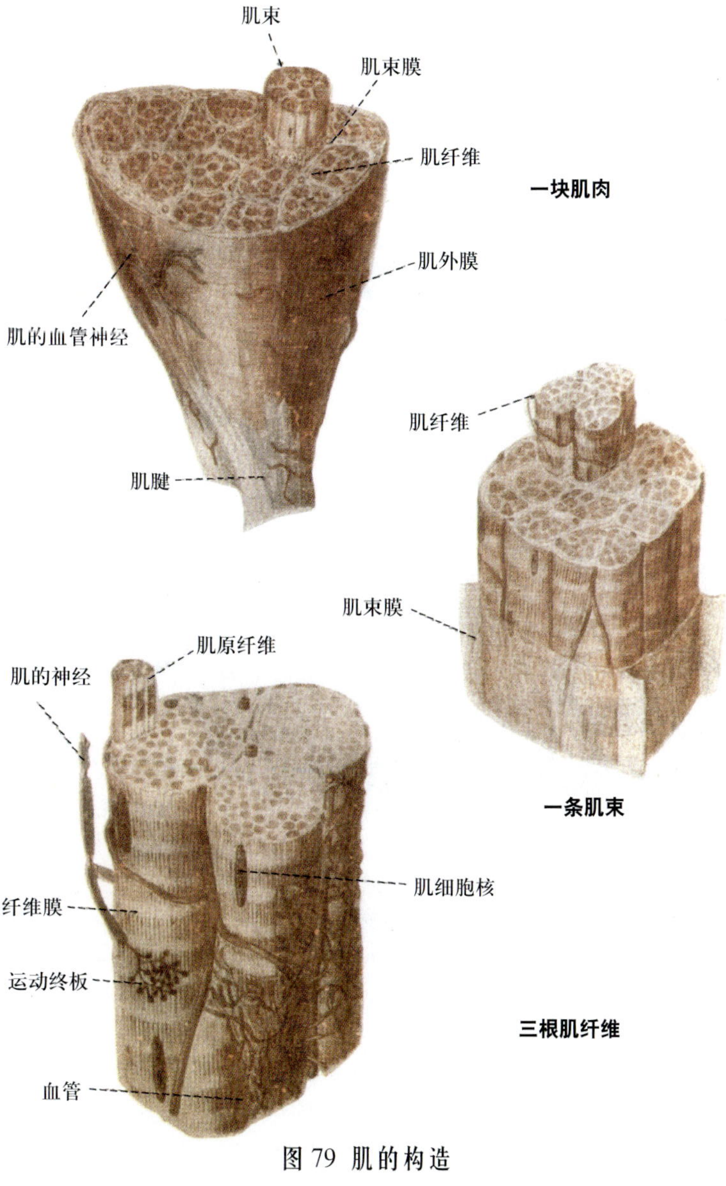
肌束
肌束膜
肌纤维
一块肌肉
肌外膜
肌的血管神经
肌腱
肌纤维
肌束膜
一条肌束
肌原纤维
肌的神经
肌细胞核
纤维膜
运动终板
三根肌纤维
血管

图 79 肌的构造

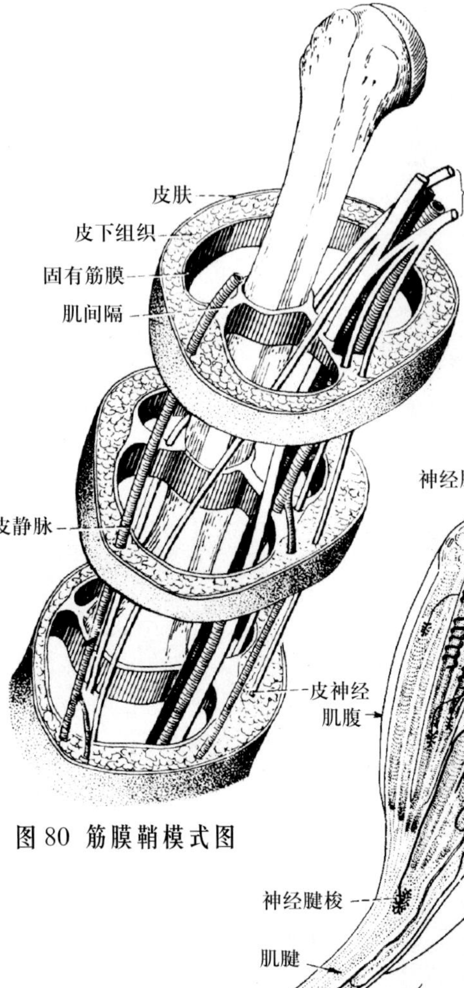

图 80 筋膜鞘模式图

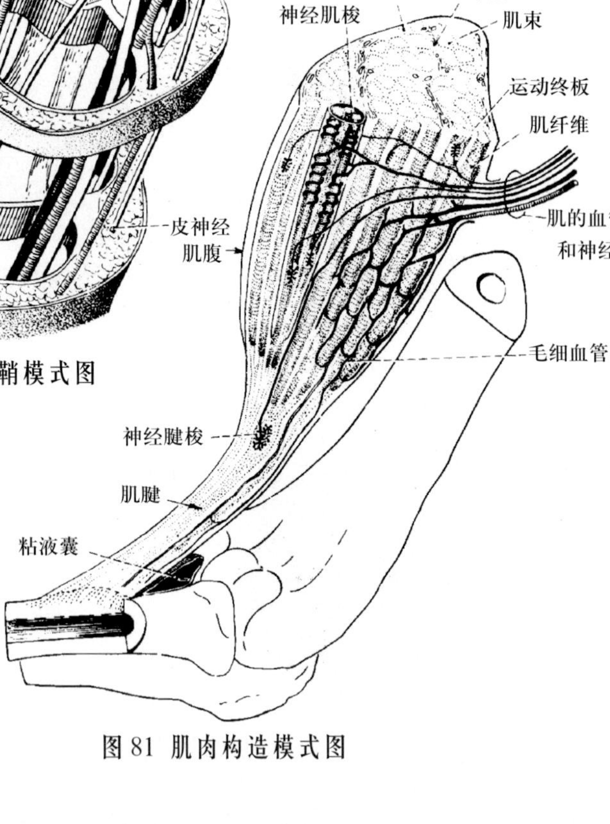

图 81 肌肉构造模式图

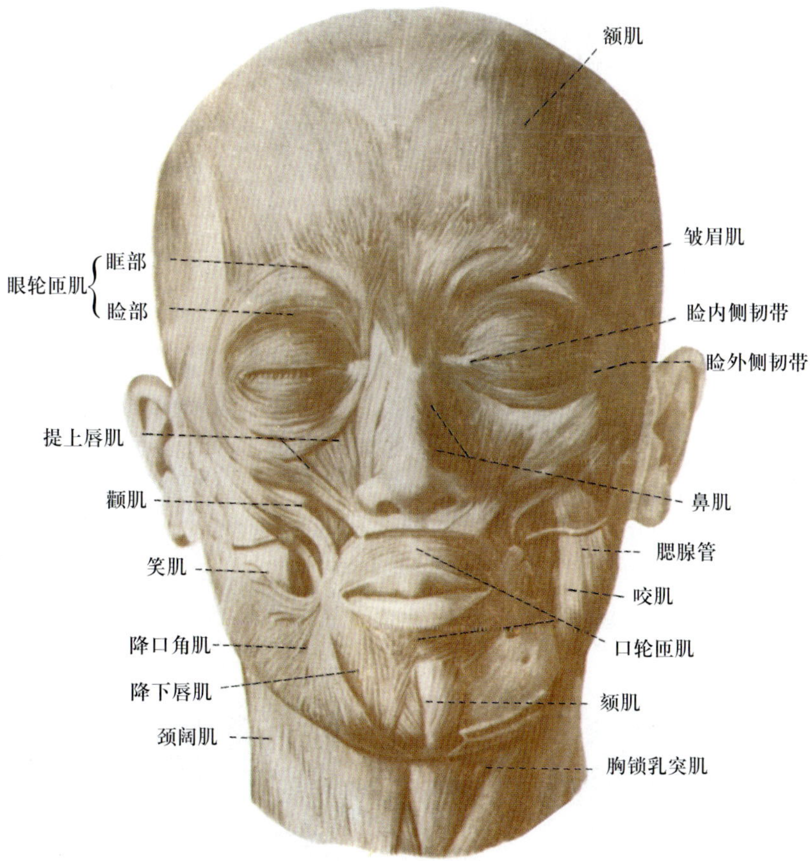
额肌
皱眉肌
眼轮匝肌
眶部
睑部
睑内侧韧带
睑外侧韧带
提上唇肌
鼻肌
颧肌
腮腺管
笑肌
咬肌
降口角肌
口轮匝肌
降下唇肌
颏肌
颈阔肌
胸锁乳突肌

图 82 头肌 前面

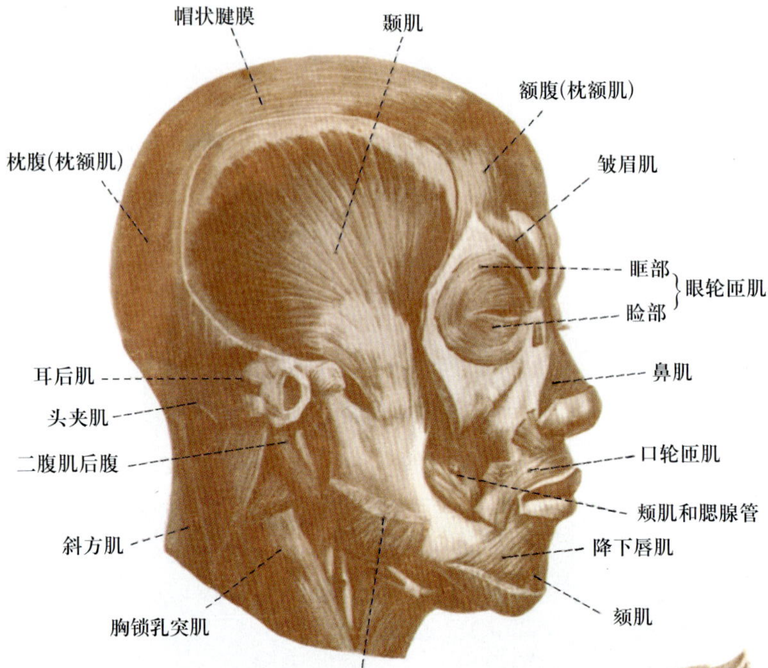

图 83 头肌 侧面

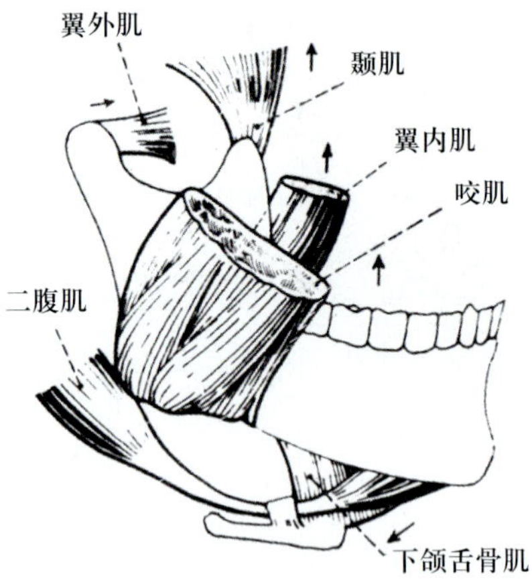

图 84 运动下颌的肌肉

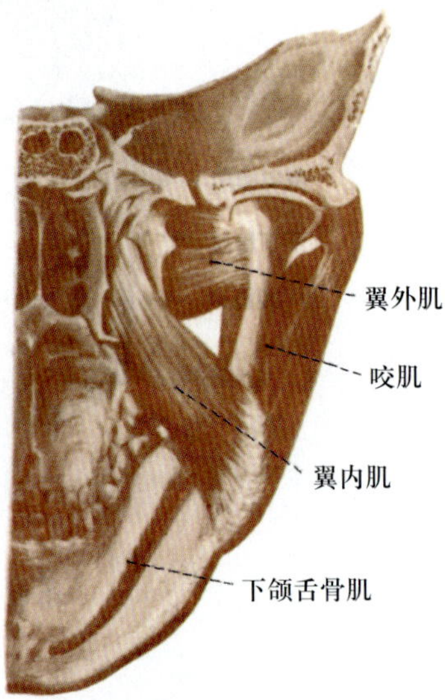

图 85 咀嚼肌 右后面

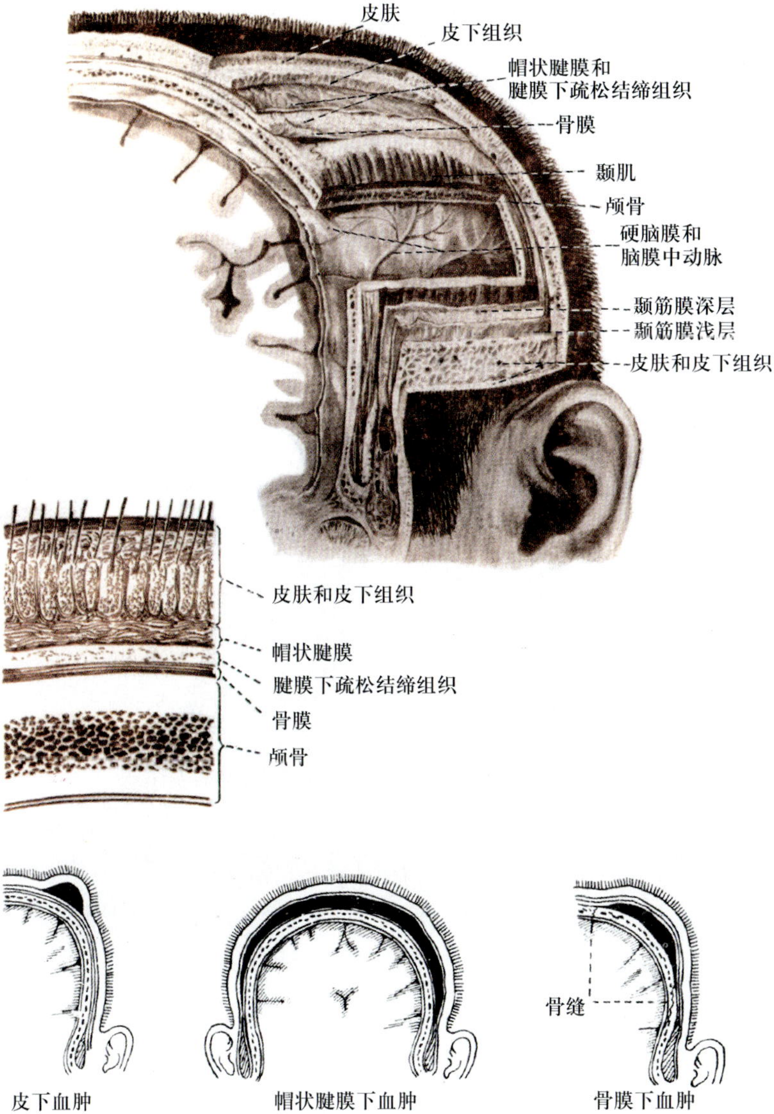
皮肤
皮下组织
帽状腱膜和
腱膜下疏松结缔组织
骨膜
颞肌
颅骨
硬脑膜和
脑膜中动脉
颞筋膜深层
颞筋膜浅层
皮肤和皮下组织
皮肤和皮下组织
帽状腱膜
腱膜下疏松结缔组织
骨膜
颅骨
骨缝
皮下血肿
帽状腱膜下血肿
骨膜下血肿

图 86 头皮层次

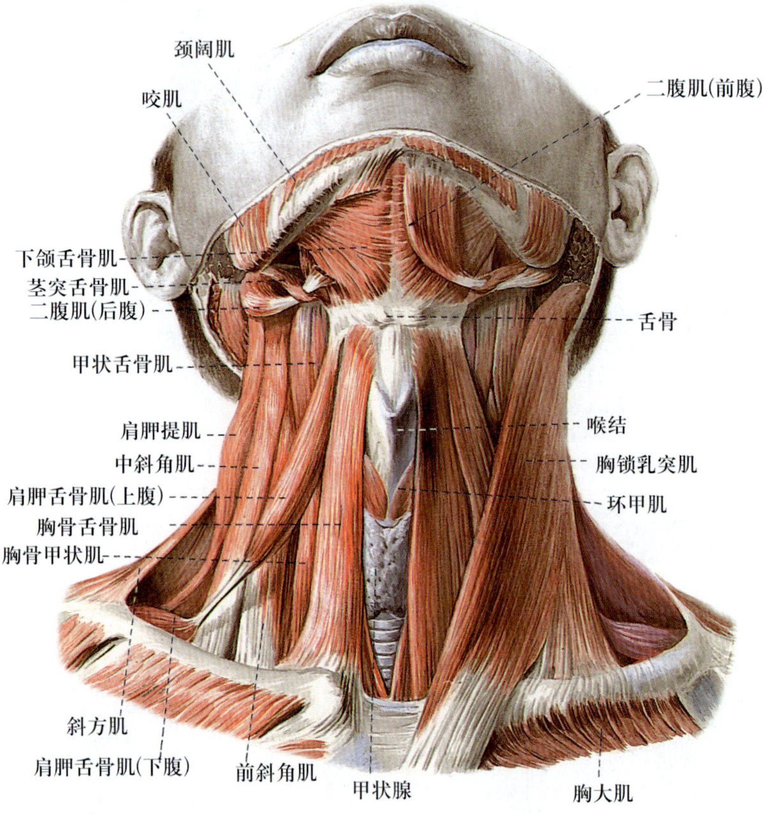

颈阔肌
咬肌
二腹肌(前腹)
下颌舌骨肌
茎突舌骨肌
二腹肌(后腹)
舌骨
甲状舌骨肌
肩胛提肌
喉结
中斜角肌
胸锁乳突肌
肩胛舌骨肌(上腹)
环甲肌
胸骨舌骨肌
胸骨甲状肌
斜方肌
肩胛舌骨肌(下腹)
前斜角肌
甲状腺
胸大肌

图 87 颈肌 前面

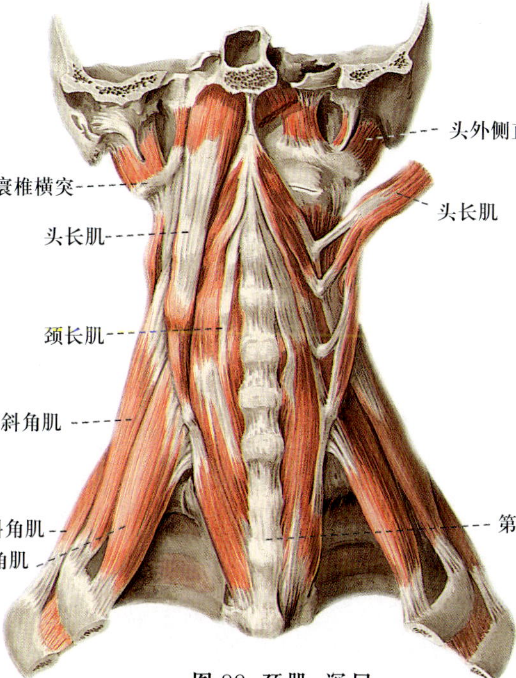

图 88 颈肌 深层

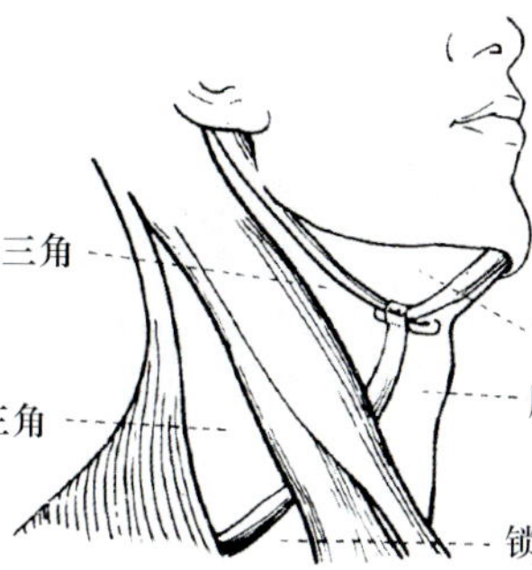

图 89 颈部分区

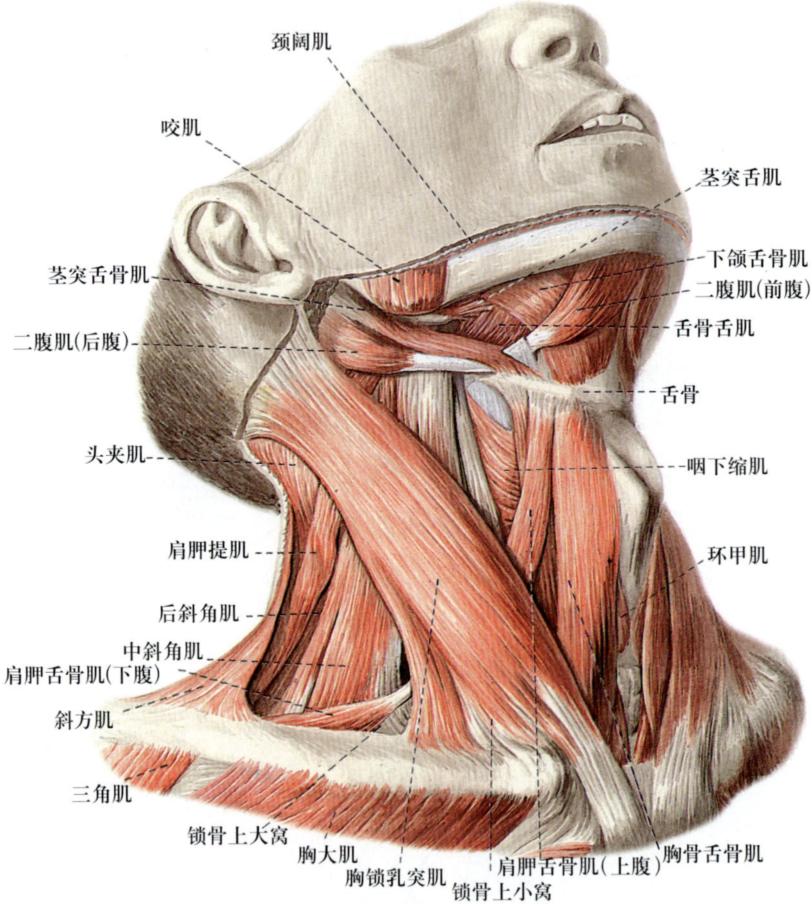
颈阔肌
咬肌
茎突舌肌
茎突舌骨肌
下颌舌骨肌
二腹肌(前腹)
舌骨舌肌
二腹肌(后腹)
舌骨
头夹肌
咽下缩肌
肩胛提肌
环甲肌
后斜角肌
中斜角肌
肩胛舌骨肌(下腹)
斜方肌
三角肌
锁骨上大窝
胸大肌
胸锁乳突肌
肩胛舌骨肌(上腹)
锁骨上小窝
胸骨舌骨肌

图 90 颈肌 侧面(一)

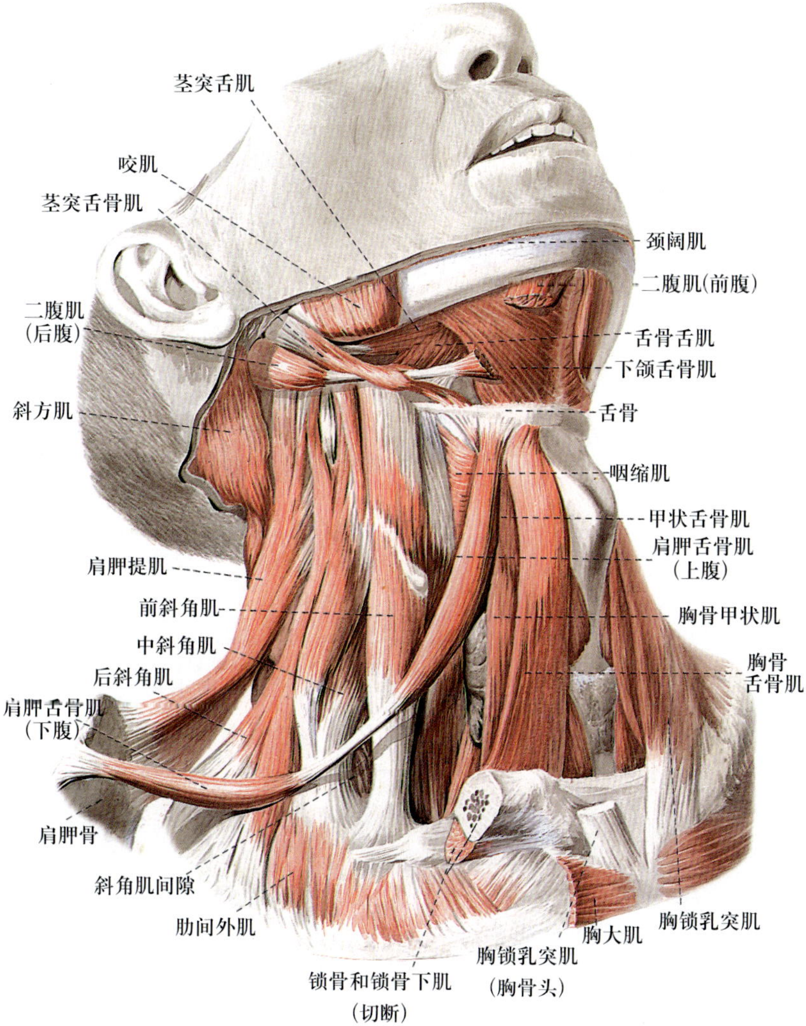
茎突舌肌
咬肌
茎突舌骨肌
二腹肌
(后腹)
斜方肌
肩胛提肌
前斜角肌
中斜角肌
后斜角肌
肩胛舌骨肌
(下腹)
肩胛骨
斜角肌间隙
肋间外肌
锁骨和锁骨下肌
(切断)
胸锁乳突肌
(胸骨头)
胸大肌
胸锁乳突肌
胸骨
舌骨肌
胸骨甲状肌
肩胛舌骨肌
(上腹)
甲状舌骨肌
咽缩肌
舌骨
下颌舌骨肌
舌骨舌肌
二腹肌(前腹)
颈阔肌

图 91 颈肌 侧面(二)

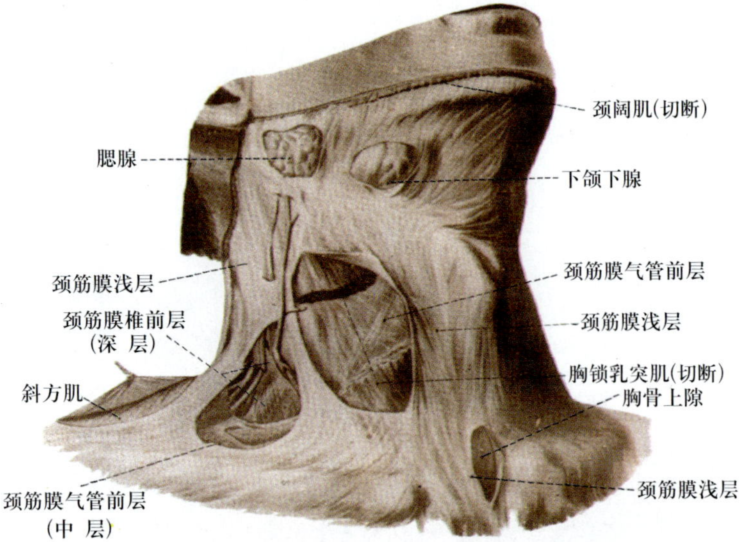

图 92 颈筋膜 右前面

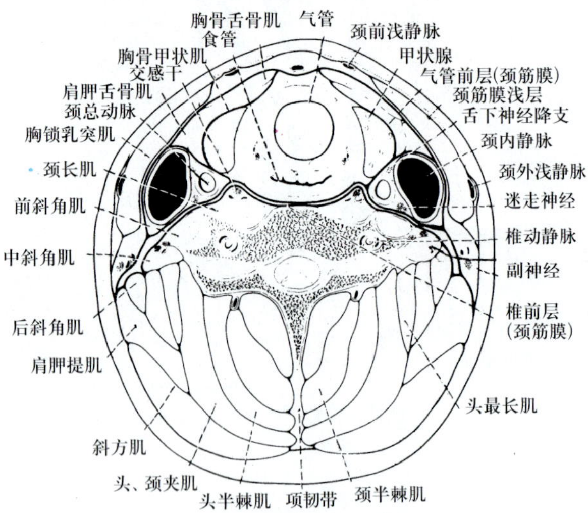

图 93 颈部的横断面(平第五颈椎)

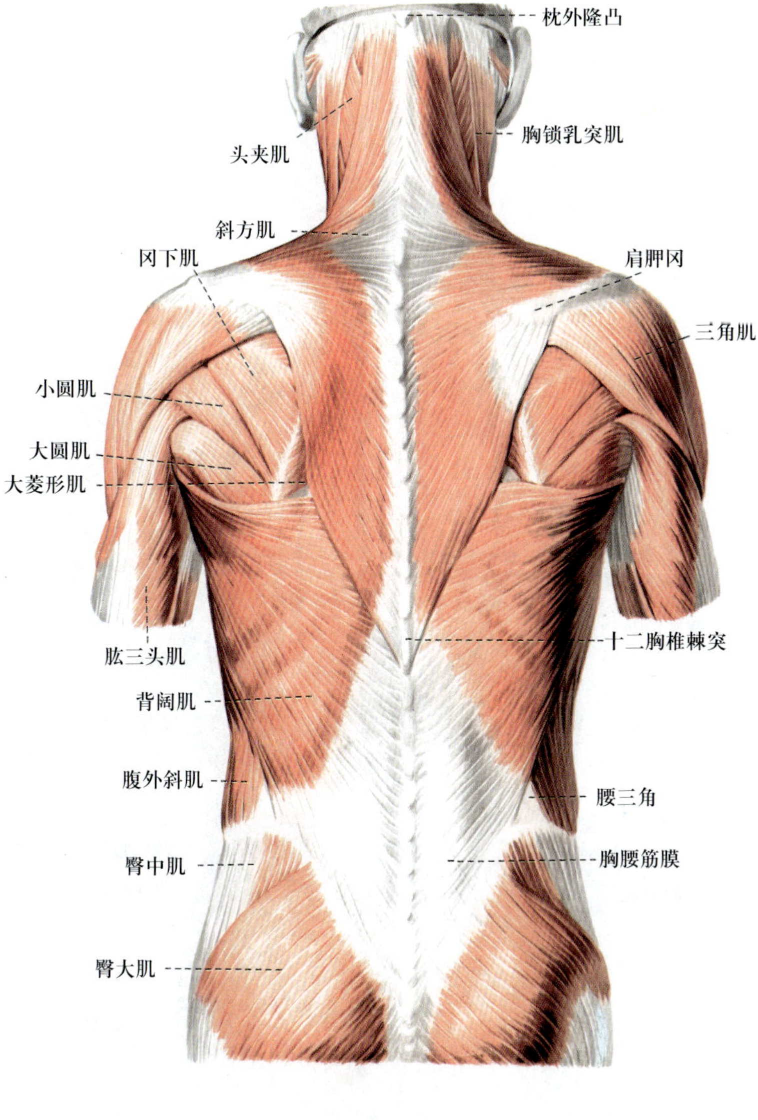

枕外隆凸
头夹肌
胸锁乳突肌
斜方肌
冈下肌
肩胛冈
三角肌
小圆肌
大圆肌
大菱形肌
肱三头肌
十二胸椎棘突
背阔肌
腹外斜肌
腰三角
臀中肌
胸腰筋膜
臀大肌

图 94 背肌 浅层

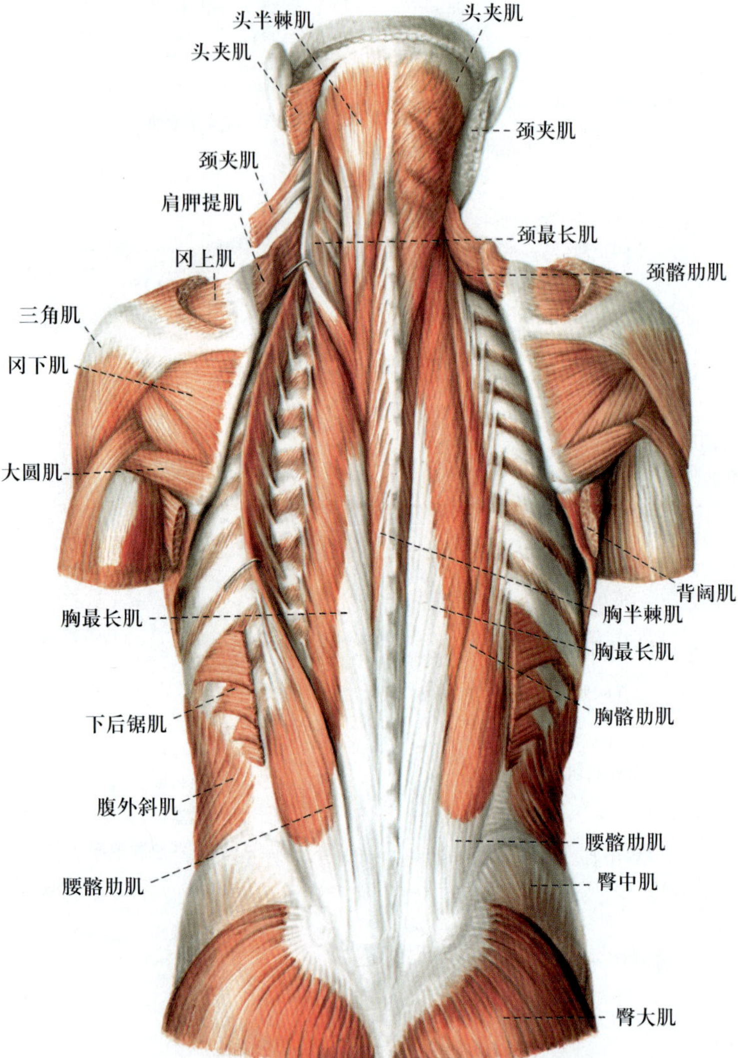
头半棘肌
头夹肌
头夹肌
颈夹肌
颈夹肌
肩胛提肌
颈最长肌
冈上肌
颈髂肋肌
三角肌
冈下肌
大圆肌
背阔肌
胸半棘肌
胸最长肌
胸最长肌
胸髂肋肌
下后锯肌
腹外斜肌
腰髂肋肌
臀中肌
腰髂肋肌
臀大肌

图 95 背肌 深层

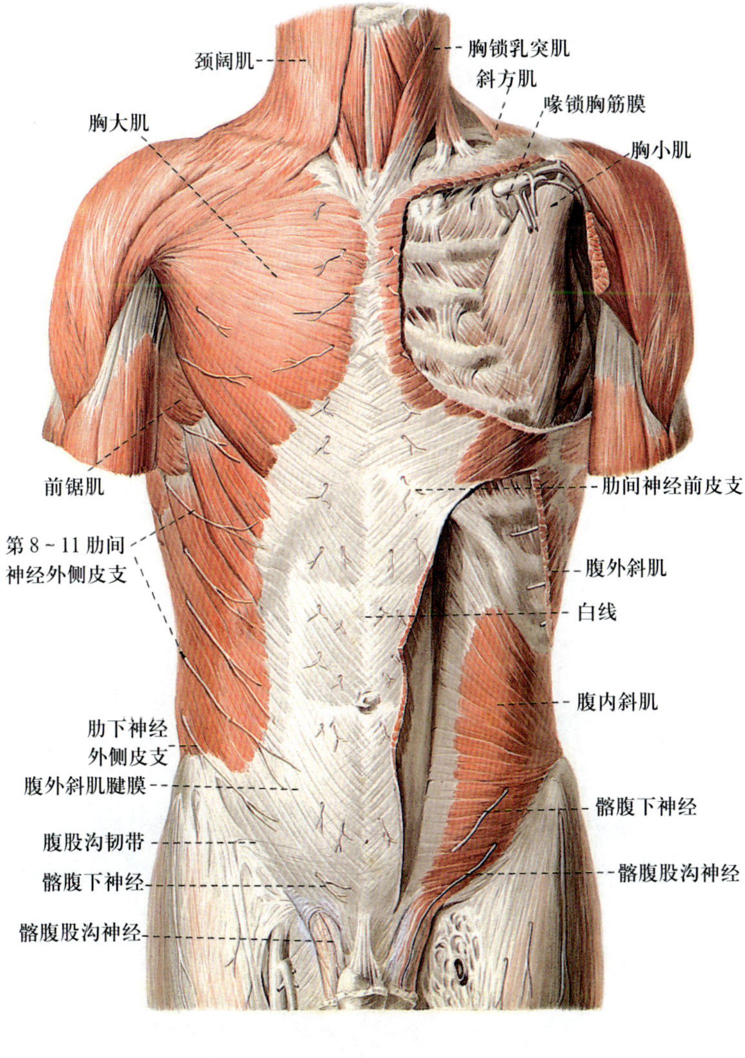

图 96 胸腹壁局解浅、中层

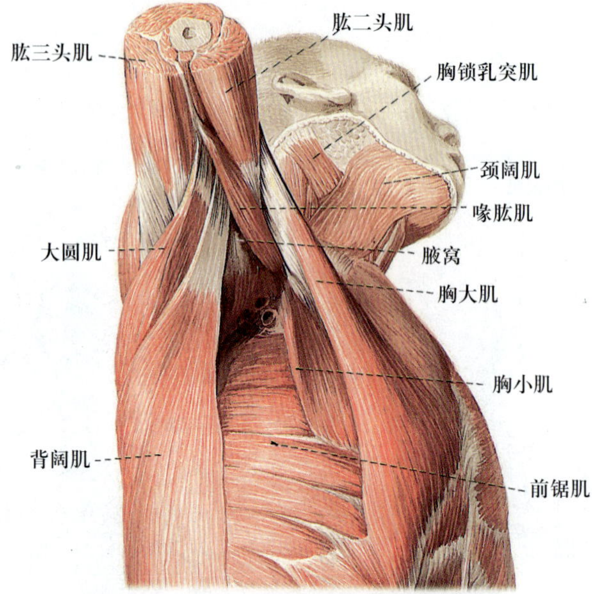

图 97 腋窝诸肌

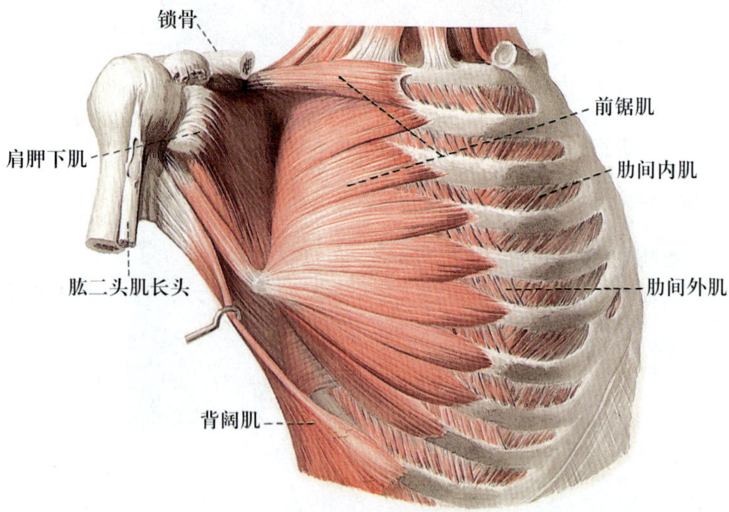

图 98 前锯肌

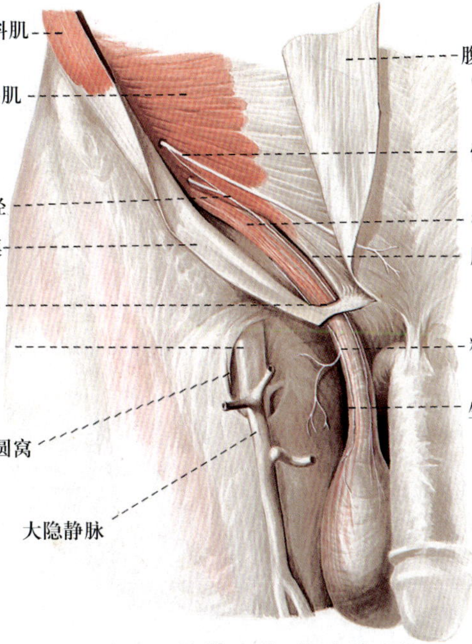

图99 腹股沟管 前壁(切开)

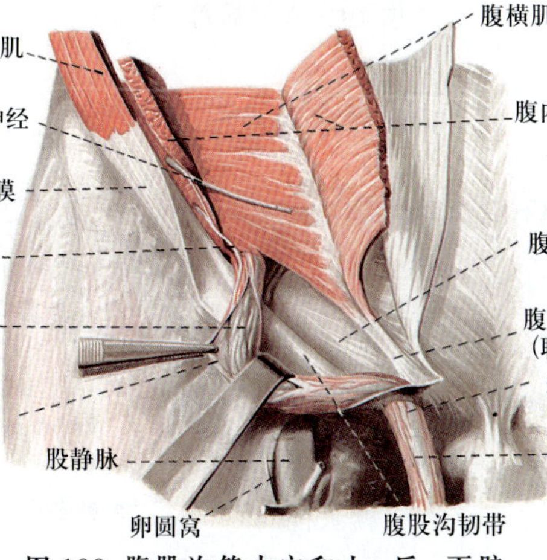

图100 腹股沟管内容和上、后、下壁

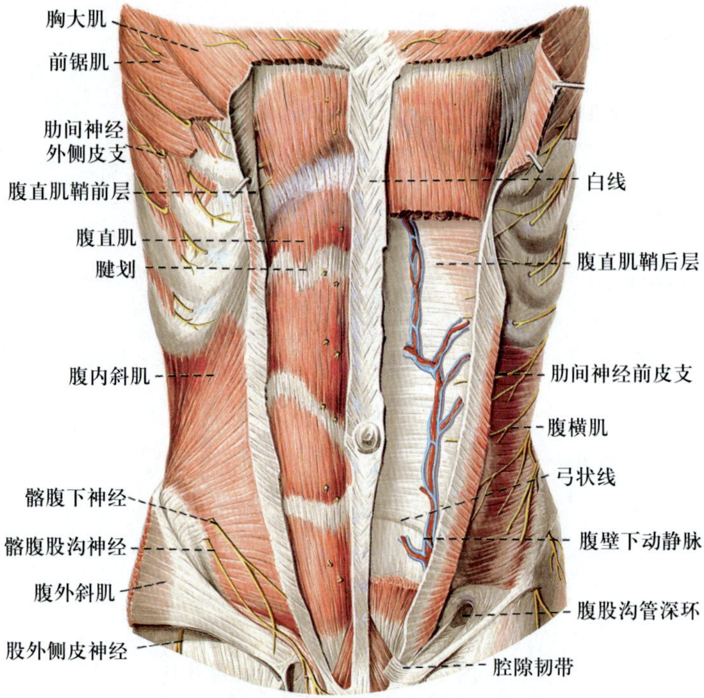

图 101 腹壁局解 深层

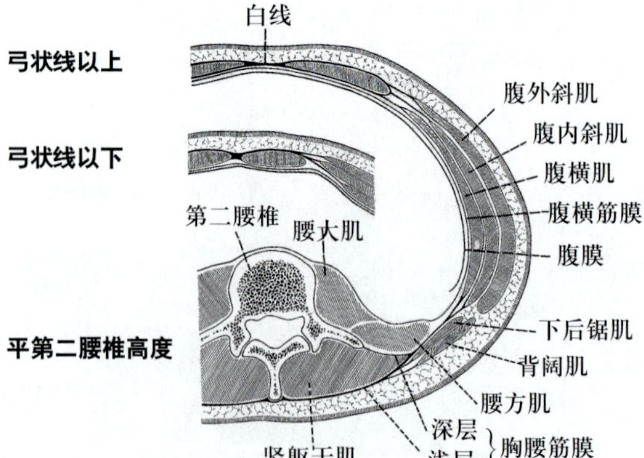

图 102 腹壁横断面

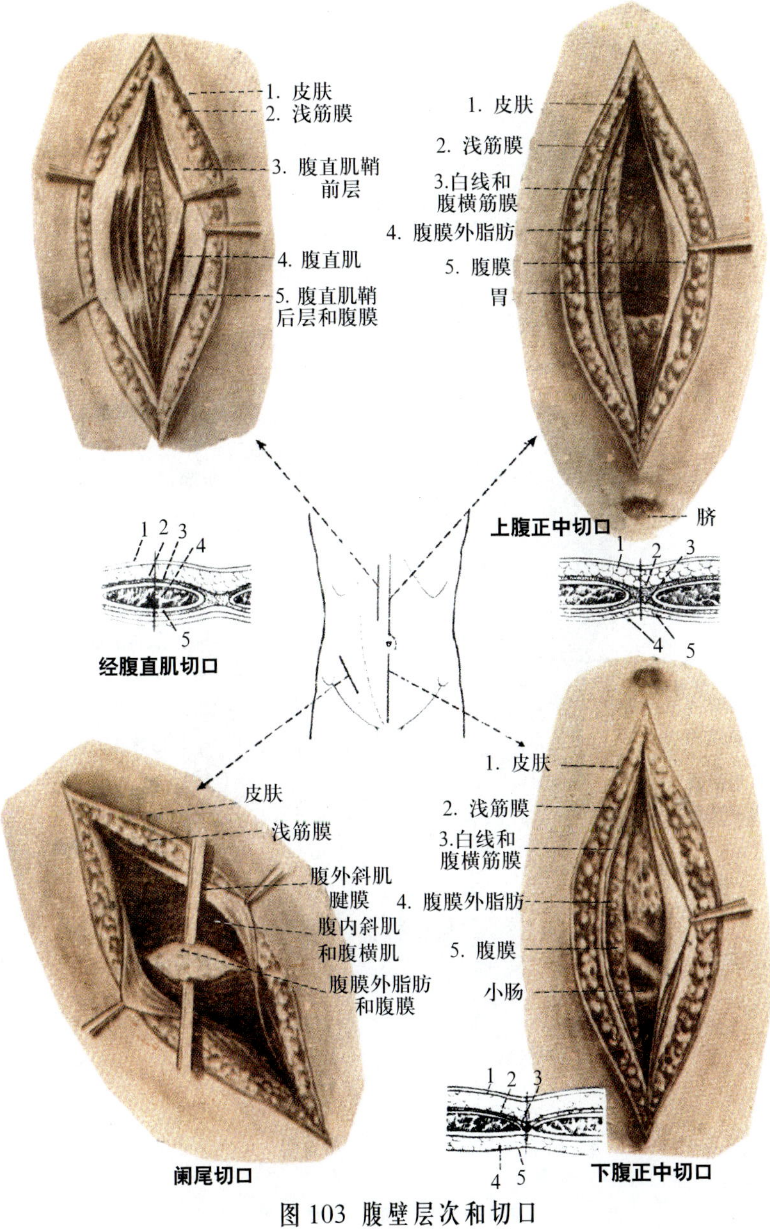

图 103 腹壁层次和切口

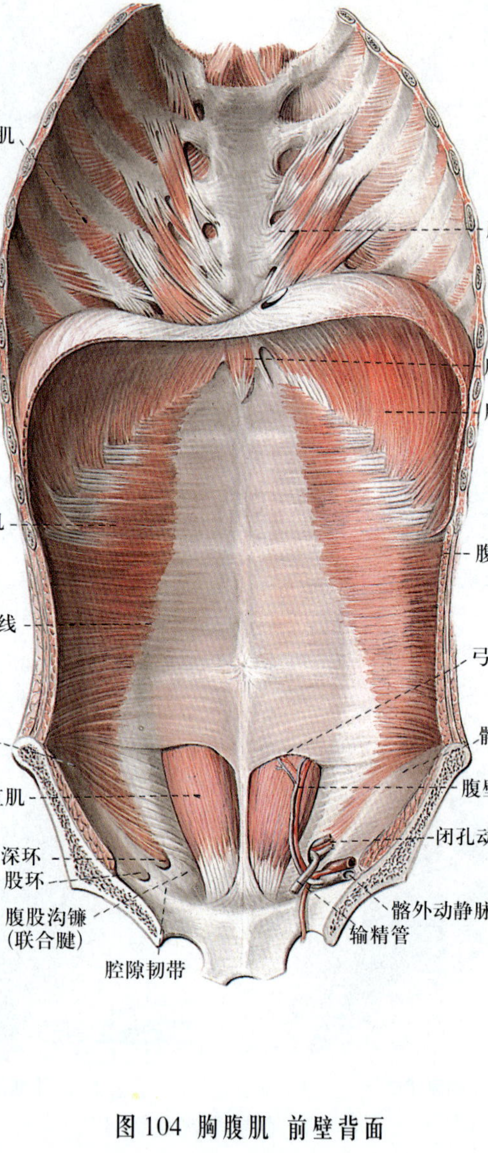

图 104 胸腹肌 前壁背面

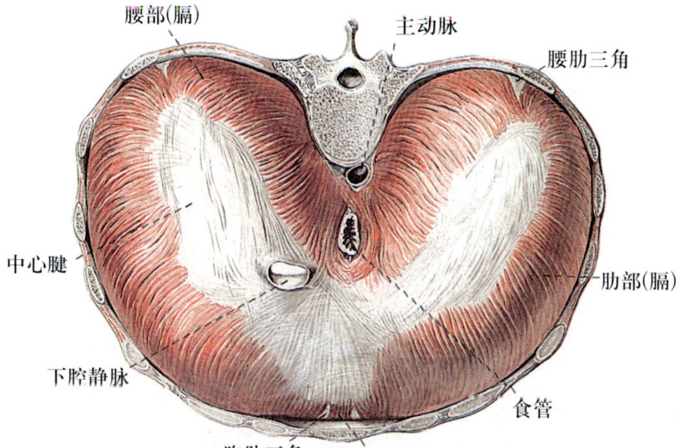

图105 膈 上面观

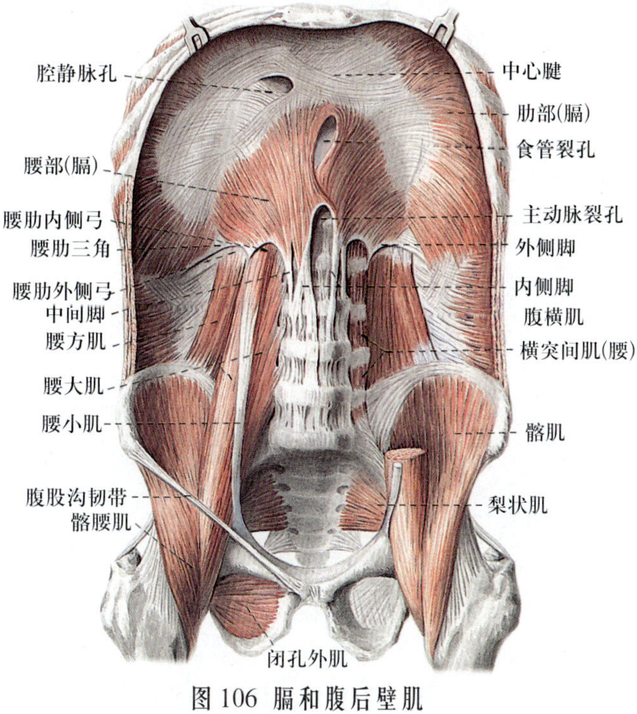

图 106 膈和腹后壁肌

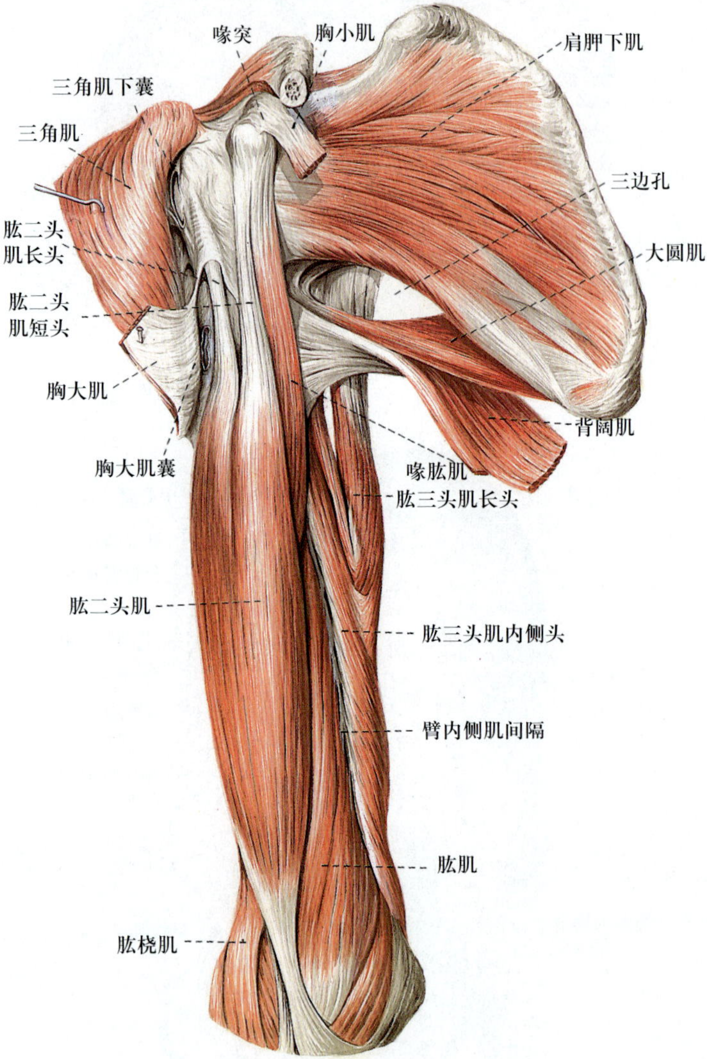

图 107 肩肌和臂肌 前面

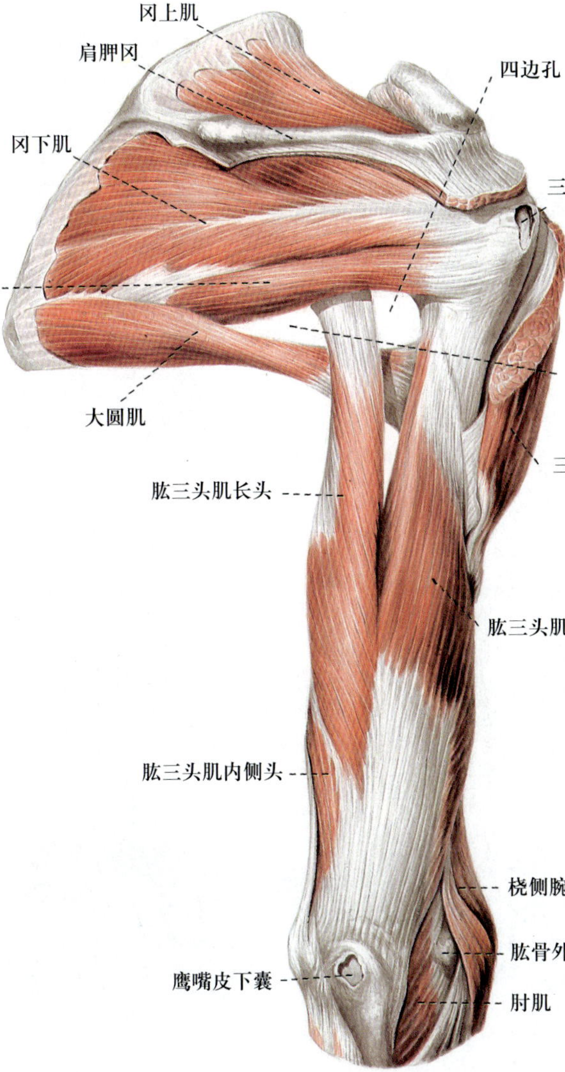

图 108 肩肌和臂肌 后面

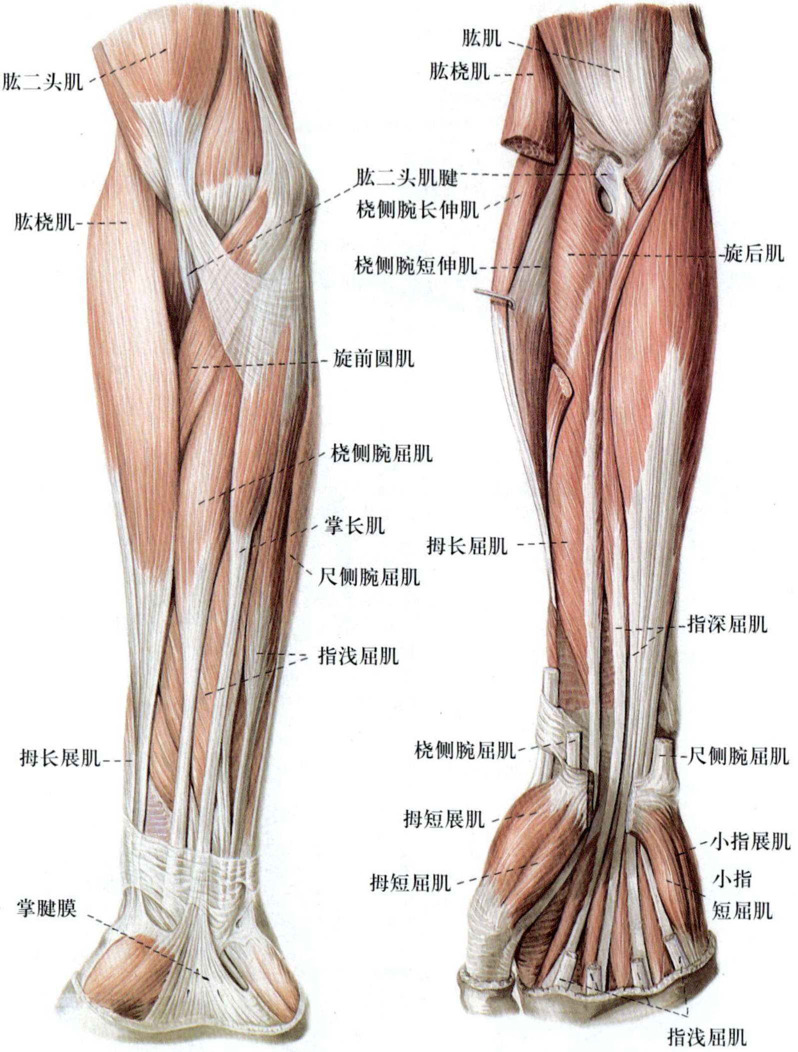
肱二头肌
肱桡肌
肱二头肌腱
旋前圆肌
桡侧腕屈肌
掌长肌
尺侧腕屈肌
指浅屈肌
拇长展肌
掌腱膜
浅 层
肱肌
肱桡肌
桡侧腕长伸肌
桡侧腕短伸肌
旋后肌
拇长屈肌
指深屈肌
桡侧腕屈肌
尺侧腕屈肌
拇短展肌
小指展肌
拇短屈肌
小指
短屈肌
指浅屈肌
深 层

图 109 前臂掌侧肌

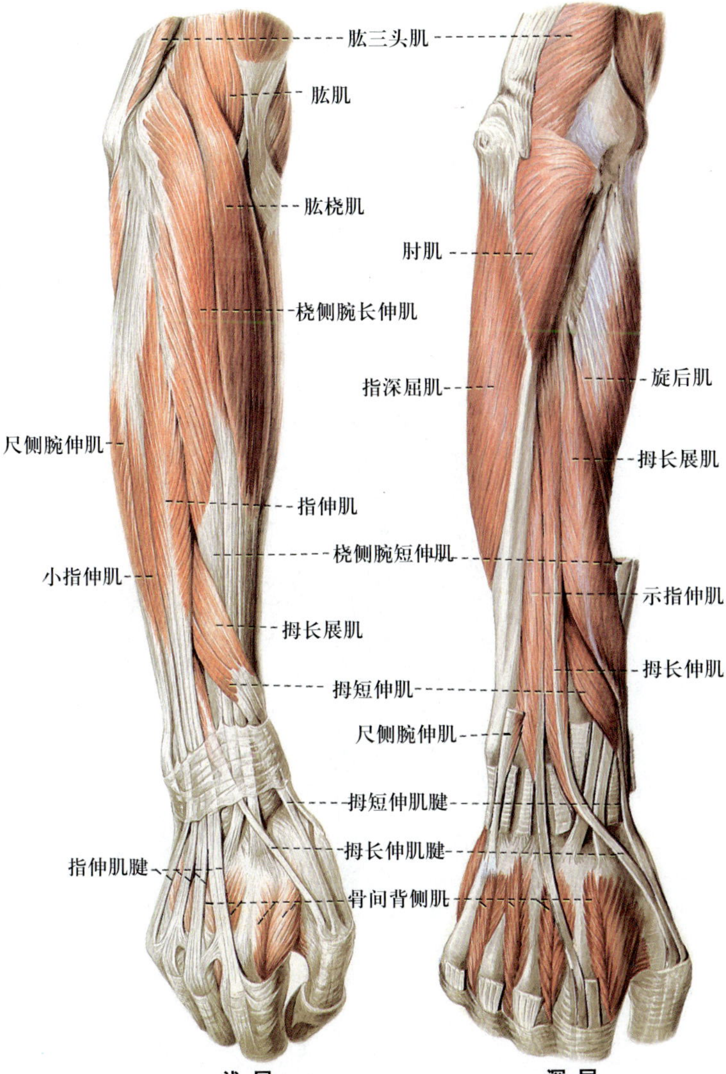
肱三头肌
肱肌
肱桡肌
肘肌
桡侧腕长伸肌
指深屈肌
旋后肌
尺侧腕伸肌
拇长展肌
指伸肌
桡侧腕短伸肌
小指伸肌
示指伸肌
拇长展肌
拇长伸肌
拇短伸肌
尺侧腕伸肌
拇短伸肌腱
拇长伸肌腱
指伸肌腱
骨间背侧肌
浅层
深层

图110 前臂背侧肌

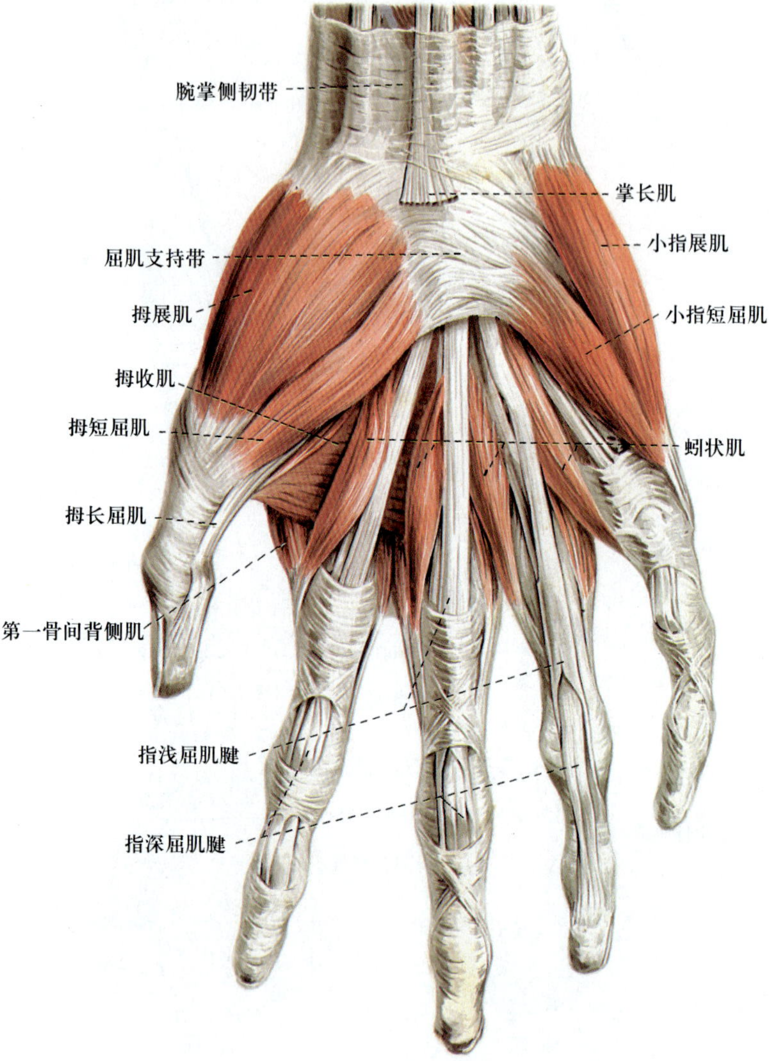

腕掌侧韧带
掌长肌
小指展肌
屈肌支持带
拇展肌
小指短屈肌
拇收肌
拇短屈肌
蚓状肌
拇长屈肌
第一骨间背侧肌
指浅屈肌腱
指深屈肌腱

图 111 手肌 掌面浅层

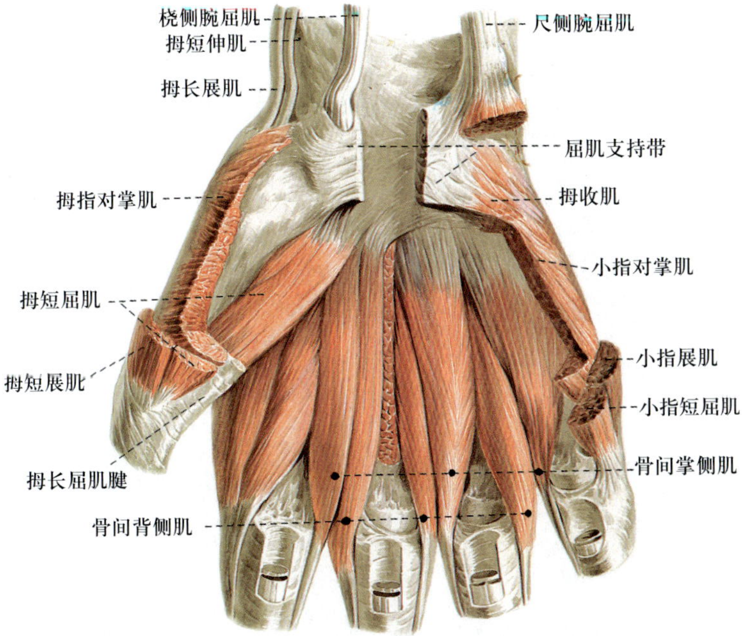

图 112 手肌 掌面深层

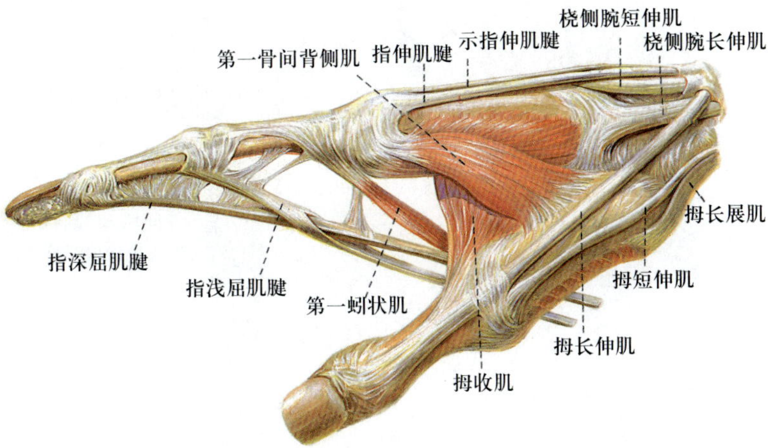

图 113 手肌 桡面

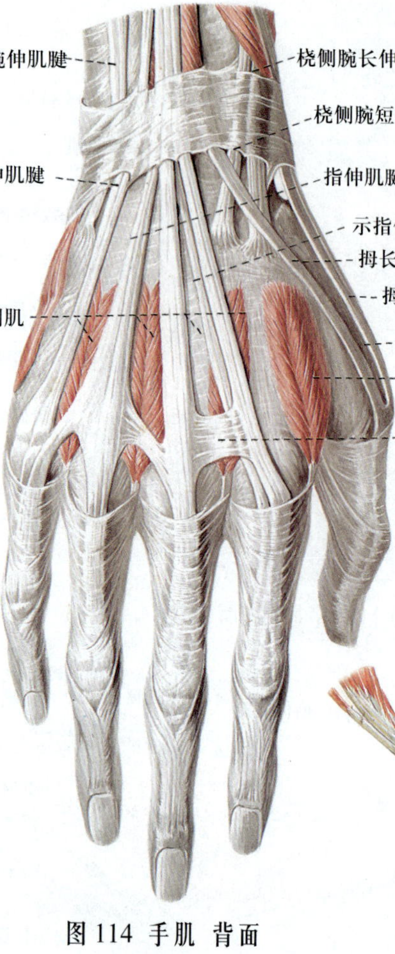

图 114 手肌 背面

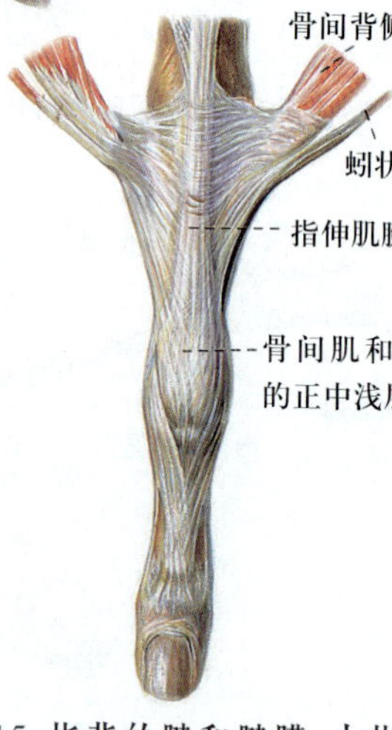

图115 指背的腱和腱膜 中指背面

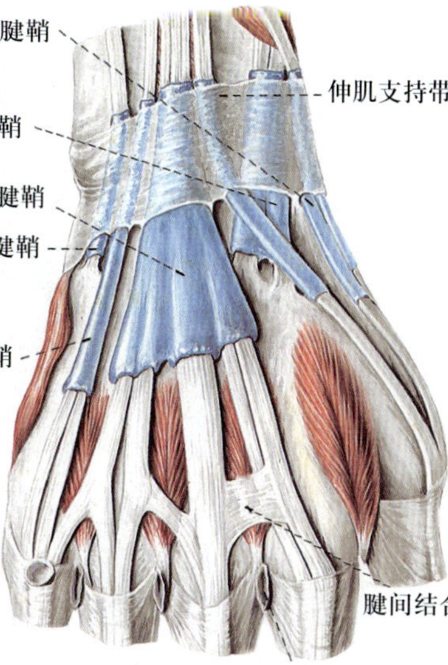

后 面

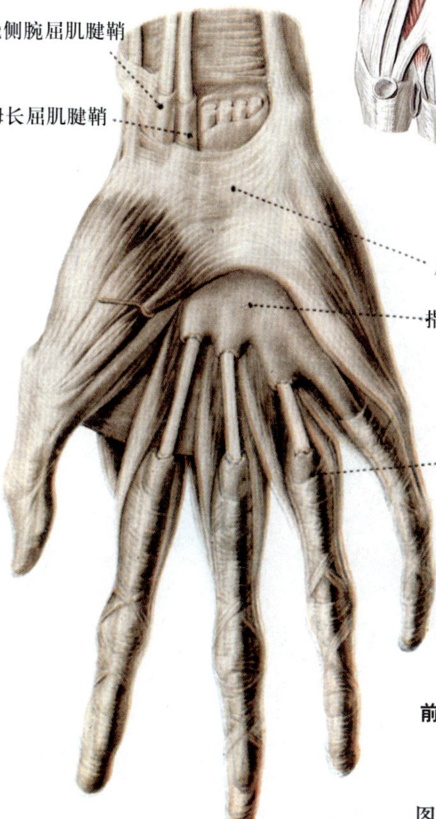

前 面

图 116 手的腱滑液鞘

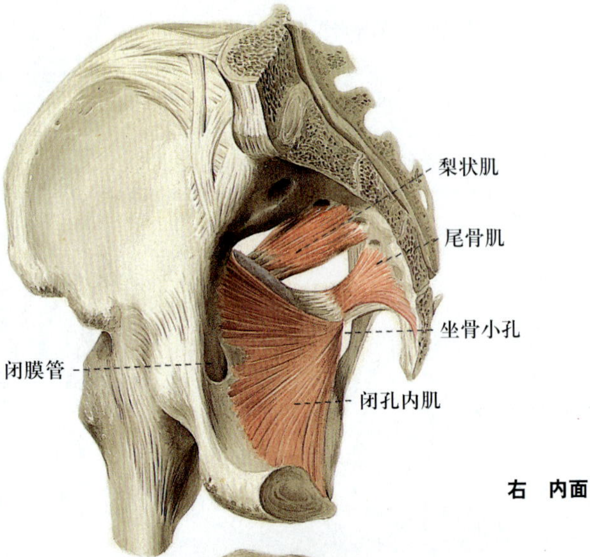
梨状肌
尾骨肌
坐骨小孔
闭膜管
闭孔内肌
右 内面

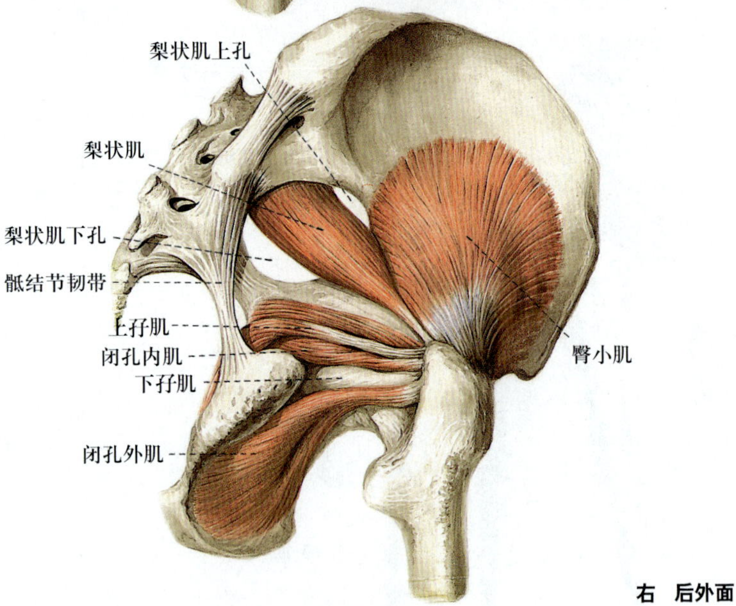
梨状肌上孔
梨状肌
梨状肌下孔
骶结节韧带
上孖肌
闭孔内肌
下孖肌
闭孔外肌
臀小肌
右 后外面

图 117 髋肌

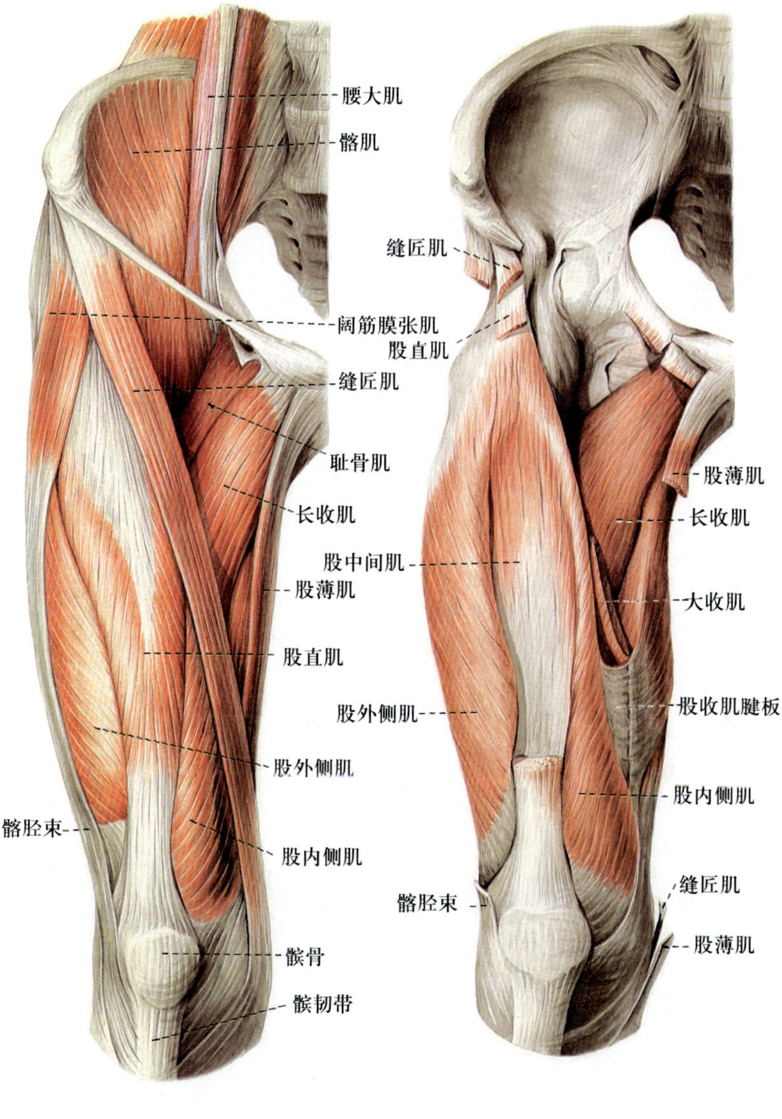

图 118 髋和大腿肌 前面

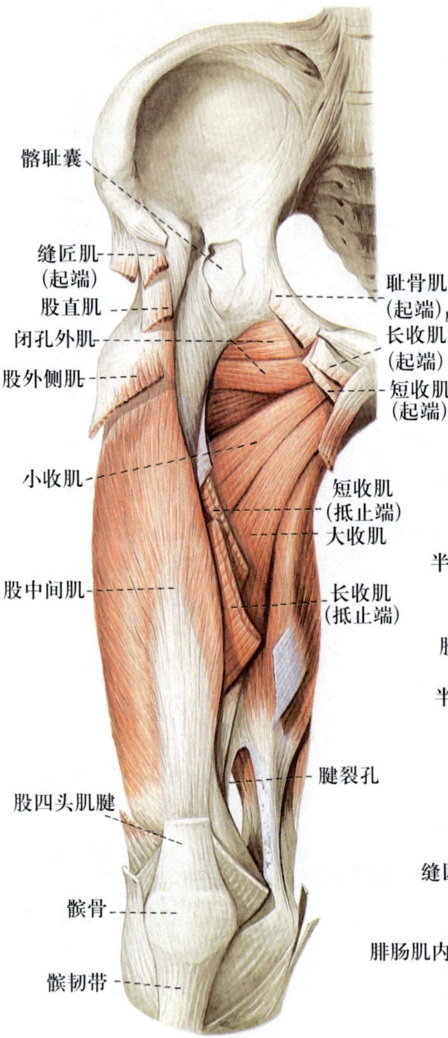

图 119 髋肌和大腿肌 前面

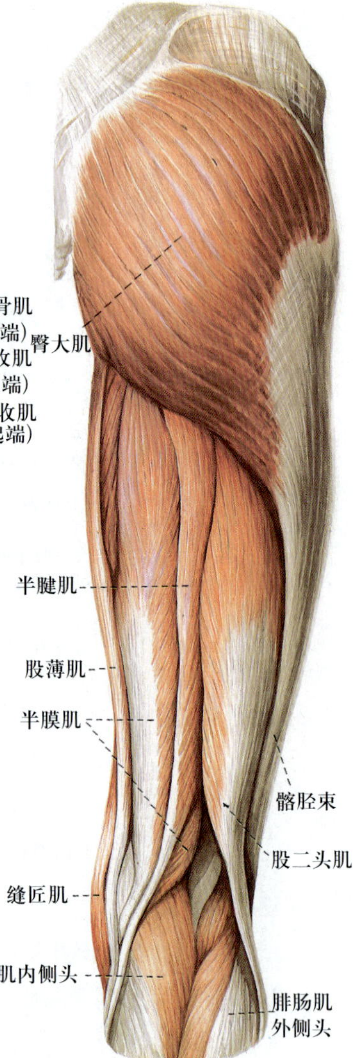

图 120 髋肌和大腿肌 后面

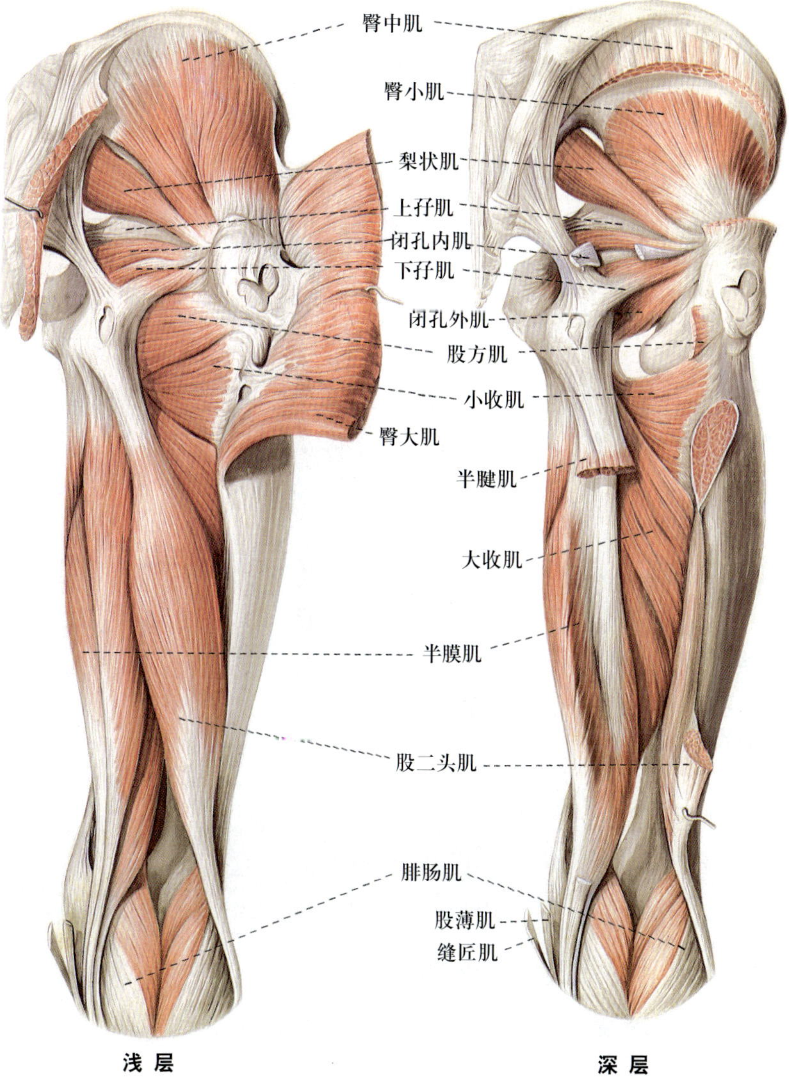

图 121 髋肌和大腿肌 后面

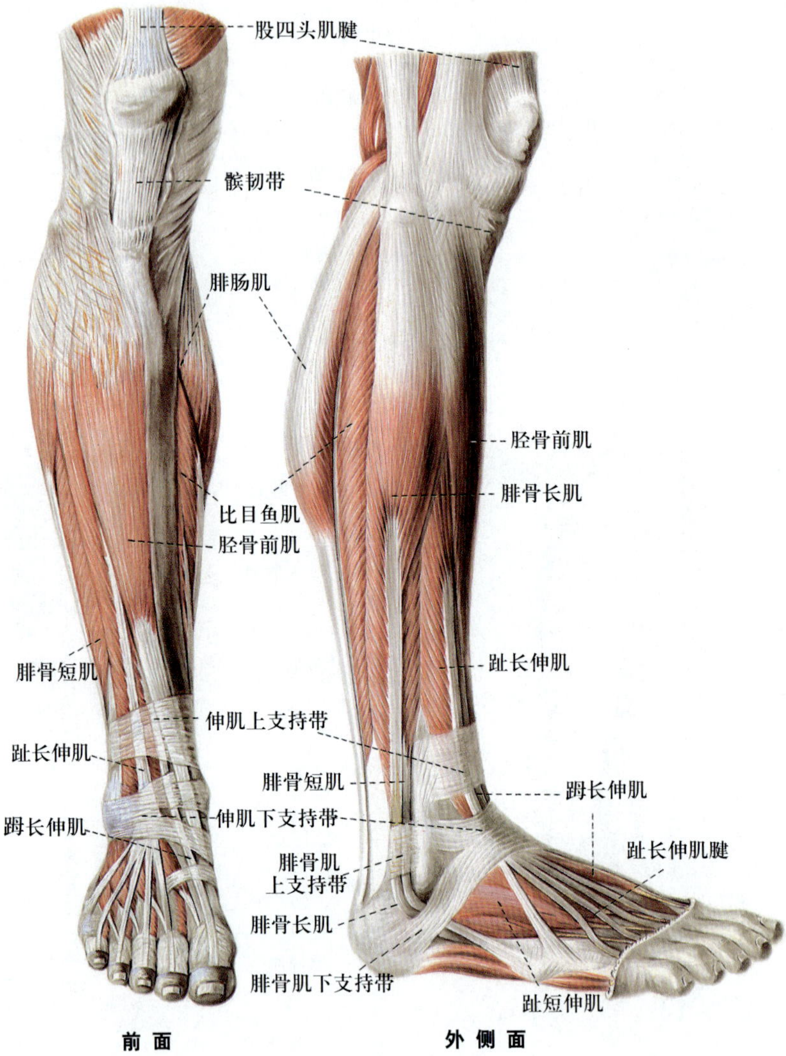
股四头肌腱
髌韧带
腓肠肌
比目鱼肌
胫骨前肌
腓骨短肌
伸肌上支持带
趾长伸肌
伸肌下支持带
踇长伸肌
胫骨前肌
腓骨长肌
趾长伸肌
腓骨短肌
踇长伸肌
腓骨肌
上支持带
趾长伸肌腱
腓骨长肌
腓骨肌下支持带
趾短伸肌
前 面
外 侧 面

图 122 小腿肌和足肌

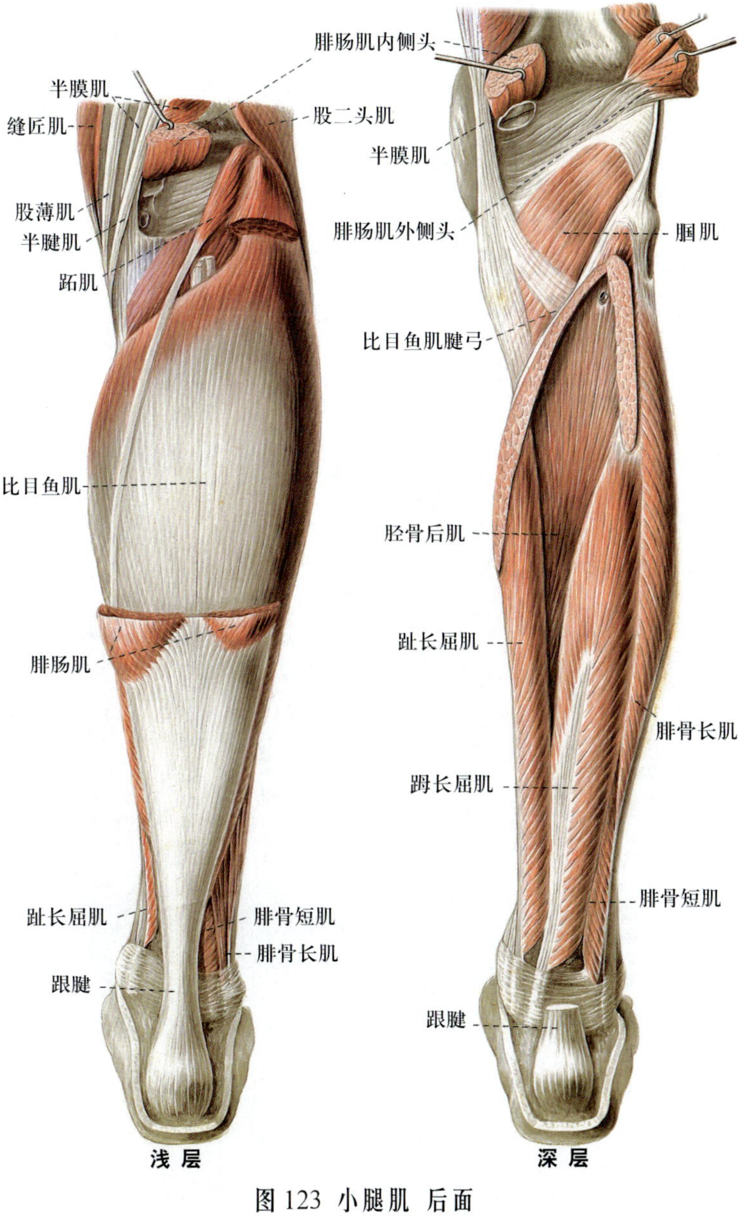

半膜肌
缝匠肌
股二头肌
股薄肌
半腱肌
跖肌
比目鱼肌
腓肠肌
趾长屈肌
腓骨短肌
腓骨长肌
跟腱
浅层
腓肠肌内侧头
半膜肌
腓肠肌外侧头
腘肌
比目鱼肌腱弓
胫骨后肌
趾长屈肌
腓骨长肌
踇长屈肌
腓骨短肌
跟腱
深层

图 123 小腿肌 后面

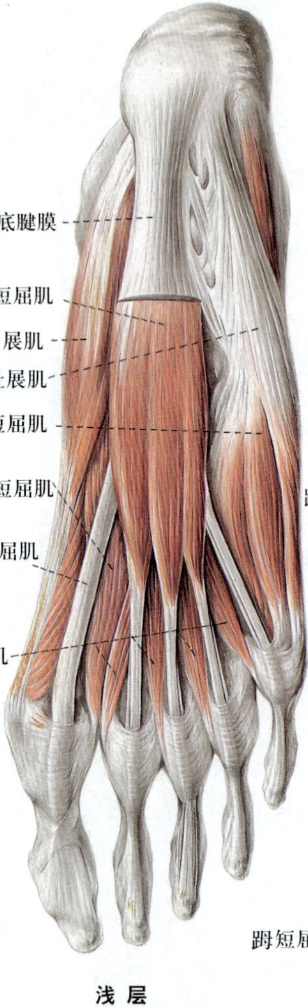

足底腱膜
趾短屈肌
跗展肌
小趾展肌
小趾短屈肌
跗短屈肌
跗长屈肌
蚓状肌
浅 层

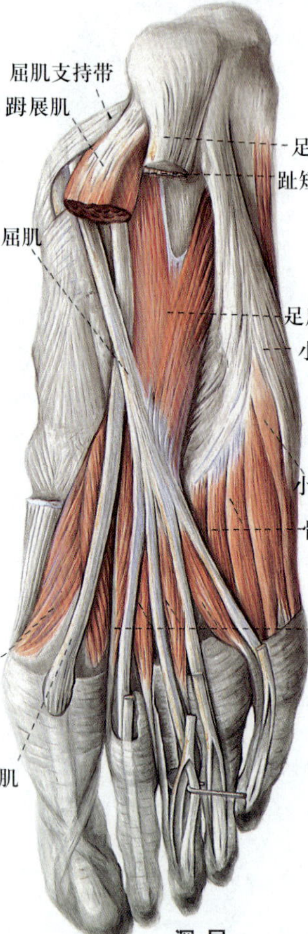

屈肌支持带
跗展肌
足底腱膜
趾短屈肌
趾长屈肌
足底方肌
小趾展肌
小趾短屈肌
骨间足底肌
蚓状肌
跗短屈肌
跗长屈肌
深 层

图124 足底肌

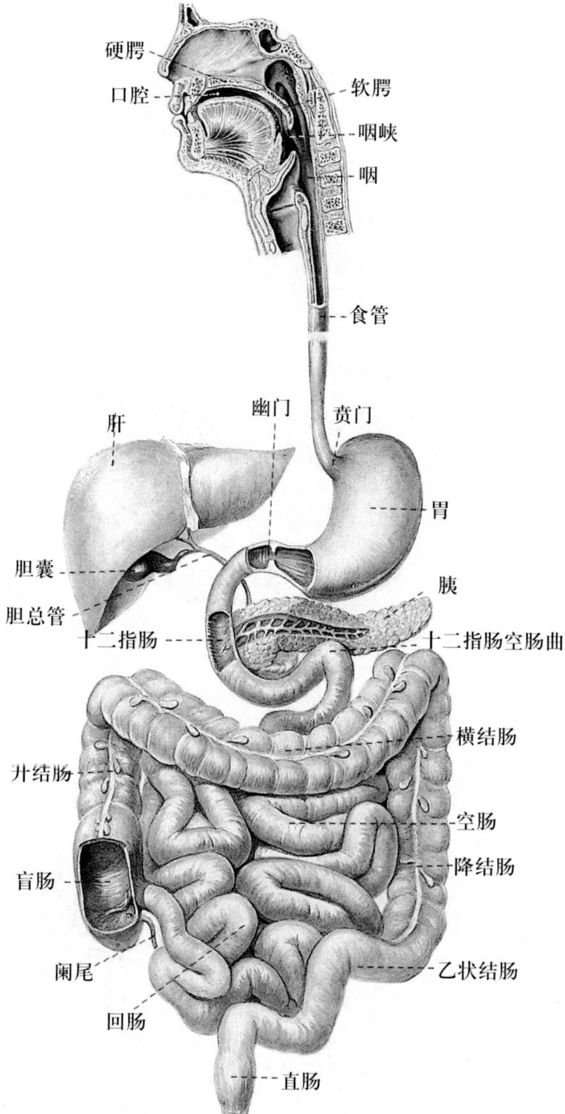

硬腭
口腔
软腭
咽峡
咽
食管
幽门
贲门
肝
胃
胆囊
胰
胆总管
十二指肠
十二指肠空肠曲
横结肠
升结肠
空肠
降结肠
盲肠
阑尾
乙状结肠
回肠
直肠

图 125 消化器概观

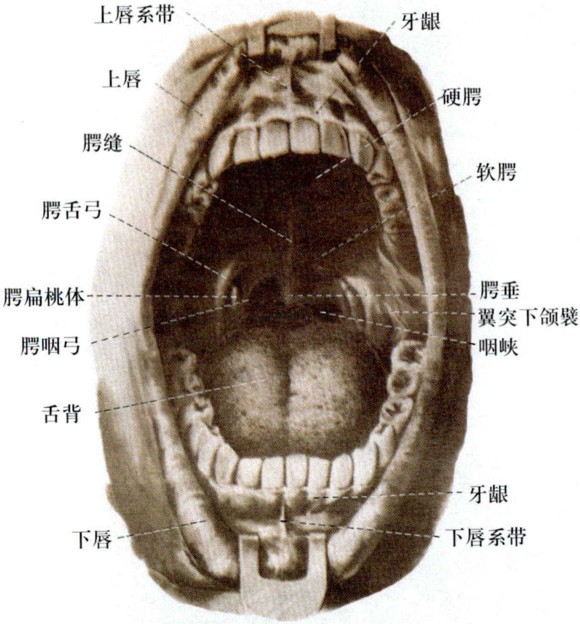

图 126 口腔和咽峡 前面

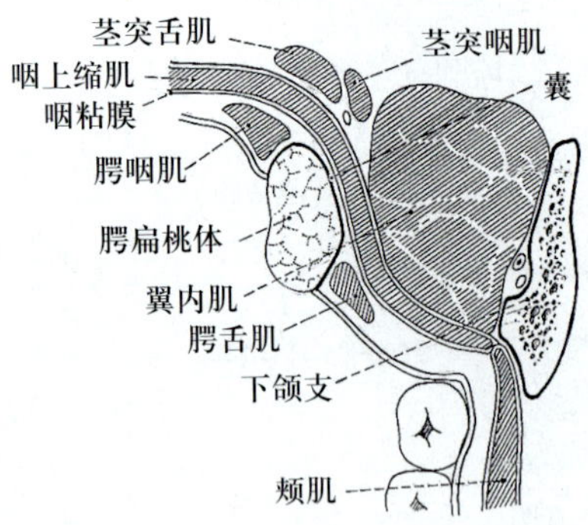

图 127 腭扁桃体及周围结构
（水平断面）

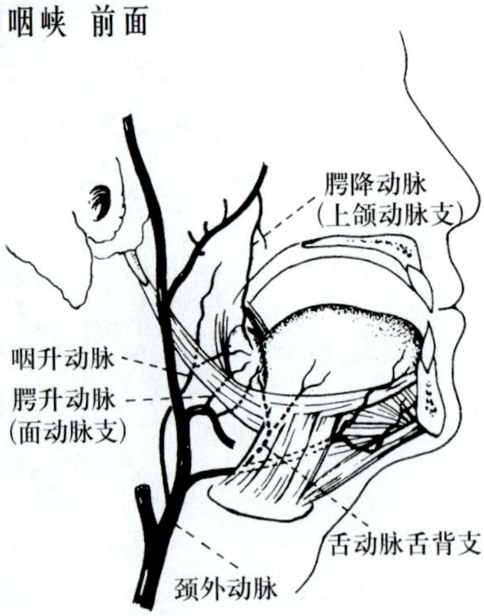

图 128 腭扁桃体的血管分布

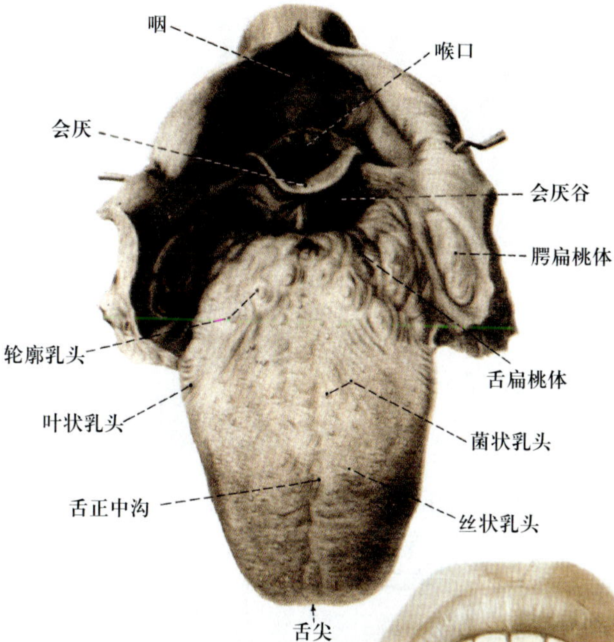

图 129 舌 背面

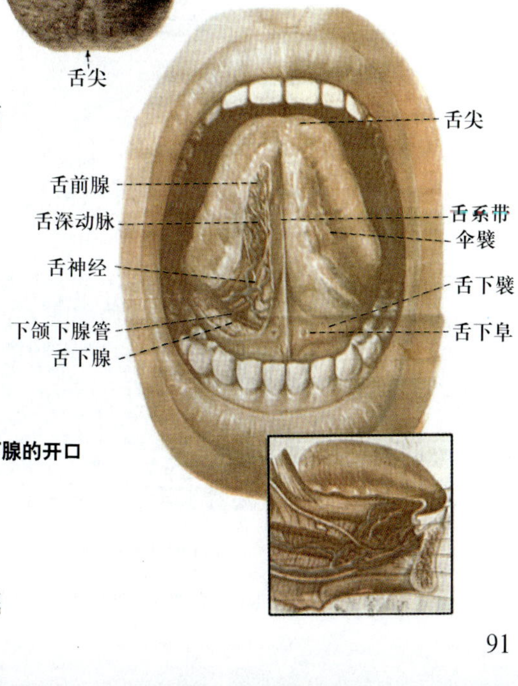

下颌下腺和舌下腺的开口

图 130 口腔底

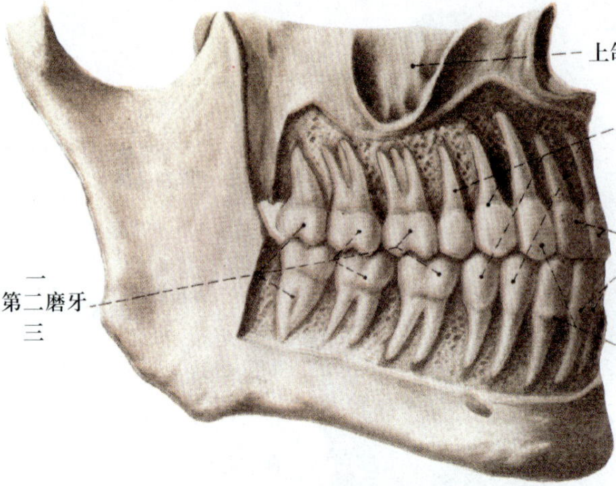

图 131 牙列的咬合 右 外面

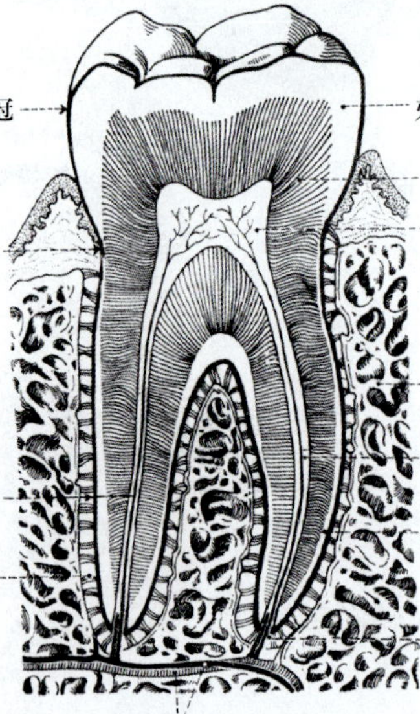

图 132 牙的构造模式图 纵断

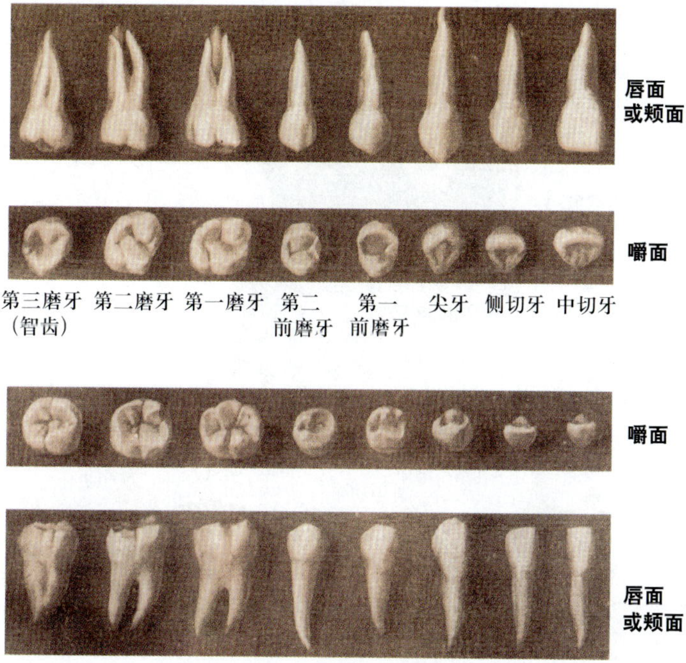

图 133 上、下颌恒牙(右半)

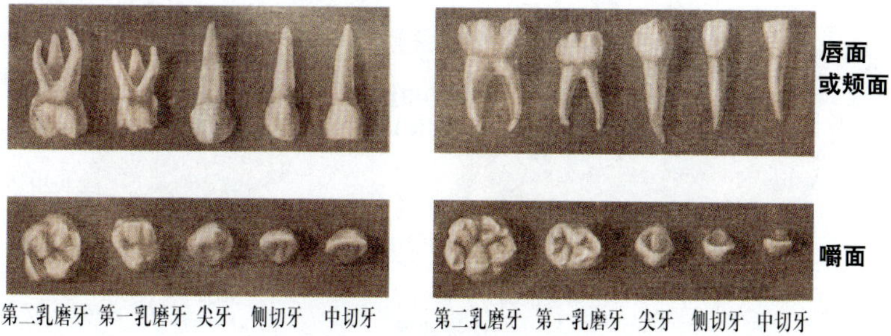

图 134 上、下颌乳牙(右半)

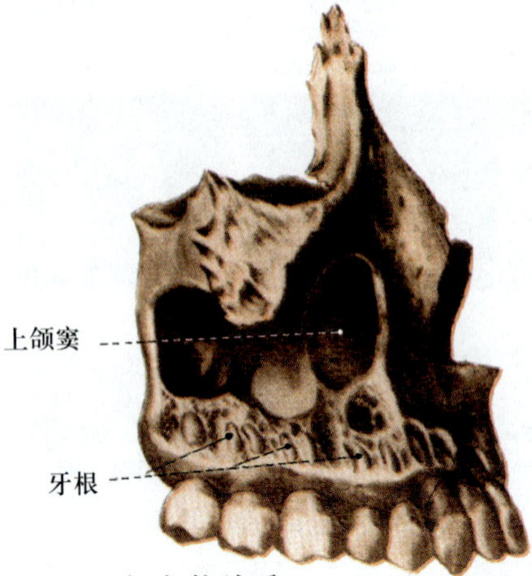

图 135 牙根和上颌窦的关系

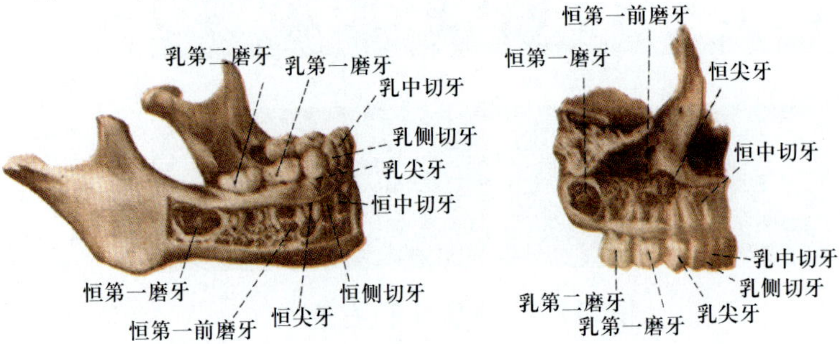

两岁半小儿

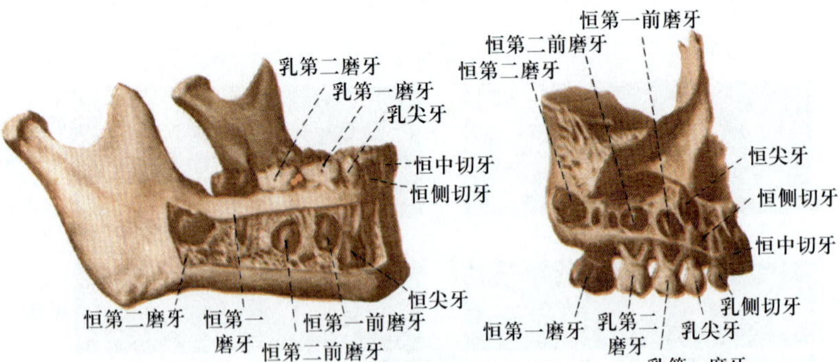

七岁儿童

图 136 牙的萌出

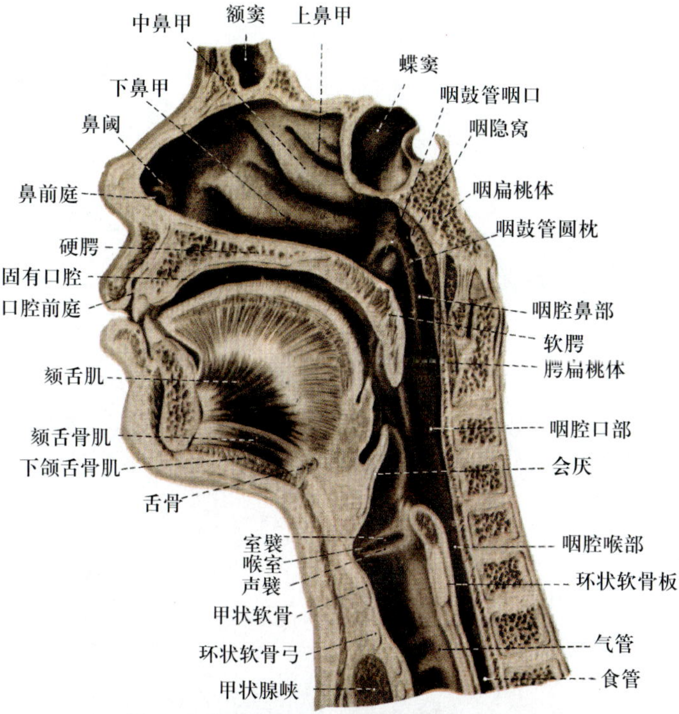

图 137 鼻腔、口腔、咽和喉的正中矢状断

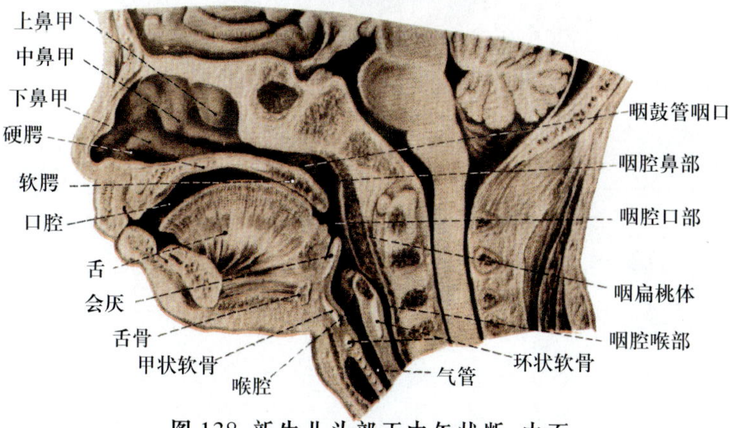

图 138 新生儿头部正中矢状断 内面

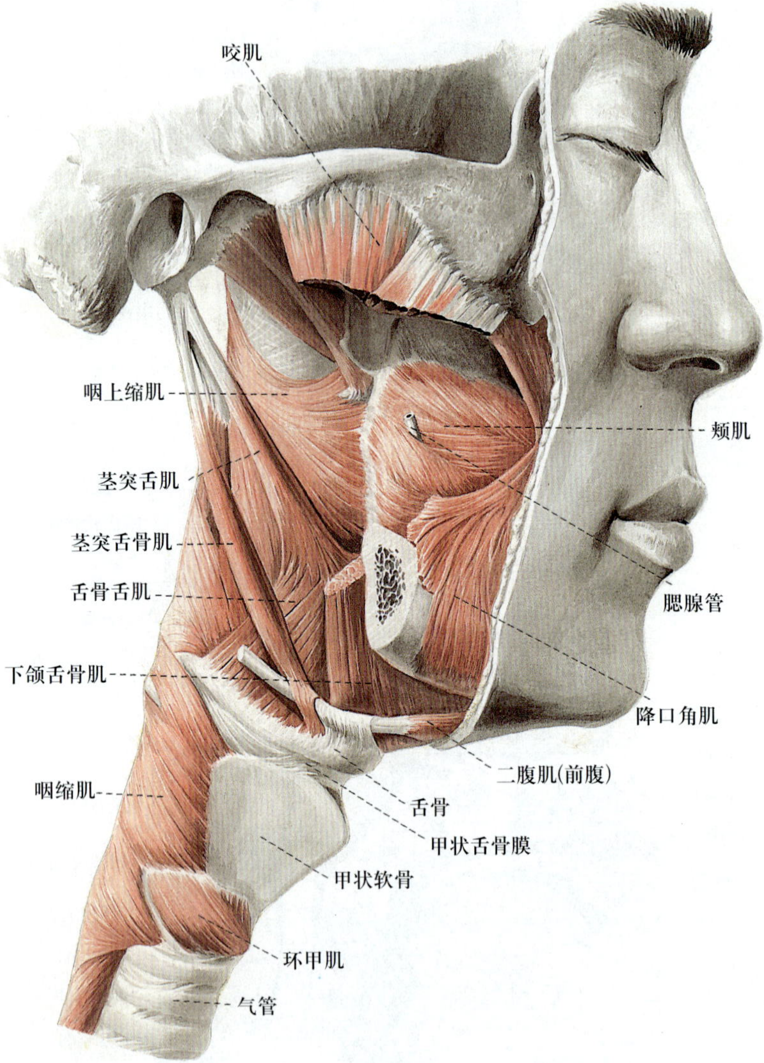
咬肌
咽上缩肌
茎突舌肌
茎突舌骨肌
舌骨舌肌
下颌舌骨肌
咽缩肌
颊肌
腮腺管
降口角肌
二腹肌(前腹)
舌骨
甲状舌骨膜
甲状软骨
环甲肌
气管

图 139 咽肌 右面

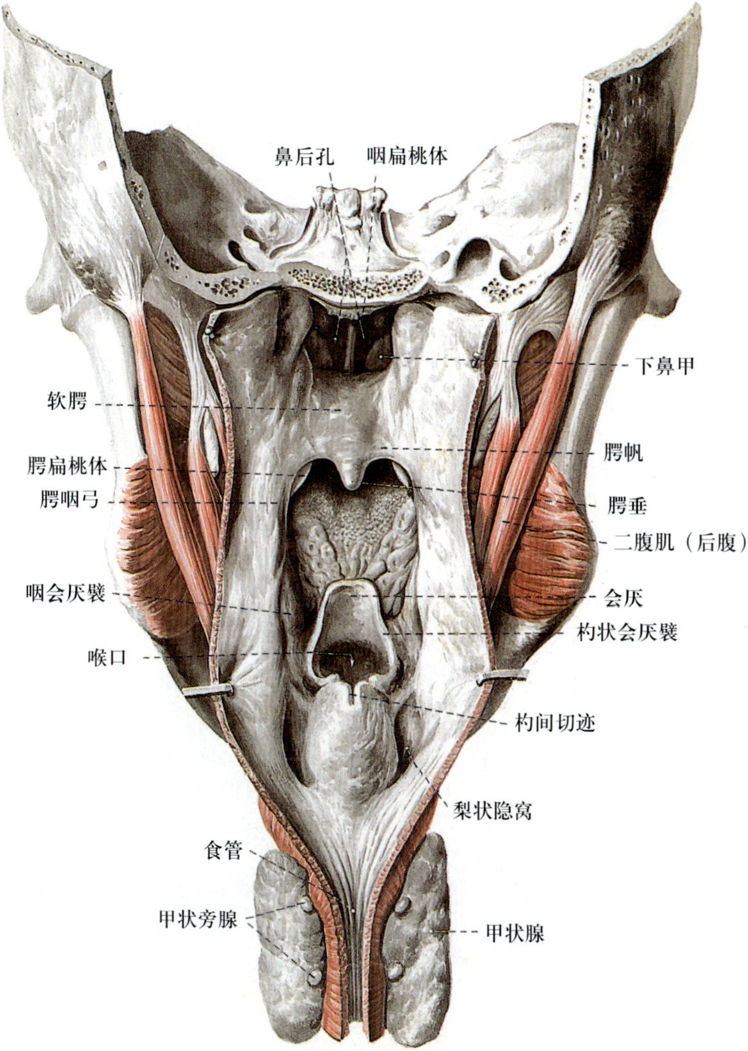
鼻后孔
咽扁桃体
下鼻甲
软腭
腭帆
腭扁桃体
腭咽弓
腭垂
二腹肌（后腹）
咽会厌襞
会厌
杓状会厌襞
喉口
杓间切迹
梨状隐窝
食管
甲状旁腺
甲状腺

图 140 咽前壁 后面

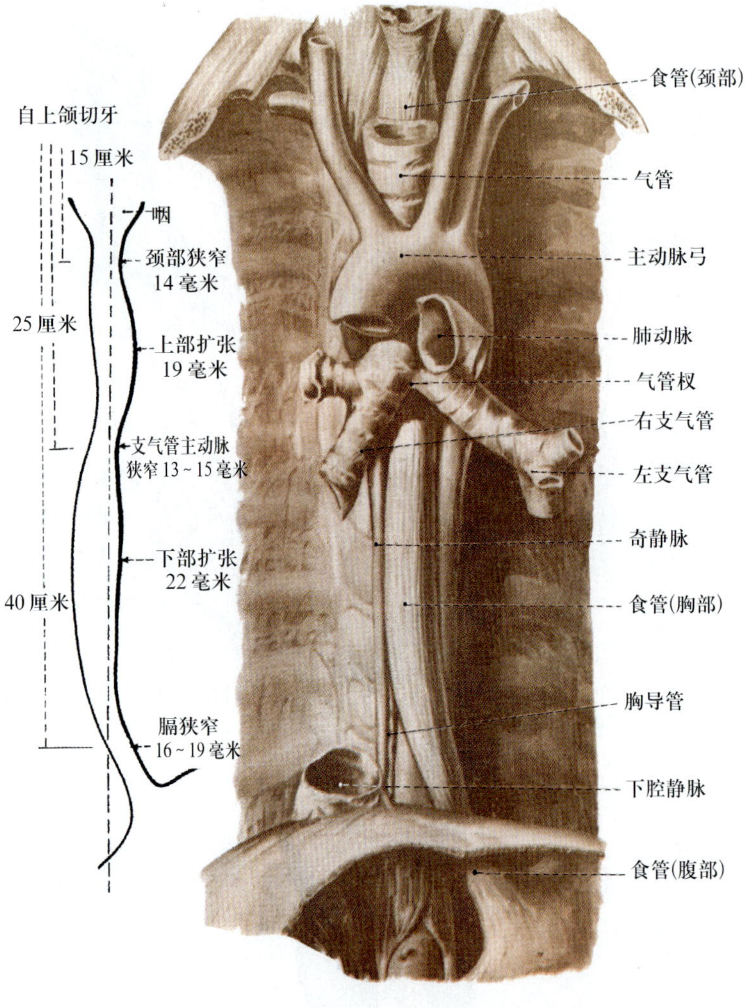

图 141 食管、气管和邻位器官

左图示食管各部口径和食管各狭窄距上颌中切牙的距离

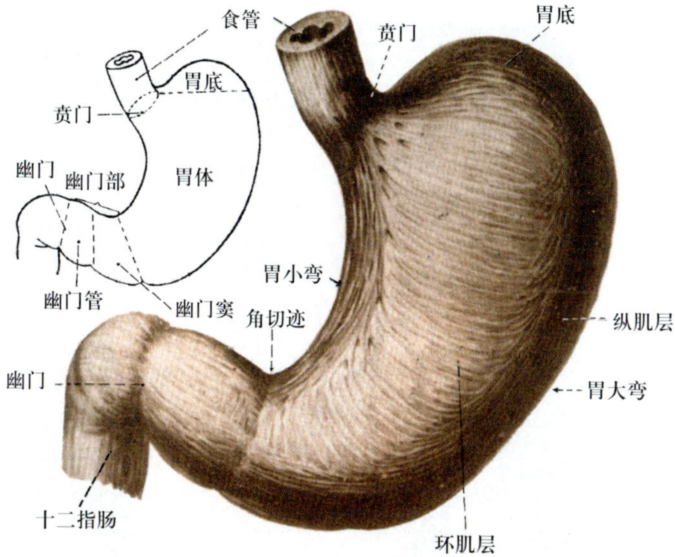

图 142 胃的形态、分部和肌层

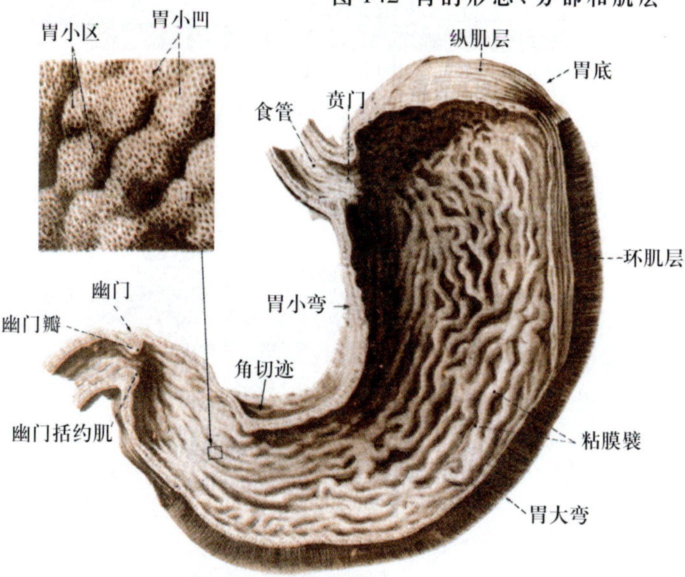

图 143 胃的构造

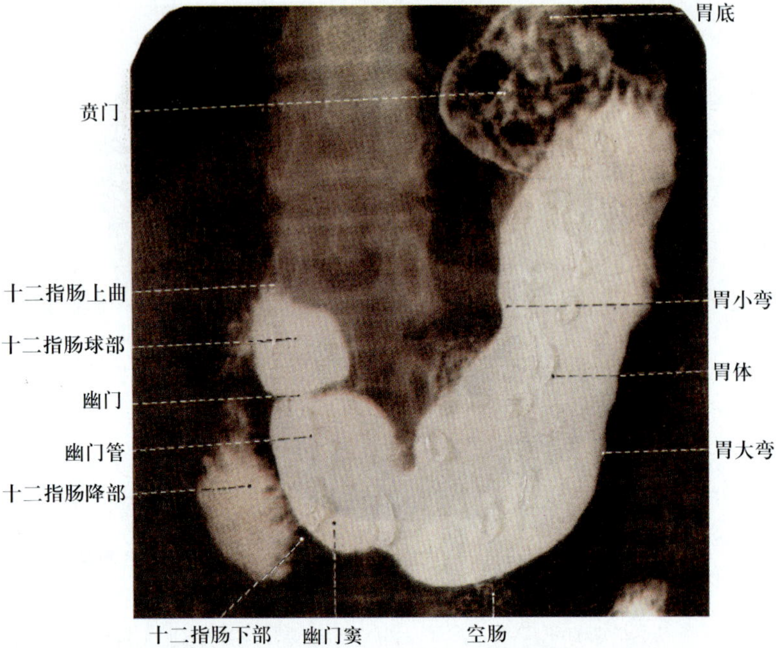

图 144 胃和十二指肠的 X 线象

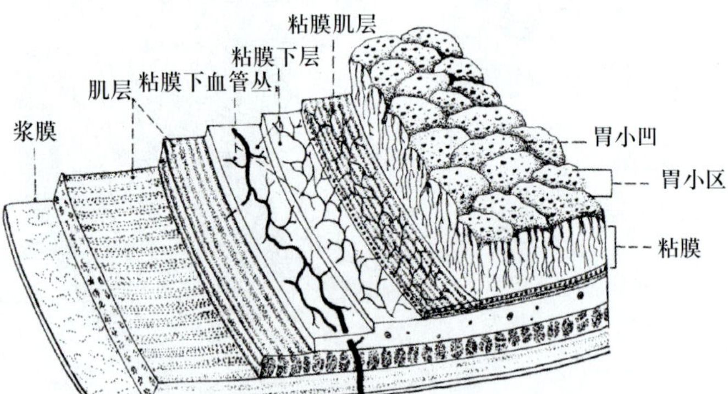

图 145 胃壁层次

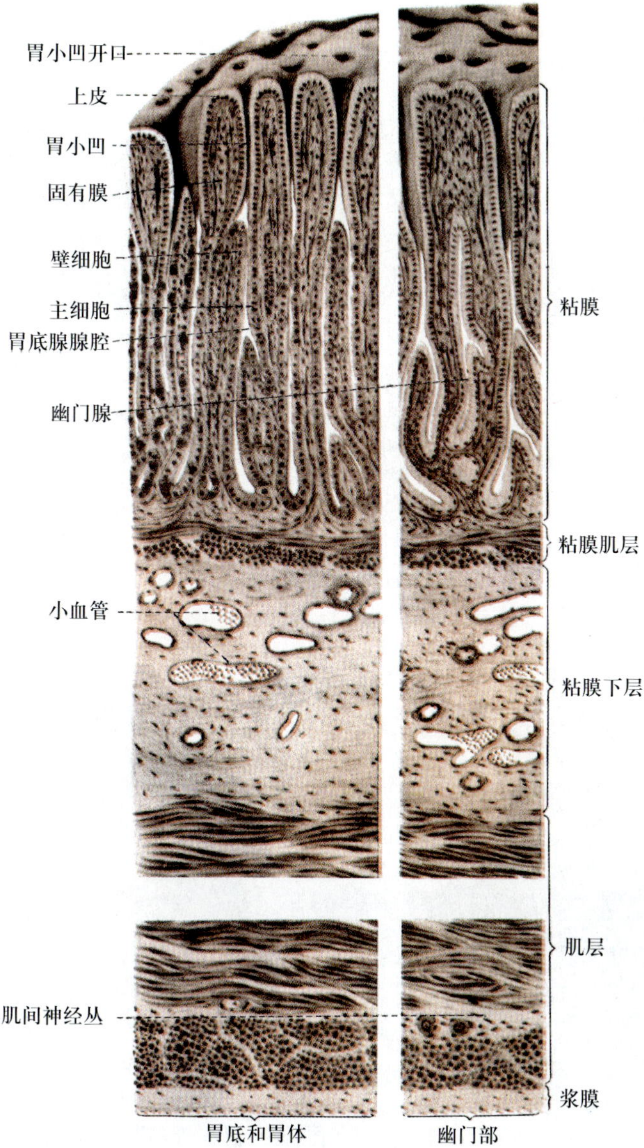

图 146 胃壁的微细构造

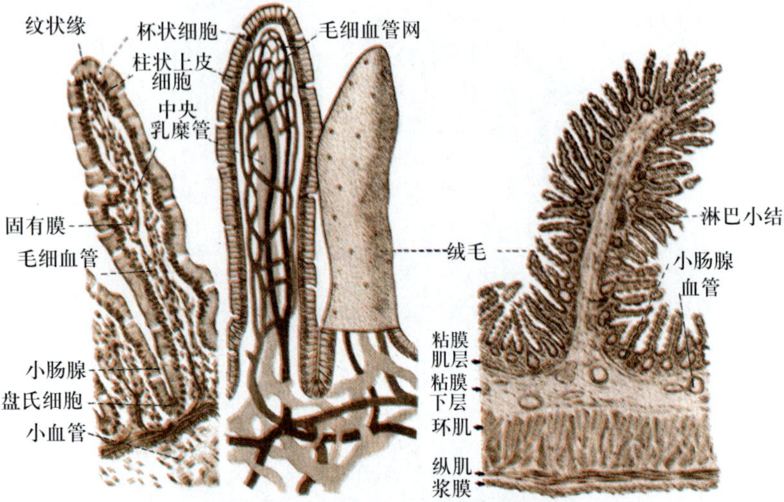

图 147 消化管的微细构造(空肠皱襞和绒毛)

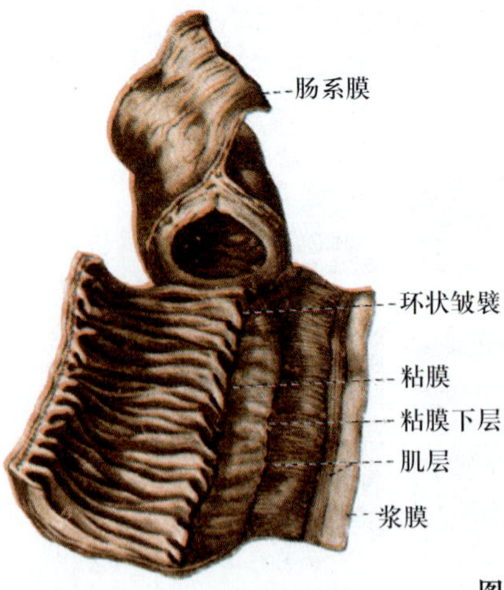

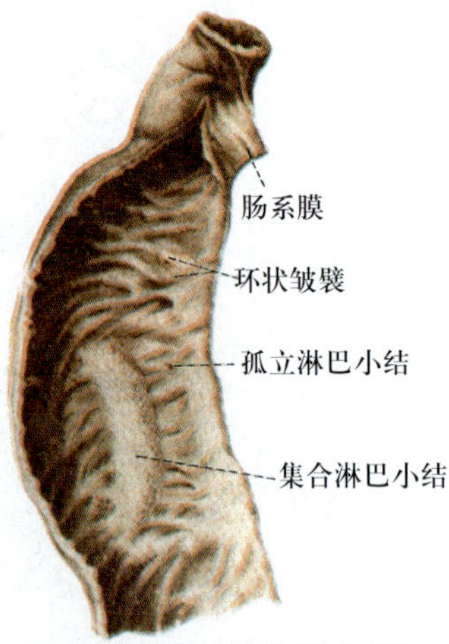

图 149 消化管的构造(回肠内景)

图 148 消化管的构造(空肠壁的层次)

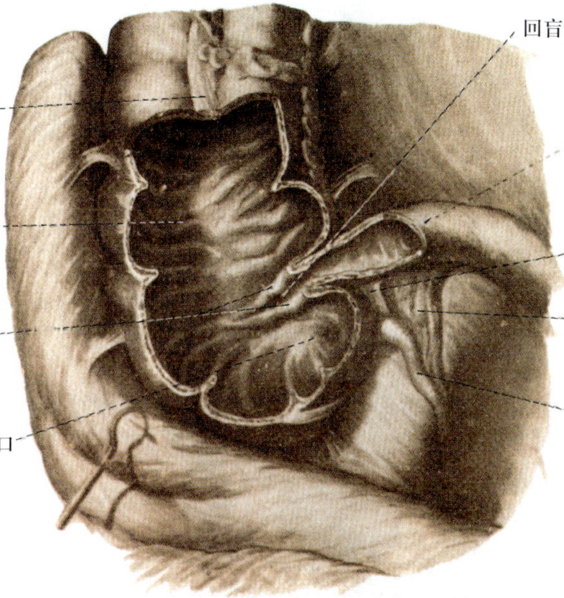

图 150 盲肠和阑尾

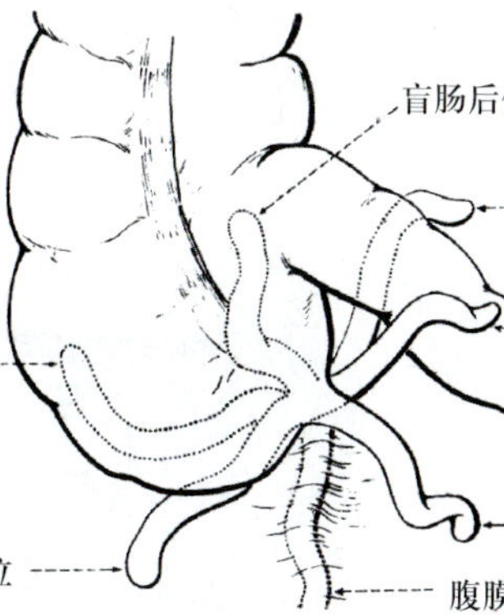

图 151 阑尾位置各型

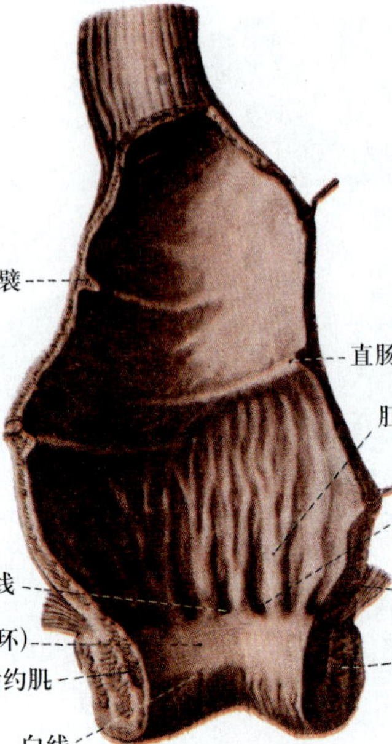

图 152 直肠内景

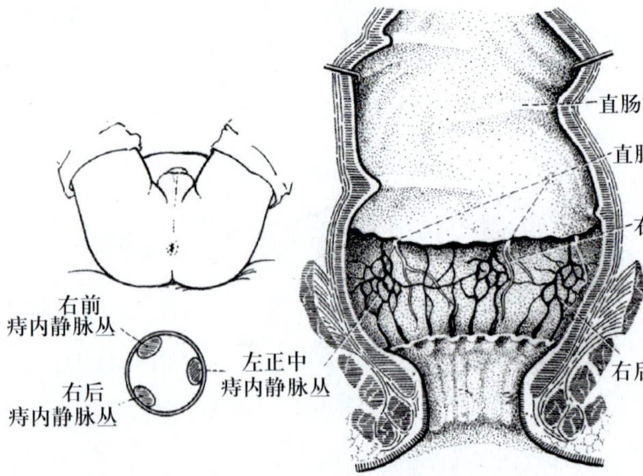

图 153 直肠静脉丛

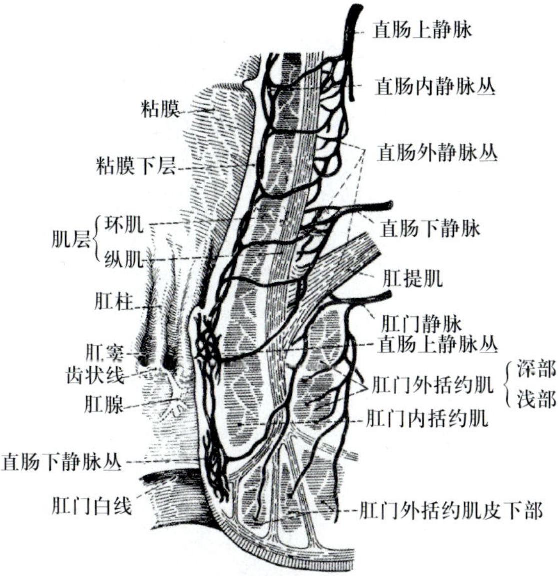

图 154 直肠壁构造模式图

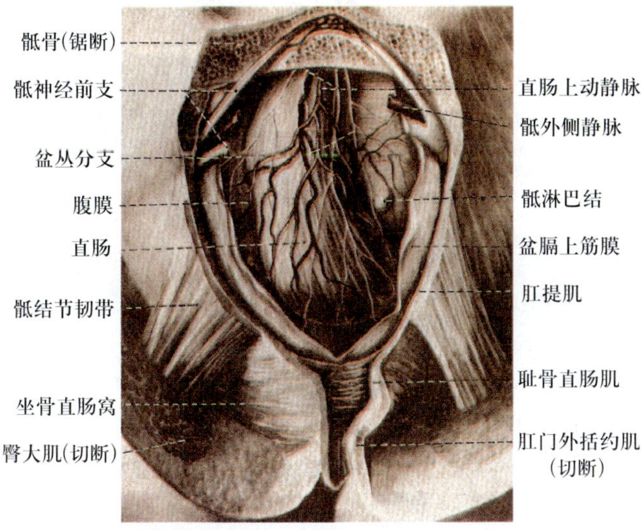

图 155 直肠后面观(示直肠后间隙)

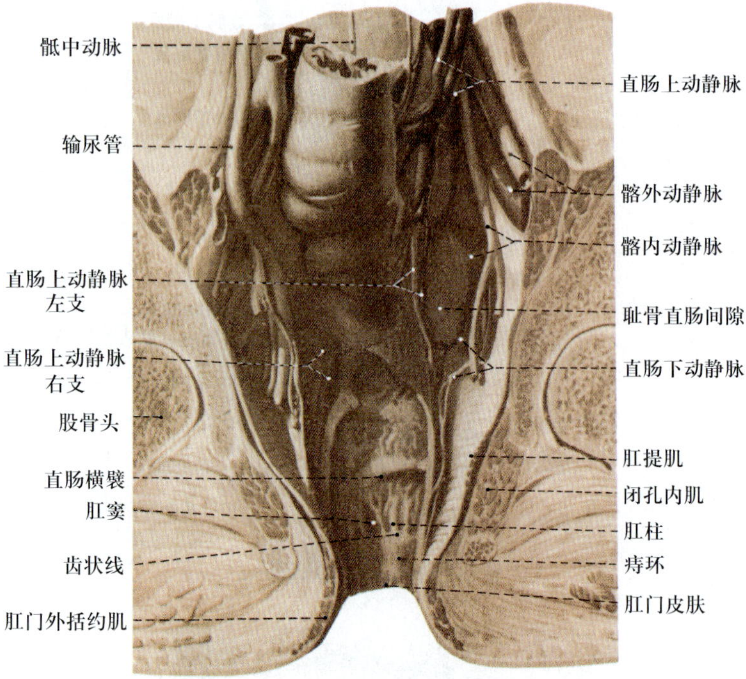

图 156 直肠及其周围间隙

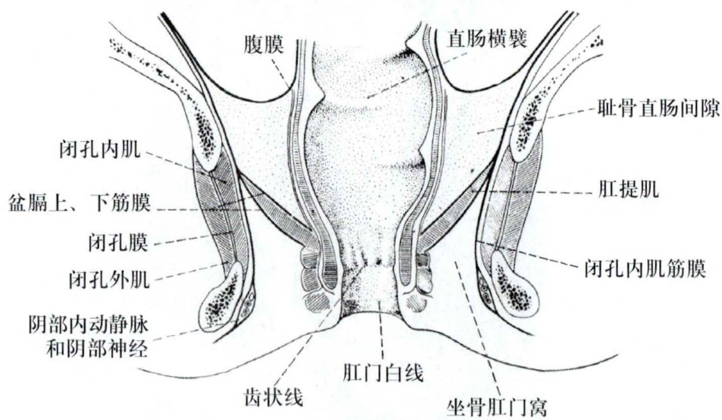

图 157 直肠周围间隙模式图

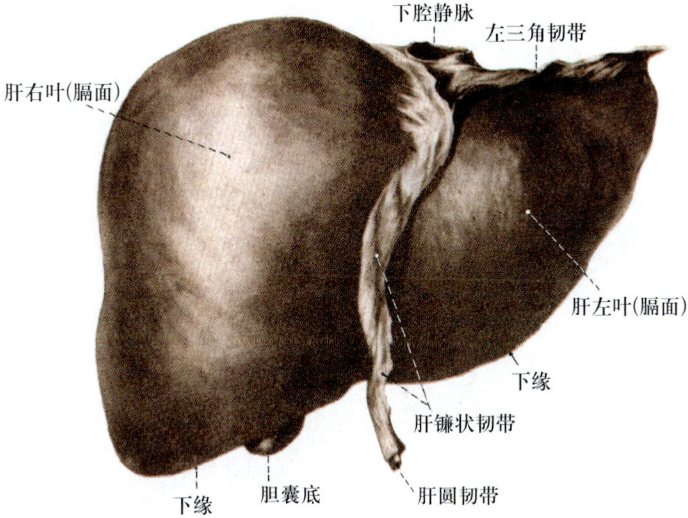

图 158 肝(固定标本)膈面

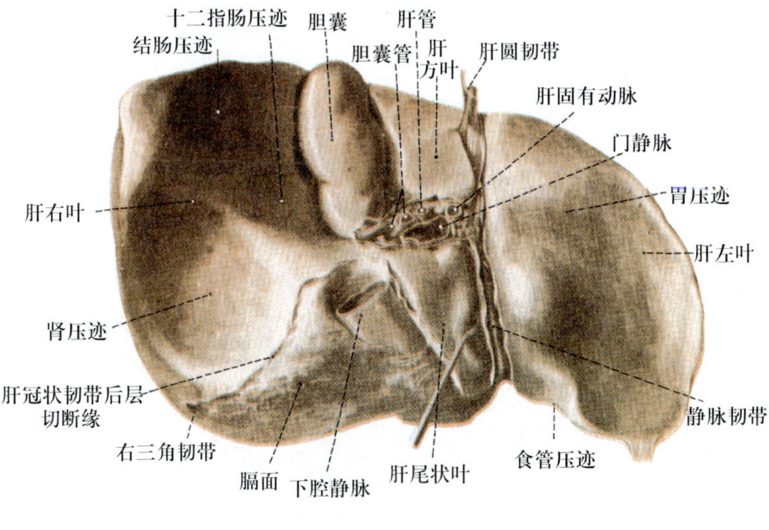

图 159 肝(固定标本)脏面

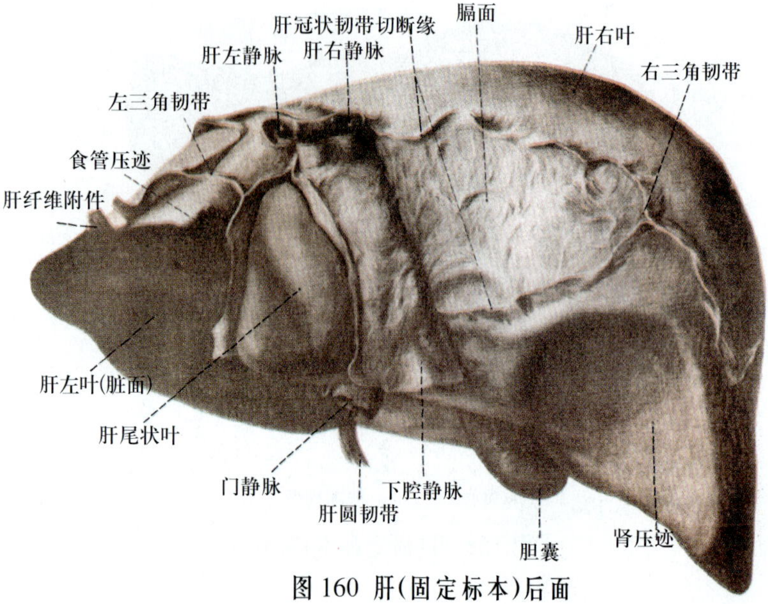

图 160 肝(固定标本)后面

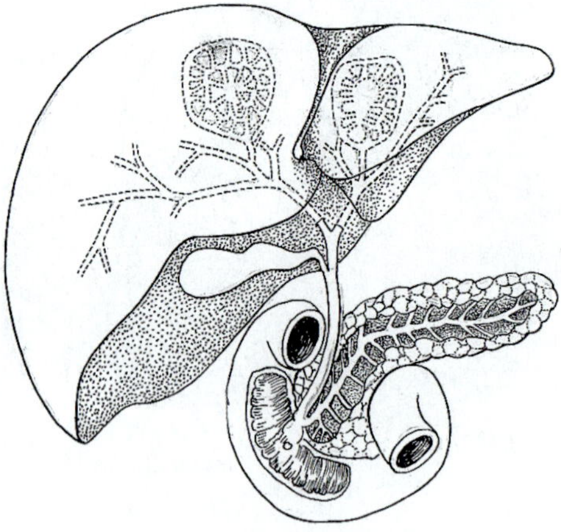

图 161 肝和胆道

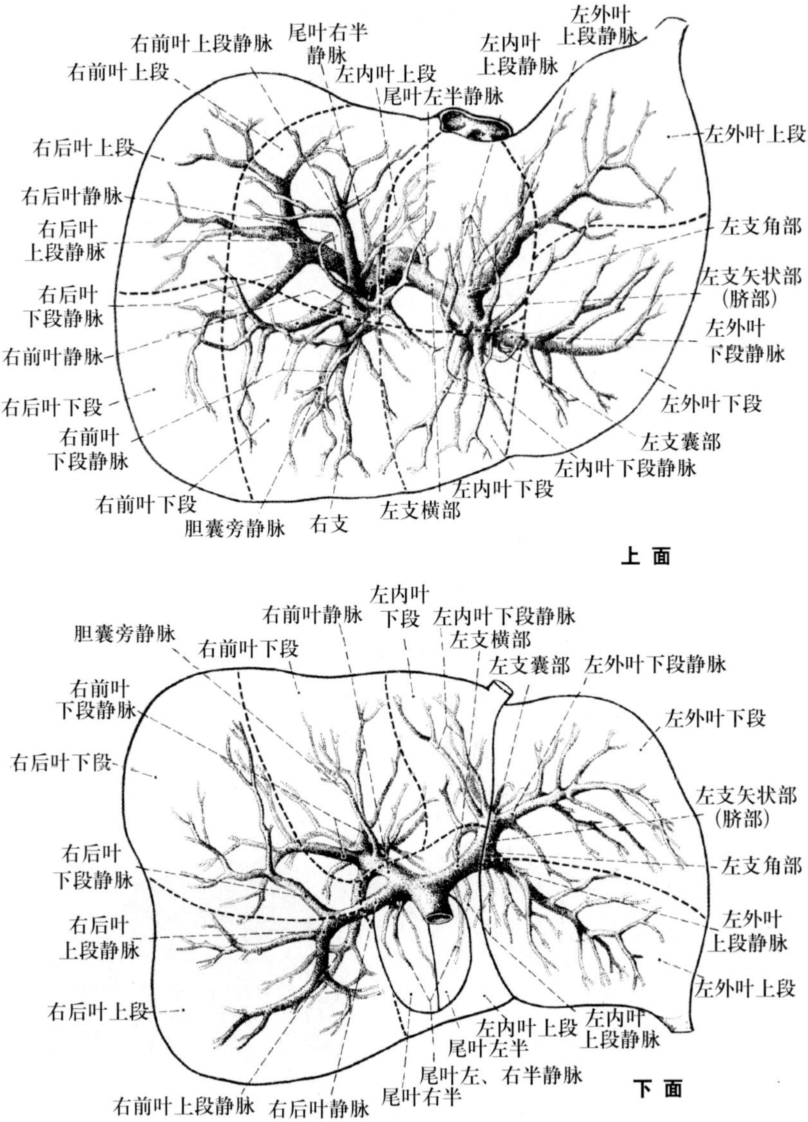

图 162 门静脉在肝内的分支和肝段

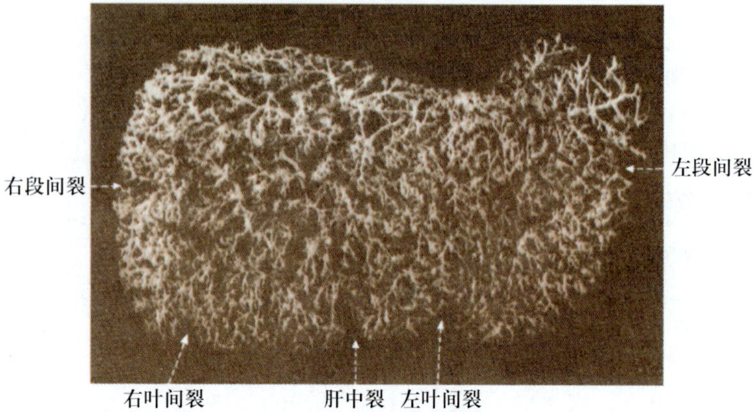

图 163 肝内管道系统标本(示肝裂) 上面

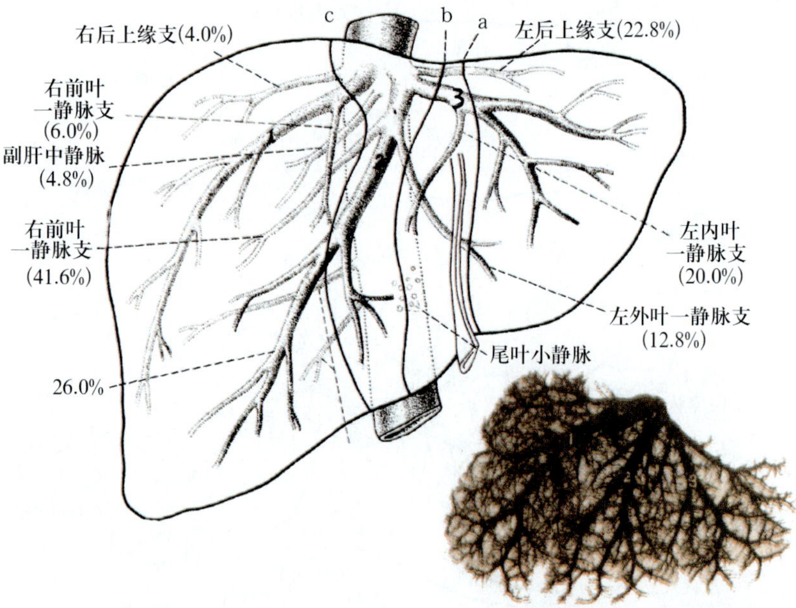

图 164 肝静脉各属支和肝切除术切线

(百分数系 250 例观察出现率)

a. 示左外叶切除线　　1. 肝右静脉
b. 示左半肝切除线　　2. 肝中静脉
c. 示右半肝切除线　　3. 肝左静脉

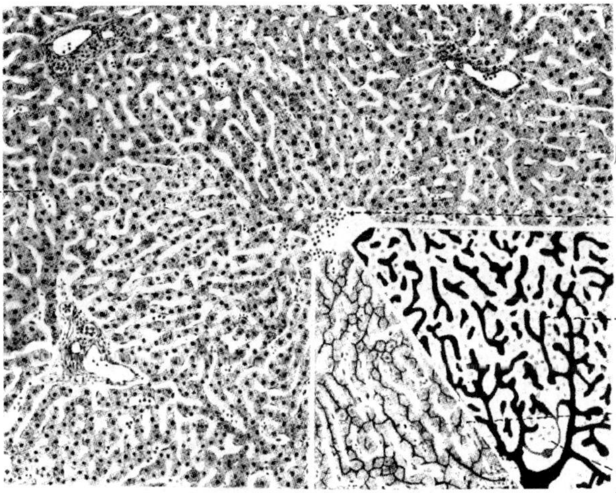

图 165 肝的微细构造

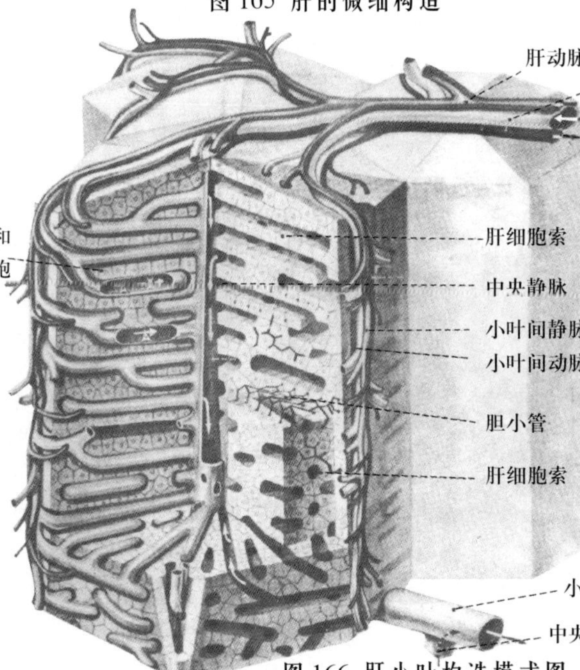

图 166 肝小叶构造模式图

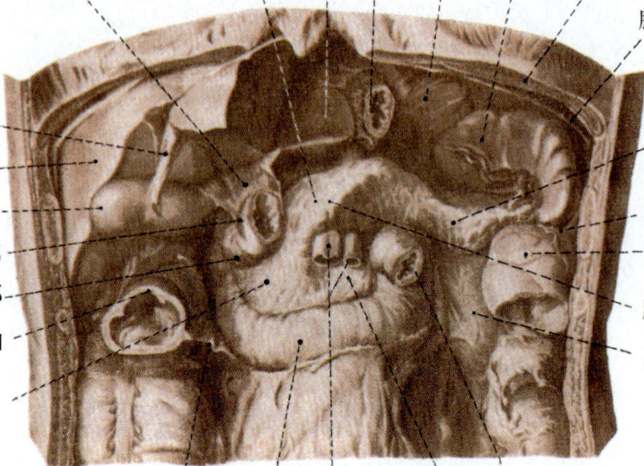

图 167 腹腔上部诸器官

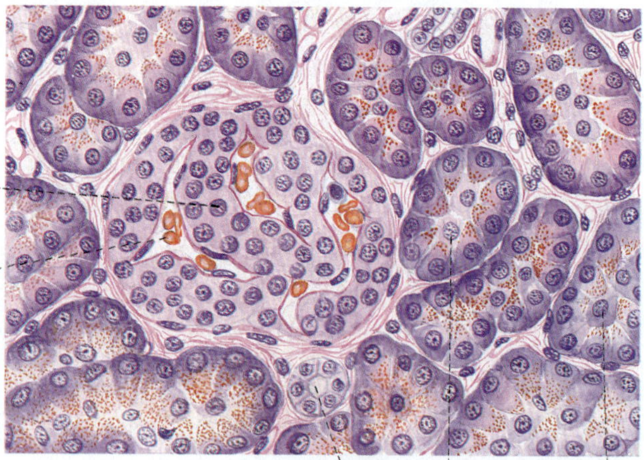

图 168 胰的微细构造

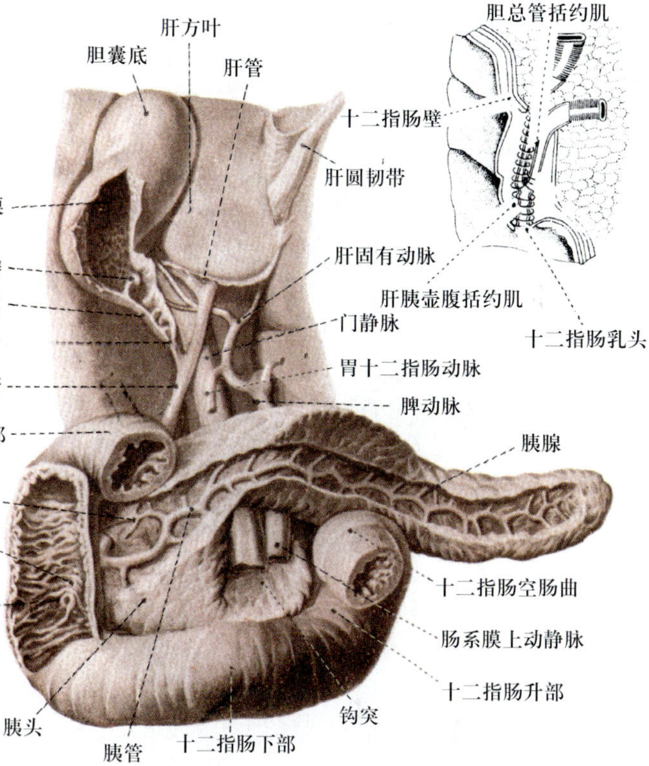

图 169 胆囊、胰和十二指肠 前面

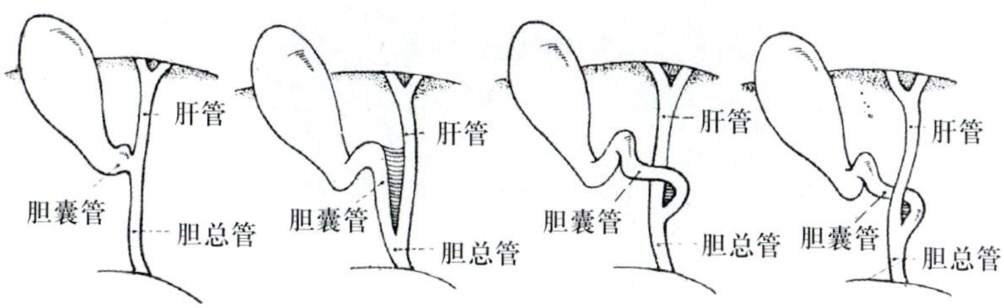

图 170 胆总管合成的几种常见变异

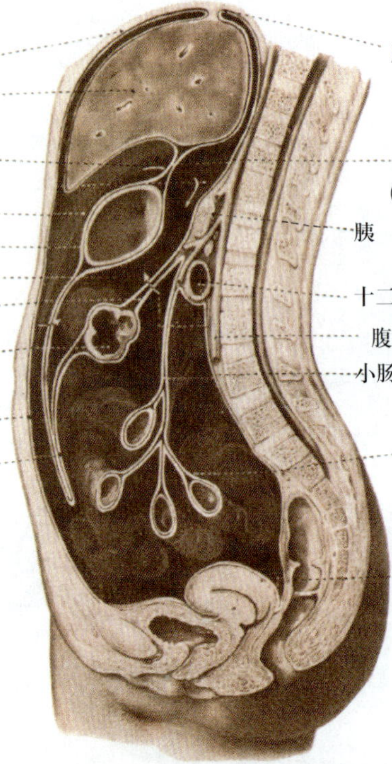

图 171 腹腔正中矢状断

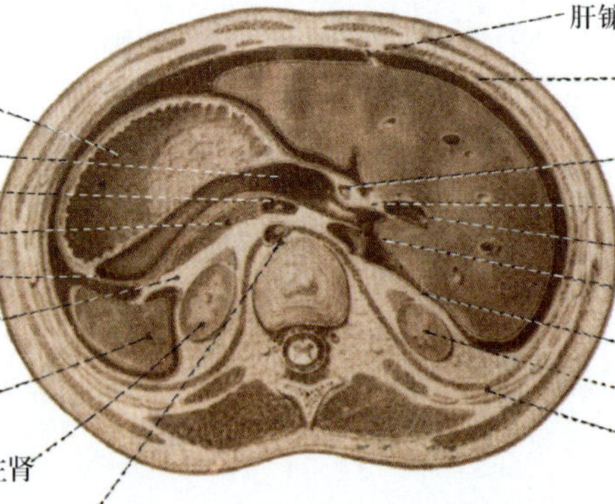

图 172 腹腔(平网膜孔)横断 上面观

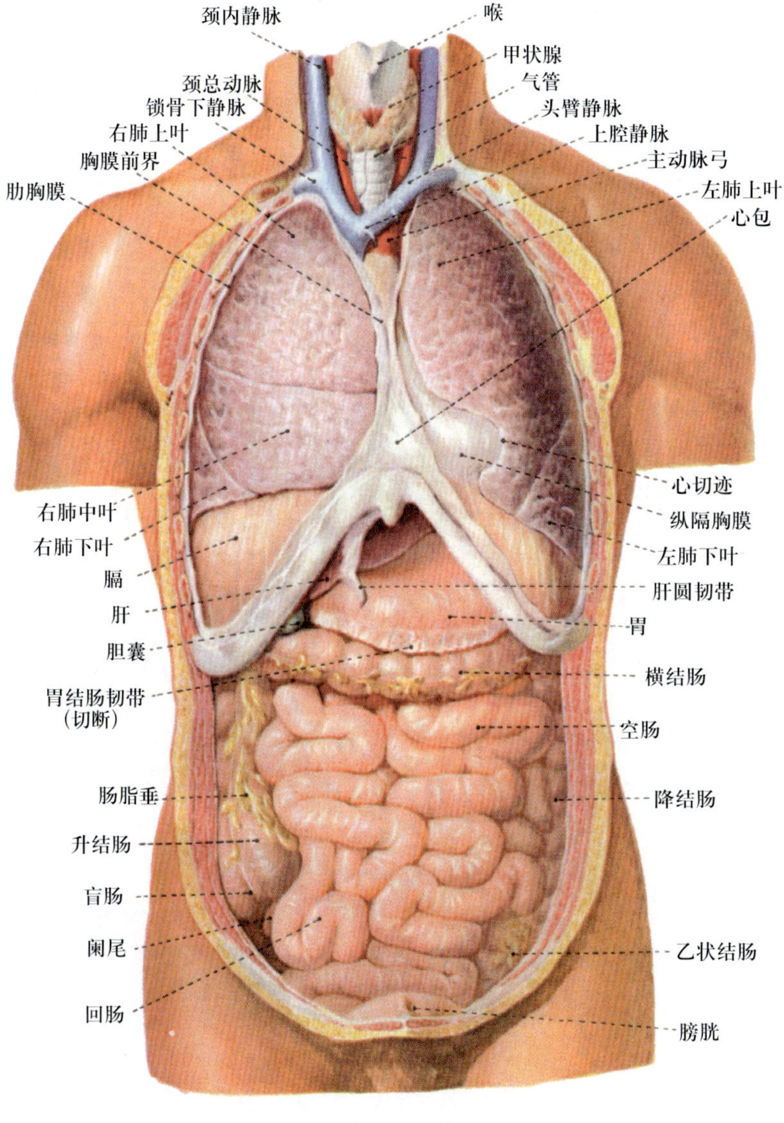
颈内静脉
喉
甲状腺
颈总动脉
气管
锁骨下静脉
头臂静脉
右肺上叶
上腔静脉
胸膜前界
主动脉弓
肋胸膜
左肺上叶
心包
心切迹
右肺中叶
纵隔胸膜
右肺下叶
左肺下叶
膈
肝圆韧带
肝
胃
胆囊
横结肠
胃结肠韧带
（切断）
空肠
肠脂垂
降结肠
升结肠
盲肠
阑尾
乙状结肠
回肠
膀胱

图 173 胸腹腔脏器

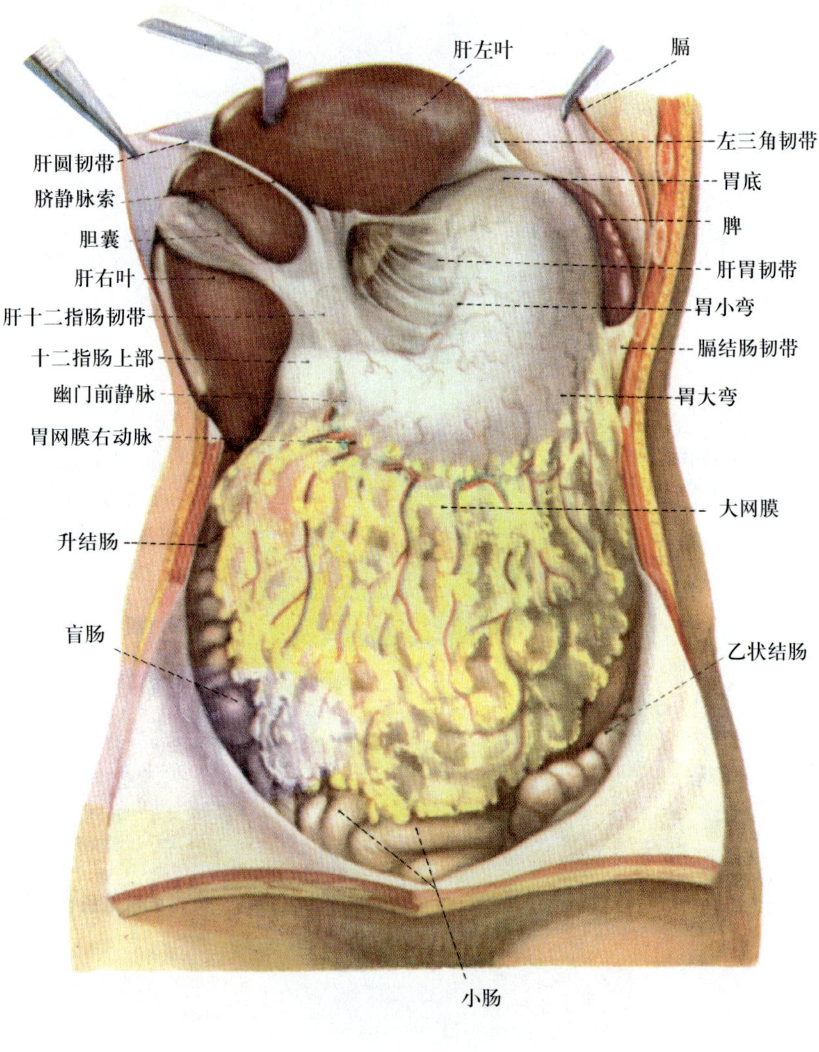

肝左叶
膈
左三角韧带
胃底
脾
肝胃韧带
胃小弯
膈结肠韧带
胃大弯
大网膜
乙状结肠
小肠
肝圆韧带
脐静脉索
胆囊
肝右叶
肝十二指肠韧带
十二指肠上部
幽门前静脉
胃网膜右动脉
升结肠
盲肠

图 174 腹腔脏器

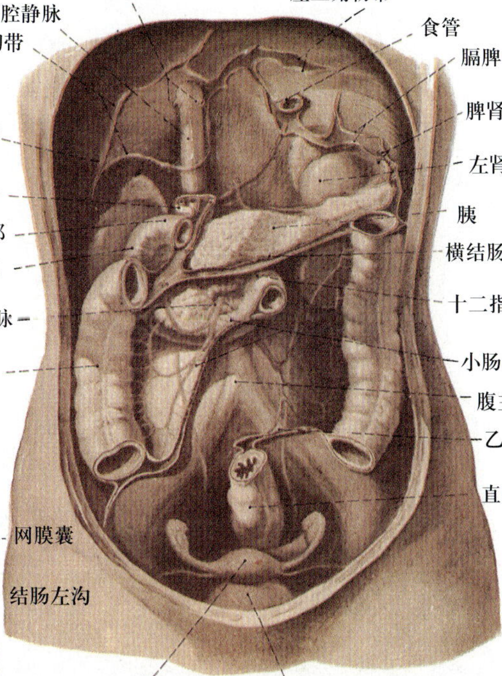

图 175 腹后壁腹膜的配布

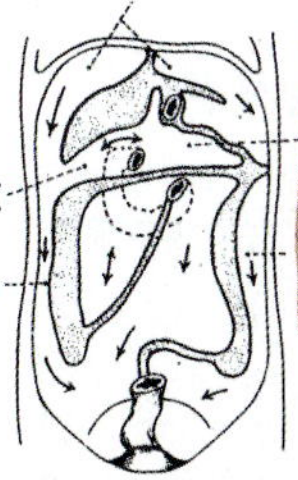

图 176 腹膜间隙脓汁流注

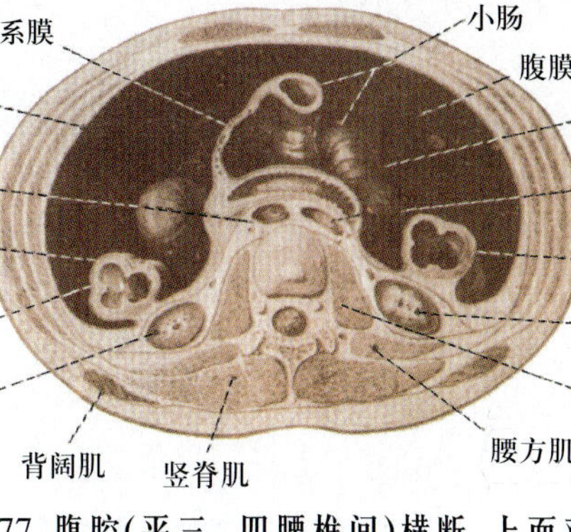

图 177 腹腔(平三、四腰椎间)横断 上面观

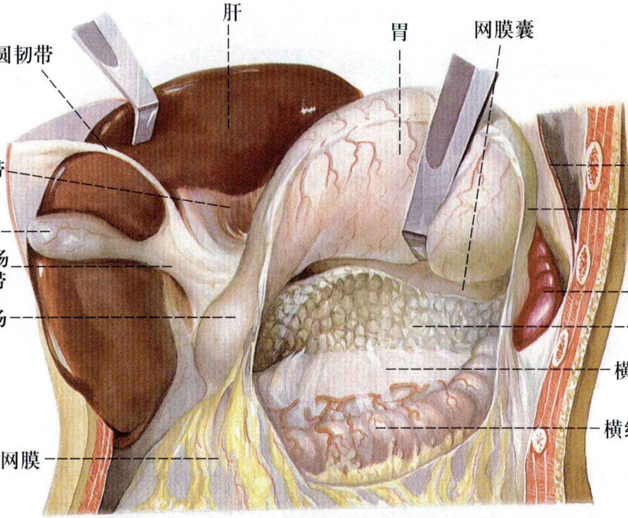

图 178 腹腔上部的腹膜配布(暴露出网膜囊)

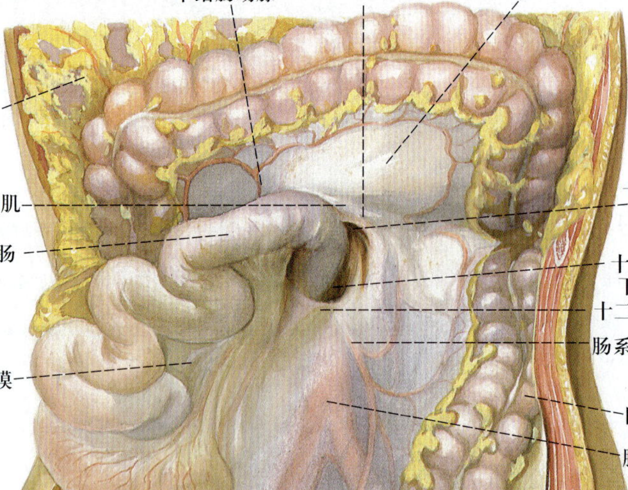

图 179 腹腔下部的腹膜配布

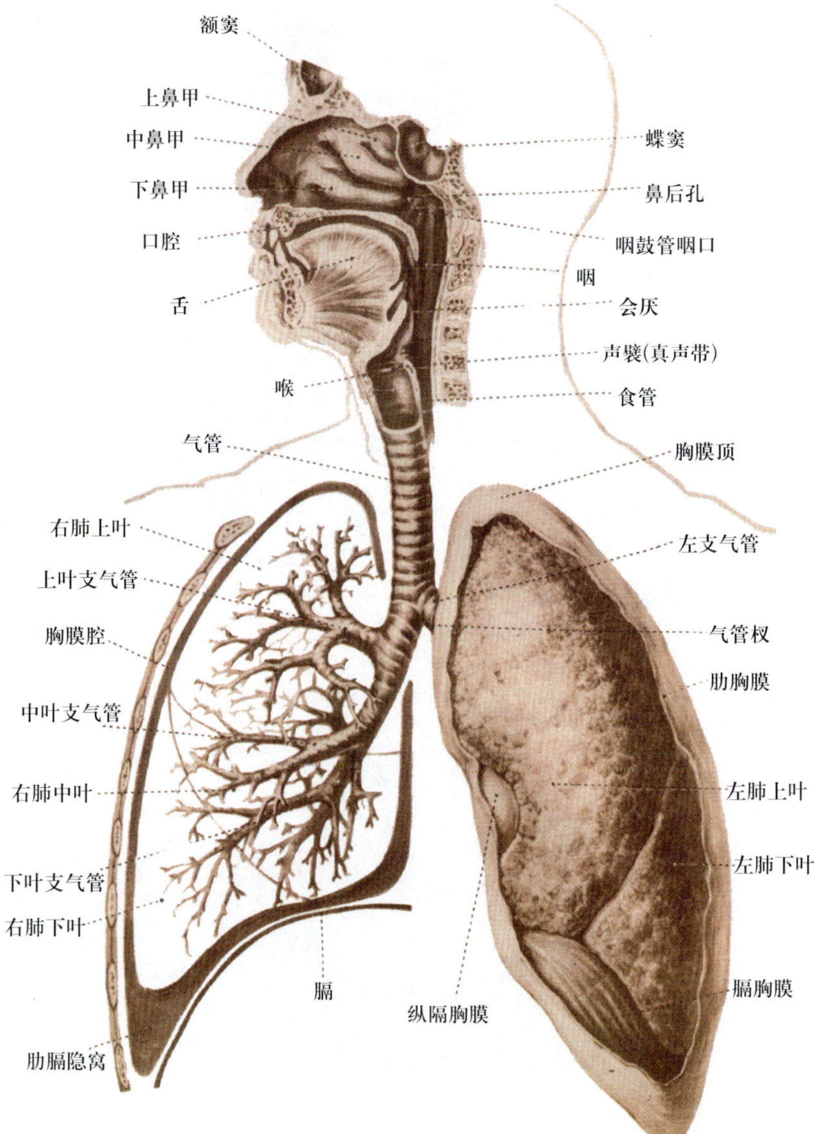

额窦
上鼻甲
中鼻甲
下鼻甲
口腔
舌
喉
气管
蝶窦
鼻后孔
咽鼓管咽口
咽
会厌
声襞(真声带)
食管
胸膜顶
右肺上叶
上叶支气管
胸膜腔
中叶支气管
右肺中叶
下叶支气管
右肺下叶
肋膈隐窝
膈
纵隔胸膜
左支气管
气管杈
肋胸膜
左肺上叶
左肺下叶
膈胸膜

图 180 呼吸器概观

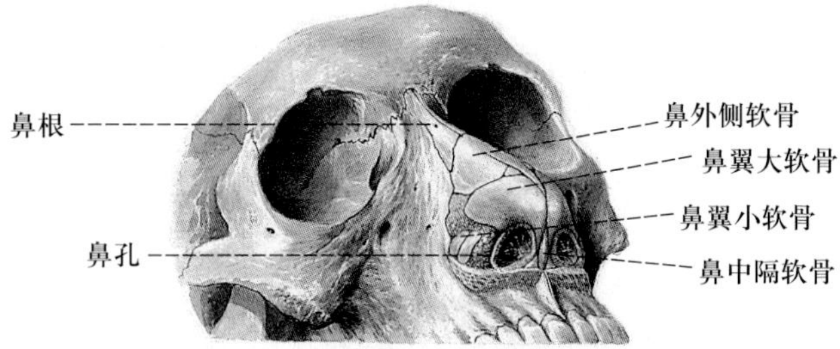

图 181 鼻软骨 右 前面

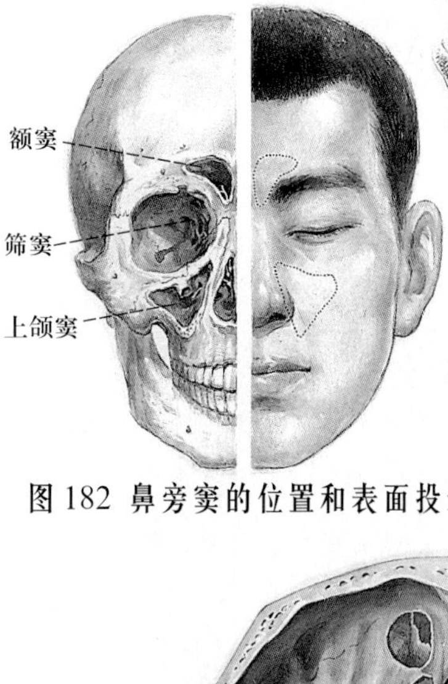

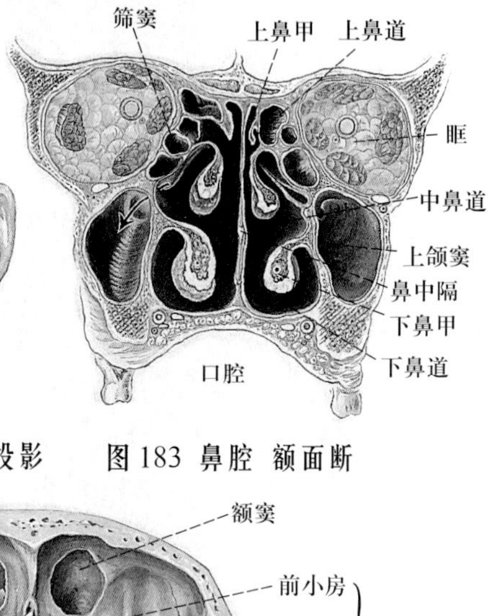

图 182 鼻旁窦的位置和表面投影

图 183 鼻腔 额面断

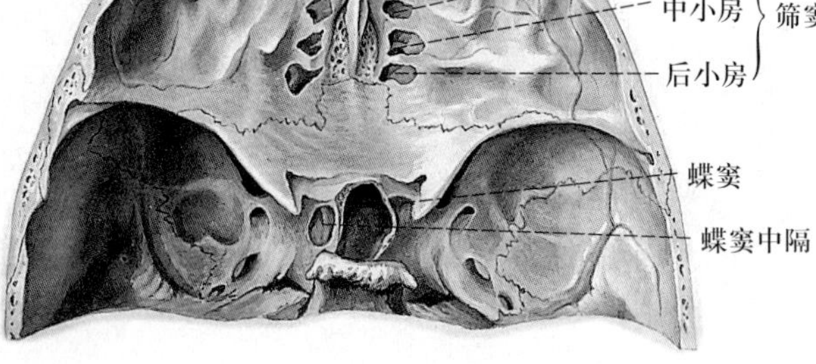

图 184 鼻旁窦 上面

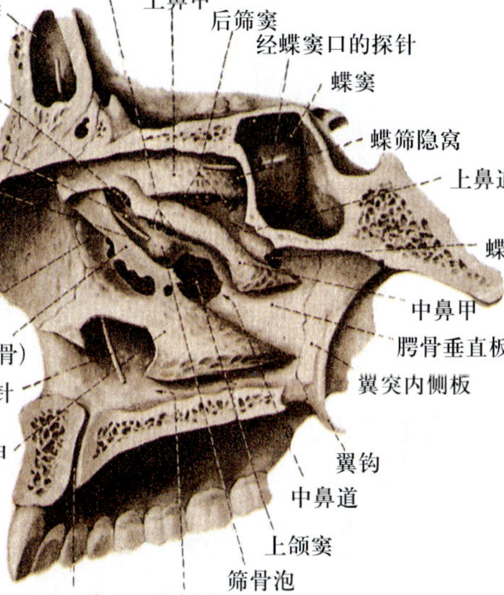

图 185 骨性鼻腔外侧壁 内面观

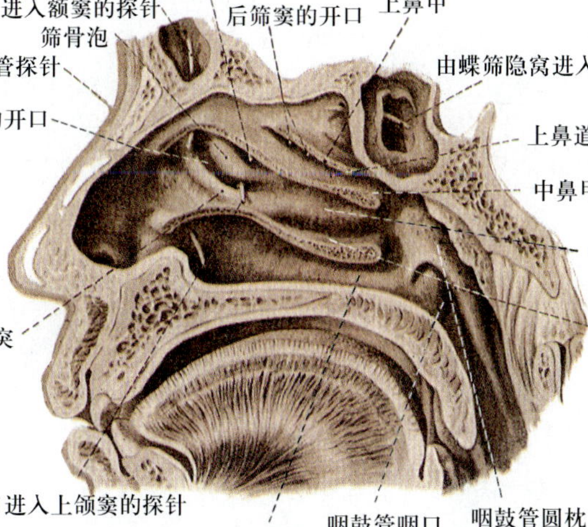

图 186 鼻腔外侧壁和鼻旁窦的开口

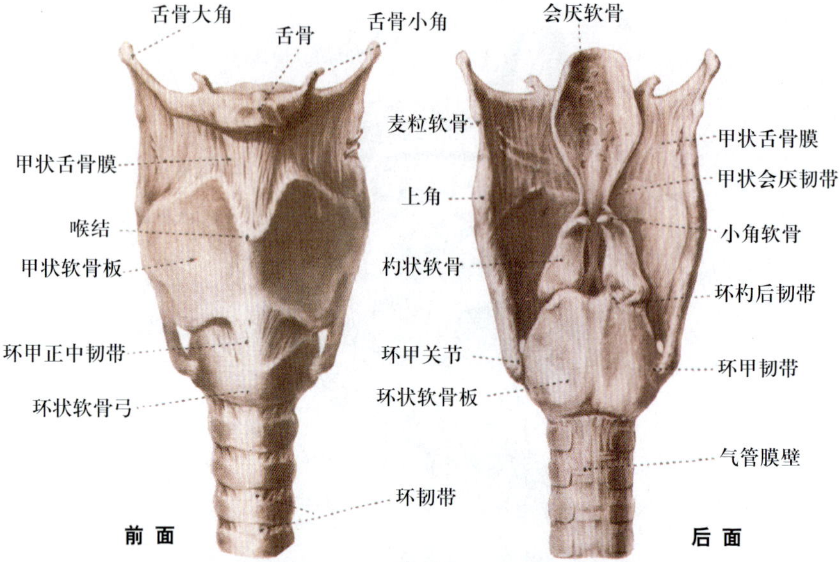

图 187 喉的软骨和连结

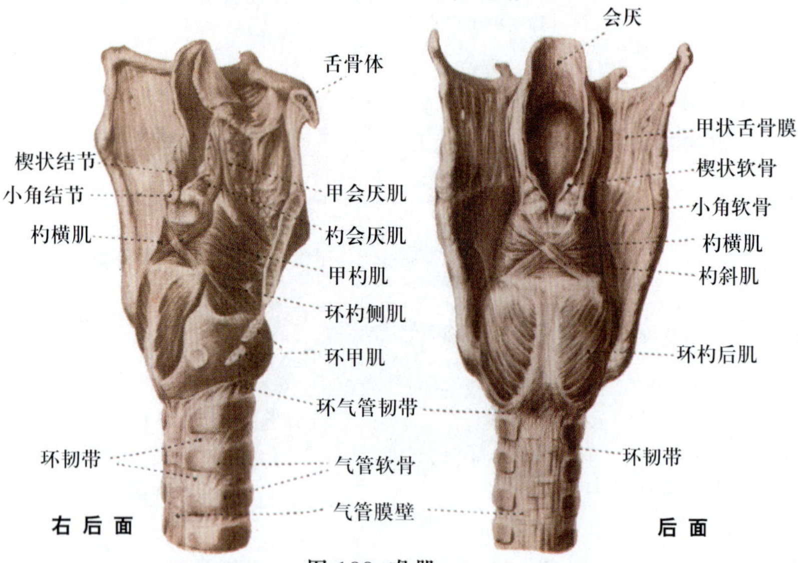

图 188 喉肌

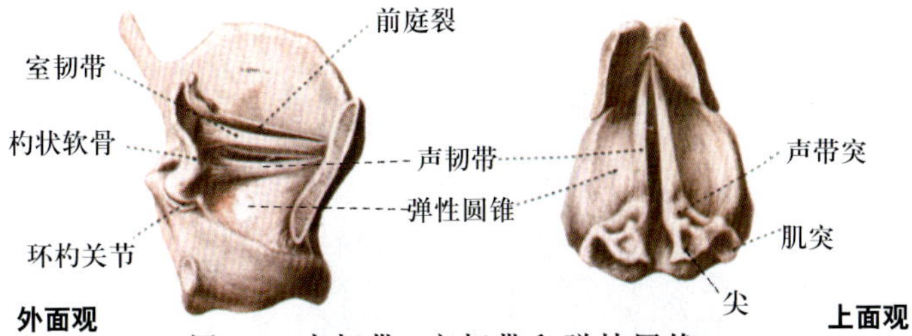

图 189 声韧带、室韧带和弹性圆锥

弹性圆锥是一弹性纤维膜，起自甲状软骨板交角后面下部，以扇状附于环状软骨上缘和杓状软骨声带突。其基部宽阔，上部狭窄，前方纤维较厚，名环甲韧带，上缘纤维发达，即声韧带。

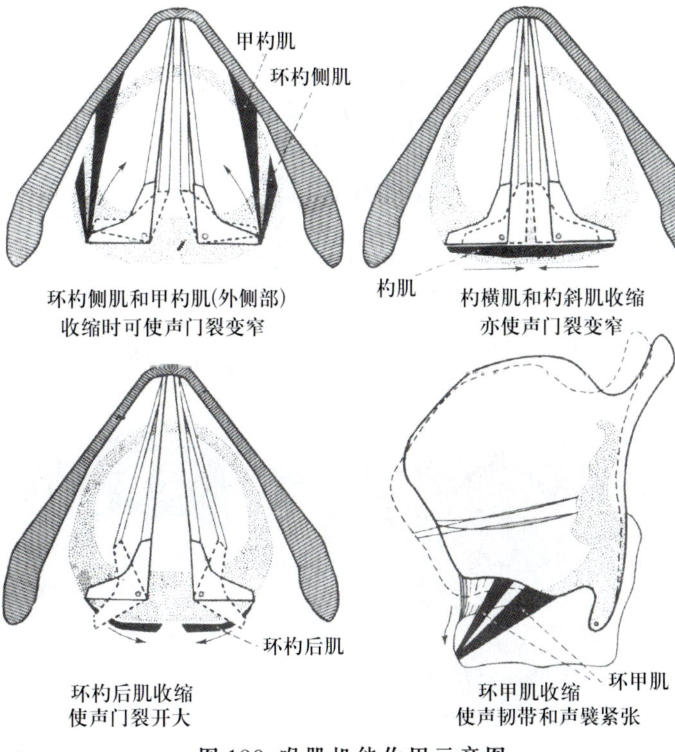

图 190 喉肌机能作用示意图

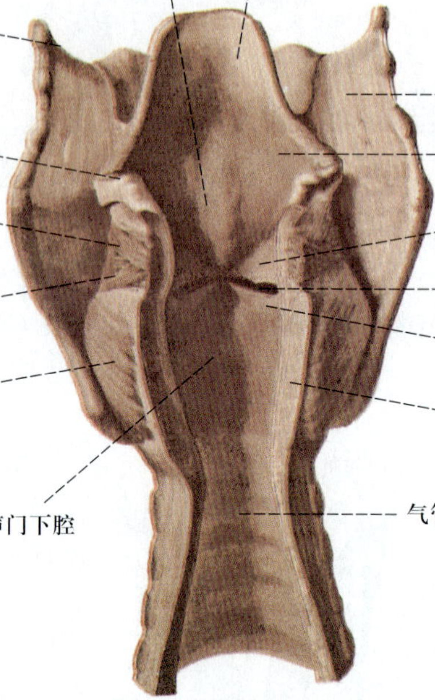

图 191 喉腔 后壁敞开

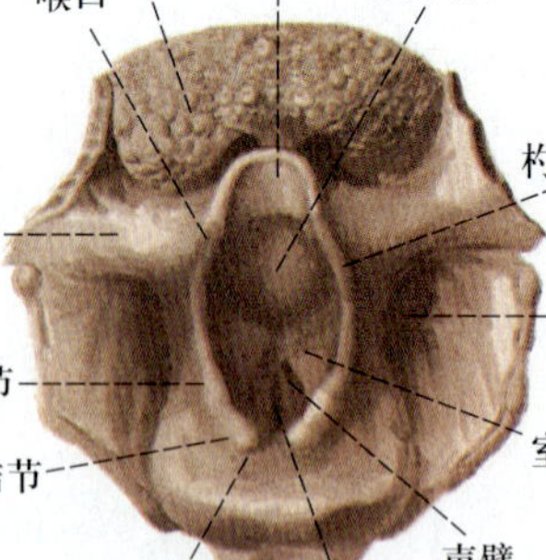

图 192 喉口 上面

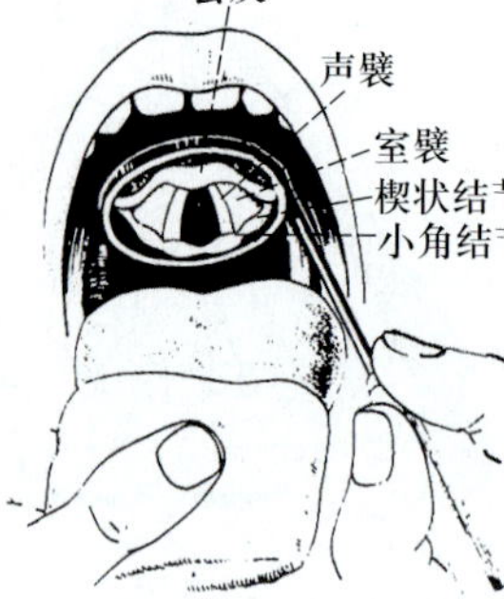

图 193 用喉镜观察喉头象

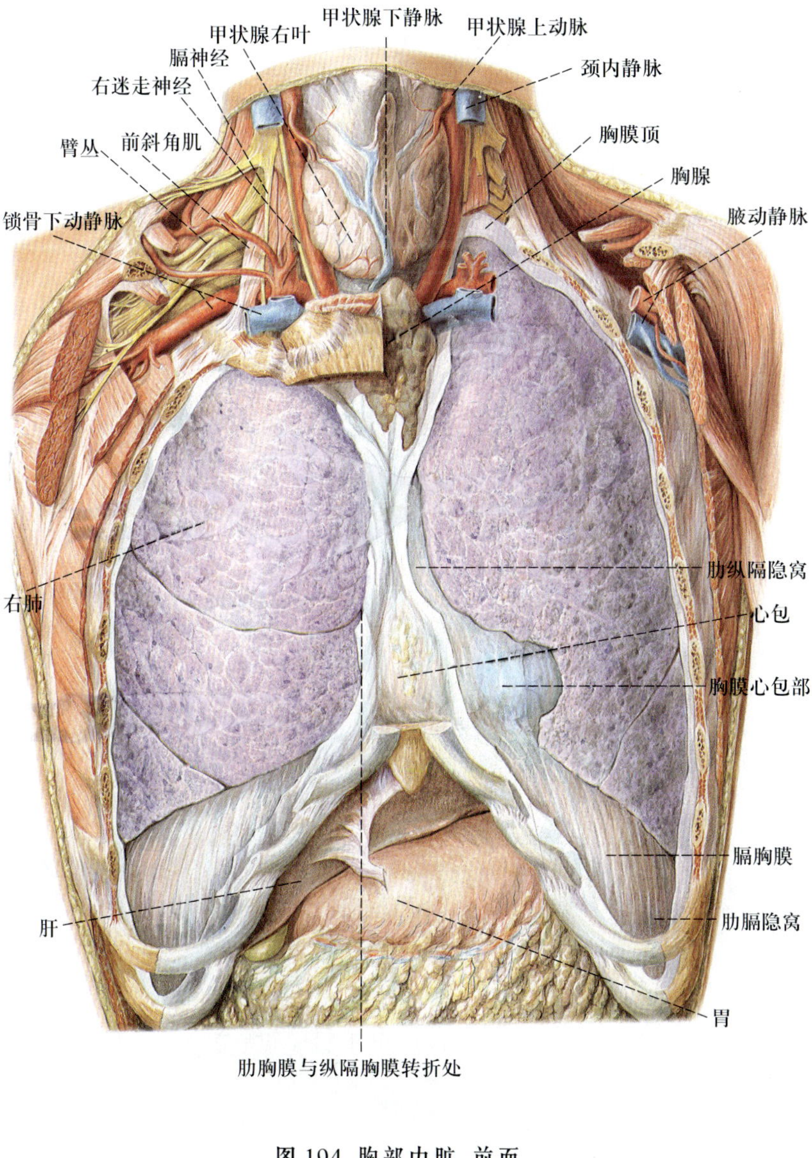
甲状腺下静脉
甲状腺右叶
甲状腺上动脉
膈神经
颈内静脉
右迷走神经
胸膜顶
臂丛
前斜角肌
胸腺
腋动静脉
锁骨下动静脉
肋纵隔隐窝
右肺
心包
胸膜心包部
膈胸膜
肝
肋膈隐窝
胃
肋胸膜与纵隔胸膜转折处

图 194 胸部内脏 前面

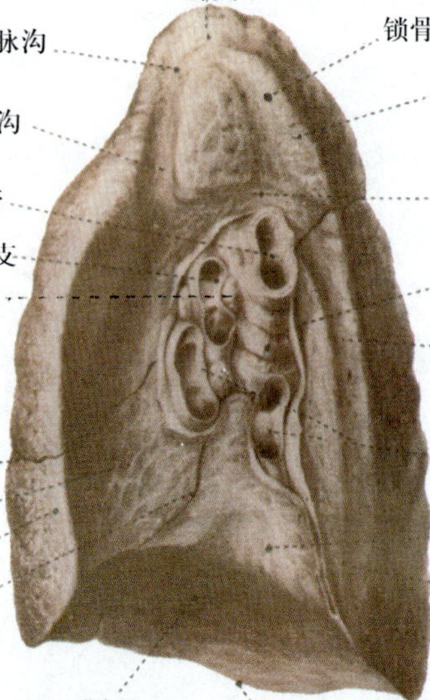

图195 右肺(固定标本)纵隔面

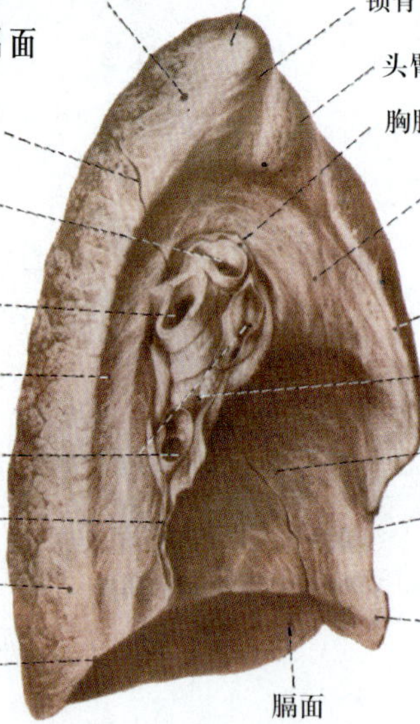

图196 左肺(固定标本)纵隔面

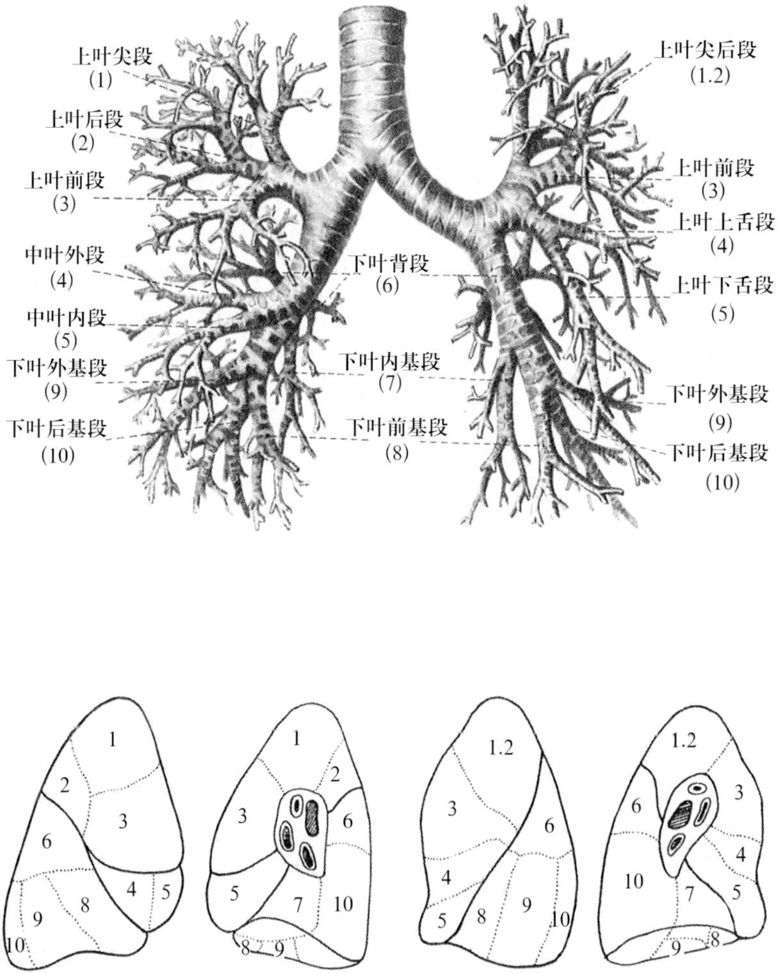

图 197 支气管分支和肺段

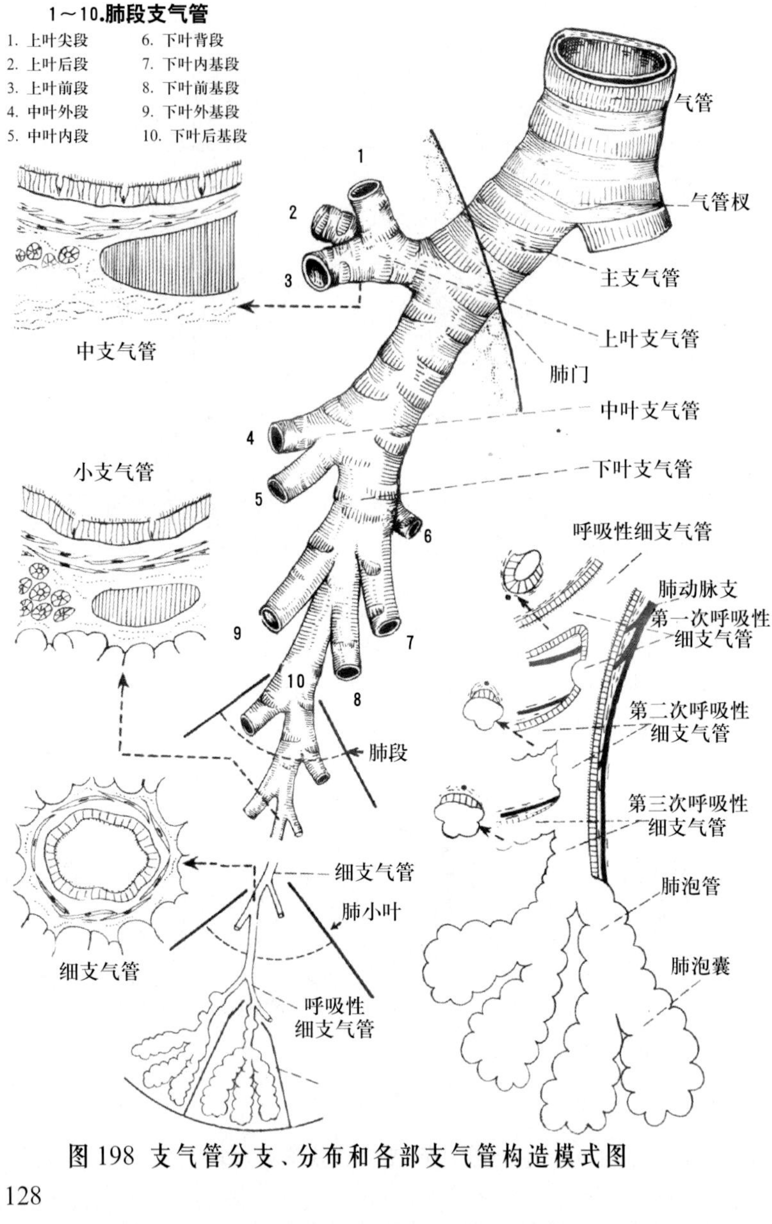

图198 支气管分支、分布和各部支气管构造模式图

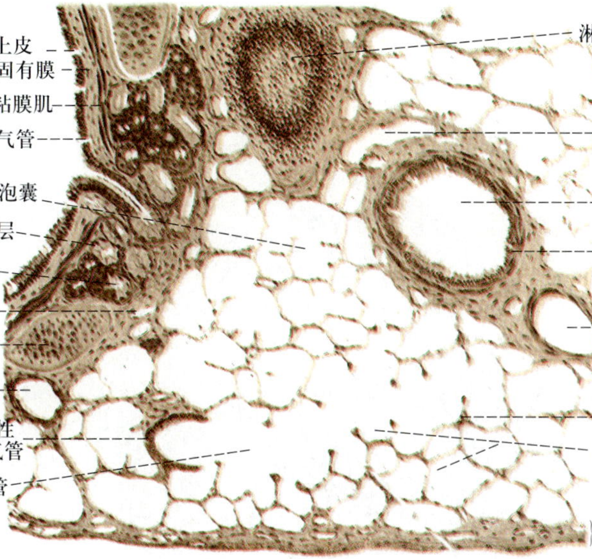

图199 肺的微细构造

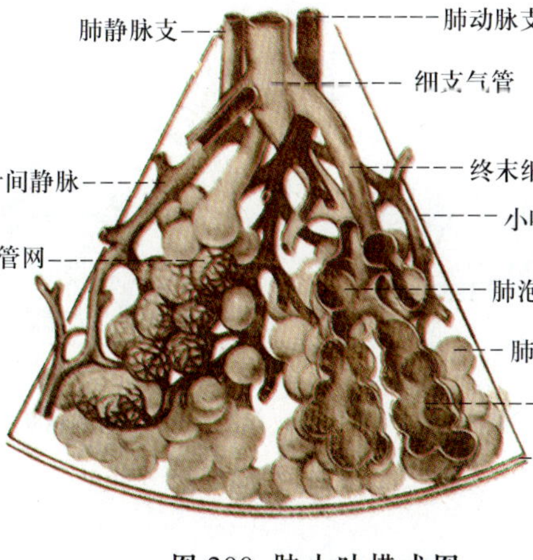

图200 肺小叶模式图

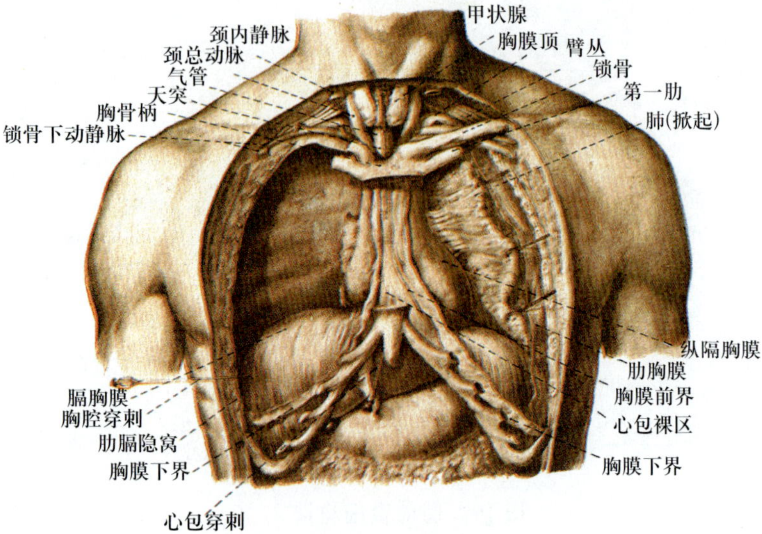

图 201 胸膜的分部

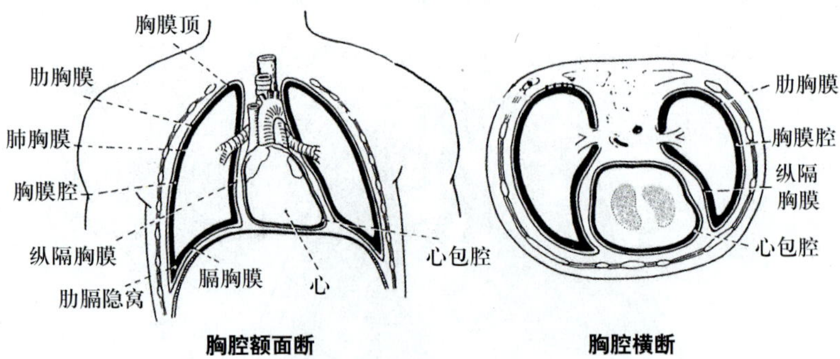

图 202 胸膜和胸膜腔

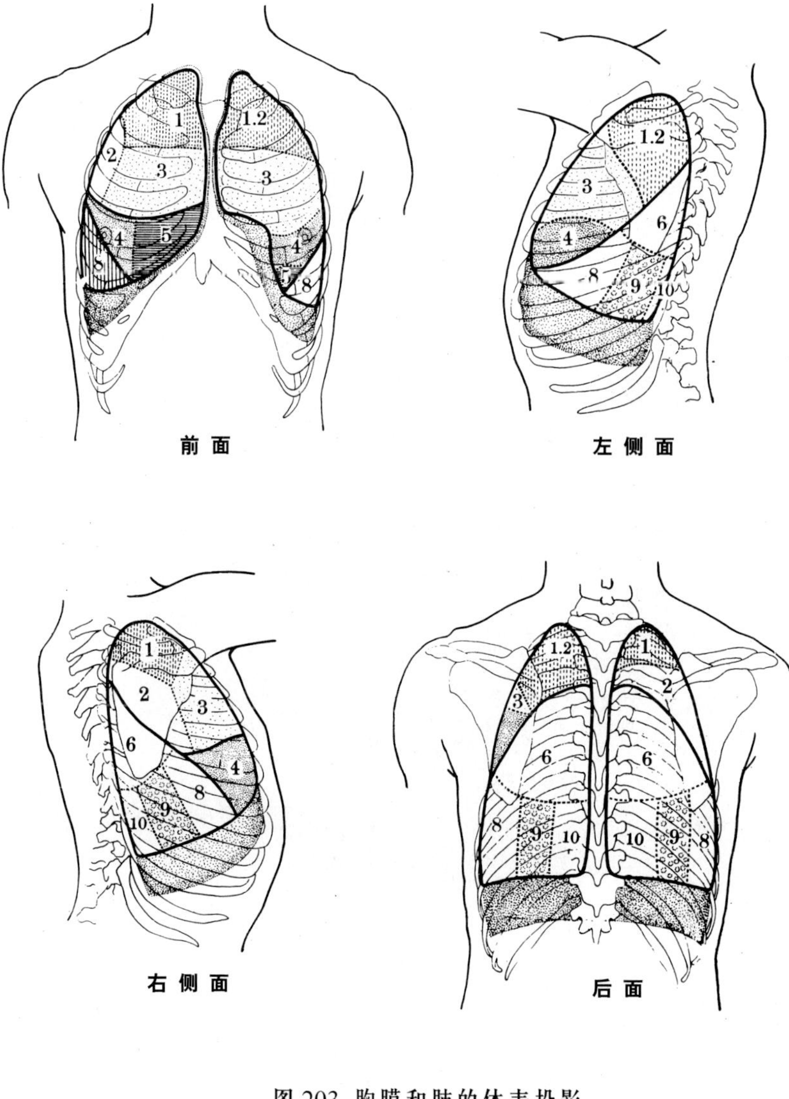

图 203 胸膜和肺的体表投影

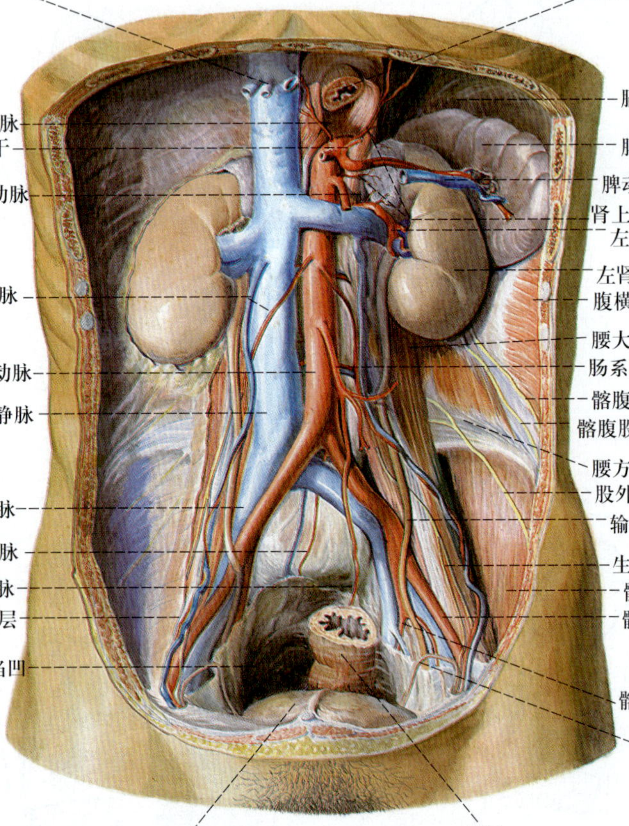

图 204 腹膜后间隙局解

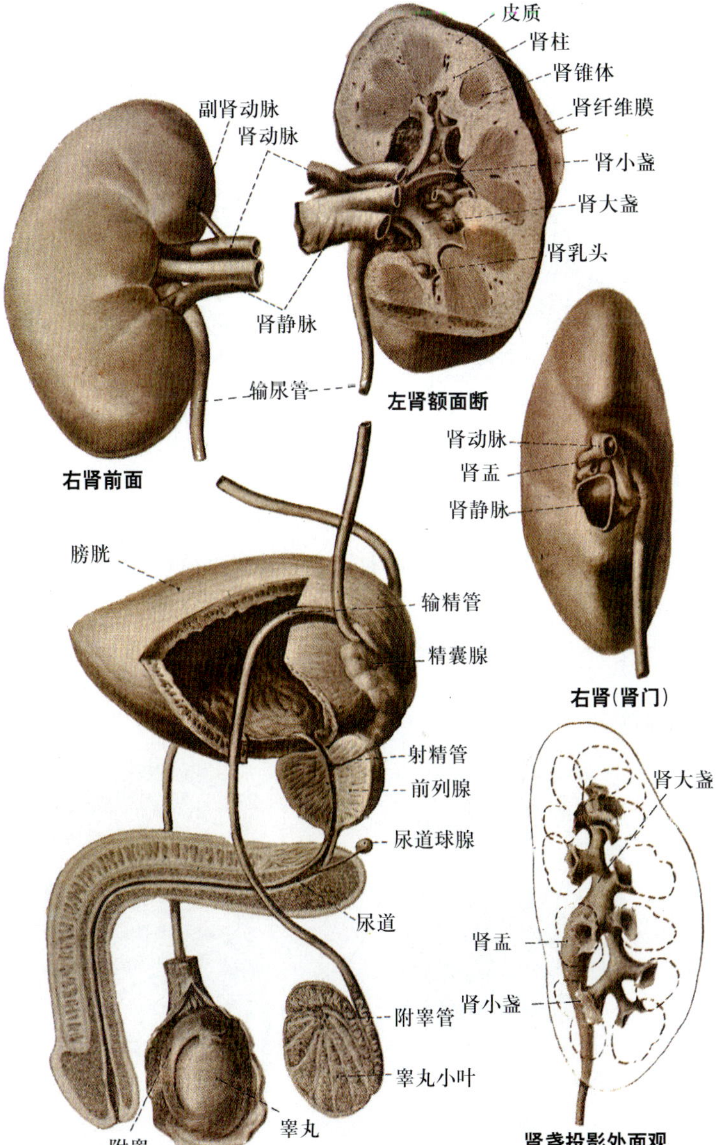

图 205 泌尿器和男性生殖器概观

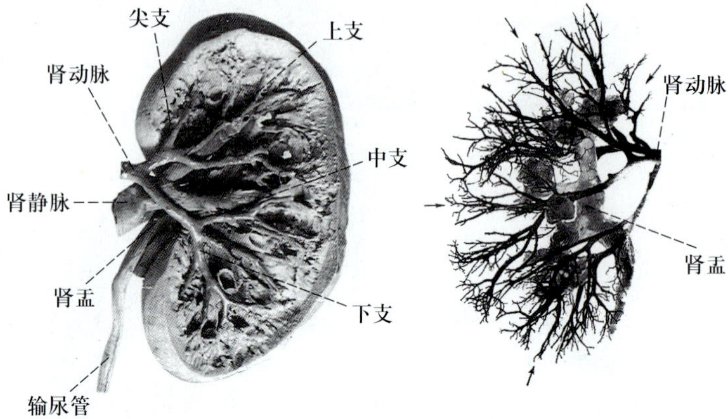

图 206 肾动静脉和肾盂在肾窦中的位置

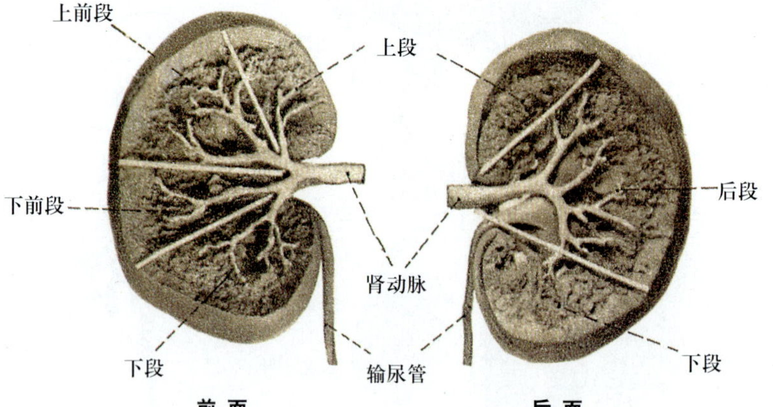

图 207 肾的分段

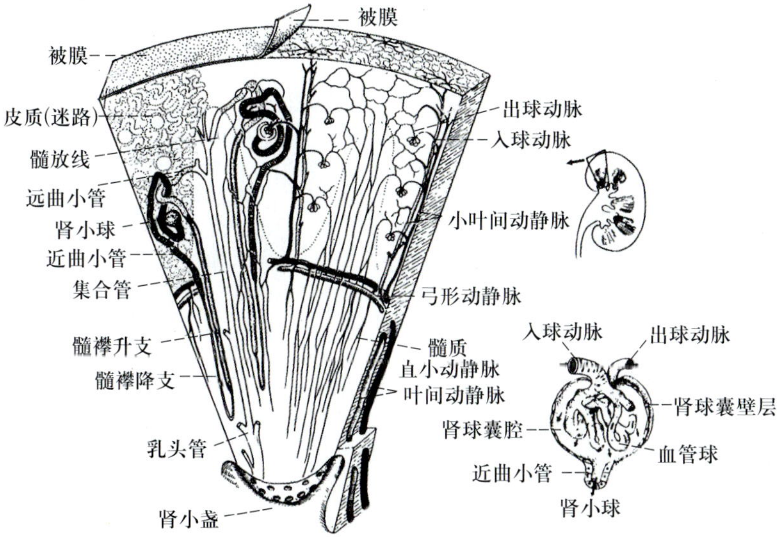

图 208 肾的构造模式图

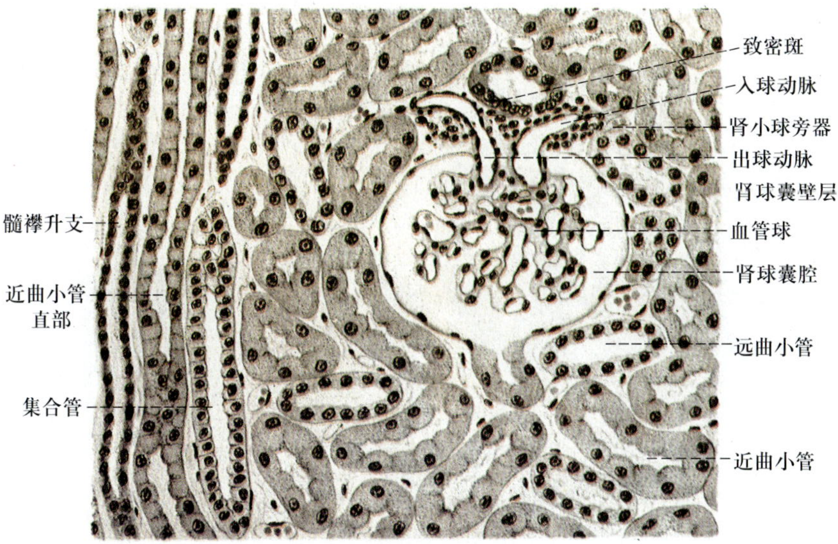

图 209 肾皮质的微细构造

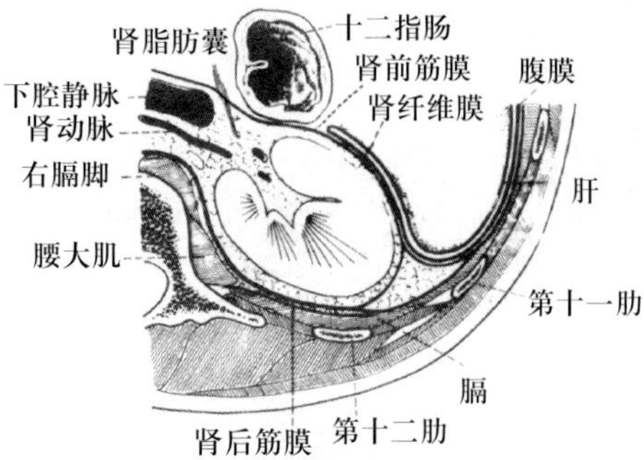

平第一腰椎横断 下段上面观

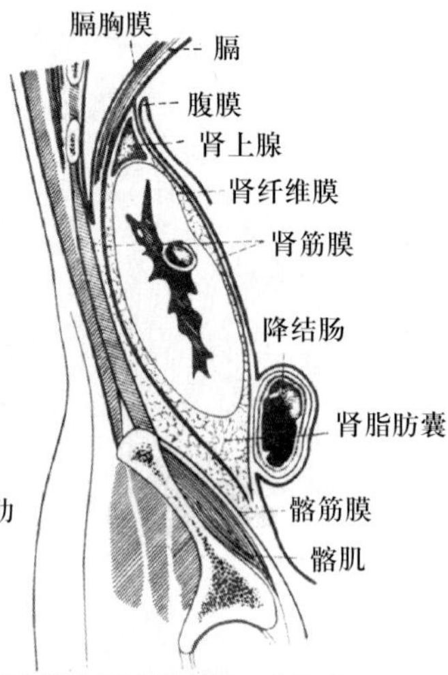

经左肾和肾上腺纵断 右面观

图 210 肾的被膜和位置

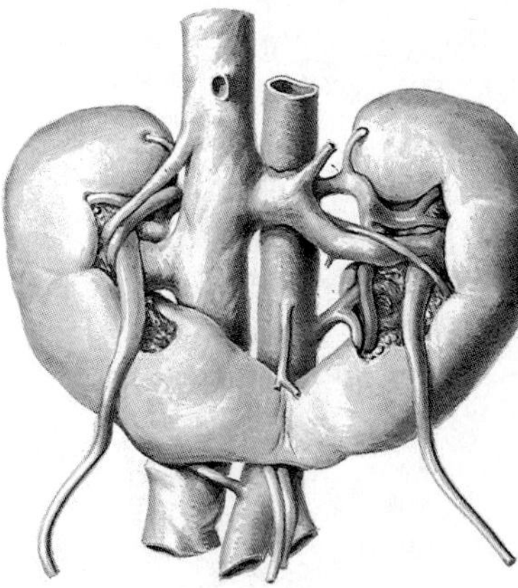

图 211 蹄铁肾

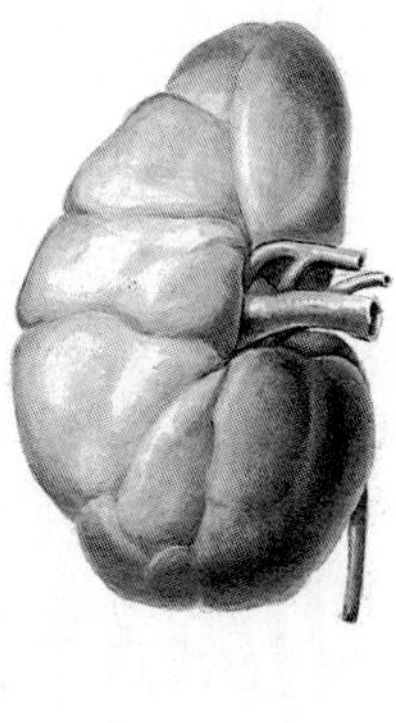

图 212 分叶肾

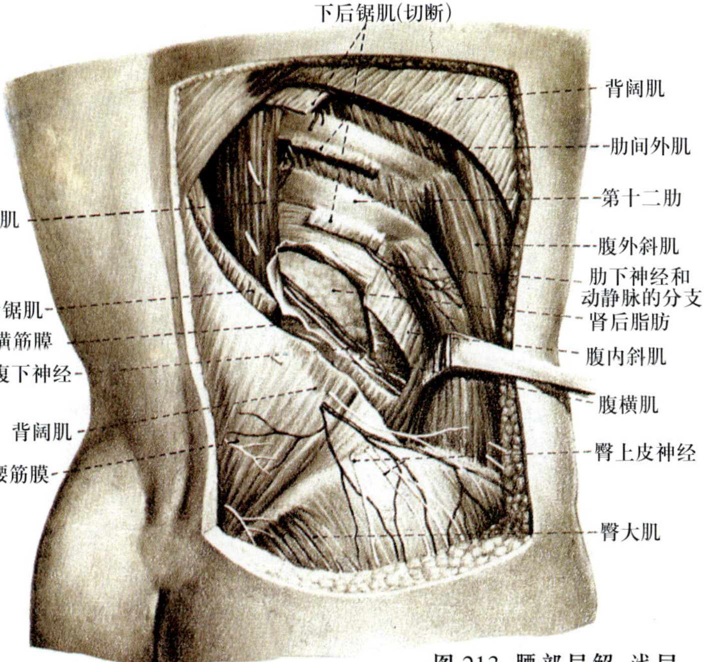

图 213 腰部局解 浅层

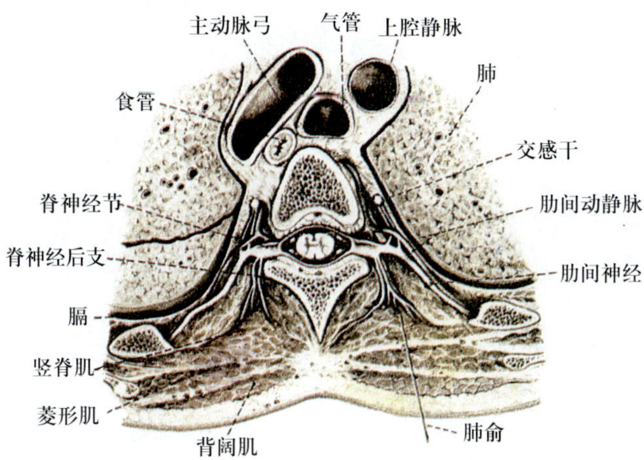

图 214 经肺俞的横断面(三、四胸椎棘突间)

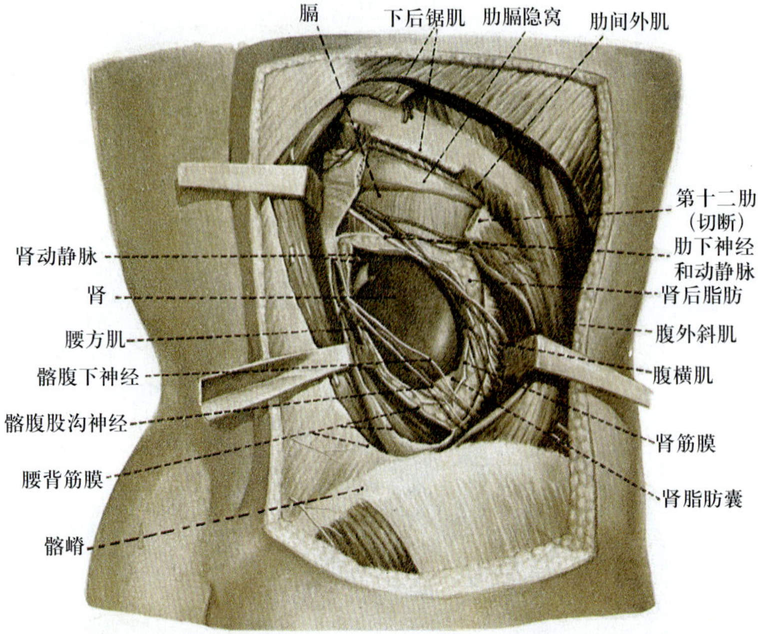

图 215 腰部局解 深层

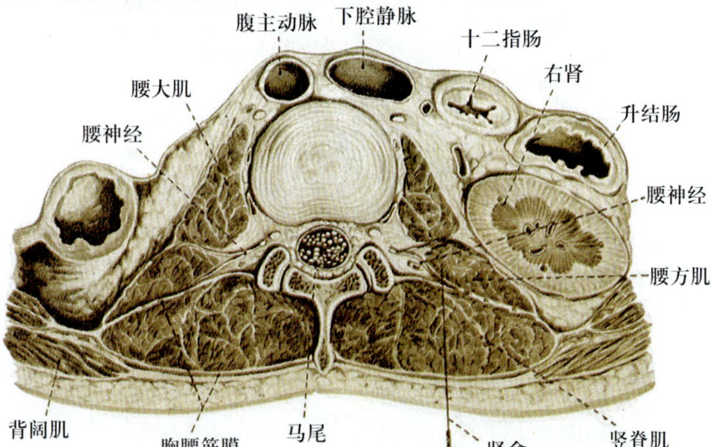

图 216 经肾俞的横断面(二、三腰椎棘突间)

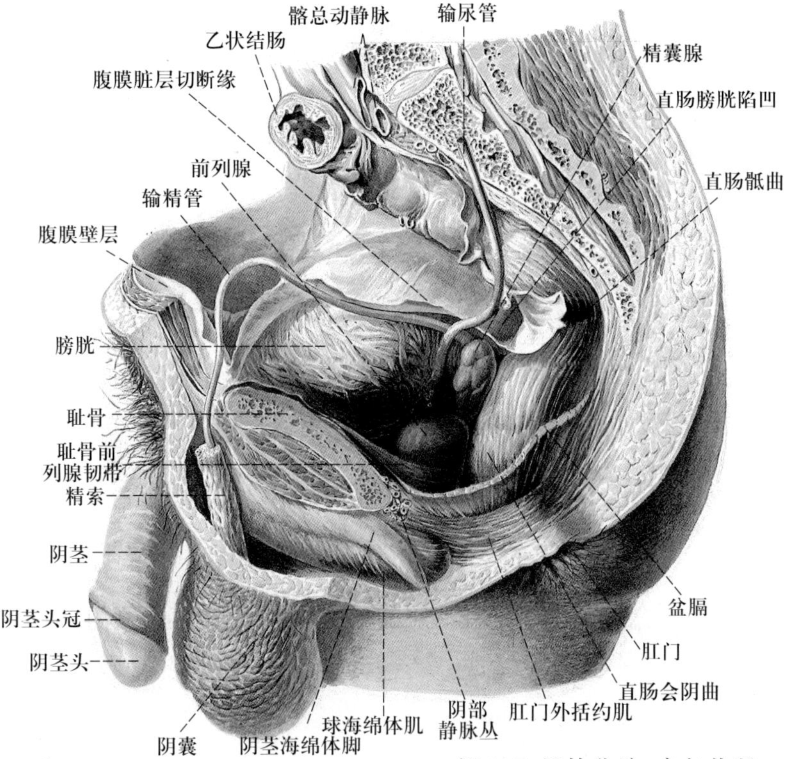

图 217 男性盆腔 旁矢状断

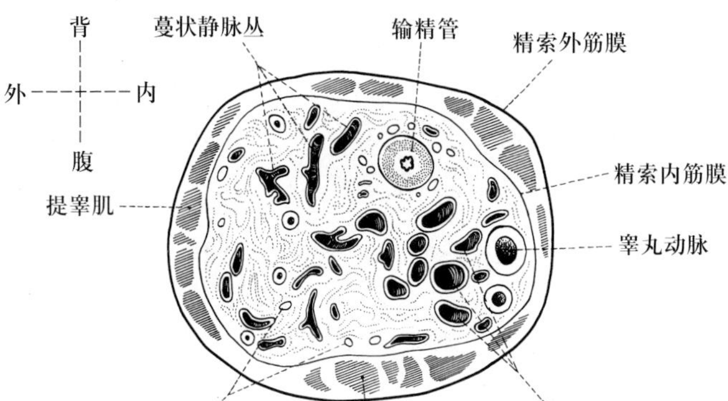

图 218 精索横断面

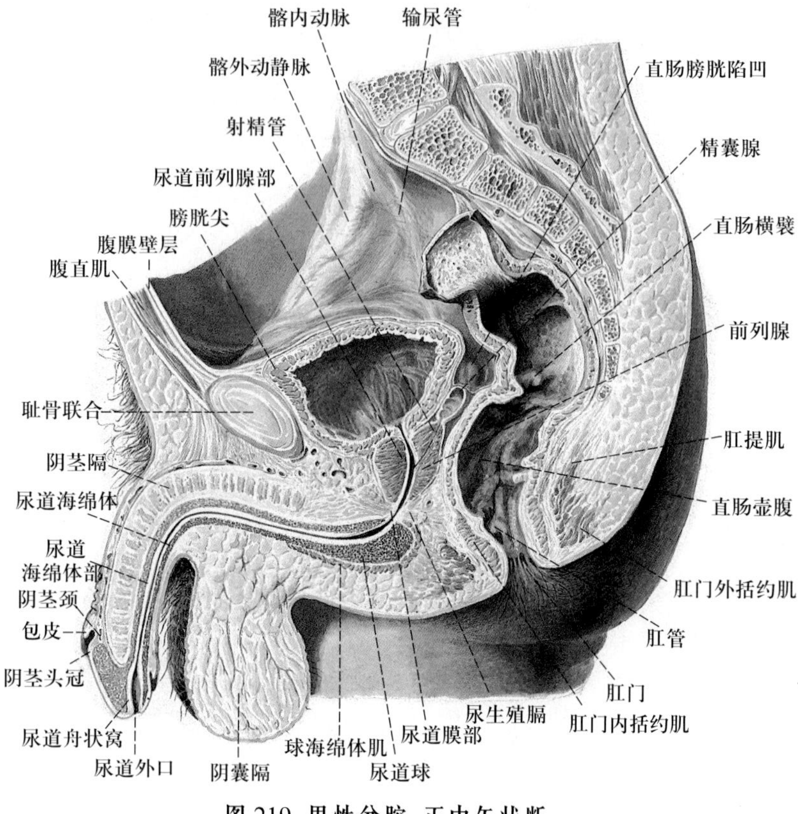

图 219 男性盆腔 正中矢状断

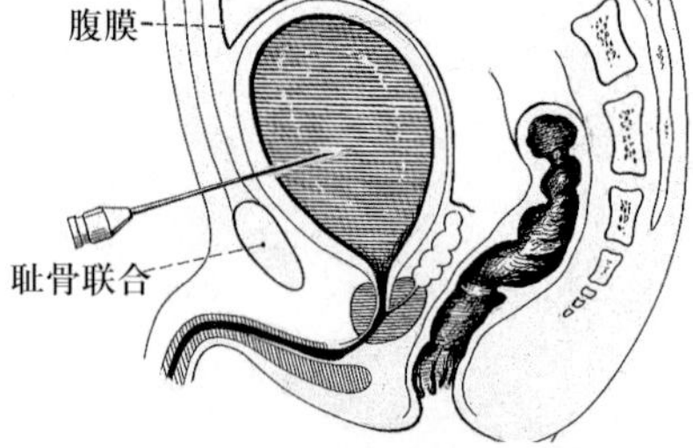

图 220 膀胱穿刺示意图

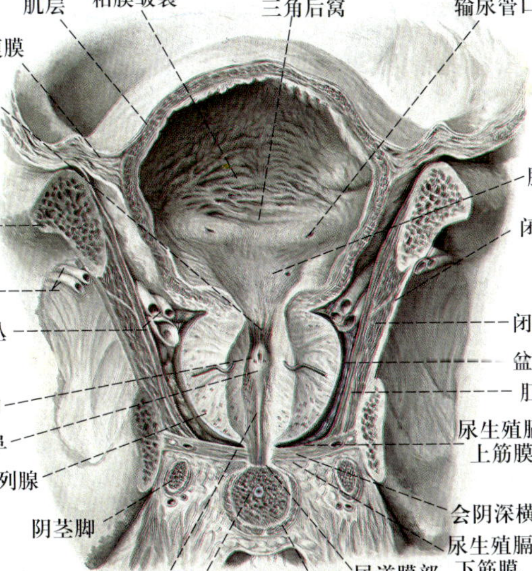

图 221 男性盆腔前部额面断

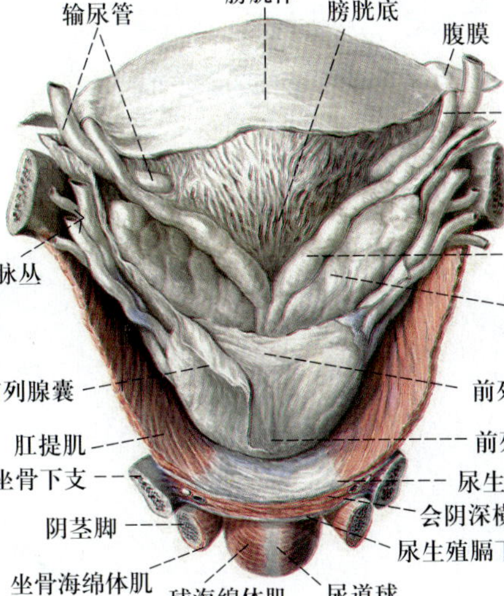

图 222 膀胱和前列腺后面

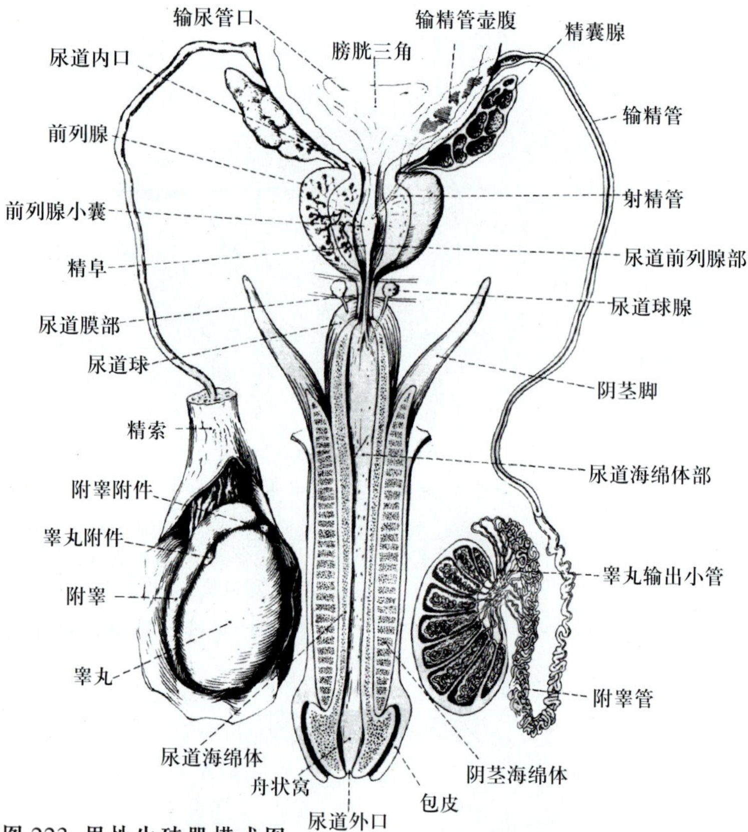

图 223 男性生殖器模式图

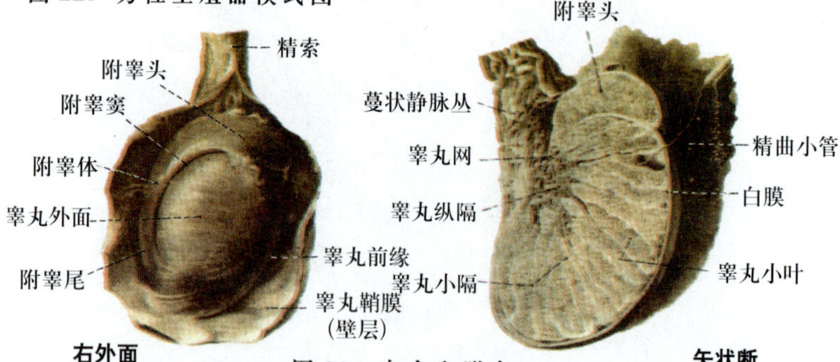

图 224 睾丸和附睾

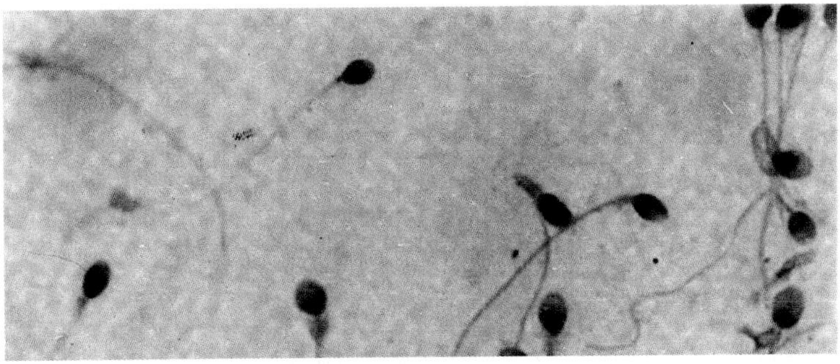

图 225 精子 × 100

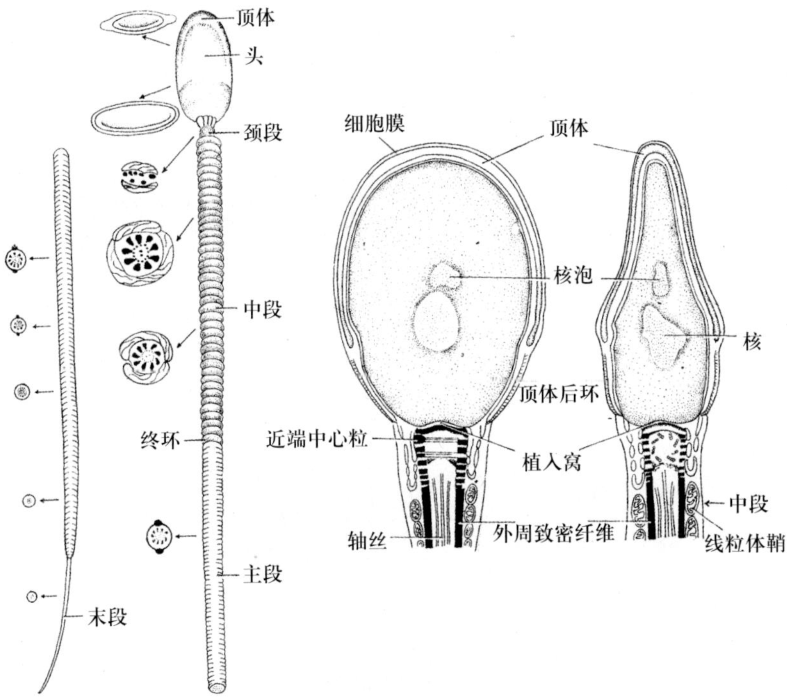

图 226 精子构造模式图

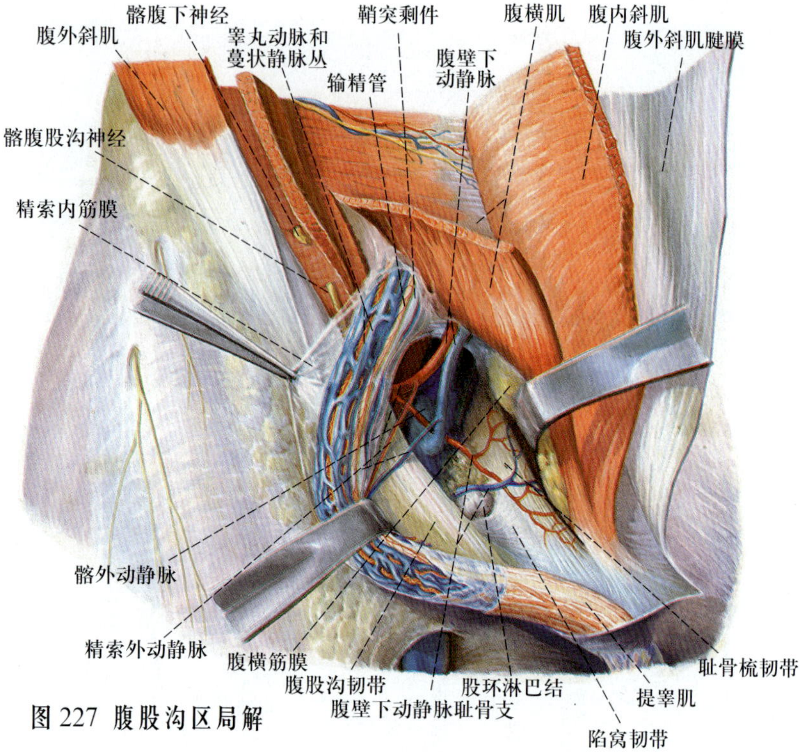

图 227 腹股沟区局解

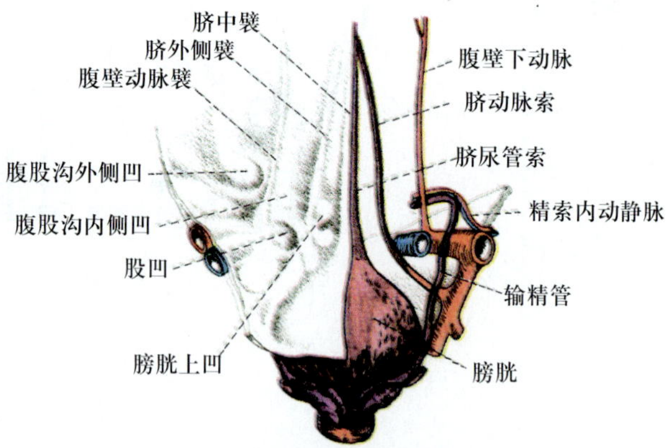

图 228 腹前壁内面的皱襞和陷凹

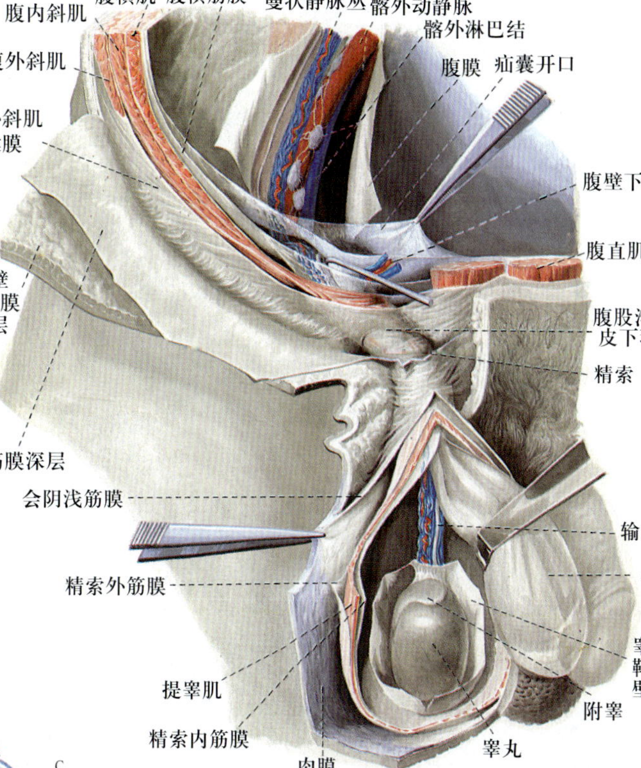

图 229 腹股沟斜疝的解剖

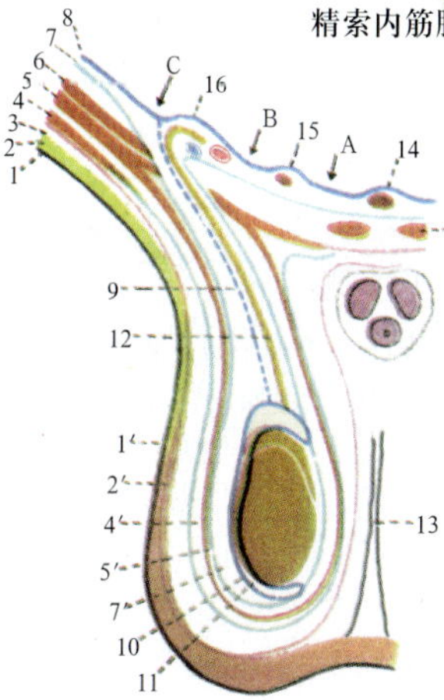

1. 皮肤 2. 腹壁浅筋膜浅层 3. 腹壁浅筋膜深层 4. 腹外斜肌 5. 腹内斜肌 6. 腹横肌 7. 腹横筋膜 8. 腹膜 9. 鞘突剩件 10. 睾丸鞘膜壁层 11. 睾丸鞘膜脏层 12. 输精管 13. 阴囊隔 14. 脐中襞 15. 脐外侧襞 16. 腹壁动脉襞 17. 腹直肌 A. 膀胱上凹 B. 腹股沟内侧凹 C. 腹股沟外侧凹 1′ 阴囊皮肤 2′ 肉膜 4′ 精索外筋膜 5′ 提睾肌 7′ 精索内筋膜

图 230 精索被膜和阴囊层次模式图

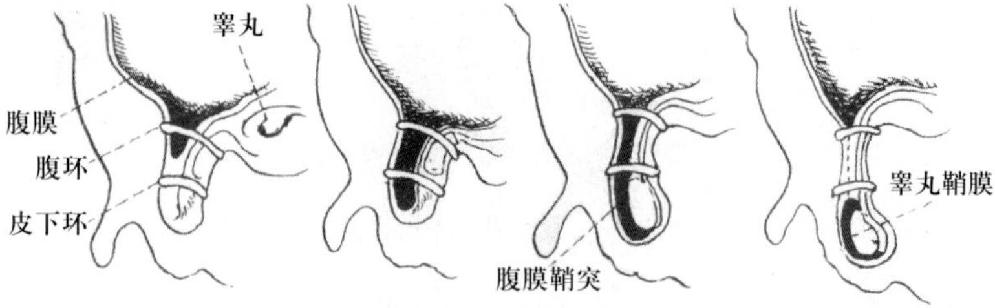

1. 睾丸在腹内　2. 睾丸进入腹股沟管　3. 睾丸降入阴囊　4. 腹膜鞘突闭锁，睾丸下降完成

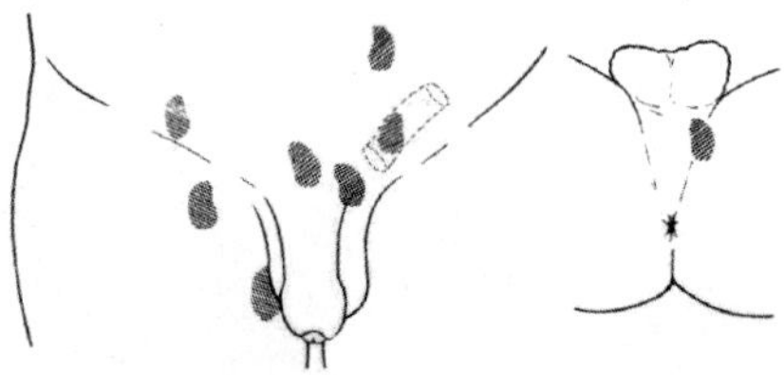

图 231 睾丸下降及睾丸的位置异常

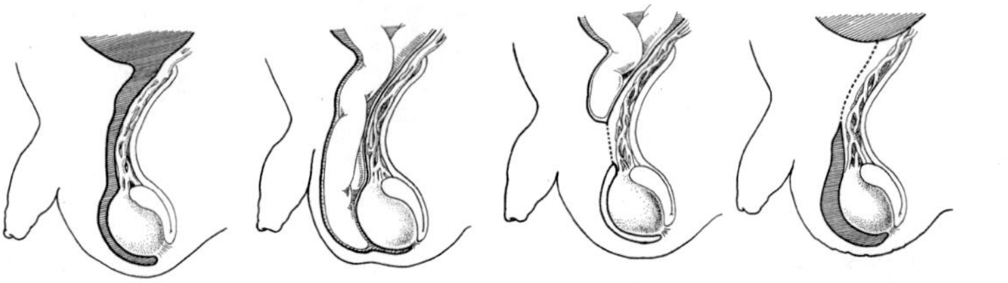

鞘突完全未闭合，且无睾丸鞘膜，疝内容物可下降至鞘突之底，形成先天性斜疝　成人斜疝最为常见，疝囊由突出的腹膜形成　睾丸鞘膜积液

胎儿3个月，睾丸自肾脏下端处开始下降，腹膜鞘突也开始形成，胎儿7个月时，睾丸抵达腹股沟管腹环，至出生时一般已降入阴囊内，此时腹膜鞘突也延伸到阴囊深部，包住睾丸的大部分，形成睾丸固有鞘膜。鞘突系一腹膜皱襞，睾丸下降至阴囊后，鞘突与腹腔通连的上口即行闭合，生后1个月，鞘突下口也行闭合，鞘突的中间部分亦逐渐闭塞而成纤维索，但有30%～40%的婴儿在生后3～4个月内鞘突尚未闭合。如鞘突部分或全部未闭合，可引起图中的各种变异。

图 232 腹膜鞘突闭锁过程中的各种变异

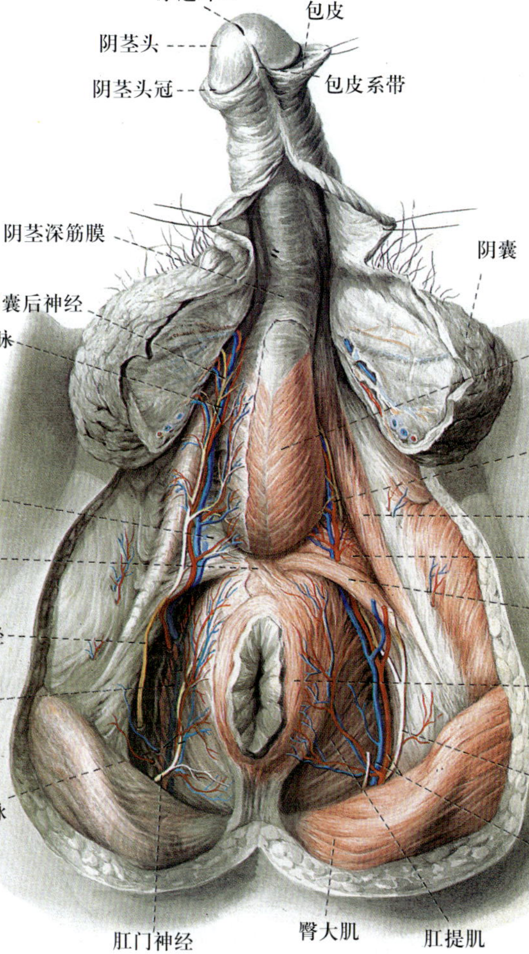

图 233 男性会阴局解(一)

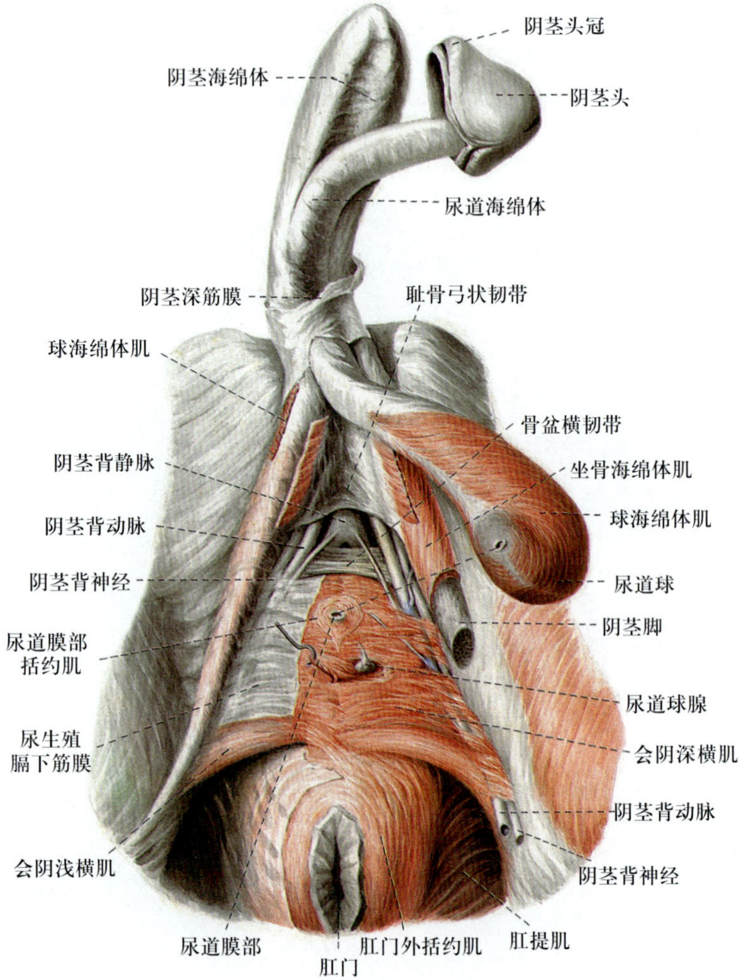

图 234 男性会阴局解(二)

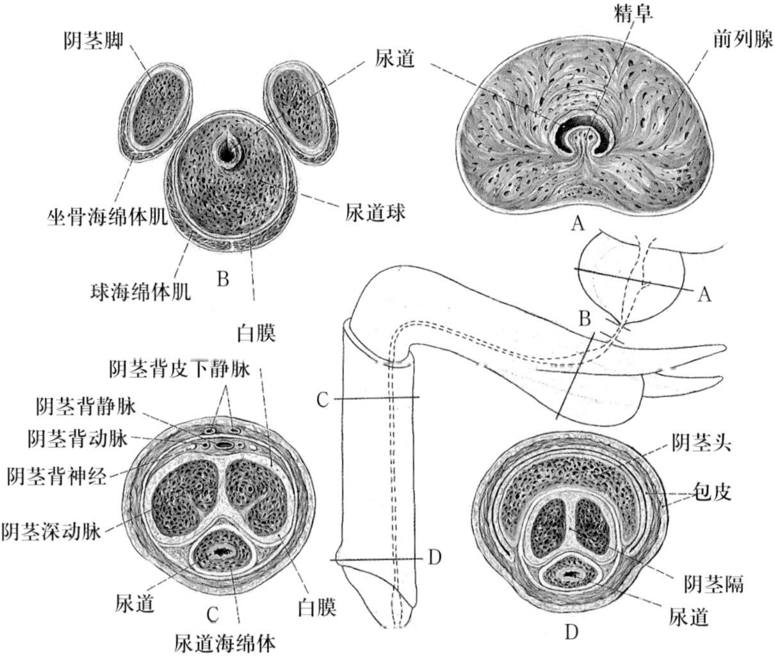

图 235 男性尿道和阴茎各部断面

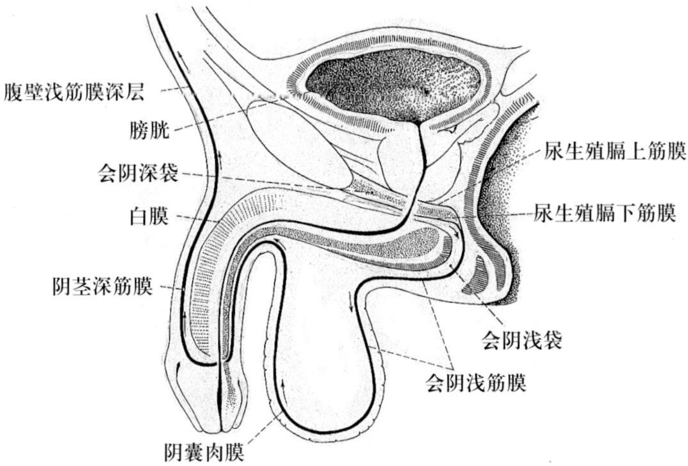

图 236 会阴筋膜和会阴浅、深袋模式图

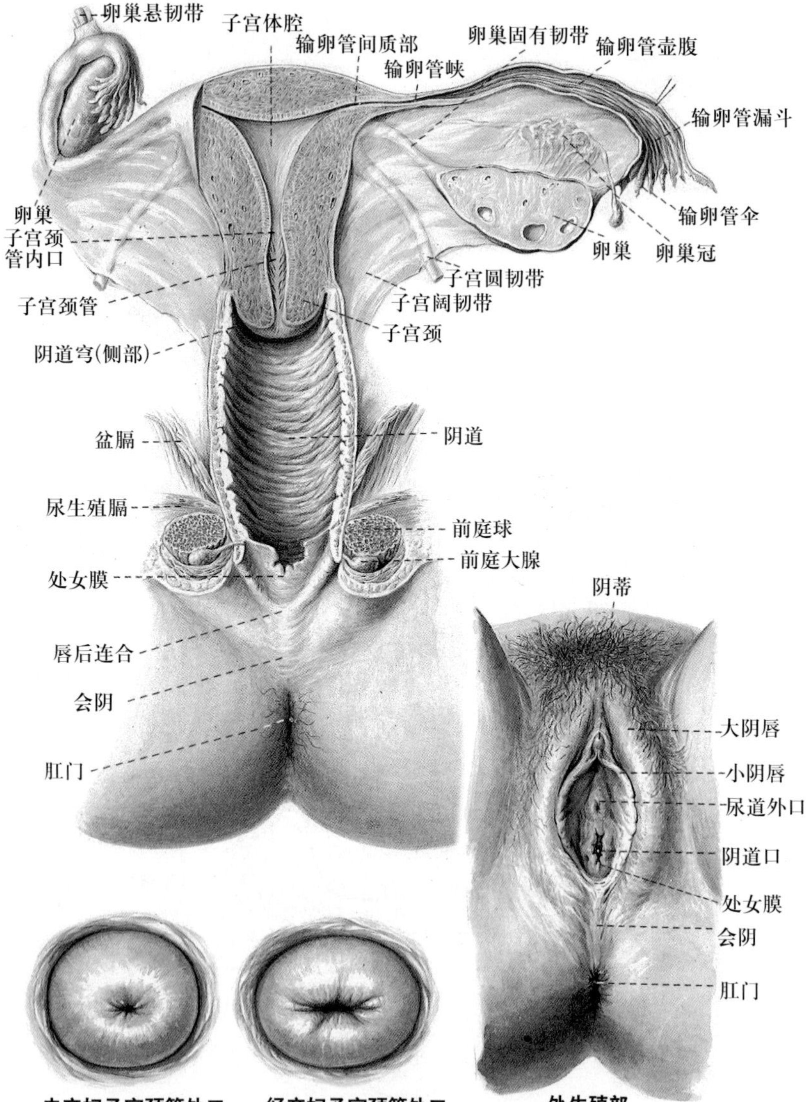

未产妇子宫颈管外口　　**经产妇子宫颈管外口**　　**外生殖部**

图 237 女性生殖器概观

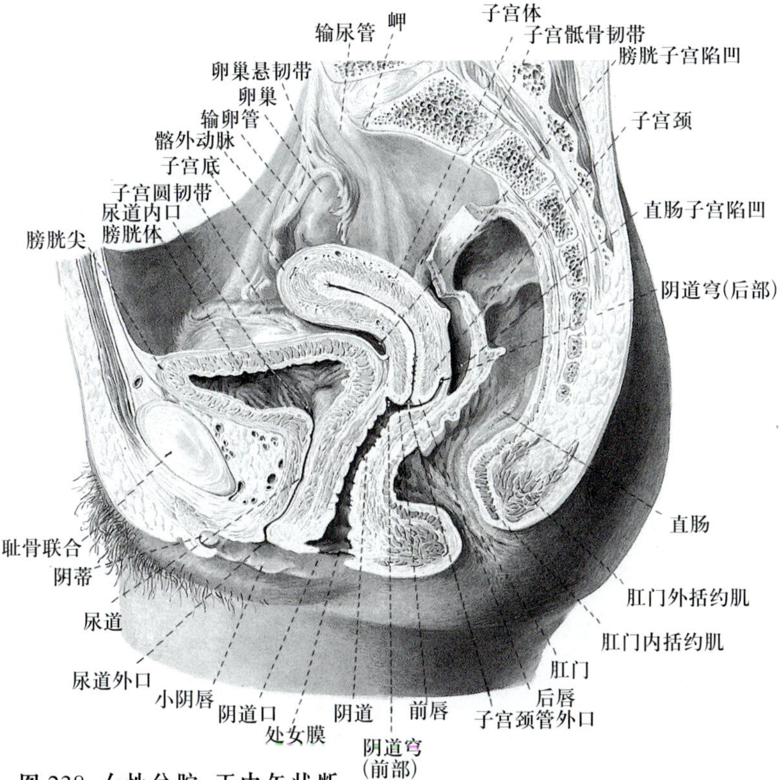

图 238 女性盆腔 正中矢状断

图 239 子宫壁和子宫腔

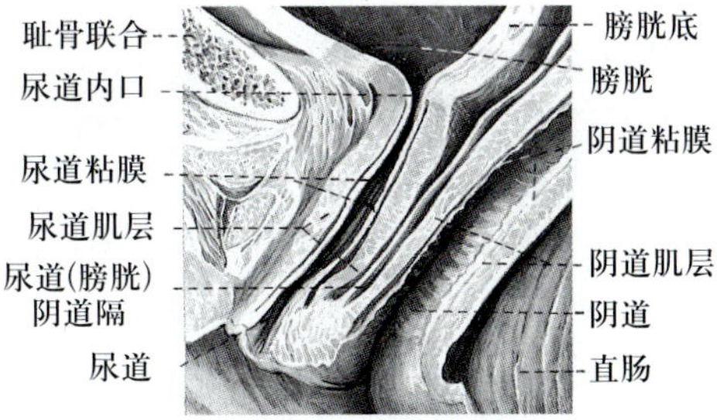

图 240 尿道和阴道正中矢状断

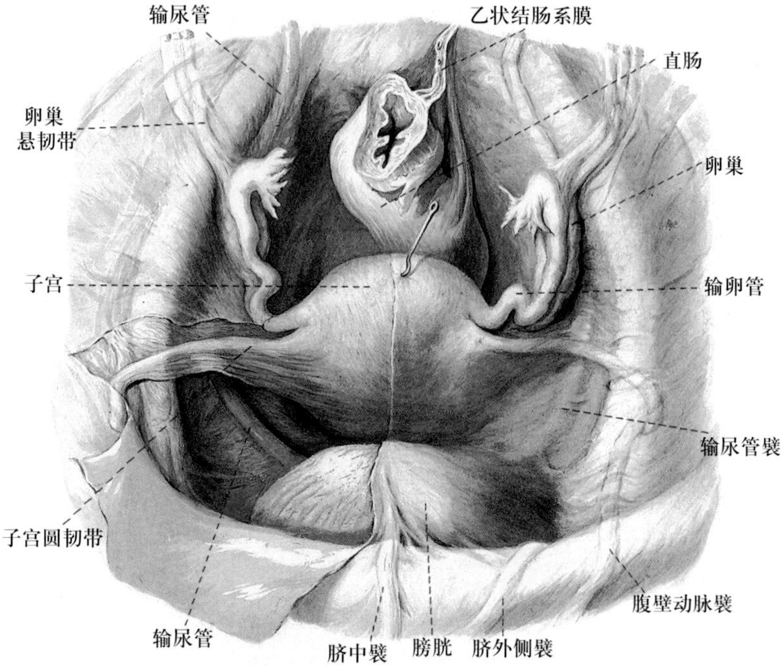

图 241 女性盆腔脏器 上面观

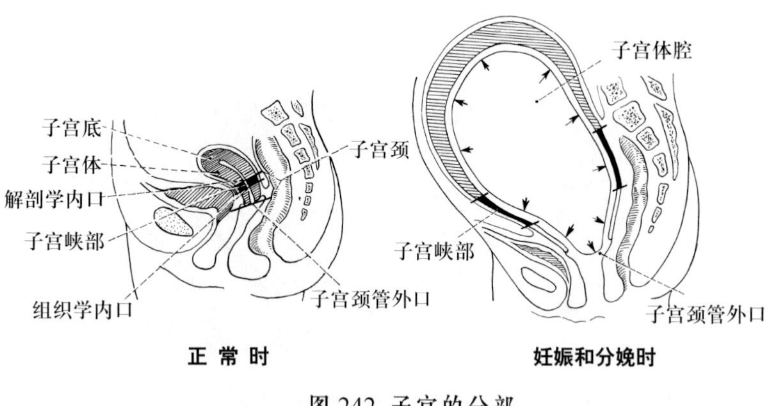

图 242 子宫的分部

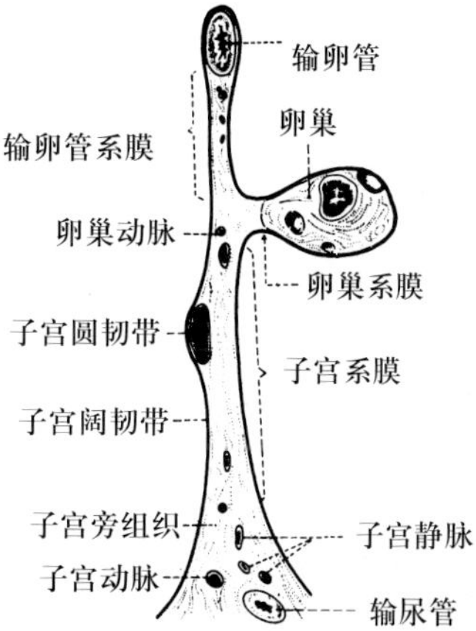

图 243 子宫阔韧带纵断

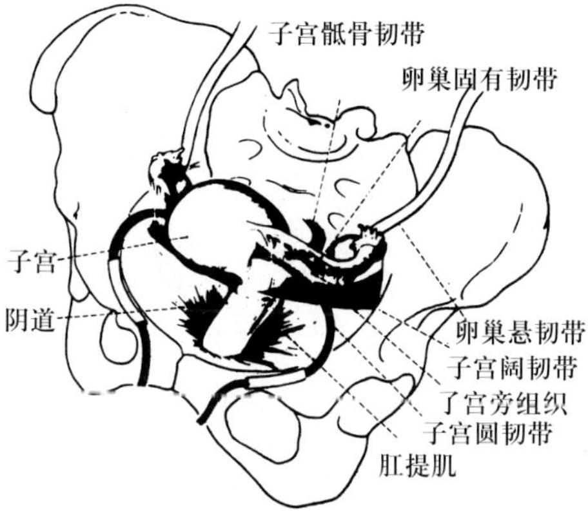

图 244 女性生殖器的支持装置模式图

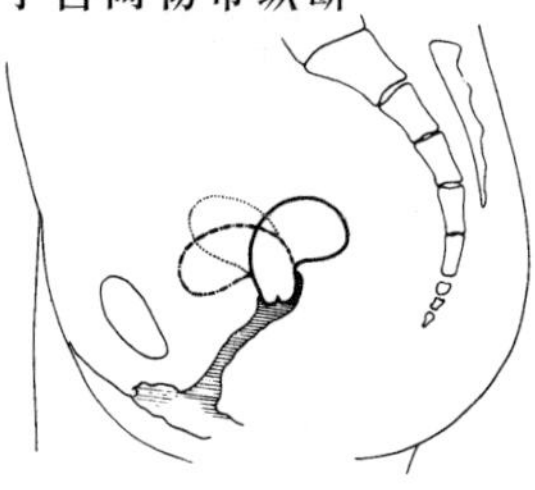

了宫前屈和后屈

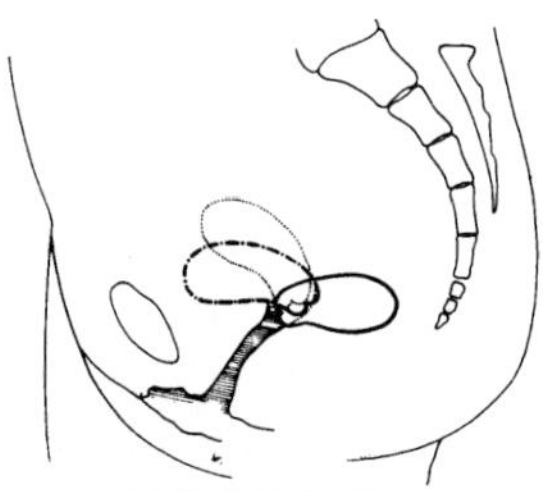

子宫前倾和后倾

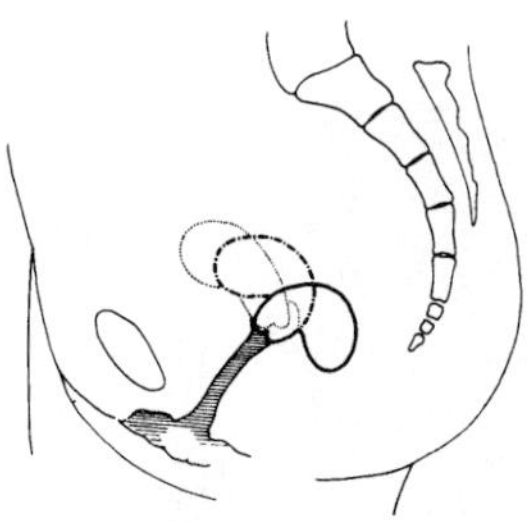

蜗形子宫和子宫后倾后屈

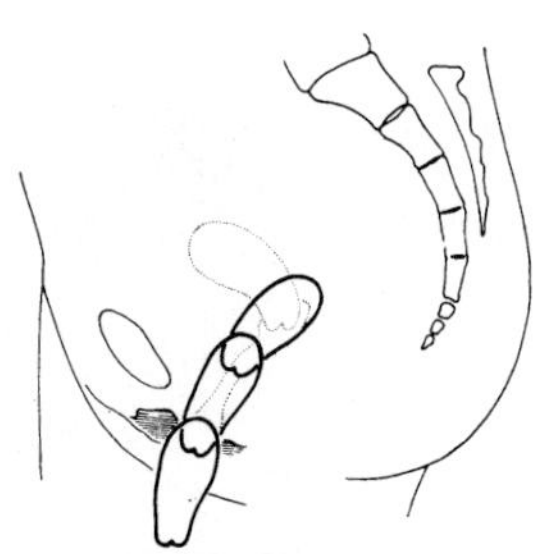

子宫一、二、三度脱垂

（各图中虚线表示子宫的正常位置）

图 245 子宫各种位置异常

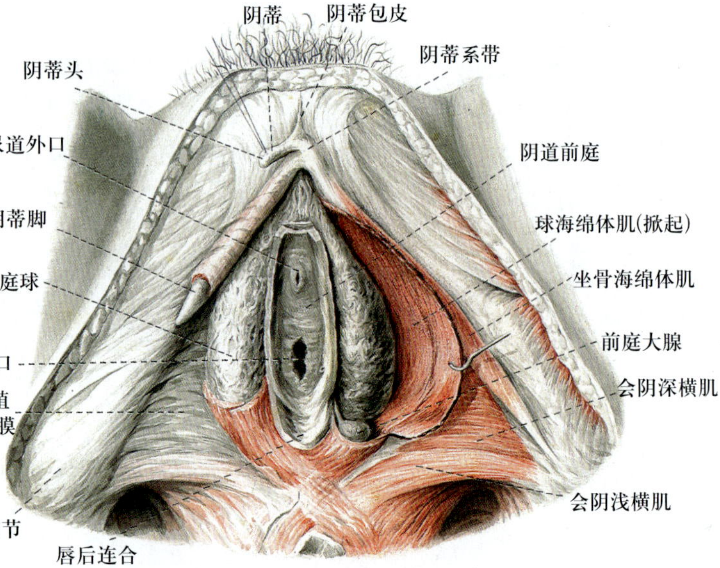

图 246 尿生殖三角和前庭球

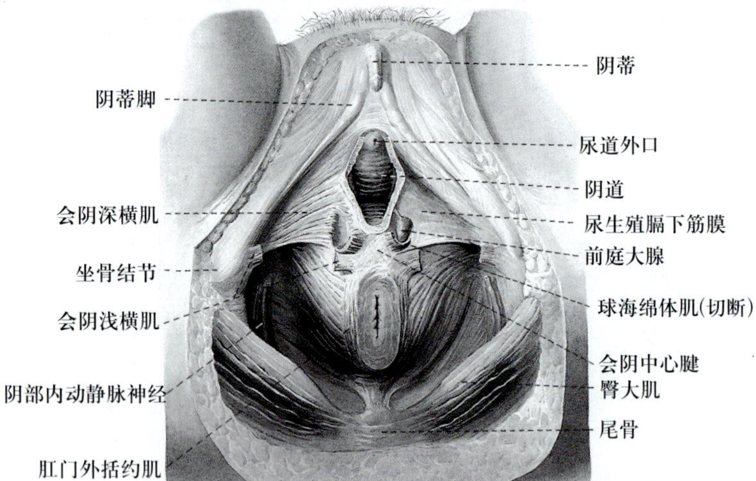

图 247 女性会阴

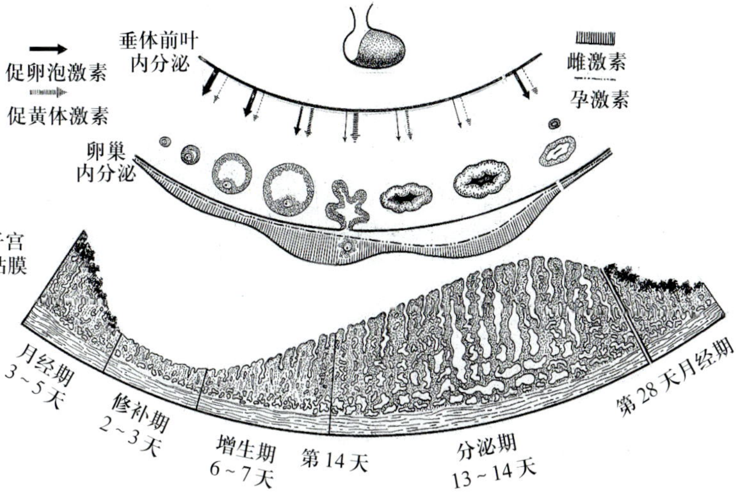

图248 垂体前叶和卵巢内分泌与排卵和月经的关系

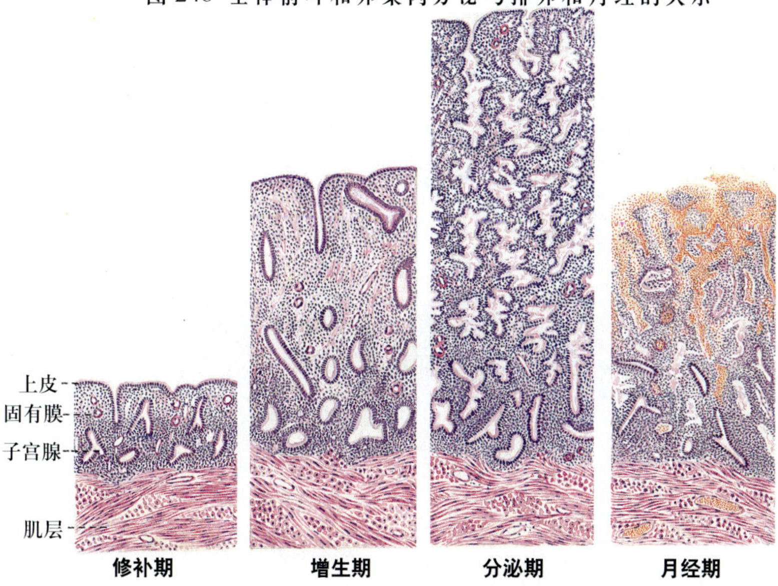

图249 子宫内膜的周期变化

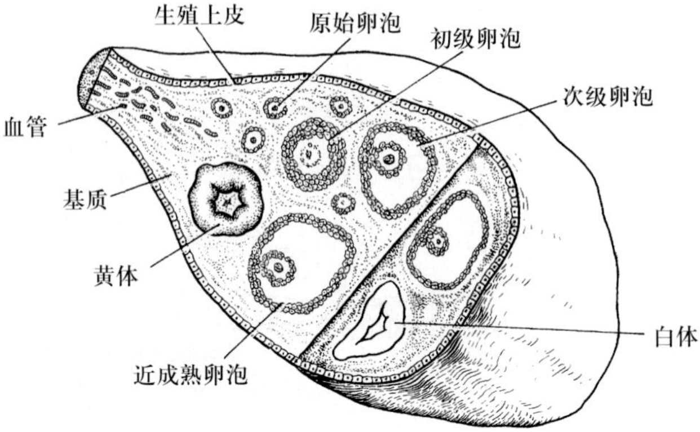

图 250 卵巢构造模式图

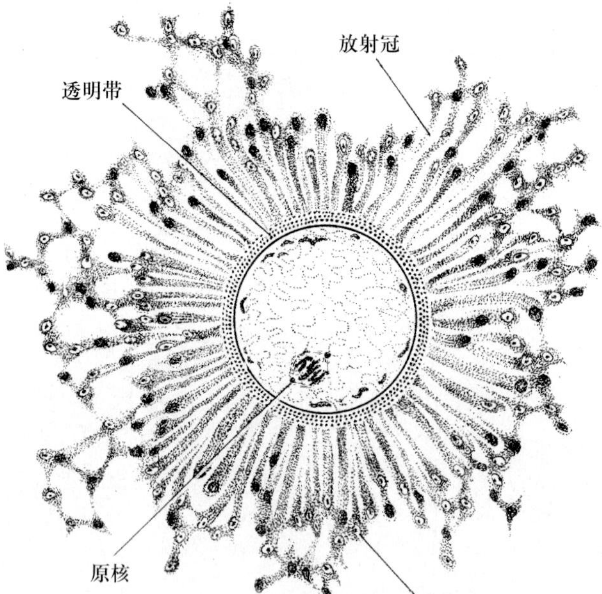

图 251 卵细胞及透明带

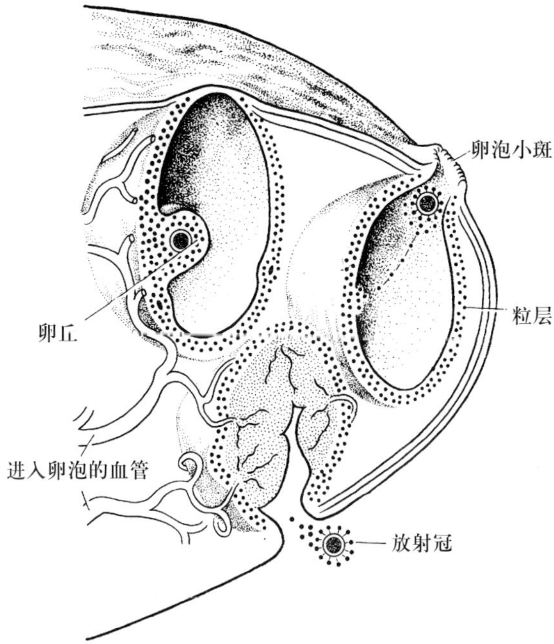

图 252 排卵模式图

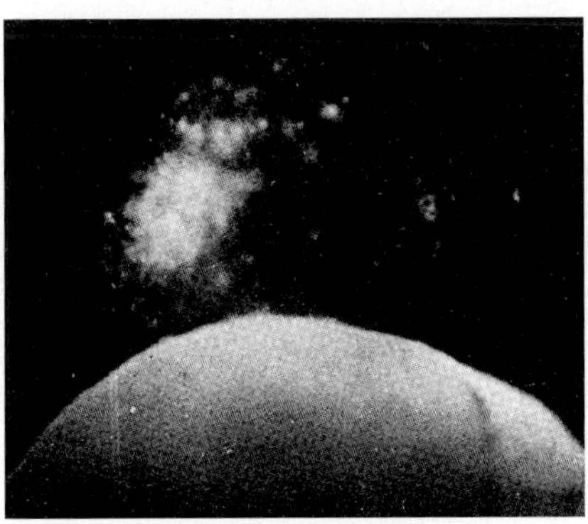

图 253 排卵照象

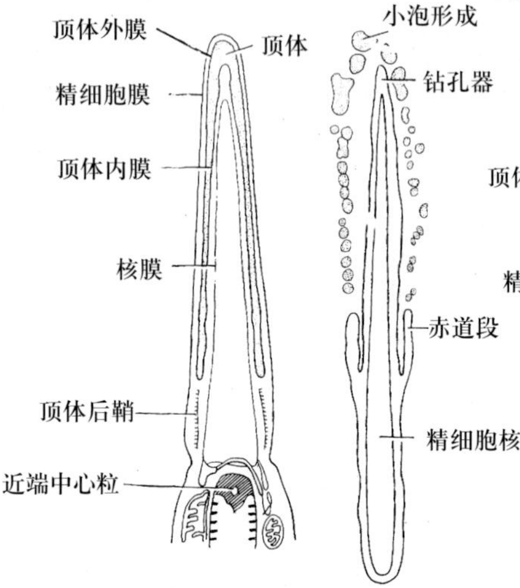

图 254 顶体反应

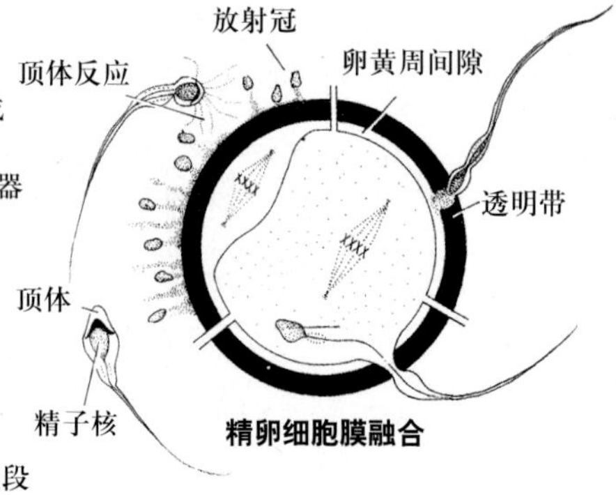

精卵细胞膜融合

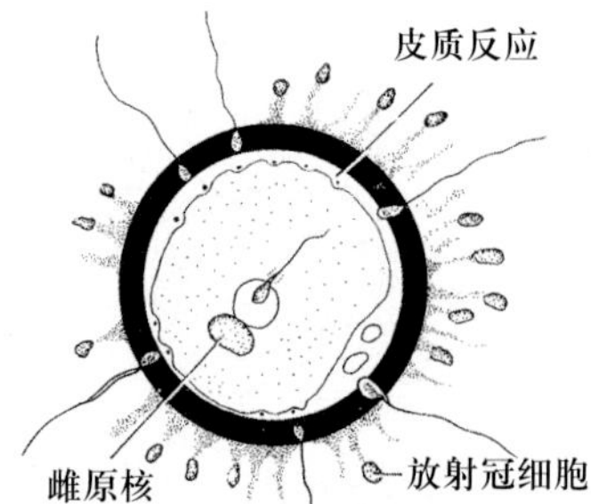

皮质反应，卵细胞完成第二次减数分裂

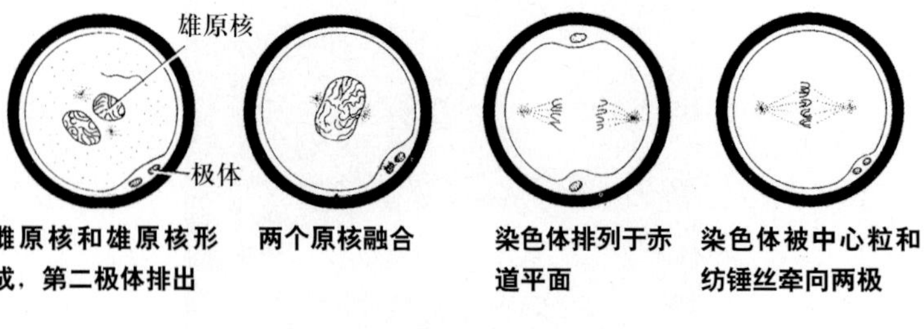

雌原核和雄原核形成，第二极体排出

两个原核融合

染色体排列于赤道平面

染色体被中心粒和纺锤丝牵向两极

图 255 受精模式图

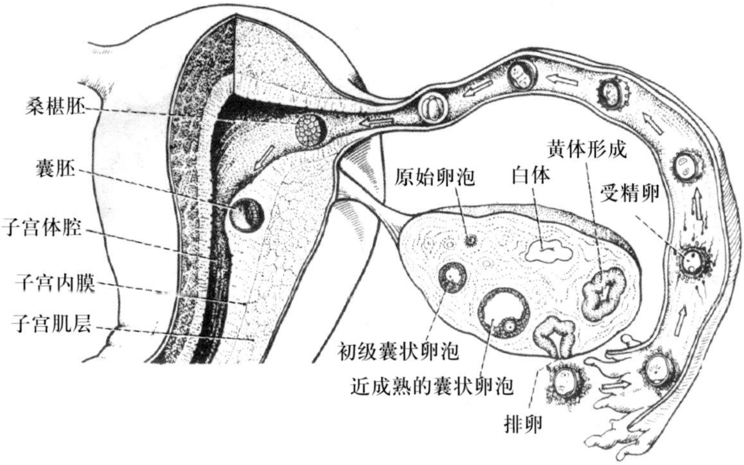

图 256 排卵、受精和植入

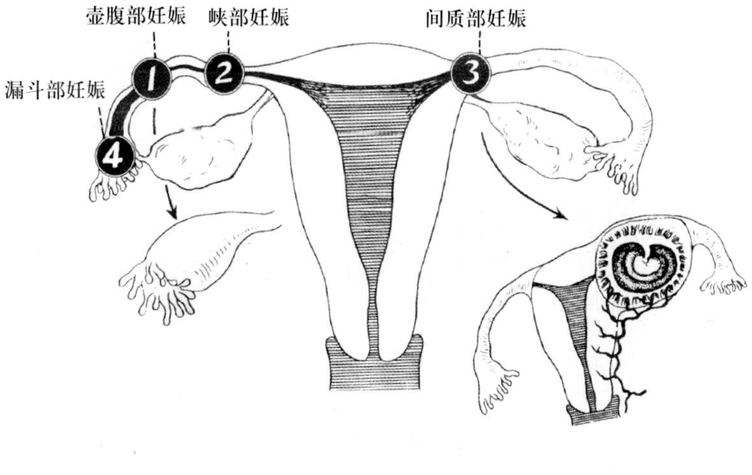

图 257 宫外孕的发生部位

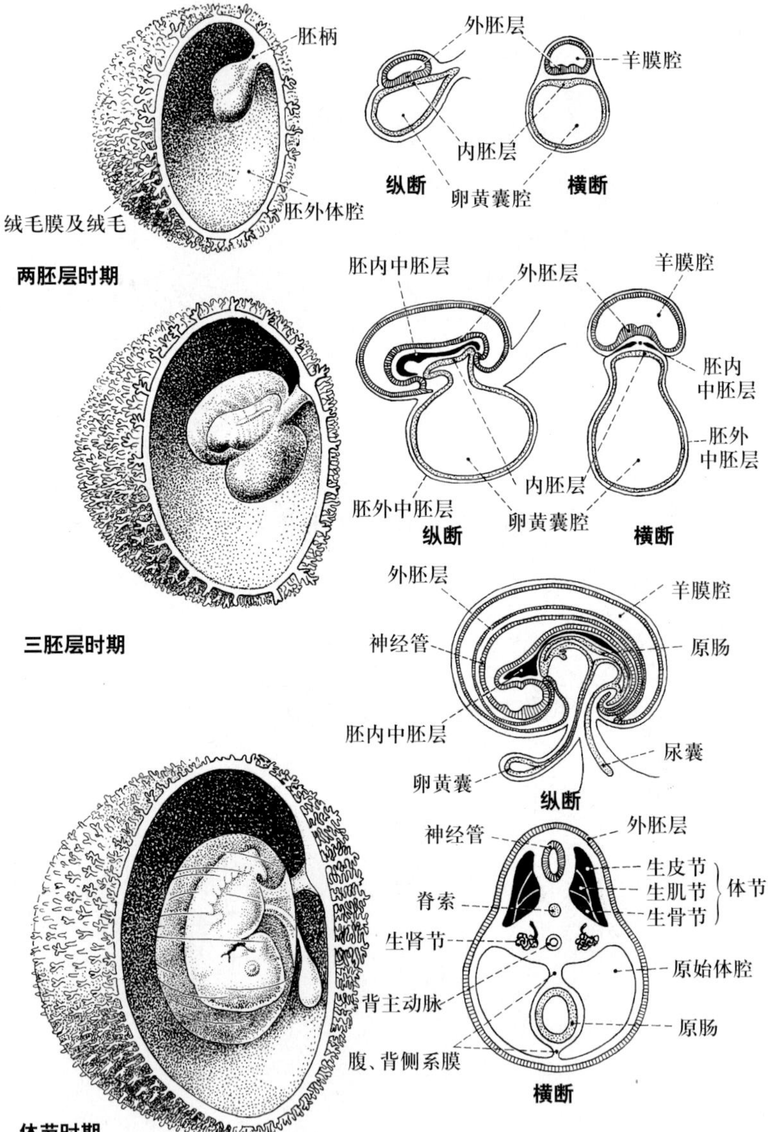
胚柄
绒毛膜及绒毛
胚外体腔
两胚层时期
外胚层
羊膜腔
内胚层
纵断
卵黄囊腔
横断
胚内中胚层
外胚层
羊膜腔
胚内
中胚层
胚外
中胚层
内胚层
胚外中胚层
卵黄囊腔
纵断
横断
三胚层时期
外胚层
羊膜腔
神经管
原肠
胚内中胚层
尿囊
卵黄囊
纵断
神经管
外胚层
生皮节
生肌节
体节
脊索
生骨节
生肾节
原始体腔
背主动脉
原肠
腹、背侧系膜
横断
体节时期

图 258 胚的早期发育

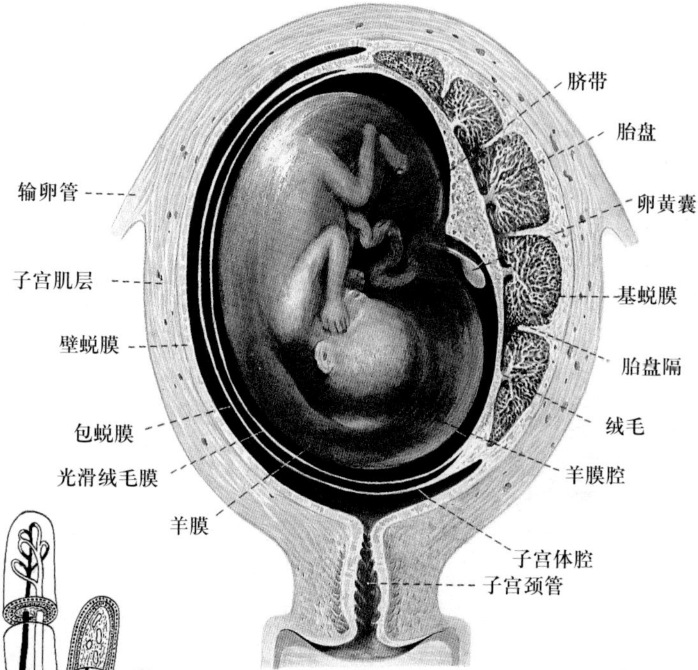

图 259 胎膜和胎盘模式图

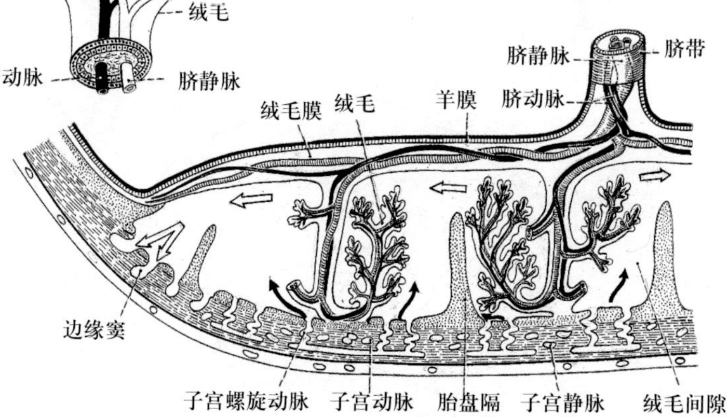

图 260 胎盘血液循环模式图

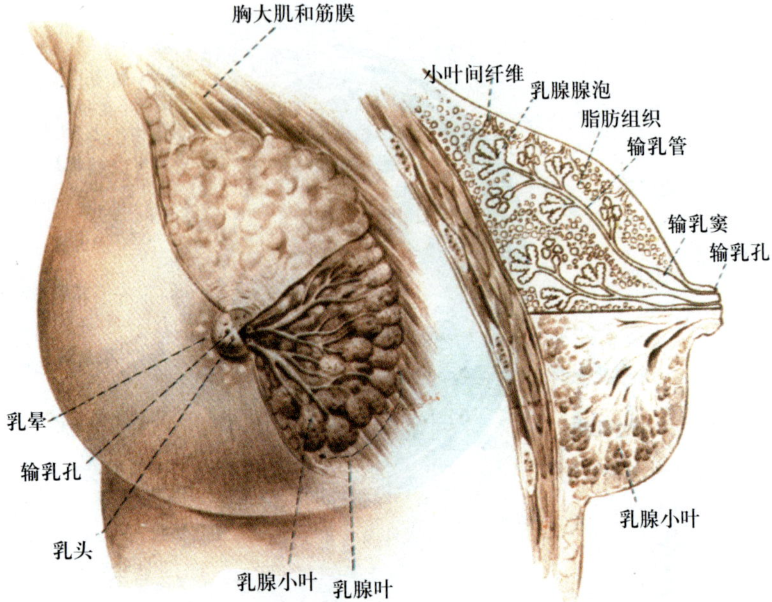

图 261 乳房的形态和构造

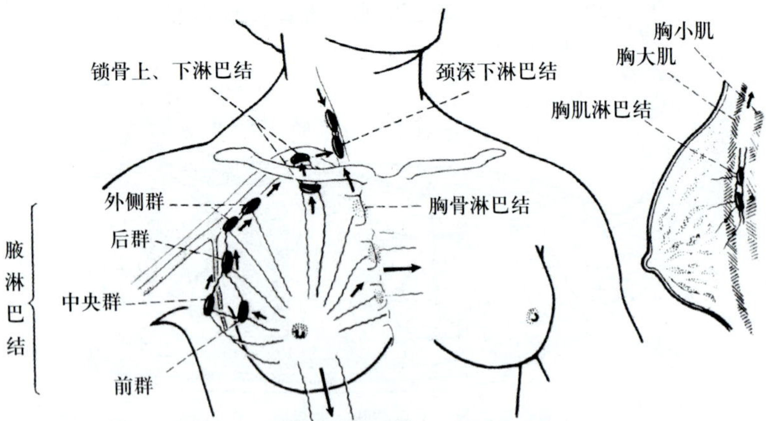

图 262 乳房的淋巴还流

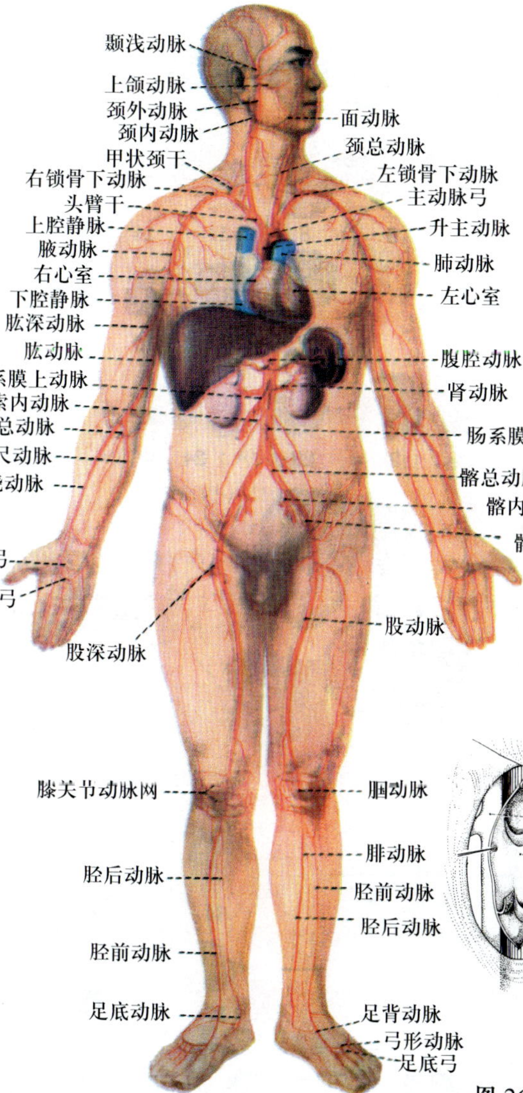

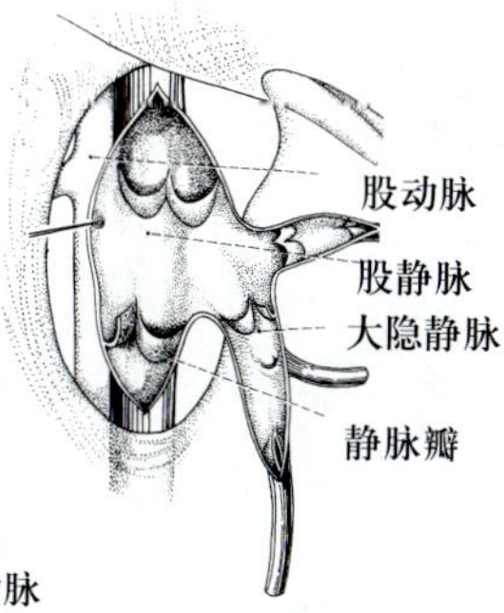

图 264 静脉窦

图 263 全身动脉

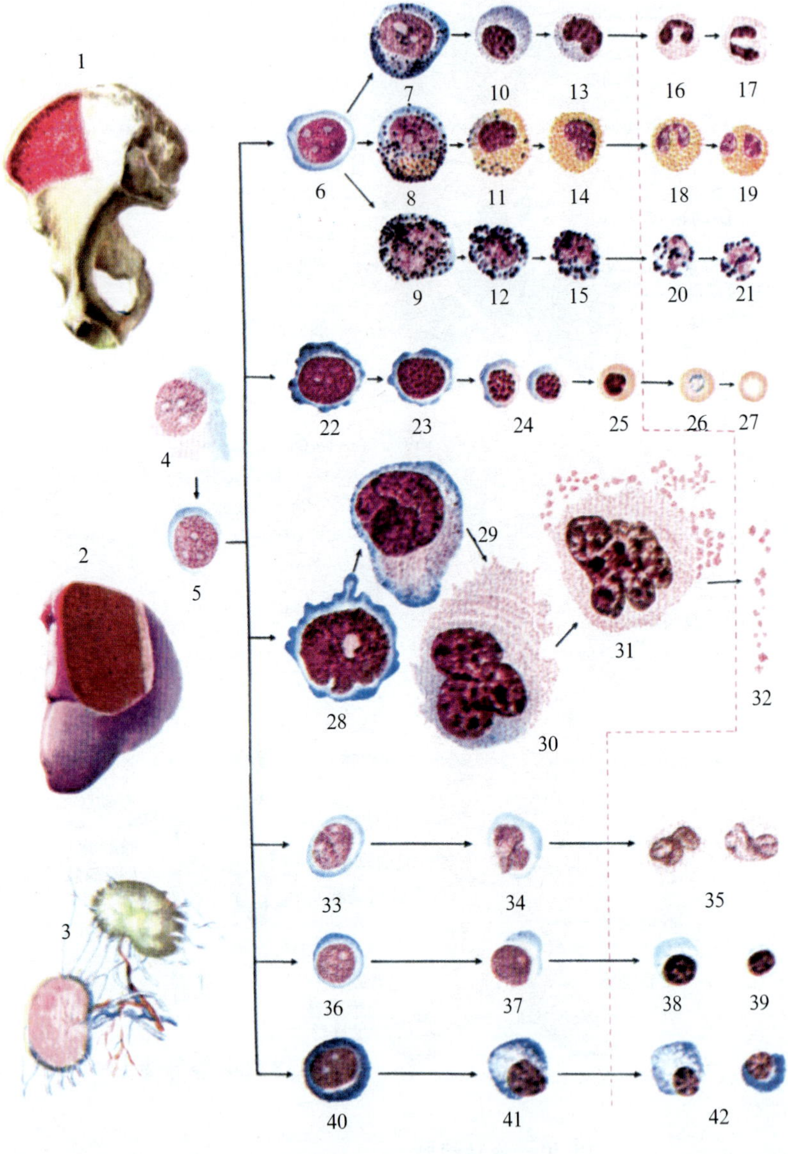
1
2
3
4
5
6
7
8
9
10
11
12
13
14
15
16
17
18
19
20
21
22
23
24
25
26
27
28
29
30
31
32
33
34
35
36
37
38
39
40
41
42

1. 红骨髓
2. 脾
3. 淋巴结
4. 血组织原细胞
5. 原血细胞
6. 原粒细胞
7、8、9. 早幼粒细胞
10. 中性中幼粒细胞
11. 嗜酸性中幼粒细胞
12. 嗜碱性中幼粒细胞
13. 中性晚幼粒细胞
14. 嗜酸晚幼粒细胞
15. 嗜碱晚幼粒细胞
16. 中性杆状核粒细胞
17. 中性分叶核粒细胞
18. 嗜酸杆状核粒细胞
19. 嗜酸分叶核粒细胞
20. 嗜碱杆状核粒细胞
21. 嗜碱分叶核粒细胞
22. 原红细胞
23. 早幼红细胞
24. 中幼红细胞
25. 晚幼红细胞
26. 网织红细胞
27. 成熟红细胞
28. 原巨核细胞
29. 幼巨核细胞
31. 颗粒型巨核细胞
31. 血小板生成巨核细胞
32. 血小板
33. 原单核细胞
34. 幼单核细胞
35. 单核细胞
36. 原淋巴细胞
38. 幼淋巴细胞
38. 大淋巴细胞
39. 小淋巴细胞
40. 原浆细胞
41. 幼浆细胞
42. 浆细胞

图 265 造血器官和血细胞发生图

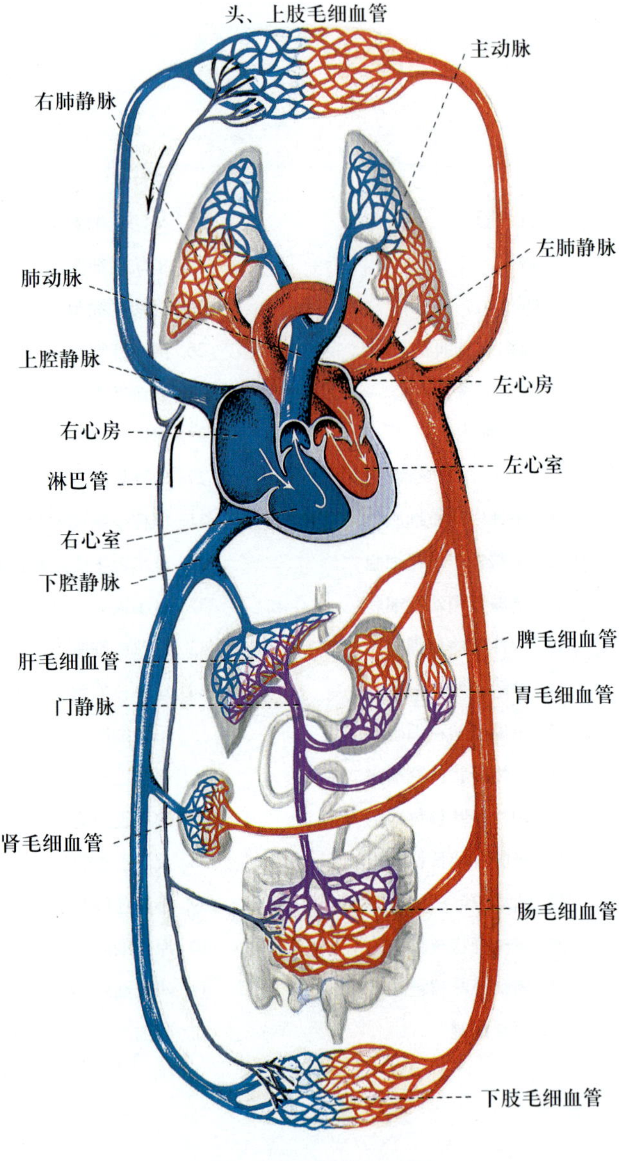

图 266 血液循环模式图

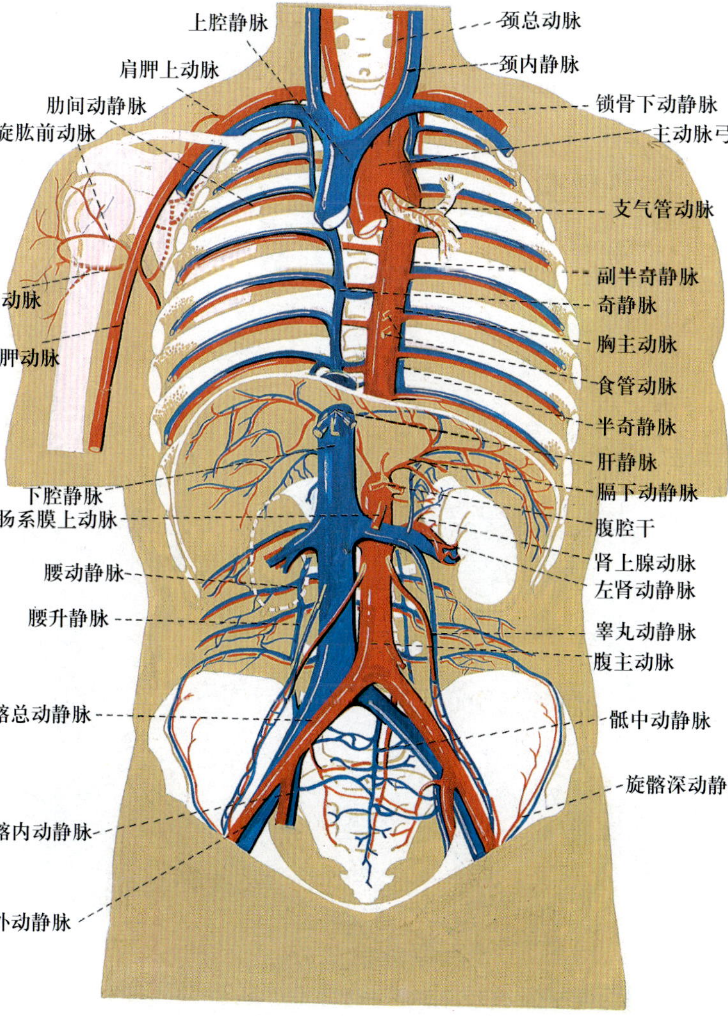

图 267 躯干的血管模式图

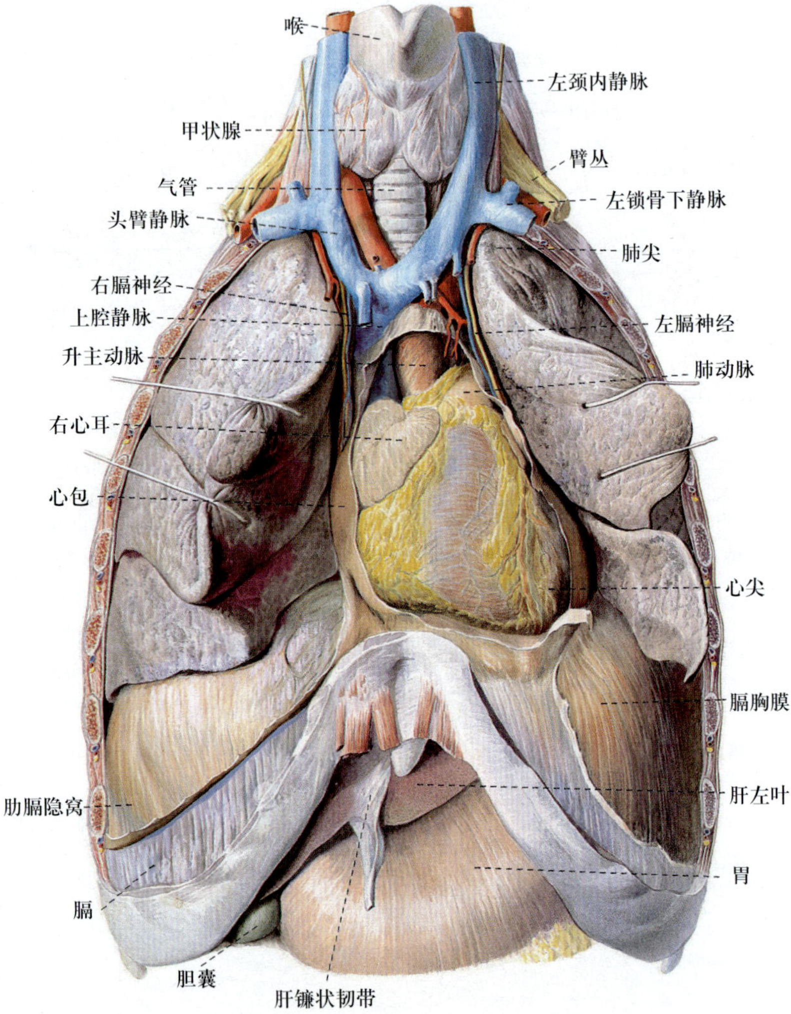

图 268 心的位置和心包

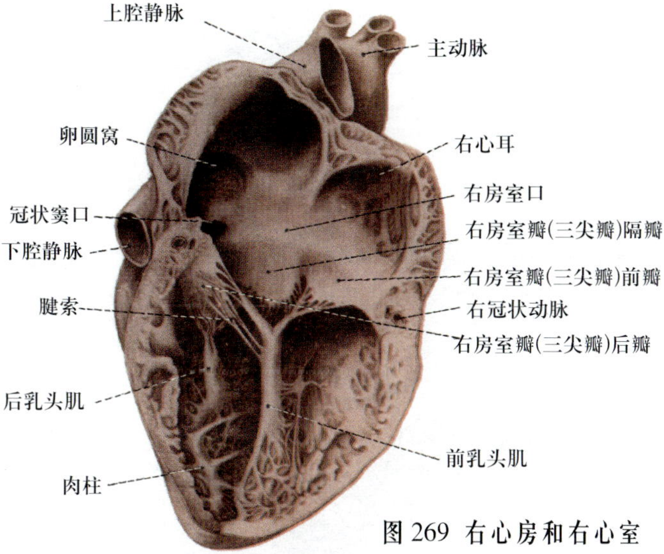

图 269 右心房和右心室

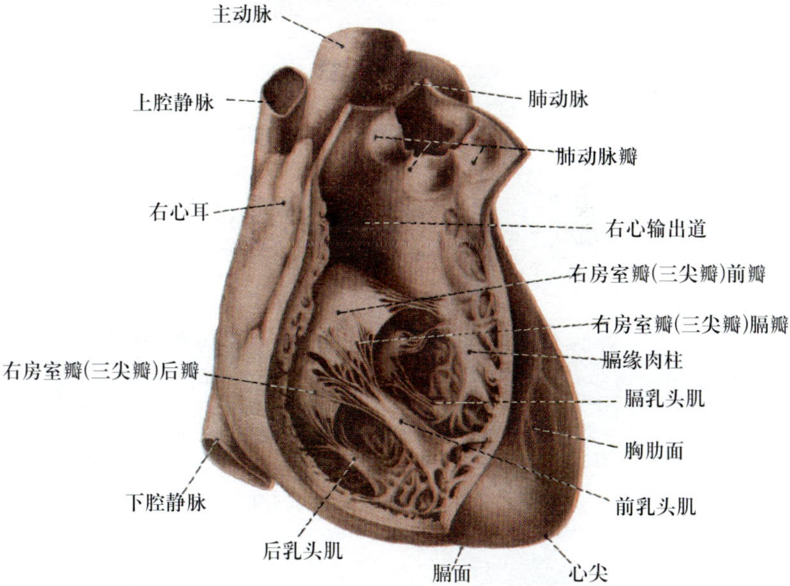

图 270 右心室和肺动脉口

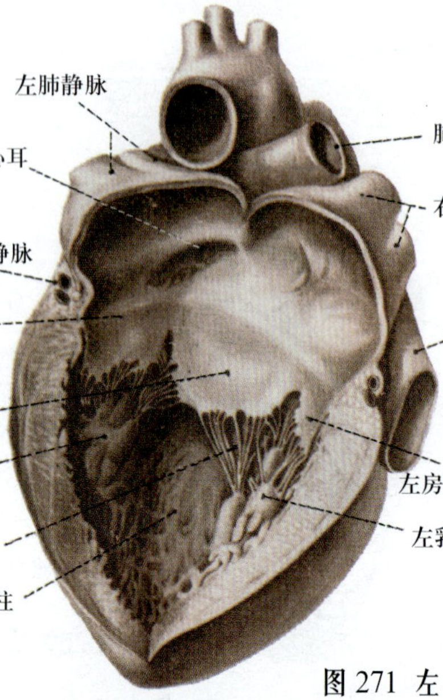

图 271 左心房和左心室

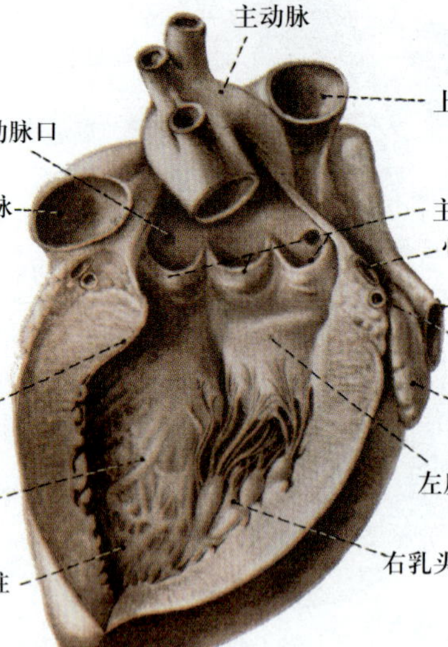

图 272 左心室和主动脉口

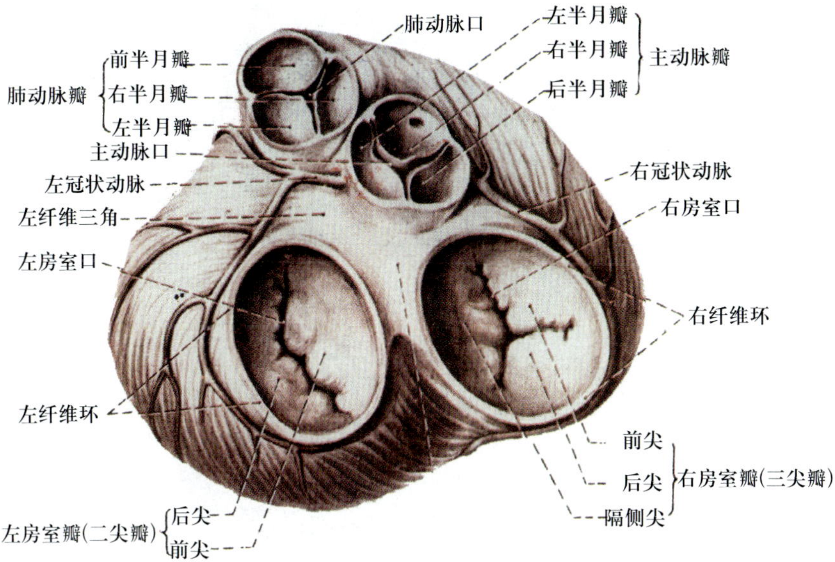

图 273 心的瓣膜 上面

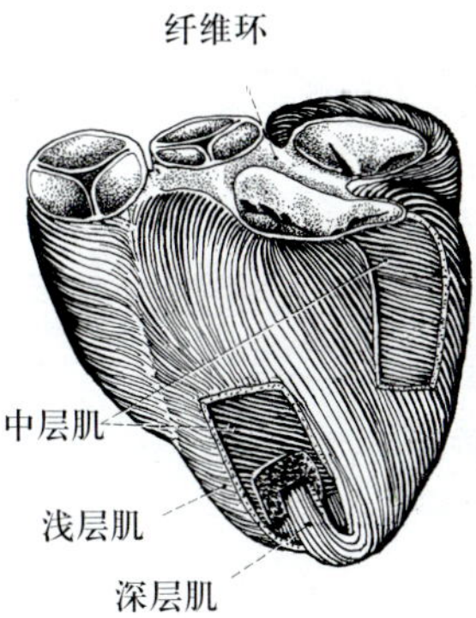

图 274 纤维环及心室肌配布

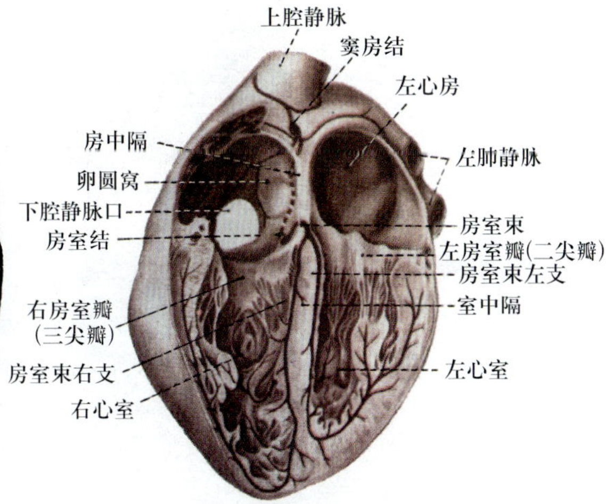

图 275 心的传导系

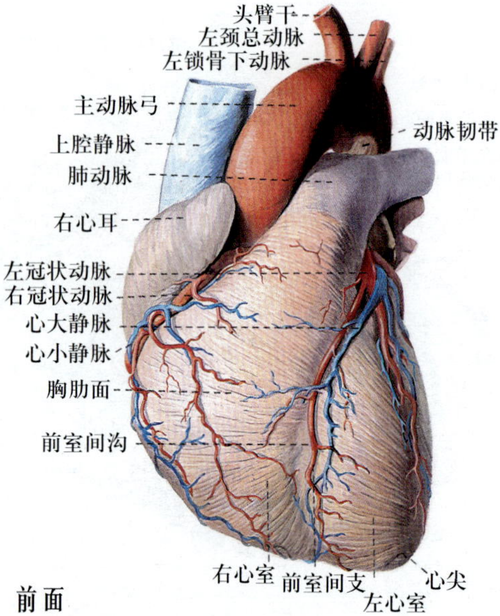

图 276 心的血管 前面

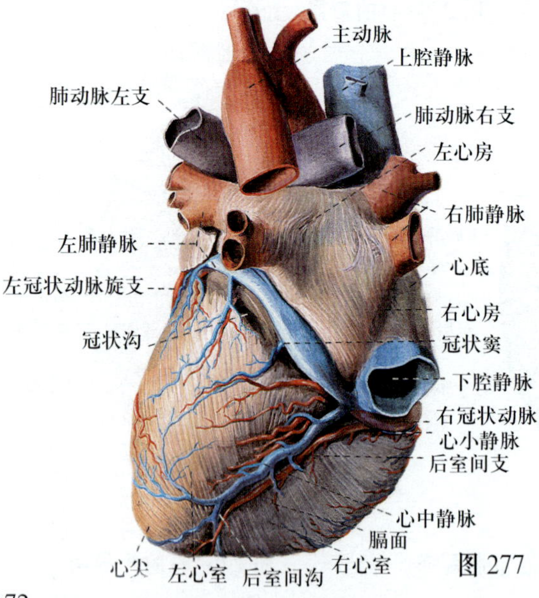

图 277 心的血管 后面

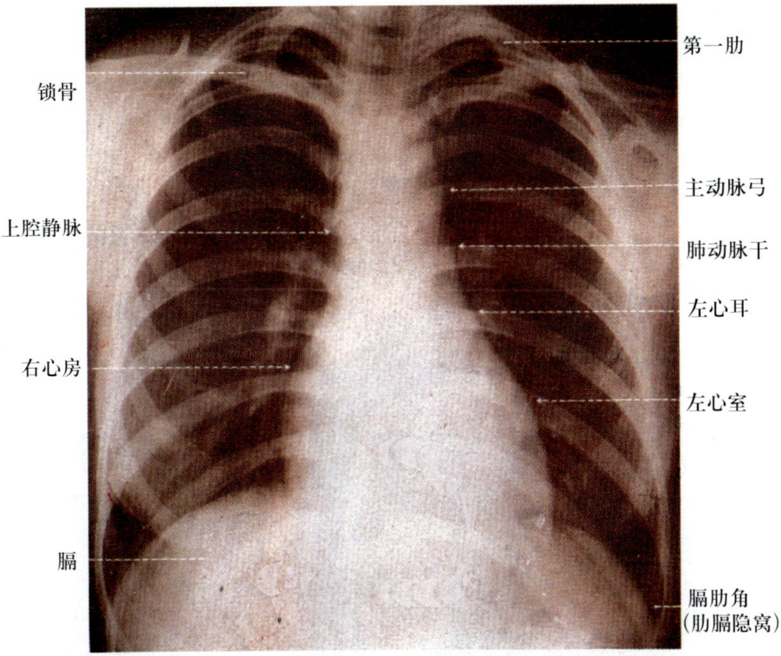

图 278 胸部的 X 线象(前-后位)

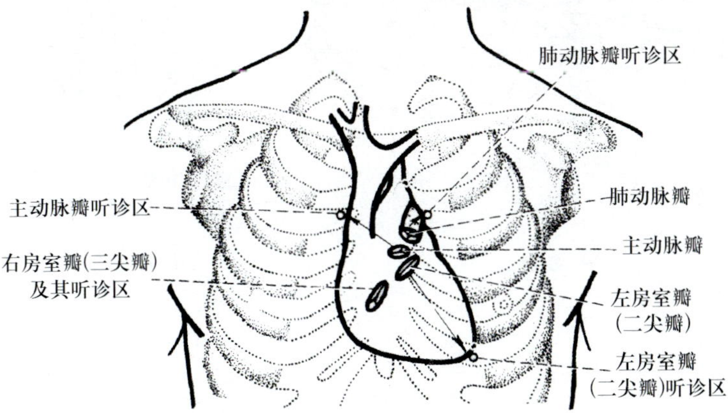

图 279 心及心瓣膜体表投影和听诊部位

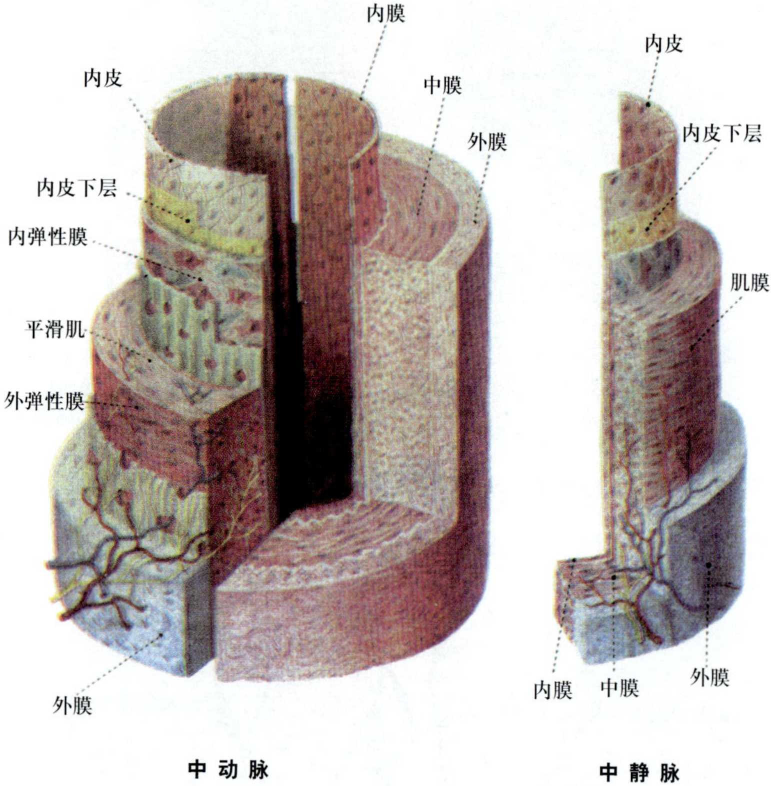

图 280 动静脉壁的构造

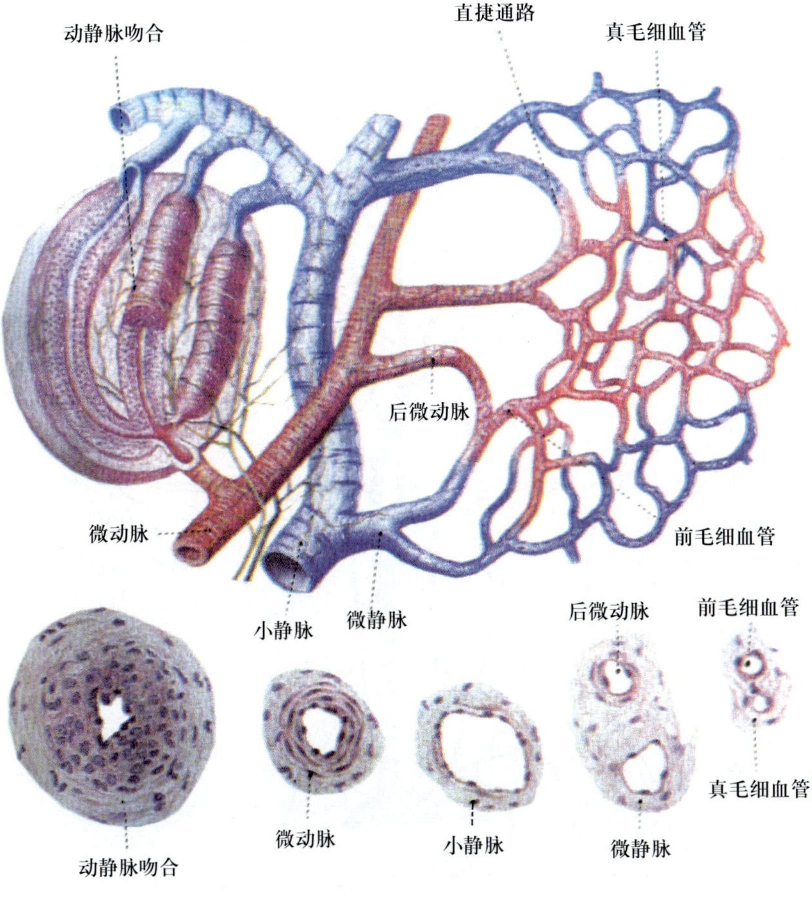

图 281 微循环和动静脉吻合

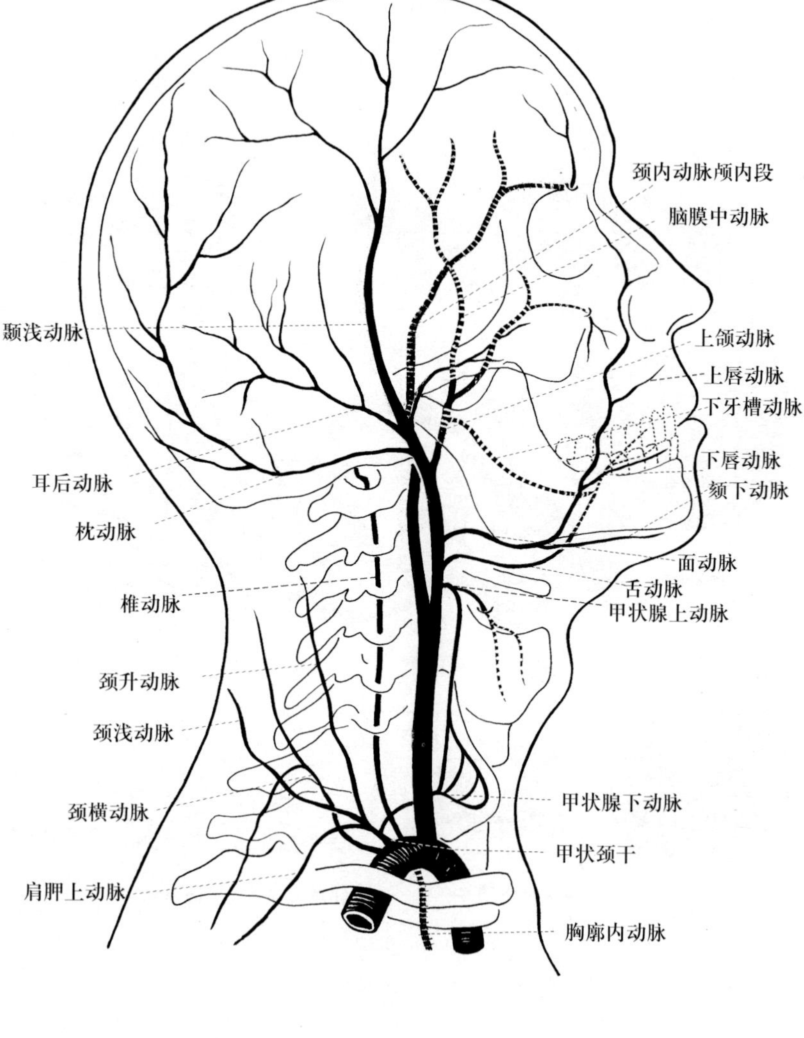

图 282 头颈部动脉分布

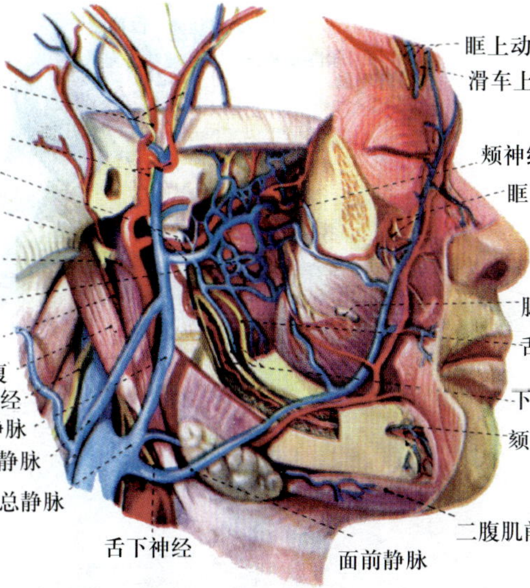

图 283 头面部局解 中层

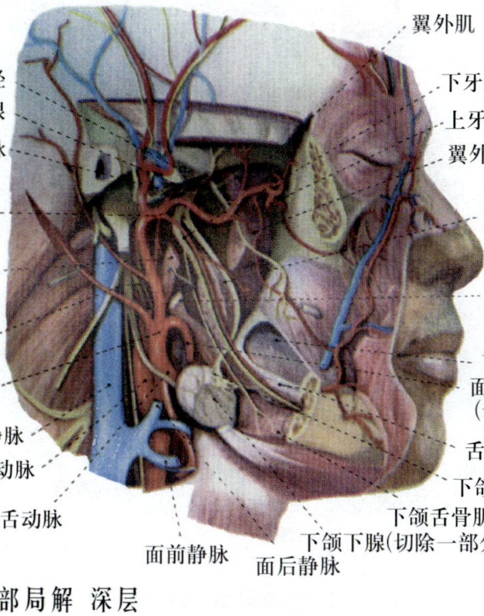

图 284 头面部局解 深层

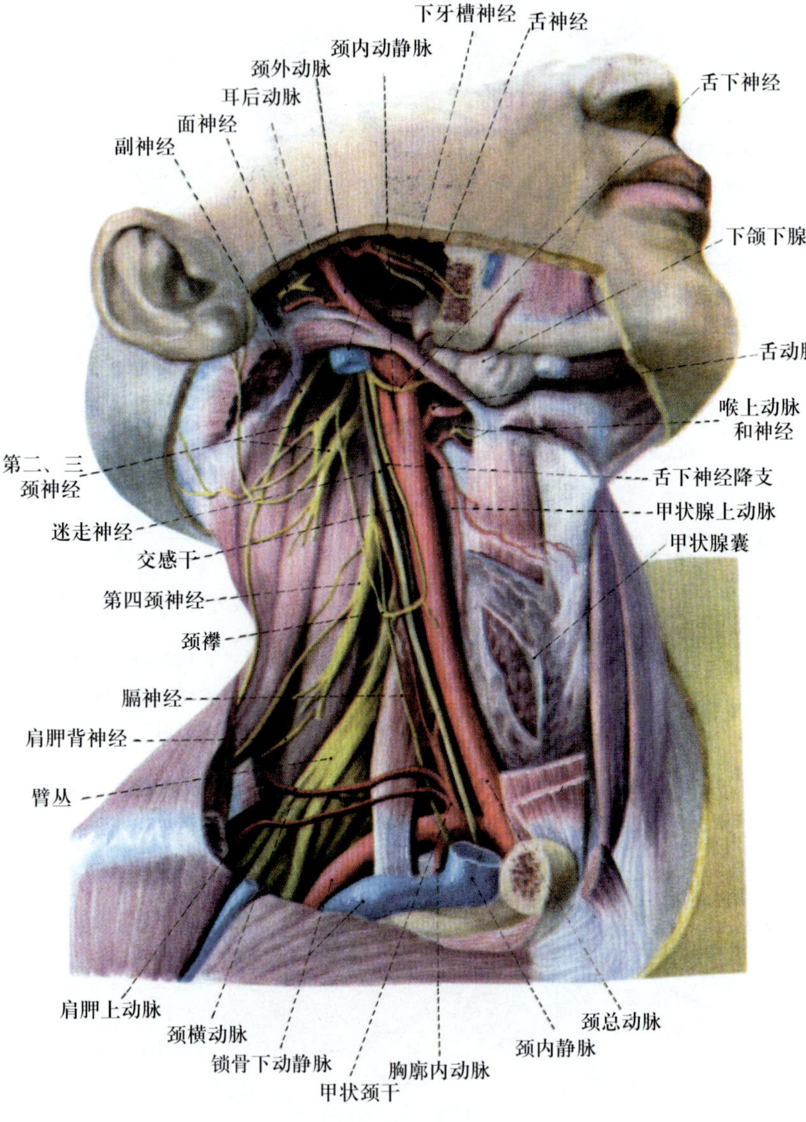

图285 颈部局解 侧面观

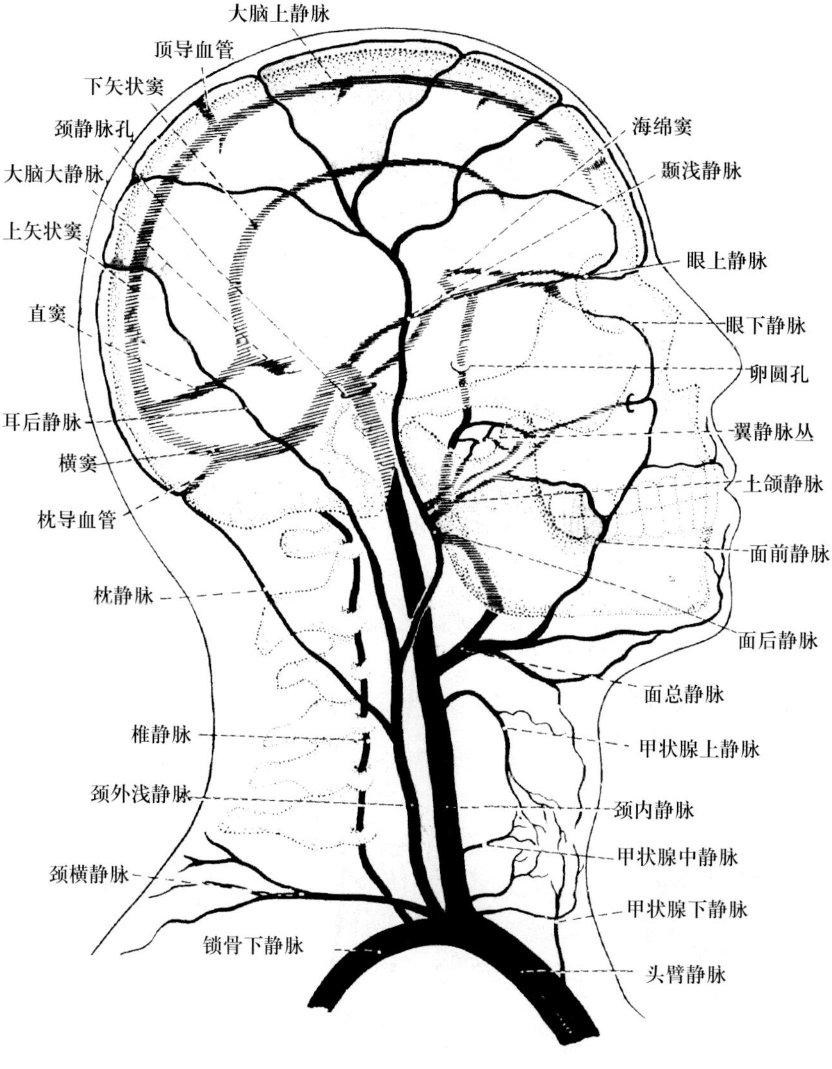

图 286 头颈部静脉和颅内外静脉的吻合

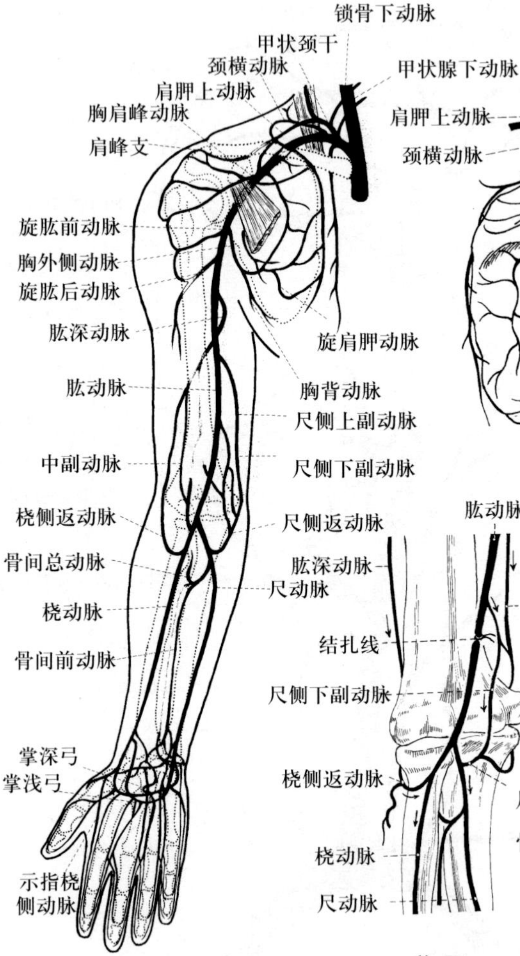

图 287 上肢动脉分布

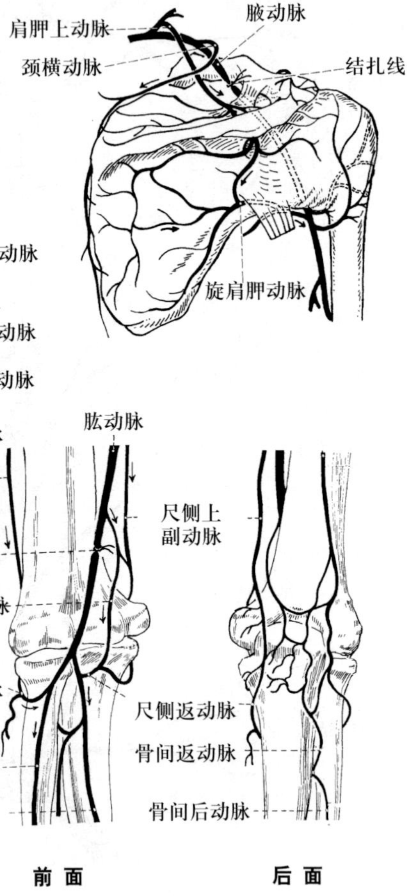

图 288 肩胛动脉网和肘关节动脉网

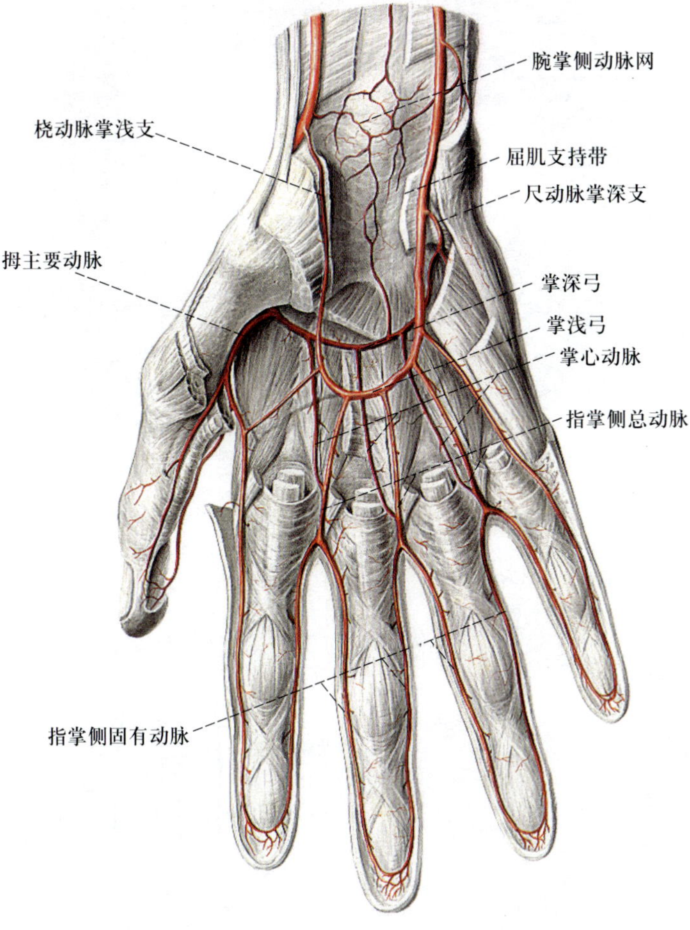

图 289 手的掌浅弓和掌深弓

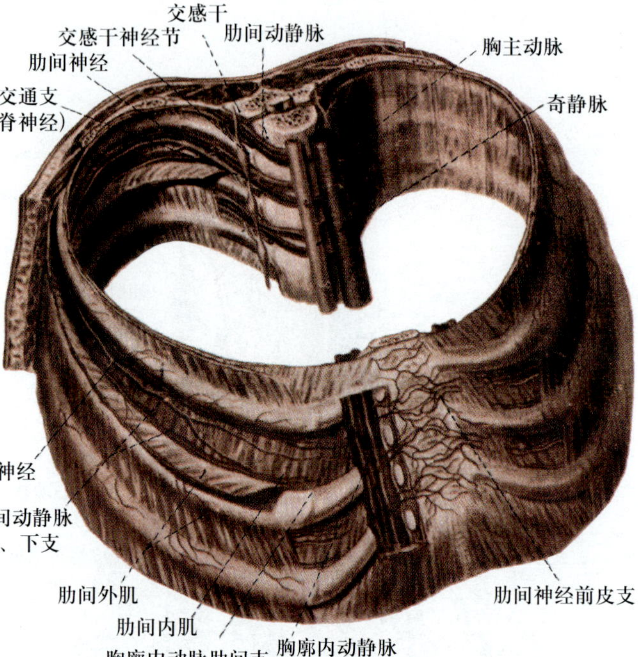

图290 胸壁局解

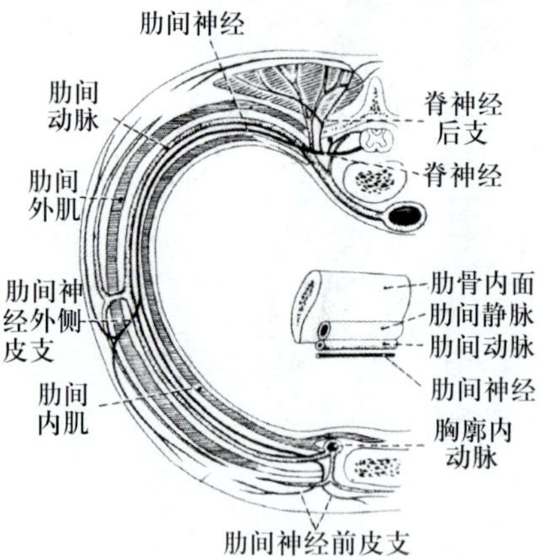

图291 肋间血管、神经的走行模式图

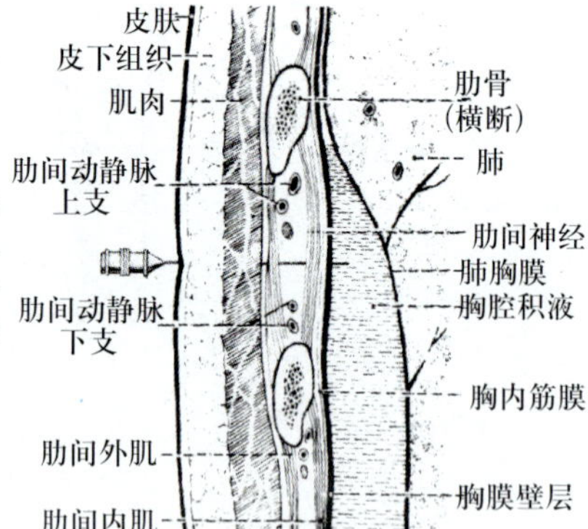

图292 胸壁纵断

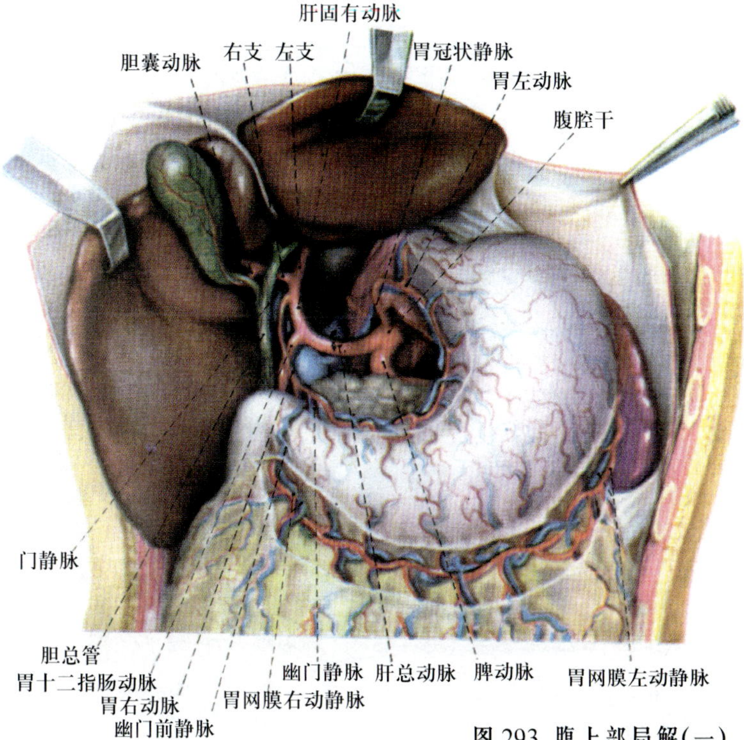

图 293 腹上部局解(一)

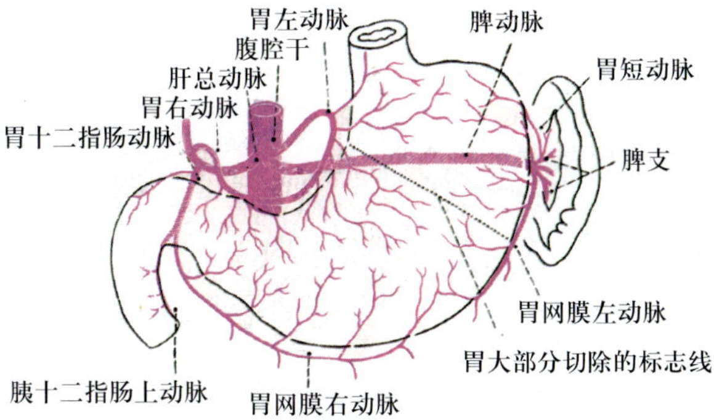

图 294 胃的动脉分布模式图

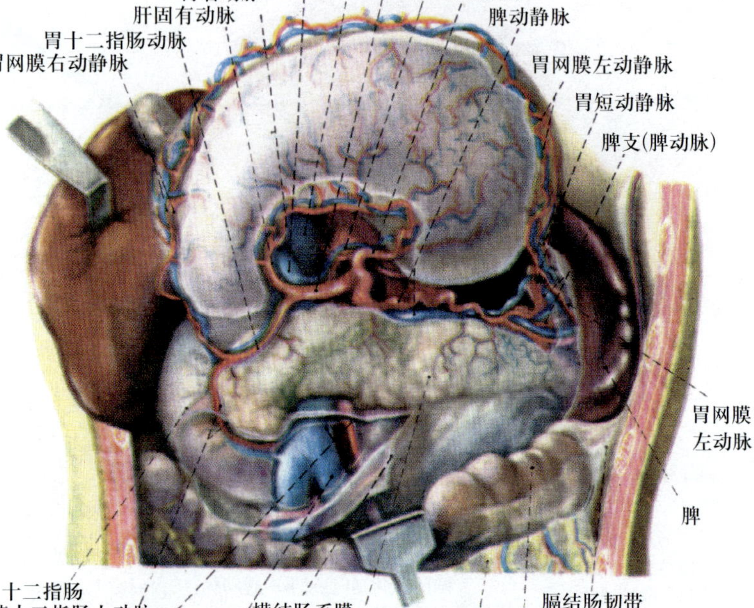

图 295 腹上部局解(二)

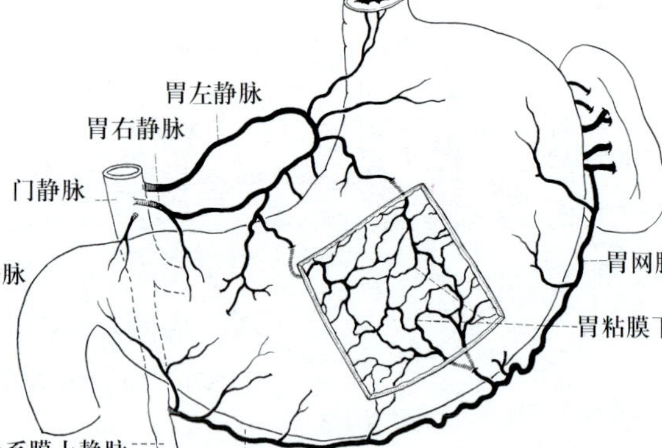

图 296 胃粘膜下静脉丛

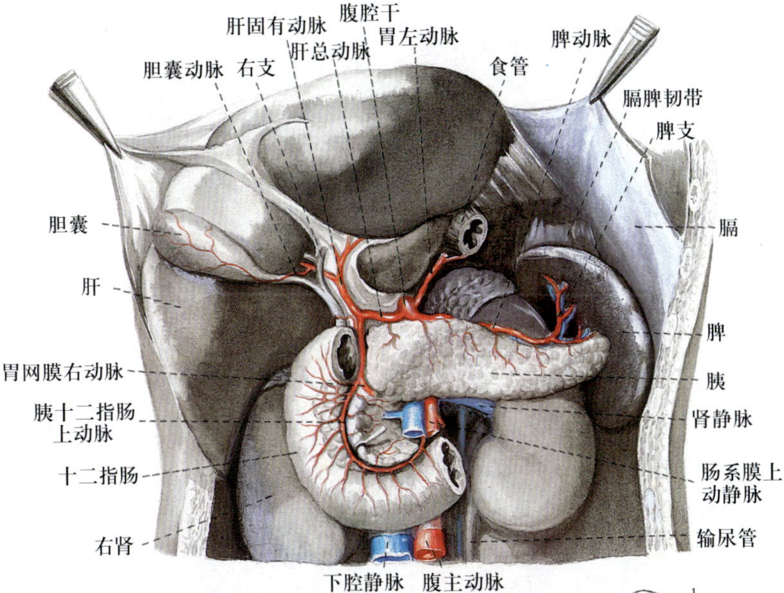

图 297 腹上部局解(三)

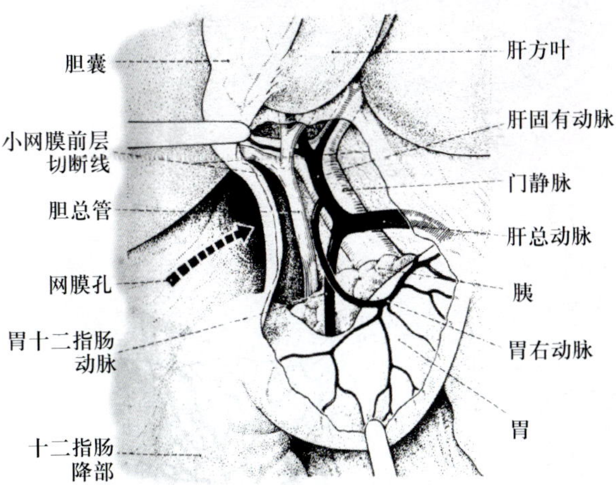

图 298 肝门的诸结构

胃幽门向下方牵引，肝十二指肠韧带的前层已切除，露出门静脉、肝固有动脉和胆总管

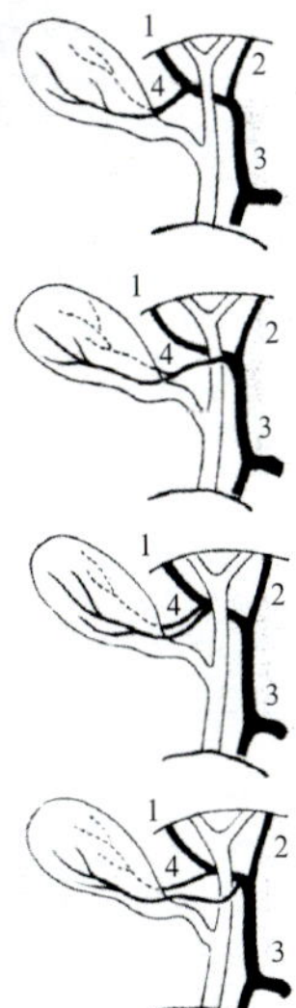

1. 右支　　2. 左支
3. 肝固有动脉　4. 胆囊动脉

图 299 胆囊动脉主要各型

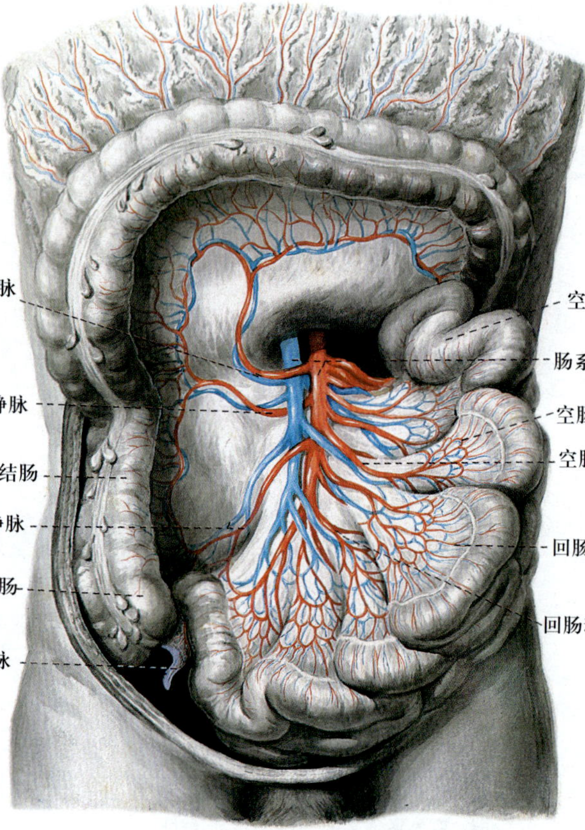

图 300 肠系膜上动静脉的分布

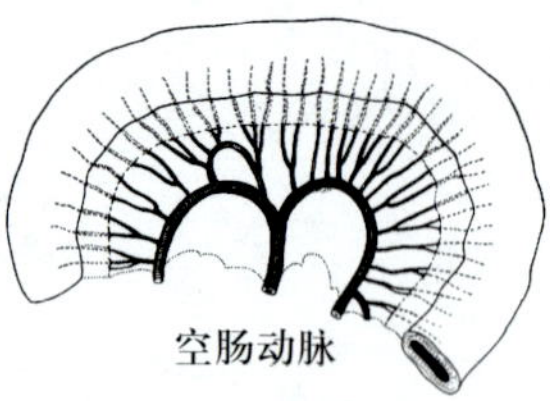

图301 空肠的动脉弓

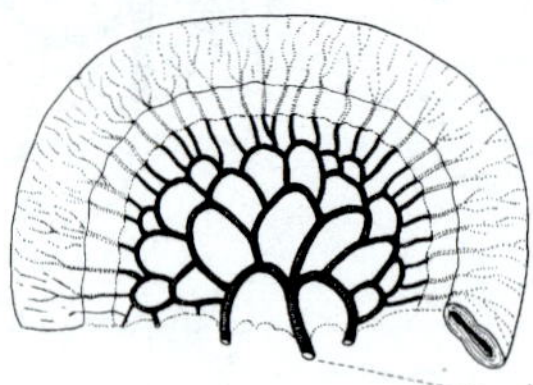

图 302 回肠的动脉弓

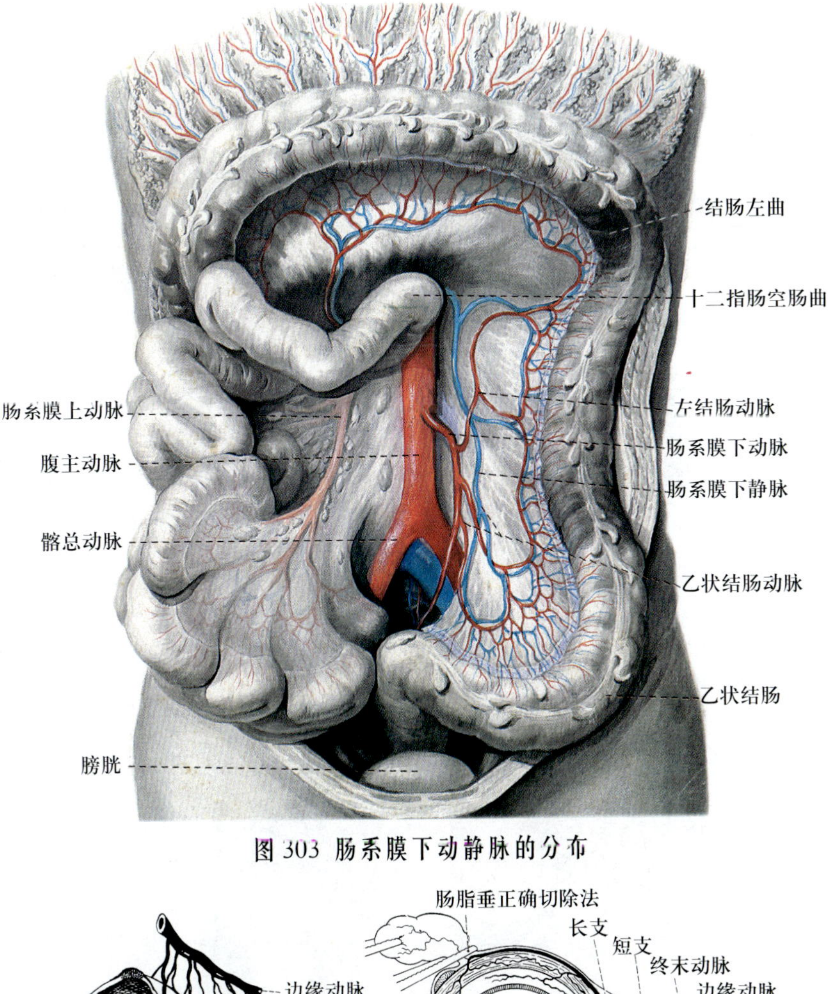

图 303 肠系膜下动静脉的分布

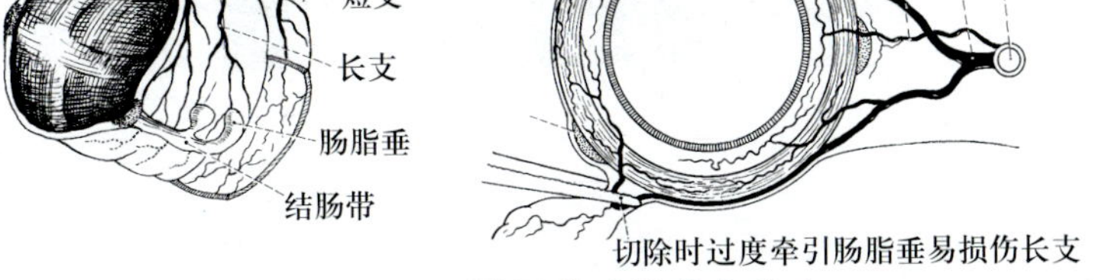

图 304 结肠的动脉分布特点

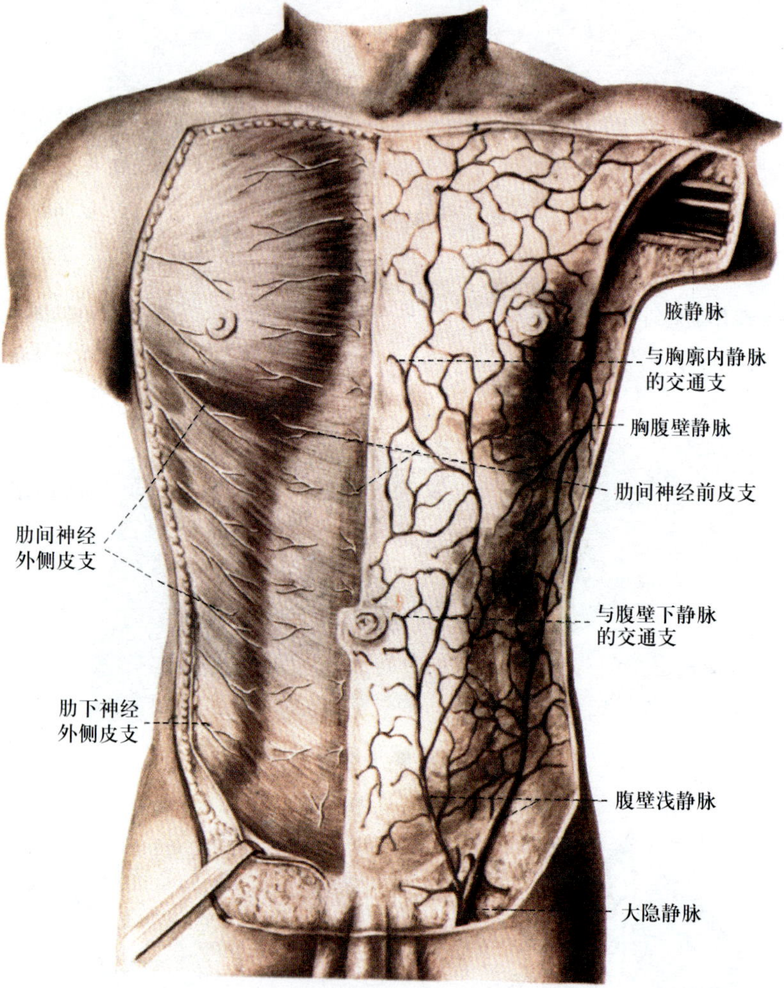

图 305 胸腹壁浅静脉和皮神经

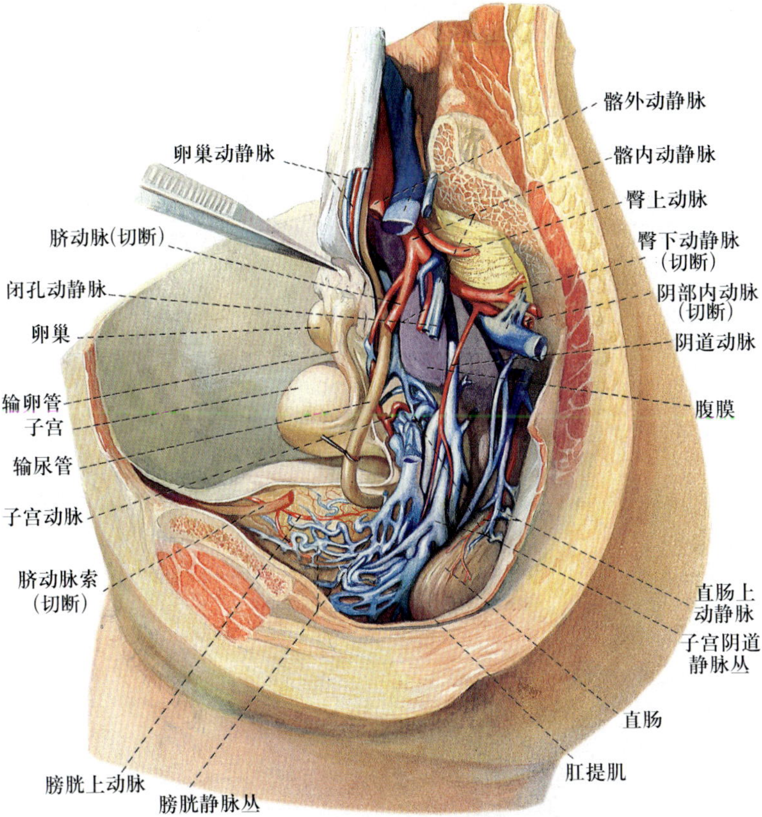

图 306 女性盆腔局解(一)

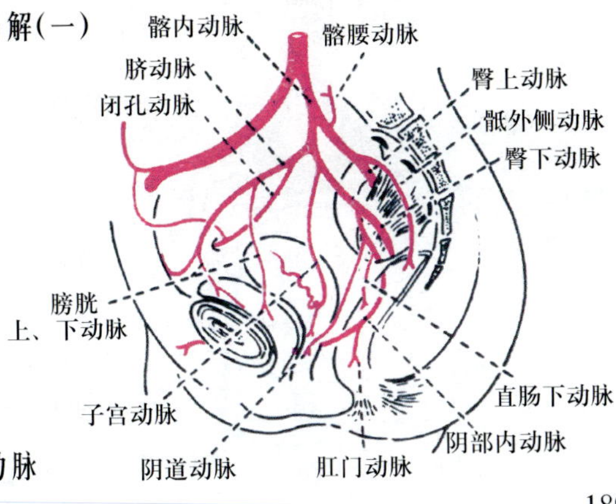

图 307 女性盆腔动脉

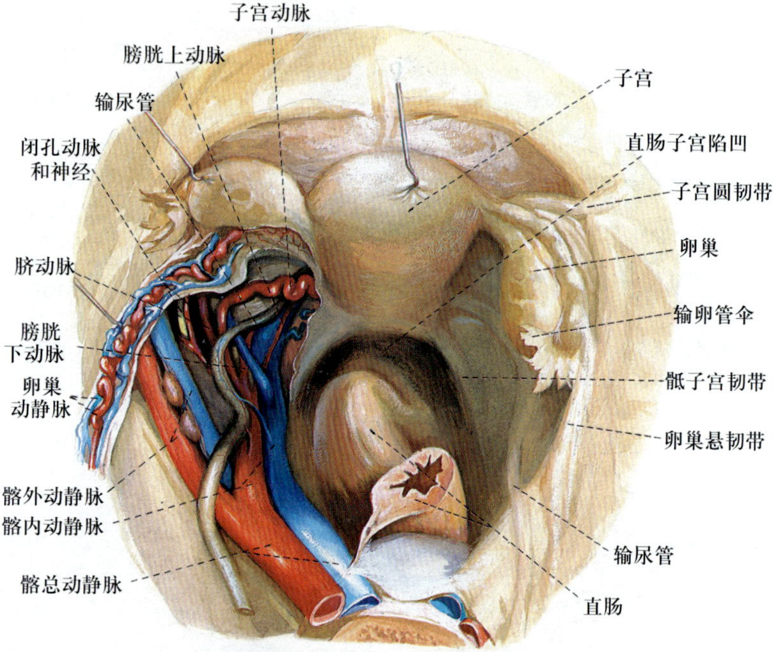

图 308 女性盆腔局解(二)

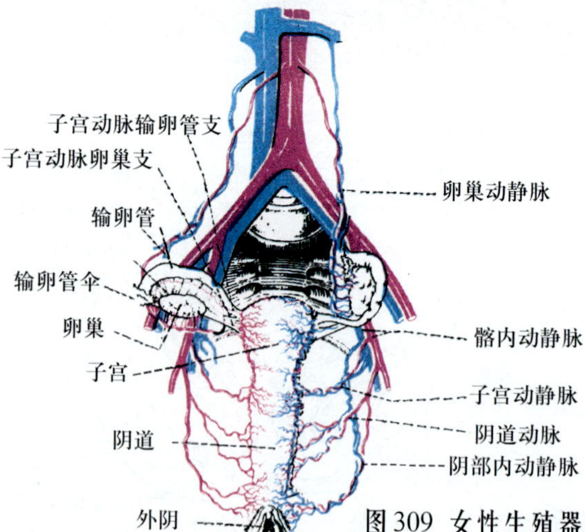

图 309 女性生殖器血管分布模式图

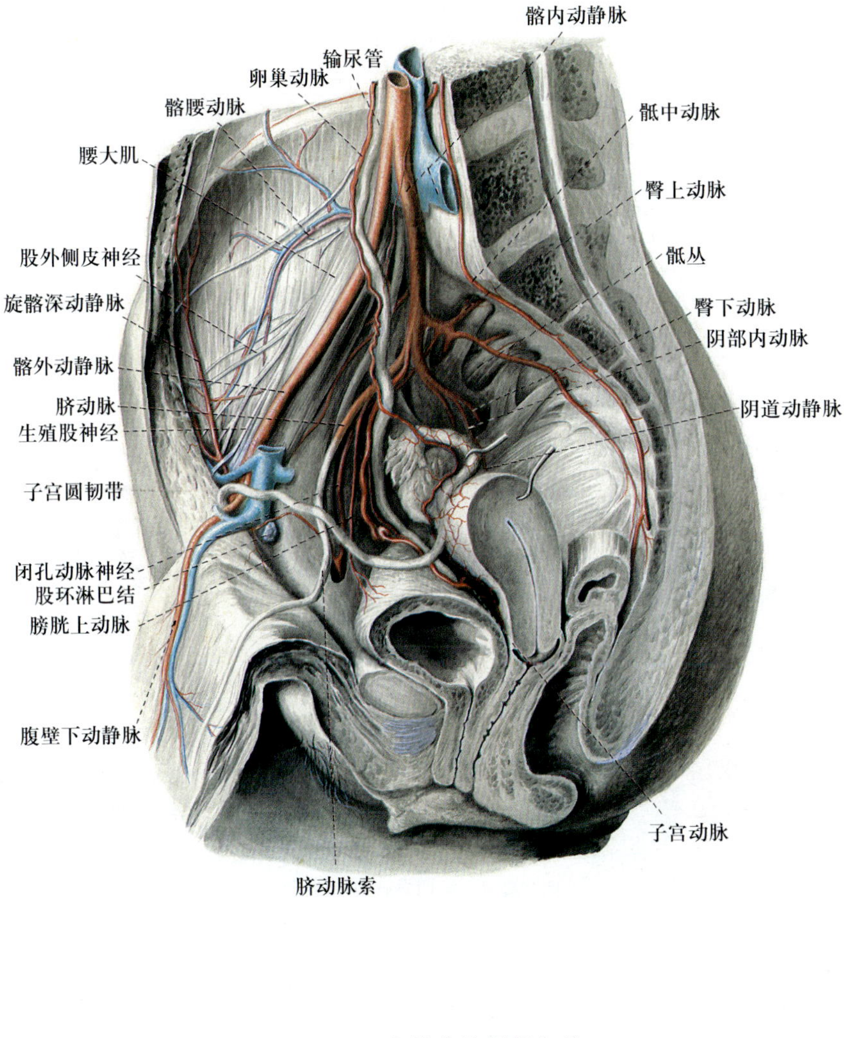

图 310 女性盆腔局解(三)

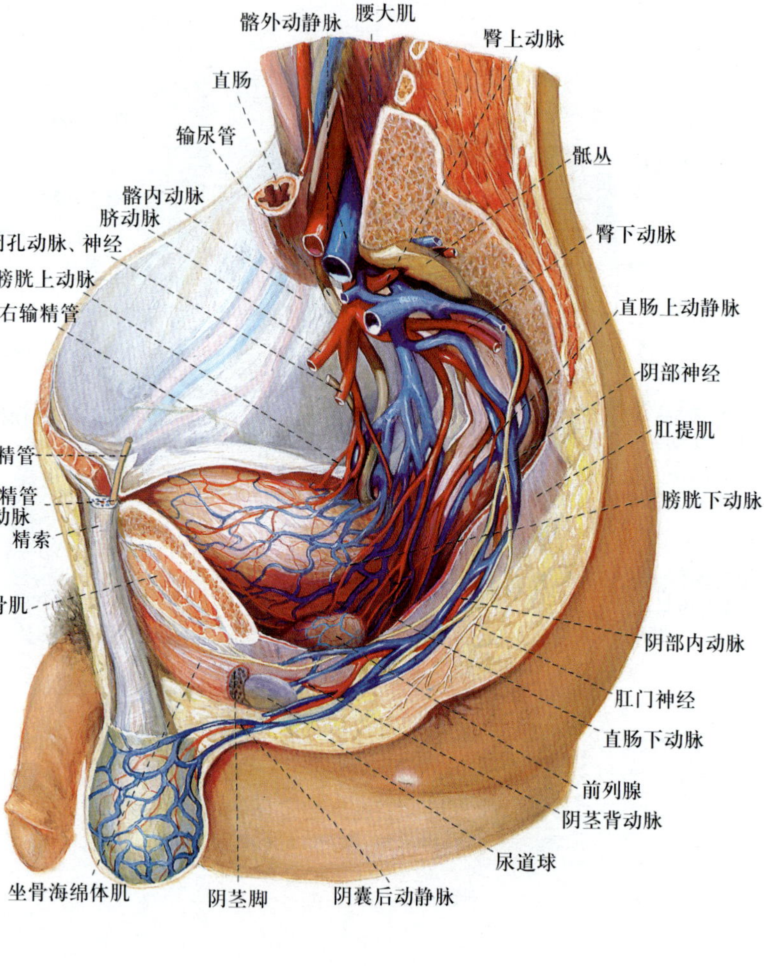
髂外动静脉
腰大肌
臀上动脉
直肠
输尿管
骶丛
髂内动脉
脐动脉
闭孔动脉、神经
臀下动脉
膀胱上动脉
右输精管
直肠上动静脉
阴部神经
肛提肌
左输精管
输精管
动脉
精索
膀胱下动脉
耻骨肌
阴部内动脉
肛门神经
直肠下动脉
前列腺
阴茎背动脉
尿道球
坐骨海绵体肌
阴茎脚
阴囊后动静脉

图 311 男性盆腔局解

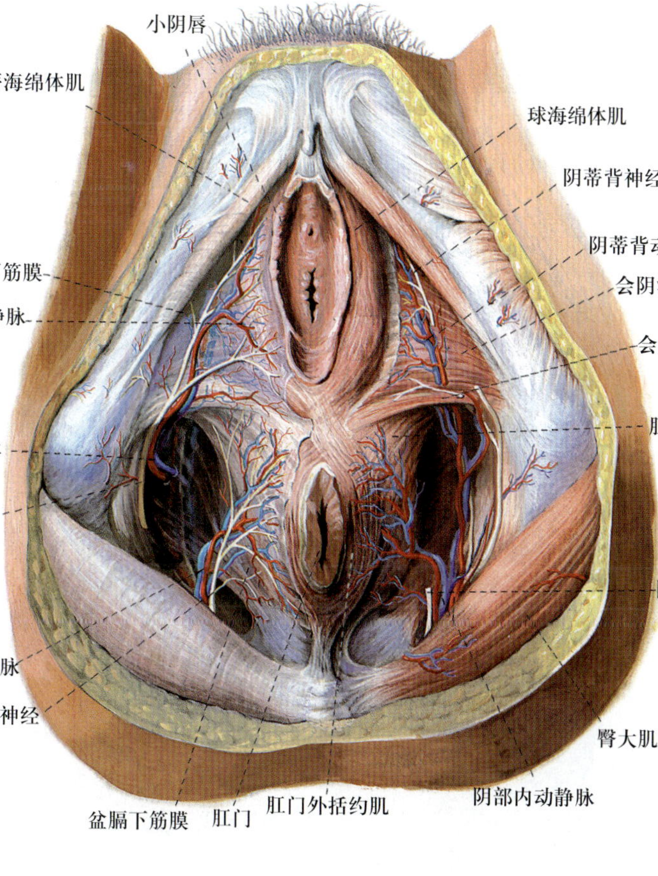
小阴唇
阴蒂海绵体肌
球海绵体肌
阴蒂背神经
阴蒂背动静脉
尿生殖膈下筋膜
会阴深横肌
阴唇后动静脉
会阴浅横肌
肛提肌
会阴动静脉
会阴神经
阴部神经
肛门动静脉
肛门神经
臀大肌
阴部内动静脉
盆膈下筋膜
肛门
肛门外括约肌

图 312 女性会阴局解

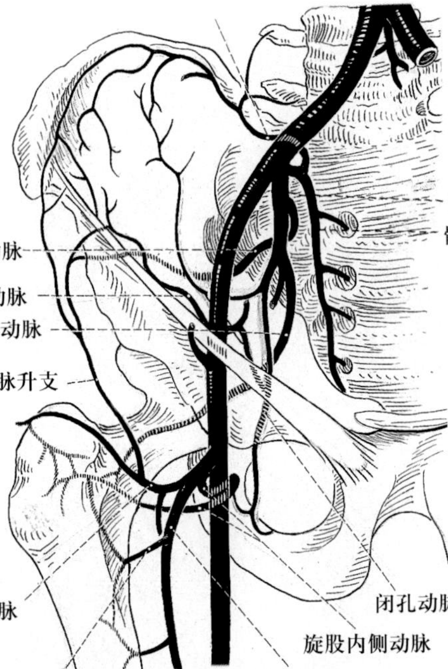

图 313 髂外动脉、股动脉与髂内动脉间的吻合

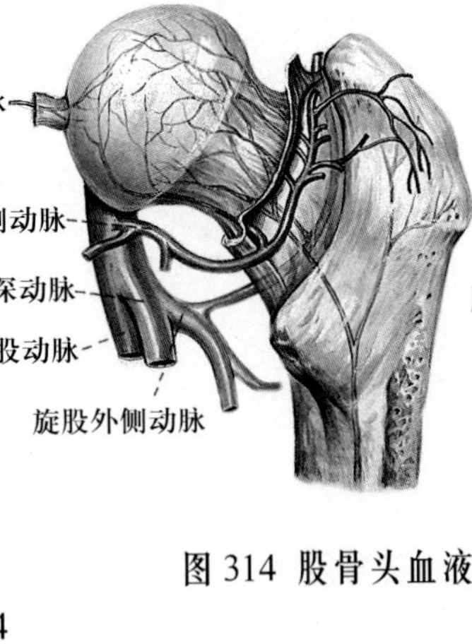

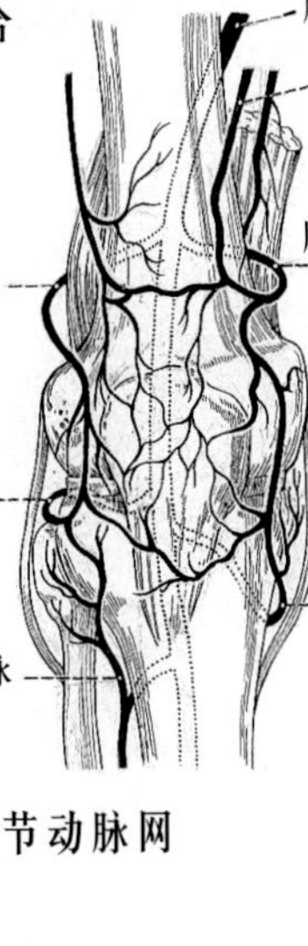

图 314 股骨头血液供应和膝关节动脉网

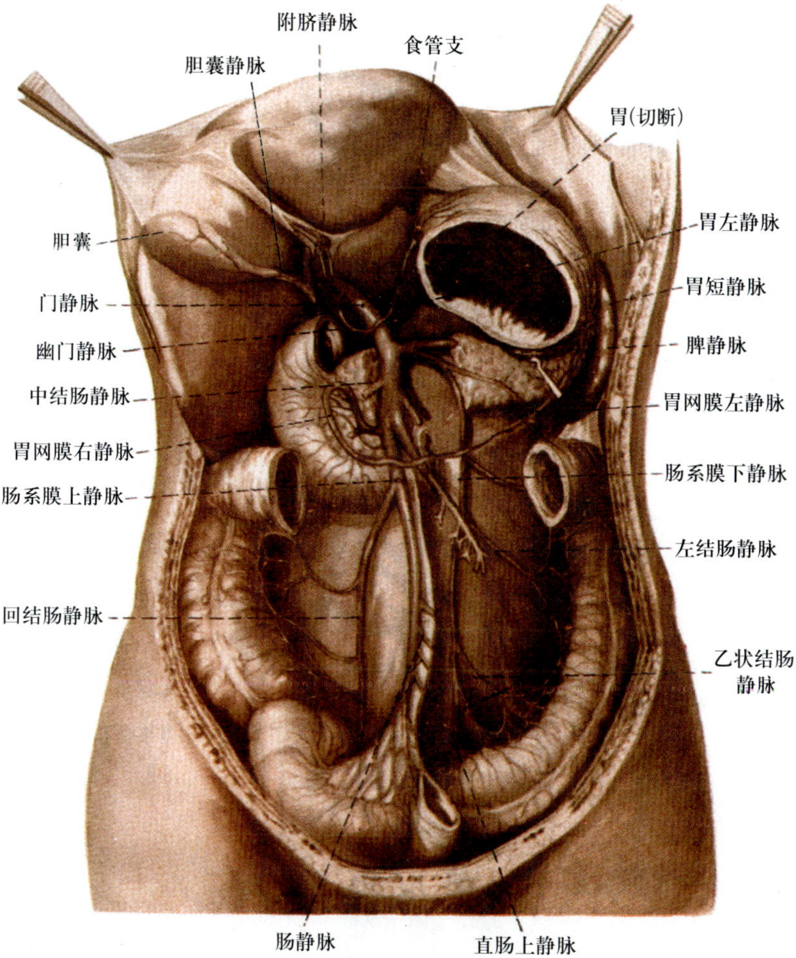

图 315 门静脉合成和属支

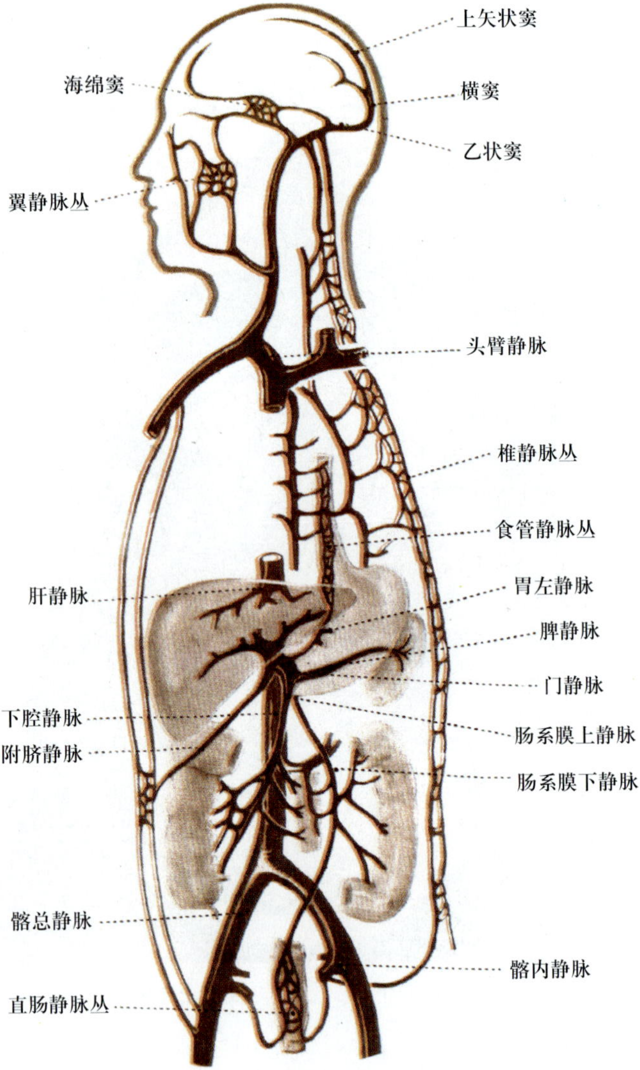

图 316 门腔静脉吻合模式图

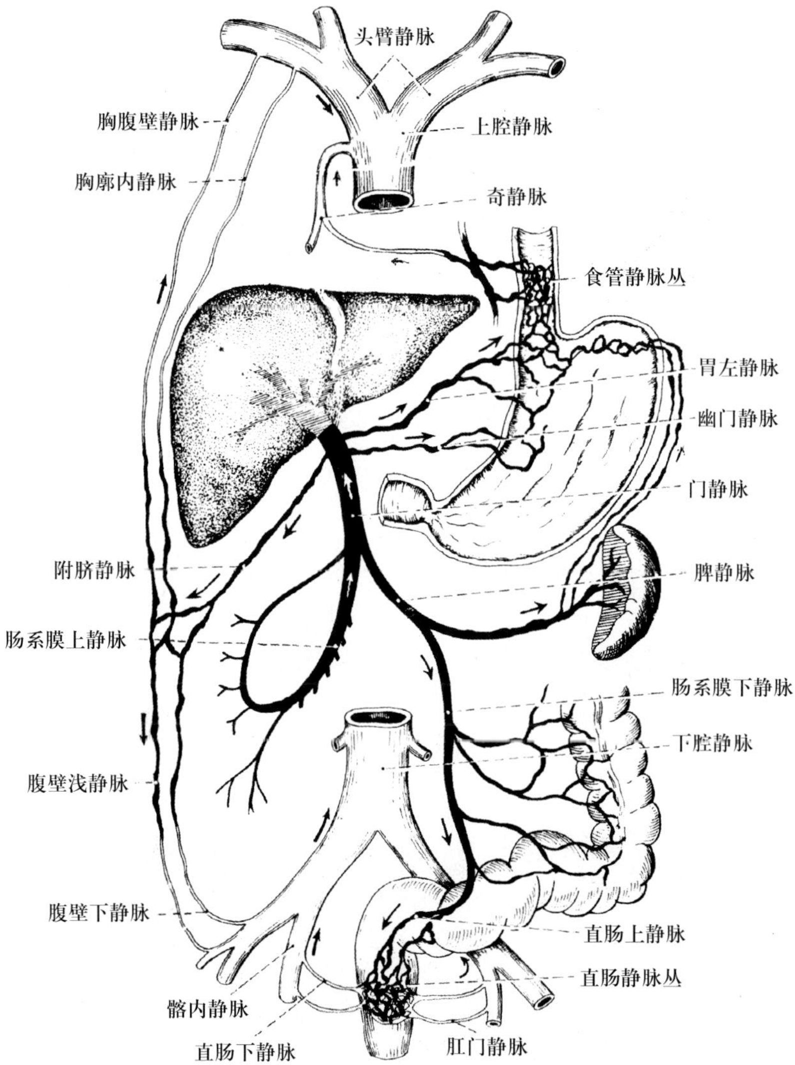

图 317 门静脉还流受阻时血流方向示意图

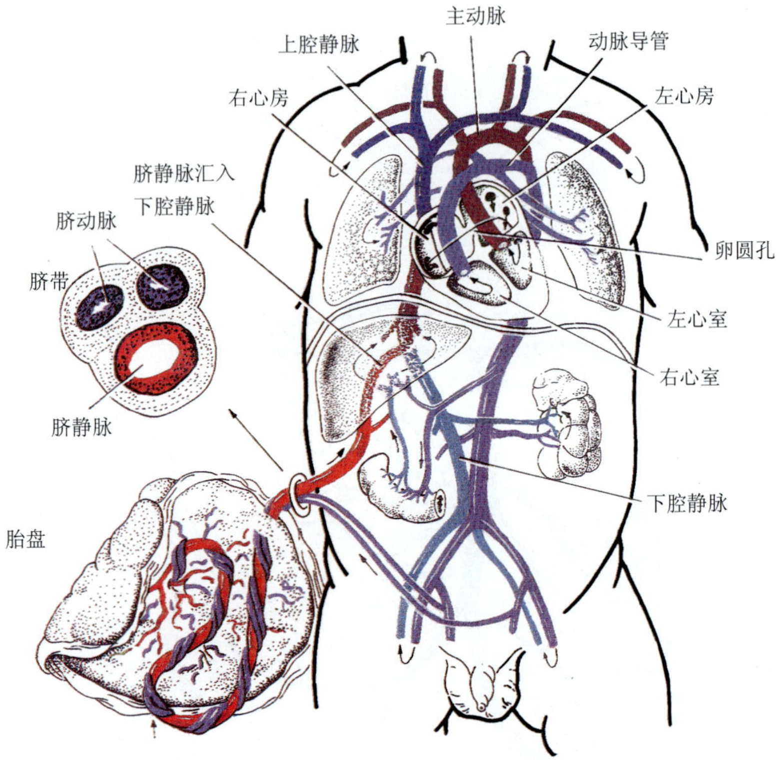

图318 胎儿血液循环

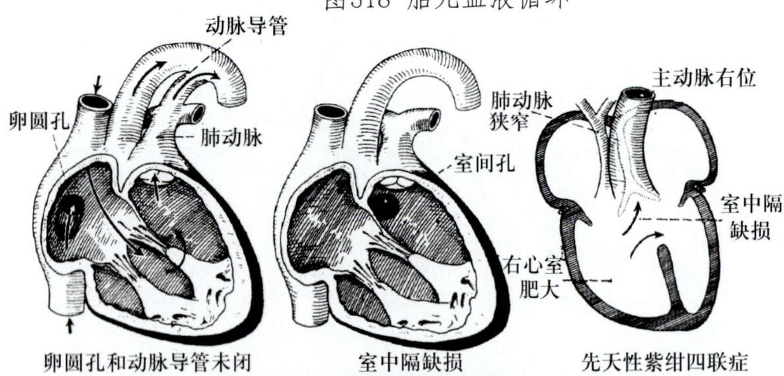

图 319 心脏先天性异常

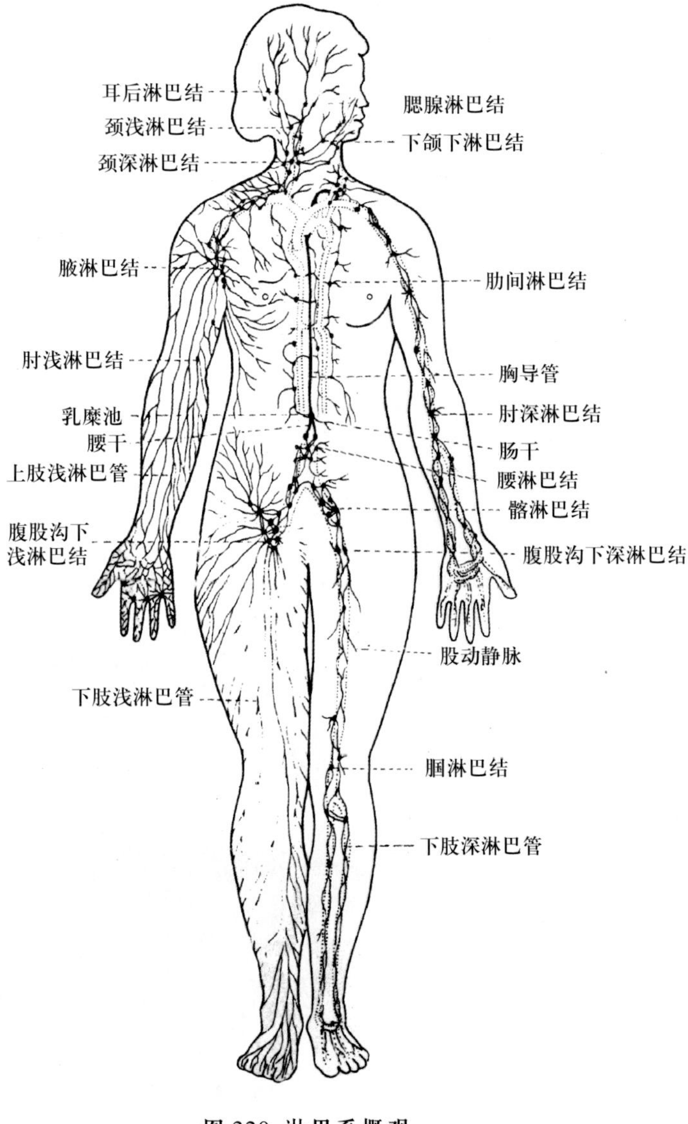
耳后淋巴结
颈浅淋巴结
颈深淋巴结
腮腺淋巴结
下颌下淋巴结
腋淋巴结
肋间淋巴结
肘浅淋巴结
胸导管
乳糜池
肘深淋巴结
腰干
肠干
上肢浅淋巴管
腰淋巴结
髂淋巴结
腹股沟下
浅淋巴结
腹股沟下深淋巴结
股动静脉
下肢浅淋巴管
腘淋巴结
下肢深淋巴管

图 320 淋巴系概观

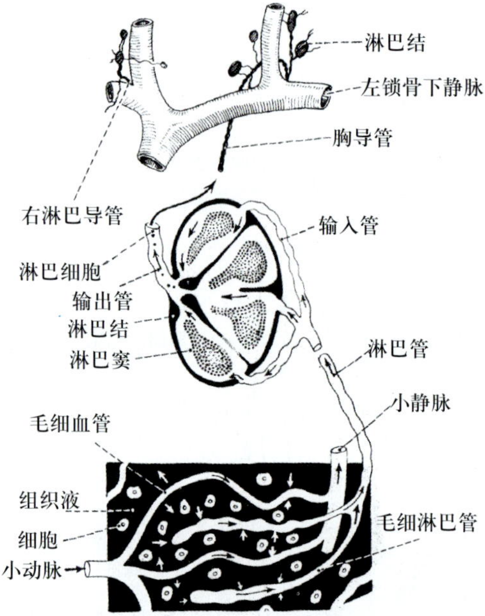

图 321 淋巴生成和循环径路模式图

图 322 淋巴结和淋巴管
（腹股沟下浅淋巴结）

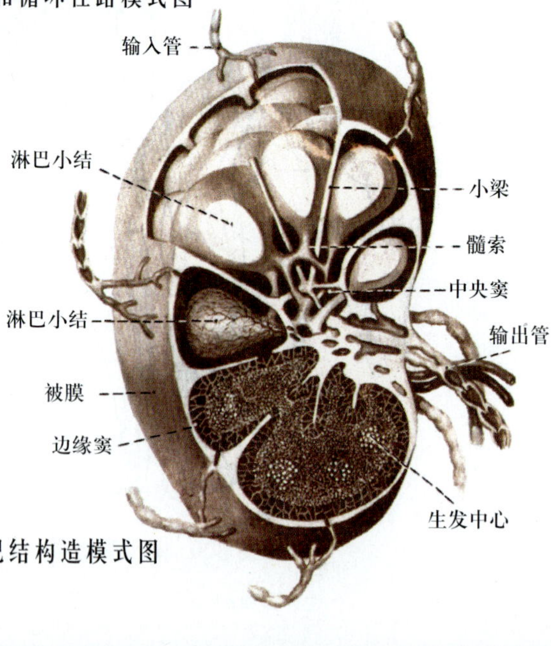

图 323 淋巴结构造模式图

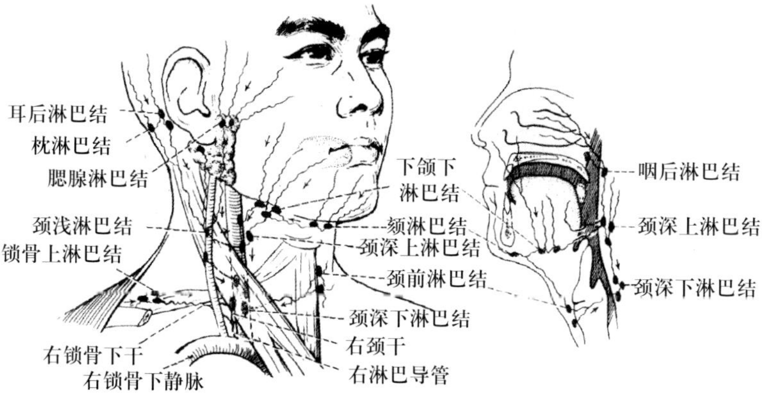

图 324 头颈部淋巴还流

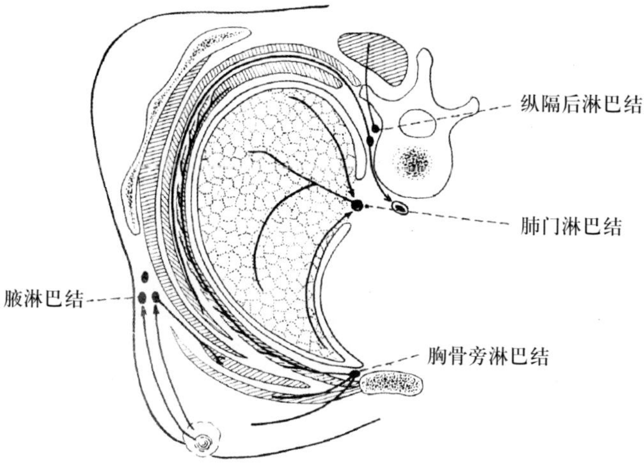

图 325 胸壁的淋巴还流

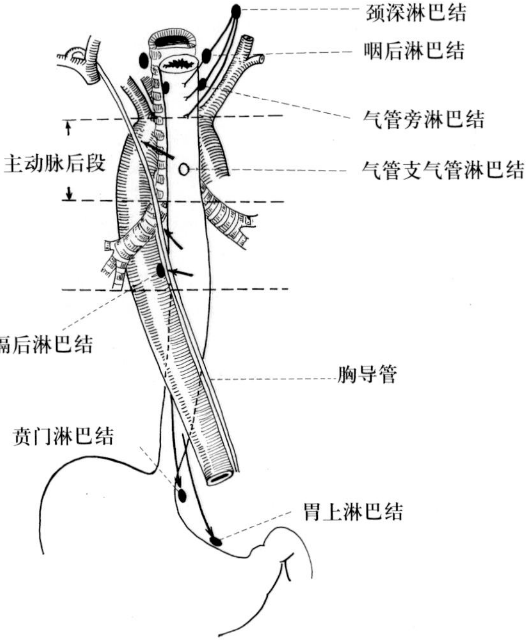

图 326 食管的淋巴还流

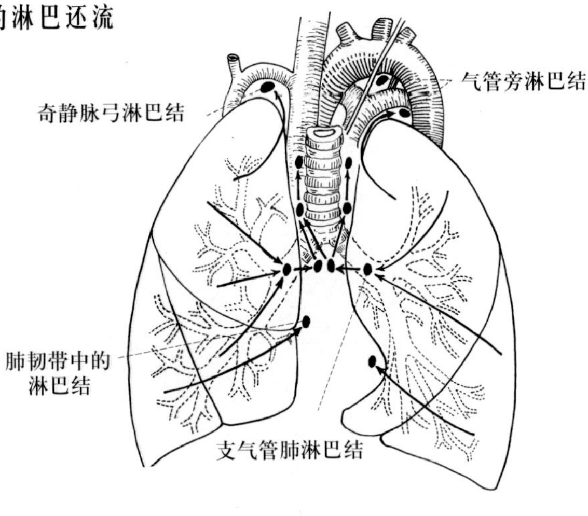

图 327 肺的淋巴还流

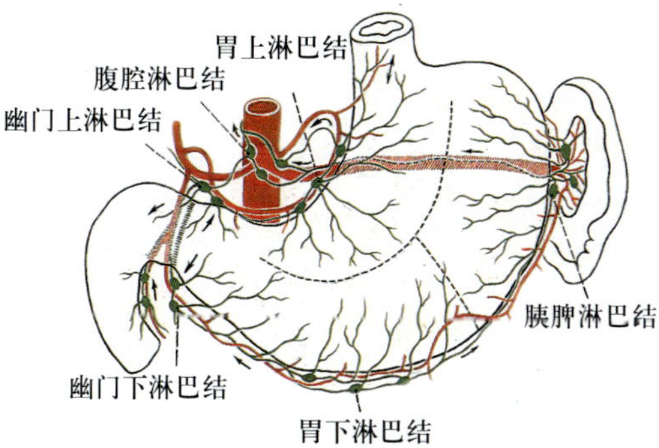

图 328 胃的淋巴还流

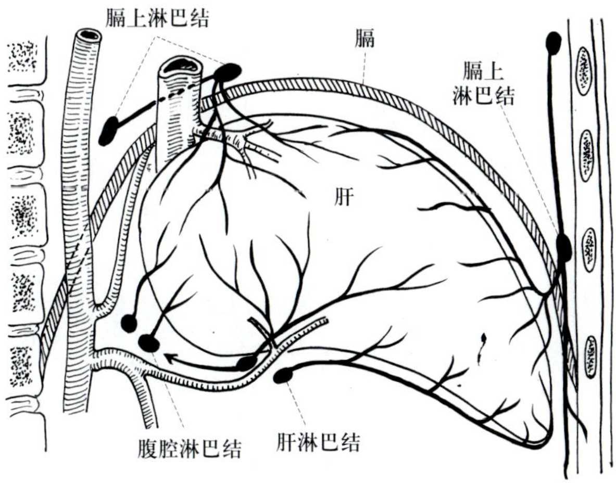

图 329 肝的淋巴还流

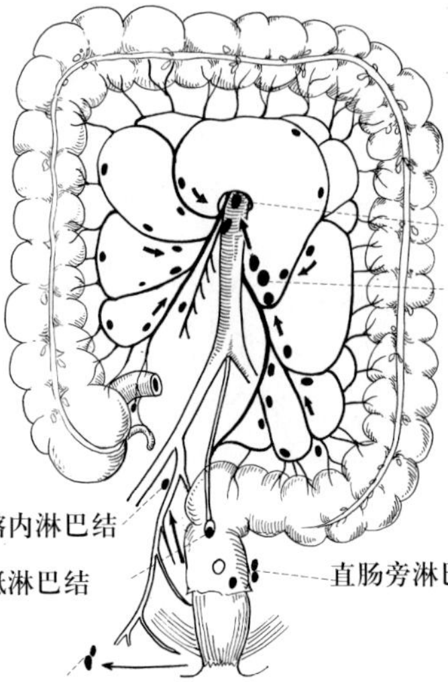

图 330 结肠和直肠的淋巴还流

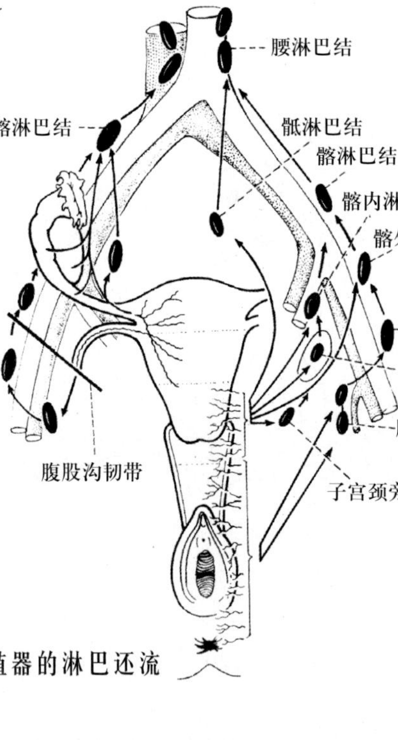

图 331 女性生殖器的淋巴还流

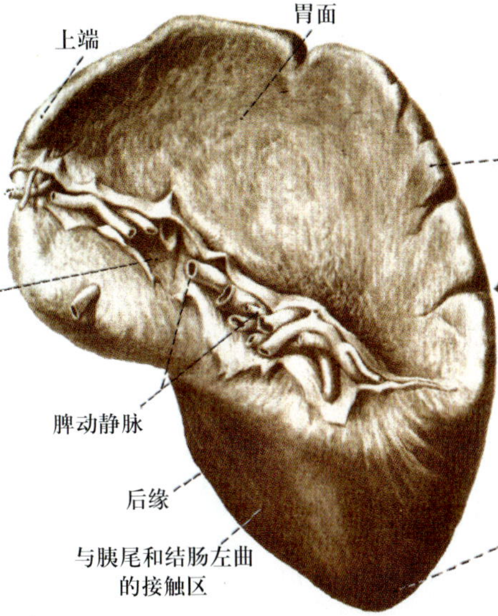

图 332 脾 脏面

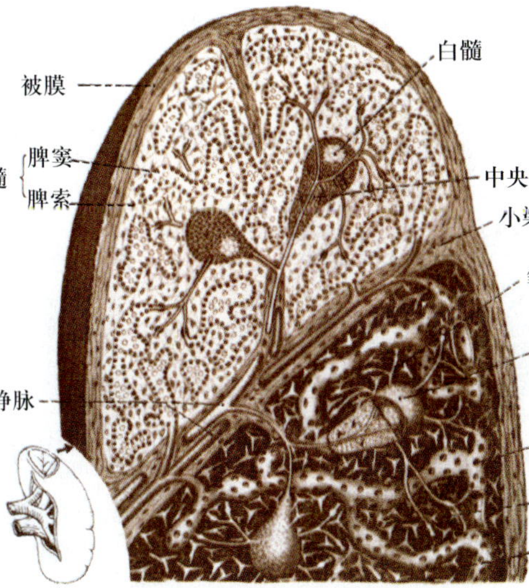

图 333 脾的微细构造模式图

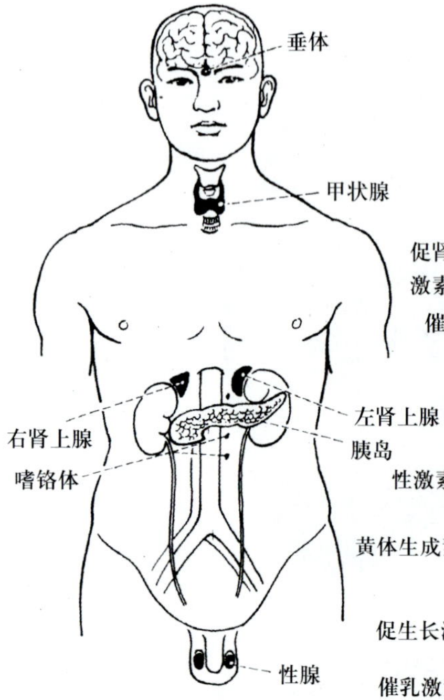

图 334 内分泌腺概观

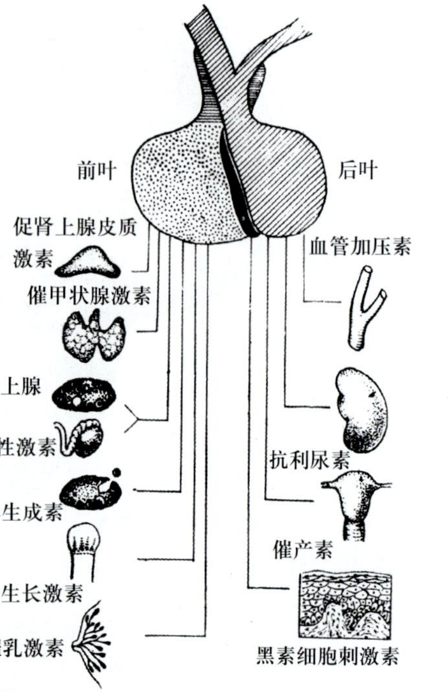

图 335 垂体的分部

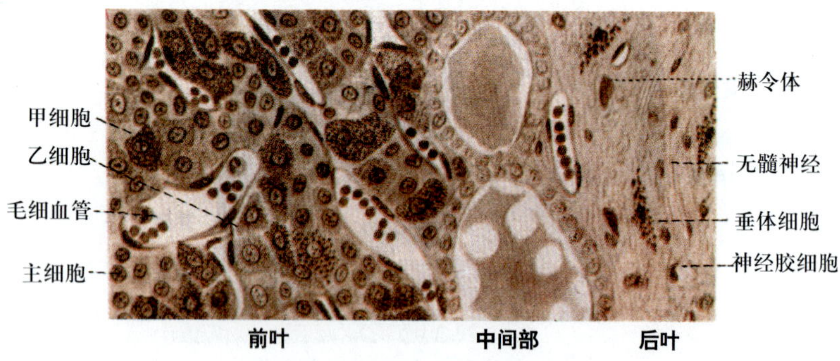

图 336 垂体的微细构造

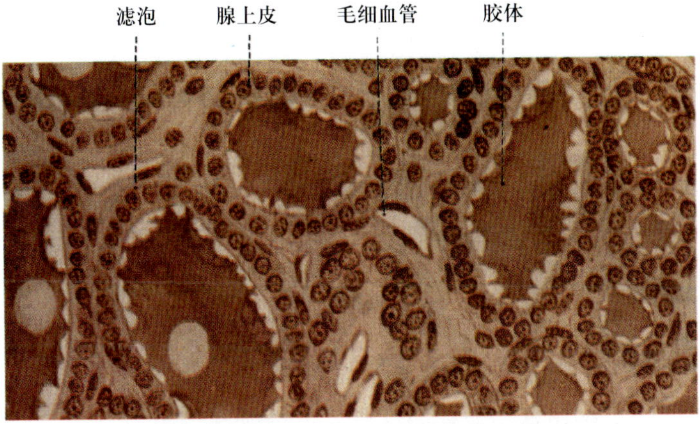

图 337 甲状腺的微细构造

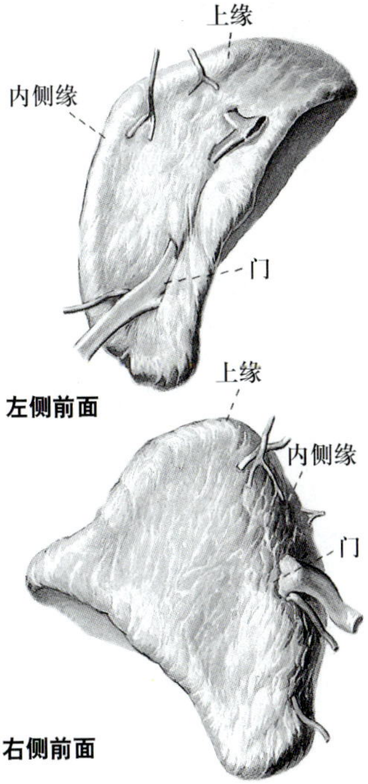

图 338 肾上腺

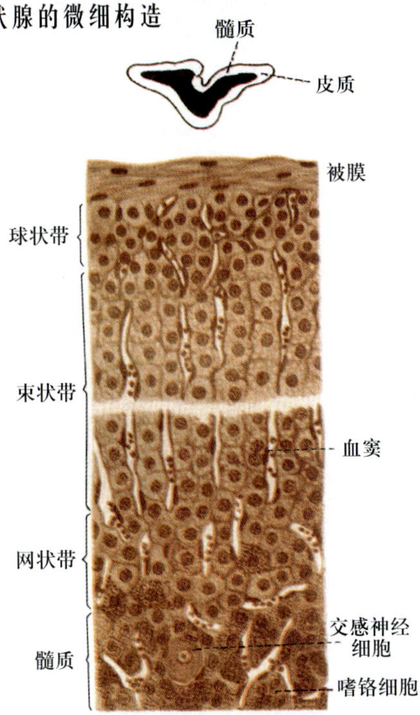

图 339 肾上腺的分部和肾上腺的微细构造

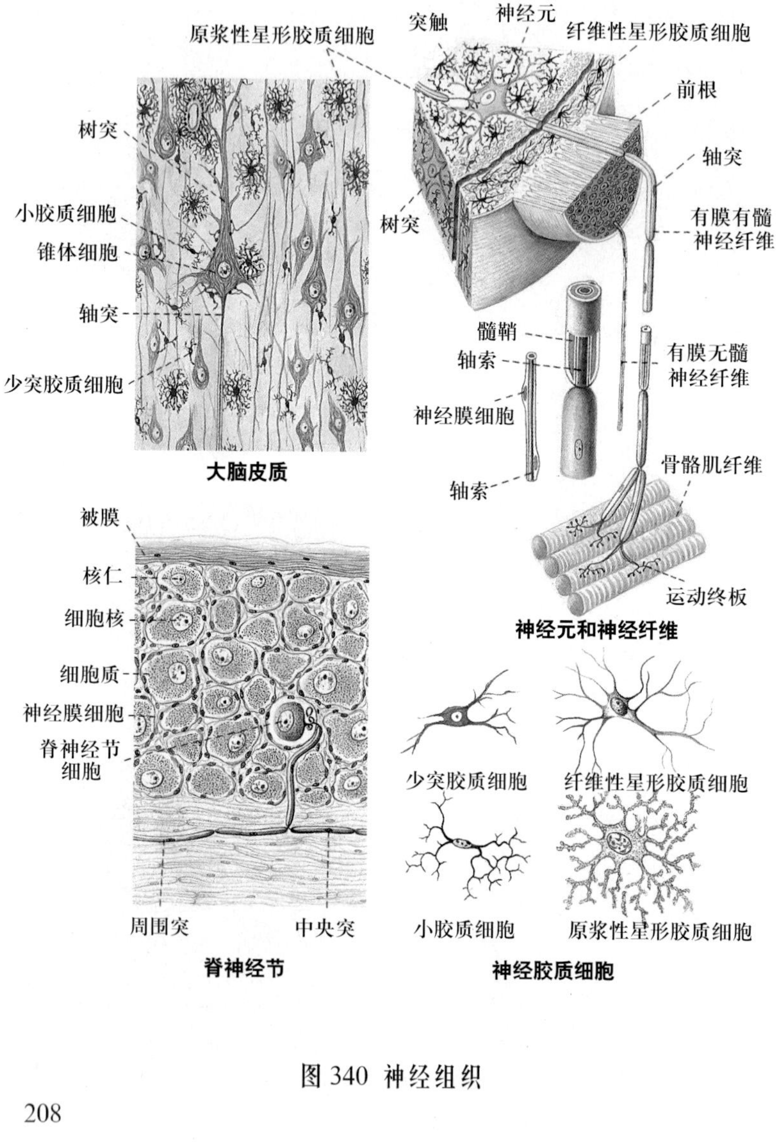
原浆性星形胶质细胞
树突
小胶质细胞
锥体细胞
轴突
少突胶质细胞
大脑皮质
突触
神经元
纤维性星形胶质细胞
前根
轴突
树突
有膜有髓
神经纤维
髓鞘
轴索
神经膜细胞
轴索
有膜无髓
神经纤维
骨骼肌纤维
运动终板
神经元和神经纤维
被膜
核仁
细胞核
细胞质
神经膜细胞
脊神经节
细胞
周围突
中央突
脊神经节
少突胶质细胞
纤维性星形胶质细胞
小胶质细胞
原浆性星形胶质细胞
神经胶质细胞

图 340 神经组织

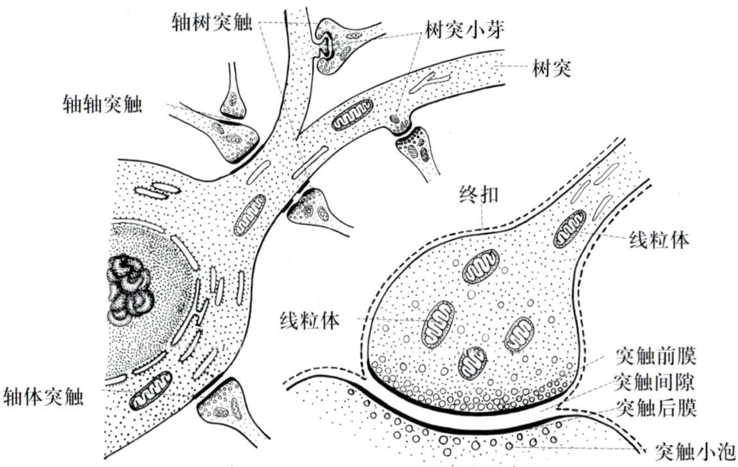

图 341 突触构造模式图

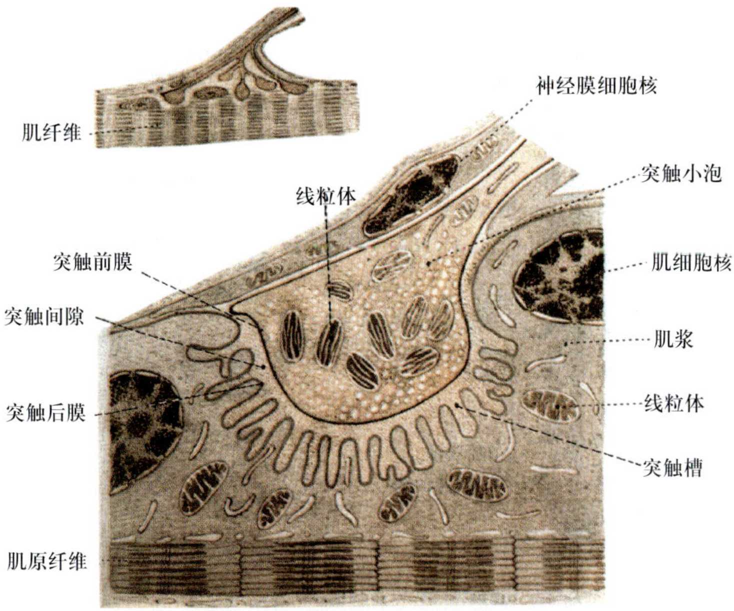

图 342 运动终板构造模式图

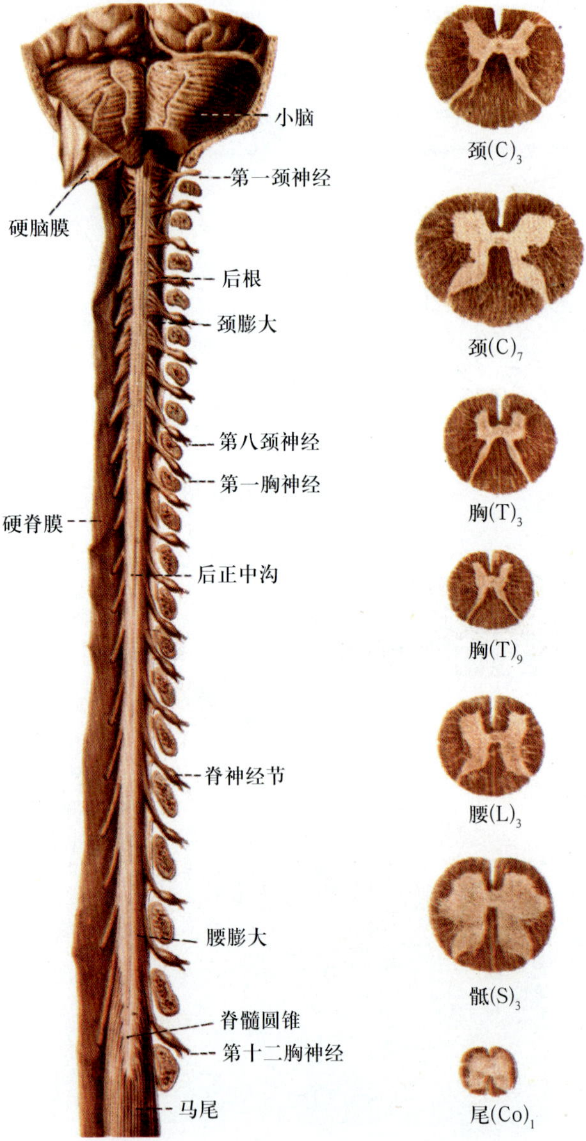

图 343 脊髓(后面)和脊髓各部的横断面

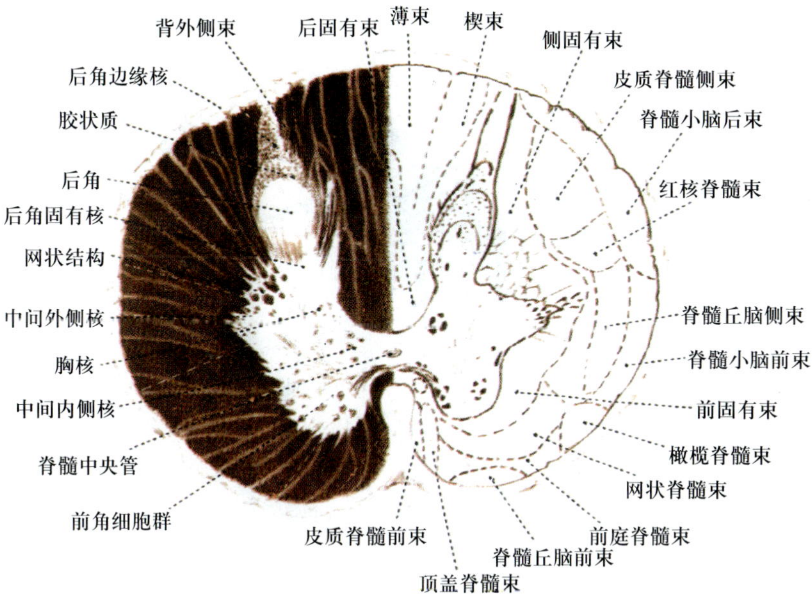

图 344 脊髓(胸部) 横断面

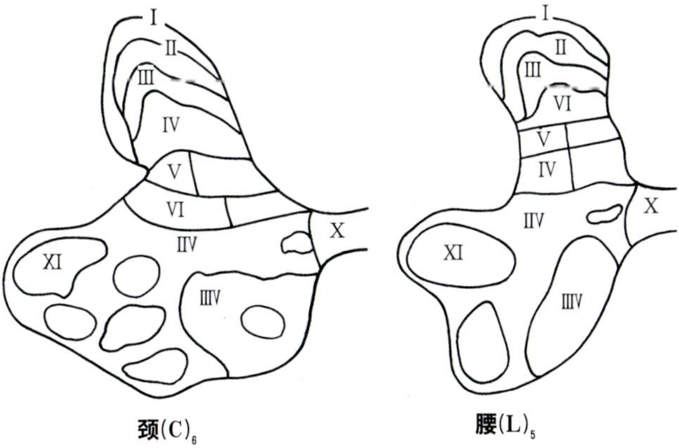

图 345 脊髓灰质分层

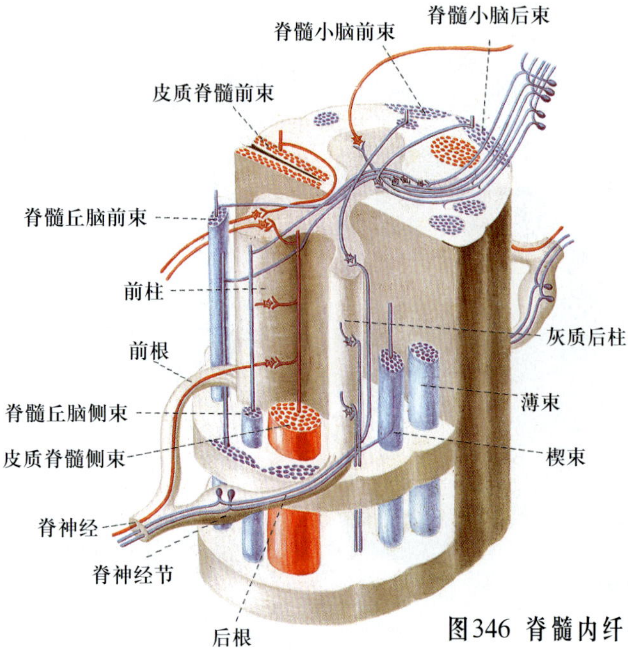

图346 脊髓内纤维联系

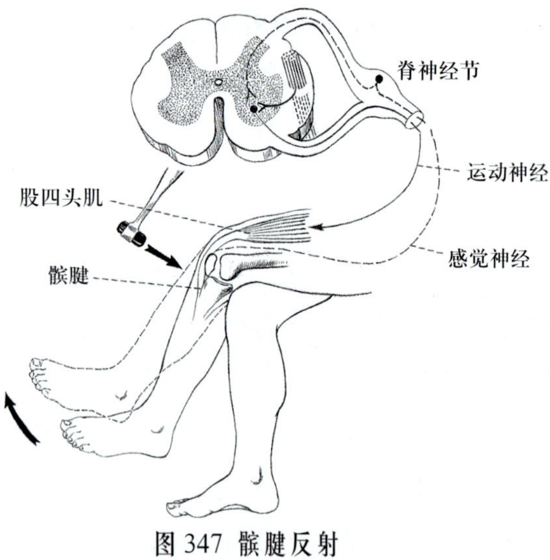

图 347 髌腱反射

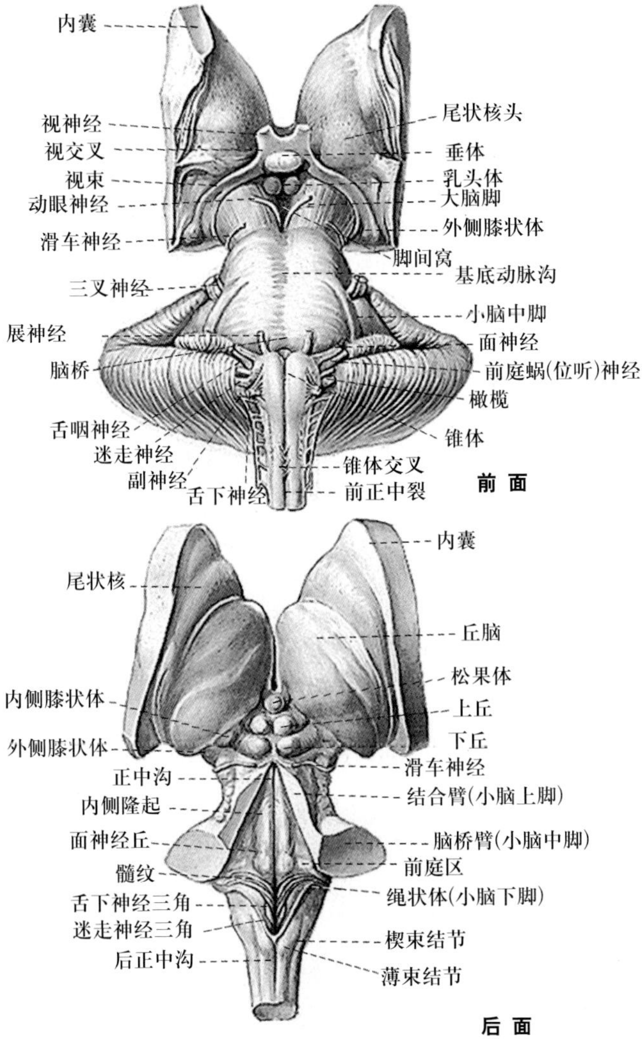
内囊
视神经
视交叉
视束
动眼神经
滑车神经
三叉神经
展神经
脑桥
舌咽神经
迷走神经
副神经
舌下神经
尾状核头
垂体
乳头体
大脑脚
外侧膝状体
脚间窝
基底动脉沟
小脑中脚
面神经
前庭蜗(位听)神经
橄榄
锥体
锥体交叉
前正中裂
前 面
内囊
尾状核
丘脑
松果体
内侧膝状体
上丘
下丘
外侧膝状体
滑车神经
正中沟
结合臂(小脑上脚)
内侧隆起
面神经丘
脑桥臂(小脑中脚)
前庭区
髓纹
绳状体(小脑下脚)
舌下神经三角
迷走神经三角
楔束结节
后正中沟
薄束结节
后 面

图 348 脑 干

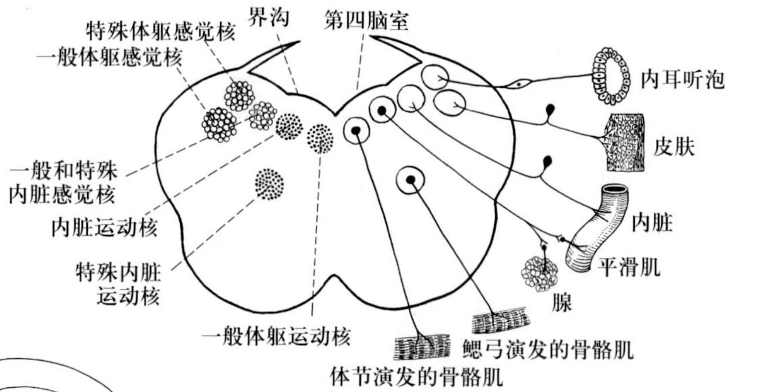

图 349 脑神经核六个功能柱

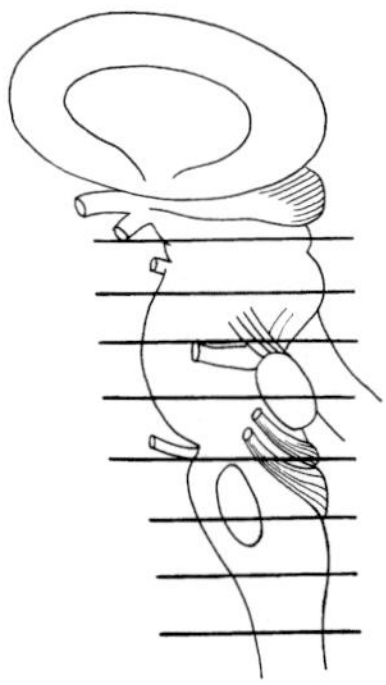

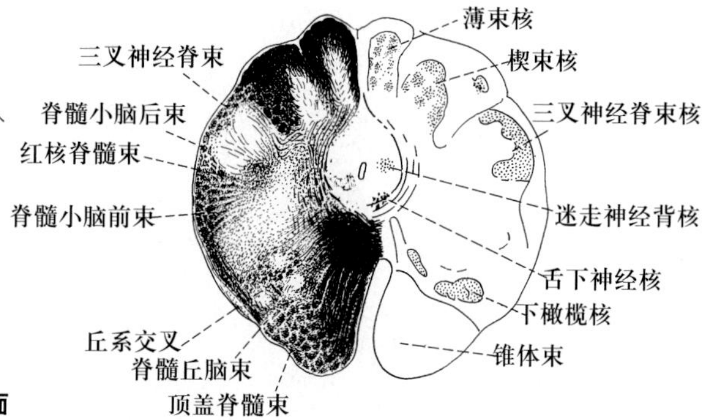

平延髓丘系交叉断面

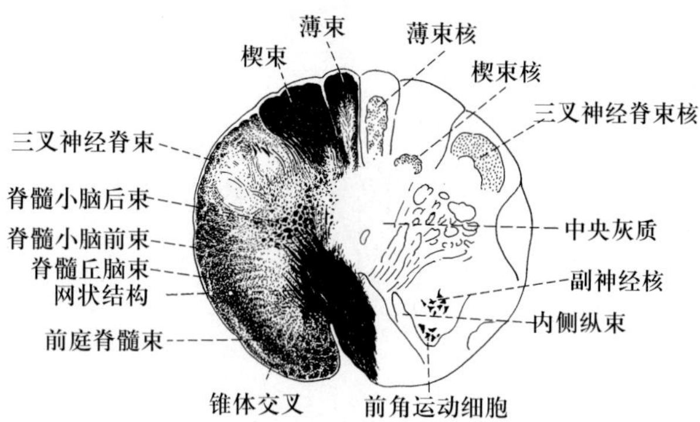

平延髓锥体交叉断面

图 350 脑干内部构造(一)

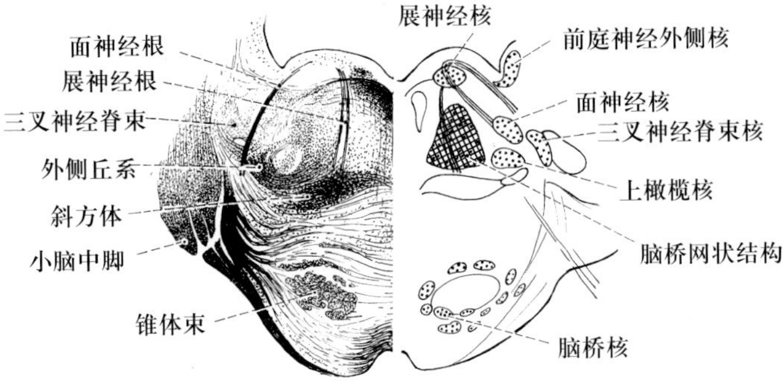

平脑桥下部断面

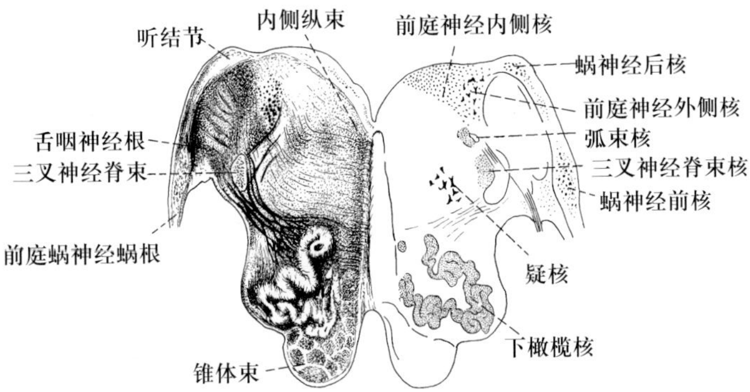

平延髓橄榄上部断面

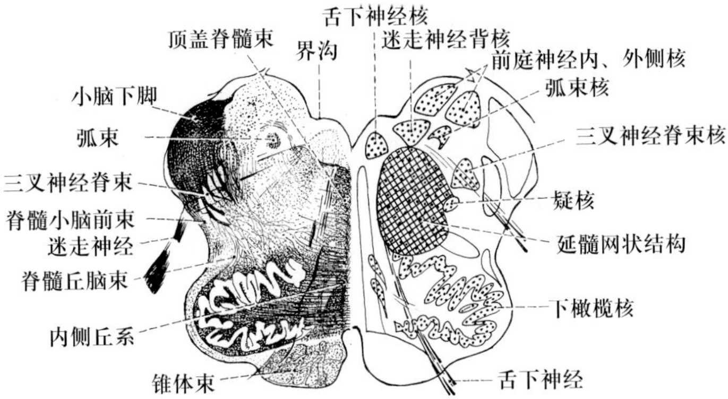

平延髓橄榄中部断面

图 351 脑干内部构造(二)

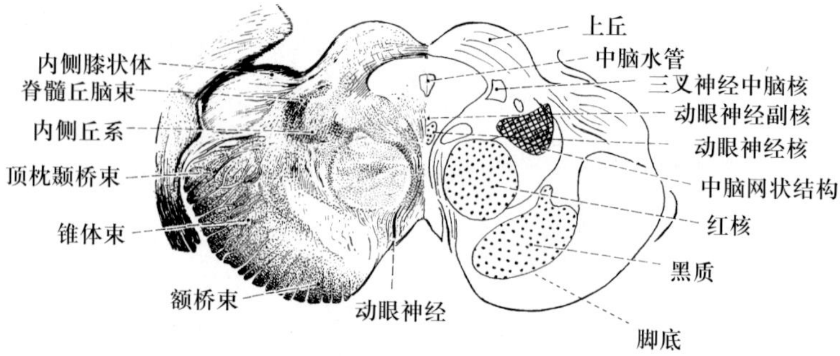

平中脑上丘断面

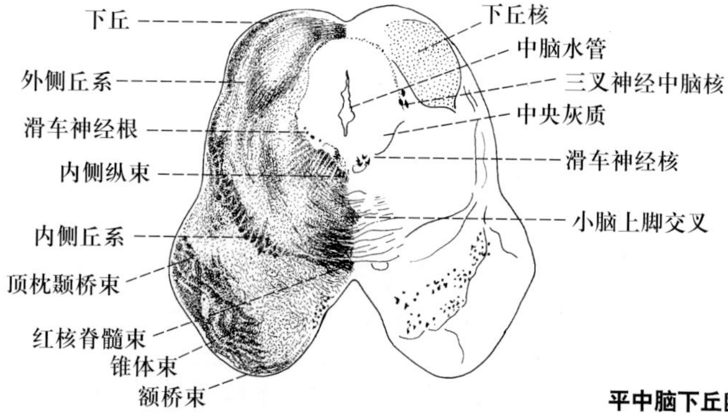

平中脑下丘断面

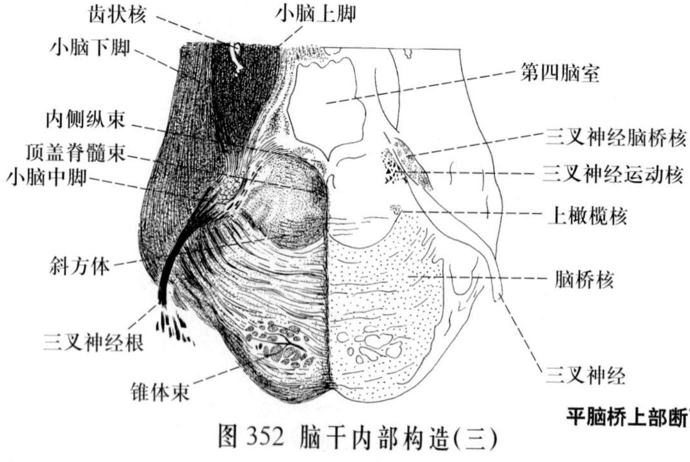

平脑桥上部断面

图 352 脑干内部构造(三)

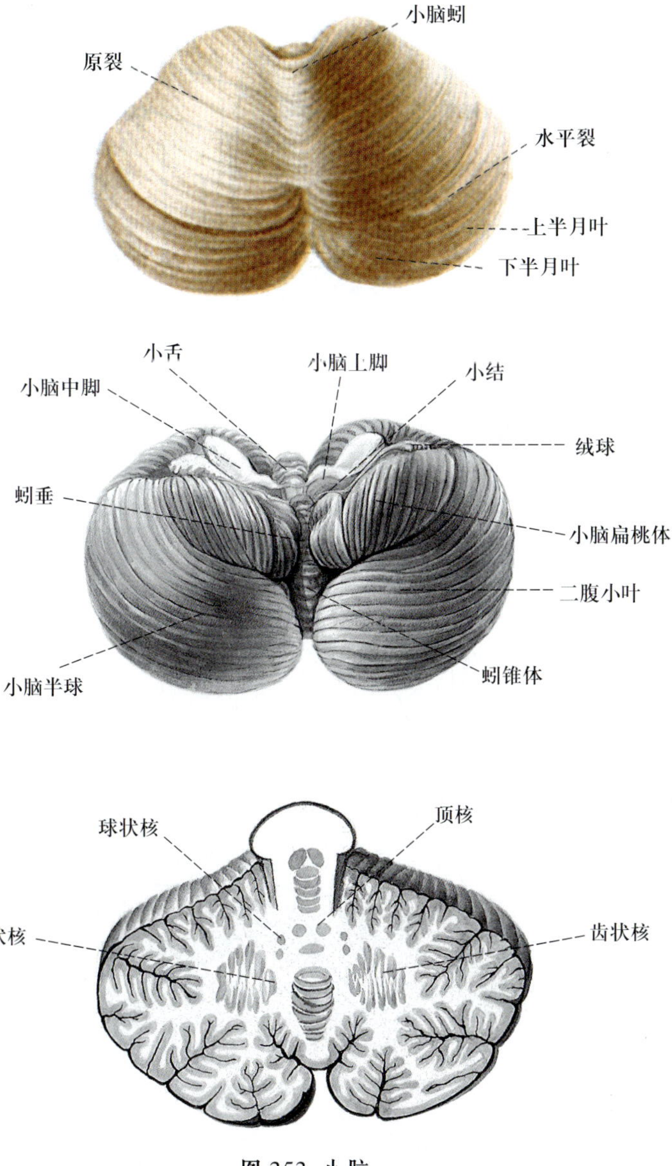
小脑蚓
原裂
水平裂
上半月叶
下半月叶
小舌
小脑上脚
小结
小脑中脚
绒球
蚓垂
小脑扁桃体
二腹小叶
小脑半球
蚓锥体
球状核
顶核
栓状核
齿状核

图 353 小脑

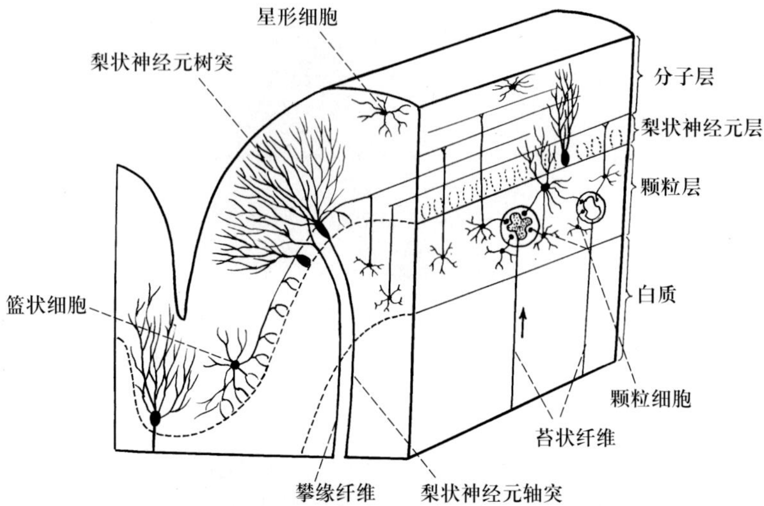

图 354 小脑皮质的细胞构筑和纤维联系

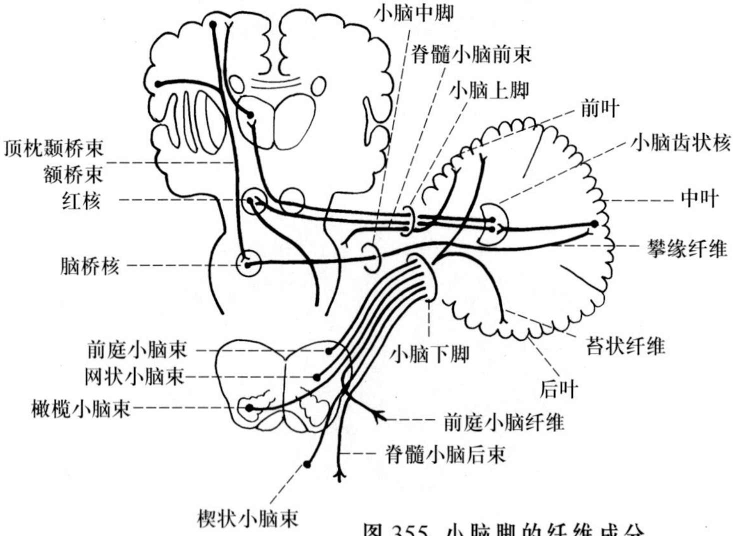

图 355 小脑脚的纤维成分

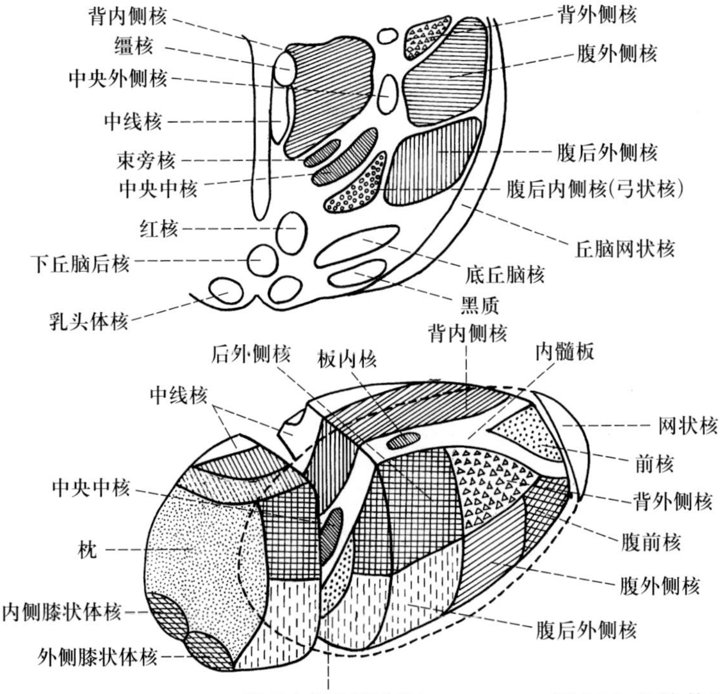

图 356 丘脑核群

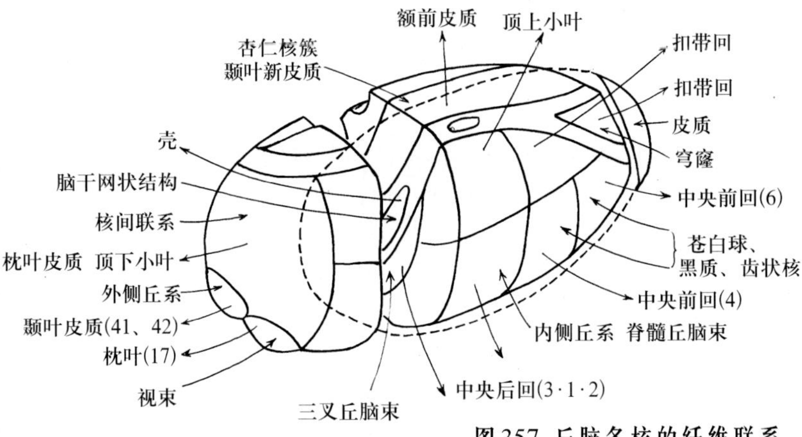

图 357 丘脑各核的纤维联系

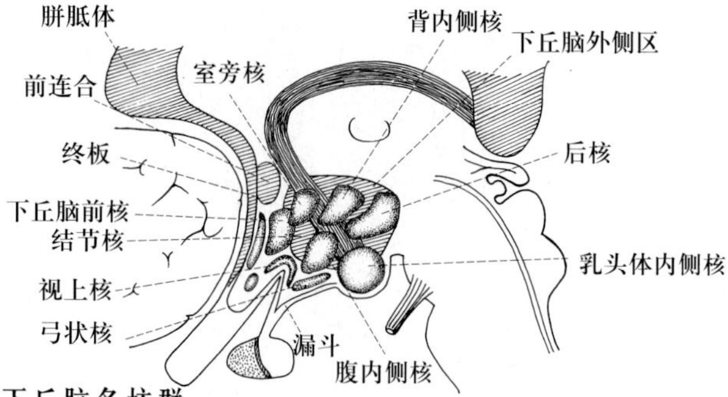

图 358 下丘脑各核群

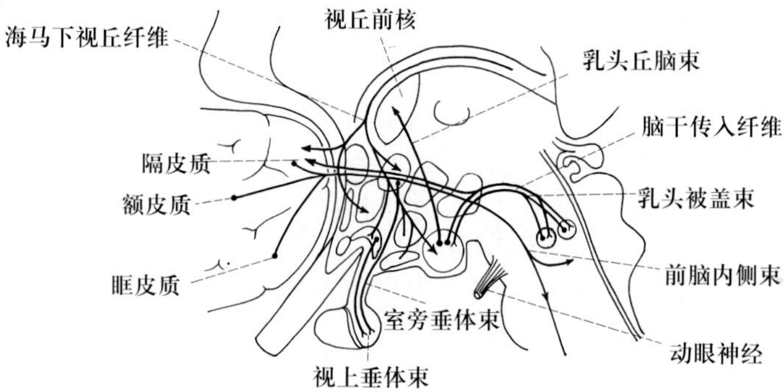

图 359 下丘脑核群的纤维联系

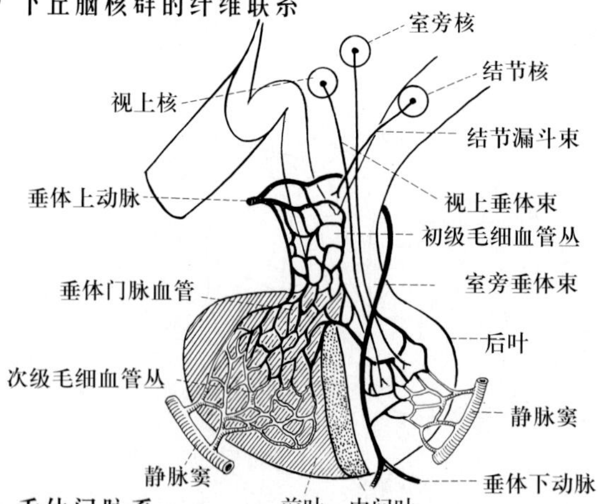

图 360 垂体门脉系

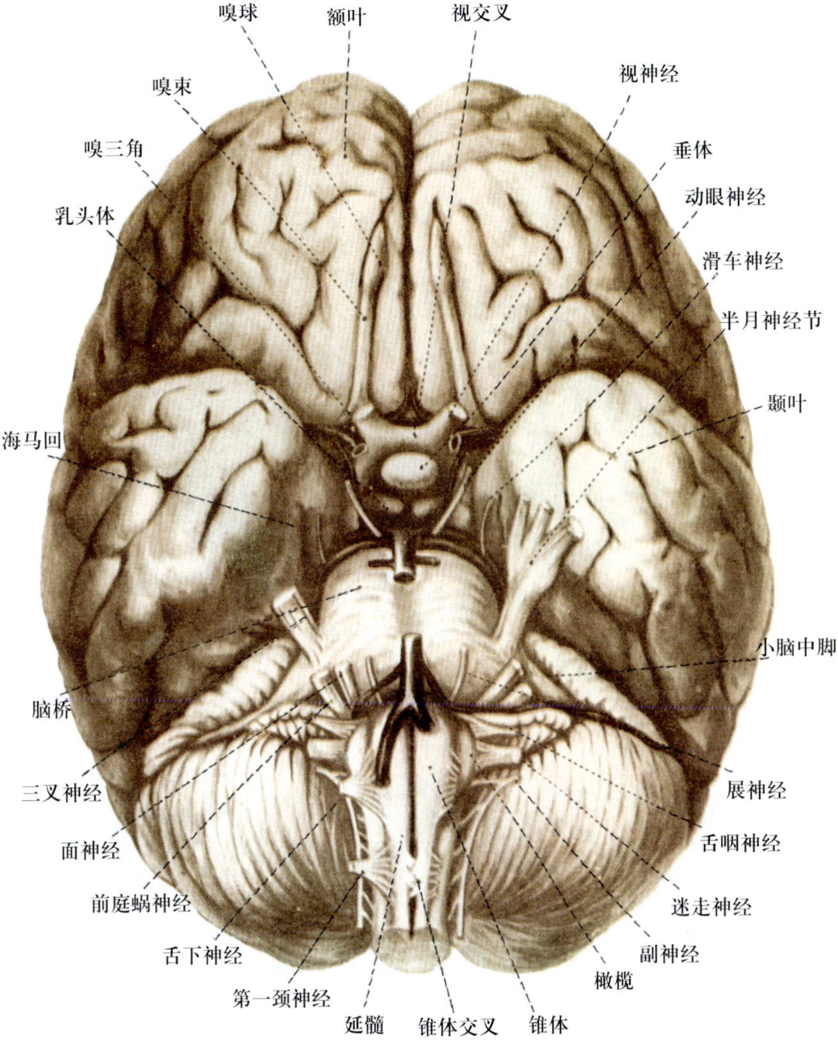
嗅球
额叶
视交叉
视神经
嗅束
垂体
嗅三角
动眼神经
乳头体
滑车神经
半月神经节
颞叶
海马回
小脑中脚
脑桥
三叉神经
展神经
面神经
舌咽神经
前庭蜗神经
迷走神经
舌下神经
副神经
橄榄
第一颈神经
延髓
锥体交叉
锥体

图 361 脑髓 底面

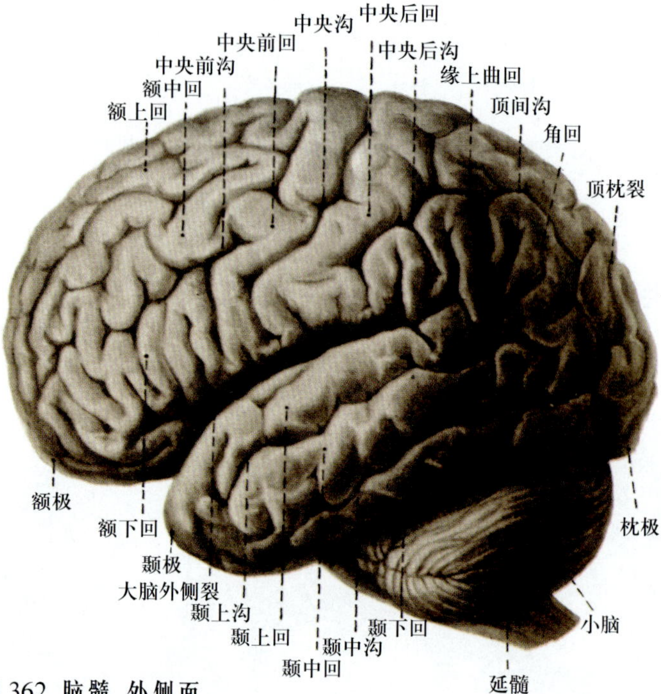

图 362 脑髓 外侧面

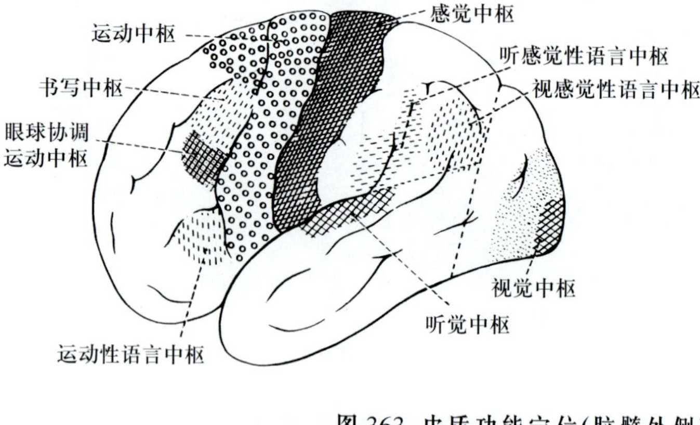

图 363 皮质功能定位(脑髓外侧面)

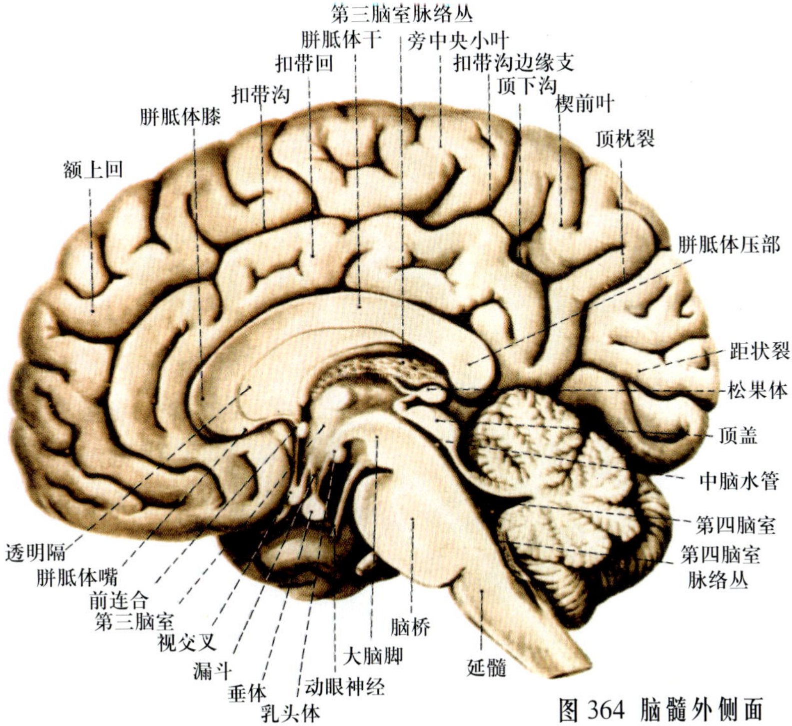

图 364 脑髓外侧面

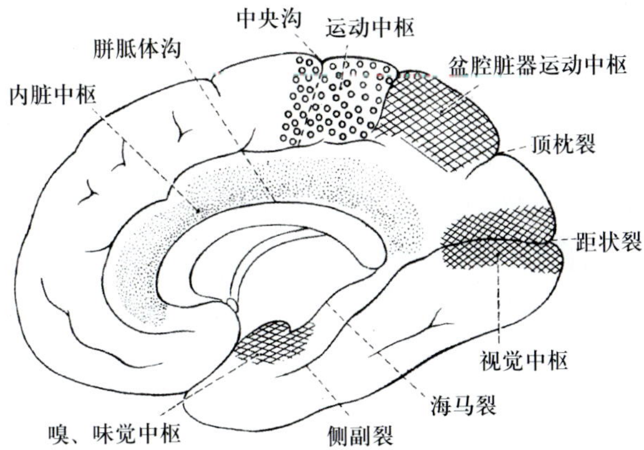

图 365 皮质功能定位(脑髓内侧面)

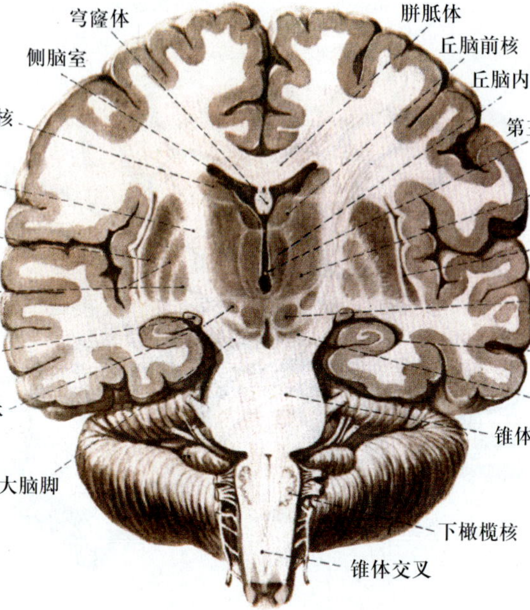

图 366 脑髓 额状断面

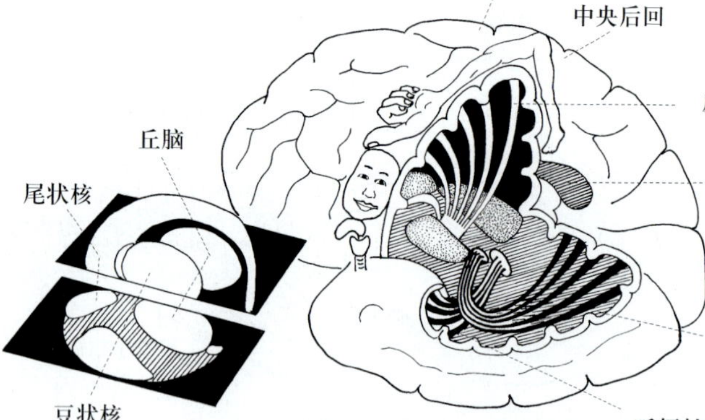

图 367 内囊及投射纤维

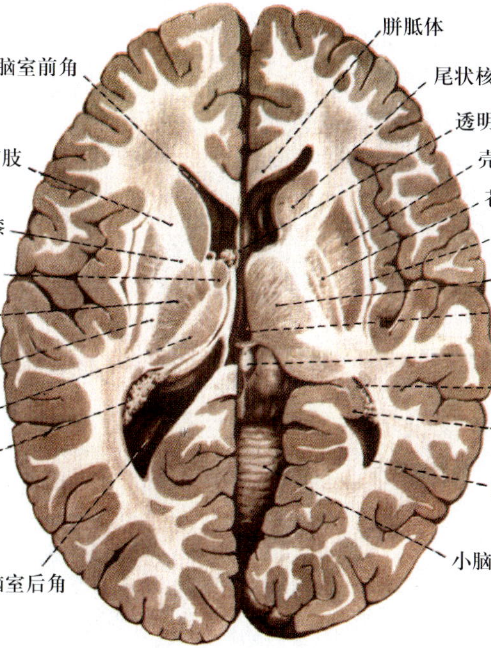

图 368 脑髓 水平断面

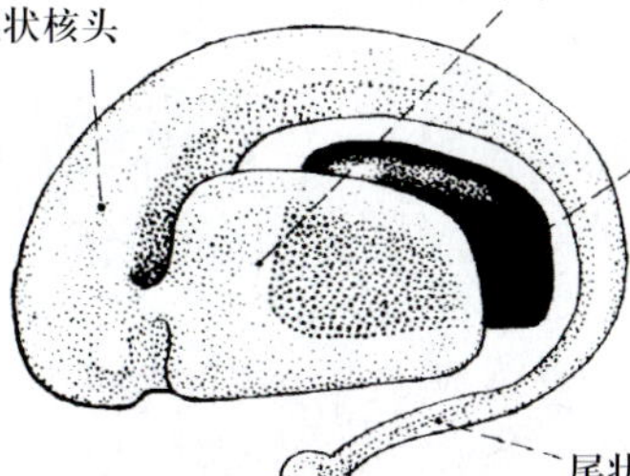

图 369 基底神经节 左侧面

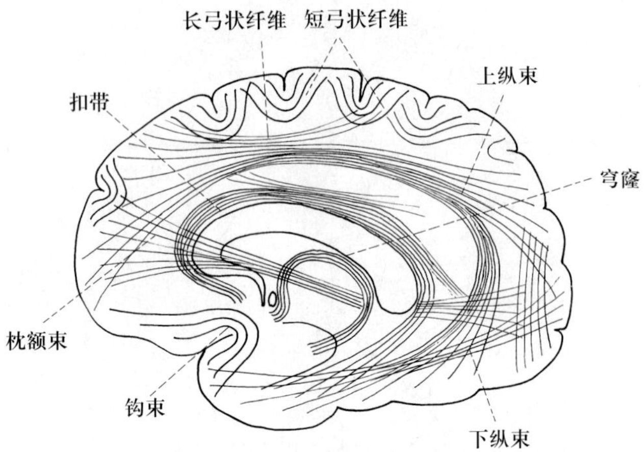

图 370 半球的联络纤维

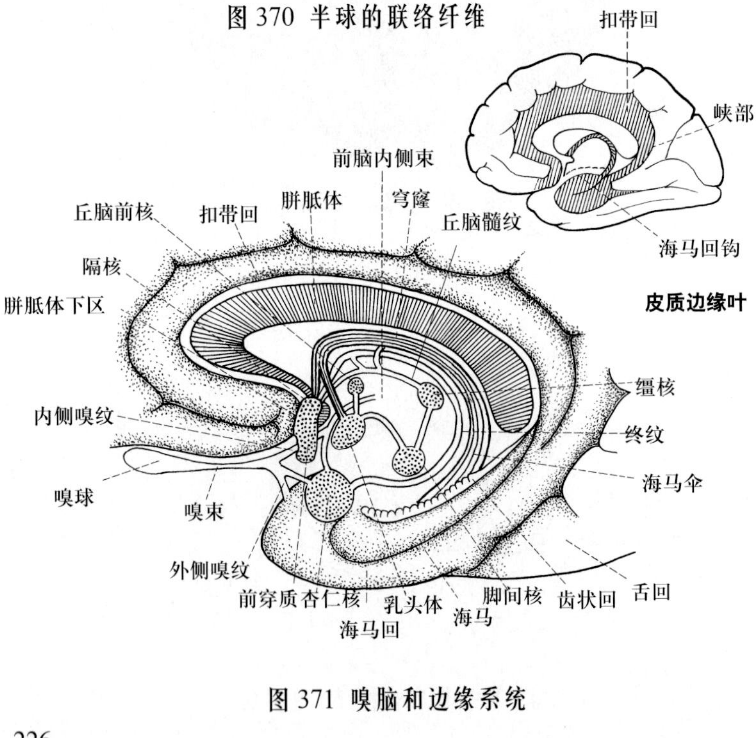

图 371 嗅脑和边缘系统

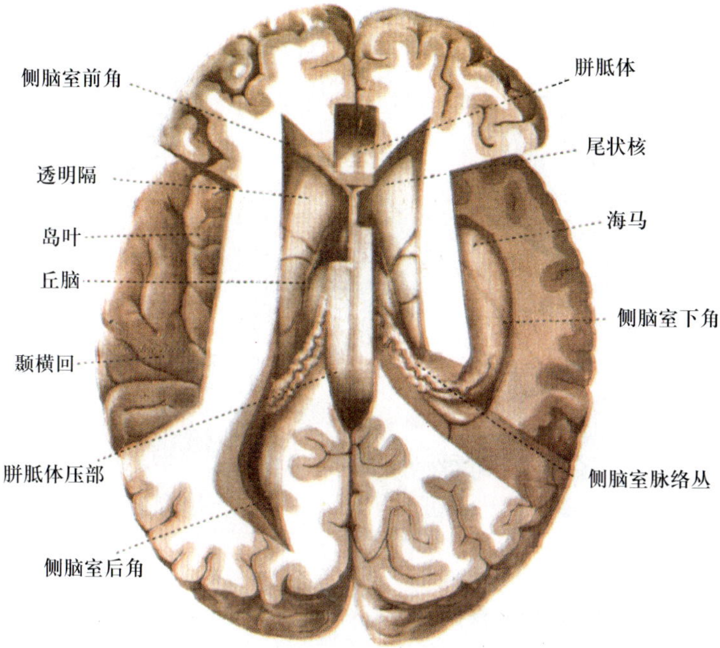

图 372 侧脑室 上面观

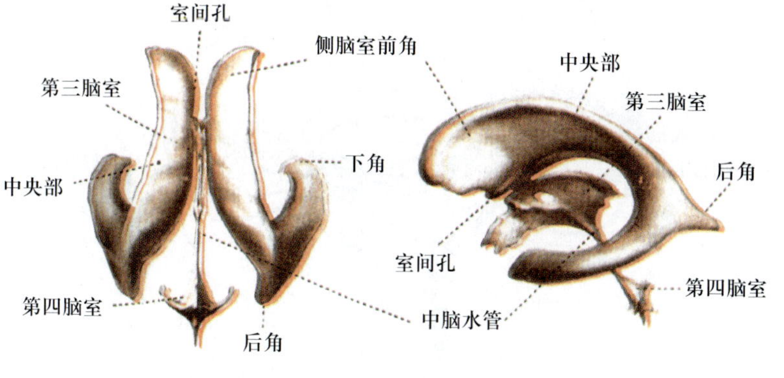

图 373 脑室铸型

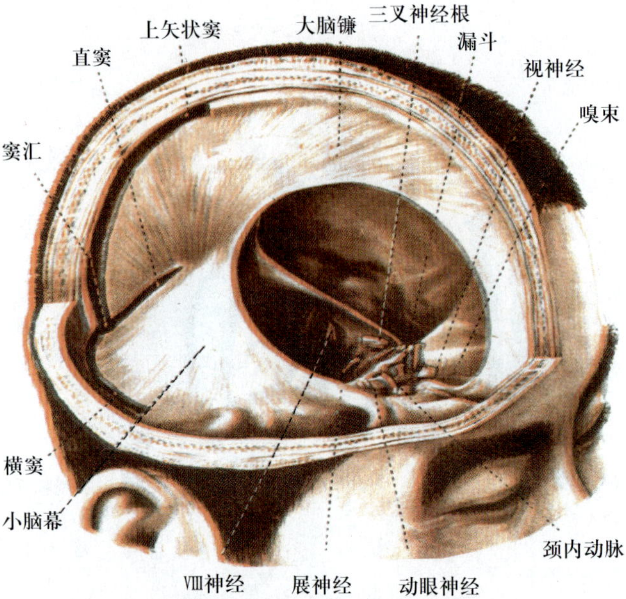

图 374 硬脑膜和硬脑膜窦

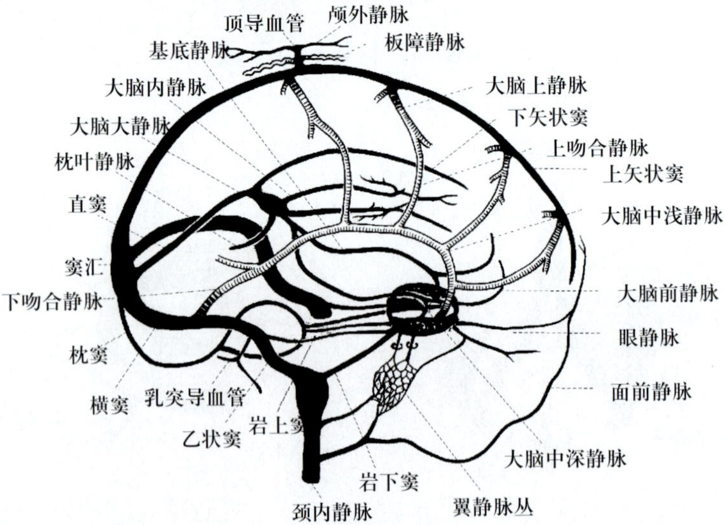

图 375 硬脑膜窦模式图

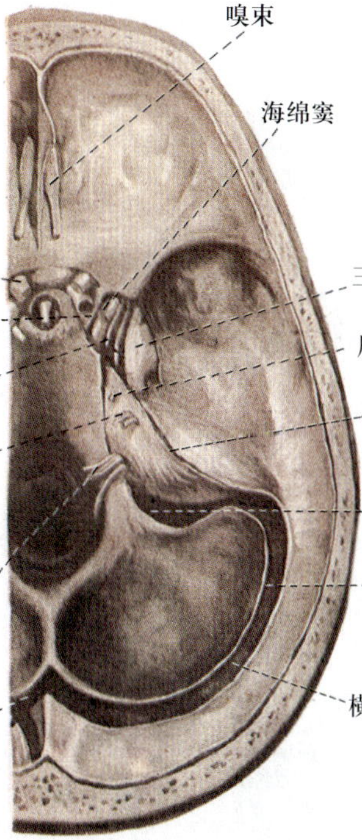

图 376 硬脑膜窦 上面观

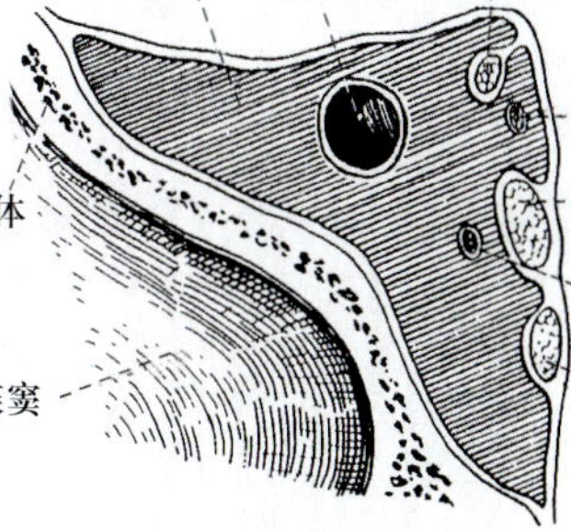

图 377 海绵窦 横断

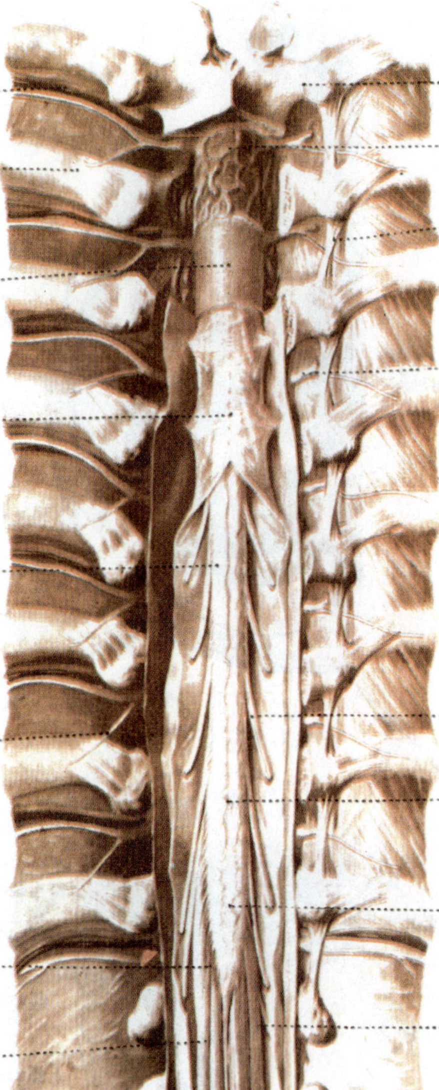

图 378 脊髓被膜和神经根 后面观

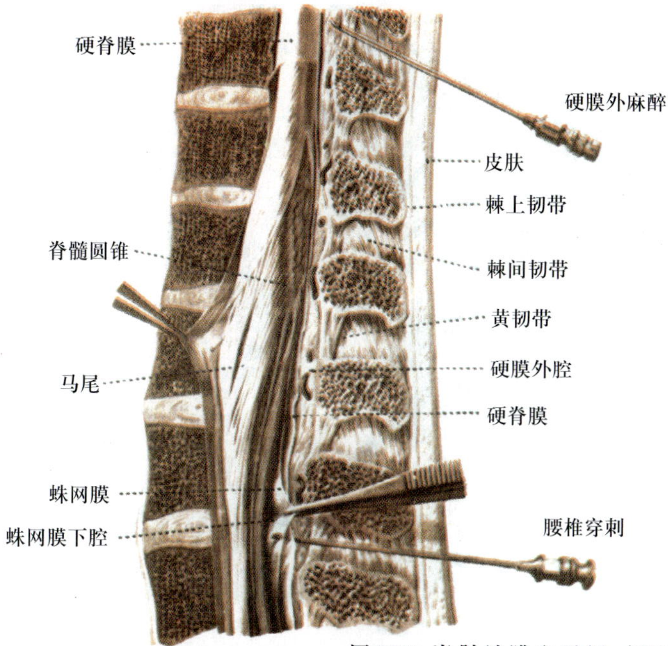

图 379 脊髓被膜和马尾 侧面观

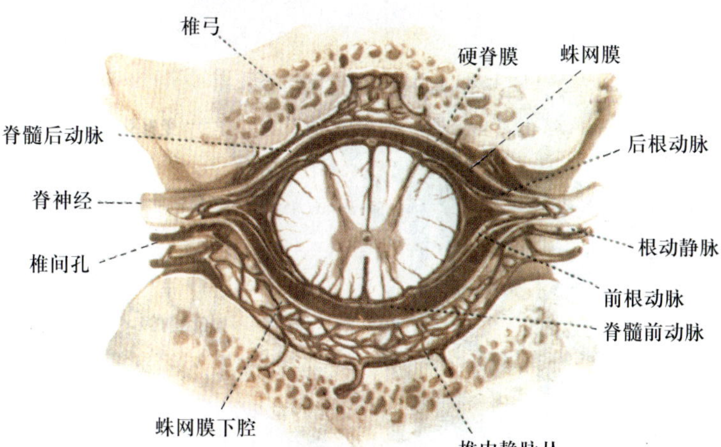

图 380 脊髓的血管分布 横断

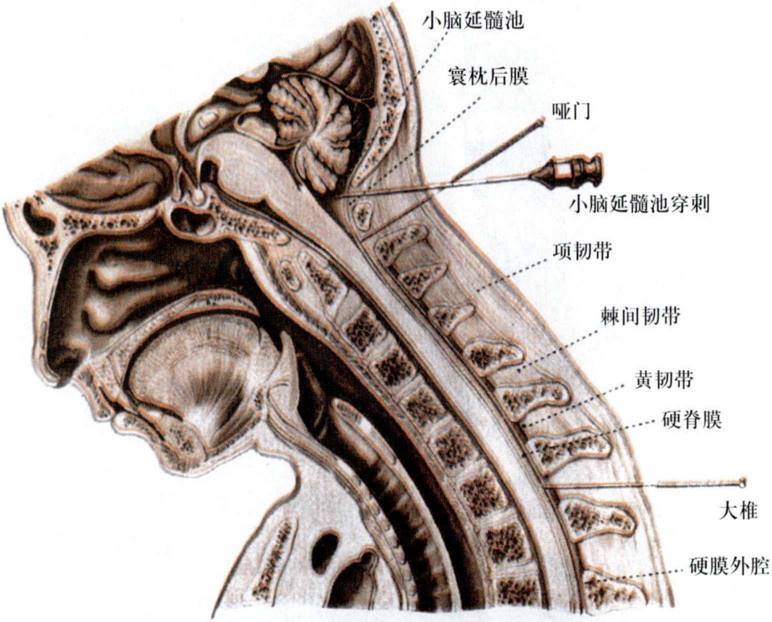

图 381 哑门穴和大椎穴的局解

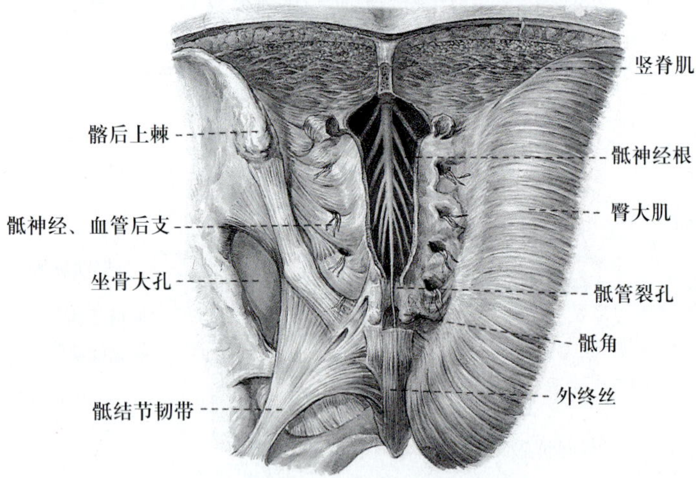

图 382 骶管和骶神经

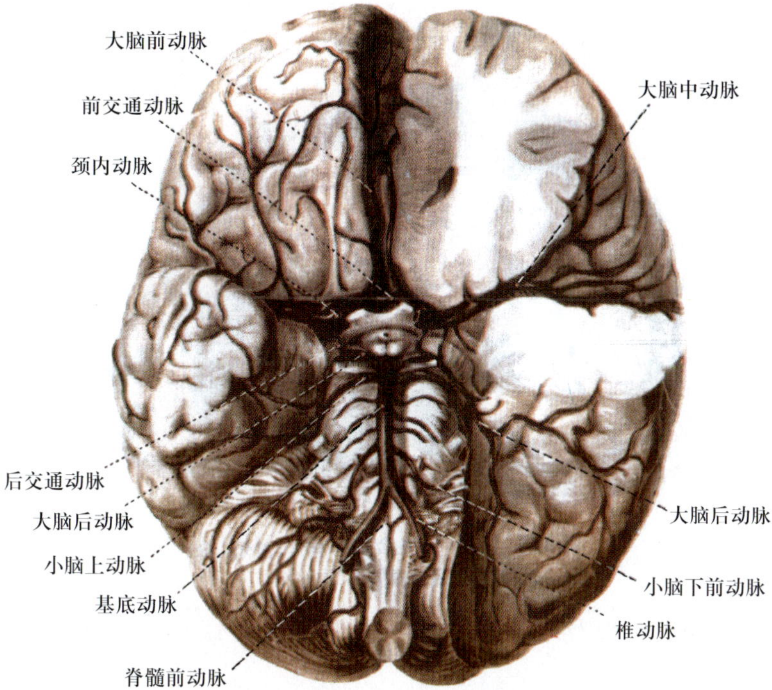

图 383 大脑动脉环的组成和脑血管分布

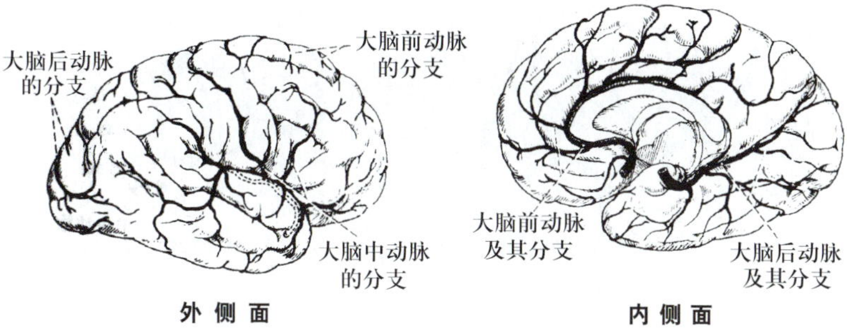

图 384 大脑的动脉分布

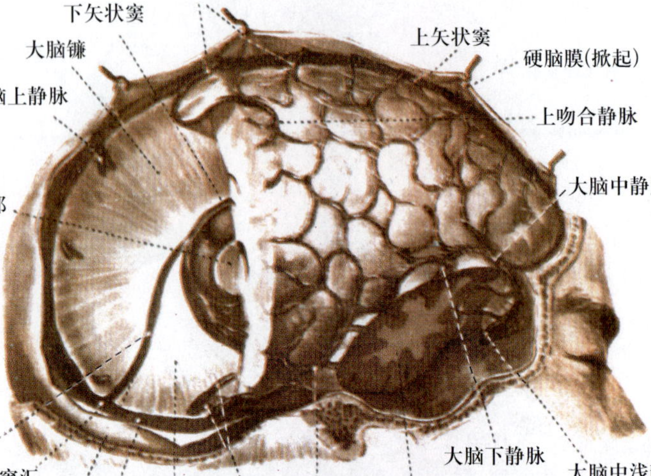

图 385 大脑的静脉

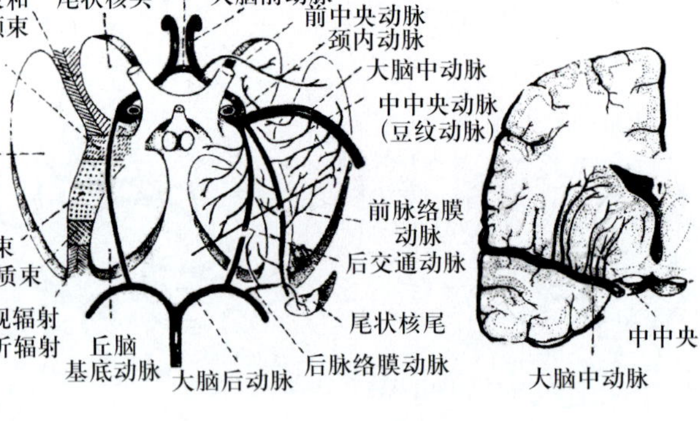

图386 内囊和内囊血管分布

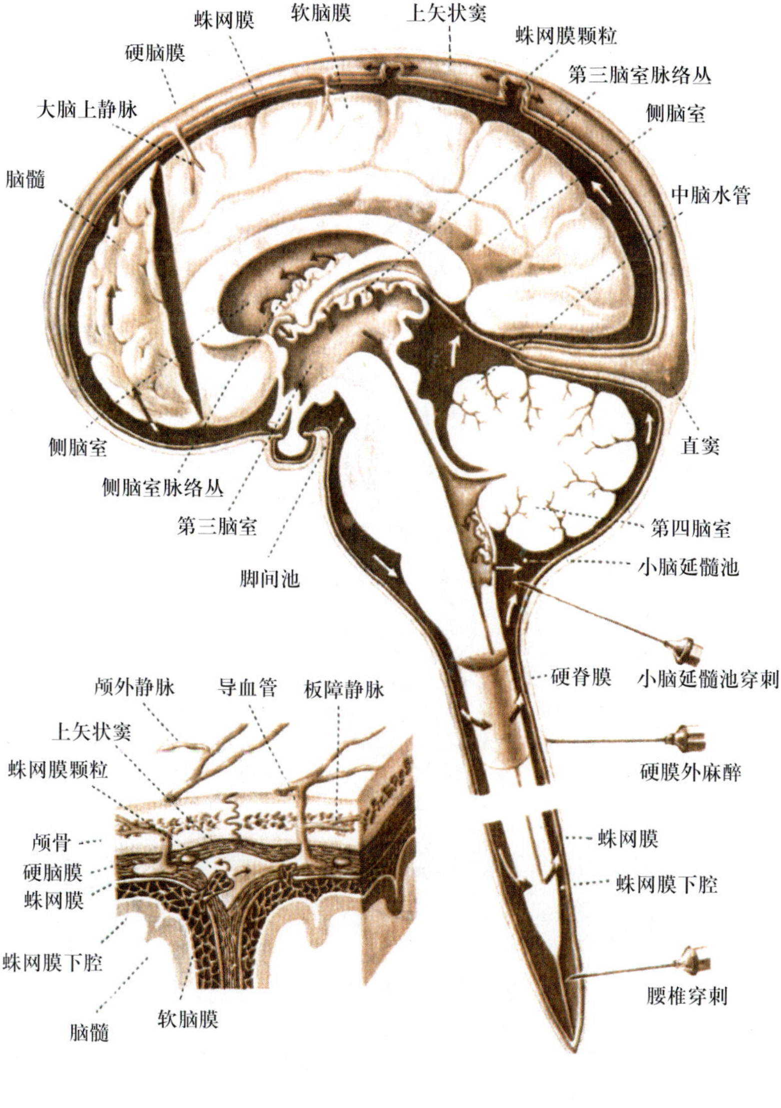

图 387 脑脊髓液循环模式图

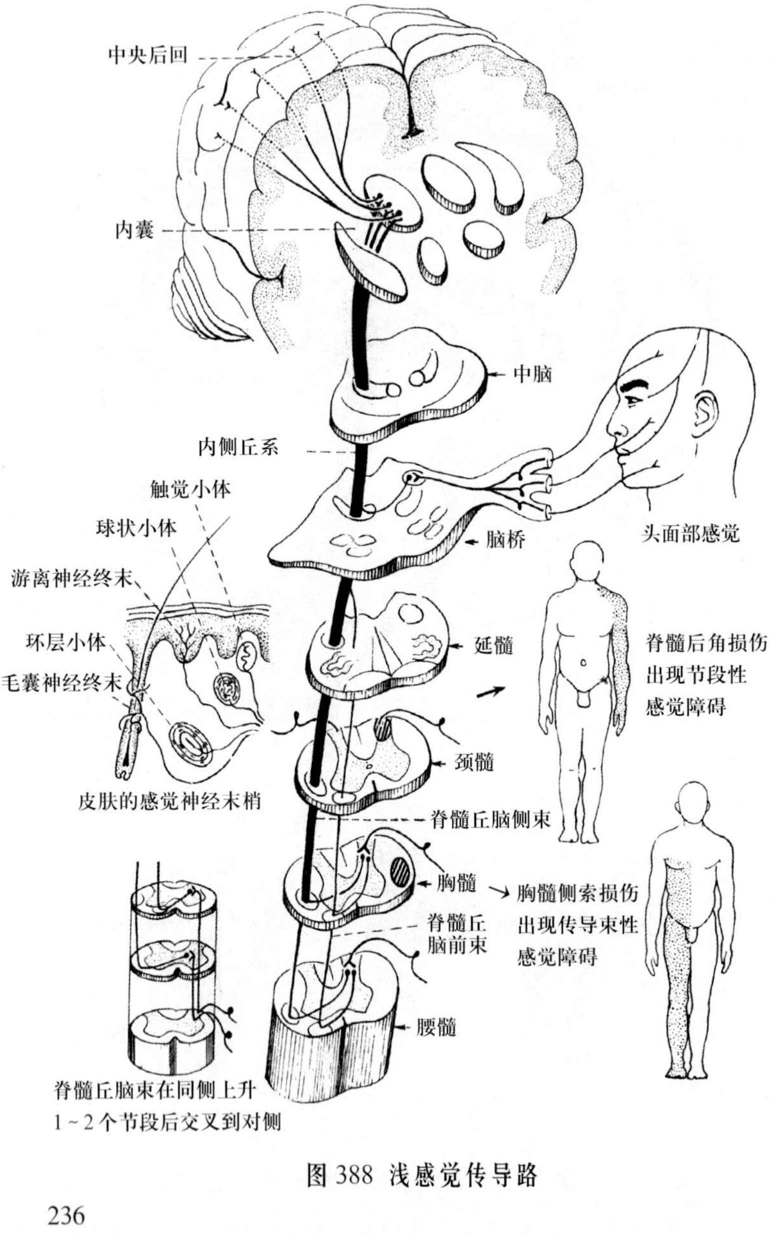
中央后回
内囊
中脑
内侧丘系
触觉小体
球状小体
游离神经终末
环层小体
毛囊神经终末
皮肤的感觉神经末梢
脑桥
头面部感觉
延髓
脊髓后角损伤
出现节段性
感觉障碍
颈髓
脊髓丘脑侧束
胸髓
胸髓侧索损伤
出现传导束性
感觉障碍
脊髓丘
脑前束
腰髓
脊髓丘脑束在同侧上升
1~2个节段后交叉到对侧

图 388 浅感觉传导路

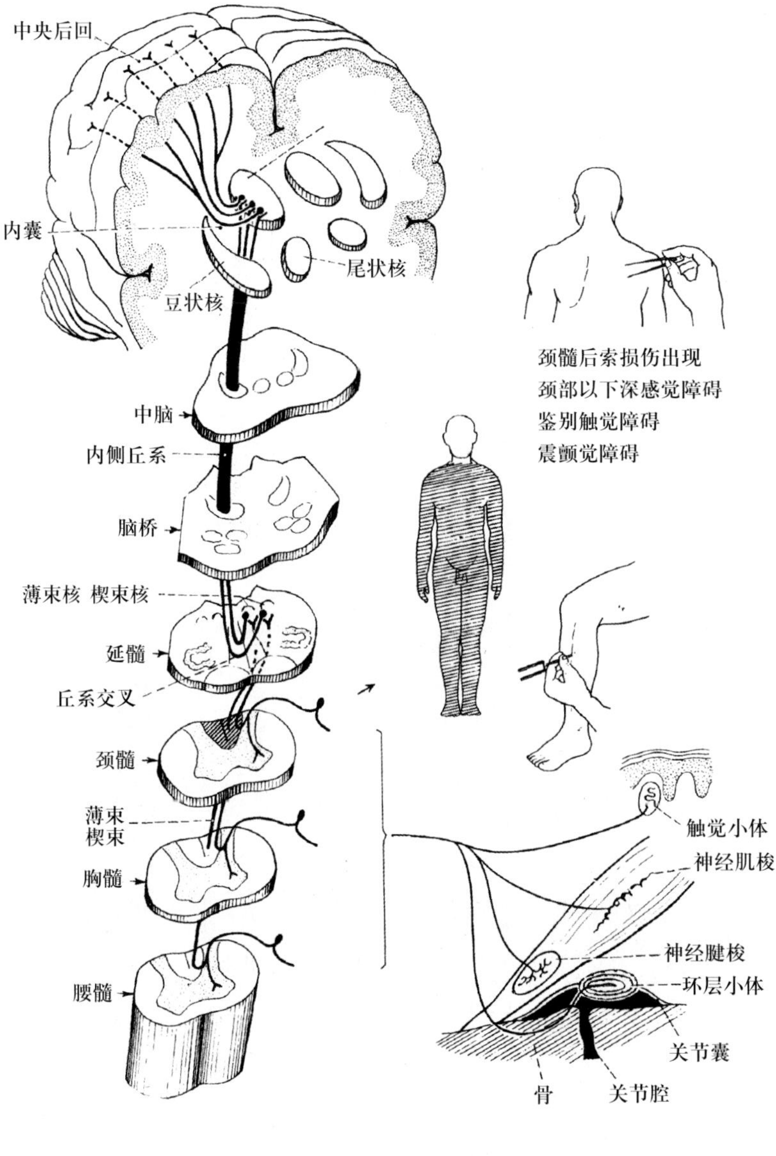

图 389 深感觉和触觉传导路

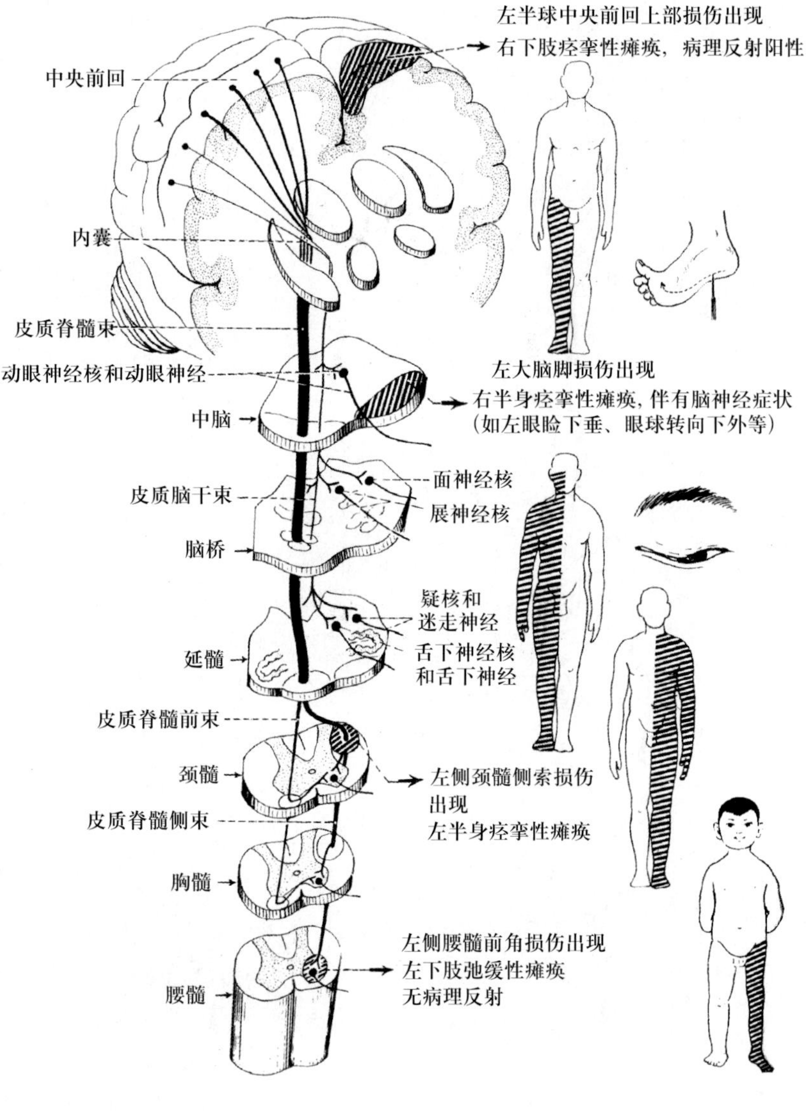
左半球中央前回上部损伤出现
右下肢痉挛性瘫痪，病理反射阳性
中央前回
内囊
皮质脊髓束
动眼神经核和动眼神经
中脑
左大脑脚损伤出现
右半身痉挛性瘫痪，伴有脑神经症状
（如左眼睑下垂、眼球转向下外等）
面神经核
皮质脑干束
展神经核
脑桥
疑核和
迷走神经
延髓
舌下神经核
和舌下神经
皮质脊髓前束
颈髓
左侧颈髓侧索损伤
出现
左半身痉挛性瘫痪
皮质脊髓侧束
胸髓
左侧腰髓前角损伤出现
左下肢弛缓性瘫痪
无病理反射
腰髓

图 390 锥体路

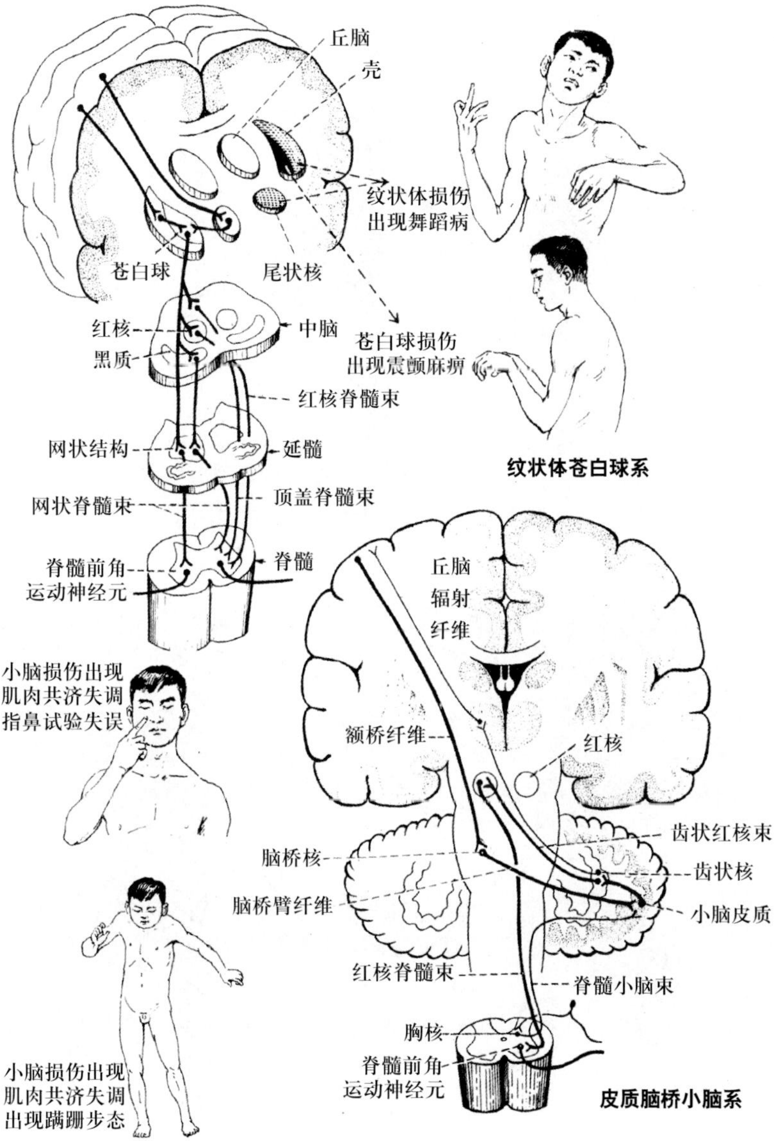
丘脑
壳
纹状体损伤
出现舞蹈病
苍白球
尾状核
红核
中脑
黑质
苍白球损伤
出现震颤麻痹
红核脊髓束
网状结构
延髓
纹状体苍白球系
网状脊髓束
顶盖脊髓束
脊髓前角
运动神经元
脊髓
丘脑
辐射
纤维
小脑损伤出现
肌肉共济失调
指鼻试验失误
额桥纤维
红核
齿状红核束
脑桥核
齿状核
脑桥臂纤维
小脑皮质
红核脊髓束
脊髓小脑束
胸核
脊髓前角
运动神经元
小脑损伤出现
肌肉共济失调
出现蹒跚步态
皮质脑桥小脑系

图 391 锥体外路

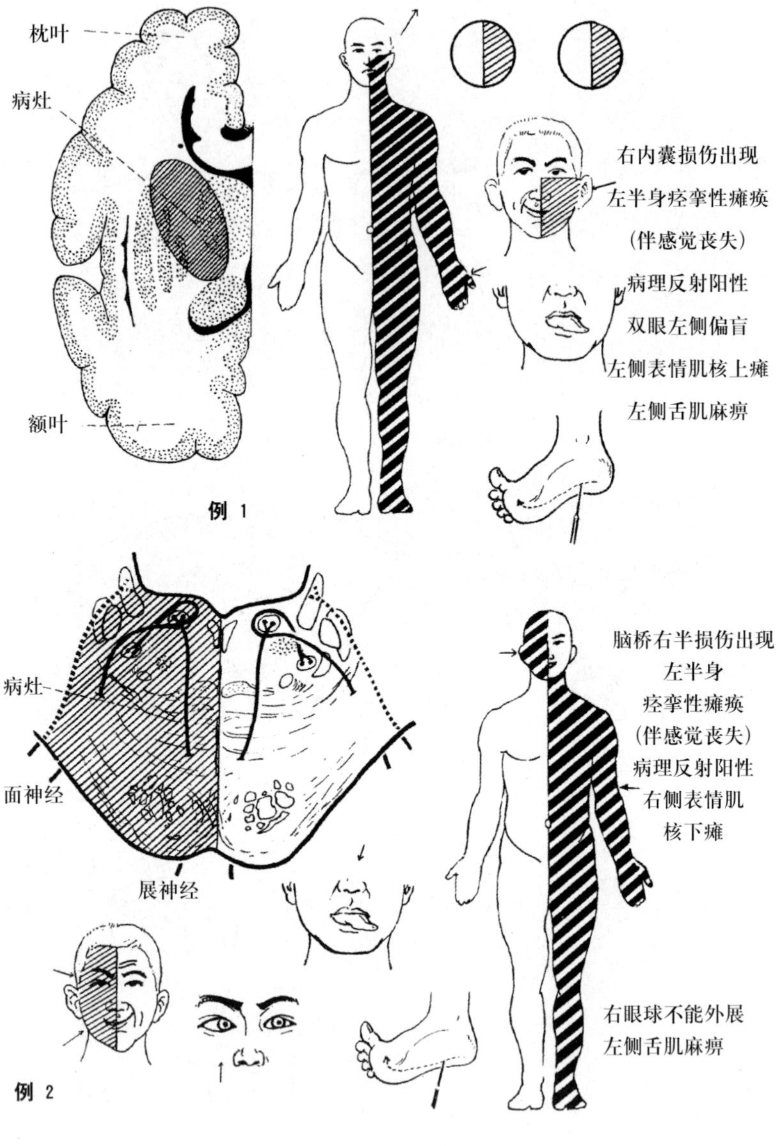

图 392 中枢神经病变举例(一)

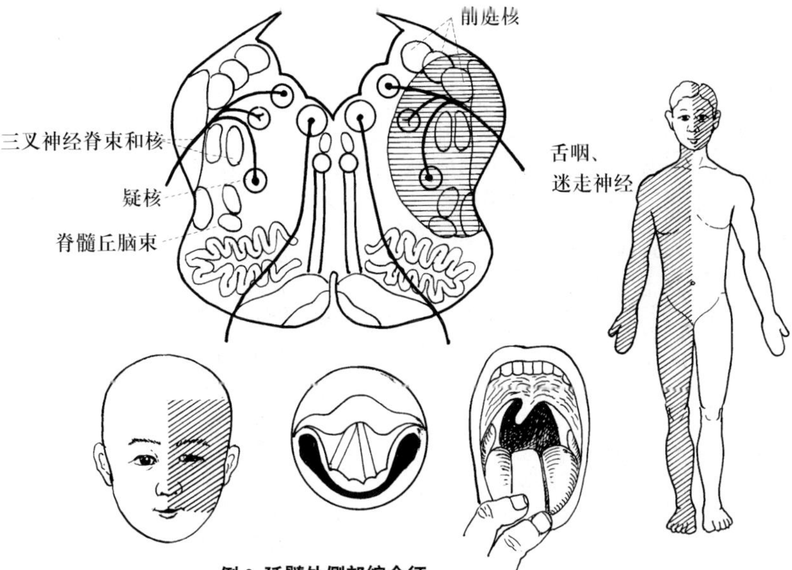

例 3 延髓外侧部综合征

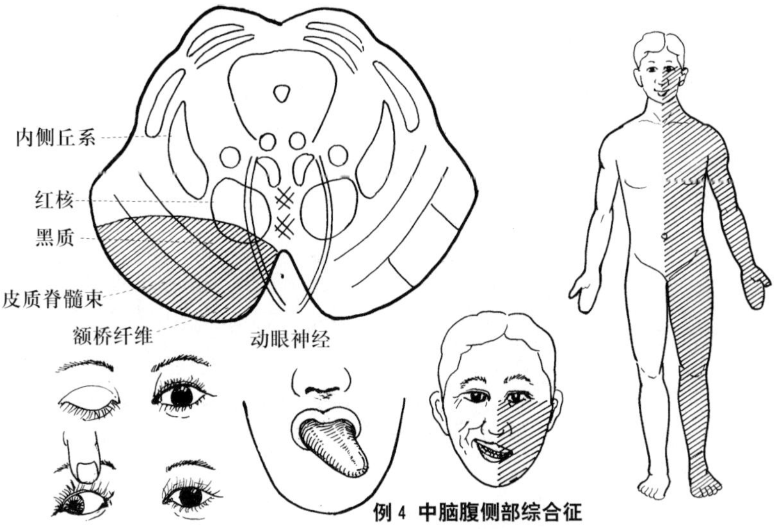

例 4 中脑腹侧部综合征

图 393 中枢神经病变举例(二)

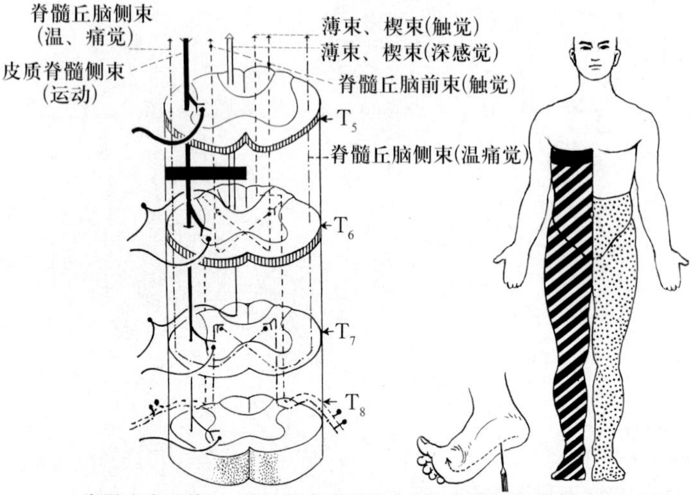

脊髓右半平第五、六胸椎高度损伤出现：右半身乳头以下呈痉挛性瘫痪、深感觉障碍，病理趾反射阳性，左半身在肋弓以下(低于损伤平面 1 ~ 2 节)痛温觉障碍，全身触觉存在。

图 394 中枢神经病变举例(三)

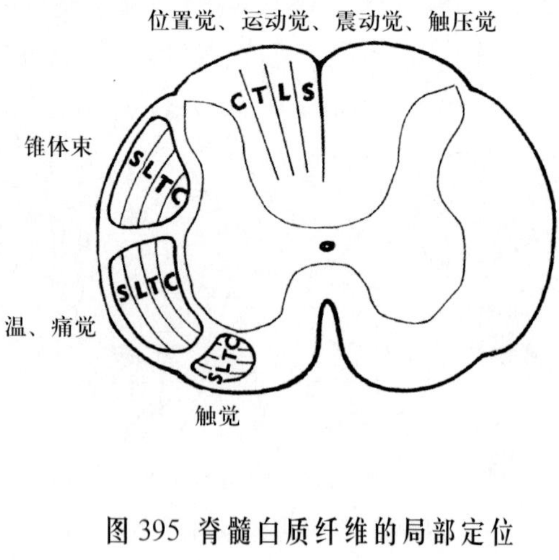

图 395 脊髓白质纤维的局部定位

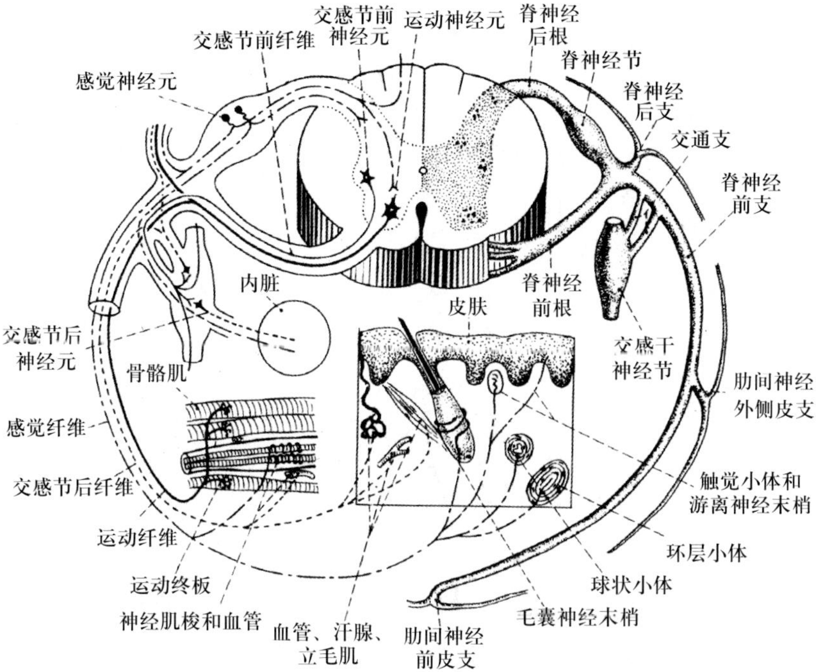

图 396 脊神经组成、分支和分布

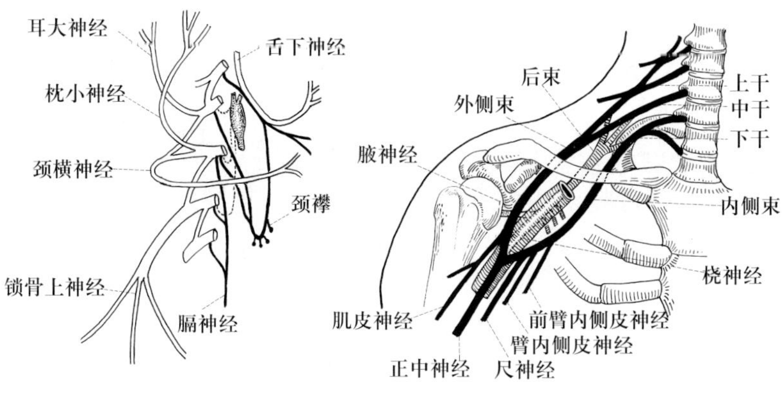

图 397 颈丛和臂丛

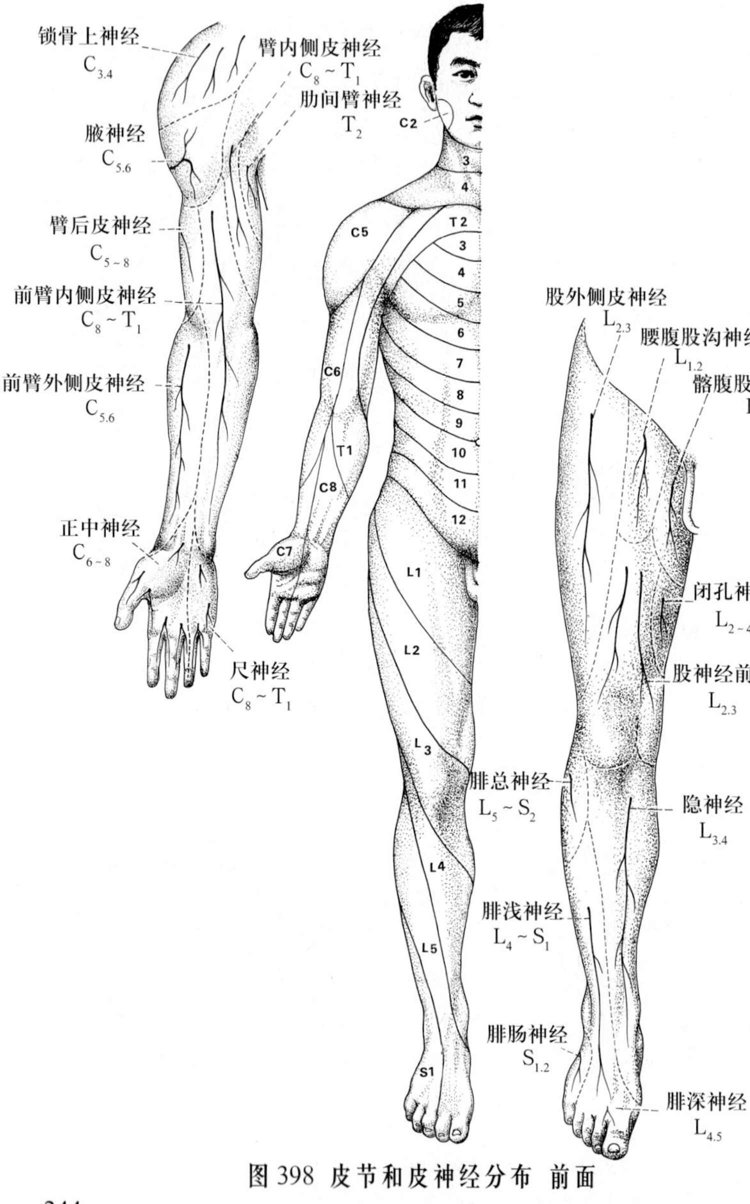

图 398 皮节和皮神经分布 前面

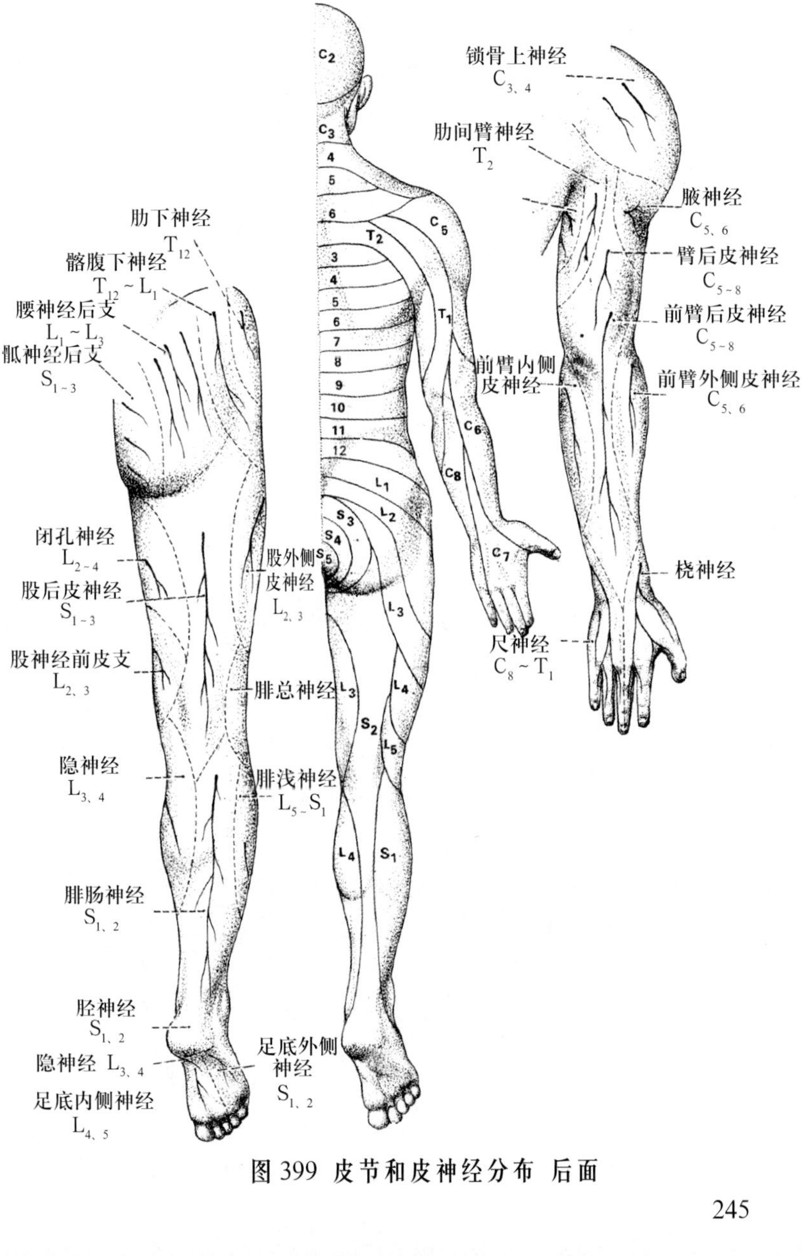

图 399 皮节和皮神经分布 后面

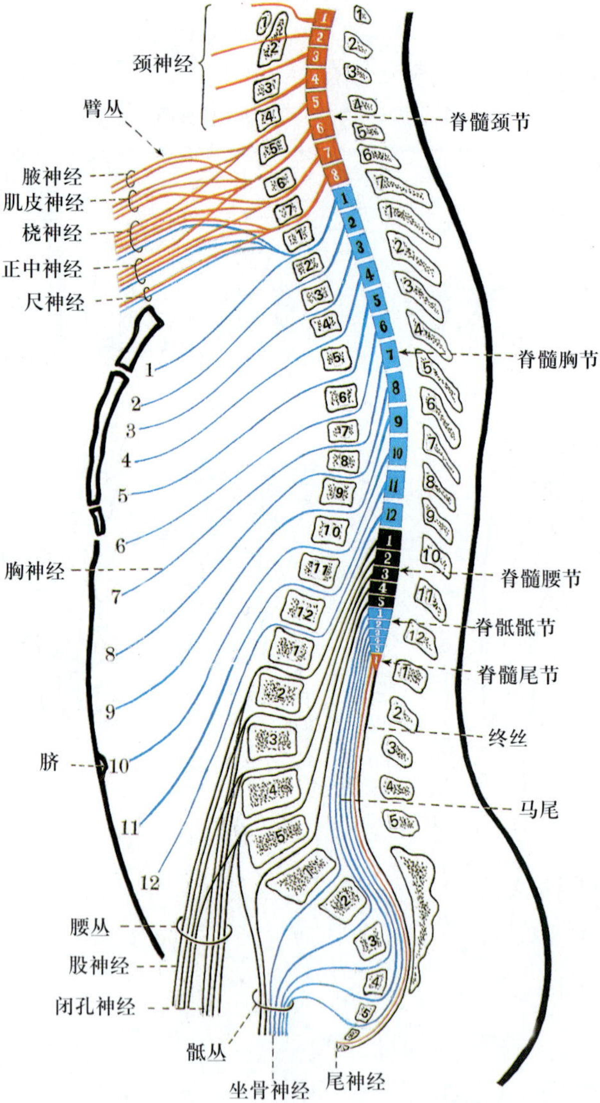

图 400 脊髓节段与椎体、棘突的对应关系

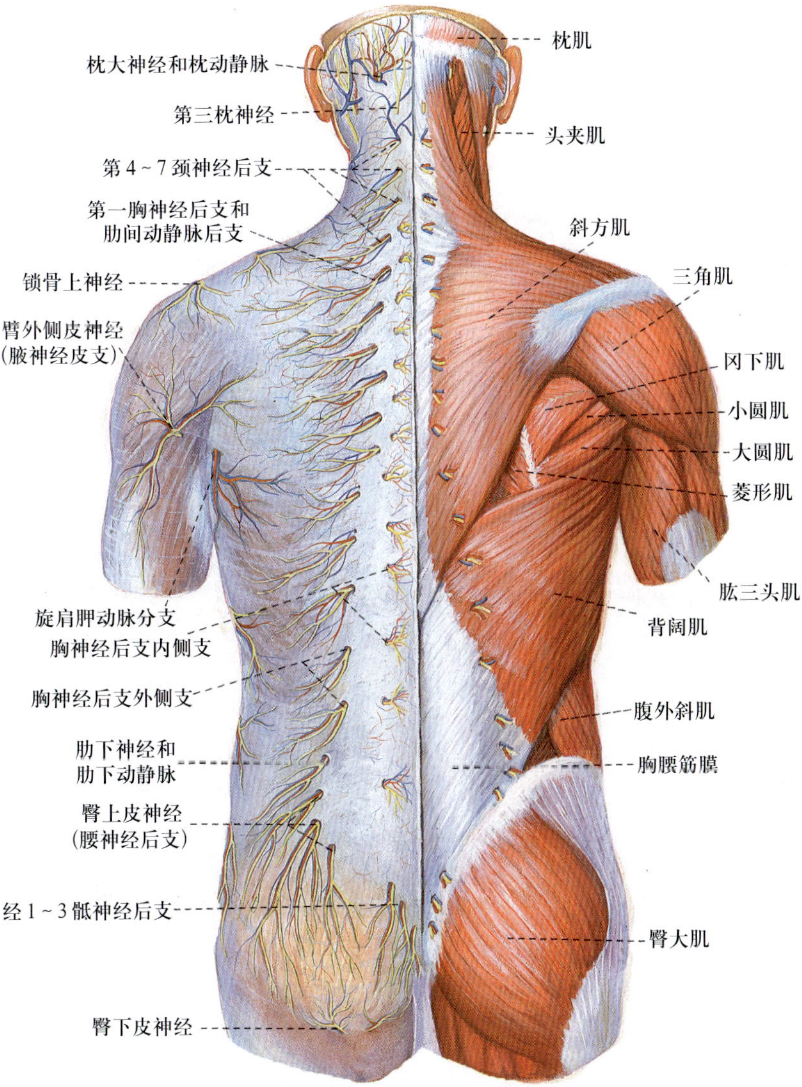

枕大神经和枕动静脉
第三枕神经
第4~7颈神经后支
第一胸神经后支和
肋间动静脉后支
锁骨上神经
臂外侧皮神经
(腋神经皮支)
旋肩胛动脉分支
胸神经后支内侧支
胸神经后支外侧支
肋下神经和
肋下动静脉
臀上皮神经
(腰神经后支)
经1~3骶神经后支
臀下皮神经
枕肌
头夹肌
斜方肌
三角肌
冈下肌
小圆肌
大圆肌
菱形肌
肱三头肌
背阔肌
腹外斜肌
胸腰筋膜
臀大肌

图401 背部局解 浅层

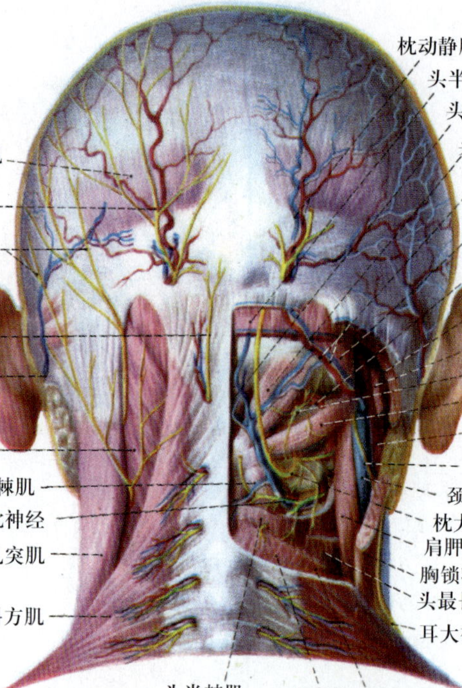

枕动静脉
头半棘肌(切断)
头后小直肌
头后大直肌
枕动静脉
头上斜肌
椎动脉
头夹肌(切断)
头最长肌(切断)
枕下神经
头下斜肌
二腹肌后腹
副神经
颈内静脉
枕大神经
肩胛提肌
胸锁乳突肌
头最长肌(切断)
耳大神经
枕肌
枕大神经
枕小神经
第三枕神经
耳后静脉
头夹肌
颈半棘肌
第三枕神经
胸锁乳突肌
斜方肌
头半棘肌
(切断)
头夹肌
(切断)
颈夹肌
(切断)

图 402 枕部局解

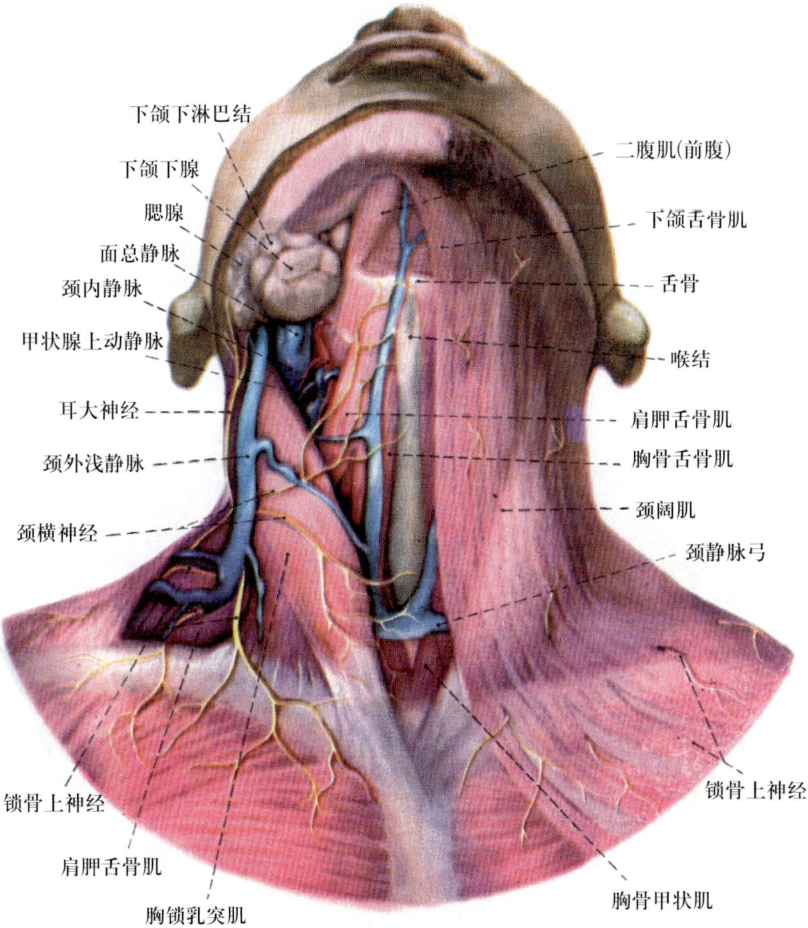

图 403 颈前部局解 浅层

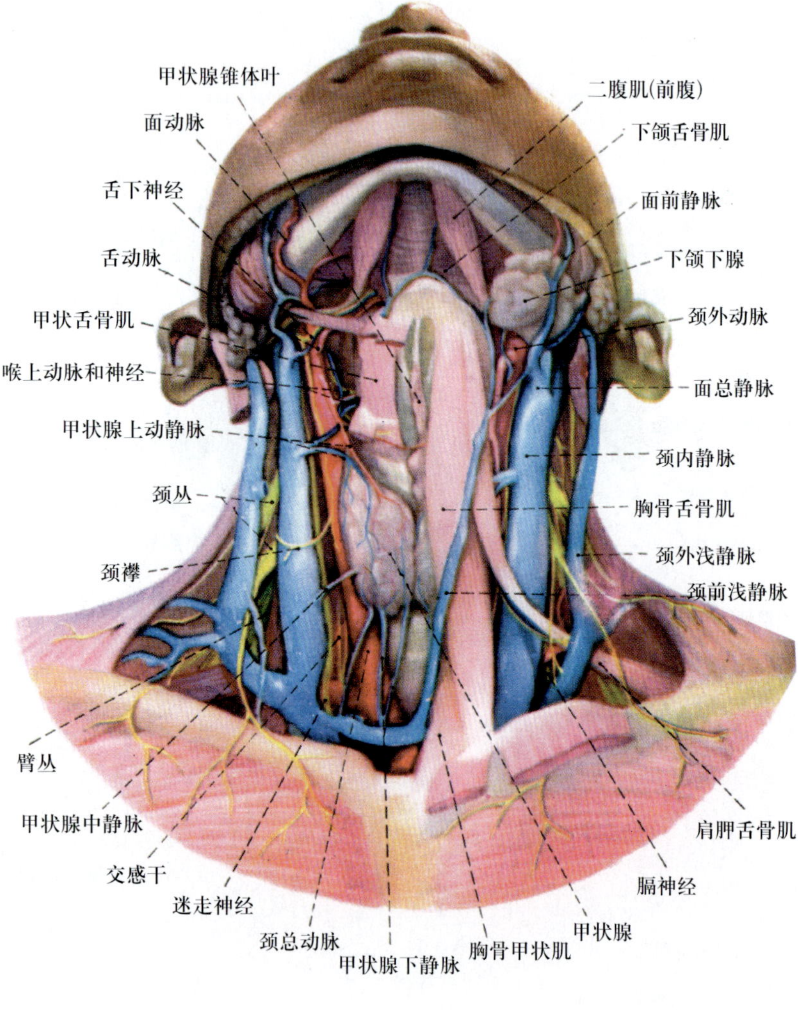

图 404 颈前部局解 深层

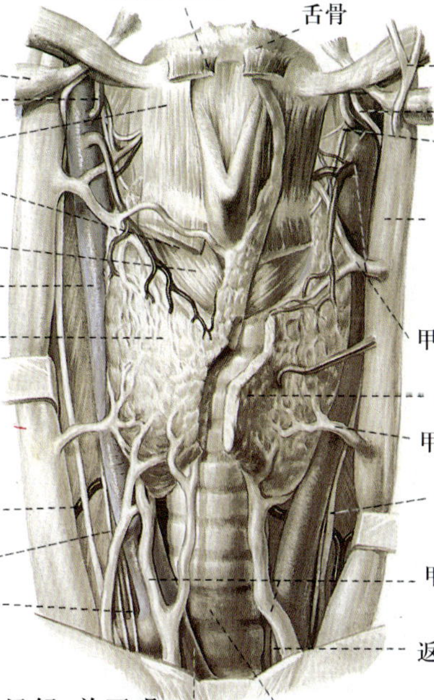

图 405 甲状腺区局解 前面观

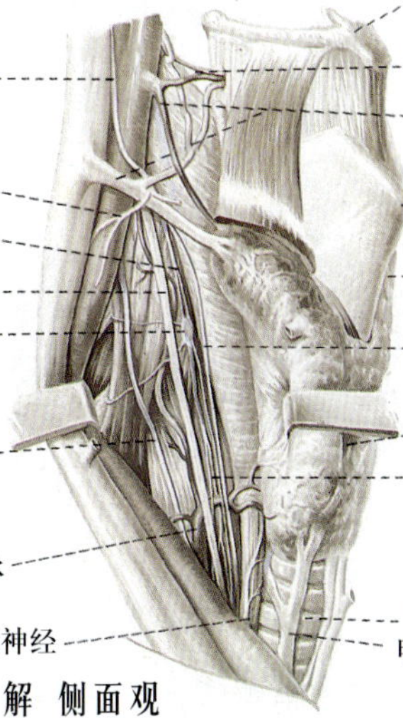

图 406 甲状腺区局解 侧面观

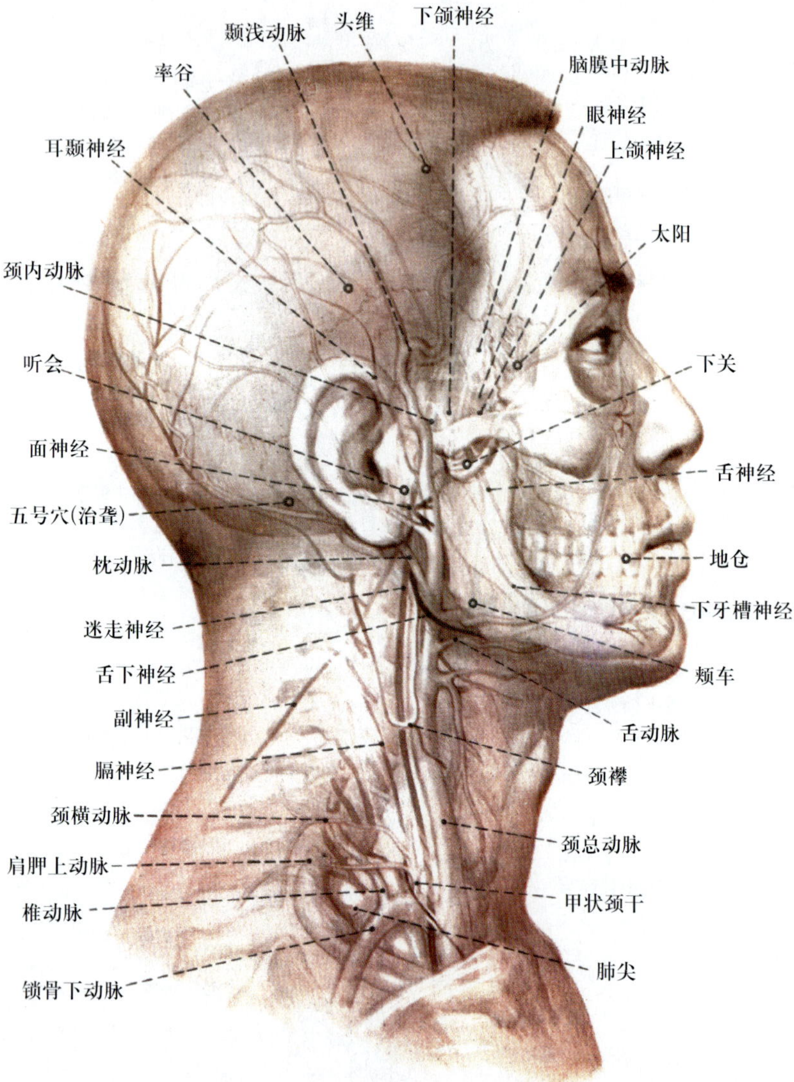

图 407 头颈部的神经血管透视和常用穴位

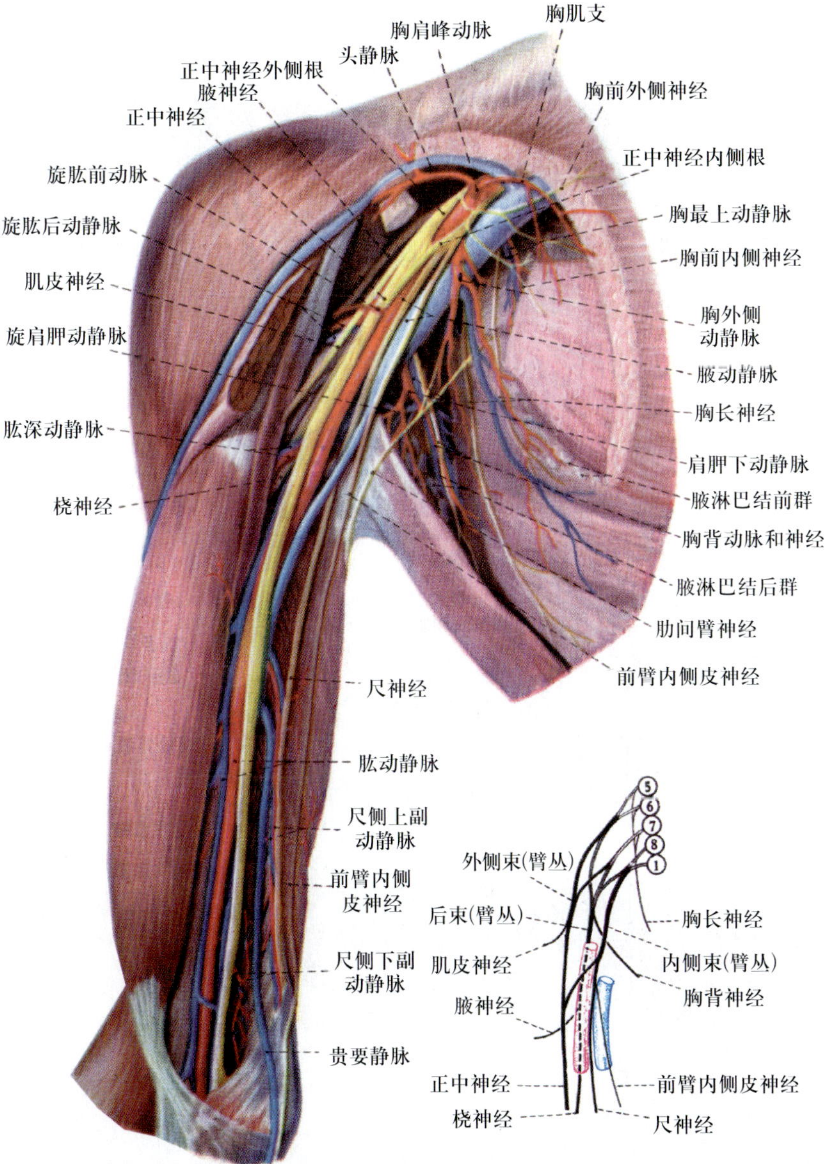

图 408 腋窝和臂部前面局解

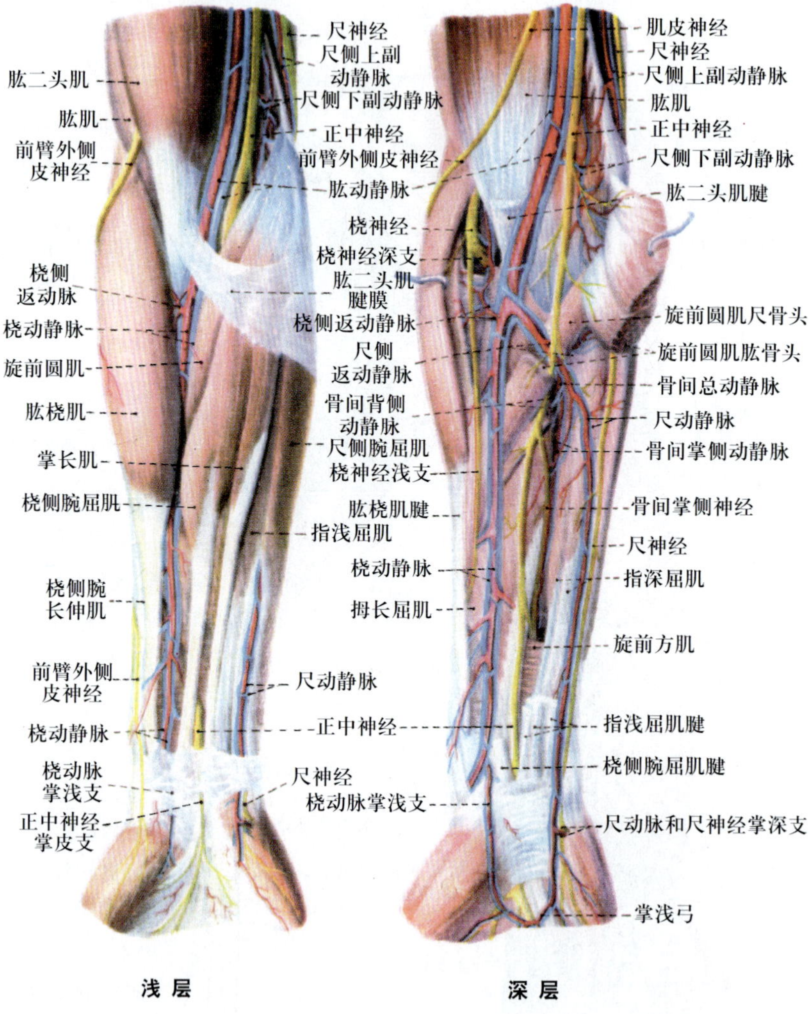
尺神经
尺侧上副
动静脉
肱二头肌
尺侧下副动静脉
肱肌
正中神经
前臂外侧
皮神经
前臂外侧皮神经
肱动静脉
桡侧
返动脉
肱二头肌
腱膜
桡动静脉
旋前圆肌
肱桡肌
掌长肌
尺侧腕屈肌
桡侧腕屈肌
指浅屈肌
桡侧腕
长伸肌
前臂外侧
皮神经
尺动静脉
桡动静脉
正中神经
桡动脉
掌浅支
尺神经
正中神经
掌皮支
浅层
肌皮神经
尺神经
尺侧上副动静脉
肱肌
正中神经
尺侧下副动静脉
肱二头肌腱
桡神经
桡神经深支
桡侧返动静脉
旋前圆肌尺骨头
尺侧
返动静脉
旋前圆肌肱骨头
骨间总动静脉
骨间背侧
动静脉
尺动静脉
骨间掌侧动静脉
桡神经浅支
肱桡肌腱
骨间掌侧神经
尺神经
桡动静脉
指深屈肌
拇长屈肌
旋前方肌
指浅屈肌腱
桡侧腕屈肌腱
桡动脉掌浅支
尺动脉和尺神经掌深支
掌浅弓
深层

图 409 前臂掌面局解

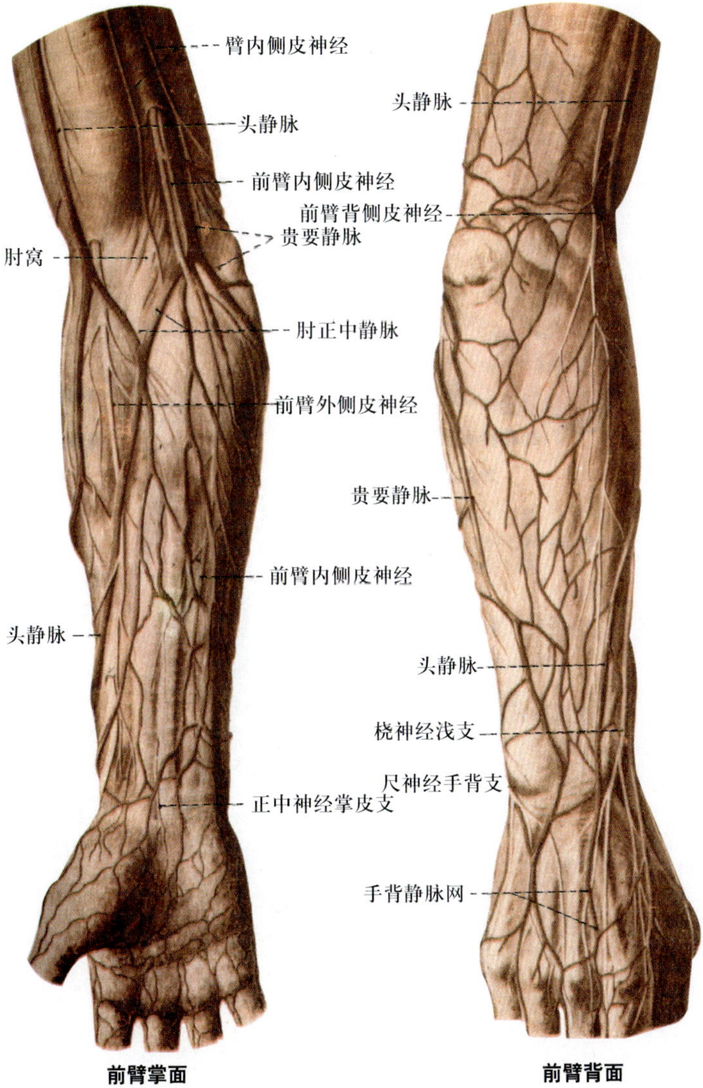

图 410 上肢的皮静脉和皮神经

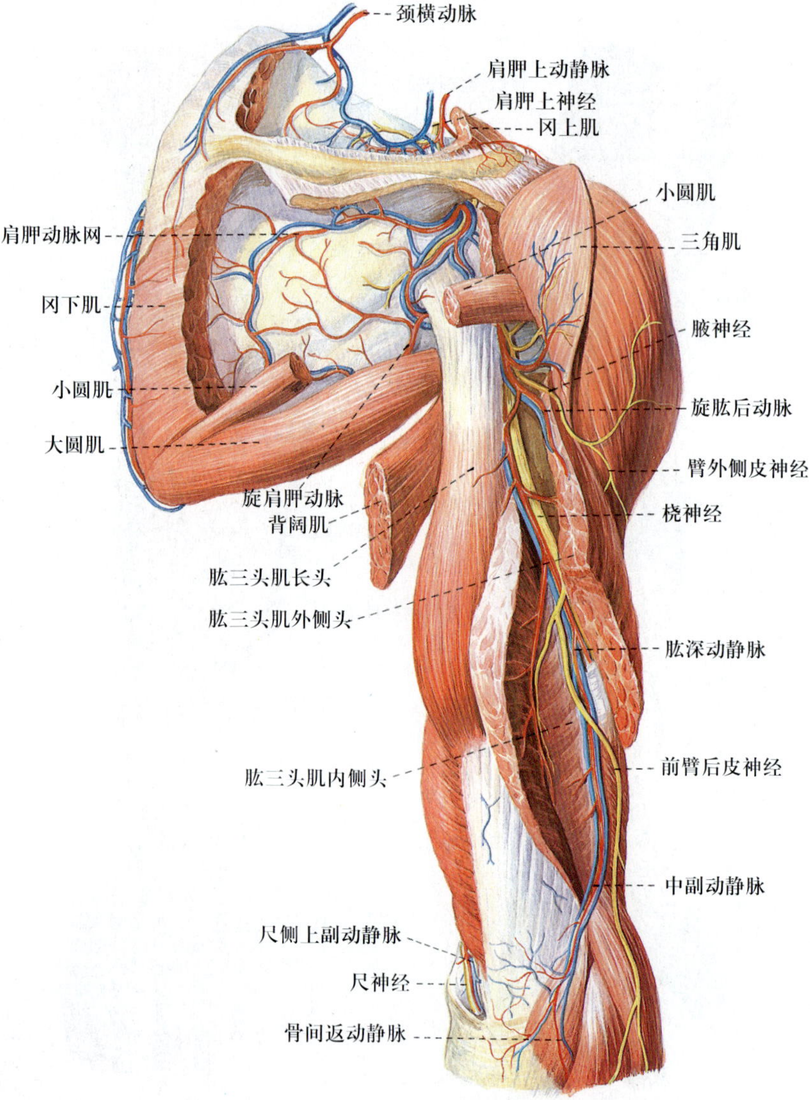

图 411 肩和臂部后面局解

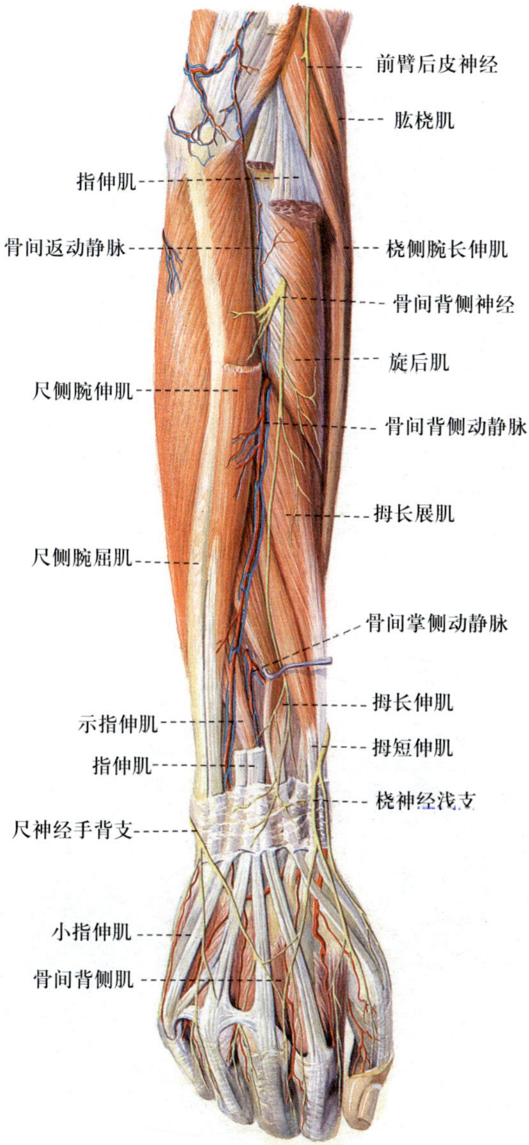
前臂后皮神经
肱桡肌
指伸肌
骨间返动静脉
桡侧腕长伸肌
骨间背侧神经
旋后肌
尺侧腕伸肌
骨间背侧动静脉
拇长展肌
尺侧腕屈肌
骨间掌侧动静脉
拇长伸肌
示指伸肌
拇短伸肌
指伸肌
桡神经浅支
尺神经手背支
小指伸肌
骨间背侧肌

图 412 前臂背面局解

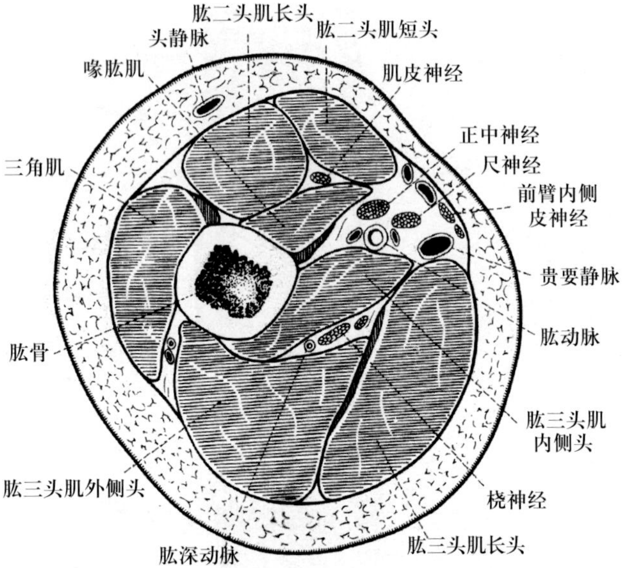

图 413 臂的上中 1/3 处横断面

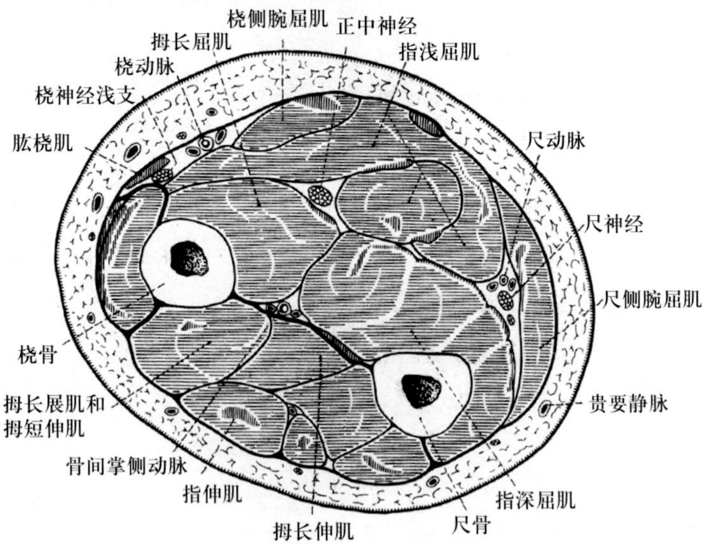

图 414 前臂的下 1/3 处横断面

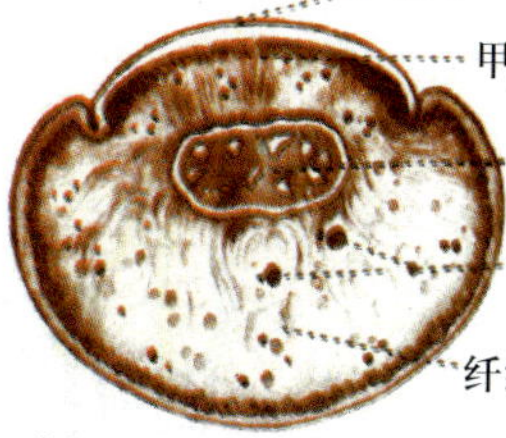

图416 手指末节的横断面

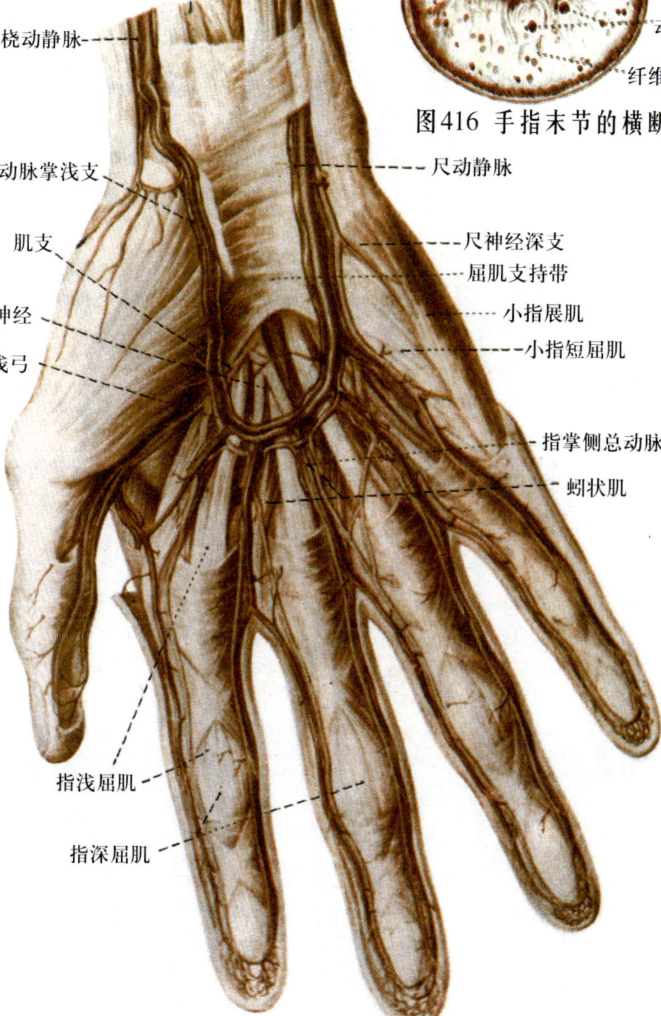

图415 手掌面局解

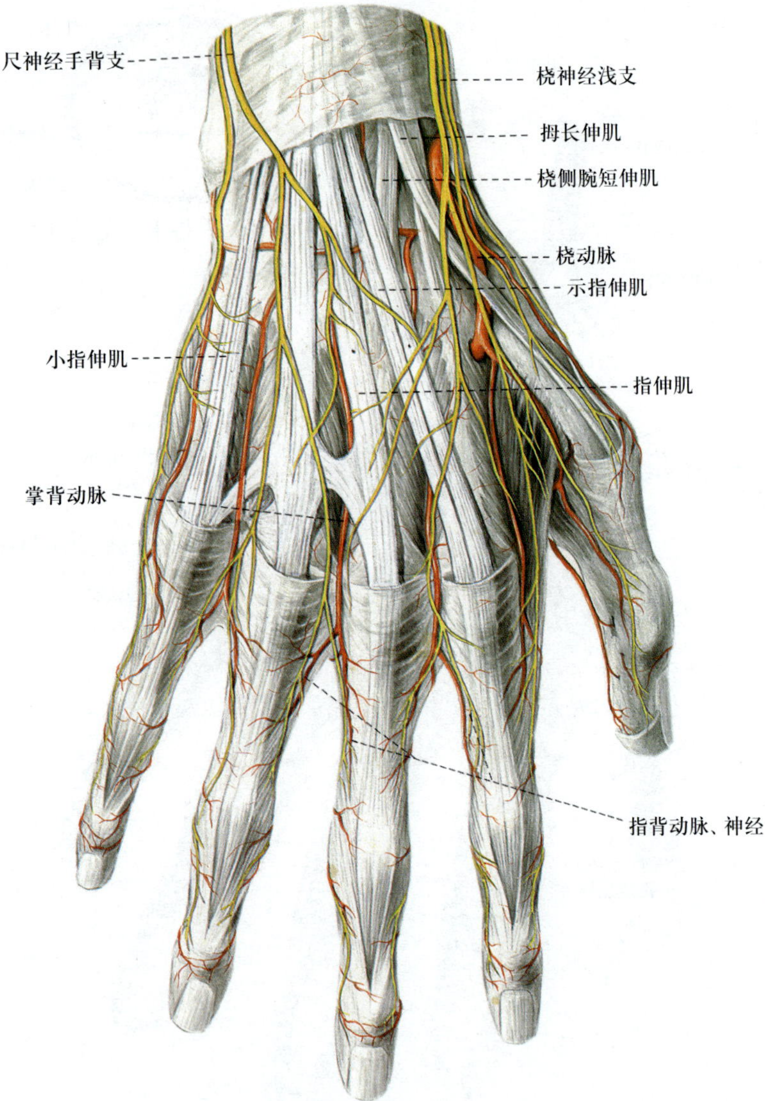

图 417 手背面局解

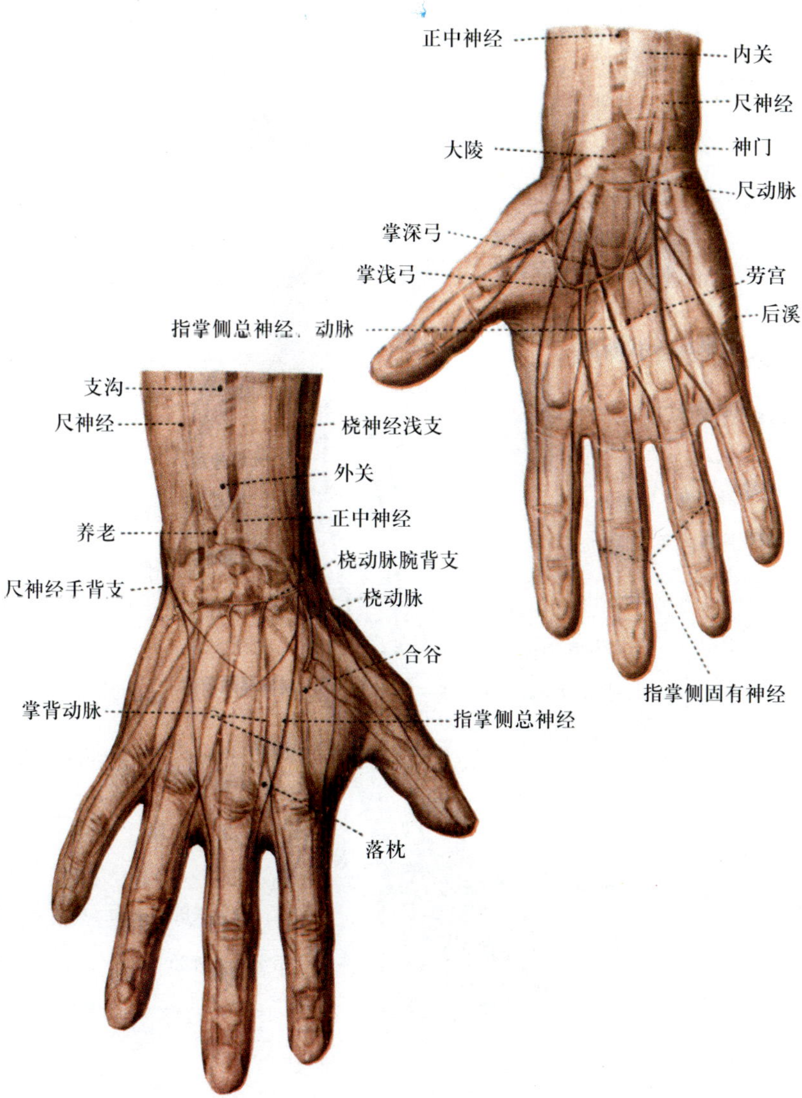

图 418 手的神经血管透视和常用穴位

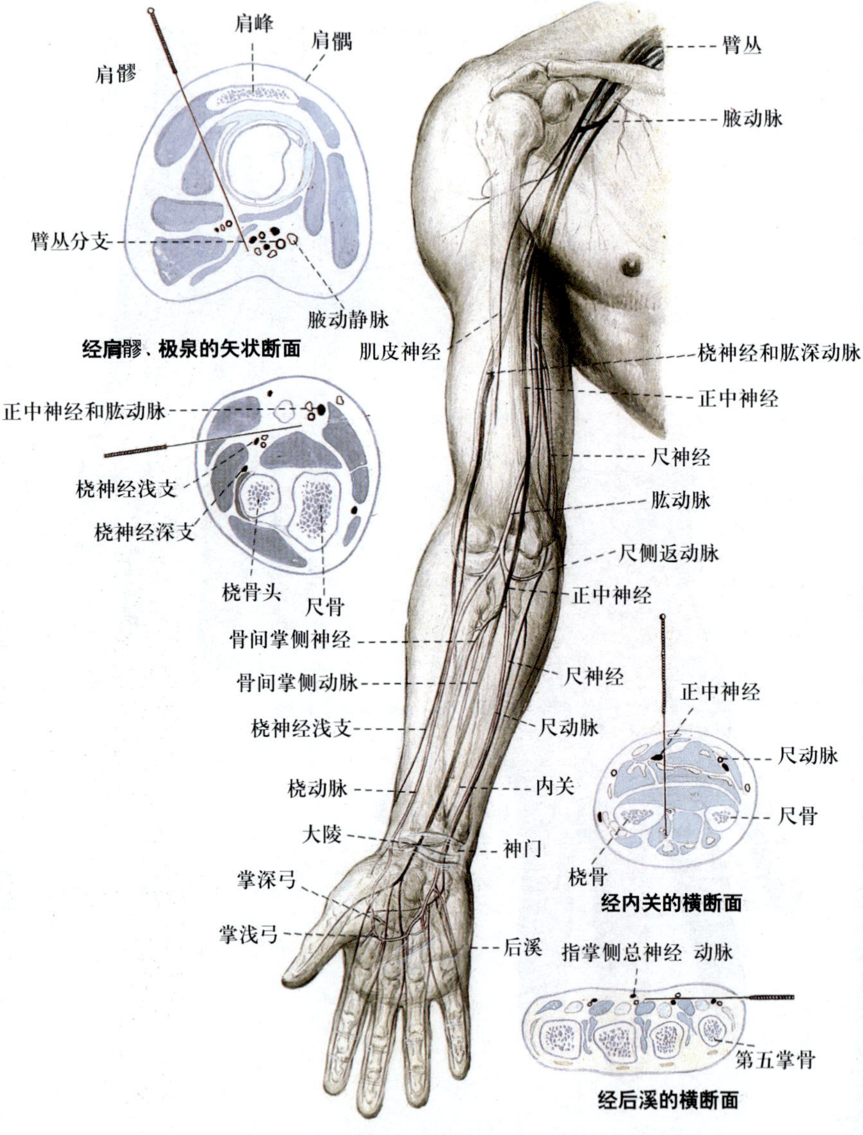

图 419 上肢的神经血管透视和常用穴位 掌面

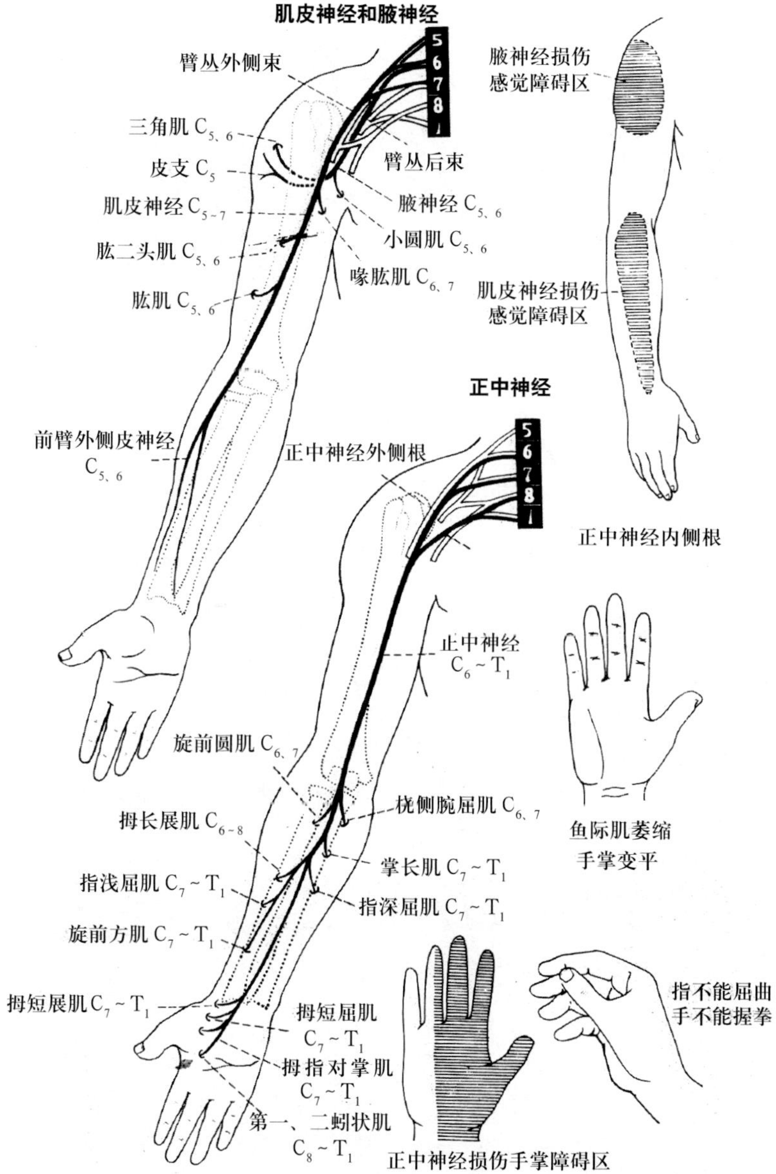

图 420 肌皮神经、腋神经、正中神经的组成、支配区域和损伤体征

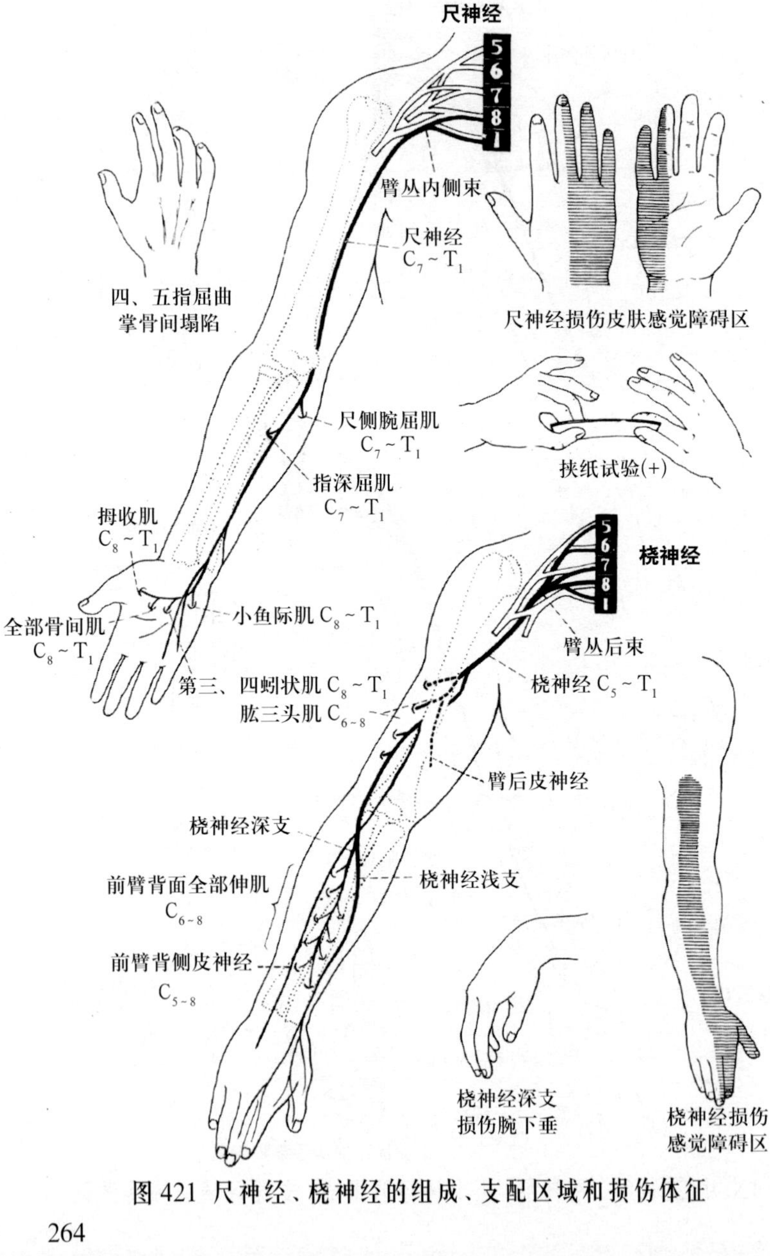

图 421 尺神经、桡神经的组成、支配区域和损伤体征

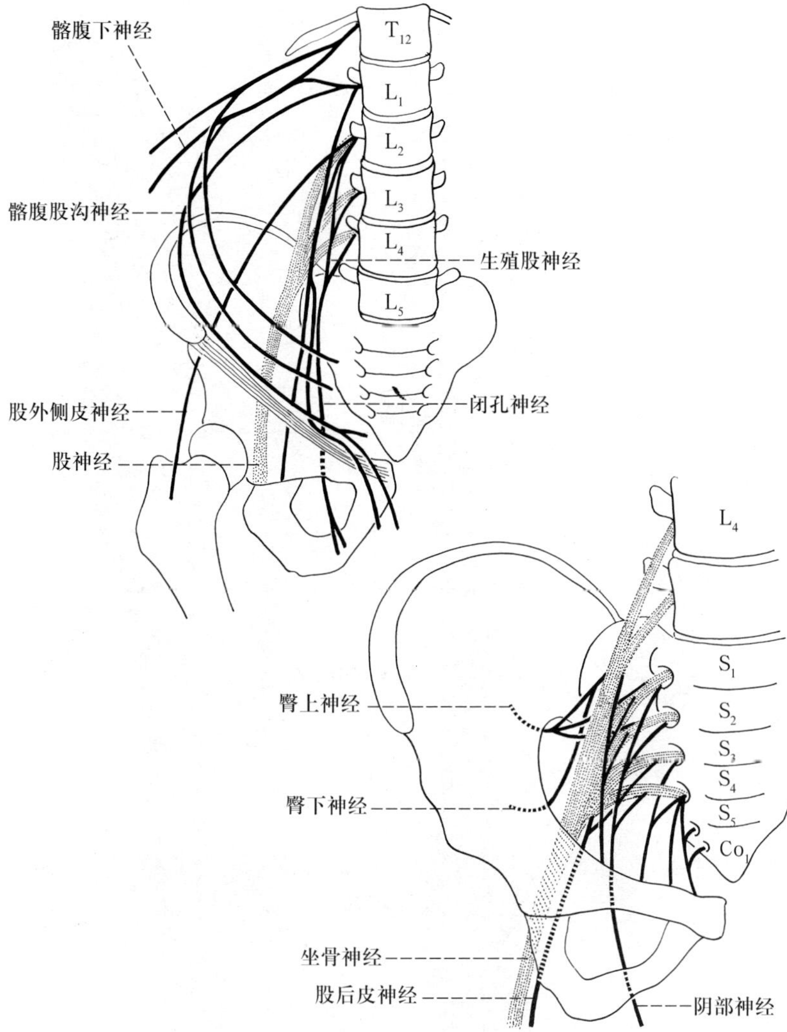
髂腹下神经
T_{12}
L_1
L_2
髂腹股沟神经
L_3
L_4
生殖股神经
L_5
闭孔神经
股外侧皮神经
股神经
L_4
S_1
臀上神经
S_2
S_3
S_4
臀下神经
S_5
Co_1
坐骨神经
股后皮神经
阴部神经

图 422 腰丛和骶丛

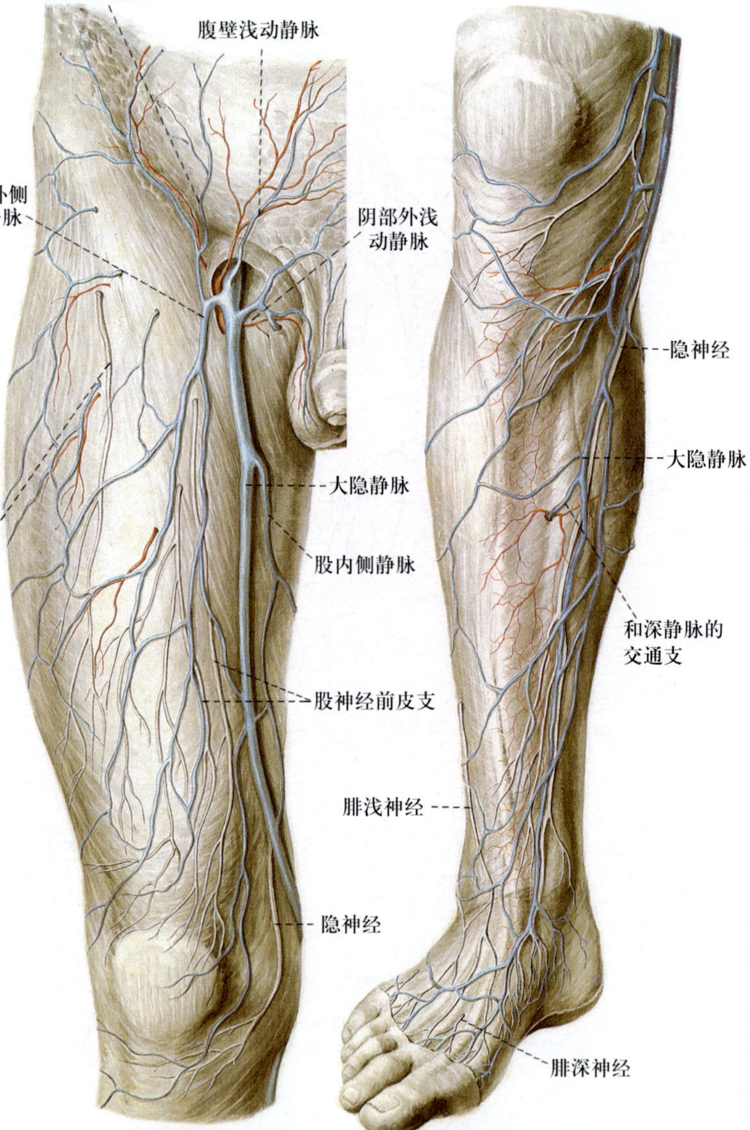

图 423 下肢的皮静脉和皮神经

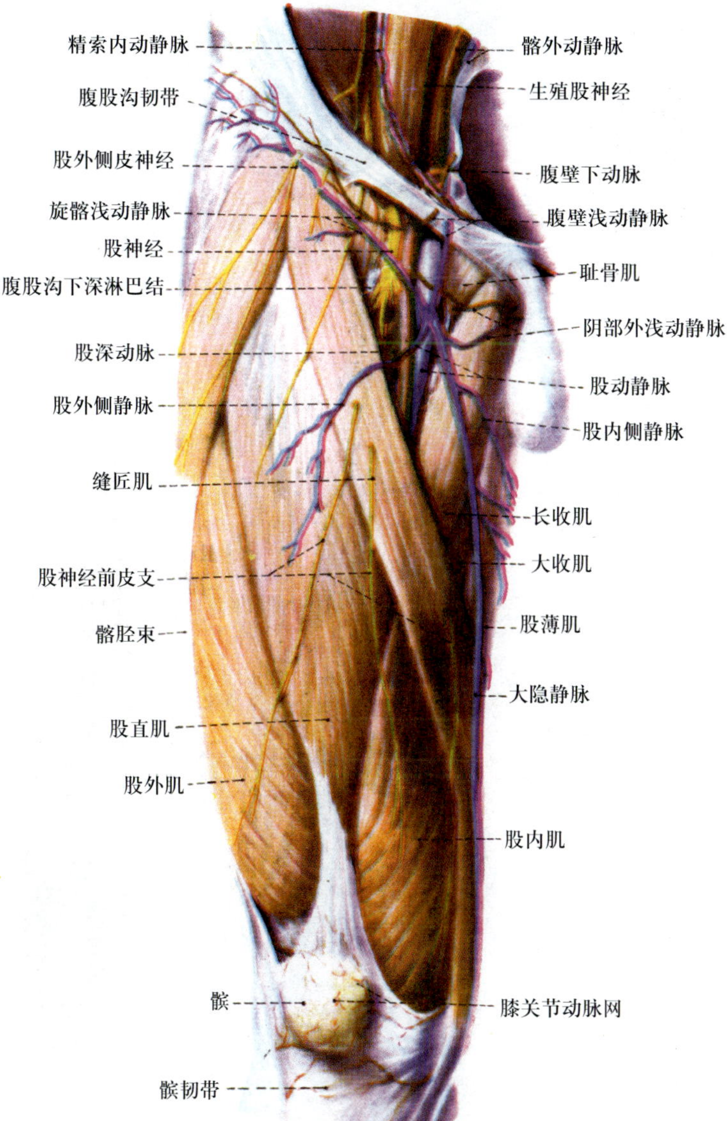

图 424 大腿前面局解 浅层

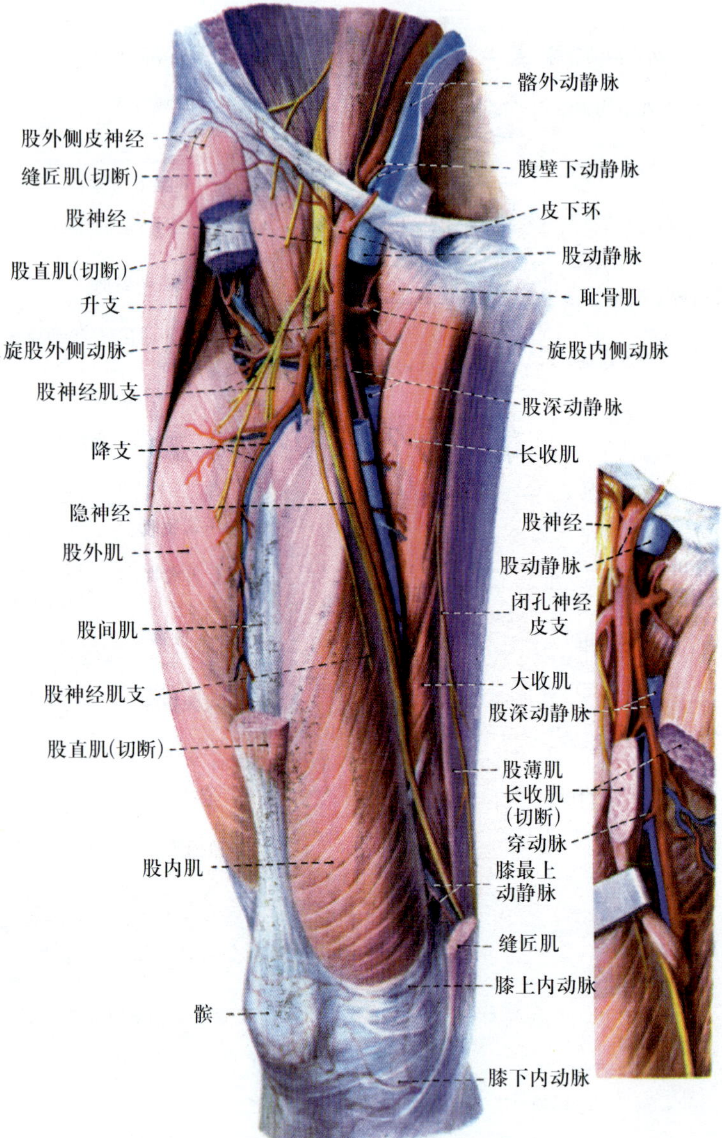

图 425 大腿前面局解 深层

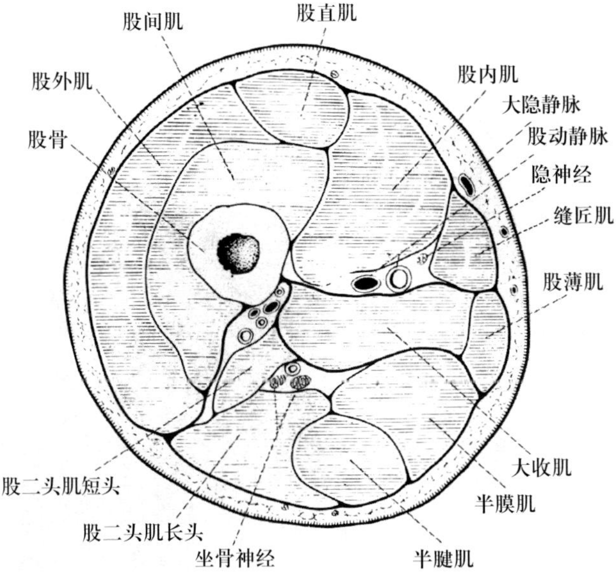

图 426 大腿的中、下 1/3 处横断面

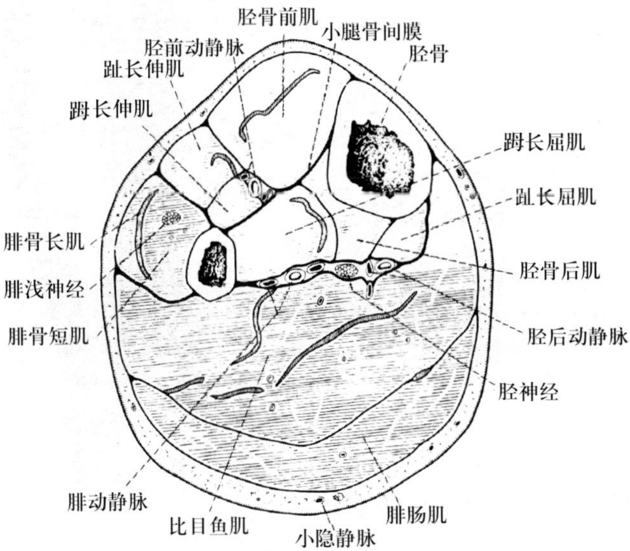

图 427 小腿中高的横断面

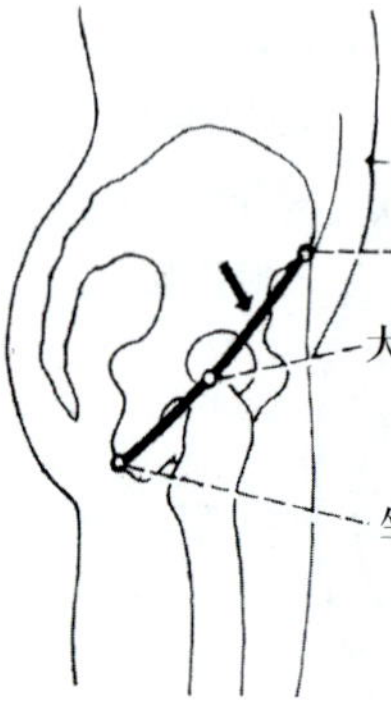

图 428 棘结节间线
(由髂前上棘经大转子尖至坐骨结节)

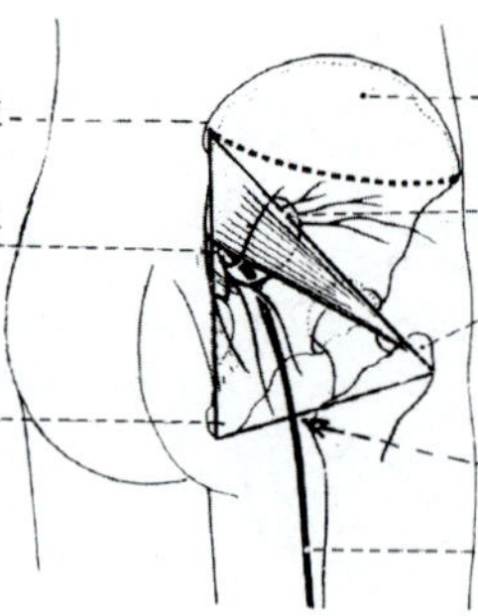

图429 臀部血管和神经的投影

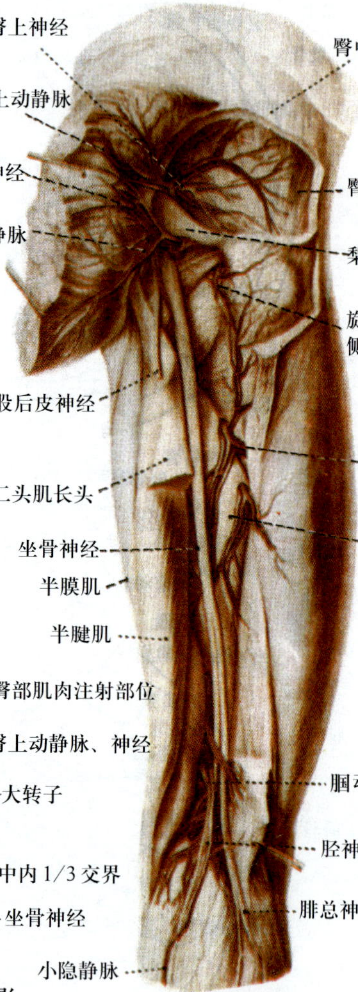

图 430 臀和大腿后面局解

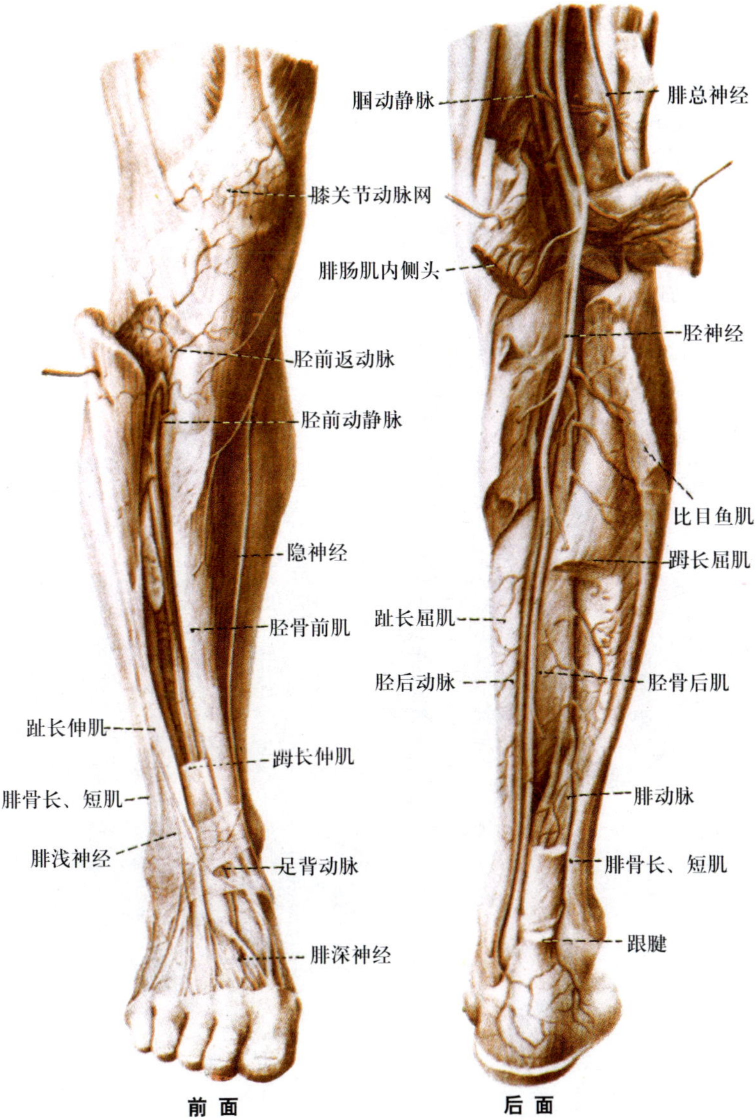
膝关节动脉网
胫前返动脉
胫前动静脉
隐神经
胫骨前肌
趾长伸肌
踇长伸肌
腓骨长、短肌
腓浅神经
足背动脉
腓深神经
前面
腘动静脉
腓总神经
腓肠肌内侧头
胫神经
比目鱼肌
踇长屈肌
趾长屈肌
胫后动脉
胫骨后肌
腓动脉
腓骨长、短肌
跟腱
后面

图 431 小腿局解

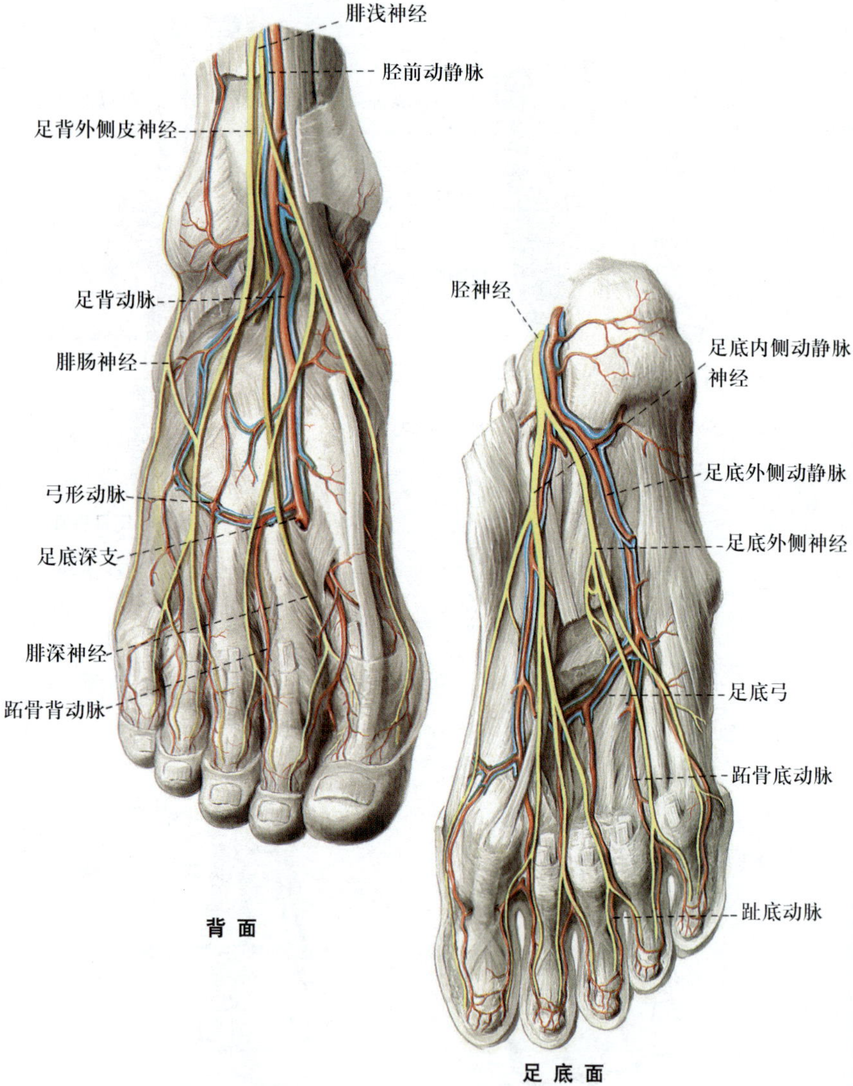
腓浅神经
胫前动静脉
足背外侧皮神经
足背动脉
腓肠神经
弓形动脉
足底深支
腓深神经
跖骨背动脉
背面
胫神经
足底内侧动静脉、
神经
足底外侧动静脉
足底外侧神经
足底弓
跖骨底动脉
趾底动脉
足底面

图 432 足的局解

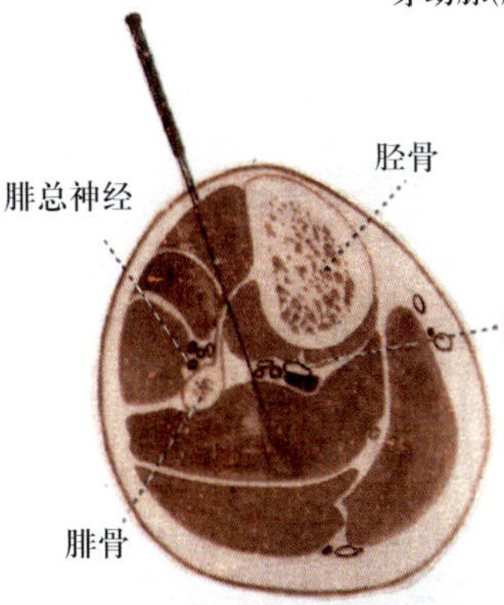

经足三里横断面

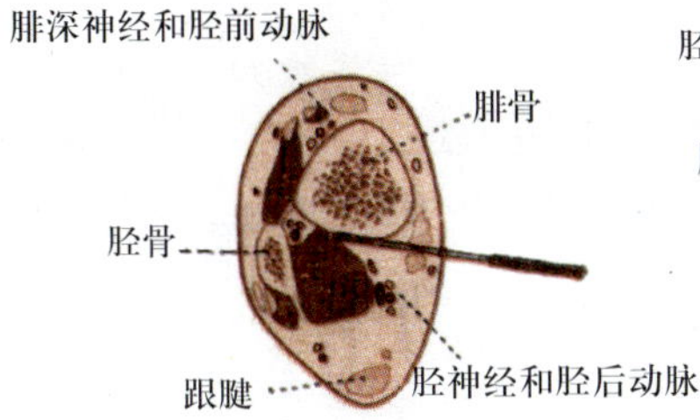

经三阴交横断面

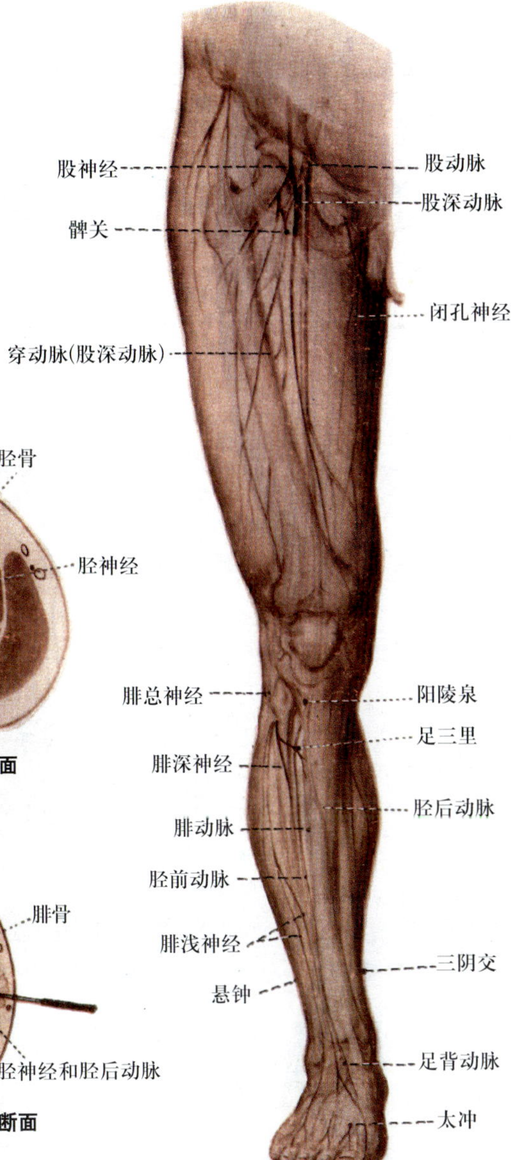

图433 下肢的神经血管透视和常用穴位 前面

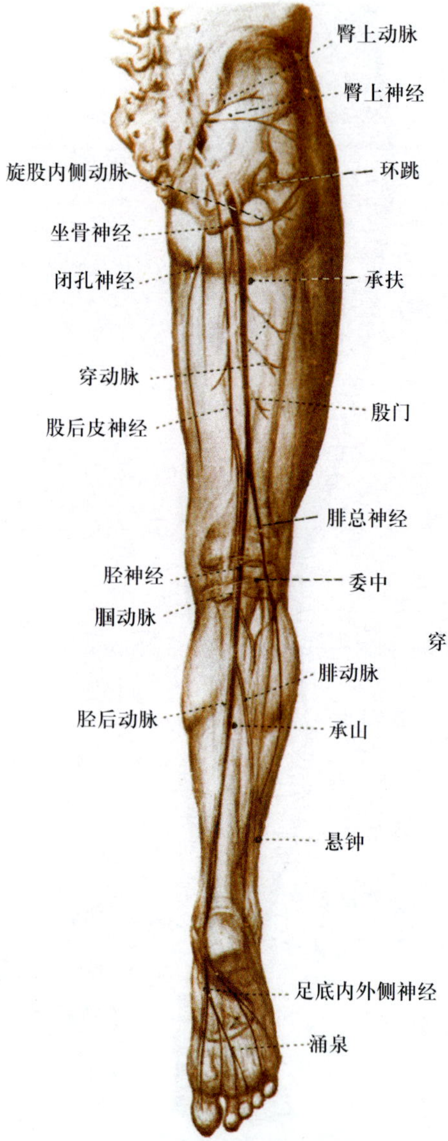

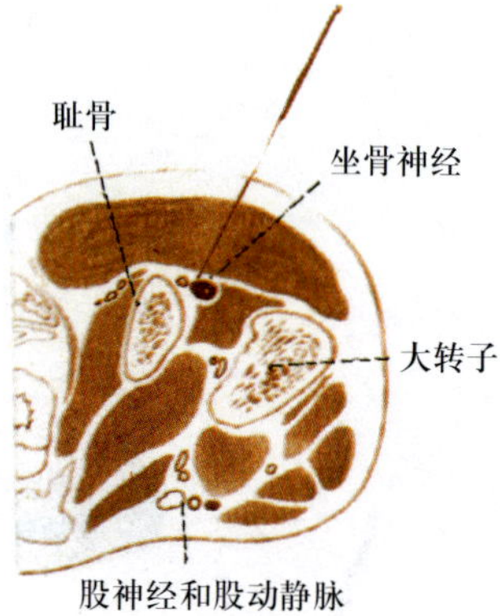

经环跳的横断面

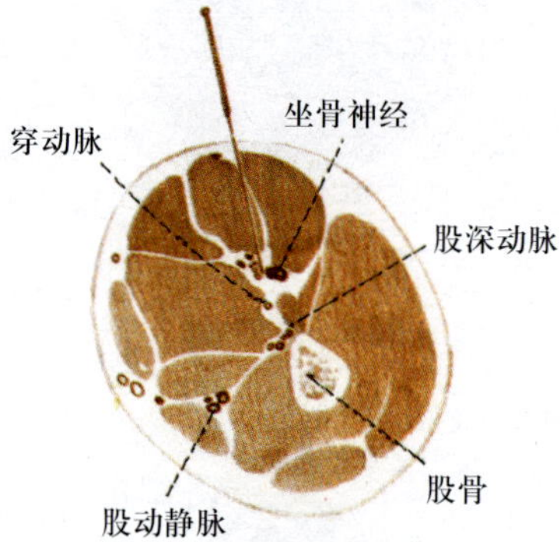

经殷门的横断面

图 434 下肢的神经血管透视和常用穴位 后面

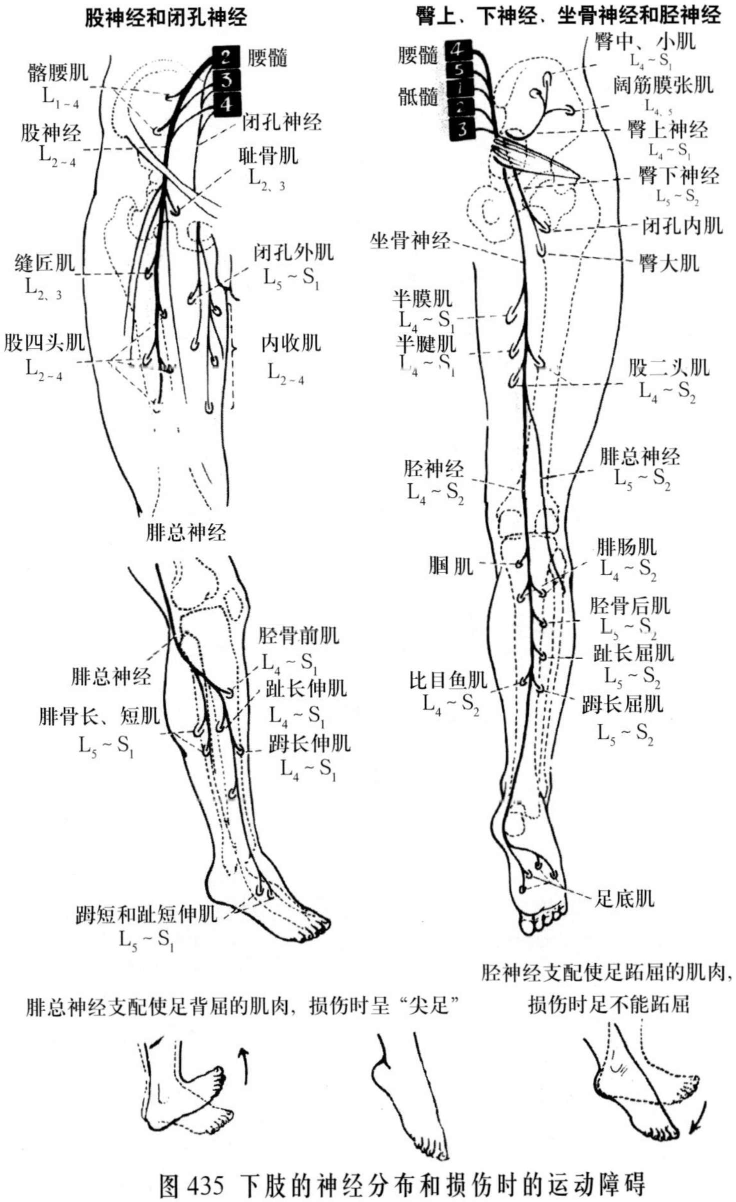

图 435 下肢的神经分布和损伤时的运动障碍

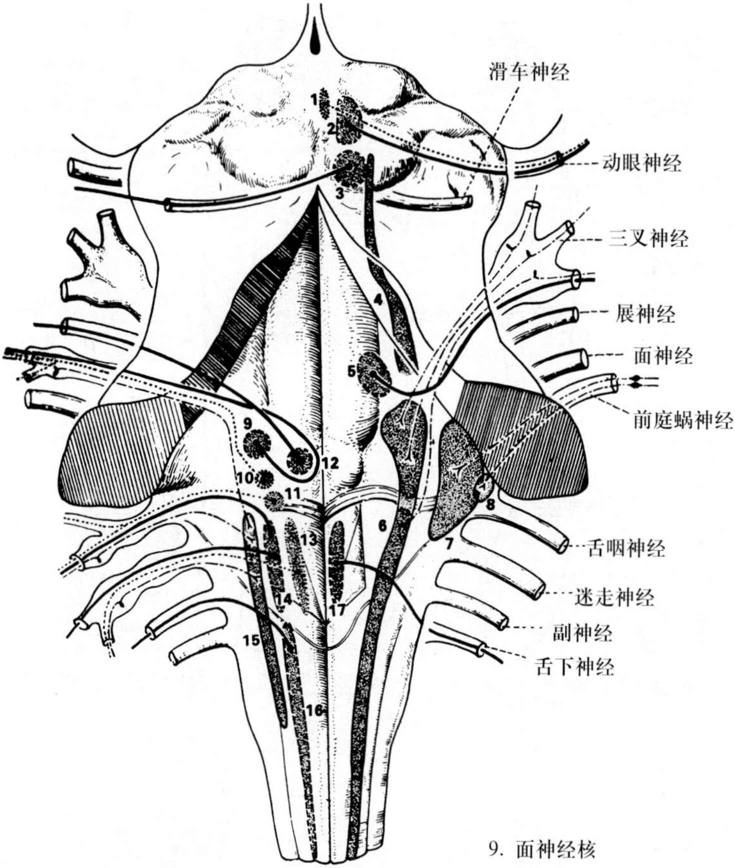

1. 缩瞳核
2. 动眼神经核
3. 滑车神经核
4. 三叉神经中脑核
5. 三叉神经运动核
6. 三叉神经脊束核
7. 前庭神经核
8. 蜗神经核
9. 面神经核
10. 上涎核
11. 下涎核
12. 展神经核
13. 迷走神经背核
14. 疑核
15. 孤束核
16. 副神经核
17. 舌下神经核

图436 脑神经核和脑神经的纤维成分半模式图

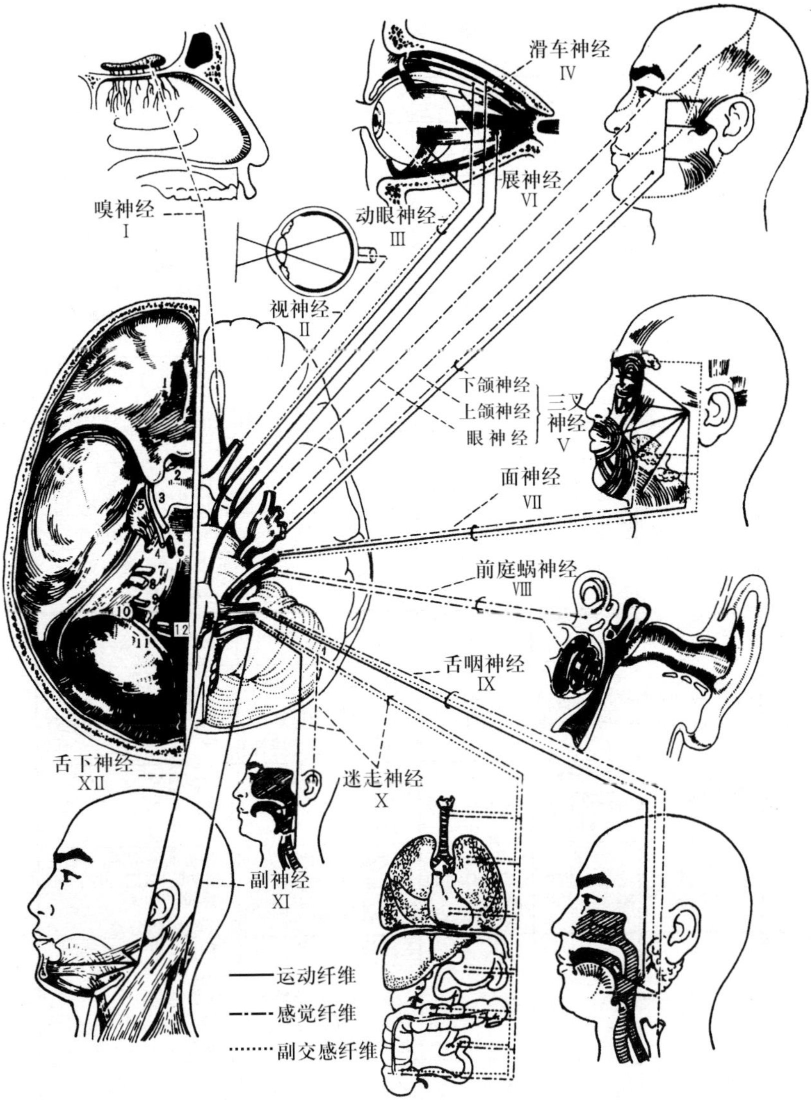
滑车神经
Ⅳ
展神经
Ⅵ
嗅神经
Ⅰ
动眼神经
Ⅲ
视神经
Ⅱ
下颌神经
上颌神经
眼神经
三叉
神经
Ⅴ
面神经
Ⅶ
前庭蜗神经
Ⅷ
舌咽神经
Ⅸ
舌下神经
Ⅻ
迷走神经
Ⅹ
副神经
Ⅺ
运动纤维
感觉纤维
副交感纤维

图 437 脑神经概观

脑神经概观

名称	出脑部位	出颅部位	组成各核	分布区域和功能
嗅神经(Ⅰ)	端脑嗅球	颅前窝筛孔		上鼻甲和对应鼻中隔区
视神经(Ⅱ)	间脑	视神经孔		眼球视网膜
动眼神经(Ⅲ)	中脑脚间窝	眶上裂	1.动眼神经核(运动性) 2.缩瞳核(副交感性)	1.支配上、下、内直肌、下斜肌和上睑提肌运动眼球,提上睑 2.支配瞳孔括约肌和睫状肌,缩小瞳孔
滑车神经(Ⅳ)	中脑下丘下方	眶上裂	滑车神经核(运动性)	支配上斜肌,使眼球转向下外
三叉神经(Ⅴ) 眼神经(第一支)	脑桥与桥臂交界外前方	眶上裂	三叉神经感觉核和脊束核(感觉性)	额部、角膜、结膜等处感觉
三叉神经(Ⅴ) 上颌神经(第二支)		圆孔	同上	眼、口之间的皮肤、鼻腔、腭和上牙、牙龈的感觉
三叉神经(Ⅴ) 下颌神经(第三支)		卵圆孔	1.三叉神经感觉核和脊束核(感觉性) 2.三叉神经运动核(运动性)	1.口以下和耳前皮肤、舌、下牙和牙龈的感觉 2.咀嚼肌运动
展神经(Ⅵ)	脑桥和延髓锥体间	眶上裂	展神经核(运动性)	支配外直肌运动
面神经(Ⅶ)	脑桥与桥臂交界处下缘	内耳门	1.面神经核(运动性) 2.孤束核(感觉性) 3.上涎核(副交感性)	1.支配表情肌运动 2.舌前 2/3 味觉 3.支配泪腺、下颌下腺及舌下腺分泌
前庭蜗神经(Ⅷ)	脑桥与桥臂交界处下缘,面神经外方	内耳门	1.蜗神经核(感觉性) 2前庭神经核(感觉性)	1.管理听觉 2.管理平衡觉
舌咽神经(Ⅸ)	延髓后外侧沟	颈静脉孔前份	1.疑核(运动性) 2.孤束核(感觉性) 3.下涎核(副交感性)	1.支配茎突咽肌, 提咽 2.颈动脉体、腭、舌后 1/3 感觉 3.支配腮腺分泌
迷走神经(Ⅹ)	同上	同上	1.疑核(运动性) 2.孤束核(感觉性) 3.迷走神经背核(副交感性)	1.支配腭肌、喉肌、咽肌运动 2.内脏感觉 3.支配内脏、血管运动和腺分泌
副神经(Ⅺ)	同上	同上	副神经核(运动性)	支配胸锁乳突肌和斜方肌运动
舌下神经(Ⅻ)	延髓前外侧沟	舌下神经管	舌下神经核(运动性)	支配舌内、外肌运动

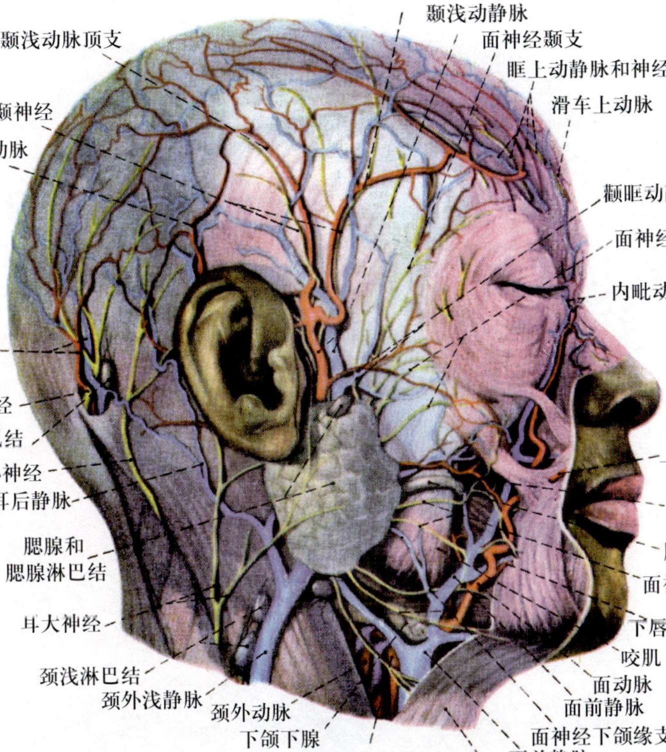

图 438 脑神经分布 外面观(一)

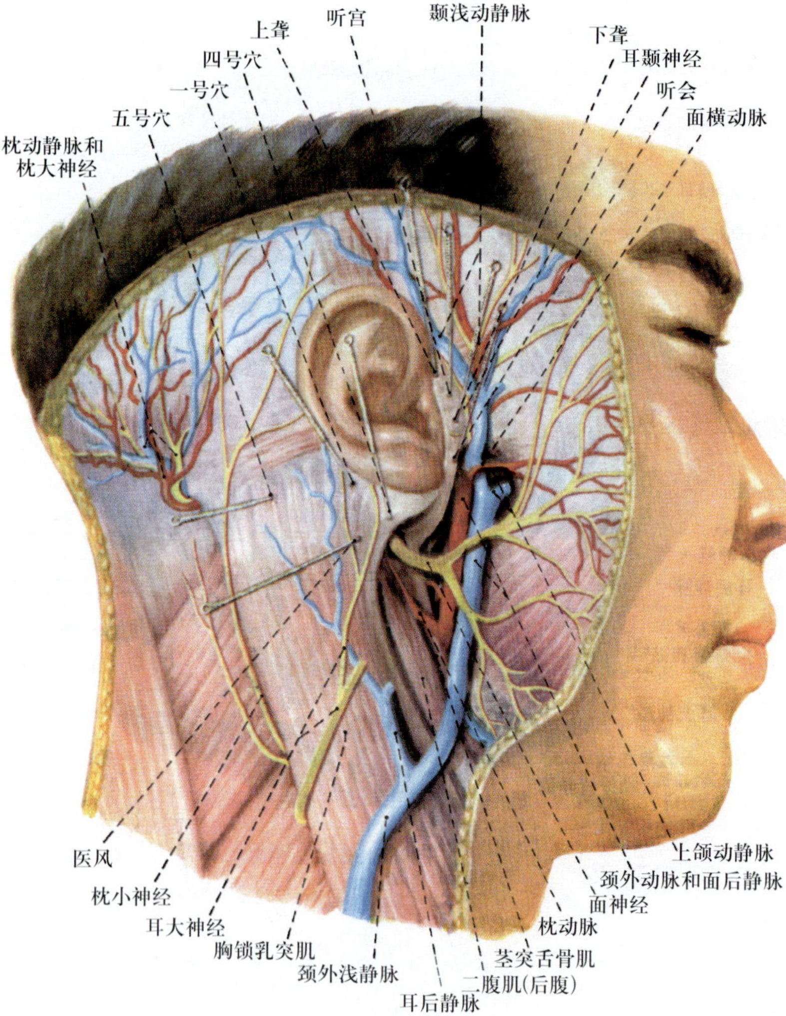

图 439 耳周围常用治聋穴局解

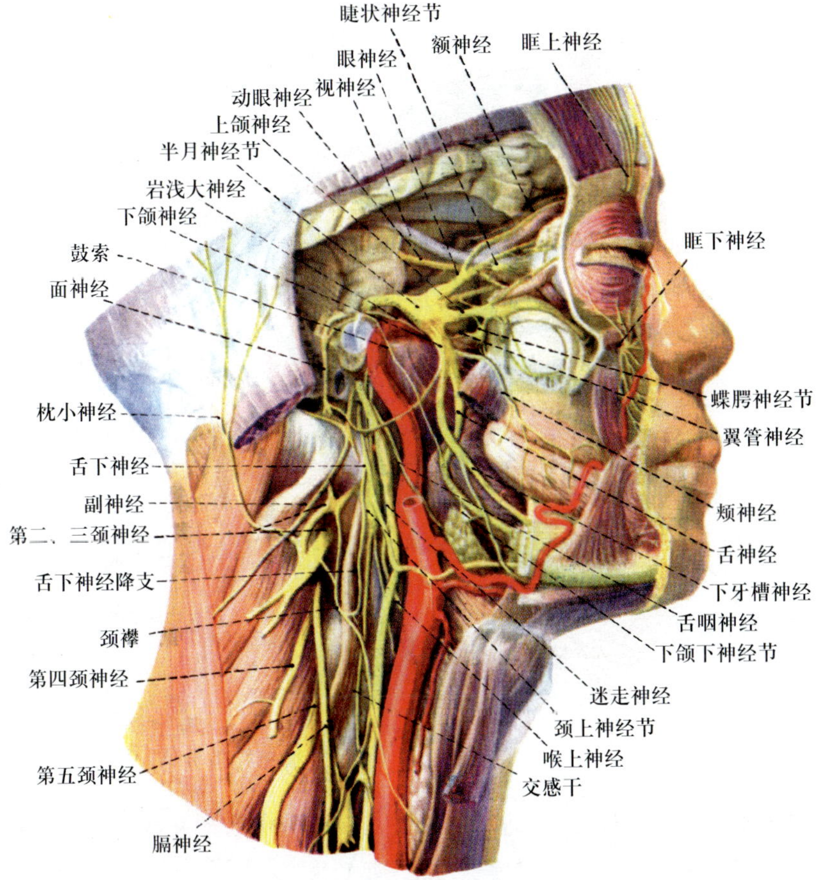

图 440 脑神经分布 外面观(二)

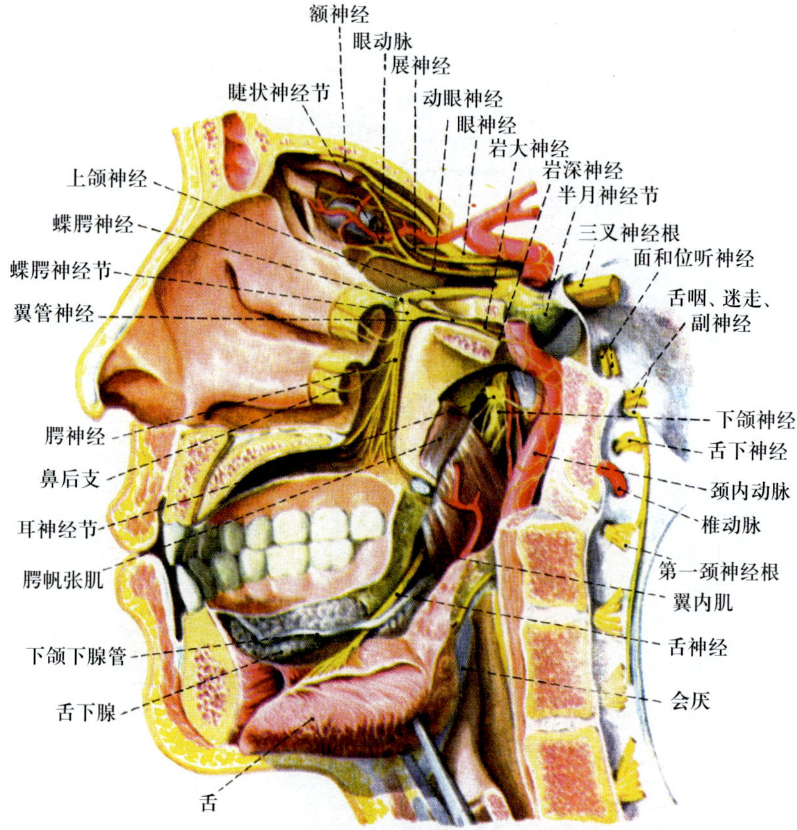

图 441 脑神经的分布 内面观

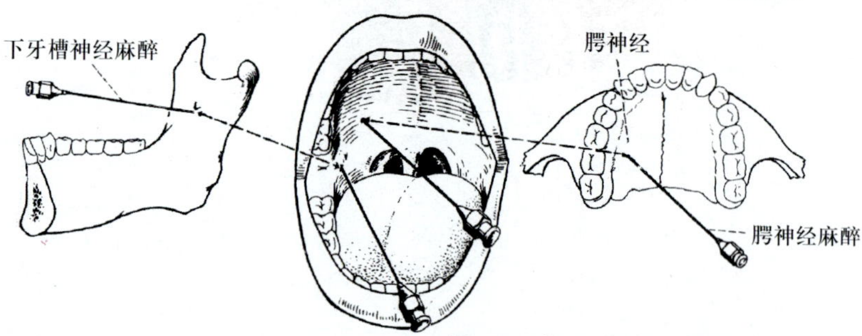

图 442 拔牙麻醉示意图

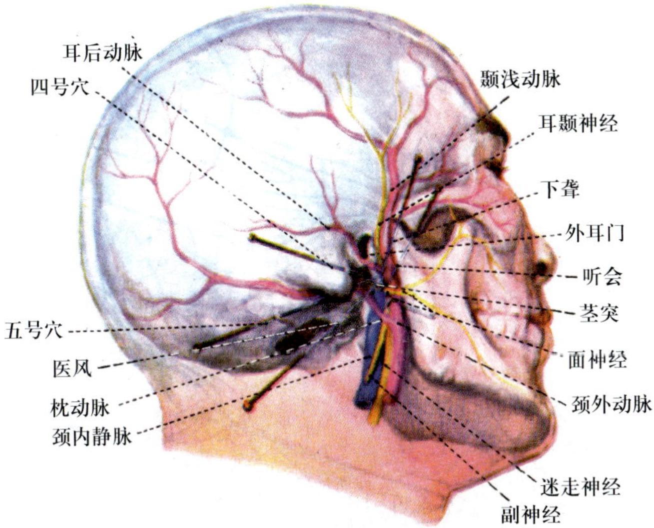

图 443 耳周围常用治聋穴深部结构透视

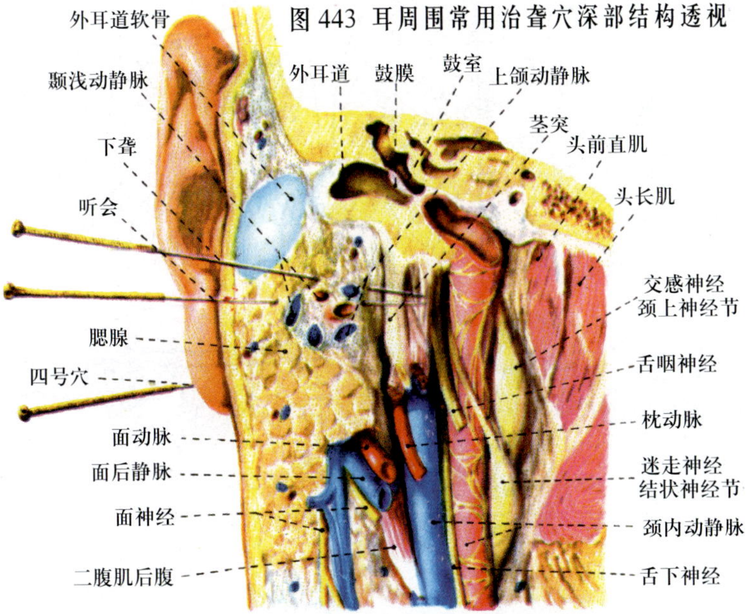

图 444 耳周围常用治聋穴局解 额面断

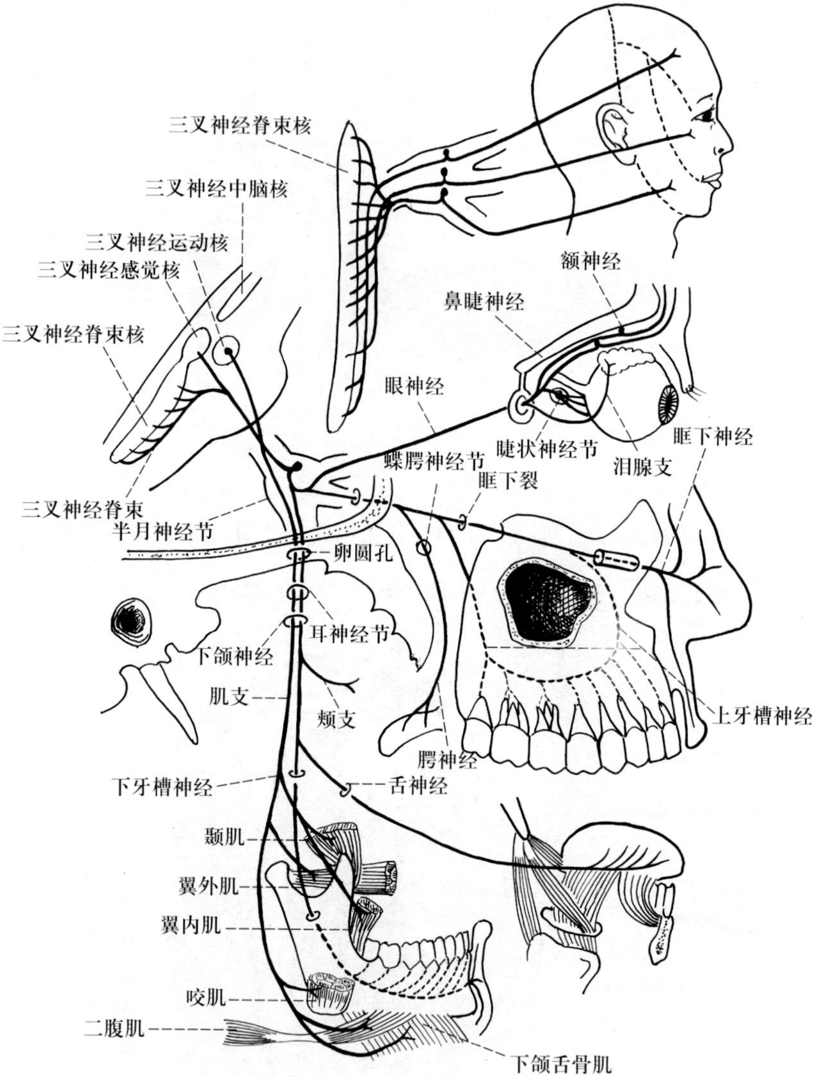

图 445 三叉神经的纤维成分和分布

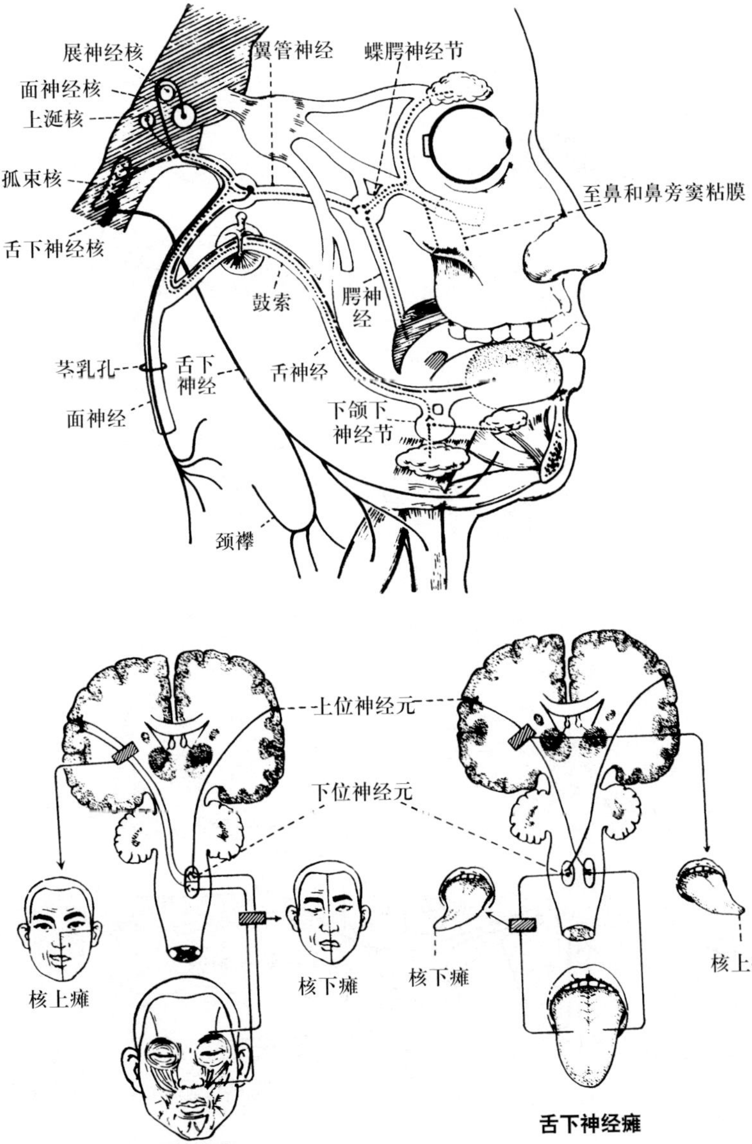

图 446 面神经和舌下神经的纤维成分和分布

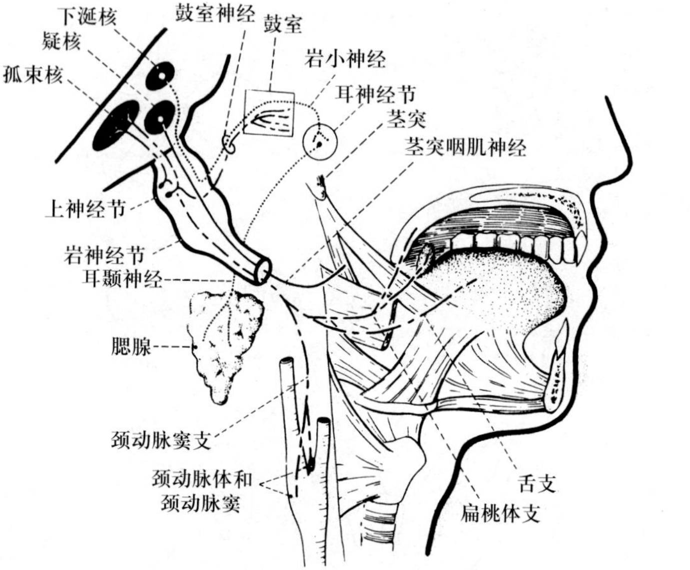

图 447 舌咽神经的纤维成分和分布

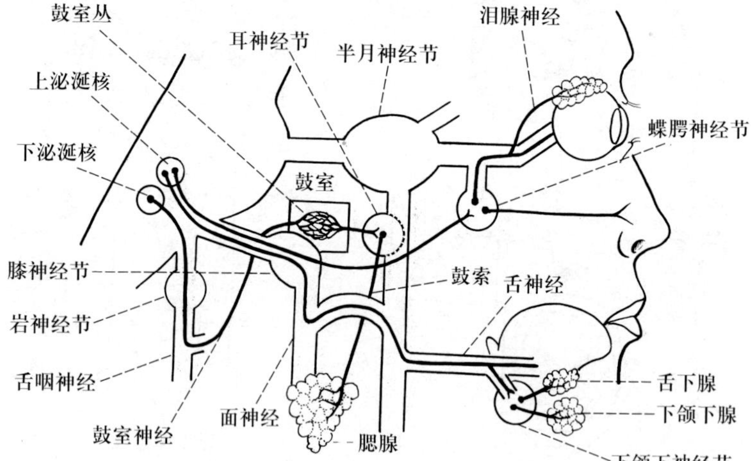

图 448 头部腺体的副交感神经支配

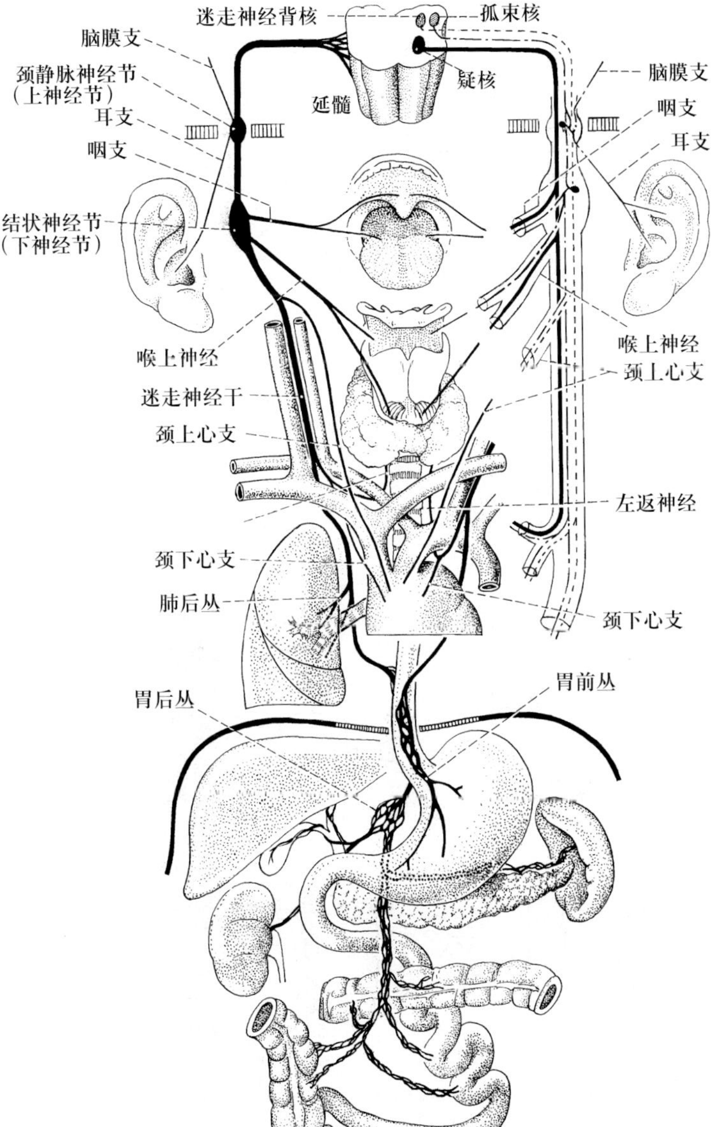

图 449 迷走神经的纤维成分和分布

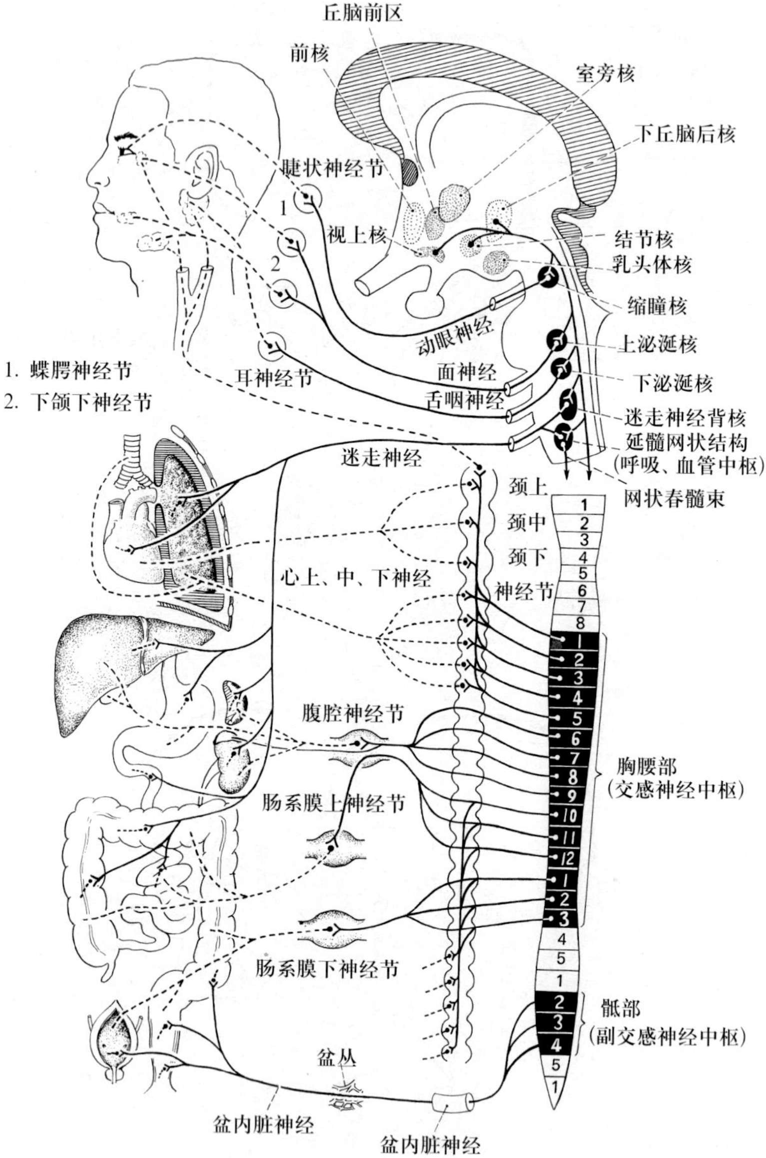

图 450 自主神经系概观

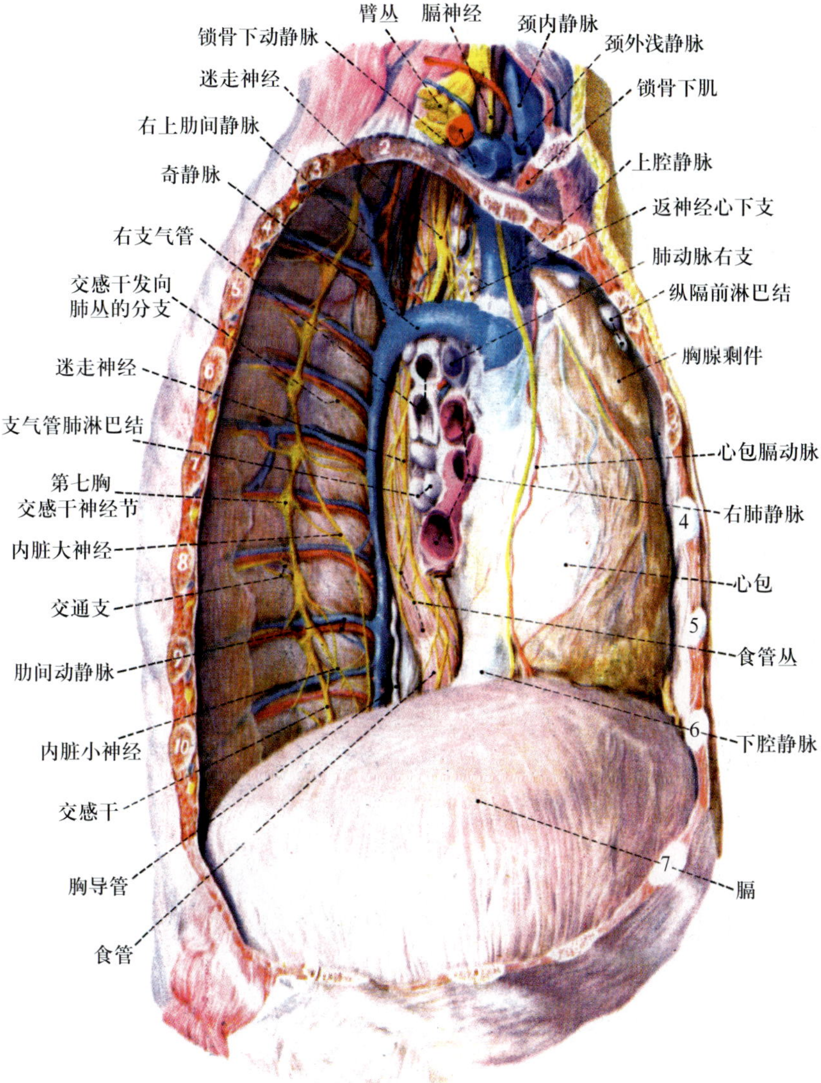

图451 纵隔及交感干、交感节 右面观

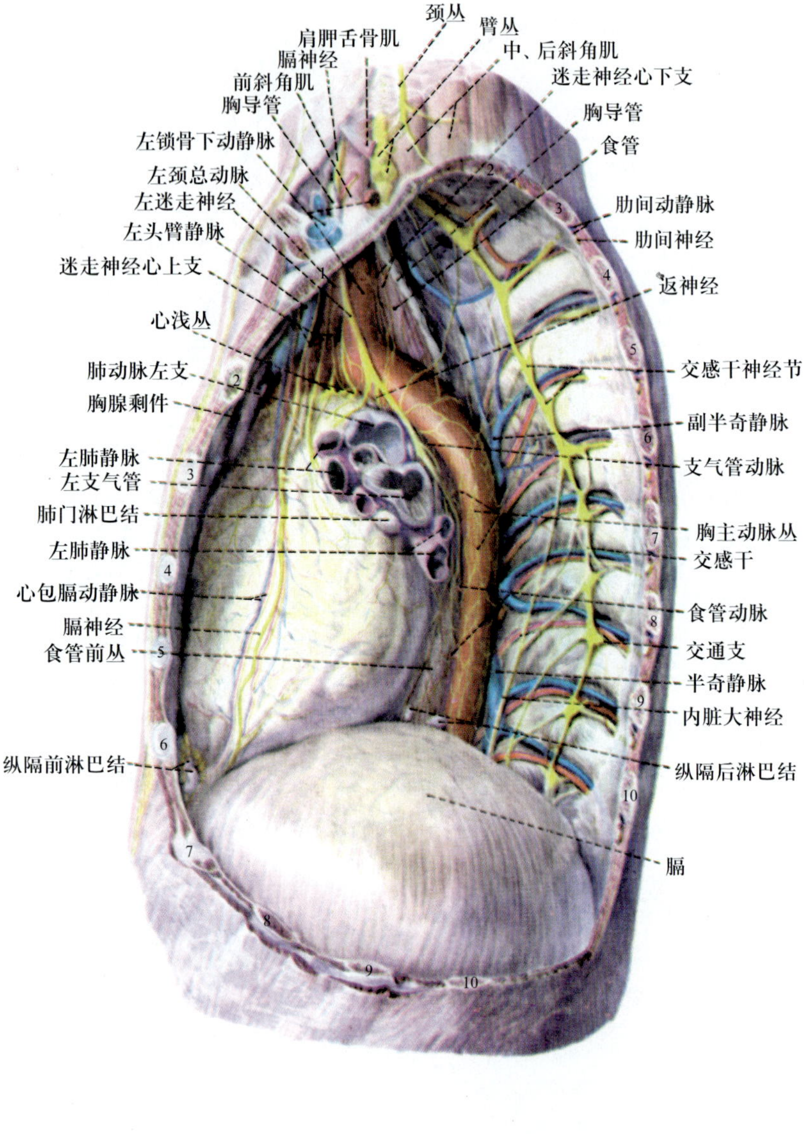

图 452 纵隔及交感干、交感节 左面观

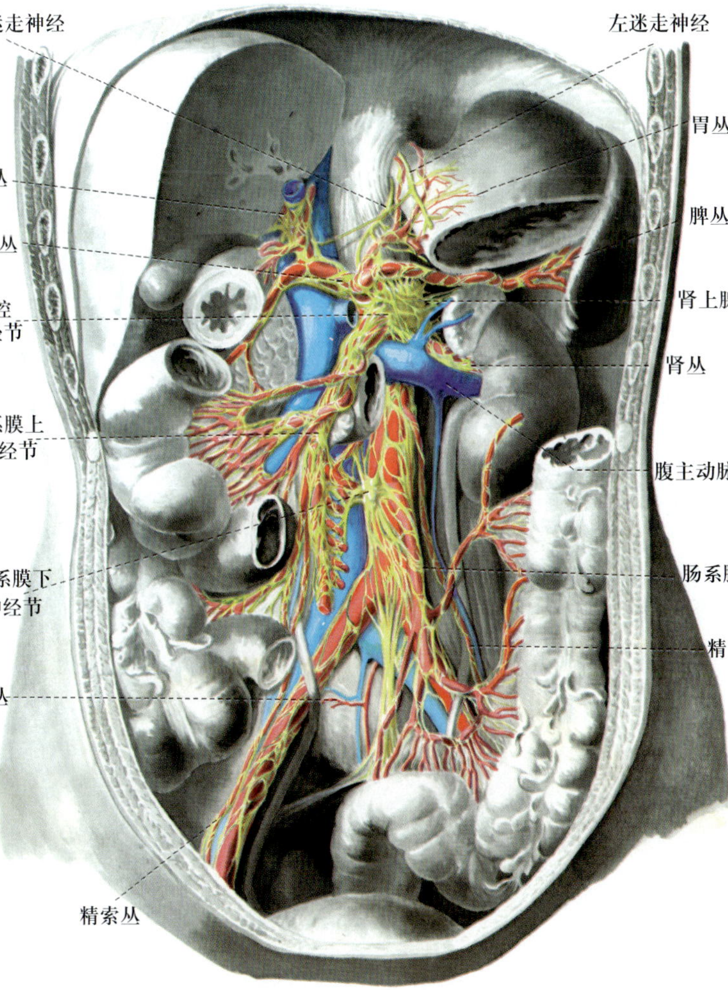

图 453 腹腔神经丛及副丛(一)

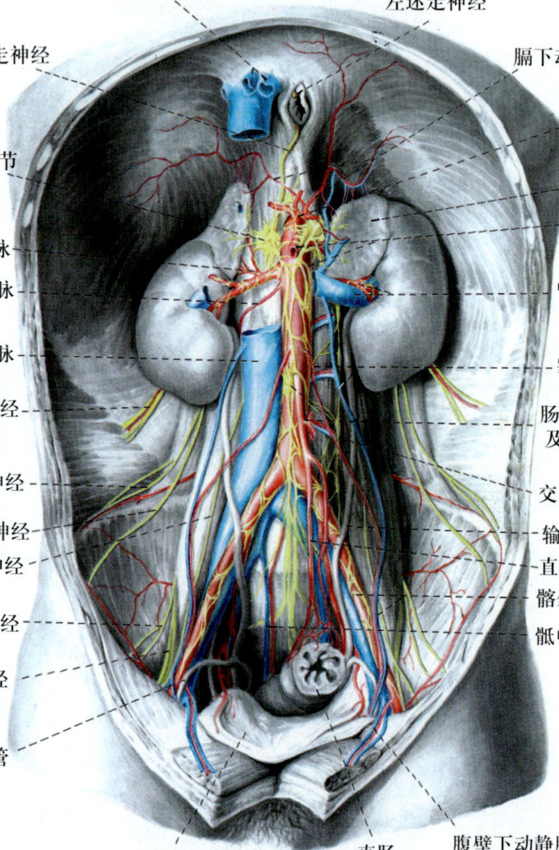

图 454 腹腔神经丛及副丛(二)

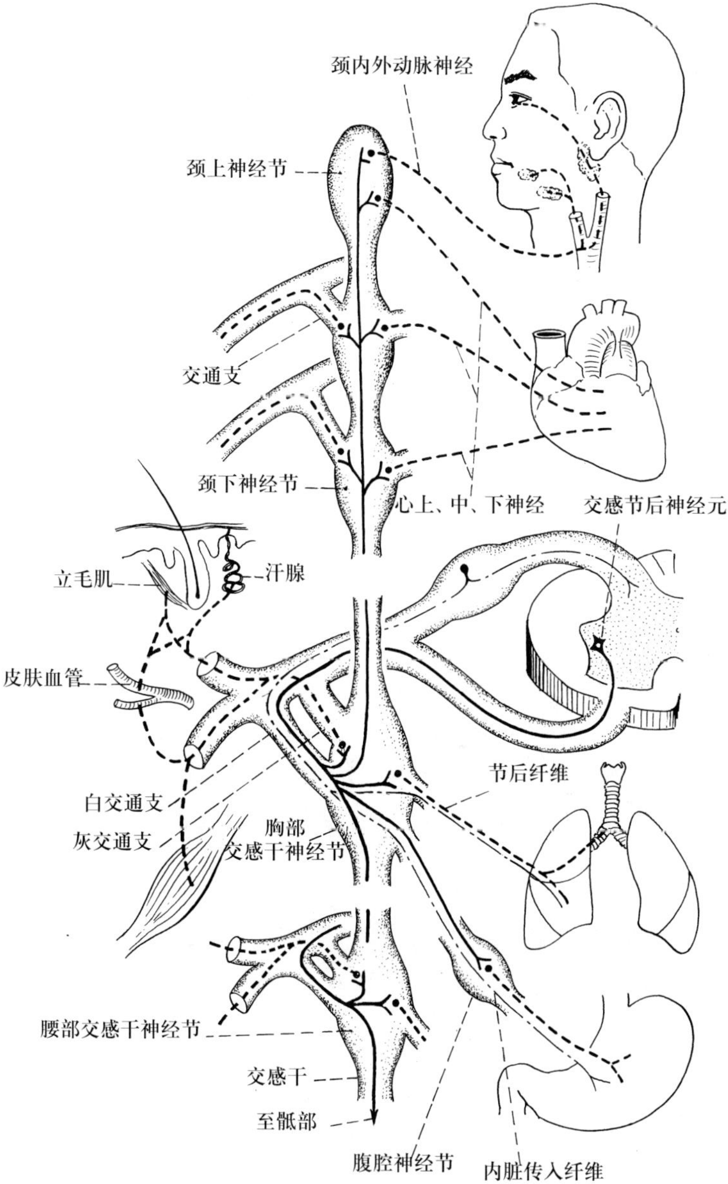

图455 交感神经纤维的走行和分布

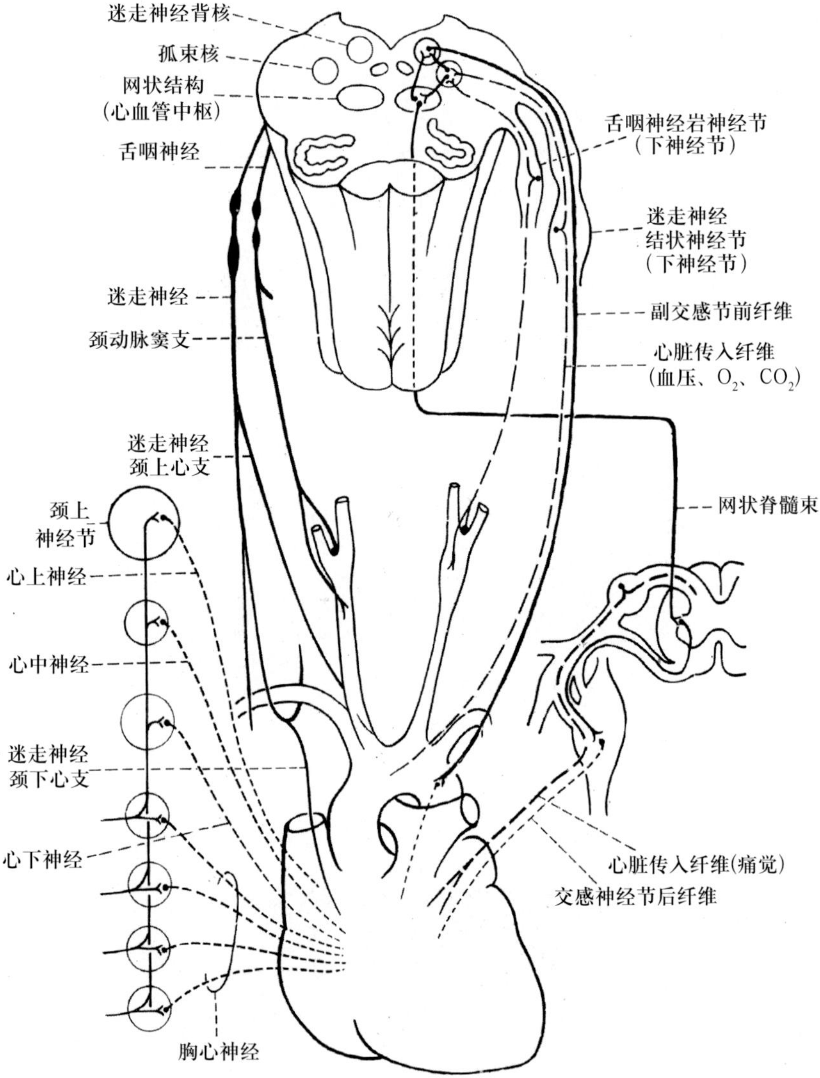

图 456 心的神经支配和血压调节

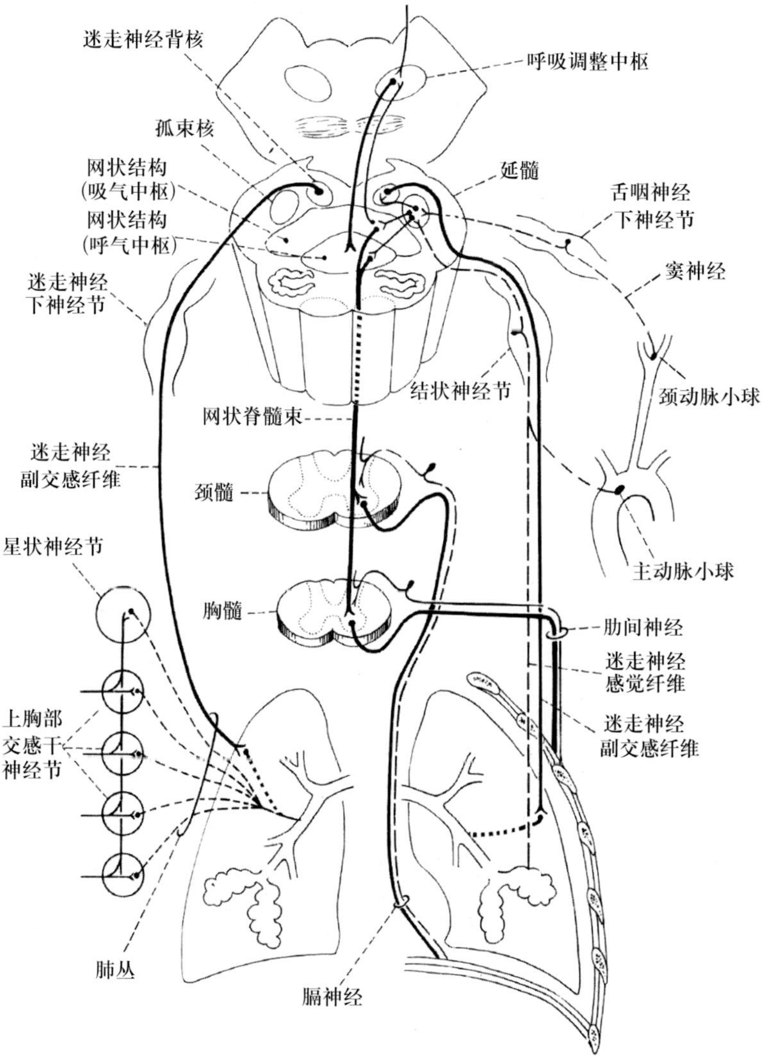

图 457 支气管、肺的神经支配和呼吸调节

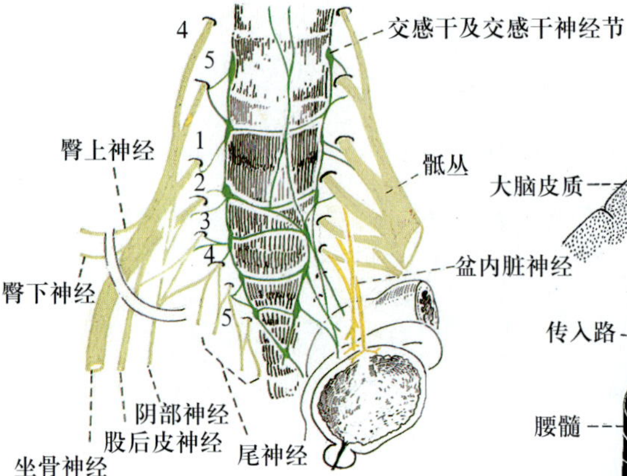

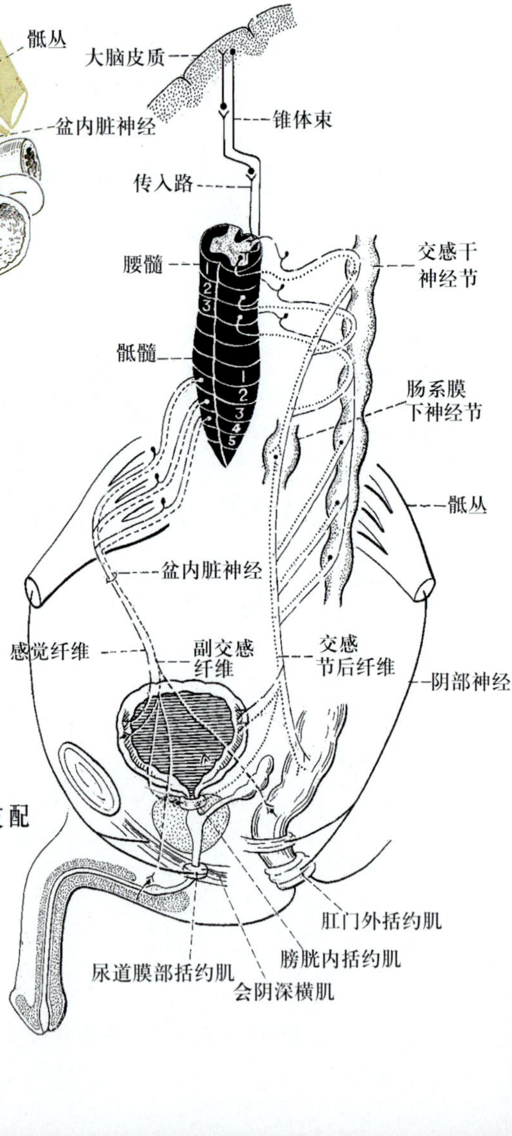

图 458 膀胱、直肠的神经支配

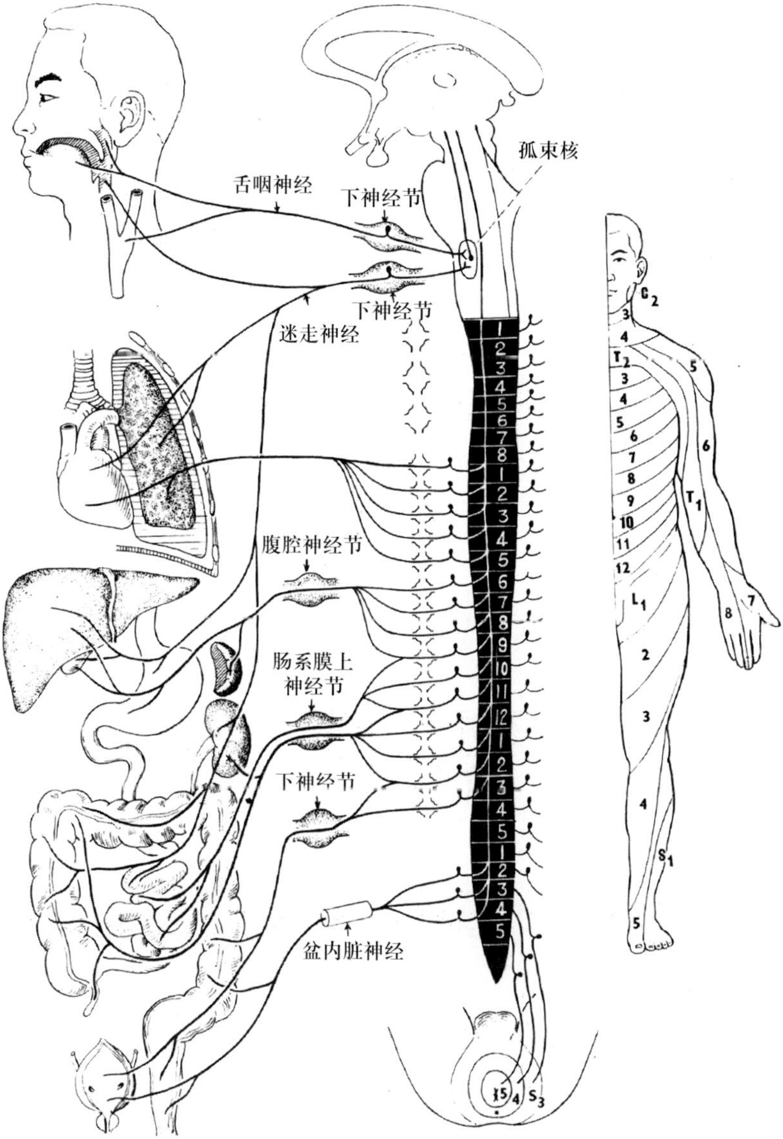

图 459 内脏传入神经与脊髓节段的关系

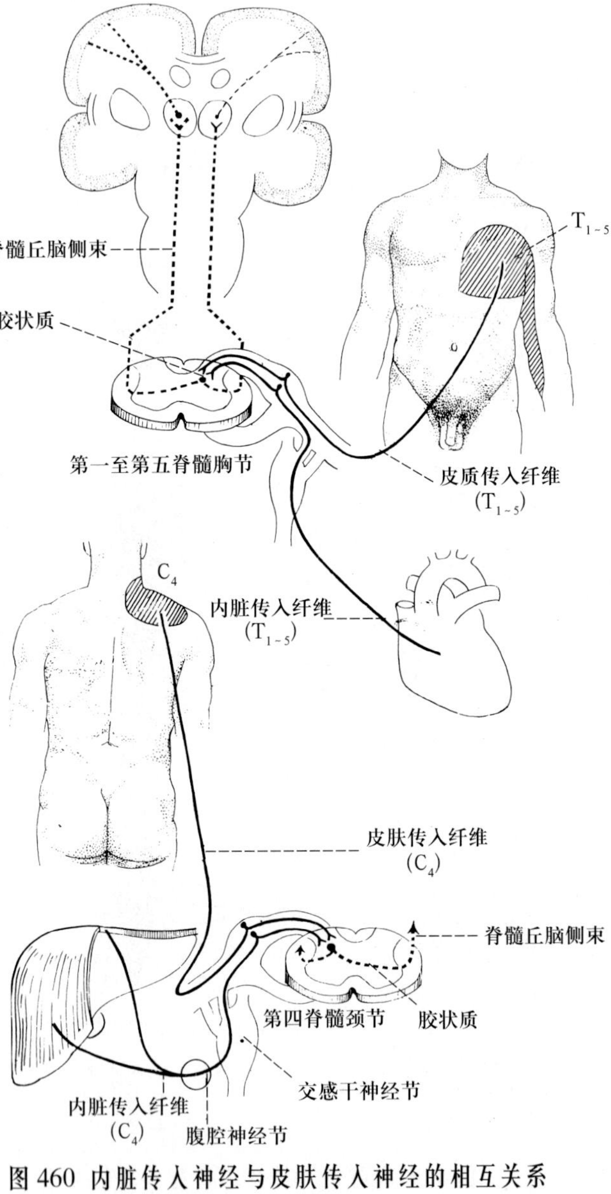

图 460 内脏传入神经与皮肤传入神经的相互关系

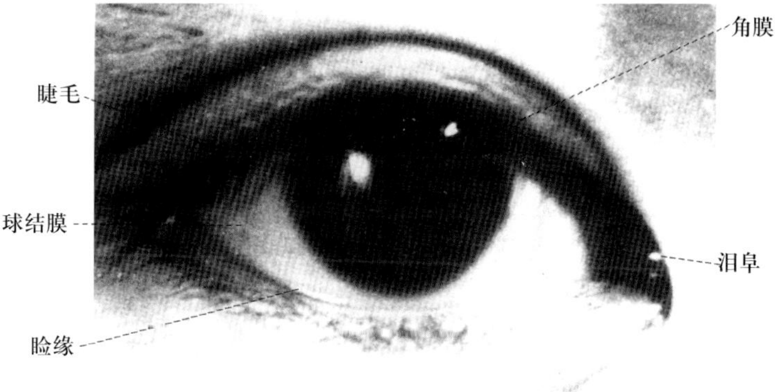

图 461 眼的外貌

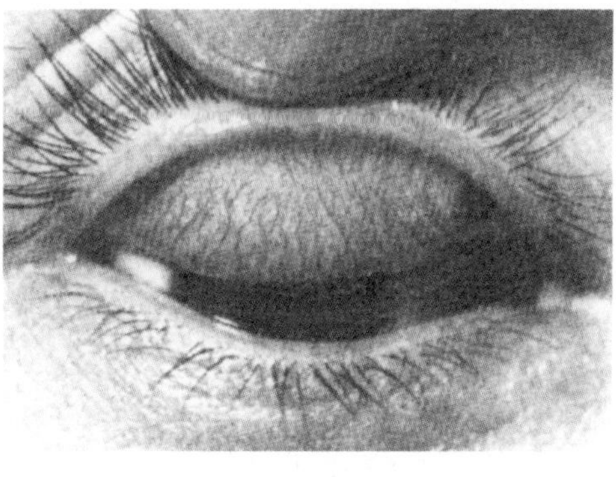

图 462 正常的睑结膜

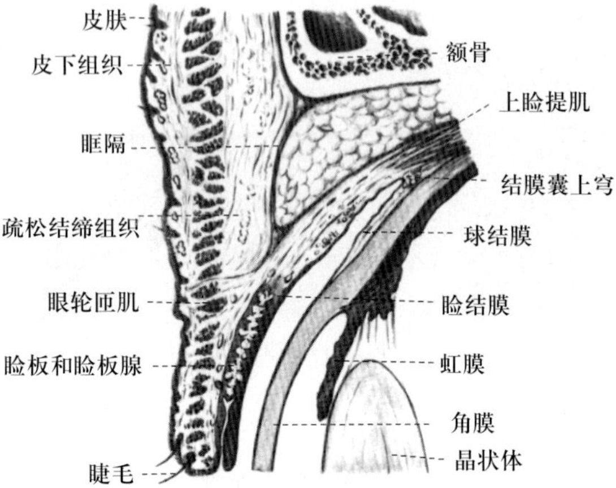

图 463 上睑矢状断

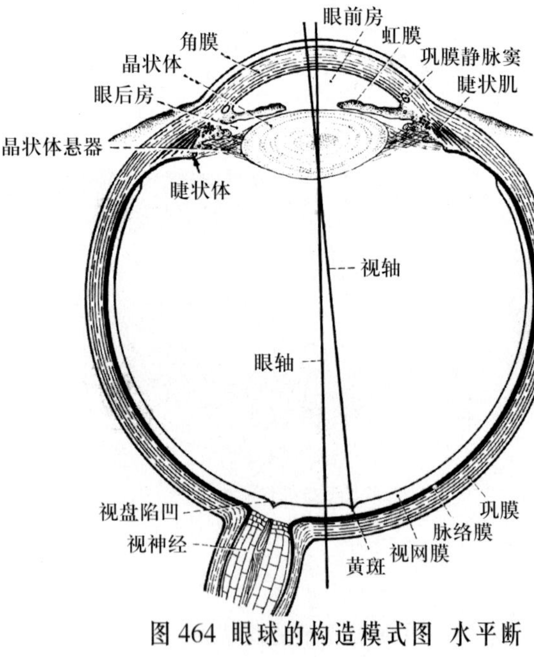

图 464 眼球的构造模式图 水平断

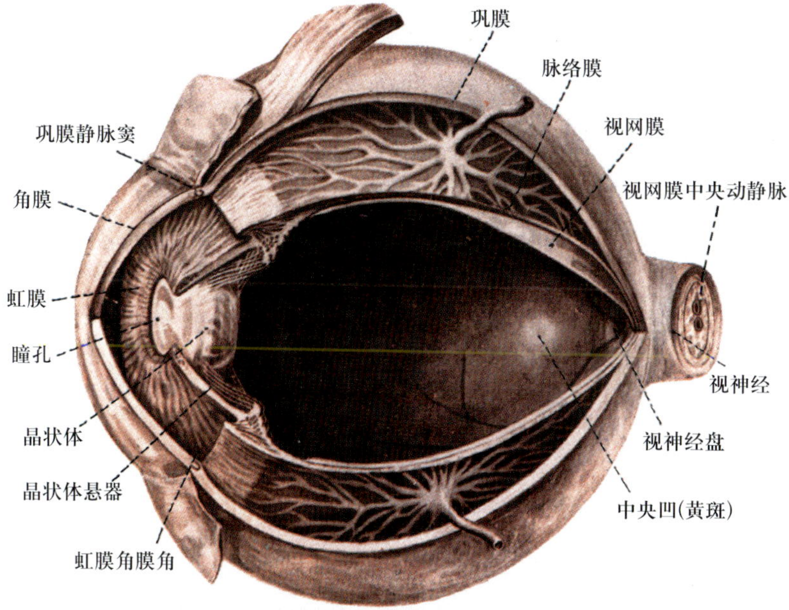

图 465 眼球的构造

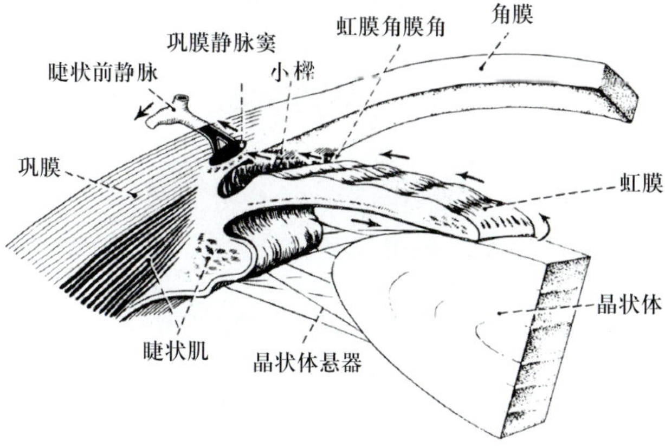

图 466 虹膜角膜角和房水循环

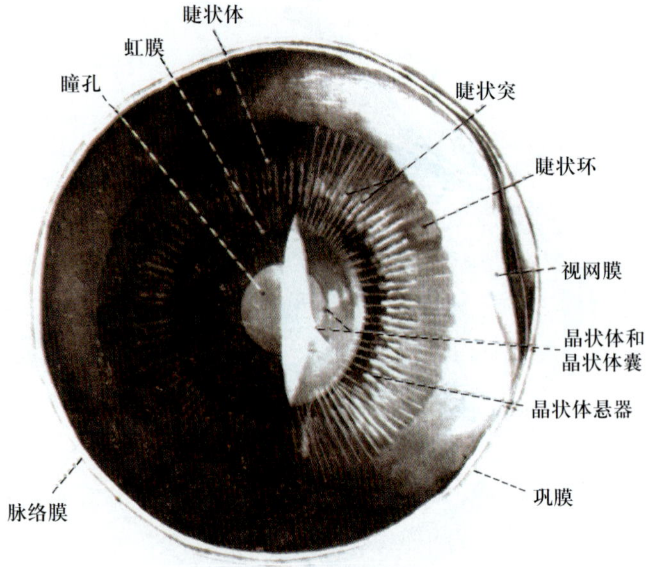

图 467 虹膜、睫状体和晶状体 后面

图 468 晶状体和玻璃体

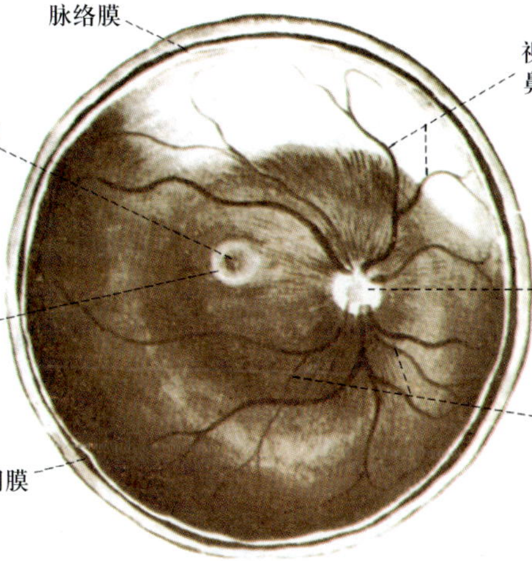

图 469 视网膜后半内面观

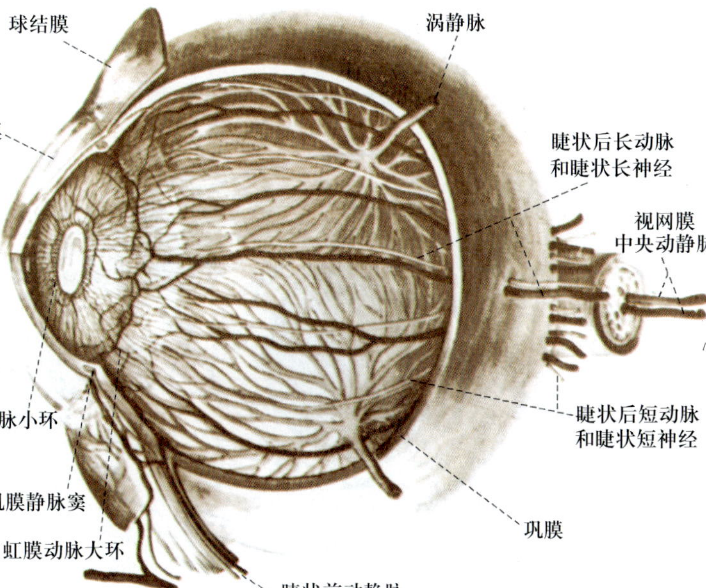

图 470 眼球的血管

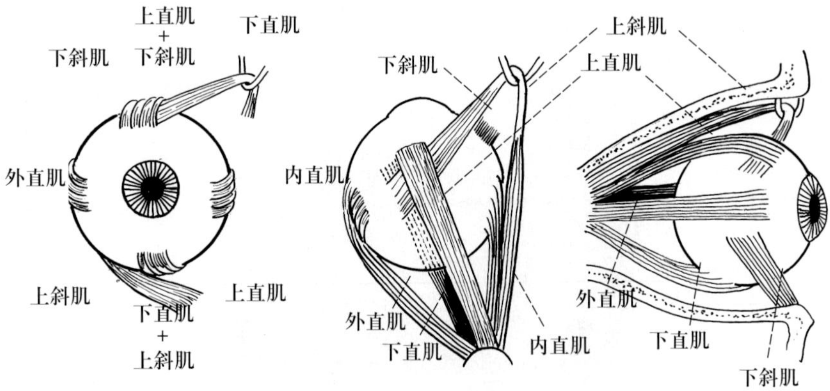

图 471 眼外肌

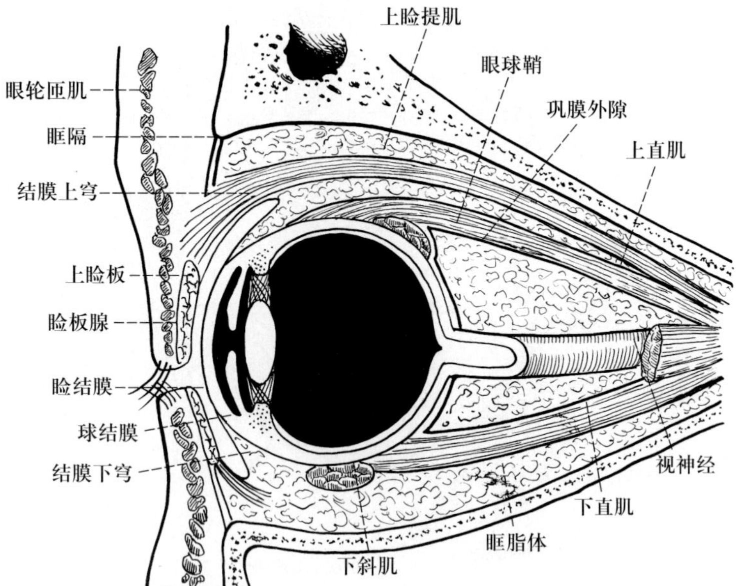

图 472 眼筋膜

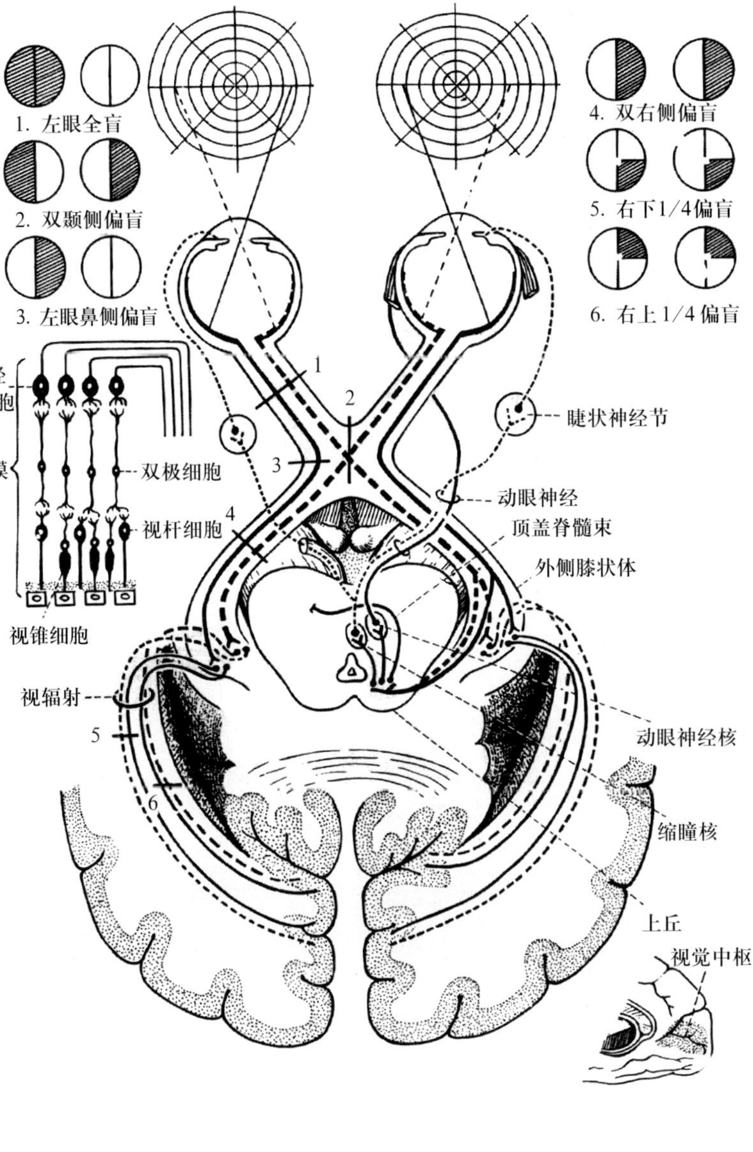

1. 左眼全盲
2. 双颞侧偏盲
3. 左眼鼻侧偏盲
4. 双右侧偏盲
5. 右下1/4偏盲
6. 右上1/4偏盲
神经节细胞
视网膜
双极细胞
视杆细胞
视锥细胞
睫状神经节
动眼神经
顶盖脊髓束
外侧膝状体
视辐射
动眼神经核
缩瞳核
上丘
视觉中枢
1
2
3
4
5
6

图 473 视觉传导路

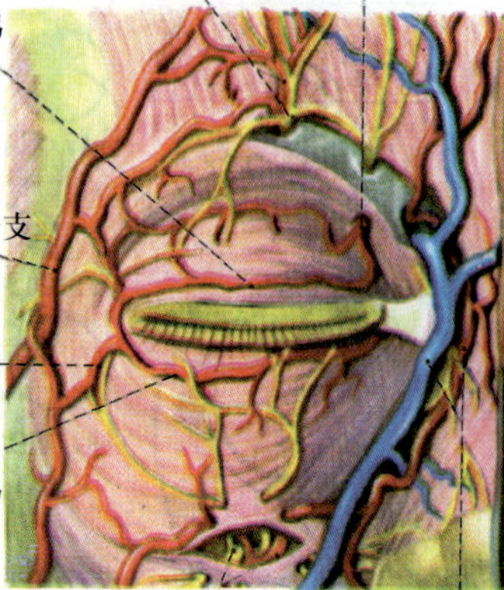

眼轮匝肌和眼睑血管

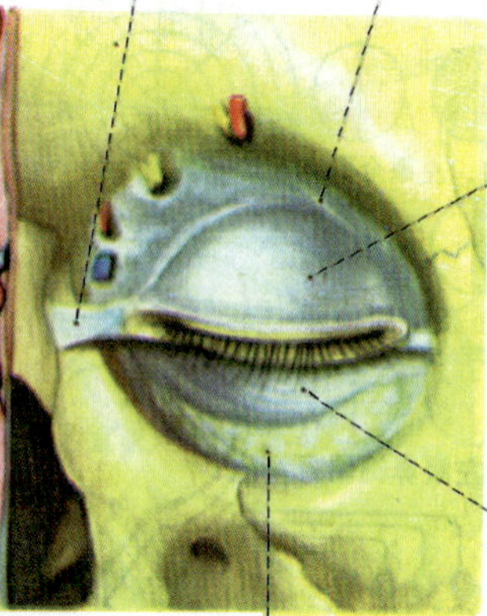

眶隔

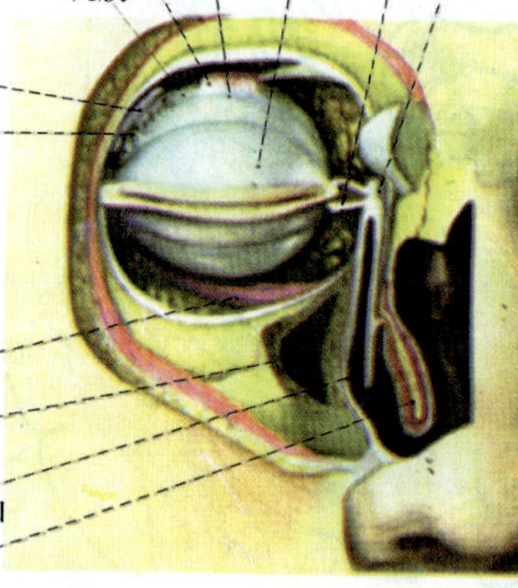

睑板、结膜和泪器

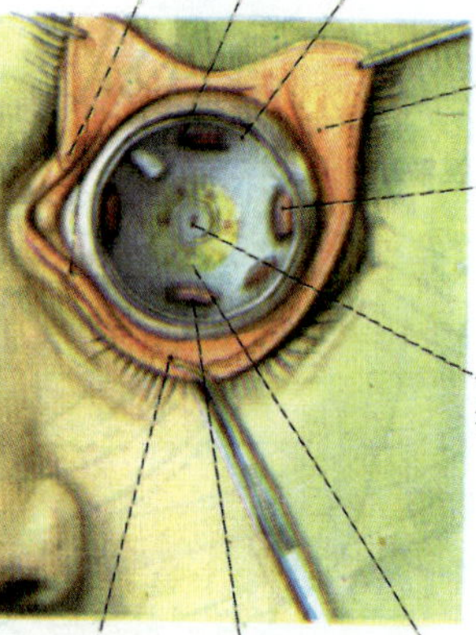

眼球筋膜(眼球已摘除)

图 474 眼睑和眶的局解

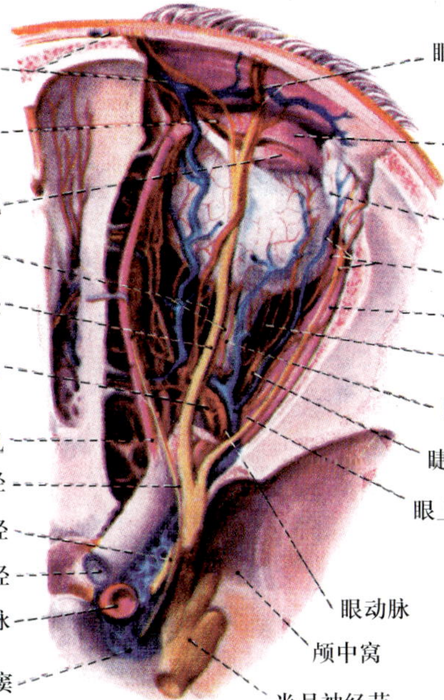

图 475 眶腔局解 上面观

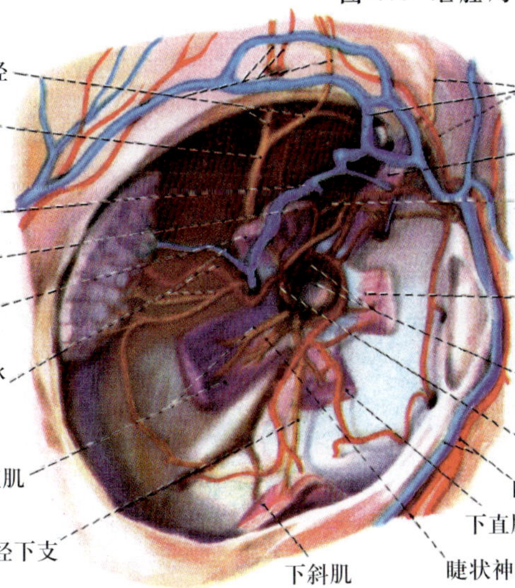

图 476 眶腔局解 前面观

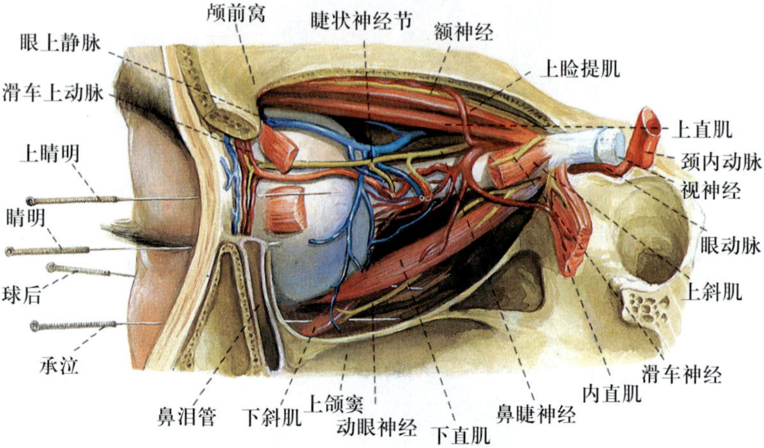

图 477 眶腔和眼周围穴局解 内面观

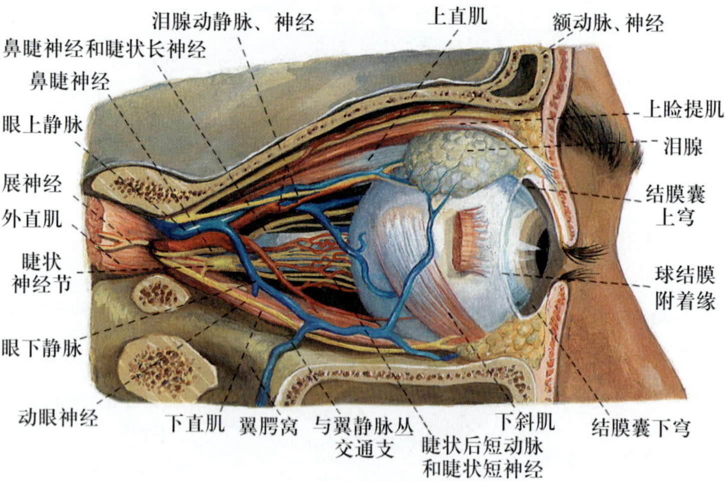

图 478 眶腔局解 外面观

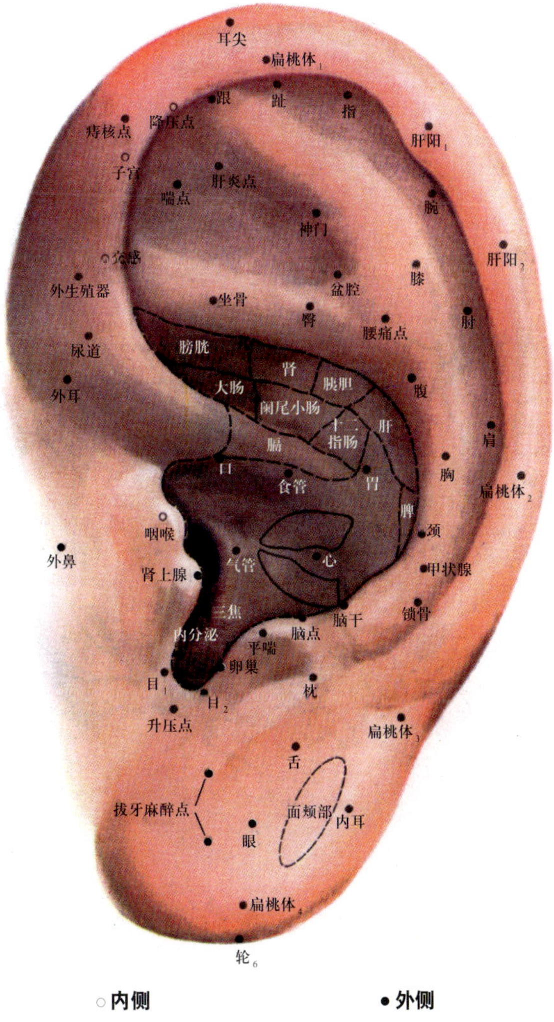

○ **内侧**　　　　● **外侧**

图 479 耳郭穴位示意图

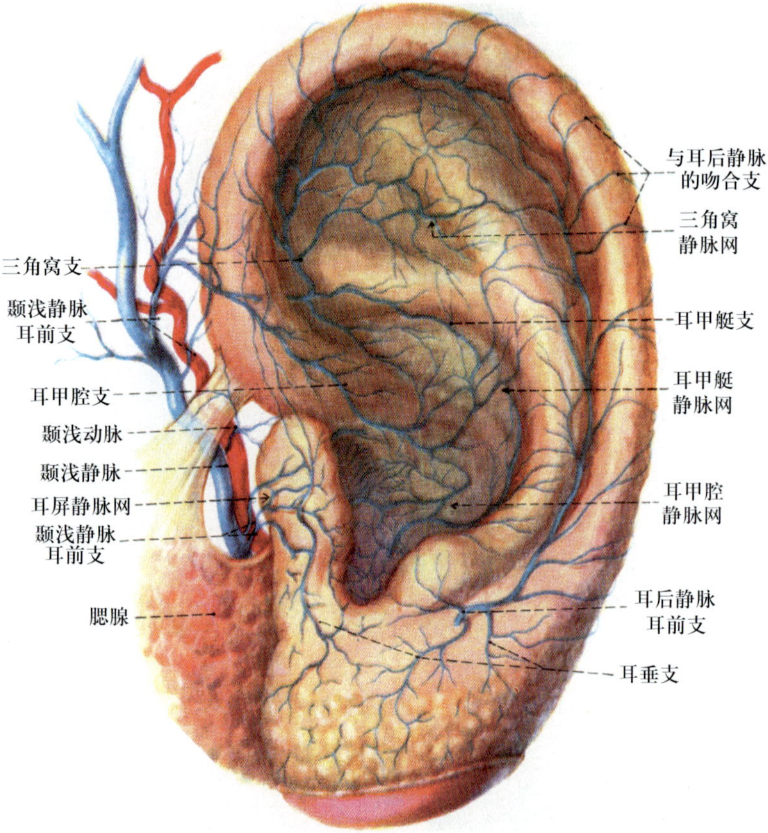

图 480 耳郭前面局解 浅层

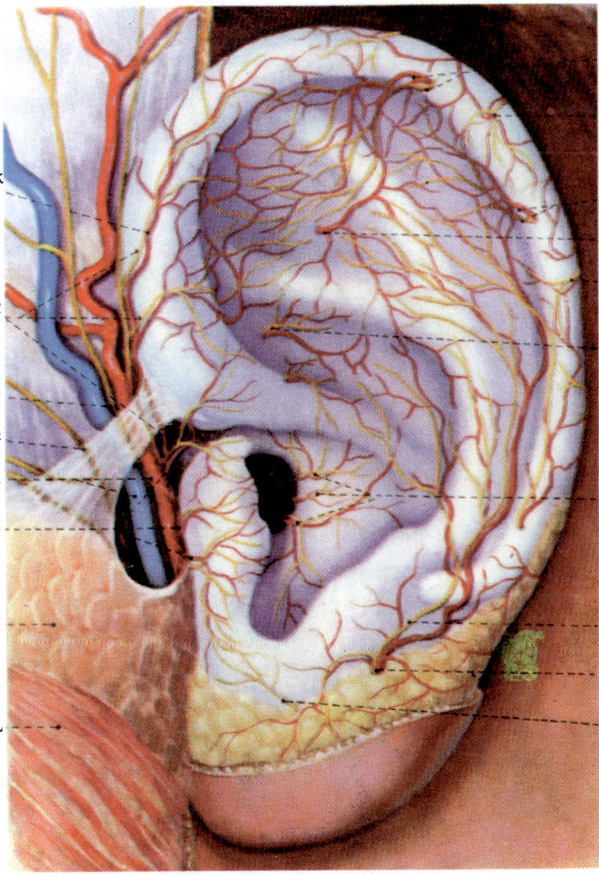

图 481 耳郭前面局解 深层

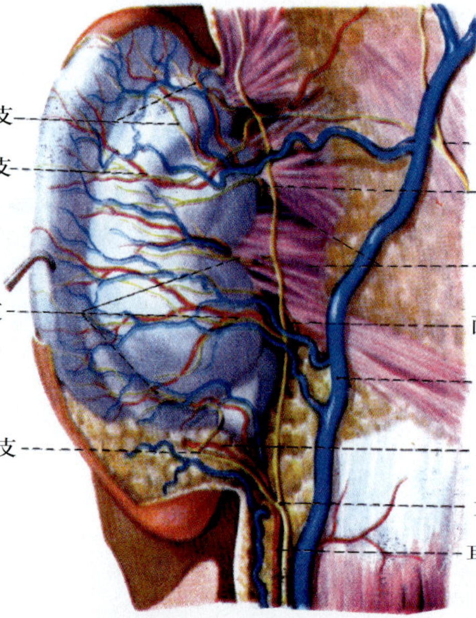

图 482 耳郭后面局解 浅层

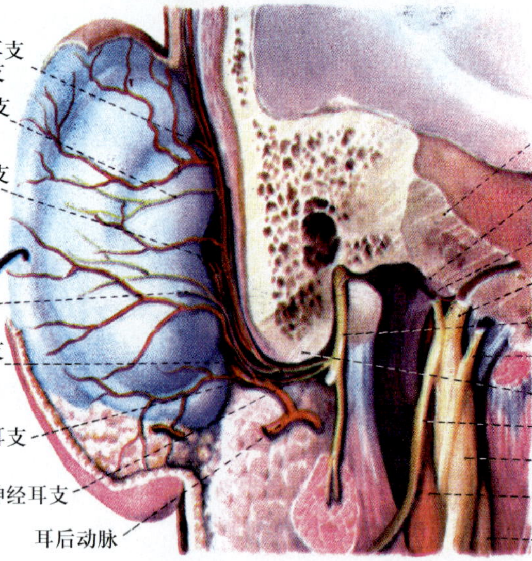

图 483 耳郭后面局解 深层

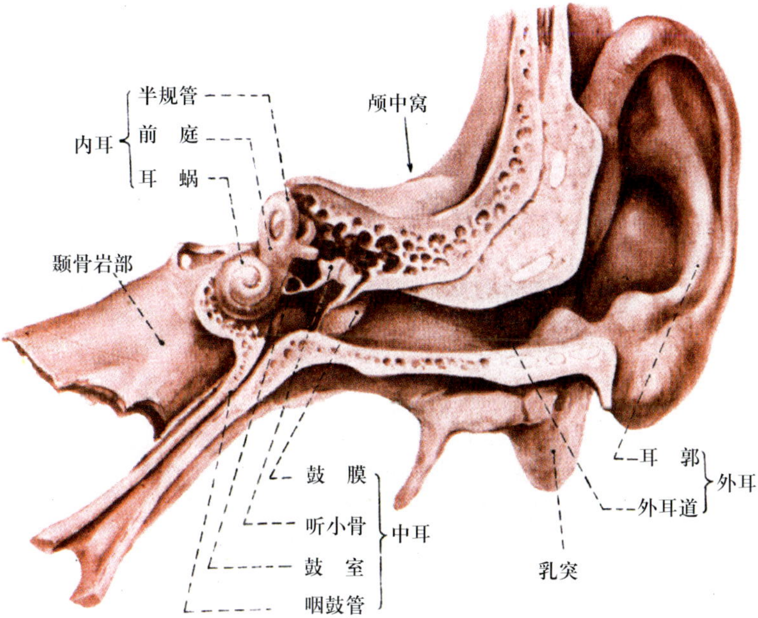

图 484 听平衡器全貌

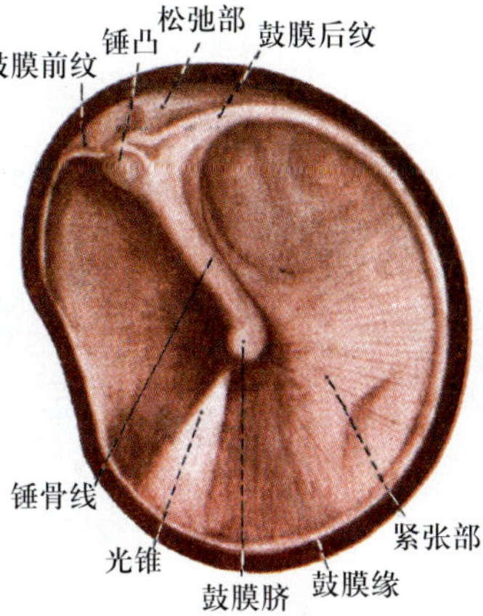

图 485 鼓膜象 左侧

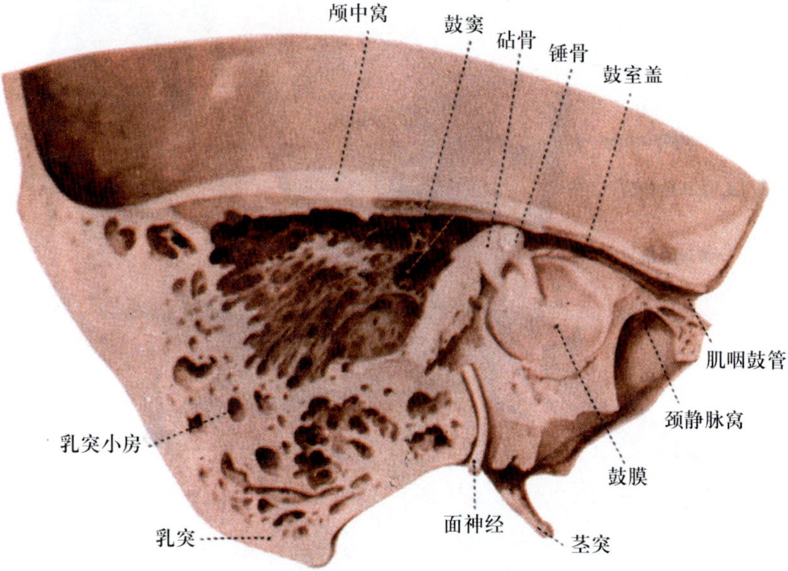

图486 鼓室外侧壁内面

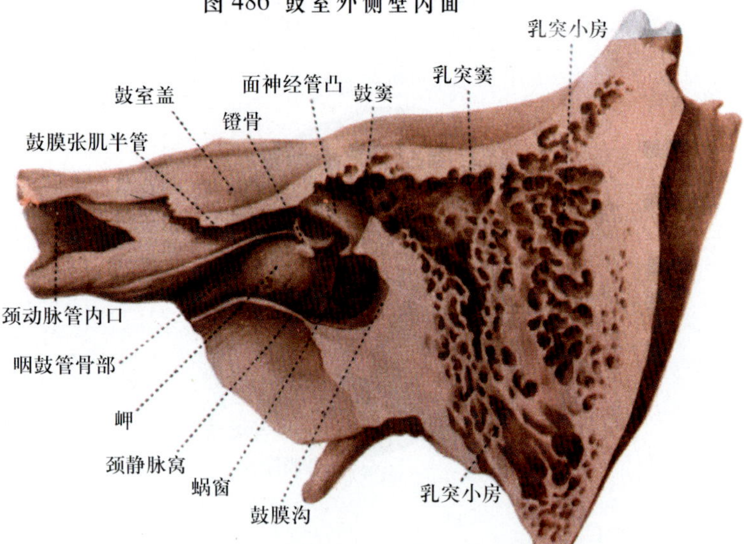

图487 鼓室内侧壁和乳突小房

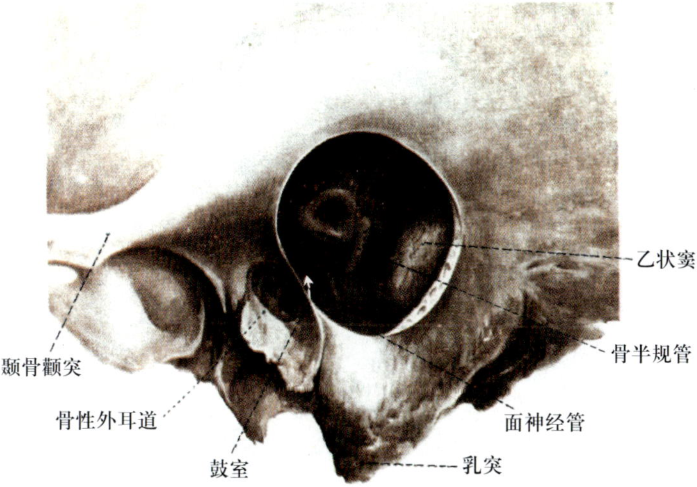

图 488 经乳突暴露鼓室

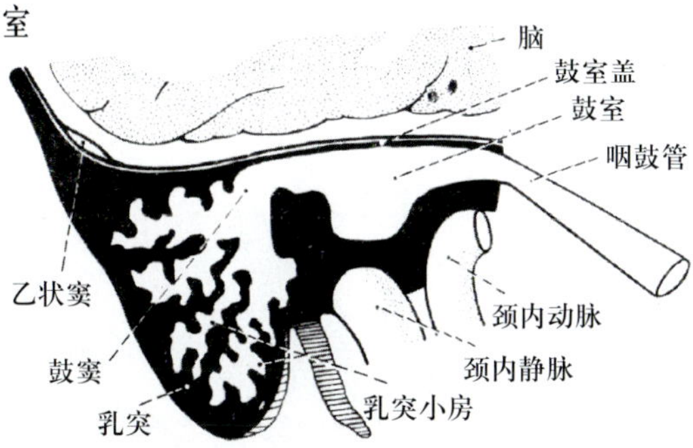

图 489 鼓室的交通和毗邻模式图

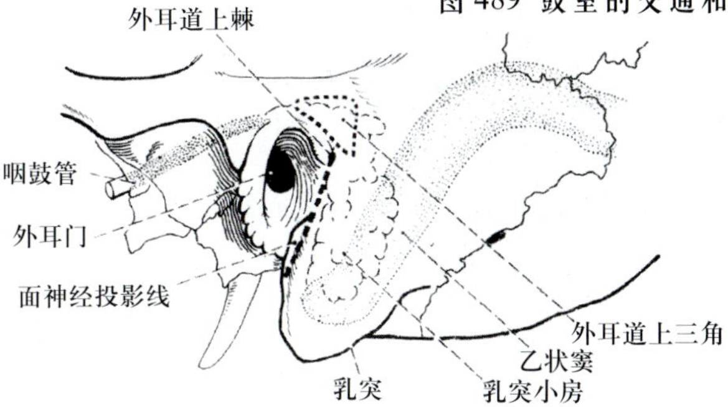

图 490 乳突小房、乙状窦和面神经的投影位置

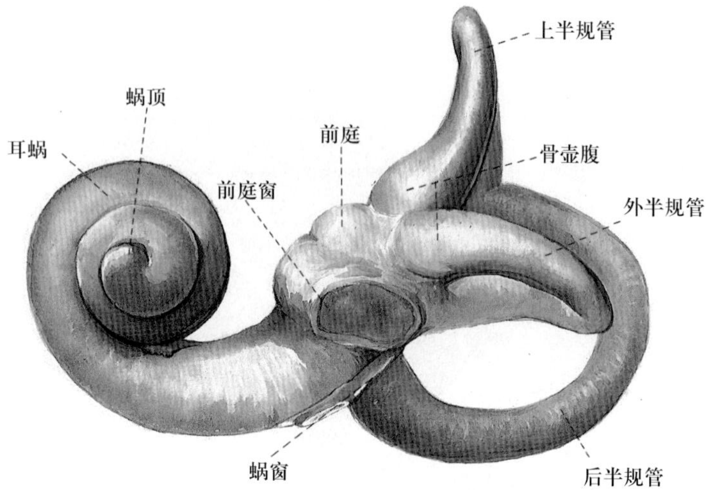

图 491 骨迷路铸型

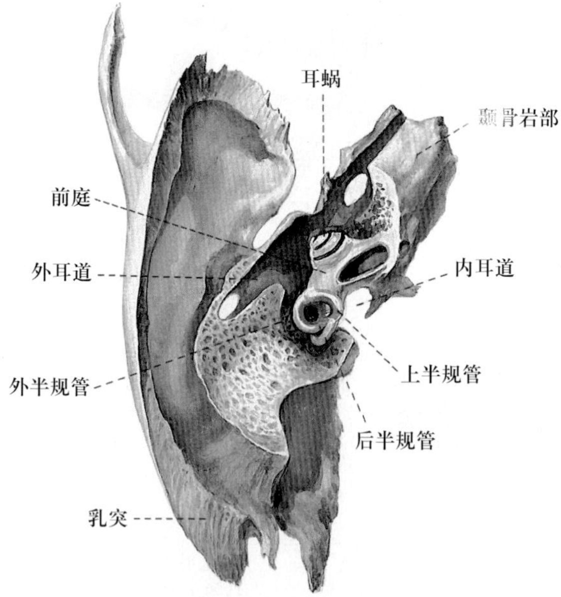

图 492 内耳在颞骨岩部内的位置 左侧

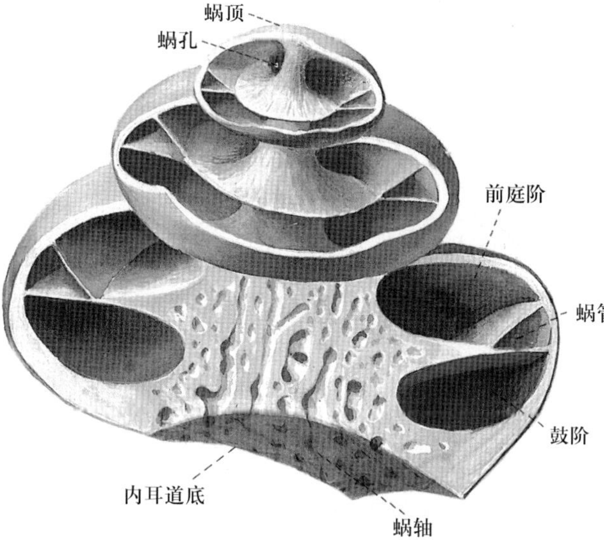

图 493 耳蜗纵断

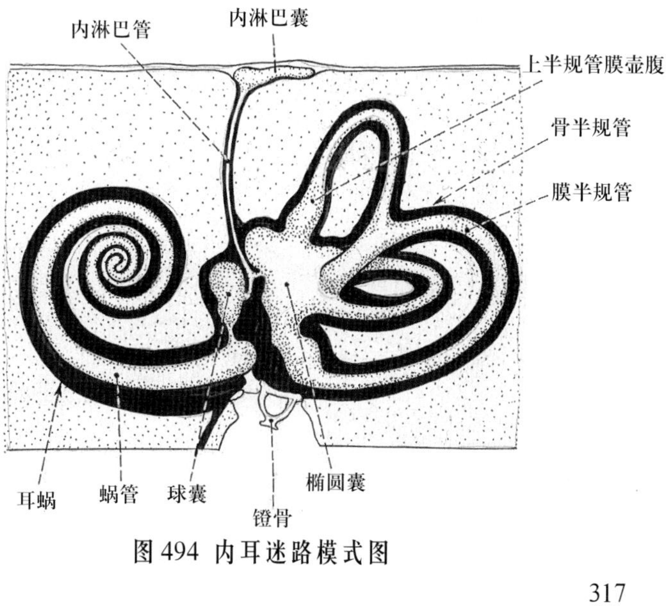

图 494 内耳迷路模式图

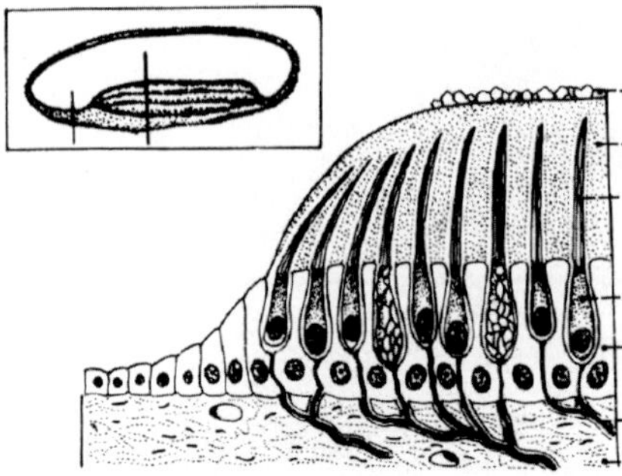

图 495 半规管壶腹嵴横断

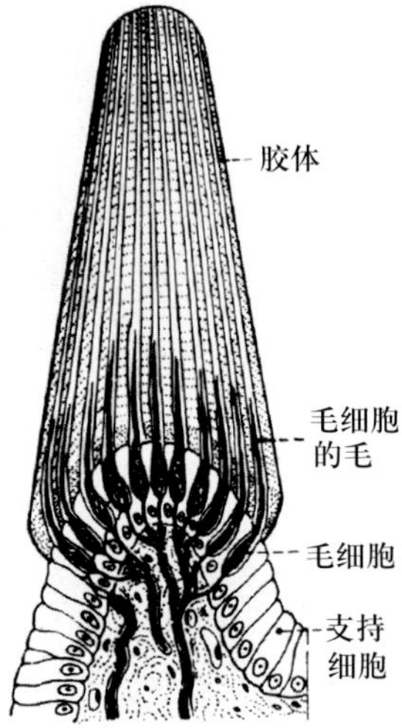

图 496 前庭位觉斑模式图

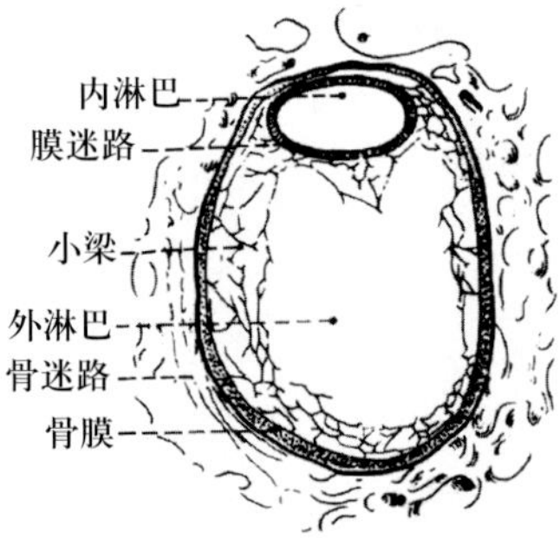

图 497 半规管 横断

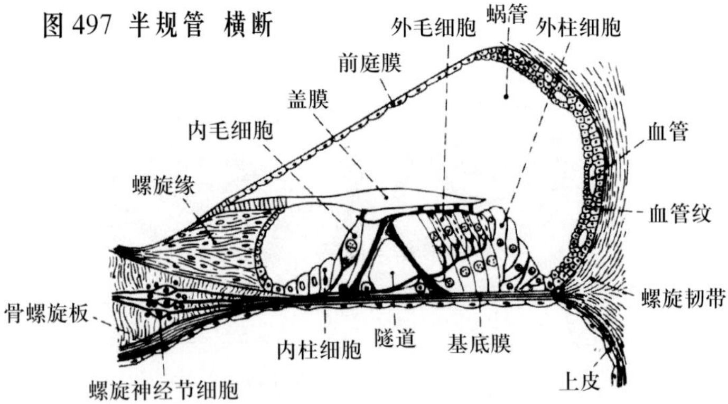

图 498 耳蜗螺旋器(Corti 器)的构造 蜗管横断

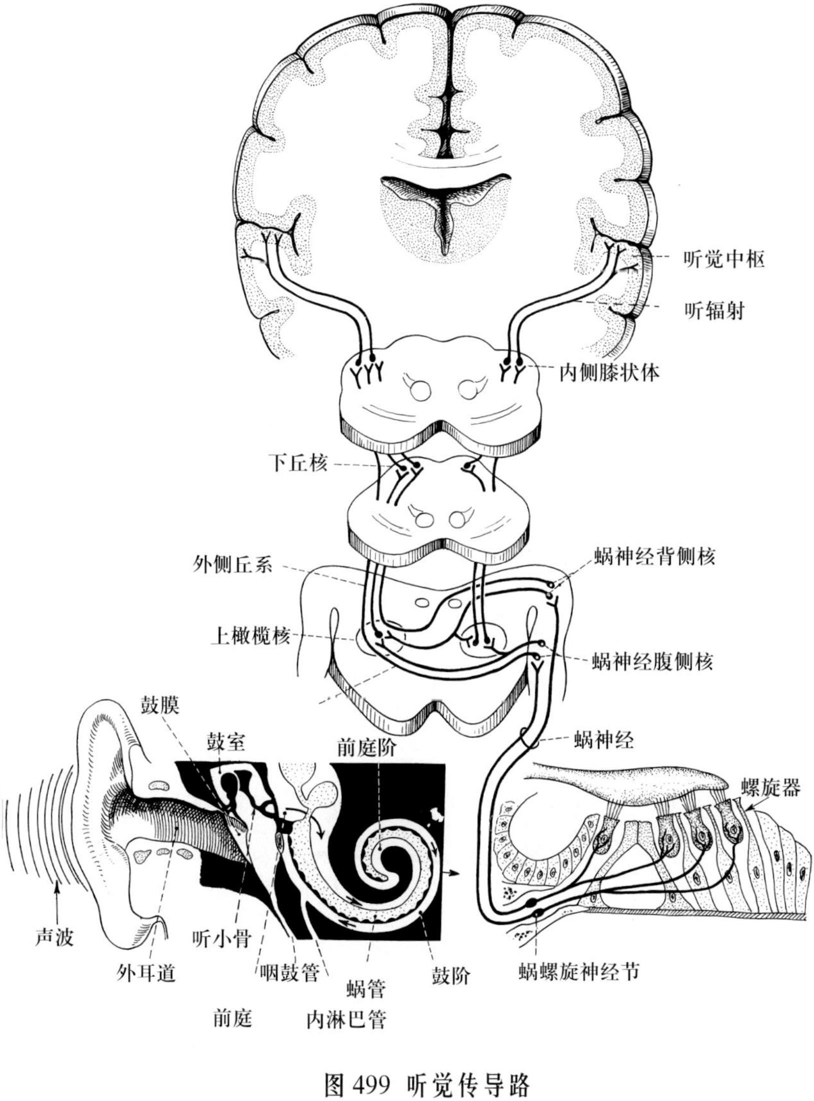

听觉中枢
听辐射
内侧膝状体
下丘核
外侧丘系
蜗神经背侧核
上橄榄核
蜗神经腹侧核
鼓膜
鼓室
前庭阶
蜗神经
螺旋器
声波
听小骨
外耳道
咽鼓管
蜗管
鼓阶
蜗螺旋神经节
前庭
内淋巴管

图 499 听觉传导路

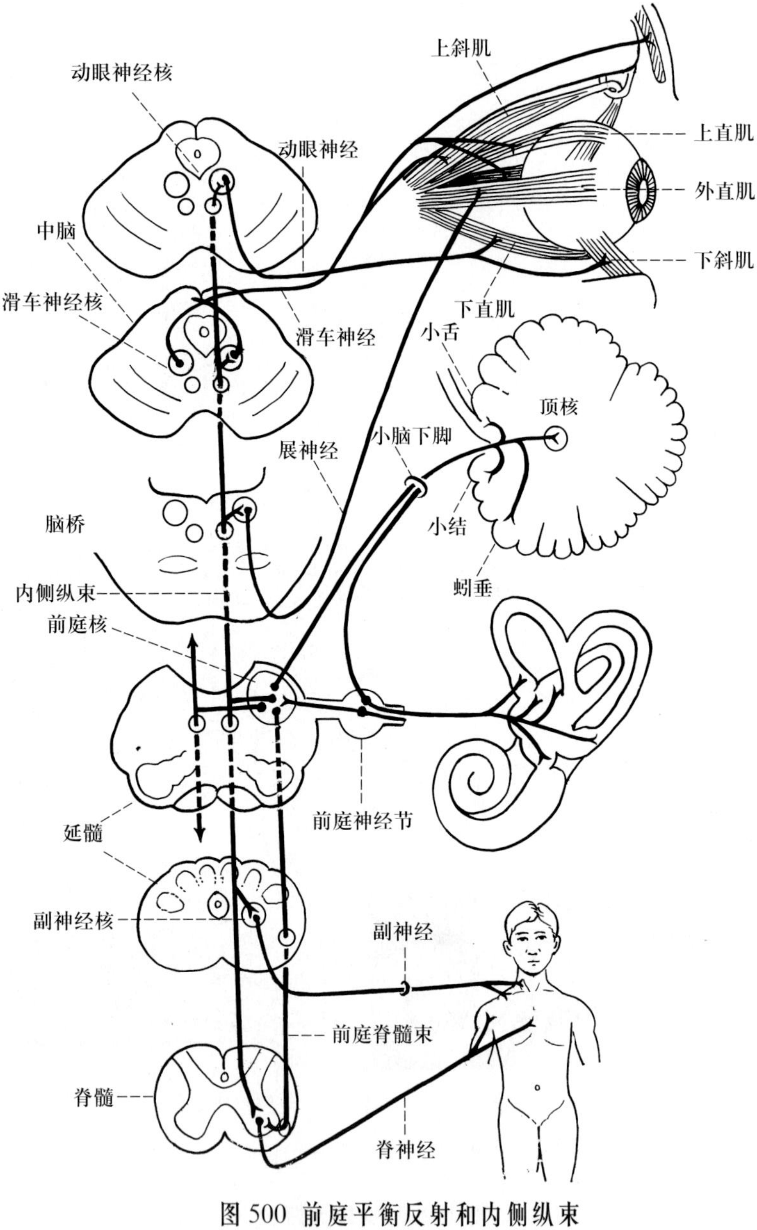

图 500 前庭平衡反射和内侧纵束

人体解剖图谱

文字说明部分

§1 若干关节的构造

名称		关节面	关节囊	关节腔
上肢	肩关节（图51）	由肱骨头和肩胛骨关节盂构成；头大，盂小而浅，为头面的1/3；有由纤维软骨形成的关节盂唇	囊较松弛，附于关节面周围；上部有喙肱韧带增强，后部和前部有肌腱编入，囊前下部最为薄弱，故肩关节易向前下方脱位	腔内有肱二头肌长头腱通过，腱外包有滑膜
	肘关节（图52）	肱骨滑车与尺骨半月切迹构成肱尺关节，肱骨小头和桡骨关节凹构成肱桡关节，桡尺骨近端构成桡尺近侧关节	三关节共包于一囊内，囊前后松弛，两侧有桡侧、尺侧副韧带增强，桡骨颈周围有桡骨环状韧带，防止桡骨头脱位	各面紧密相贴，腔内无特殊结构
	桡腕关节（图54）	桡骨腕关节面和关节盘作为关节窝，舟骨、月骨、三角骨为关节头	囊宽阔而松弛，两侧有侧副韧带增强	
下肢	髋关节（图65）	由髋臼和股骨头构成，头大窝深，髋臼切迹上有髋臼横韧带，有髋臼唇，关节窝包罩关节头几近2/3	囊坚韧，前壁有强大的髂股韧带增强，后下部较薄，股骨颈的大部分被包在囊内，颈后面外侧露于囊外	腔内有股骨头韧带将头窝连结起来
	膝关节（图66~72）	由股骨远端、胫骨近端和髌骨组成	囊被许多韧带增强：前有髌韧带，髌内、外侧支持带；后有腘斜韧带；内侧有胫侧副韧带；外侧有与囊分离的腓侧副韧带	腔内有半月板，内侧半月板呈"C"形，外侧近环状，腔内有前后交叉韧带，使连结稳固，并有翼状皱襞，腔向前上方突出成髌上囊
	踝关节（图73~77）	由胫、腓两骨远端与距骨滑车构成	关节囊两侧有韧带增强，内侧有三角韧带，外侧有距腓前韧带、跟腓韧带和距腓后韧带	
颅	颞下颌关节（图45）	由颞骨下颌窝和关节结节与下颌头构成	囊外壁有颞下颌韧带增强	腔内有关节盘将腔分隔为二，盘呈"S"字形，前部凹面向上，后部凹面向下

§2　四肢骨化点的出现及接合年龄

四肢骨在发生上,除锁骨以外,都是在软骨的基础上出现骨化点,由骨化点向周围扩展,最后软骨全转化为骨(仅关节面上保留一层关节软骨)(图7)。了解骨化点的出现及接合时期,对临床检查诊断有实际意义。列举如下:

骨名		骨化点出现部位	出现年龄		接合部位	接合年龄	
			男	女		男	女
上肢骨	肩胛骨	肩胛骨体	胎第8周	胎第8周	喙突与体结合	15岁	15岁
		喙突	1岁(上端) 10岁(下端)	1岁(上端) 10岁(下端)			
		肩峰	14~15岁	14~15岁	肩峰与体结合	16~18岁	16~18岁
		内缘下角	14~15岁	14~15岁	与体结合	18岁	18岁
		关节盂	14~15岁	14~15岁	与体结合	18岁	18岁
	肱骨	肱骨头	初生~1岁	初生~1岁	大小结节接合	3~5岁	3~5岁
		大结节	7个月~2岁	7个月~2岁	结节与头接合	5~8岁	4~7岁
		小结节	2~3岁	2~4岁	近端骨骺接合	17~20岁	16~17岁
		肱骨干	胎第7~8周	胎第7~8周			
		小头及外1/2滑车	7个月~1岁	7个月~1岁	小头、滑车与外上髁接合	14~17岁	14岁
		内1/2滑车	9~14岁	10~11岁			
		内上髁	6~13岁	6~9岁	全部肱骨远端骺接合	16~18岁	14岁
		外上髁	9~17岁	10~13岁			
	尺骨	鹰嘴	10~14岁	9~12岁	鹰嘴与干接合	15~19岁	13~14岁
		骨干	胎第8周	胎第8周			
		小头	6~11岁	7~8岁	小头与干接合	18~20岁	16~20岁
	桡骨	头	5~9岁	5~14岁	头与干接合	15~18岁	13~14岁
		骨干	胎第8周	胎第8周			
		远端	7个月~8岁	7个月~3岁	远端与干接合	17~20岁	17~20岁
	腕骨	头状骨	初生~1岁	初生~1岁			
		钩　骨	初生~1岁	初生~1岁			
		三角骨	2~6岁	2~4岁			
		月　骨	3~7岁	2~5岁			
		舟　骨	5~7岁	4~5岁			
		大多角骨	4~7岁	3~5岁			
		小多角骨	4~10岁	3~5岁			
		豌豆骨	10~16岁	9~14岁			

（续表）

骨名		骨化点出现部位	出现年龄 男	出现年龄 女	接合部位	接合年龄 男	接合年龄 女
上肢骨	掌指骨	掌、指骨近端	1～7岁	7个月～3岁	近端与干接合	15～20岁	14～16岁
		掌、指骨干	胎3个月初	胎3个月初			
		掌、指骨远端	1～6岁	7个月～2岁	远端与干接合	15～20岁	14～16岁
下肢骨	髋骨	髂骨	胎6个月	胎6个月	耻、坐骨接合	5～11岁	5～8岁
		坐骨	胎4个月	胎4个月			
		耻骨	胎5个月	胎5个月			
		髂嵴	15～19岁	12～15岁	髂嵴与髂骨接合	19～24岁	18～24岁
		坐骨结节	15～19岁	12～15岁	坐骨结节与坐骨接合	19～24岁	18～24岁
		髋臼Y型软骨骨化	12～14岁	11～13岁	髋臼Y型软骨接合	16～17岁	13～17岁
	股骨	股骨头	7个月～1岁	6个月～1岁	头与干接合	17～19岁	15～17岁
		大转子	2～6岁	2～4岁	大转子接合	17～19岁	15～17岁
		小转子	9～15岁	9～12岁	小转子接合	17～18岁	15～17岁
		骨干	胎第7周	胎第7周			
		远端	初生	初生	远端与干接合	17～22岁	16岁
	髌骨	髌骨	4～7岁	3～4岁			
	胫骨	近端	初生	初生	近端与干接合	17～22岁	16岁
		骨干	胎7～8周	胎7～8周			
		远端	7个月～12岁	初生～12岁	远端与干接合	16～20岁	15～18岁
	腓骨	近端	4～10岁	3～7岁	近端与干接合	17～22岁	16～17岁
		骨干	胎第8周	胎第8周			
		远端	1～2岁	1～2岁	远端与干接合	16～20岁	15～18岁
	跗骨	跟骨	初生	初生	跟结节与体接合	14～19岁	13～18岁
		跟结节	7～12岁	5～10岁			
		距骨	初生	初生			
		骰骨	初生～6个月	初生～6个月			
		舟骨	1～4岁	2～3岁			
		内侧、中间楔骨	2～4岁	7个月～1岁			
		外侧楔骨	6个月～1岁	6个月～1岁			
	跖、趾骨	跖、趾骨近端	2～4岁	7个月～3岁	跖、趾骨近端与干接合	16～19岁	15～16岁
		第2、5跖骨远端	2～5岁	1～4岁	第2、5跖骨远端与干接合	16～18岁	15～16岁

［注］ 上、下肢骨化点出现的年龄女性比男性平均早1～2岁，接合年龄平均早2～3岁。

§3 头 颈 肌

表情肌(图 82～83)

<table>
<tr><th colspan="3">肌 肉</th><th>起 始</th><th>抵 止</th><th>作 用</th><th>神经及节段</th></tr>
<tr><td rowspan="4">颅顶肌</td><td colspan="2">额 肌</td><td>眉部皮肤</td><td rowspan="2">帽状腱膜</td><td>扬眉，使前额横起皱纹</td><td>面神经颞支</td></tr>
<tr><td colspan="2">枕 肌</td><td>上项线、乳突根部</td><td>向后牵引帽状腱膜</td><td>面神经、耳后神经</td></tr>
<tr><td colspan="2">耳前肌
耳上肌</td><td rowspan="2">帽状腱膜和骨膜</td><td rowspan="2">耳部周围</td><td rowspan="2">作用不显</td><td>面神经颞支</td></tr>
<tr><td colspan="2">耳后肌</td><td>面神经、耳后神经</td></tr>
<tr><td rowspan="4">眼周围肌</td><td rowspan="3">眼轮匝肌</td><td>眶 部</td><td>眶内缘及睑内侧韧带</td><td>睑外眦部和附近皮肤</td><td>可使睑裂强力闭合</td><td rowspan="3">面神经颞支</td></tr>
<tr><td>睑 部</td><td>睑内侧韧带和附近皮肤</td><td>上、下睑肌束于外眦部会合</td><td>可使睑裂轻微闭合</td></tr>
<tr><td>泪囊部</td><td>泪囊后壁和泪后嵴</td><td>相接于睑部</td><td>扩大泪囊，促使泪液流向鼻腔</td></tr>
<tr><td colspan="2">皱眉肌</td><td>额 骨</td><td>眉中部和内侧部皮肤</td><td>牵眉向内下方，使眉间皮肤形成皱襞</td><td>面神经颞支</td></tr>
<tr><td rowspan="7">口周围肌</td><td colspan="2">口轮匝肌</td><td colspan="2">呈环形围绕口裂，下述放射状肌与其交织</td><td>闭口、凸嘴活动</td><td>面神经颊支</td></tr>
<tr><td colspan="2">提上唇肌</td><td>有三个头，起自睑内眦、眶下缘和颧骨</td><td>上唇和鼻唇沟部皮肤</td><td>提上唇、加深鼻唇沟</td><td>面神经颧支</td></tr>
<tr><td colspan="2">颧 肌</td><td>颧 骨</td><td>口角，移行于下唇</td><td>上提口角</td><td>面神经颧支</td></tr>
<tr><td colspan="2">降下唇肌</td><td>下颌骨下缘</td><td>口角及下唇皮肤</td><td>向下外牵引下唇</td><td>面神经下颌缘支</td></tr>
<tr><td colspan="2">降口角肌</td><td colspan="2">呈三角形，位于下唇下外方</td><td>牵拉口角向下</td><td>面神经下颌缘支</td></tr>
<tr><td colspan="2">颊 肌</td><td>下颌支与上、下颌骨牙槽缘之间的颊咽肌缝处</td><td>口角，移行于口轮匝肌深层</td><td>使颊粘膜贴向牙齿，协助咀嚼和吸吮</td><td>面神经颊支</td></tr>
<tr><td colspan="2">颏 肌</td><td>下颌侧切牙牙槽外面</td><td>颏部皮肤</td><td>上提颏部皮肤并使下唇前凸</td><td>面神经下颌缘支</td></tr>
</table>

咀嚼肌（图 84、85）

肌肉	起始	抵止	作用	神经支配
咬肌	颧弓下缘和内面	下颌支外面和咬肌粗隆	上提下颌骨（闭口）	下颌神经（三叉神经）
颞肌	颞平面、颞窝和颞筋膜	下颌骨冠突	上提下颌骨、后部肌束收缩使下颌骨向后	
翼外肌	蝶骨大翼、颞下嵴和颞下面、翼突外侧板外面	下颌颈、翼肌凹、颞下颌关节囊	两侧同时收缩使下颌向前，一侧收缩使下颌移向对侧	
翼内肌	翼突窝	下颌支内面翼肌粗隆	上提下颌骨	

颈肌（图 87～93）

肌肉		起始	抵止	作用	神经及节段
颈浅肌	颈阔肌	锁骨下方胸筋膜	面部、口角及腮腺咬肌筋膜	紧张颈筋膜，促进颈部静脉血液回流	面神经颈支
	胸锁乳突肌	胸骨体及锁骨胸骨端	乳突及枕骨上项线	一侧收缩使头转向对侧、两侧收缩使头后仰；提胸廓，助深吸气	副神经 颈丛肌支 $C_{2\sim3}$
舌骨上肌群	二腹肌	后腹起自乳突切迹，前腹起自下颌骨中部内面	中间腱借筋膜系于舌骨体	上提舌骨 下掣下颌骨，参与咀嚼活动	前腹三叉神经 后腹面神经
	茎突舌骨肌	茎突根部	舌骨		面神经
	下颌舌骨肌	下颌体内面			下颌神经
	颏舌骨肌	下颌骨颏棘			舌下神经
舌骨下肌群	胸骨舌骨肌	胸骨柄及锁骨胸骨端后面	舌骨体	下拉舌骨 使喉向上、下移动	颈襻 $C_{1\sim4}$
	胸骨甲状肌	胸骨柄及第一肋后面	甲状软骨斜线		
	甲状舌骨肌	甲状软骨斜线	舌骨体及大角		
	肩胛舌骨肌	下腹起自肩胛骨上缘，移行于中间腱，上腹止于舌骨体			
颈深肌	前斜角肌	颈椎横突	第一肋骨上面	上提第一、二肋，助深吸气 使颈椎前屈或侧屈	颈神经前支 $C_{3、4}$
	中斜角肌				
	后斜角肌		第二肋骨粗隆		
	颈长肌 头长肌	位于颈椎前面		颈椎前屈，头前俯	颈神经前支 $C_{1\sim4}$

§4 躯 干 肌

背肌(图 94、95、401)

肌	肉	起 始	抵 止	作 用	神经及节段
背浅肌	斜方肌	枕外隆凸、上项线及全部胸椎棘突	锁骨外 1/3、肩峰及肩胛冈	提肩、降肩或拉肩胛骨向内	副神经 颈丛肌支 $C_{3\sim4}$
	背阔肌	下 6 个胸椎及全部腰椎棘突、髂嵴后部	肱骨小结节嵴	使肱骨内收、内旋和后伸	胸背神经 $C_{6\sim8}$
	肩胛提肌	上 4 个颈椎横突	肩胛骨内侧角	上提肩胛骨	肩胛背神经 $C_{3\sim5}$
	菱形肌	下 2 个颈椎及上 4 个胸椎棘突	肩胛骨内侧缘	牵肩胛骨向内上	肩胛背神经 $C_{4\sim5}$
	上后锯肌	下2 个颈椎及上 2 个胸椎棘突	第 2 ~ 5 肋骨外方	提肋,助吸气	肋间神经 $T_{1\sim4}$
	下后锯肌	下 2 个胸椎及上 2 个腰椎棘突	第 9 ~ 12 肋	降肋,助呼气	肋间神经 $T_{9\sim12}$
背深肌	头夹肌 颈夹肌	项韧带及上位胸椎棘突	乳突和上 3 个颈椎横突	使头颈向同侧回旋、两侧收缩使头后仰	脊神经后支 $C_{1\sim8}$
	竖脊肌 髂肋肌	骶骨背面及髂嵴后部	肋 骨	伸直脊柱及仰头	脊神经后支 $C_8 \sim L_1$
	竖脊肌 最长肌		横突和乳突		
	竖脊肌 棘 肌		棘 突		

胸肌(图 96、98、104～106)

肌肉		起始	抵止	作用	神经及节段
胸上肢肌	胸大肌	锁骨内半,胸骨及上 6～7 个肋软骨	肱骨大结节嵴	内收、内旋肱骨,肱骨固定时,可提肋,助吸气	胸外侧神经 $C_5 \sim T_1$
	胸小肌	第 3～5 肋骨前端	肩胛骨喙突	拉肩胛骨向前下方,肩胛固定时,可提肋,助吸气	胸内侧神经 $C_6 \sim T_1$
	锁骨下肌	第 1 肋胸骨端上面	锁骨肩峰端下面	拉锁骨向下内,增强胸锁关节	锁骨下神经 $C_{4\sim6}$
	前锯肌	第 1～9 肋骨	肩胛骨内侧缘	拉肩胛骨向前、提肋,助吸气	胸长神经 $C_{5\sim7}$
胸固有肌	肋间外肌	肋骨下缘	下位肋骨上缘	提肋、助吸气	肋间神经 $T_{1\sim11}$
	肋间内肌	肋骨上缘	上位肋骨下缘	降肋,助呼气	肋间神经 $T_{1\sim11}$
膈		胸骨部:剑突后面 肋部:胸廓下缘内面 腰部:上 3 个腰椎体、腰方肌上缘、第 12 肋尖	中心腱	膈穹窿下降,使胸腔容积增大,助吸气	膈神经 $C_{3\sim5}$

腹肌(图 99～106)

肌肉		起始	抵止	作用	神经及节段
前外侧群	腹直肌	第 5～7 肋软骨及剑突前面	耻骨联合及耻骨结节之间	前屈脊柱,降胸廓,增加腹压	肋间神经 $T_{5\sim12}$
	腹外斜肌	下 8 肋外面	借腱膜止于白线并形成腹股沟韧带、髂嵴前部	前屈、侧屈并回旋脊柱 增加腹压	肋间神经、髂腹下神经、髂腹股沟神经 $T_5 \sim L_1$
	腹内斜肌	腰背筋膜、髂嵴、腹股沟韧带外侧 2/3	借腱膜止白线和下 3 肋,下部肌束形成睾提肌		
	腹横肌	腰背筋膜、髂嵴、腹股沟韧带外侧 1/2	白线		
后群	腰方肌	髂嵴、髂腰韧带、下 4 个腰椎横突	第十二肋、上 4 个腰椎横突	降 12 肋,使腰椎侧屈	腰丛 $T_{11} \sim L_4$

§5 四 肢 肌

上 肢 肌

肩肌(图 107～108)

肌 肉	起 始	抵 止	作 用	神经及节段
三角肌	锁骨外 1/3、肩峰及肩胛冈	肱骨三角肌粗隆	使臂外展	腋神经 $C_{5\sim6}$
冈上肌	冈上窝	肱骨大结节	使臂外展	肩胛上神经 C_5
冈下肌	冈下窝		使臂内收、外旋	肩胛上神经 $C_{5\sim6}$
小圆肌	冈下窝下部		使臂内收、外旋	腋神经 $C_{5\sim6}$
大圆肌	肩胛骨下角背面	肱骨小结节嵴	使臂内收、后伸	肩胛下神经 $C_{5\sim6}$
肩胛下肌	肩胛骨前面	肱骨小结节	使臂内收、内旋	

臂肌(图 107、108、408)

肌 肉		起 始	抵 止	作 用	神经及节段
前群	肱二头肌	长头：肩胛骨盂上结节 短头：喙突	桡骨粗隆	屈肘、使前臂旋后	肌皮神经 $C_{5\sim7}$
	喙肱肌	肩胛骨喙突	肱骨中部前内面	臂内收、屈臂向前	
	肱 肌	肱骨下半前面	尺骨粗隆	助肱二头肌屈肘	
后群	肱三头肌	长头：盂下结节 内侧头：肱骨后面（桡神经沟以下） 外侧头：肱骨后面（桡神经沟以上）	尺骨鹰嘴	伸 肘	桡神经 $C_{6\sim8}$

前臂掌侧肌(图 109、409)

肌肉		起始	抵止	作用	神经及节段
浅层	肱桡肌	肱骨外上髁	桡骨茎突	屈前臂并稍旋前	桡神经 $C_{5\sim6}$
	旋前圆肌	肱骨内上髁	桡骨中部前外面	屈前臂并稍旋前	正中神经 $C_{6\sim7}$
	桡侧腕屈肌		第二掌骨底前面	屈腕和屈前臂、手外展	
	掌长肌		掌腱膜	屈腕、紧张掌腱膜	
	指浅屈肌		第 2~5 指中节指骨底	屈中节指骨、屈掌指关节和腕关节	正中神经 $C_7\sim T_1$
	尺侧腕屈肌		豌豆骨	屈腕、使手内收	尺神经 $C_7\sim T_1$
深层	拇长屈肌	桡骨及骨间膜	拇指末节指骨底	屈拇指	正中神经 $C_7\sim T_1$
	指深屈肌	尺骨及骨间膜	第 2~5 指末节指骨底	屈各节指骨、屈掌指关节、屈腕	正中神经 尺神经 $C_7\sim T_1$
	旋前方肌	尺骨下 1/4 前面	桡骨下 1/4 前面	使前臂旋前	正中神经 $C_7\sim T_1$

前臂背侧肌(图 110、412)

肌肉		起始	抵止	作用	神经及节段
浅层	桡侧腕长伸肌	肱骨外上髁	第二掌骨底背面	伸腕、使手外展	桡神经 $C_{6\sim8}$
	桡侧腕短伸肌		第三掌骨底背面	伸腕	
	指伸肌		第 2~5 指中节和末节指骨底	伸腕、伸指	
	小指伸肌		小指指背腱膜	伸腕、伸小指	
	尺侧腕伸肌		第五掌骨底	伸腕、使手内收	
深层	旋后肌	肱骨外上髁及尺骨	桡骨上部	使前臂旋后	桡神经 $C_{6\sim8}$
	拇长展肌	桡、尺骨背面	第一掌骨底	外展拇指	
	拇短伸肌		拇指第一节指骨底	伸拇指第一节	
	拇长伸肌		拇指末节指骨底	伸拇指	
	示指伸肌		示指第二节指骨	伸示指	

手肌(图 113 ~ 116、415)

肌肉		起始	抵止	作用	神经及节段
外侧群	拇短展肌	屈肌支持带及舟骨	拇指近节指骨底	外展拇指	正中神经 $C_7 \sim T_1$
外侧群	拇短屈肌	屈肌支持带及大多角骨	拇指近节指骨底	屈拇指	正中神经 $C_7 \sim T_1$
外侧群	拇指对掌肌	屈肌支持带及大多角骨	第一掌骨桡侧	使拇指对掌	正中神经 $C_7 \sim T_1$
外侧群	拇收肌	屈肌支持带及头状骨、第三掌骨掌面	拇指近节指骨底	内收拇指、屈拇指	尺神经掌深支 $C_8 \sim T_1$
内侧群	小指展肌	豌豆骨及屈肌支持带	小指近节指骨底	外展和屈小指	尺神经 $C_8 \sim T_1$
内侧群	小指短屈肌	钩骨和屈肌支持带	小指近节指骨底	屈小指近节指骨	尺神经 $C_8 \sim T_1$
内侧群	小指对掌肌	钩骨和屈肌支持带	第五掌骨内侧缘	使小指对掌	尺神经 $C_8 \sim T_1$
中间群	蚓状肌 1、2	起自指深屈肌腱桡侧缘	2 ~ 5 指近节指骨背面及指背腱膜	屈掌指关节 伸指间关节	正中神经 $C_8 \sim T_1$
中间群	蚓状肌 3、4	起自指深屈肌腱桡侧缘	2 ~ 5 指近节指骨背面及指背腱膜	屈掌指关节 伸指间关节	尺神经 $C_8 \sim T_1$
中间群	骨间掌侧肌	3 块，第二掌骨尺侧、第四、五掌骨桡侧	第二、四、五指近节指骨底及指背腱膜	使第二、四、五指向中指靠拢	尺神经 $C_8 \sim T_1$
中间群	骨间背侧肌	4 块，掌骨间隙两侧	第 2 ~ 4 指近节指骨底及指背腱膜	使 2、4 指离开中指	尺神经 $C_8 \sim T_1$

下 肢 肌

髋肌（图 117～118）

肌肉			起始	抵止	作用	神经及节段
前群	髂腰肌	髂肌	髂窝	股骨小转子	屈并外旋大腿、使骨盆及躯干前屈	腰丛 $L_{1\sim4}$ 股神经
		腰大肌	1～4腰椎体及横突			
后群	臀大肌		骶骨背面 髂骨翼外面	股骨臀肌粗隆、髂胫束	后伸及外旋大腿，防止躯干前倾	臀下神经 $L_4\sim S_2$
	臀中肌		髂骨翼外面	股骨大转子	外展大腿	臀上神经 $L_4\sim S_1$
	臀小肌					
	梨状肌		骶骨前面	大转子尖	外旋大腿	骶丛分支 $S_{1\sim2}$
	闭孔内肌		闭孔膜内面及周围骨面	股骨转子窝		骶丛分支 $L_5\sim S_1$
	股方肌		坐骨结节	转子间嵴		
	闭孔外肌		闭孔膜外面及周围骨面	股骨转子窝		

大腿肌（图 119～121）

肌肉			起始	抵止	作用	神经及节段
前群	缝匠肌		髂前上棘	胫骨上端内面	屈大腿、内旋小腿	股神经 $L_{2\sim3}$
	股四头肌	肌直肌	髂前下棘	四个头通过髌骨，借髌韧带止于胫骨粗隆	伸小腿、屈大腿	股神经 $L_{2\sim4}$
		股外肌	股骨干		伸小腿	
		股间肌				
		股内肌				
	阔筋膜张肌		髂前上棘	移行于髂胫束，止于胫骨外侧髁	紧张髂胫束 屈大腿、伸小腿	臀上神经 $L_{4\sim5}$
内侧群	耻骨肌		耻骨梳	股骨小转子后下方	使大腿内收、稍外旋	闭孔神经 $L_{2\sim4}$
	股薄肌		耻骨下支	胫骨粗隆内下方		
	长收肌		耻骨上支及耻骨结节	股骨粗线		
	短收肌		耻骨下支			
	大收肌		闭孔下缘、坐骨结节			
后群	股二头肌		长头：坐骨结节 短头：股骨粗线中部	腓骨头	屈小腿、伸大腿或协助臀大肌伸直躯干	坐骨神经 $L_4\sim S_2$
	半腱肌		坐骨结节	胫骨近端内侧面		
	半膜肌					

小腿肌(图 122、123、431)

肌肉			起始	抵止	作用	神经及节段
前群		胫骨前肌	胫、腓骨及骨间膜前面	第一跖骨底及第一楔骨	使足背屈及内翻	腓深神经 $L_4 \sim S_1$
		踇长伸肌		踇趾末节趾骨底	伸踇趾、助足背屈	
		趾长伸肌		2～5趾、趾背腱膜	伸趾、助足背屈	
后群	浅层	小腿三头肌 腓肠肌	内、外侧头起于股骨内、外侧髁	借跟腱止于跟结节	屈小腿、提起足跟、固定髁关节,防止身体前倾	胫神经 $L_4 \sim S_2$
		小腿三头肌 比目鱼肌	胫、腓骨近端后面			
	深层	腘肌	股骨外上髁	胫骨近端后面	屈小腿、内旋小腿	胫神经 $L_4 \sim S_1$
		趾长屈肌	胫骨后面	2～5趾远节趾骨底	屈2～5趾、使足跖屈	胫神经 $L_5 \sim S_2$
		胫骨后肌	胫、腓骨后面及骨间膜	舟骨、第二、三楔骨、跖骨、骰骨等	使足跖屈并内翻	
		踇长屈肌	腓骨后面及骨间膜	于足底与趾长屈肌腱交叉,止于踇趾远节趾骨底	屈踇趾并使足跖屈	
外侧群		腓骨长肌	腓骨外面	第一跖骨底	使足跖屈和外翻	腓浅神经 $L_5 \sim S_1$
		腓骨短肌		第五跖骨底		

足肌(图 122、124、432)

<table>
<tr><th colspan="3">肌肉</th><th>起始</th><th>抵止</th><th>作用</th><th colspan="2">神经及节段</th></tr>
<tr><td rowspan="2">足背肌</td><td colspan="2">踇短伸肌</td><td rowspan="2">跟骨上外面</td><td rowspan="2">各趾近节趾骨底</td><td rowspan="2">协助伸趾</td><td colspan="2" rowspan="2">腓深神经 $L_4 \sim S_1$</td></tr>
<tr><td colspan="2">趾短伸肌</td></tr>
<tr><td rowspan="11">足底肌</td><td rowspan="3">内侧群</td><td>踇展肌</td><td rowspan="3">跟骨、舟骨、足底长韧带诸结构</td><td rowspan="3">踇趾近节趾骨底</td><td rowspan="3">外展、内收及屈踇趾</td><td rowspan="3">足底内侧神经</td><td>$L_5 \sim S_1$</td></tr>
<tr><td>踇短屈肌</td><td>$L_5 \sim S_2$</td></tr>
<tr><td>踇收肌</td><td>$S_{1\sim2}$</td></tr>
<tr><td rowspan="3">外侧群</td><td>小趾展肌</td><td rowspan="3">跟骨、跖骨及足底长韧带</td><td rowspan="3">小趾近节趾骨底及第五跖骨</td><td rowspan="3">外展及屈小趾</td><td colspan="2" rowspan="3">足底外侧神经 $S_{1\sim2}$</td></tr>
<tr><td>小趾短屈肌</td></tr>
<tr><td>小趾对跖肌</td></tr>
<tr><td rowspan="5">中间群</td><td>趾短屈肌</td><td>跟结节及足底腱膜</td><td>2~5 趾中节趾骨底</td><td>屈趾</td><td colspan="2">足底内侧神经 $L_5 \sim S_1$</td></tr>
<tr><td>足底方肌</td><td>跟骨</td><td>趾长屈肌腱</td><td>协助屈趾</td><td colspan="2">足底外侧神经 $S_{1\sim2}$</td></tr>
<tr><td>足底蚓状肌</td><td>4 块,起于趾长屈肌腱</td><td>近节趾骨底、趾背腱膜</td><td>屈跖趾关节、伸趾关节</td><td colspan="2">足底内、外侧神经 $L_5 \sim S_2$</td></tr>
<tr><td>骨间足底肌</td><td colspan="3" rowspan="2">共 7 块,起于跖骨,止于近节趾骨,以第二趾为中心并拢和散开</td><td>腓深神经</td><td rowspan="2">$S_{1\sim2}$</td></tr>
<tr><td>骨间背侧肌</td><td>足底外侧神经</td></tr>
</table>

§6 关节运动及肌肉作用

一、肩胛骨及肩关节运动

1. 臂上举(包括肩带外旋)
   三角肌($C_{5\sim6}$)
   冈上肌(C_5)
   斜方肌$\frac{上}{下}$部(副神经及 $C_{3\sim4}$)
   前锯肌下部($C_{5\sim7}$)
   (臂外展主要由三角肌、冈上肌参与)
2. 肩和臂下降(如用臂支撑身体)
   胸大肌($C_5\sim T_1$)
   胸小肌($C_6\sim T_1$)
   斜方肌下部
   前锯肌($C_{5\sim7}$)
   背阔肌($C_{6\sim8}$)
3. 臂内收、肩带内旋
   胸大肌($C_5\sim T_1$)
   背阔肌($C_{6\sim8}$)
   冈下肌($C_{5\sim6}$)
   小圆肌($C_{5\sim6}$)
   肩胛提肌($C_{4\sim5}$)
   菱形肌($C_{4\sim5}$)
   (臂内收主要由胸大肌、背阔肌、小圆肌参与)
4. 肩带内收(如扩胸时)
   斜方肌(副神经、$C_{3\sim4}$)
   背阔肌($C_{6\sim8}$)
   菱形肌($C_{4\sim5}$)
5. 肩上升(如耸肩)
   斜方肌
   肩胛提肌($C_{4\sim5}$)
   菱形肌($C_{4\sim5}$)
6. 臂后伸
   三角肌后部($C_{5\sim6}$)
   大圆肌($C_{5\sim6}$)
   背阔肌($C_{6\sim8}$)
7. 臂前屈
   三角肌前部($C_{5\sim6}$)
   喙肱肌($C_{5\sim6}$)
   肱二头肌($C_{5\sim6}$)
   胸大肌($C_5\sim T_1$)
8. 臂内旋
   肩胛下肌($C_{5\sim6}$)
   大圆肌($C_{5\sim6}$)
   背阔肌($C_{6\sim8}$)
9. 臂外旋
   冈下肌($C_{5\sim6}$)
   小圆肌($C_{5\sim6}$)

二、肘关节运动

1. 屈肘
   肱二头肌($C_{5\sim6}$)

肱肌($C_{5\sim6}$)
肱桡肌($C_{5\sim6}$)
2. 伸肘
肱三头肌($C_{6\sim8}$)
3. 前臂旋后(转掌向前)
肱二头肌($C_{5\sim6}$)
旋后肌($C_{5\sim6}$)
4. 前臂旋前(转掌向后)
旋前圆肌($C_{6\sim7}$)
旋前方肌($C_7\sim T_1$)

三、腕关节运动

1. 屈腕
桡侧腕屈肌($C_{6\sim7}$)
尺侧腕屈肌($C_7\sim T_1$)
掌长肌($C_7\sim T_1$)
指浅、深屈肌($C_7\sim T_1$)
拇长屈肌($C_7\sim T_1$)
2. 伸腕
桡侧腕伸肌($C_{6\sim8}$)
尺侧腕伸肌($C_{6\sim8}$)
指伸肌($C_{6\sim8}$)
3. 手内收
尺侧腕屈肌($C_7\sim T_1$)
尺侧腕伸肌($C_{6\sim8}$)
4. 手外展
桡侧腕屈肌($C_{6\sim7}$)
桡侧腕伸肌($C_{6\sim8}$)

四、指的运动

1. 拇指的运动
屈曲
拇长屈肌($C_7\sim T_1$)
拇短屈肌($C_7\sim T_1$)
伸直
拇长伸肌($C_{6\sim8}$)
拇短伸肌($C_7\sim T_1$)
内收
拇收肌($C_8\sim T_1$)
外展
拇长展肌($C_{6\sim8}$)
拇短展肌($C_7\sim T_1$)
对掌
拇指对掌肌($C_{6\sim7}$)
拇收肌($C_8\sim T_1$)
2. 第2~5指的运动
屈曲
指浅、深屈肌($C_7\sim T_1$)
骨间肌($C_8\sim T_1$)、蚓状肌($C_8\sim T_1$)}屈基节指骨
小指短屈肌($C_8\sim T_1$)
伸直
指伸肌($C_{6\sim8}$)
骨间肌($C_8\sim T_1$)、蚓状肌($C_8\sim T_1$)}伸两个指关节
示指伸肌($C_{6\sim8}$)
小指伸肌($C_{6\sim8}$)
内收
骨间掌侧肌($C_8\sim T_1$)
外展

骨间背侧肌($C_8 \sim T_1$)

五、髋关节运动

1. 大腿前屈

髂腰肌($L_{1\sim4}$)

股直肌($L_{2\sim4}$)

缝匠肌($L_{2\sim3}$)

阔筋膜张肌($L_{4\sim5}$)

2. 大腿后伸

臀大肌($L_4 \sim S_2$)

股二头肌($L_4 \sim S_2$)

半腱肌($L_4 \sim S_1$)

半膜肌($L_4 \sim S_1$)

3. 大腿内收

长收肌($L_{2\sim3}$)

短收肌($L_{2\sim4}$)

大收肌($L_{3\sim4}$)

耻骨肌($L_{2\sim3}$)

股薄肌($L_{2\sim4}$)

4. 大腿外展

臀中肌($L_4 \sim S_1$)

臀小肌($L_4 \sim S_1$)

5. 大腿旋内

臀中肌($L_4 \sim S_1$)

臀小肌($L_4 \sim S_1$)

6. 大腿旋外

髂腰肌($L_{1\sim4}$)

臀大肌($L_4 \sim S_2$)

梨状肌($S_{1\sim2}$)

闭孔内肌($L_5 \sim S_1$)

股方肌($L_5 \sim S_1$)

闭孔外肌($L_5 \sim S_1$)

六、膝关节运动

1. 小腿屈曲

股二头肌($L_4 \sim S_2$)

半腱肌($L_4 \sim S_1$)

半膜肌($L_4 \sim S_1$)

腘肌($L_4 \sim S_1$)

腓肠肌($L_4 \sim S_2$)

2. 小腿伸直

股四头肌($L_{2\sim4}$)

3. 小腿旋内(在屈曲状态时)

半腱肌($L_4 \sim S_1$)

半膜肌($L_4 \sim S_1$)

缝匠肌($L_{2\sim4}$)

股薄肌($L_{2\sim4}$)

腘肌($L_4 \sim S_1$)

4. 小腿旋外(在屈曲状态时)

股二头肌($L_4 \sim S_2$)

七、踝关节运动

1. 足背屈

胫骨前肌($L_{4、5}$)

趾长伸肌($L_4 \sim S_1$)

踇长伸肌($L_4 \sim S_1$)

2. 足跖屈(提起足跟)

小腿三头肌($L_4 \sim S_2$)

胫骨后肌($L_5 \sim S_2$)

趾长屈肌($L_5 \sim S_2$)

踇长屈肌($L_5 \sim S_2$)

腓骨长肌($L_5 \sim S_1$)

3. 足内翻

胫骨前肌($L_{4\sim5}$)

胫骨后肌($L_5 \sim S_2$)

踇长屈肌($L_5 \sim S_2$)

趾长屈肌($L_5 \sim S_2$)

4. 足外翻

腓骨长肌($L_5 \sim S_1$)

腓骨短肌($L_5 \sim S_1$)

八、足趾的运动

1. 趾屈曲

踇长屈肌($L_5 \sim S_2$)

趾长屈肌($L_5 \sim S_2$)

足骨间肌($S_{1\sim2}$)

足蚓状肌($L_5 \sim S_2$)

踇短屈肌($L_5 \sim S_2$)

趾短屈肌($L_5 \sim S_2$)

小趾短屈肌($S_{1\sim2}$)

2. 趾背伸

踇长、短伸肌($L_4 \sim S_1$)

趾长、短伸肌($L_4 \sim S_1$)

§7 皮　　肤

皮肤(图2)覆盖在身体表面,可以保护体内组织和器官免受外界各种刺激和损害;可以排汗、分泌皮脂、散热、保温,具有调节体温和排泄废物的功能;同时,皮肤可以感受痛、触、压、温、冷等刺激,是一个重要的感觉器官。成人皮肤面积约有1.5~2.0平方米,厚度在0.5~4.0毫米之间,表面有无数皮嵴、沟纹、汗孔和毛发。

皮肤由表皮、真皮和皮下组织三部分组成。

一、表皮　由复层扁平上皮构成,有十多层细胞,厚度不超过2毫米。最浅层的扁平细胞已完全角化,较硬,能耐一定摩擦和防止细菌感染,叫角化层,不断衰老脱落。最深层的细胞与真皮相接,呈柱形、立方形或多角形,排列成波纹状,叫生发层,其间并夹有黑色素细胞。生发层细胞不断向表层增生,以补充角化层的脱落或修补缺损。临床上的皮内注射就是将药液注入表皮深面与真皮之间。

二、真皮 位于表皮深面,是一层较致密的结缔组织,富有胶原纤维、弹性纤维和网状纤维,使皮肤具有一定的韧性;真皮的浅部形成许多乳头状突起,伸入表皮,状如波纹,叫乳头层,乳头中富有血管和神经末梢。真皮的深部较厚,内有纵横交错的纤维,叫网状层。真皮中含有血管、淋巴管和神经,还有汗腺、毛囊和皮脂腺。

1. 汗腺 是弯曲的管状腺,分分泌部和排泄部两部。分泌部是一条蟠曲成团的管道,管腔上皮为单层柱状或锥体形,位于真皮深部。排泄部是细长的两层上皮管道,腔细,从深部行向表层,在表皮内失去管壁,呈螺旋状孔道开口于表面。腋窝、乳晕、大阴唇、肛门周围的汗腺特大而有分支,分泌物较浓稠,含有较多脂类,有一定气味。

2. 毛发 分露于皮外的毛干和埋于皮内的毛根两部。包围毛根的上皮组织叫毛囊,毛根末端膨大,叫毛球,毛球下部凹陷,称毛乳头,内含丰富的血管和神经,供给毛以营养。毛发与皮肤面呈一定角度,在钝角侧有一条斜行平滑肌束,称立毛肌,它一端连于毛囊中部,一端止于真皮乳头层,收缩时能使毛竖起。

3. 皮脂腺 是一种泡状腺,多位于毛囊与立毛肌之间,开口于毛囊。腺泡外层细胞有分裂增殖能力,内层细胞逐渐充满脂滴,体积变大,最后连同腺细胞一齐破溃排出,形成皮脂,经毛囊腔排至体外。若腺口阻塞,皮脂潴留,即形成皮脂腺囊肿(粉瘤)。

4. 神经 皮肤的神经有两种:一种是交感神经,支配血管平滑肌、立毛肌收缩和汗腺分泌;另一种是感觉神经,形成各种感觉末梢,如游离神经末梢(痛觉,分布真皮浅层和表皮)、触觉小体(Meissner,位于真皮乳头中)、球状小体(Clause,冷觉,位于真皮浅部)、梭状小体(Ruffini,温觉)、环层小体(Pacini,压觉,位于真皮深部和皮下组织中)和毛囊的神经末梢等。

三、皮下组织 由疏松结缔组织和大量脂肪组织组成,使皮肤具有保温和缓冲压力的作用。皮下组织的厚薄因性别、年龄、部位和个人而不同,眼睑的皮下组织中无脂肪,而臀部和足跖等处具有大量弹性脂肪。皮下组织中通行有皮静脉、皮神经和血管网,为皮下注射和静脉注射的部位。皮下组织的深面是深筋膜和肌肉,皮肤有胶原纤维束与深筋膜相连。

皮肤的烧伤和冻伤较为常见。烧伤和冻伤的病情程度,就是依皮肤分层来判定的。通常采用的标准是:一度,仅累及表皮;二度,累及真皮,其中浅二度达真皮乳头层,深二度达网状层;三度,损伤达于皮下组织或深及肌肉、骨骼。

§8 体表标志和测量

运动器中有些骨性突起、凹陷和肌肉轮廓可以在生体体表上看到或摸到(图 1、3、4),临床检查、治疗或针灸取穴时,常作为定位的标志。

头 颈 部

枕骨外面中间最隆起的骨突,为枕外隆凸,自隆凸向两侧有稍隆起的上项线,为肌肉的附着处。沿上项线向前,可摸到颞骨的乳突,乳突为自耳郭后方向下突出的圆形隆起。

在面部(图 182),两眉中间稍下的最深凹陷处,为鼻根,即额骨与鼻骨相接的正中点。自鼻根向两侧可摸到眶缘。眶缘呈四边形,分眶上缘和眶下缘,眶上缘中、内 1/3 交界处有眶上切迹(或眶上孔),眶上缘上方有隆起的眉弓;眶下缘直下方可摸到眶下孔;在眶下缘下外方、面部两侧最隆起之处为颧骨;循颧骨向后至耳前,可摸到一骨性弓,叫颧弓。在耳前颧弓根部下方有一凹陷,为颞下颌关节,张口时,可触到下颌小头在关节窝内转动。颧弓中点上方约 4 厘米处,有一骨性标志——翼点,即额骨、顶骨、颞骨、蝶骨会合处(图 22);翼点正对着大脑外侧裂前端,并有脑膜中动脉前支于该点深部经过(图 407)。颧弓上方为扇形的颞肌,下方为长形的咬肌(图 83),当咬紧牙时,可触到此二肌呈坚硬的隆起。咬肌向后下方的止处,可摸到一弓形的骨缘,为下颌角。下颌角向前延续为下颌体的下缘。下缘中央向前的隆起,叫颏隆凸。平下颌体下缘向后,在颈部肌肉中可摸到蹄铁形的舌骨。男性颈前中央,可见一明显的隆起,为喉结,吞咽时作上下移动。当头转向对侧时,有一明显的肌肉隆起,从前下方斜向后上方,为胸锁乳突肌。

躯 干 部

背部正中线有一浅沟,在其中可摸到椎骨的棘突,浅沟两岸为隆起的背肌,由于项部肌肉多,颈椎棘突短,故不易摸到颈椎棘突。但第七颈椎棘突特长,低头时,在项部下方平肩处显一隆起,可看到和摸到(图 381),并能随头而左右转动。有时这里有两个突起，上面的为第六颈椎棘突。有时可摸到三个突起，中间一个为第七颈椎棘突。肩胛骨在背部平齐第二～七肋骨，可摸到隆起的肩胛冈，冈的上下方分别为冈上、下肌，两侧肩胛冈的连线恰通过第三胸椎棘突，可依此作为计数椎骨的标志。肩胛骨下角平对第七肋。

棘突尖		椎体	与其他结构对应关系
C_1	（平本椎体同高或下缘）	C_1	
C_2 C_3 C_4 C_5		C_2 C_3 C_4 C_5	颈上交感节平 $C_{2\sim3}$ 椎体舌骨平 C_3 颈总动脉分叉部平 $C_{3\sim4}$椎间盘 甲状软骨平 $C_{4\sim5}$椎体
C_6		C_6	环状软骨 气管和食管起始 颈中交感节 喉下神经入喉
C_7		C_7	胸导管最高点 甲状腺峡 颈下交感节
T_1 T_2	（平本椎体下缘或下一椎体上缘）	T_1 T_2 T_3	肺尖达 T_1 最高点 胸骨颈切迹平 T_2
T_3	（平下一椎体中高）	T_4	胸骨角和第二肋软骨肩胛冈内端 上、下纵隔分界 升主动脉移行于主动脉弓 气管分叉为主支气管
T_4		T_5	

棘突尖		椎体	与其他结构对应关系
T_5	（平下一椎体下缘）	T_6	
T_6 T_7 T_8 T_9 T_{10} T_{11}		T_7 T_8 T_9 T_{10} T_{11} T_{12}	肩胛骨下角 下腔静脉过膈 胸骨体剑突结合 膈食管裂孔 膈主动脉裂孔
T_{12}	（平下一椎体上缘）	L_1	
L_1	（棘突与本椎体同高）	L_1	幽门平面（为颈切迹和耻骨联合连线中点） 胰　体 肾　门 肠系膜上动脉起始
L_2		L_2	脊髓圆锥终止 胸导管自乳糜池起始
L_3		L_3	肋下平面 髂嵴最高点过 $L_{3\sim4}$椎间盘
L_4		L_4	主动脉分叉处平 L_4
L_5		L_5	髂总动脉终末分叉 下腔静脉起始 平髂结节
S_2		S_2	平髂后上棘 蛛网膜下腔终止
S_3		S_3	乙状结肠与直肠移行处

〔注〕 C—颈椎　T—胸椎　L—腰椎　S—骶椎

腰部两侧可摸到短的第十二肋和竖脊肌外缘，再下方可触及髂嵴，两侧髂嵴最高点的连线通过第三、四腰椎棘突之间的缝隙，为确定腰椎穿刺的标志。在骶部，骨面凹凸不平，可摸到中线上的骶中嵴，其中以第二骶椎棘突最为显著，由此旁开一横指，即为第二骶后孔的所在。

在胸前正中线上可摸到胸骨，其上缘为胸骨颈切迹(图 20)，稍下为隆起的胸骨角，沿胸骨角向外即为第二肋软骨，由此向下外方，隔胸大、小肌可依次计数肋骨和肋间隙；在肌肉发达的男子的胸侧壁，尚可见到前锯肌与腹外斜肌肌齿交错(图 98)。胸骨下端的凹陷处有剑突。斜向下外，依次为肋弓，第十一、十二肋末端，它们构成腹壁的上界(图 173)；在下腹部，由中央向两侧依次可摸到耻骨联合、耻骨结节、腹股沟韧带、髂前上棘和髂嵴，为腹壁的下界。剑突与耻骨联合之间，有纵行的白线。白线为一线状沟，其中间部为脐。白线两侧可见稍隆起的腹直肌及其上的 3～4 条水平浅沟，即腱划；腹直肌外缘也显现一弧形的浅沟，为半月线(图 1)。

为应用方便起见，现将椎骨棘突、椎体与颈、胸、腹某些结构的对应关系列表如上。

四　肢　部

一、上肢部　肩内侧皮下可摸到锁骨全长，锁骨内侧半凸向前，外侧半凹向前，锁骨外半上方的凹窝为锁骨上窝，深部有臂丛等通过(图 397)。锁骨外端下方 2 厘米处的深部有喙突。背上部可扪及肩胛骨脊柱缘、下角和腋缘，沿肩胛冈向外可摸及肩峰。肩峰为测量上肢长度的标志。三角肌轮廓清晰可见，包围肱骨头，使肩部呈圆形隆起。当肩关节脱位或三角肌萎缩时，圆隆的外貌消失，肩峰突出，出现"方形肩"。腋窝前皱襞中有胸大、小肌，腋窝后皱襞中为大圆肌和背阔肌。

肘部两侧，可摸到肱骨内、外上髁。在肘后可见突出的尺骨鹰嘴。肘关节伸直时，此三个骨点在一条直线上，屈肘 90°时，此三点成等腰三角形(图 53)。肘关节脱位时，上述三点关系改变，肱骨髁上骨折时，三点关系不变。肘部前面的凹陷为肘窝，窝内有肱二头肌腱，其内侧可清楚摸到肱动脉的搏动。

腕部可摸到桡、尺骨下端和桡、尺骨茎突，还可以看到尺骨小头和屈伸肌腱。当握拳屈腕时，在掌面可以看到掌长肌腱位于腕部正中，最为显著，其桡侧为桡侧腕屈肌腱，尺侧为指浅屈肌腱和尺侧腕屈肌腱。当伸腕伸指时，在腕背侧可清晰看到各伸肌腱。从桡侧向尺侧为拇长展肌和拇短伸肌腱、拇长伸肌腱及指伸肌的四条肌腱。

二、下肢部 下肢的上界前为腹股沟韧带和髂前上棘，后为髂嵴，髂嵴下方为隆起的臀肌。臀部外侧可明显摸到大转子，臀肌下缘深面有坐骨结节。自髂前上棘至坐骨结节连一直线，称为棘结节间线(Nelaton 线)(图428)，此线恰通过大转子顶点。如大转子超过此线之上，说明大转子向上移位，这或许是股骨颈骨折，或许是髋关节后脱位。髂前上棘为测量下肢长度的标志。一般测量患肢长度时，需与健肢进行比较，将两腿放平(如不能放平即置于同样姿势)，测量髂前上棘至内踝间的距离。股骨颈与股骨干之间所成的夹角，一般为127°，此角过小为髋内翻，过大为髋外翻。

膝部外貌一般较直，两膝可以相贴，膝两侧为膨大的股骨和胫骨的内、外侧髁。胫骨外侧髁稍下，可摸到腓骨头。在膝前面可见到和摸到髌骨和它下方的髌韧带；髌韧带是检查髌腱反射的扣击之处，它抵止处即胫骨粗隆，为下肢骨牵引的常用部位。髌韧带两侧的凹陷，称膝眼；在膝眼处可触到膝关节面，膝关节腔如有积液，凹陷消失，这时如将髌骨压向股骨，可觉有漂浮感，此为浮髌试验阳性；可从髌骨内上缘或外上缘向关节腔穿刺，将积液抽出。膝部后方为菱形的腘窝(图121)，其内上界为半膜肌、半腱肌腱，外上界为股二头肌腱，下部两侧为腓肠肌内、外侧头。

小腿前面沿胫骨粗隆向下，可明显摸到胫骨前嵴和胫骨前内面，它们直接位于皮下，嵴的外侧为胫骨前肌。小腿后面有肥大的小腿三头肌的隆起，俗称"小腿肚子"，向下延续为跟腱。

在踝部，胫、腓骨远端膨大成内踝和外踝，外踝比内踝稍低(图77)，内、外踝的前方由内向外可摸到胫骨前肌腱、䠞长伸肌腱和趾长伸肌腱，外踝后方可摸到腓骨长、短肌腱(图122)。足部软组织覆盖少，尤其在足背面和足的内侧和外侧，从前到后，可以清楚地摸出趾骨、跖骨、跗骨和跟骨。

§9 骨盆和胎头的测量

骨盆的性差很大，女子盆腔较男子短而阔，耻骨弓角度大于直角。女盆的大小和形态与分娩有很大关系。同样，胎头的大小亦关系到分娩的难易。

骨盆标本测量(图 56 ~ 59)

	径　　线	径　线　起　止　部　位	平均距离(厘米)
骨盆入口	前后径(真结合径)	骶骨岬上缘中点至耻骨联合上缘中点	11.6
	横　　径	两侧界线(髂耻线)间的最大宽度	12.3
	斜　　径	左或右骶髂关节前面至对侧髂耻隆起间的距离	12.7
骨盆出口	前　后　径	耻骨联合下缘至骶尾联合处	12.3
	坐骨结节间径(出口横径)	两侧坐骨结节间的距离	10.0

骨盆生体测量

径　　线	径　线　起　止　部　位	平均距离(厘米)
髂棘间径	两侧髂前上棘外缘之间的距离	25.2
髂嵴间径	两侧髂嵴间最宽的距离	28.4
大转子间径	两侧股骨大转子间的距离	29.5
骶耻外径(外结合径)	第五腰椎棘突至耻骨联合上缘中点间的距离	20.5
外　斜　径	左或右髂后上棘至对侧髂前上棘间的距离	21.0
坐骨结节间径	两侧坐骨结节间的距离	9.0
骶耻内径(对角径)	耻骨联合下缘中点至骶骨岬的距离	13.3
产科结合径	骶骨岬至耻骨联合后面最突出点的距离,可由骶耻外径减去9厘米,或由骶耻内径减去2厘米求出	11.5

新生儿颅的测量(附图 1)(图 43、44)

径线	径线起止部位	平均距离(厘米)
双顶间径	两侧顶骨结节间距离,即最大颅宽	9.2
枕颏径	从颏尖端至后囟顶部的距离	13.2
枕额径	从鼻根至后囟底部的距离	11.2
枕下前额径	从枕下方结节至额结节的距离	10.2
枕颏周径	枕颏径的周围径	38.3
枕额周径	枕额径的周围径	34.4
枕下前额周径	枕下前额径的周围径	32.5

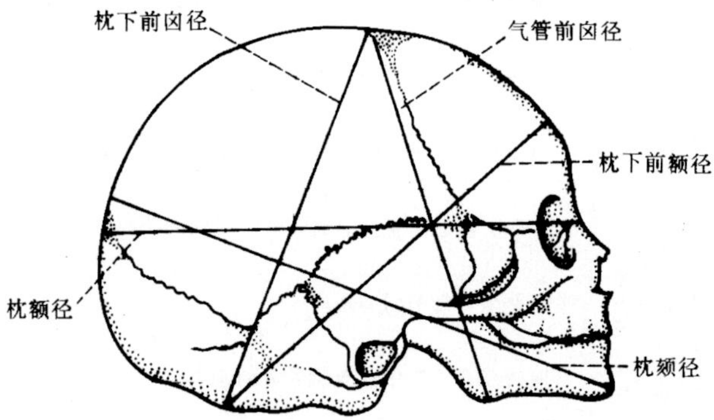

附图 1 新生儿颅的测量

§ 10 牙

人在一生中要长两次牙。出生后 6 个月左右开始出乳牙，到 2 岁左右出齐，共 20 个。当 6 岁左右乳牙逐渐自然脱落，长出恒牙，共 32 个。

乳牙(图 134)

V	IV	III	II	I	I	II	III	IV	V
V	IV	III	II	I	I	II	III	IV	V
					乳中切牙	乳侧切牙	乳尖牙	第一乳磨牙	第二乳磨牙

恒牙(图 131,133)

8	7	6	5	4	3	2	1	1	2	3	4	5	6	7	8
8	7	6	5	4	3	2	1	1	2	3	4	5	6	7	8
								中切牙	侧切牙	尖牙	第一前磨牙	第二前磨牙	第一磨牙	第二磨牙	第三磨牙(智齿)

乳牙萌出和脱落年龄

	萌出		脱落	
	上	下	上	下
乳中切牙	7 1/2 月	6 个月	7 1/2 岁	6 岁
乳侧切牙	9 个月	7 个月	8 岁	7 岁
乳尖牙	18 个月	16 个月	11 1/2 岁	9 1/2 岁
第一乳磨牙	14 个月	12 个月	10 1/2 岁	10 岁
第二乳磨牙	24 个月	20 个月	10 1/2 岁	10 岁

恒牙萌出年龄(图 136)

	上	下
中切牙	7～8 岁	6～7 岁
侧切牙	8～9 岁	7～8 岁
尖牙	11～12 岁	9～10 岁
第一前磨牙	10～11 岁	10～12 岁
第二前磨牙	10～12 岁	11～12 岁
第一磨牙	6～7 岁	6～7 岁
第二磨牙	12～13 岁	11～13 岁
第三磨牙	17～21 岁	17～21 岁

§ 11 消化管壁的构造

<table>
<tr><th rowspan="2">层次
部位</th><th colspan="3">粘膜</th><th rowspan="2">粘膜下层</th><th rowspan="2">肌层</th><th rowspan="2">浆膜</th></tr>
<tr><th>上皮</th><th>固有膜</th><th>粘膜肌</th></tr>
<tr><td>一般构造</td><td>单层柱状上皮</td><td>细密结缔组织，有血管、神经、淋巴组织和腺体</td><td>平滑肌</td><td>疏松结缔组织，内含较大的血管、淋巴管和粘膜下神经丛</td><td>一般为平滑肌，多为内环层、外纵层</td><td>由结缔组织和间皮构成，无间皮者，为外膜</td></tr>
<tr><td rowspan="2">食管</td><td colspan="3">呈淡红色或浅紫色，有 7 ~ 10 条纵行皱襞</td><td rowspan="2">较厚，有食管腺（分支管泡状）和导管</td><td rowspan="2">内环行，外纵行，上 1/3 为骨骼肌，中 1/3 为混合型，下 1/3 为平滑肌</td><td rowspan="2">外膜，弹性纤维多，含血管、淋巴管和神经丛</td></tr>
<tr><td>复层鳞状上皮</td><td>有食管腺的导管，有游离的淋巴细胞</td><td>为一层纵行的平滑肌较厚</td></tr>
<tr><td rowspan="2">胃
（图 142、143、145、146）</td><td colspan="3">活体呈微红的橙黄色，皱襞不规则，有胃小凹，凹底有胃腺开口</td><td rowspan="2">较厚，溃疡大出血即侵蚀此层的血管</td><td rowspan="2">内斜行，中环行，外纵行，幽门处有厚的幽门括约肌</td><td rowspan="2">浆膜</td></tr>
<tr><td>单层柱状上皮，无纹状缘和杯状细胞</td><td>有胃腺（含主细胞、壁细胞等）、幽门腺和贲门腺，各有特征</td><td>内环行，外纵行</td></tr>
</table>

小肠（图 147～149）	粘膜上有环行皱襞，空肠多，回肠少，其上布满绒毛，为小肠所特有			明显，时有淋巴小结由粘膜侵入，十二指肠有十二指肠腺，为其特征，此层破溃而致肠出血	内环行，外纵行，两层之间有肌间神经丛，促使肌收缩，肠产生蠕动	十二指肠一部为纤维膜，其余小肠均为浆膜
	单层柱状上皮，有小皮缘和杯状细胞	有乳糜管起于绒毛，有小肠腺，空肠有孤立淋巴小结，回肠有集合淋巴小结	内环行，外纵行			
结肠（图 150）	粘膜上有结肠半月襞，无绒毛			脂肪细胞多，有大血管和神经丛，常有淋巴小结侵入此层	内环行，外纵行，纵行肌常形成三条结肠带，带间纵肌很薄	浆膜内含大量脂肪，形成肠脂垂
	单层柱状上皮，杯状细胞特别多，有纹状缘	有肠腺（单管状腺）并有孤立淋巴小结	内环行，外纵行			
阑尾	粘膜面平滑，无绒毛			有脂肪组织与淋巴细胞	内环行，外纵行，但不发达	浆膜
	单层柱状上皮，不完整	有少量肠腺，淋巴小结密集排列，极多	很少，不完整			
直肠（图 152～155）	粘膜厚，肠腺深，上段有直肠横襞，下段有直肠柱			在上皮移行处，小静脉高度发达，形成静脉丛	内环肌在肛门处形成肛门内括约肌，外纵肌厚度一致，无结肠带	上 1/3 段有浆膜，其他为纤维膜
	为柱状上皮，至下段移行为复层鳞状上皮	有肠腺，淋巴小结很多	内纵行 中环行 外纵行			

§12 直　　肠

一、形态　直肠在第三骶椎高度接续乙状结肠，沿骶骨前面下行，终于肛门。全长为15～20厘米。在盆底以上的部分肠腔膨大，称直肠壶腹（直肠盆部）；盆膈以下长为3～4厘米缩窄的部分，称肛管（直肠肛门部）。直肠并非直管，盆部直肠凸向后，叫直肠骶曲（距肛门7～9厘米）；下部凸向前，叫直肠会阴曲（距肛门约5厘米）（图217、219、238）。所以当做乙状结肠镜检查时要注意这二个弯曲，以免损伤肠壁。直肠还有左右方向的弯曲，但不恒定。

二、壁的构造

1. 粘膜　直肠粘膜呈暗红色，很光滑，可见二三个半月状的直肠横皱襞，由粘膜和环行平滑肌形成，上、下两个在左侧，中间的居右侧，最下一个横皱襞距肛门为6～7厘米（图152）。

肛管上部的粘膜形成6～10条纵行皱襞，称肛柱（图152、156）；各柱下端以半圆形小皱襞相连，形成凹向上的浅凹陷，叫肛窦；肛窦与肛柱下端连成锯齿状的线，叫齿状线。齿状线为胚胎时期内、外胚层交接处，为皮肤与粘膜移行部。线以上为柱状上皮，线以下为复层扁平上皮。齿状线上、下的血管神经来源去路也不同：线以上为自主神经支配，无痛觉，线以下为脊神经（肛门神经）支配，有痛觉；线以上的静脉回流至门静脉系，线以下的回流至腔静脉系；线以上的淋巴还流至盆腔的淋巴结，线以下的还流至腹股沟下浅、深淋巴结，故此线在临床上有重要意义。

齿状线稍下、肛管中下1/3交界处，触诊时可摸到一浅沟，为肛门白线，这里相当于肛门内、外括约肌交界处（图154）。

2. 粘膜下层　直肠粘膜下层中有疏松结缔组织，这里的中小静脉高度发达，形成直肠内静脉丛，在齿状线以上的粘膜下层的内静脉丛称直肠上静脉丛，齿状线以下的内静脉丛称直肠下静脉丛（图154）。直肠上静脉丛如因某些原因发生曲张，即形成内痔，直肠下静脉丛发生曲张，称为外痔，如两静脉丛相邻部位同时发生曲张，称混合痔。直肠内静脉丛在肛管周围不是均等发育，而是在三处特殊发达，称右前、右后、左正中痔内静脉丛（图

153)；这三处发生的痔，称母痔，于截石位观察时，其部位分别在时钟指针的3时(左正中痔)、7时(右后痔)和11时(右前痔)处。

3. 肌层　直肠的肌肉有内环行、外纵行两层，纵行肌分布均匀，故无结肠所特有的结肠带。环行肌在肛门附近增厚，形成肛门内括约肌，为不随意肌，可协助排便，但不能随意括约肛门。在内括约肌外方，有肛门外括约肌，为横纹肌，可随意括约肛门，控制排便(图154、312、233)。外括约肌依部位可分三部：①皮下部，呈环形，位于肛管皮下，其上缘与肛门内括约肌下缘相接，正是肛门白线所在的沟处。②浅部，环形围绕肛管下部。③深部，呈环形，在浅部上方。肛门外括约肌的深浅两部与肛提肌的耻骨直肠肌(图155)形成一环，称肛门直肠环，此肌环主要括约肛门，如手术不慎切断，可引起大便失禁，须注意。

肌层的外方有直肠外静脉丛(图154)，与内静脉丛之间有吻合；外静脉丛的血液分别注入直肠上、下静脉和肛门静脉。

4. 外膜　直肠上1/3段全被腹膜遮盖，中1/3段仅前面覆以腹膜，下1/3段无腹膜，为纤维膜所包绕。

§13　肝

肝是人体中最大的消化腺，是体内物质代谢和解毒的重要器官，并能分泌胆汁。正常的肝呈红褐色，质软，受暴力打击时易于破裂。肝重约1 500克，胎儿与新生儿的肝在比例上特别大，约占腹腔容积的一半。

一、肝的形态　肝上面隆起与膈相贴，借肝镰状韧带(图158)在表面上分成大的肝右叶和小的肝左叶，下面(图159)朝后下方，凹陷不平，有左右两条纵沟和一条横沟。横沟为肝门，有门静脉、肝动脉和肝管等出入。右纵沟前方为胆囊窝，容纳胆囊；后方有下腔静脉，左纵沟前方有肝圆韧带，后方有静脉韧带(为静脉导管的遗迹)。

二、肝的位置　肝上界与膈同高，约平齐右侧第五肋间，可随呼吸而上下移动。成人肝下缘不超出右侧肋弓，在腹上部突出剑突下约3厘米。

三、肝的构造和分叶分段　肝是一实质性器官，由肝细胞和一系列管道(门静脉、肝动脉、肝管和肝静脉在肝内的分支)等构成(图163、附图2)。

肝表面被有浆膜,其下为结缔组织,含有丰富的弹力纤维。肝的内部以门静脉、肝动脉和肝管(三者伴行,合称 Glisson 系统)为基础,可划分为肝叶和肝段。各肝叶、肝段之间没有明显的结缔组织隔。

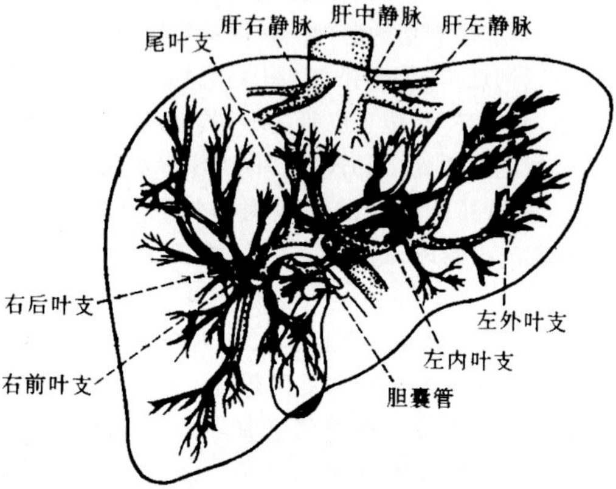

附图 2　门静脉、肝动脉和肝管在肝内的一般分支形式

肝的内部分叶与表面分叶不相一致。肝的内部借肝中裂分为左、右两叶(肝中裂在肝的上面与下面的投影皆相当于胆囊窝中线到下腔静脉左壁的联线)(图 163)。左叶借左叶间裂(与肝镰状韧带附着线和左纵沟一致)分为左内叶与左外叶,右叶借右叶间裂(为一近水平的斜裂)分为右前叶与右后叶,另外还有一个尾状叶。因之,肝内部分为五叶:左外叶、左内叶、右前叶、右后叶和尾叶。

每一肝叶又都分成两段,所以肝段共有 10 段(图 162),为:

左外叶上段	右前叶上段	尾叶左段
左外叶下段	右前叶下段	尾叶右段
左内叶上段	右后叶上段	
左内叶下段	右后叶下段	

每一肝段中由无数的肝小叶组成。肝小叶(图 165、166)是肝脏的基本结构,呈多角棱柱形,平均长约 2 毫米,宽约 1 毫米。在几个肝小叶相邻的地区内,结缔组织较多,其中通行有三种管道,即小叶间动脉、小叶间静脉和小叶间肝管,这个部分称为汇管部。肝小叶中央有一条中央静脉,肝细胞以

中央静脉为中心，向四周呈放射状排列，形成肝细胞索(肝板)。肝板是由一层细胞组成的板，且彼此吻合成网。网的间隙含有血窦(即扩大了的毛细血管)。血窦与肝细胞之间有网状纤维作为支架，窦壁由内皮细胞及星形细胞构成。星形细胞体较大，有突起，核卵圆形，核仁清楚，它能将血液中一些物质输送给肝细胞，并能吞噬异物，对机体有防御作用。

肝细胞为多边形腺上皮细胞，体积大(直径 18~26 微米)，核圆形，一般为一个，位于细胞中央，核膜薄，核内染色质较少，有一个或两个核仁。细胞质内含有脂滴、肝糖原、分泌颗粒、蛋白质粒及色素，此外尚有丰富的线粒体。

肝细胞间的管状间隙，叫胆小管(图 165、166)，在肝索内互相连接成网。胆小管靠近中央静脉侧呈盲端，肝细胞分泌的胆汁进入胆小管后，由小叶中央流向小叶边缘，进入汇管部的小叶间肝管内。小叶间肝管汇合成较大的肝管，最后汇合成左、右肝管，出肝后合成肝总管，再与胆囊管汇合成胆总管，开口于十二指肠。

在汇管部中，小叶间静脉腔大壁薄，由内皮和周围的结缔组织构成。小叶间动脉比小叶间静脉腔小而圆，由一层内皮和一二层平滑肌构成，小叶间肝管由单层立方上皮围成。

四、肝的血液循环　肝的血液供应有两个来源：其一来自门静脉，是肝的功能血管，使肝发挥代谢、解毒等作用；另一来自肝动脉，是肝的营养血管，供给肝细胞及肝内结缔组织的氧及营养物质。此两个管系统与肝管系统均由肝门(第一肝门)出入，它们相伴而行，共同包裹于结缔组织鞘中。先分为左、右两支，分别入肝的左、右叶。继发出 10 个肝段血管(图 162)，为：

左外叶上段动、静脉	尾叶右段动、静脉
左外叶下段动、静脉	右前叶上段动、静脉
左内叶上段动、静脉	右前叶下段动、静脉
左内叶下段动、静脉	右后叶上段动、静脉
尾叶左段动、静脉	右后叶下段动、静脉

肝段血管反复分支，最后于肝小叶周边发出小叶间动、静脉，两者伴行，流入肝血窦中(图 166)。血窦中的血液为混合的静脉血，再经中央静脉汇入小叶下静脉，最后主要合成三条肝静脉(肝左静脉、肝右静脉和肝中静脉)(图 164)，它们行于叶间裂内，与门静脉分支成指状嵌入，经肝脏膈面的第

二肝门出肝，随即注入下腔静脉中。肝静脉口径大，血容量多，管壁较薄，没有结缔组织包裹，从外科观点看来，肝静脉也是一个重要的系统。肝的血液循环径路如下：

门静脉→左、右支→肝叶静脉→肝段静脉→小叶间静脉 }→
肝动脉→左、右支→肝叶动脉→肝段动脉→小叶间动脉 }

→肝血窦(混合血)→中央静脉→小叶下静脉→肝(左、中、右)静脉→下腔静脉

§14 腹　　膜

打开腹腔后，在脏器表面和腹壁内面，可见到一层极为光滑的浆膜，这就是腹膜(图 171 ~ 179)。腹膜由间皮和结缔组织构成，可分壁层和脏层两部分，壁层衬贴于腹壁和盆壁的最里面，脏层覆盖在脏器的表面，成为脏器表面的浆膜层。壁层和脏层相互移行，两层之间所夹的空隙，称腹膜腔。腔是完全密闭的，只女性腹膜腔借输卵管伞与外界相通。

一、腹膜与脏器的关系　腹膜与内脏有着密切的关系，正常时，腹膜能分泌少量浆液，起滑润作用，可减少器官运动时的摩擦。

腹膜包裹脏器，由壁层移行于脏层，或由一个脏器移行于另一脏器，从而将内脏悬吊或固定在膈肌、腹后壁或盆壁上。腹膜包裹脏器的情况不同，大致可分三种：①有些内脏周围几乎全被腹膜包裹，称为腹膜内位器官，如胃、十二指肠上部、空肠、回肠、盲肠、阑尾、横结肠、乙状结肠、直肠上段、输卵管和卵巢等。②有些器官三面或绝大部分被腹膜包裹，称为腹膜间位器官，如升结肠、降结肠、直肠中段、肝、胆囊、子宫及膀胱等，了解这点有着实际意义，如右半结肠切除时，可于升结肠右侧纵行切开腹膜，再行钝性分离。③腹膜仅覆于器官前面者，称腹膜外位器官，如十二指肠大部、胰、肾和输尿管等。因此，做肾手术时，常从腹后壁入路，将腹膜前推，于腹膜外操作，这样可避免腹腔内感染和脏器粘连。

二、腹膜形成物——韧带、网膜、系膜和陷凹　腹膜在腹壁与脏器之间或脏器与脏器之间的移行部分，都是由双层构成的，依器官的形态和功能不

同，它们的长短和形态也不一样，而获得韧带、网膜和系膜等不同名称。韧带就是腹膜从壁层移行于脏层或从一脏器移行于另一脏器的双层腹膜皱襞；与胃大、小弯相联系的双层腹膜，称为大网膜和小网膜；由腹后壁连至肠管的双层腹膜，称为肠系膜。各器官的血管神经都经过腹膜双层皱襞，出入于该器官，淋巴结也位于器官附近的腹膜皱襞中，以保证各器官的代谢活动，因此，腹膜皱襞是经行血管神经的重要结构，必须极为注意。

1. 肝的韧带（图 158～160、171、174） 肝位于腹腔右上部，借韧带悬垂于膈下。肝后缘与膈之间，有横位的肝冠状韧带，并向两侧延续为左、右三角韧带；在肝上面的中线偏左，可见矢状位的肝镰状韧带连于膈，镰状韧带并向下连接着腹前壁内面的肝圆韧带，它们都对肝起悬垂固定作用；当然，肝下面的器官由于腹压关系，对肝亦有承托作用。

2. 小网膜（图 171、174） 自肝下面连于胃小弯和十二指肠球部的两层腹膜皱襞叫小网膜。其连于胃的部分，称肝胃韧带，连于十二指肠的部分，称肝十二指肠韧带。在肝胃韧带两层之间，沿胃小弯通行有胃左、右动脉，胃上淋巴结，淋巴管和神经等；在肝十二指肠韧带中通行有门静脉、肝动脉和胆总管等结构。

3. 大网膜（图 171、174） 与胃大弯相延续的两层腹膜，向下悬垂掩盖小肠和结肠，于盆腔上缘附近反折向上附于横结肠上，这部分腹膜称为大网膜。大网膜内含有大量脂肪、血管、淋巴管、淋巴结和神经。其上皮细胞有较强的吸收力和保护功能，当胃肠炎症或穿孔时，它可将病灶包裹，限制其蔓延；小儿大网膜较短，于阑尾炎穿孔或下腹部炎症时，不易被大网膜包围，应及时诊治，否则有转化为弥漫性腹膜炎的可能。大网膜在胃大弯与横结肠之间的部分，又叫胃结肠韧带，手术时常切开此部（图 178）。

4. 肠的系膜（图 171、177、179） 将大网膜掀起，可见空、回肠和肠系膜、横结肠及横结肠系膜、阑尾系膜、乙状结肠系膜等。小肠系膜根（图 175）附着于腹后壁，自第二腰椎体左侧斜向右下，止于右骶髂关节处，长约 15 厘米。小肠系膜宽而长，呈扇形，正常时，保证肠管有较大范围的自由蠕动，以利食糜的消化和吸收，但当肠系膜和肠管发生扭转和粘连时，可产生肠梗阻。

5. 十二指肠悬韧带（Treitz 韧带） 十二指肠空肠曲被十二指肠悬韧带所固定，该韧带连于膈肌脚和十二指肠空肠曲之间，为内含平滑肌的腹膜皱襞，有悬吊十二指肠下部的作用。欲寻找此韧带，可将大网膜和横结肠系膜上掀。于横结肠系膜根的中央偏左(即第一腰椎体左侧)即可见到(图179)。在胃肠手术中,必须根据此韧带作为胃肠切除及胃肠吻合的一个标志。

6. 脾的韧带(图172、178、295)　脾在左侧肋弓的深面,脾和胃之间有胃脾韧带,有胃短动脉行于其中;脾和左肾之间的双层腹膜为脾肾韧带,有脾动静脉行于其中;脾上端与膈之间,还有膈脾韧带。上述韧带使脾得到固定,脾切除时必须对这些韧带和其中的血管进行妥善处理。

7. 盆腔陷凹(图171)　在盆腔,腹膜覆盖着各脏器的表面,并于其间形成深浅不同的陷凹,男性有直肠膀胱陷凹,女性有前方的膀胱子宫陷凹和后方的直肠子宫陷凹。同时还形成一些重要韧带(见女性生殖器)。

三、腹膜腔的分区及其临床意义　横结肠及其系膜横贯腹腔中部,将腹膜腔分为上、下两区,上为结肠上区,下为结肠下区(图176)。

结肠上区亦称膈下区,肝脏将其分隔为肝上间隙和肝下间隙。肝上间隙被纵行的肝镰状韧带分成左、右两间隙。右肝上间隙又被横行的肝冠状韧带分成较大的右上前间隙和较小的右上后间隙。肝下间隙则被肝圆韧带分成右下和左下两间隙。左肝下间隙又被小网膜和胃分为左下前间隙和左下后间隙(即网膜囊)。此外,在冠状韧带两层之间,还存在着一个腹膜外间隙。因此,膈下间隙共有七个,六个在腹膜腔内,一个在腹膜腔外;四个位于肝上区,三个在肝下区。

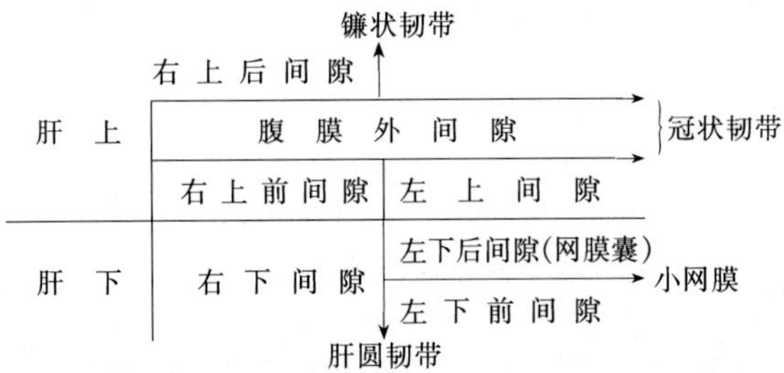

膈下区各间隙有时发生脓肿,其中以右上后间隙和右肝下间隙较常发生,脓肿形成后,可手术切开引流。

肝的左下后间隙即网膜囊(图171、178),通称小腹膜腔,位于小网膜和胃的后方。囊的前壁即为小网膜、胃和胃结肠韧带,后壁为胰腺和腹后壁腹膜,上为肝和膈,下为横结肠及其系膜,左为胃脾韧带和脾肾韧带,右侧上部有孔,叫网膜孔,借孔与大的腹膜腔相通。当胃后壁溃疡穿孔或胰腺外伤时,血液等可蓄积于网膜囊内。在做胃肠吻合术需进入网膜囊间隙时,可切开胃下缘的胃结肠韧带予以暴露。

在结肠下区,有四个沟状间隙(图 176)。其中两个位于升、降结肠外侧,称结肠左、右沟;两个位于小肠系膜根的两侧,称左、右系膜窦。其中结肠左、右沟和左侧系膜窦的积液都可向下流入盆腔。

腹膜具有吸收性能,一般来说,下腹部吸收能力较弱,上腹部吸收能力较强,平卧时,腹膜腔中的病理性积液常存留于几个较低部位,如膈上、下间隙,网膜囊,结肠左、右沟,小肠系膜窦及直肠膀胱(或子宫)陷凹中。故临床上常让腹部疾病的患者采取半卧位,防止积液流至上腹部被吸收,以避免败血症或脓毒血症的发生。

§15 支气管和肺的构造

一、支气管树 肺的实质如海绵状,是由反复分支的支气管树、肺泡和血管分支等组成(图 197~200)。主支气管(一级支气管)入肺门后,先分成肺叶支气管(二级支气管,右肺三支,左肺二支),肺叶支气管又分成肺段支气管(三级支气管)。每个肺一般有 10 个肺段支气管(图 197、198)。

右肺		左肺	
上叶	尖段支气管(1)	上叶	尖后段支气管(1+2)
	后段支气管(2)		
	前段支气管(3)		前段支气管(3)
中叶	外段支气管(4)		上舌段支气管(4)
	内段支气管(5)		下舌段支气管(5)
下叶	尖(上)段支气管(6)	下叶	尖(上)段支气管(6)
	内(心)底段支气管(7)		内(心)底段支气管(7)
	前底段支气管(8)		前底段支气管(8)
	外底段支气管(9)		外底段支气管(9)
	后底段支气管(10)		后底段支气管(10)

每个肺段支气管以下所属的肺组织，构成一个肺段。肺段呈圆锥形，尖向肺门，段间有少量结缔组织，临床上可以肺段为单位进行肺段切除。

肺段支气管再反复分支,形成支气管树,属于中支气管和小支气管。小支气管的口径达到1毫米以下时,则称为细支气管(四级支气管)。细支气管(图198、199)的特点是没有软骨支架,没有腺体,纤维膜中平滑肌相对增加,平滑肌收缩使粘膜产生皱褶。管壁更薄,上皮中没有杯状细胞。细支气管仍是气体的传导部分,常见的支气管哮喘就是由于细支气管壁平滑肌痉挛使管腔变窄所致。每一细支气管向下所属分支的肺组织,构成一个肺小叶。肺小叶体积不等,一般呈锥体形,底朝肺表面,可见其六角形轮廓,尖指向肺门,小叶性肺炎即发生于此。细支气管分支到直径为0.5~0.1毫米时,叫终末细支气管(五级支气管)(图198~200),粘膜上皮变为纤毛柱状,基膜不易分清,平滑肌形成一完整的层。

每一终末细支气管更分叉为两根呼吸性细支气管(六级支气管)(图198)。呼吸性细支气管是最小的支气管,口径在0.5毫米左右,管壁上皮由单层柱状逐渐移行于单层扁平上皮,无纤毛,固有膜很薄,含有弹性纤维、网状纤维和平滑肌。第一级呼吸性细支气管依次叉状地分为第二级、第三级呼吸性细支气管,最后形成肺泡管和肺泡,每个呼吸性细支气管约连结15个肺泡(图198~200)。第一级呼吸性细支气管以下的部分组成一个肺细叶,一个肺小叶通常含有数十个肺细叶。

肺泡管是许多肺泡的共同通道,由许多肺泡围成,因此其管壁几不存在,但其周围有平滑肌缠绕。几个肺泡共同形成的囊泡叫肺泡囊,数个肺泡囊连接并开口于肺泡管。肺泡囊构造和肺泡管相似。

肺泡为多面形的囊泡,直径0.15~0.6毫米,壁极薄,为单层扁平上皮。肺泡与肺泡之间的结缔组织为肺泡隔,隔内含有毛细血管网和少量网状纤维及弹力纤维。

呼吸性细支气管以下的部分属于肺的呼吸部分,肺泡中的二氧化碳与血液中的氧可透过肺泡上皮和血管内皮进行气体交换,人的肺泡总数估计有7.5亿个,其总面积在男子约为130平方米,女子约为100平方米。

二、支气管的构造 由内向外可分三层,即粘膜、粘膜下层和外膜。为了叙述方便,概略将支气管分为大(肺叶支气管)、中(肺段支气管以下)、小(细支气管以前)三等。

	粘膜			粘膜下层	外膜
	上皮	固有膜	粘膜肌		
大支气管	复层或假复层纤毛柱状上皮，杯状细胞多	厚，有胶原纤维、网状纤维和弹性纤维、弥散的淋巴组织和淋巴小结，小结内含有炭末色素	为平滑肌，环绕粘膜外壁多环行，成粘膜肌膜	为疏松结缔组织，厚，含有浆液和粘液的混合腺	由软骨和纤维组织构成，软骨呈不规则的片包围管壁，使管腔成环形；纤维组织厚，有血管、淋巴管和神经
中支气管	假复层纤毛柱状上皮，杯状细胞多	较薄，亦有淋巴组织、淋巴小结和炭末色素	较厚	较薄，腺较少	软骨片渐零碎且稀
小支气管	单层纤毛柱状上皮，有杯状细胞	更薄，有弥散的淋巴组织	形成肌束网，环绕粘膜外壁，切面不连续成膜	更薄，腺减少至完全消失	软骨片更小，减至完全消失

	上皮	平滑肌	弹性纤维
细支气管	单层纤毛柱状上皮或单层柱状上皮	环绕粘膜，相对地最厚	甚多
呼吸性细支气管	由近及远为单层纤毛柱状上皮、单层柱状上皮、立方上皮、单层鳞状上皮	有少量细肌束环绕管壁，切面成不连续的肌束	甚多
肺泡管	单层鳞状上皮	细束，居肺泡隔间	少
肺泡	单层鳞状上皮	无	网状纤维和弹性纤维在肺泡隔内散布成网

三、气管和支气管的生体测量值

起　止　距　离	男性平均值（厘米）	女性平均值（厘米）	动摇范围
自上切牙至会厌尖	10.88	10.47	8.5～12.0
自上切牙至声门裂	13.87	13.28	10.0～16.0
气管长度（自声门裂至气管隆凸）	13.33	11.73	9.0～16.0
自上切牙至气管隆凸	27.16	25.26	22.0～31.0
自上切牙至右上叶口	28.12	26.14	23.0～32.0
自上切牙至右下叶基底支口	33.41	31.28	29.0～37.0
自上切牙至左上叶口	30.42	28.38	24.0～35.0
自上切牙至左下叶基底支口	33.69	31.22	29.0～37.0

（数值引自《中华耳鼻咽喉杂志》9:109～111,1963 及 2:86,1953）

§16　肺和胸膜的体表境界

于胸廓表面推知肺和胸膜的界限以及肺叶的部位，临床上有一定用处。肺的上界，前面在锁骨上 2～3 厘米(图 203)，后面相当于第一胸椎上缘。肺的 下界，随呼吸而移动，正常人在乳头线上是第六肋，腋中线上是第八肋，

肺和胸膜下界

右侧					左侧			
肩胛线	腋中线	乳头线	起　点		起　点	乳头线	腋中线	肩胛线
第十肋	第八肋	第六肋	第六肋软骨附着胸骨处	肺	第六肋软骨中点	第六肋 *	第八肋 *	第十肋 *
第十一肋	第九肋	第七肋	同　上	胸膜	同　上	第七肋	第九肋	第十一肋

* 比右肺下界低一个肋幅。

肩胛线上是第十肋,脊柱上平第十一胸椎棘突。肺叶之间有裂隙相隔,右肺上叶与中叶的分界,叫右肺副裂,呈水平位,在腋中线上沿第四肋至前正中线。上下叶之间的分界叫叶间裂,斜行,自第三胸椎行向下外方,达前胸第六肋软骨,左右两侧相同。胸膜上界与肺相近,胸膜下界为肋膈隐窝的最低处,比肺下界约低一个肋间隙。

腹部各器官在腹前壁的投影

右季肋区	腹上区	左季肋区
肝右叶大部、胆囊一部分、结肠右曲、右肾上极	肝右叶小部、左叶大部、胆囊一部、幽门、胃体一部、十二指肠、胰、肾上腺、左右肾一部、主动脉、下腔静脉	肝左叶小部、胃贲门、胃底、体、胰尾、结肠左曲、脾、左肾一部
右腰区	脐区	左腰区
升结肠、部分右肾、部分肠襻、右输尿管	胃大弯(充盈时)、横结肠、大网膜、十二指肠、空回肠一部分、部分右肾、主动脉、下腔静脉	降结肠、空肠、左输尿管、左肾
右腹股沟区	腹下区	左腹股沟区
盲肠、回肠末段、阑尾	空回肠、膀胱(充盈时)、子宫底(女)、乙状结肠一部	乙状结肠及小肠襻

§17　肾(图 204～212)

一、肾实质　可分表层的皮质和深部的髓质,皮质厚约 4～5 毫米,呈红褐色,肉眼观察显现颗粒,为肾小球;髓质由 8～18 个肾锥体组成,皮质伸入锥体间的部分叫肾柱。肾锥体的底连接皮质,尖端突向肾窦,叫肾乳头。包绕肾乳头的膜状管为肾小盏(图 205),肾小盏合成 2～3 个肾大盏,肾大盏合成扁平漏斗状的肾盂,肾盂逐渐缩窄,于肾门处移行于输尿管。肾皮质和髓质由肾小体、肾小管和血管等构成,为泌尿和排尿的结构,肾小管最后开口于肾乳头,将尿排入肾盏、肾盂内。

组成及名称			存在部位	上皮细胞特点
肾单位	肾小球	血管球	在皮质和肾柱中	为极薄的扁平细胞
		↓ 肾球囊		扁平形,脏层细胞界限不清
	肾小管(泌尿部)	↓ 近曲小管	在皮质中盘曲	锥体形或立方形,有颗粒,基部有纵纹,游离面有刷毛缘,细胞界限不清
		↓ 髓襻降支	在髓质中降升	扁平形(或立方形),在核的地方向腔内突入
		↓ 髓襻升支		立方形,有颗粒,基部有纵纹,但不清楚
		↓ 远曲小管	回到皮质中盘曲	立方形,有颗粒,基部有纵纹,无刷毛缘,管腔较大,着色浅
	肾小管(排尿部)	↓ 集合管	髓质	立方形或柱形,胞质清明
		↓ 乳头管		同上,末端与变移上皮相续

肾实质主要由肾小球、肾小管和血管等组成。肾小管从功能上分泌尿部和排尿部两部。每一肾小球和肾小管的泌尿部构成一个肾单位,此为泌尿的功能单位,尿在其中形成后,再经肾小管的排尿部排至肾盏中。每一肾约有 130 万个肾单位,每一肾小球平均直径为 200~300 微米,每一肾单位的肾小管平均长为 50~55 毫米。

肾小球由血管球和肾球囊组成,血管球为盘曲的毛细血管团,血管内皮极薄,壁上有许多小孔,其直径为 30~100 纳米。血管球与两条小动脉相连,入球动脉较出球动脉粗,血液入球的多,流出的少,球内血压高,使得血液中的水分、糖类、无机盐及废物等从血管球滤过,进入球囊腔中,成为原尿。肾球囊是包绕血管球的凹陷的囊,囊壁分内、外两层,内层极薄,两层均由单层扁平上皮组成,两层间的空隙为球囊腔,与近曲小管相通。

近曲小管粗而长(长约 14 毫米),盘曲于肾小球附近,它具有许多结构特点:上皮细胞大,呈锥体形,管腔不规则,细胞境界不清,核圆形,胞质嗜酸性较强，细胞表面有刷毛缘，基部可见纵纹。成人每昼夜由肾小球滤出的液体可有170～200升，其中85%左右的水分、全部糖类及部分盐类都为近曲小管再吸收，回到血液中。

髓襻降支长为4.5～10毫米，由单层扁平上皮构成，管壁薄，管腔小，胞核突入管腔内，一般认为有再吸收水分的功能。髓襻升支长约9毫米，由立方上皮组成，胞质内有嗜酸性颗粒，当其进入皮质时，紧邻入球动脉的上皮变成柱状，胞核密集，染色较深，称致密斑（近球小体），有人认为它与分泌增高血压的肾素有关（图208）。

远曲小管盘曲于肾小球附近，长为4.5～5.0毫米，由立方上皮构成，管腔较大而平坦，核圆形，排列整齐而密集，细胞质染成粉色。此段可再吸收约14%的水分和某些无机盐类。

集合管起于髓放线处，向髓质直行，管腔较大，细胞境界清楚，胞质着色很淡。整个集合管合成乳头管，开口于肾锥体的乳头。成人每昼夜排尿量约1.0～1.8升，尿液相对密度（比重）在1.006～1.025之间。

二、肾内血管系统（肾血循环）（图208、210）

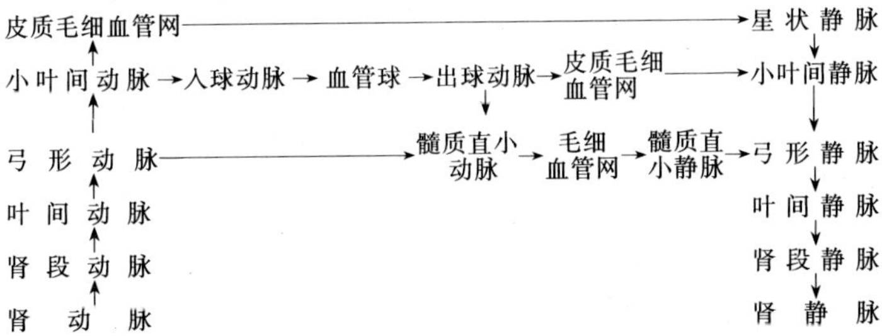

肾动脉到达肾门后分成前下、后上两主支，继分成五个肾段分支（上极动脉、肾盂前上动脉、肾盂前下动脉、下极动脉、肾盂后动脉），每个分支领域形成一个肾段，共五段：尖段（上极段）、上段（肾盂前上段）、中段（肾盂前下段）、下段（下极段）、后段（肾盂后段）（图207）。肾段分支之间没有吻合，都是终动脉，如被阻塞，肾组织的一部分就会坏死。肾内血液循环亦有其特点，入球动脉入肾球囊后形成第一次毛细血管（血管球），有滤过功能，血管球集合成出球动脉，它在皮质内再次形成毛细血管网，包绕肾小管的周围；第二次毛细血管既起营养作用，又有运回再吸收物质的功能。

肾血循环与肾的功能紧密相连。如急性肾炎时，毛细血管壁的基膜发生病变，可产生蛋白尿和血尿。休克状态时，由于肾血循环障碍，使得肾小管严重缺血，甚而可导致肾小管的坏死。

§18 女性生殖器概述

女性生殖器(图237)包括内生殖器——卵巢、输卵管、子宫、阴道和外生殖器——阴阜、大阴唇、小阴唇、阴蒂、阴道前庭和会阴等。

1. 卵巢(图237、238、241) 是一对生殖腺，可产生卵细胞和女性激素，位于子宫两侧、盆腔侧壁的凹窝中，呈扁卵圆形，比拇指头稍大。儿童卵巢表面平滑，成年女子卵巢因多次排卵，表面形成许多瘢痕，经绝期后卵巢已失去功能，萎缩变小。

2. 输卵管(图237、241) 是一对弯曲的长管，长为10~12厘米，内侧端与子宫角相连，开口于子宫腔，外侧端靠近卵巢，开口于腹腔。临床上把输卵管与卵巢统称为附件。输卵管由内向外可分四部：行于子宫壁内的一段叫间质部，内侧1/3较细窄的部分，叫输卵管峡，外侧2/3管腔比较宽大的部分，叫输卵管壶腹，壶腹末端扩大如漏斗状，周缘有锯齿状突起，叫输卵管伞。手术时，常以输卵管伞作为判定输卵管的标志。女子绝育术可将输卵管切断结扎，使精子与卵子不能结合。

3. 子宫(图237、238) 形如倒置的梨形，成年女子的子宫长约7.5厘米，宽约5.0厘米，厚约2.5厘米，分底、体、颈三部。上端圆凸的部分为子宫底，中部为子宫体，下端缩窄的部分为子宫颈。子宫颈长为2.5~3.0厘米，其下半突入阴道，为子宫颈阴道部。子宫体的内腔为子宫体腔，呈前后扁的倒置三角形，子宫颈的内腔叫子宫颈管，有内外两口。内口与子宫体腔相通，外口通入阴道。未产妇的子宫颈管外口常为圆形，分娩后变为一横裂。

子宫壁很厚，分为内膜、肌层和外膜三层。内膜即子宫粘膜，为单层柱状上皮，在子宫颈阴道部为复层鳞状上皮，固有膜为结缔组织，其中有许多单管状腺和血管等。肌层厚约2厘米，纵、环、斜行，其间含有较大血管，外膜在子宫底和体部为浆膜(腹膜)，在子宫颈以下则为纤维膜。

子宫体与子宫颈之间有长约1厘米的狭窄部分，为子宫峡部(图242)。峡部的上界为解剖学内口，是子宫腔最窄的部分，在外表上相当于子宫体下部边缘，其下界为组织学内口，即子宫体粘膜与子宫颈粘膜移行之处。峡部在妊娠期形成子宫体的下段，其构造和功能与子宫体上段显著不同。此部与腹膜疏松结合，壁内仅含少量纵走平滑肌，妊娠时可延长变薄，构成子宫腔的被动的扩张的部分；而子宫体上段，肌层肥厚，交织排列，妊娠期肌细胞变粗变长，虽使子宫腔扩大几十倍，壁仍厚达 1 厘米(妊娠晚期厚约 0.5 厘米)，分娩时表现出阵发性的收缩，为胎儿娩出的主要力量。分娩时由于上段收缩，下段被动扩张，上、下段之间出现有缩窄的部分，为生理缩复环。在某些异常情况(如头盆不称等)，胎儿不能顺利下降时，由于上段肌肉不断收缩和缩复，下段延长变薄，处于极度紧张状态，生理缩复环逐渐上升，变为病理缩复环，此时应采取紧急治疗，否则将导致子宫下段的破裂。

子宫位于盆腔中央，当身体直立时，子宫底位于骨盆入口平面上下，子宫颈位于两侧坐骨棘连线上。成年女子子宫的正常状态为轻度前倾前屈(图 238、245)；前倾即子宫体长轴与阴道长轴形成向前开放的角度，前屈为子宫体长轴与子宫颈长轴形成向前开放的角度。子宫有时亦呈其他各种位置(如后倾后屈等)(图 245)，严重者可能影响生育。如子宫因某些原因坠入阴道中或阴道口下方，为子宫脱垂，需进行治疗。

覆盖子宫的腹膜，在前面与子宫峡部疏松结合，并反折至膀胱上，形成膀胱子宫陷凹；在后面，腹膜覆于子宫颈及阴道后穹窿，然后反折至直肠前面，形成直肠子宫陷凹。此凹位置最低，腹腔内的渗出液多积存于此凹内(图 238)。

4. 阴道(图 237～240)　为前后略扁的肌性管道，壁富伸展性。上端包围子宫颈阴道部，其间形成环形凹陷，称阴道穹，有前、后穹之分。其中后穹较深，与子宫直肠陷凹仅隔阴道壁和一层腹膜，临床上后穹窿穿刺、引流及某些手术入路常在此处进行。阴道前壁与膀胱和尿道相贴，形成尿道阴道隔（图 240)，且较为紧密，后壁下段与直肠前壁相贴，但较疏松。子宫脱垂时，有时合并膀胱壁膨出。在阴道内使用器械时注意勿损伤膀胱和直肠。

5. 外阴(图 237)　大阴唇为两个大的皮肤皱襞，内含大量脂肪。小阴唇列于大阴唇内侧。两片小阴唇皮肤在前端会合，包绕阴蒂，中间围成阴道前庭，此处有两个开口，前方为尿道外口，后方为阴道口，阴道口两侧的大阴唇深部埋藏有前庭大腺(图 246，相当于男性尿道球腺)，分泌粘液以滑润阴道。阴道与肛门之间的区域，叫会阴，分娩时宜加保护，以免发生裂伤。

§19 生殖周期

13～45岁左右的女子的一个重要生理特征是卵巢周期性排卵和子宫内膜周期性脱落成为月经。此两种生理功能总称为生殖周期。

一、卵巢排卵(图252、253) 卵巢表面覆盖着单层立方上皮或单层扁平上皮,称为生发上皮;上皮下方有薄层结缔组织,为白膜。内部可分周围的皮质和中央的髓质,皮质由卵泡和间质组成,髓质由疏松结缔组织和血管等组成。

从青春期开始,卵泡开始发育成熟,每隔28～30天,卵巢内有一个(偶有两个)卵子成熟。此期卵巢中可见各种发育阶段的卵泡。卵泡发育顺序为:

1. *初级卵泡* 分布在白膜下方,数量很多,由一个卵原细胞和包围它的单层扁平或立方形的卵泡细胞组成。

2. *生长卵泡* 卵原细胞体积增大,成为初级卵母细胞,周围的卵泡细胞繁殖增多,继而分泌卵泡液,充满于大的卵泡腔中,成为初级囊状卵泡。

3. *成熟卵泡和排卵* 此时卵泡很大(直径10～12毫米),突出于卵巢表面,成为透明水泡样,肉眼即可看到。此时初级卵母细胞发育成次级卵母细胞。随着卵泡液大量增加,卵泡内压力增大,从而使卵泡向卵巢表面突破,遂使卵泡液、卵细胞及一部分卵泡细胞一齐排入腹腔,这就是排卵。排卵常在月经期前14天左右发生。例如月经是10月28日来潮,那么10月14日左右是排卵期。

据估计,初生儿两个卵巢中可有30万～40万个初级卵泡,从青春期到经绝期的30多年中排出的卵有400个左右。

二、月经周期(图248) 卵巢产生激素影响子宫内膜发生周期性变化。卵巢在排卵以前产生雌激素,于排卵后8～9天,分泌量最多,雌激素可使子宫内膜增生。排卵后,由于卵泡膜血管破裂,血液溢入卵泡腔,卵泡壁的细胞生长变大,胞质内含有类脂滴和黄色脂色素颗粒,呈黄色,称黄体细胞。结缔组织和血管伸入黄体细胞之间,构成了黄体。这时,卵巢除继续产生雌激素外,又产生孕激素(黄体素),使子宫内膜在增生的基础上出现分泌现象。如果这时受了孕，胚胎就在分泌期的子宫内膜中发育；如果未受孕，卵巢黄体萎缩，子宫内膜脱落，子宫腔出血，从阴道流出，即成为月经。所以月经就是子宫内膜的周期性剥落和出血，平均每28天来潮一次，流血时间3～5天。月经周期一般分四个阶段(图248、249)：

1. 修补期(第5～6天)　子宫内膜很薄(约1～2毫米)，腺体细短而直，血管缩小，在卵巢雌激素作用下，内膜开始生长，腺上皮细胞再生，覆盖于内膜表面。

2. 增生期(第7～14天)　已修复的内膜在雌激素作用下，急速增生，厚达2～3毫米。腺管加长，上皮成柱状，血管增加并充血。此时卵巢中的卵泡处于生长发育时期，到此期之末，卵巢中卵泡成熟并排卵。

3. 分泌期(第15～28天)　排卵后黄体形成，在卵巢雌激素及孕激素(黄体素)作用下，内膜继续增生，厚达6～7毫米，腺管和血管都变得弯曲扩大，腺细胞增大，腺腔膨大不规则，内含大量粘液，血管呈螺旋状态，增长至内膜表层，此期的子宫内膜可分基底层和功能层两层。

4. 月经期(第1～4天)　排出的卵如未受精，黄体萎缩，激素减少，内膜呈退行改变，螺旋动脉由于受到压挤，弯曲痉挛，内膜浅部的功能层由于缺血坏死，功能层剥落出血，就是月经。

在月经期前，由于盆腔内血循环停滞，子宫略大且软。子宫颈与阴道粘膜湿润充血，呈紫蓝色，分泌物较多。

应当指出，上述各阶段不是分割孤立的，而是延续的。此外，垂体分泌的激素(促卵泡激素、促黄体激素和生乳素)与卵巢功能有着作用和反作用的关系，在排卵和行经中占有重要地位。

§20　精　　子(图225、226)

精子是一种高度特化又有精密结构的细胞，既不增生，也不分裂，形似蝌蚪，全长60微米，分头、尾两部。精子头扁而尖，似梨形，多有变异，长4.5微米，宽2～3微米。头主要由核组成(占头部65%)，精浆极少，核中染色质致密，由DNA结合蛋白质构成，精子所携带的全部父性遗传信息编码皆储存在DNA分子中，初级和次级精母细胞进行减数分裂时，DNA含量只有体细胞的一半，因此，精子是一单倍体细胞，可以分为雄性(Y)配子和雌性(X)配子。

头前 2/3 部覆有一帽状的顶体，由高尔基复合体形成，顶体内含有几种水解酶(透明质酸酶、放射冠穿透酶及顶体素等)，受精时被释放出来参与顶体反应。顶体后部的胞质局部浓缩，特化为一薄层环状带，称顶体后环(核后帽)。在受精过程中，这部分的精子细胞膜最先与卵膜融合。

精子尾长约 55 微米，近头端粗约 1.0 微米，末端粗约 0.1 微米，其构造完全适应运动需要，其中心粒在发生过程中将尾分成四段：颈段、中段、主段和末段。颈段为中心粒所在部位，长 1～1.5 微米，鞭毛的轴丝和微管由此发出。中段长 5～7 微米，由线粒体环绕轴丝而成，轴丝由 11 根细纤维被 9 根粗纤维围绕着，9 根外纤维是收缩的主要部分，较细的内纤维可迅速传递律动性冲动，以适应外纤维的局部收缩。10～15 圈线粒体螺旋式地包裹于外纤维上形成线粒体鞘，含有精子代谢所需的酶，为精子活动提供能量。尾部主段最长(约 45 微米)，主要行鞭击运动，外环的 9 根纤维于此变薄直至消失，只有内纤维贯穿主段全长，并被纤维鞘包绕，纤维鞘包含许多半环形的“肋”，由两条纵柱将它们固定在一起。末段长 5～7 微米，由中心轴丝和外周细胞膜构成。

精子膜是粘附在精子表面的薄膜，由几种化合物(蛋白质、碳水化合物、脂质-脂糖蛋白)组成，精子膜可改变表面电荷，增加电泳运动力，在精子运动、获能和受精过程中起重要作用。

§21 精子的运行

精子在睾丸中产生，在附睾中成熟，最后储存于附睾部以积贮能量。在射精过程中，各附属性腺依次分泌，先是尿道腺和尿道球腺，其次是前列腺，然后是附睾尾和输精管收缩将精子驱入尿道，最后是精囊排空。精液射入阴道后穹窿，约一分钟即变成胶冻样物质，这样，精液不致流入体外并保护精子免受酸性阴道液的破坏作用。子宫颈是精子要通过的第一道关口，子宫颈粘液稀薄、量多，pH 高，便于精子通过。通常，精子靠尾部摆动每分钟可前进 2～3 毫米，在子宫颈管中，每分钟只移动 0.1～3 毫米，凭借自身能力只能到达子颈管内口而不能进入子宫腔。可能是精液中的前列腺素刺激子宫收缩，一缩一弛造成了子宫负压，遂把精子吸入子宫腔内。精子在输卵管内主要靠管的蠕动、管的分泌物、系膜活动和上皮纤毛的摆动徐徐向外移动，每次射出的2亿~3亿精子大部分在阴道内死亡，一般在阴道内可存活6~8小时。过子宫颈时滤掉一部分，子宫颈粘液内精子数为所射出的精子数的1/2 000。到子宫腔后，一部分被白细胞吞噬，一部分可能储存于子宫腺周围。射精后15~45分钟，输卵管内精子可有300~500个。精子进入子宫腔后即离开了精液的保护，其寿命大为缩短，一般认为，精子的受精能力只能维持48小时。

§22 顶体反应(图254)

刚进入女性生殖道的精子并非立即具有使卵子受精的能力，因为精子头部所具有的能穿入卵子的顶体酶系受到精浆中一种去能因子(decapicitation factor DF)的约束，而失去受精能力，只有消除这种去能因子，顶体酶系才能发挥作用。精子受DF作用失去受精能力的过程叫"去能"，消除DF的过程叫获能。

获能的精子到达卵细胞附近时所发生的变化叫顶体反应。此时，精子头部的细胞膜与顶体外膜破裂形成小泡，膜中释放出三种水解酶：①放射冠穿透酶，可使放射冠的颗粒细胞析解，脱离开卵细胞。②透明质酸酶，可分解透明带周围的放射冠基质而显露出透明带。③蛋白水解酶，能使精子穿过透明带(约10分钟)。顶体反应后，精子头部上半仍有一层顶体内膜，中部有两层顶体膜和一层精细胞膜，下部只有一层细胞膜，称顶体后鞘。

精子在阴道中尚未获能，当穿过子宫颈进入子宫腔后，精子膜被活化，激活受体部位而获得受精能力。

§23 卵泡的发育(图250)

1. *原始卵泡* 位皮质浅部，量多，由中央一个初级卵母细胞和周围一层卵泡细胞组成。初级卵母细胞直径为30～40微米，由胚胎期卵原细胞分化而成。

2. *初级卵泡*　由中央一个初级卵母细胞和周围多层卵泡细胞组成。两种细胞之间出现一层含糖蛋白的嗜酸性膜，称透明带。

3. *次级卵泡*　当卵泡细胞增至6～12层时，细胞间出现一些大小不等的腔隙，并逐渐合并成一大的卵泡腔，腔内充满由卵泡细胞分泌和从血管渗透来的卵泡液，内含透明质酸酶和性激素。

4. *成熟卵泡*　由于卵泡液增多和卵泡腔扩大，将初级卵母细胞和周围卵泡细胞挤到一侧，形成一突向卵泡腔的隆起，称卵丘。此时，初级卵母细胞体积可达120～150微米，紧贴卵细胞的一层卵泡细胞长大成柱状，辐射排列，称放射冠，构成卵泡壁的卵泡细胞称粒层。此时的卵泡称近成熟卵泡或囊状卵泡。当囊状卵泡增大至10～15毫米并向卵巢表面突出，即为成熟卵泡。

§24　排　　卵(图248、252、253)

成熟卵泡继续发育，卵泡液剧增，卵泡更向卵巢表面突出，卵泡壁、白膜和生殖上皮变薄且局部缺血，形成透明的卵泡小斑。由于卵泡内压及卵泡液内的蛋白分解酶、胶原酶和透明质酸酶的作用，促使卵泡壁破裂，卵细胞、透明带、放射冠等随卵泡液一起从卵巢排出，排出的卵被输卵管伞拣拾。排卵一般在月经来潮前的第14天。

§25　受　　精(图255)

精子与卵相结合的过程叫受精，一般发生于输卵管壶腹部与峡部的连接点。卵排出后约8～10分钟即进入输卵管壶腹。在该处300～500个精子中，只有1个进行受精。

1. 精子穿过卵细胞膜　当一个获能的精子进入一个次级卵母细胞透

明带时，标志着受精过程的开始。精子产生顶体反应释放出放射冠穿透酶，使透明带外面的颗粒细胞脱落，释放出透明质酸酶分解放射冠基质而显露出透明带；一当精子接触透明带即牢固地附着并迅速穿过（约 10 分钟）。精子的细胞膜与卵细胞膜相遇，由于两膜具有同种的相应抗原与受体，因此，精子与卵的细胞膜很快发生融合，随后，精子的细胞核和细胞质也迅速进入卵内。

2. *皮质反应*　在卵细胞膜下方胞质里有一些含酶的小颗粒，叫皮质颗粒。受精时卵细胞立即将皮质颗粒释放入卵黄周间隙，在酶的作用下可使卵细胞膜表面结构发生变化，因此即使再有精子与卵细胞膜相遇也不发生胞膜融合，使正穿人透明带的精子固定于带内，故只有一个精子能进入卵内参与受精。

3. *雌原核与雄原核的形成和会合*　精子进入卵细胞后，刺激卵细胞的分裂，原来停滞于第二次减数分裂中期的次级卵母细胞，很快形成成熟卵子和几乎不含胞质的第二极体，它被排到卵黄周间隙。成熟卵的细胞核即雌（卵）原核，含 22 个常染色体及一个 X 性染色体。与此同时，精子尾部脱落，核膜消失，经再建迅速膨大，形成雄（精）原核，也含 22 个常染色体及 1 个性染色体（X 或 Y），随后旋转 180°，将中心粒移于两原核之间。两个原核的形成约需 12 小时。两原核在卵中央相会，核膜核仁消失，染色体也混合配对，形成一个含有 46 个染色体的细胞，称受精卵或合子（Zygote）。

受精的意义在于：①受精标志着新生命的开始，一旦受精，合子即获得了巨大生命力，数小时内即开始细胞分裂和分化，形成一个新的个体。②染色体恢复双倍数，23 条来自父方，23 条来自母方，遗传物质的重新组合，使新个体具有不同于亲代的特异性。③受精决定性别，带有 Y 染色体的精子与卵结合则发生为男性，带有 X 染色体的精子与卵结合则发生为女性。

§ 26　植　　入（图 256，257）

受精卵由于输卵管的蠕动和纤毛的摆动等因素徐徐移向子宫，边移动边分裂，先成为实体细胞团，后产生空隙，成为囊胚，受精后 4～5 天，囊胚到达子宫腔，此时分出外周的滋养层细胞和内部的内细胞团。滋养层分泌一种分解蛋白质的酶，破坏子宫内膜，囊胚随即埋入子宫内膜浅层中，这就是受精卵的植入，通称着床，地点多在子宫腔上部的后壁或前壁。

由于某些原因（如输卵管先天异常或慢性输卵管炎）妨碍孕卵移入子宫腔，而于子宫腔以外的部位着床，即宫外孕（图 257）。最多发生于输卵管壶腹部，发生于输卵管峡部、伞部、间质部者较少，发生于卵巢、腹腔等部位的更少。由于输卵管内膜变化不全和肌层菲薄，不能经受孕卵的长大和绒毛的侵蚀，终将导致输卵管破裂或流产，造成不同程度的腹腔出血；间质部肌层肥厚，血管丰富，孕卵着床后，可发育到 3～4 个月才破裂，造成急性大量出血，需及时诊治。

§27　胚胎发育概述

一、胚的早期发育（图 258）　囊胚植入后，继续发育，第二周，内细胞团形成两个中空的囊，壁由单层上皮围成，背侧的叫羊膜腔，腹侧的叫卵黄囊。羊膜腔的底壁和卵黄囊的顶壁相贴，形成一圆盘状结构，叫胚盘，为人体发育的原基。胚盘分为两层：羊膜腔底部的柱状细胞层为外胚层，卵黄囊顶部的扁平细胞层为内胚层，此为胚的两胚层时期。第三周，在内、外胚层之间又形成中胚层。由于羊膜腔发展迅速，外胚层遂包绕卵黄囊顶部的内胚层，胚盘的周缘渐向腹侧卷曲，形成了柱状的胚体。与此同时，滋养层向胚泡内分离出胚外中胚层细胞，衬于滋养层内面和羊膜腔与卵黄囊表面，并与胚内中胚层相连，此为胚的三胚层时期。三胚层的形成，为组织和器官的发生奠定了基础。第四周，胚盘已由扁平变成圆柱形并向羊膜腔突入。中线两侧的中胚层细胞增生变厚，成节块状，称为体节。到胎生 1 个月末近 40 对体节，此为胚的体节时期。

在体节时期中，三个胚层都发生变化。外胚层在背部中线凹陷成沟，叫神经沟，沟的两岸叫神经嵴。神经嵴逐渐接近、愈合，致使神经沟演变为纵贯胚体的神经管，神经管和神经嵴将来演化为全部神经系统。内胚层随着胚体卷曲亦卷曲成管状，称原肠，原肠依部位又分为前肠、中肠和后肠；中肠借缩窄的细柄——卵黄肠管与卵黄囊腔相通，后肠并突出一尿囊。原肠是将来形成消化器和呼吸器的基础。中胚层形成上述的体节，将来发育成骨骼、骨骼肌和真皮，中胚层还形成生肾节和生血管组织，将来演化成泌尿生殖器的一部分和循环系。

第5～8周的胚已初步具有人形，可看出头、躯干、肢芽等部，体内各主要器官已逐步形成。三胚层所演发的器官，总括如下表：

外胚层	中胚层	内胚层
皮肤： 表皮、毛发、指甲、皮脂腺、汗腺的上皮 神经系统： 全部神经元和神经胶质 感觉器： 内耳膜迷路上皮 视网膜、晶状体、眼睑、角膜、球结膜上皮 消化器： 口粘膜上皮、牙釉质、味蕾 唾液腺上皮、肛门上皮 肾上腺髓质嗜铬细胞	结缔组织： 骨、软骨、骨膜、肌腱、纤维性结缔组织、脑脊髓被膜、关节囊 胸膜、腹膜、心包 肌组织： 骨骼肌、心肌、平滑肌 循环系： 血液、骨髓、心、血管、造血器官 泌尿生殖器： 肾和输尿管 睾丸、附睾、输精管、精囊等的上皮 卵巢、输卵管、子宫、阴道、肾上腺皮质	消化器： 消化管和消化腺的上皮 呼吸器： 喉、气管、支气管和肺的上皮 泌尿器： 膀胱、尿道、前列腺、前庭大腺等的上皮 其他： 甲状腺、甲状旁腺、胸腺、咽鼓管、中耳、扁桃体

二、胎儿的发育 自第3～10个月，为胎儿发育阶段，认识各月胎儿的特征，对判断胎龄和胎儿正常及异常发育具有一定意义。各月末胎儿的主要特征如下：

胎龄（月）	长度（厘米）	重量（克）	特征
3	7～9	20	头较大，几占胎长的1/3，额宽面宽，两眼移至面前，眼睑闭合，指(趾)甲处成沟形，躯干细小
4	10～17	100～120	皮肤生有胎毛，外生殖器可辨出性别，X线可见骨骼阴影，已有胎动；脐带附于耻骨联合上方
5	18～27	280～300	头发已生，皮脂腺开始分泌，孕妇感到胎动，已能听到胎儿心音；脐带附着处上移
6	28～34	600～700	面孔似婴儿，眉毛及睫毛开始生长，皮下脂肪开始发育，因皮肤比皮下组织生长快，故皮有皱褶，胎体瘦小

（续表）

胎龄（月）	长　度（厘米）	重　量（克）	特　　征
7	35～38	1 000～1 200	皮下脂肪少，皮肤红而皱，眼睑全分开，头发变长；胎儿如此时出生，能啼哭和呼吸，但生活力弱，如特殊护理，有存活的可能
8	40～43	1 500～1 900	皮下脂肪增多，此时如早产，一般能养育长大
9	45～46	2 500左右	皮肤皱纹消失变光泽，盖有一层皮脂（脱落上皮和皮脂混合物），睾丸一般降入阴囊，指甲达指尖
10	50左右	3 000左右	身体圆润，胎毛脱落，胎儿足月，准备娩出

§28　胎儿附属物——胎膜、胎盘、脐带

胎儿借胎膜、胎盘、脐带等结构与母体建立密切的联系，以维持在胎内的生活。

一、胎膜（图259）　是包裹并保护胎儿的膜囊，从外向内，由蜕膜、绒毛膜和羊膜三层构成。植入后的子宫内膜又称蜕膜，可分位于胚胎深面的基蜕膜、覆盖于绒毛膜表面的包蜕膜和植入处以外的壁蜕膜三部分。植入后的囊胚表面滋养层及其内面的胚外中胚层叫绒毛膜，并向外生出许多绒毛突起（图258）。其后，与基蜕膜相贴的绒毛发育旺盛，为叶状绒毛膜（或称丛密绒毛膜），是为胎盘的前身，其余部分的绒毛因缺乏营养而萎缩，膜变平滑，叫平滑绒毛膜。与胚体外胚层延续的一层坚韧透明无血管的膜，即羊膜腔的壁，称为羊膜，羊膜衬于绒毛膜内面并包围胎儿，羊膜腔内充满羊水，正常为1～1.5升，有保护胎儿、平衡压力、分娩时扩大子宫口等作用。上述羊膜、平滑绒毛膜和包蜕膜融合为一层，即胎膜（产后的胎膜三层可以剥离），与子宫壁愈着，但在子宫颈管内口处游离，遮于内口之上。分娩前，如胎膜早期破裂，羊水流出，易引起分娩延迟、胎儿窒息和羊膜腔内感染等情况。

二、胎盘（图259、260、318）　是胎膜的一部分，为胎儿与母体间进行物

质交换的重要器官，由羊膜、叶状绒毛膜（丛密绒毛膜）和基蜕膜构成，形如扁平盘状。足月胎盘的直径约为16~20厘米，厚约0.5~3.0厘米，重约500克，分母体面和胎儿面两部分。母体面是基蜕膜从子宫壁上剥离的一面，色暗红，表面粗糙，被浅沟分成15~20个小叶；胎儿面呈灰白色，光滑平坦，上盖羊膜，脐带连于其上，有脐动静脉自附着点向四周放散。胎盘实质为海绵样构造，由绒毛和血窦等组成，绒毛长达1.0~1.5厘米，像树枝样伸入绒毛膜与基蜕膜之间的血窦内。每一绒毛表面由两层上皮细胞合成，即浅层的合体细胞和深层的郎汉（Langhang）细胞，其中轴含有富于血管的绒毛间质，母体血与胎儿血不相混合，隔着绒毛上皮和血管的上皮细胞进行物质交换。血液由小叶周边的胎盘边缘血窦流回子宫静脉。因此，胎盘是维持胎儿呼吸、供给胎儿营养、排出胎儿代谢产物和具有防御作用（可阻止病原体及有害物质进入胎体，病毒除外）的器官。

正常时，胎盘附着于子宫体上段的前、后壁，如果胎盘附着于子宫体下段或遮盖子宫颈上口，称为前置胎盘，是妊娠期的重要并发症之一。由于胎盘组织疏松，血液丰富，在分娩前，子宫体上段自发性收缩，牵引子宫颈，可使附近的胎盘组织自子宫剥离，引起出血；分娩时，子宫口开大，胎盘易被撕裂而大出血；产后，因子宫下段收缩力弱，胎盘不易完全剥离，胎盘血窦不能紧缩，亦有出血和感染的情况。因此，对前置胎盘的各期都应予以慎重处理。

绒毛上皮细胞过度增生，间质水肿变性，形成大小不等的水泡，串串相连，子宫迅速变大，即为葡萄胎。此时胚胎死亡，自融吸收，葡萄胎的绒毛上皮侵蚀力强，可侵及子宫基蜕膜等组织。绒毛的两层上皮细胞如极度增生，呈恶性变，向肌组织和血管侵蚀，即成为绒毛膜上皮癌。

三、脐带（图260、318）　是从胎儿脐部连到胎盘的索带，长约50厘米，横径15~20毫米，内含一条脐静脉和两条脐动脉，运输母体胎儿间的养料和废物。脐带过短、过长或缠绕、打结等都影响胎儿生活。分娩后结扎脐带时宜防止感染。

§ 29 血管壁的微细构造(图 280、281)

	内膜			中膜	外膜
	内皮层	内皮下层	内弹性膜		
大动脉(如主动脉、肺动脉等)	内皮细胞为卵圆形或多边形	比其他血管厚,由纤维组织形成密网	较厚,有时分为数层	占管壁主要部分,最厚,由弹性纤维组成约 50 层弹性膜,其间夹少量平滑肌	较中膜薄,由疏松结缔组织构成,含大量胶原纤维和小血管神经,外弹性层与中膜弹性膜连续
中动脉(有肌性动脉之称,如桡动脉、肠系膜动脉)	单层扁平上皮	为薄层疏松组织,含胶原纤维和弹性纤维	为由弹性纤维所形成的膜	较厚,含有 25 ~ 40 层平滑肌,其间夹有弹性纤维和胶原纤维	厚度与中膜相似,由结缔组织构成,内有血管神经,外弹性层清晰,与中膜分界
小动脉	最小的小动脉内膜只有内皮细胞			不完全的平滑肌层	薄层结缔组织
	管径 60 ~ 70 微米,较大的小动脉,其内膜除内皮细胞外,尚有薄层内弹性膜			含 2 ~ 4 层平滑肌	结缔组织

毛细血管	是人体器官和组织内物质交换的场所，分布广，数量多，管壁薄，口径细（7～9微米），一般可容纳1～2个红细胞通行，分支互相吻合形成毛细血管网；壁主要由单层扁平细胞（内皮）组成，外围一薄层结缔组织，血液中的营养物质与组织液内的代谢产物可通过毛细血管壁进行物质交换		
血窦	与毛细血管结构相似，窦腔大且不规则（5～30微米），只有内皮细胞，无结缔组织膜，内皮中杂有吞噬细胞，可于窦内清除血液中的异物		
静脉特点	壁较动脉薄，口径比同级动脉大，弹性组织平滑肌较少 管壁结构变异较大，一般中膜较薄，外膜较厚，三层膜分界不明显 一般中、小静脉具有瓣膜，可防止血液逆流		
小静脉	较小的小静脉口径20微米左右，由内皮和结缔组织构成 口径增至40～50微米时，有平滑肌出现 口径增至0.2毫米时，壁分三层：内膜是内皮细胞，中膜为平滑肌，排列成层，外膜为结缔组织		
中静脉	内膜薄，内弹性膜不明显，腔内突出有静脉瓣	较薄，含少量平滑肌和结缔组织	较厚，构成静脉壁的主要部分，由疏松结缔组织构成
大静脉	内膜极薄	中膜甚薄，平滑肌几乎不成层	最厚，构成壁的主要部分，主要由大量纵行的平滑肌束构成
特殊静脉	妊娠期子宫静脉三层膜内都有平滑肌 硬脑膜静脉窦、大脑的静脉、勃起组织的静脉窦等皆无平滑肌 小腿浅深静脉、头静脉、肠系膜静脉、脐静脉等内膜有纵行平滑肌		

§ 30 全身动脉分布(图 263、267)

- 升主动脉 → 左、右冠状动脉
- 主动脉弓
  - 无名动脉(头臂干)
    - 右颈总动脉(分支与左侧同)
    - 右锁骨下动脉(分支与左侧同)
  - 左颈总动脉
    - 颈内动脉
      - 眼动脉
      - 大脑前动脉—前交通动脉
      - 大脑中动脉
      - 后交通动脉
      - 脉络膜动脉
    - 颈外动脉
      - 上颌动脉
        - 下牙槽动脉
        - 脑膜中动脉
        - 上牙槽动脉
        - 腭降动脉
        - 眶下动脉
      - 颞浅动脉
      - 咽升动脉
      - 耳后动脉
      - 枕动脉
      - 面动脉
      - 舌动脉
      - 甲状腺上动脉
  - 左锁骨下动脉
    - 椎动脉
    - 胸廓内动脉
      - 肋间支
      - 心包膈动脉
      - 肌膈动脉
      - 腹壁上动脉
    - 甲状颈干
      - 甲状腺下动脉
      - 肩胛上动脉 → 肩胛动脉网
      - 颈横动脉 → 肩胛动脉网
    - 肋颈干
  - 腋动脉
    - 胸肩峰动脉
    - 胸外侧动脉
    - 肩胛下动脉
      - 胸背动脉
      - 旋肩胛动脉 → 肩胛动脉网
    - 旋肱后动脉
    - 旋肱前动脉
  - 肱动脉
    - 肱深动脉—桡侧副动脉 → 肘关节动脉网
    - 尺侧上副动脉 → 肘关节动脉网
    - 尺侧下副动脉 → 肘关节动脉网
    - 桡动脉
      - 肌支
      - 桡侧返动脉 → 肘关节动脉网
      - 掌浅支 → 掌浅弓
      - 拇主要动脉
      - 终支 → 掌深弓
    - 尺动脉
      - 肌支
      - 尺侧返动脉 → 肘关节动脉网
      - 骨间总动脉
        - 骨间返动脉 → 肘关节动脉网
        - 骨间掌侧动脉
        - 骨间背侧动脉
      - 掌深支 → 掌深弓
      - 终支 → 掌浅弓
    - 掌深弓 → 掌浅弓 → 指掌侧总动脉 → 指掌侧固有动脉

- 胸主动脉
  - 壁支—肋间动脉
  - 脏支
    - 支气管动脉
    - 食管动脉
- 腹主动脉
  - 壁支
    - 膈下动脉(1 对)
    - 腰动脉(4 对)
    - 骶中动脉(1 支)
  - 脏支
    - 腹腔动脉
      - 胃左动脉
      - 肝总动脉
        - 胃右动脉
        - 肝固有动脉
          - 肝左支
          - 肝右支—胆囊动脉
        - 胃、十二指肠动脉
          - 胃网膜右动脉
          - 胰、十二指肠上动脉
      - 脾动脉
        - 脾支
        - 胰腺支
        - 胃短动脉
        - 胃网膜左动脉
    - 肠系膜上动脉
      - 胰、十二指肠下动脉
      - 肠动脉(15 ~ 20 支)
      - 回结肠动脉
        - 盲肠前支
        - 盲肠后支—阑尾动脉
        - 上支
        - 下支
      - 右结肠动脉
      - 中结肠动脉
    - 肾动脉
    - 肾上腺动脉
    - 肠系膜下动脉
      - 左结肠动脉
      - 乙状结肠动脉
      - 直肠上动脉
    - 睾丸动脉(男)、卵巢动脉(女)
- 左右髂总动脉
  - 髂内动脉
    - 壁支
      - 髂腰动脉
      - 骶外侧动脉
      - 臀上动脉
      - 闭孔动脉
      - 臀下动脉
    - 脏支
      - 膀胱上、下动脉
      - 直肠下动脉
      - 子宫动脉(女)
      - 阴部内动脉
        - 肛门动脉
        - 会阴动脉
        - 阴茎背动脉
      - 输精管动脉(男)
  - 髂外动脉—腹壁下动脉
    - 股动脉
      - 腹壁浅动脉
      - 阴部外动脉
      - 股深动脉
        - 旋股内侧动脉
        - 旋股外侧动脉
        - 穿动脉(3 支)
      - 膝最上动脉
    - 腘动脉
      - 膝上外、内动脉
      - 膝中动脉
      - 膝下外、内动脉
      - 胫前动脉
        - 胫前返动脉
        - 外踝前动脉
        - 内踝前动脉
        - 足背动脉
          - 弓形动脉
          - 足底深支
      - 胫后动脉
        - 腓动脉
        - 足底内侧动脉
        - 足底外侧动脉

膝关节动脉网

足底弓

§ 31　全身主要动脉的体表标志、摸脉点和止血点

动脉名称	体　表　标　志	摸脉点和止血点
面动脉	咬肌下端前缘至眼内眦的连线	在咬肌前缘、下颌骨下缘处，将面动脉压向下颌骨，有时需两侧同时压迫才能使眼以下的面部止血
颞浅动脉	根部在外耳道前方，向上形成两大分支	在外耳道前方、颧弓后端上方可摸到搏动，压迫时使颞部和头顶部止血
颈总动脉 颈外动脉	自锁骨内端至下颌角和乳突尖连线中点的连线，为两动脉的表线，其中，甲状软骨上缘下方为颈总动脉的表线，上方为颈外动脉的表线	于甲状软骨下缘侧方，可摸到颈总动脉搏动，将动脉向后内压迫于第六颈椎横突上，可进行头颈部止血
锁骨下动脉	自胸锁关节至本侧锁骨中点引一弓形线，弓背最高点距锁骨上约1厘米	于锁骨上窝中点向下压，将动脉压在第一肋骨上
腋动脉 肱动脉	上肢外展90度，由锁骨中点到肘窝中点稍下方的连线，为两动脉的表线	在臂中部肱二头肌内侧沟，将肱动脉压在肱骨上或在臂中部缚以布带，可防止上肢出血
桡动脉	自肘窝中点稍下至桡骨茎突的连线	在腕上方桡侧腕屈肌腱外侧可摸到脉搏，为主要摸脉点
尺动脉	自肘窝中点稍下至豌豆骨桡侧缘的连线	在尺侧腕屈肌和指浅屈肌腱间可摸到动脉搏动
掌浅、深弓	握拳时，中指尖所指的位置与掌浅弓的位置一致，掌深弓在其近侧约2厘米	
指掌侧 固有动脉	手指近掌面侧缘	在手指根部两侧压迫，可阻止指尖的出血
股动脉	大腿外展外旋，自髂前上棘和耻骨结节连线中点至大腿内侧中下1/3交界处的连线	在腹股沟韧带稍下方可摸到股动脉搏动，把两手指重迭在上述部位加压，将股动脉压在耻骨上
腘动脉	大腿外展外旋，自大腿内侧中、下1/3交界处至腘窝中点的连线	将圆枕垫放在腘窝中，屈膝关节压迫腘动脉，可阻止小腿以下的出血
胫后动脉	自腘窝中点至内踝和跟结节中点的连线	
胫前动脉	胫骨粗隆与腓骨头连线中点至足背的内、外踝连线中点	
足背动脉	自足背的内、外踝连线中点至第一、二跖趾关节之间的连线	在足背内、外踝连线中点、䠀长伸肌腱外侧可摸到脉搏，向下压之可阻止足部的出血

§ 32　全身静脉分布(图 267、375)

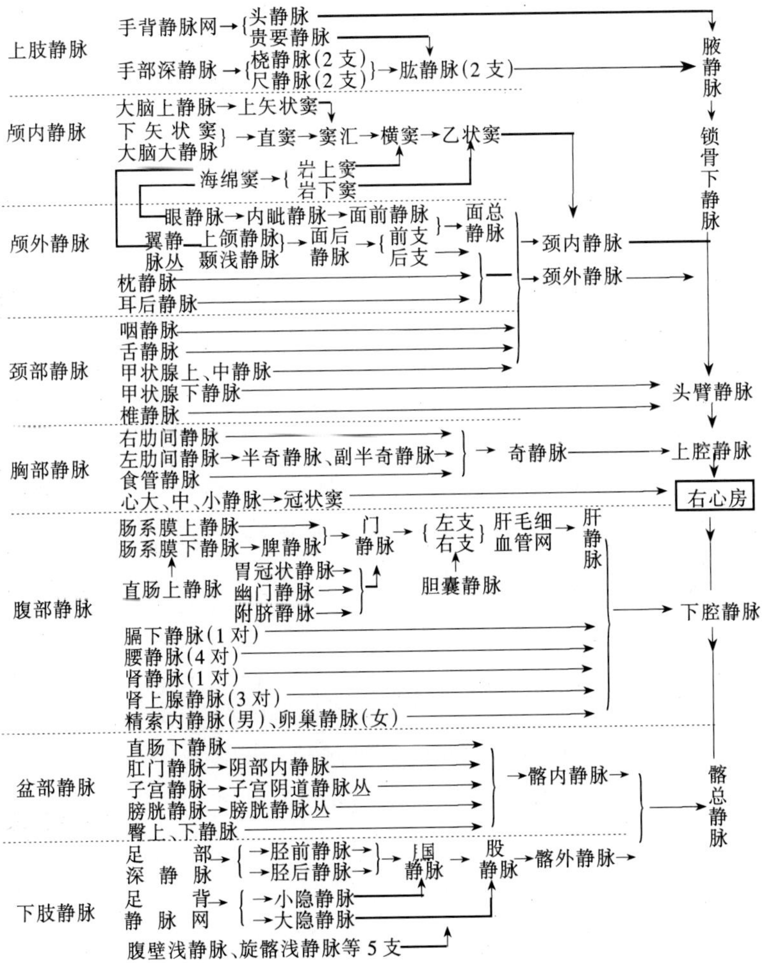

§33 门静脉系

门静脉(图315、316)长为7~8厘米,由脾静脉和肠系膜上静脉在胰头后方汇合而成;在十二指肠上部后方斜向右上,行于肝、十二指肠韧带中,居胆总管和肝动脉之后,至肝门处分为左、右两支入肝。门静脉收纳消化管(食管至直肠上段)、脾、胰和胆囊来的含有大量营养物质和一些有毒物质的血液;门静脉入肝后,分成叶间静脉、小叶间静脉,继而汇入肝小叶的血窦(扩大了的毛细血管)中,使血液充分与肝细胞接触,其中的营养物被肝细胞吸收、贮藏,有毒物质得以解毒,代谢产物排入血窦中;最后,血管集合成三条肝静脉流入下腔静脉。

门静脉系和上、下腔静脉系的属支之间存在着重要的交通，由于门静脉系统的静脉均无瓣膜，因此，当门静脉循环发生障碍时（如肝硬化、门脉高压症时），门静脉血液可逆流，形成侧支循环，其交通支代偿性扩大，血液最后经上、下腔静脉返回心脏。门、腔静脉侧支循环有如下几个途径(图317)：

1. 门静脉→胃冠状静脉→食管静脉丛→奇静脉→上腔静脉

2. 门静脉→肠系膜下静脉→直肠上静脉→直肠静脉丛→{直肠下静脉 / 肛门静脉}→阴部内静脉→髂内静脉→髂总静脉→下腔静脉

3. 门静脉→附脐静脉→腹壁静脉网→
   - 向上{→胸腹壁静脉(浅) / →腹壁上静脉(深)}→上腔静脉
   - 向下{→腹壁浅静脉(浅) / →腹壁下静脉(深)}→下腔静脉

门脉高压症时,导致侧支循环的静脉丛淤血曲张,严重时可引起静脉壁破裂,产生上消化道出血、便血及脐周围腹壁出现静脉曲张现象。

§34 胎儿血液循环

胎儿肺呼吸功能微弱，借胎盘循环和母体进行物质交换，因此，胎儿循环系统在结构上有一些区别于成人的特点（图 318）：胎儿借一条脐静脉和两条脐动脉与母体相连，房中隔上有卵圆孔，脐静脉与下腔静脉间有静脉导管，肺动脉与主动脉间有动脉导管，从而决定了胎儿血液循环的特殊性。

脐静脉从胎盘间隙携含氧及营养物较多的血液，经脐带流入胎儿体内，在肝下方分支，一支与门静脉会合后入肝，一支经静脉导管直接入下腔静脉。继而血液入右房，借下腔静脉瓣的作用大部分经卵圆孔入左房，又入左室，并驱入主动脉及其分支，血液主要流入主动脉弓的三大分支，分布于头颈和上肢。由头颈和上肢返回的血液，经上腔静脉入右房、右室，达肺动脉；因肺呼吸作用微弱，只一小部分血液入肺，大部分血液经动脉导管入降主动脉，循序送至胸、腹、下肢各部，血液并经髂内动脉转入脐动脉返回胎盘。

由于小循环功能不全，为了平衡总的血液循环，卵圆孔和动脉导管两次将心脏右半的血流导至心脏左半，故胎儿血液循环中大部为混合血；但混合程度不同，注入肝和头颈、上肢的血液，含氧及养分较多，入肺和躯干、下肢的血液，含氧及养分较少，以适应胎头的急剧生长和肝的行使功能。

出生后，脐带结扎，胎盘循环中止。右室血液大部入肺循环，通过动脉导管进入主动脉的血液也越来越少。一般于生后数周至 6 个月内，动脉导管完全闭锁。由于左房压力大于右房，于生后半年左右，卵圆孔亦借瓣膜而关闭，肺动脉与主动脉之间、左半心与右半心之间互不交通，逐步建立起成人的血液循环。如卵圆孔和动脉导管等部位于生后长期未闭，即形成先天性心脏病（图 319）。

§ 35 全身淋巴循环概况(320)

右上肢淋巴管→腋淋巴结→右锁骨下干→
头颈右半淋巴管→颈深淋巴结→右颈干→
右胸壁和胸腔器官右半部的淋巴管→右支气管纵隔干→
} 右淋巴导管→右静脉角

左上肢淋巴管→腋淋巴结→左锁骨下干→
头颈左半淋巴管→颈深淋巴结→左颈干→
左胸壁和胸腔器官左半部的淋巴管→左支气管纵隔干→
} →乳糜池

两下肢、盆部和腹壁淋巴管→左、右腰干→
腹腔器官淋巴管→肠干→
} 乳糜池→胸导管→左静脉角

§ 36 头颈部淋巴还流(图 324)

颅顶后部淋巴管→**枕淋巴结**(斜方肌起始部)
耳郭后面淋巴管→**耳后淋巴结**(乳突外面)
} →**颈浅淋巴结**(胸锁乳突肌浅面、颈外静脉附近)→**颈深上淋巴结**

颅顶前半、耳郭外面、外耳道、鼓膜、腮腺 } 淋巴管→**腮腺淋巴结**(4、5个,位腮腺表面及实质内)

眶及眼球、面颊、上唇、下唇外侧、鼻腔前部、舌侧部、上下牙、牙龈 } 淋巴管→**下颌下淋巴结**(5、6个,位下颌下三角内)

下唇中部、颏部、口腔底、舌尖 } 淋巴管→**颏下淋巴结**(2、3个,位颏下三角内)

鼻腔后部、鼻旁窦、咽鼓管、中耳、咽、腭扁桃体、鼻咽部 } 淋巴管→**咽后淋巴结**(位鼻咽部后面、正中缝两侧的间隙中)

(腮腺淋巴结、下颌下淋巴结、颏下淋巴结、咽后淋巴结) →**颈深上淋巴结**

喉、气管、食管、甲状腺、硬腭、软腭、腭扁桃体、舌根 } 淋巴管→**颈深上淋巴结**

颈深上淋巴结(在肩胛舌骨肌之上、沿颈内静脉排列)→**颈深下淋巴结**

喉咽部、食管、气管 } 淋巴管→**颈深下淋巴结**

颈深下淋巴结(在肩胛舌骨肌之下、沿颈内静脉排列)→**颈淋巴干**

喉和气管前部、甲状腺峡 } 淋巴管→**颈前淋巴结**(舌骨下部、颈前面)→**颈淋巴干**

颈淋巴干→**右淋巴导管、胸导管或静脉角**

§ 37　重要器官的淋巴还流

咽和食管的淋巴还流(图 326)

咽和食管颈段淋巴管 → 颈深下淋巴结 → 颈干 → 胸导管

咽和食管颈段淋巴管、食管主动脉上段淋巴管 → {咽后淋巴结、气管旁淋巴结} → 颈深下淋巴结 → 颈干 → 胸导管

食管主动脉上段淋巴管 → 颈深下淋巴结

食管主动脉后段淋巴管 → 胸导管

食管主动脉后段淋巴管 → 气管旁淋巴结 → 支气管纵隔干 → 胸导管

食管肺门段淋巴管 → 纵隔后淋巴结 → 支气管纵隔干 → 胸导管

食管肺门段淋巴管 → 胸导管

食管下段淋巴管 → {贲门淋巴结、胃上淋巴结} → 腹腔淋巴结 → 肠干 → 胸导管

胃的淋巴还流(图 328)

{食管下段、贲门部、膈部}淋巴管 → 贲门淋巴结 → 腹腔淋巴结

{胃底、胃大弯}淋巴管 → 胰脾淋巴结(脾门附近) → 腹腔淋巴结

胃大弯下部淋巴管 → 胃下淋巴结(沿胃网膜左、右动脉排列) → 腹腔淋巴结

{幽门、十二指肠上部、胰头}淋巴管 → 幽门上、下淋巴结(沿胃、十二指肠动脉排列) → 腹腔淋巴结

胃小弯淋巴管 → 胃上淋巴结(沿胃左、右动脉排列) → 腹腔淋巴结

肺的淋巴还流(图 327)

右肺：

上叶上面淋巴管 → 气管支气管上淋巴结(奇静脉汇入处下方) → 支气管纵隔干 → 右淋巴导管

{上叶其他面、中叶、下叶各面}淋巴管 → 肺门淋巴结 → 气管支气管下淋巴结 → 支气管纵隔干 → 右淋巴导管

下叶膈面淋巴管 → 右肺韧带中最前的淋巴结 → 胸导管始部

左肺：

上叶上面淋巴管 → 气管旁淋巴结(动脉韧带附近,累及此结可致左喉返神经麻痹) → 支气管纵隔干 → 胸导管

{上叶其他面、下叶其他面}淋巴管 → 气管支气管下淋巴结 → 支气管纵隔干 → 胸导管

下叶膈面淋巴管 → 左肺韧带淋巴结 → 胸导管

乳腺的淋巴还流(图 262)

乳腺外侧部淋巴管 → {腋淋巴结前群(胸小肌下缘)→; 腋淋巴结外侧群(腋静脉周围)→; 腋淋巴结中央群→; 腋淋巴结后群(肩胛下动脉周围)→} → 锁骨下淋巴结

乳腺上部淋巴管 → 锁骨下淋巴结

乳腺内侧部淋巴管 → 胸骨淋巴结(胸廓内动脉周围)

乳腺下部淋巴管 {→ 部分与肝淋巴管吻合; → 部分入腹股沟下浅淋巴结}

肝的淋巴还流(图 329)

后面中部、尾状叶、膈面后部、右叶后面下部 } 浅淋巴管 → 膈上淋巴结后组(下腔静脉末端周围)

肝部分深淋巴管(伴肝静脉) → 膈上淋巴结后组(下腔静脉末端周围)

冠状韧带、右三角韧带 } 浅淋巴管 → 胸导管

脏面大部、膈面前部 } 浅淋巴管 → 肝淋巴结(肝门附近) → 腹腔淋巴结

部分深淋巴管(伴门静脉) → 肝淋巴结(肝门附近) → 腹腔淋巴结

结肠和直肠的淋巴管(图 330)

盲肠阑尾淋巴管 → 回结肠淋巴结
升结肠淋巴管 → 右结肠淋巴结
横结肠右部淋巴管 → 中结肠淋巴结
} 肠系膜上淋巴结 → 肠干

横结肠左部淋巴管 → 左结肠淋巴结
乙状结肠淋巴管 → 乙状结肠淋巴结
直肠上部淋巴管 → 直肠旁淋巴结
} 肠系膜下淋巴结 → 肠干

直肠下部、肛管上部 } 淋巴管 → 髂内淋巴结 → 髂淋巴结 → 腰淋巴结 → 腰干

齿状线以下淋巴管 → 腹股沟下浅淋巴结 (↑ 髂内淋巴结)

女生殖器官的淋巴还流(图 331)

子宫体上 2/3 淋巴管 → {大部分注入腰淋巴结; 小部分入腹股沟下浅淋巴结和髂外淋巴结}

子宫体下 1/3、子宫颈 淋巴管 → {髂内和髂外淋巴结; 闭孔淋巴结和骶淋巴结}

输卵管、卵巢 淋巴管 → {大部分入腰淋巴结; 小部分入髂内淋巴结}

阴道上半淋巴管 → {髂内、外淋巴结; 闭孔淋巴结; 骶淋巴结}

阴道下半淋巴管、女外阴淋巴管 } → 腹股沟下浅淋巴结

§ 38　脊髓的形态和内部构造(图 343、344)

- 外形
  - 扁圆柱形,长 40 ~ 45 厘米,分 31 个节段(8 个颈节、12 个胸节、5 个腰节、5 个骶节、1 个尾节)
  - 颈膨大(颈$_4$ ~ 胸$_1$)——内含多量与上肢神经有关的神经元
  - 腰膨大(胸$_{12}$ ~ 腰$_5$)——内含多量与下肢神经有关的神经元
  - 脊髓圆锥——末端在成人平齐第一腰椎下缘
  - 终　丝——主要由软膜组成,周围被马尾(即神经根)包围
  - 前正中裂——有脊髓前动脉通行
  - 前外侧沟——脊神经前根出脊髓处
  - 后正中沟
  - 后外侧沟——脊神经后根入脊髓处,并通行有脊髓后动脉
- 内部构造
  - 灰质
    - 后　角　中间神经元,与传导浅深感觉有关
    - 中间带
      - 中间带内侧核——可能与传导深感觉有关
      - 侧角——中间带外侧核(交感、副交感神经元)——支配内脏活动,存在于胸$_1$ ~ 腰$_3$ 和骶$_{2\sim4}$节段中
    - 前　角　运动细胞核——主要分内、外群:内群细胞支配靠近脊柱的肌肉;外群细胞支配肢带和四肢的肌肉
  - 白质
    - 固有束——紧贴灰质周围,由起自后角细胞并在脊髓内部上下行的纤维组成,以完成节间反射
    - 上行束
      - 薄束、楔束——行于后索中,传导深感觉和触觉至丘脑
      - 脊髓小脑前、后束——传导深感觉至小脑
      - 脊髓丘脑侧束——为后角固有核或胶状质的轴突,传导痛、温觉至丘脑
      - 脊髓丘脑前束——来源同上,传导触觉至丘脑
    - 下行束
      - 皮质脊髓侧束、皮质脊髓前束——属锥体路纤维束,支配骨骼肌随意运动,前束只达于胸髓上部
      - 红核脊髓束、前庭脊髓束、顶盖脊髓束、网状脊髓束——属锥体外路纤维束,与随意运动时的肌肉紧张、姿势协调和防御反射等有关

§ 39 脊髓节段与椎体、棘突的对应关系(图 400)

新生儿的脊髓末端达第三腰椎,后因脊髓的生长速度慢于脊柱的生长速度,至成人时,脊髓末端止于第一腰椎下缘(男子)或第二腰椎高度(女子)。因此,各椎骨与相应的脊髓节段并不在同一平面上。为便于临床的定位诊断,现将脊髓节段与椎体、棘突的对应关系列举如下:

脊髓	椎体	棘突尖	
颈 2	颈 2		
4	3		
6	5		脊髓颈节和上位胸节与上一位椎骨平对
8	6		
胸 1	7	颈 7	
2	胸 1	胸 1	
6	4	3	中部胸节与上二位椎体平对
9	7	6	
12	9	8	下部胸节与上三位椎体平对
腰 1	10	9	
5	12	11	腰髓主要平对第十一、十二胸椎
骶 1~5	腰 1	12	骶、尾髓平对第一腰椎

§ 40　脑干和菱形窝的形态(图 348、436)

- 脑干
  - 中脑
    - 腹侧面
      - 大脑脚——表层有锥体束通过,深层有黑质和红核
      - 脚间窝——动眼神经由此出脑
    - 背侧面
      - 上　丘——皮质下视中枢
      - 下　丘——皮质下听中枢,下丘下方有滑车神经出脑
  - 脑桥
    - 腹侧面——膨隆,中央有基底动脉沟,外侧为脑桥臂(小脑中脚),脑桥与脑桥臂交界处中高,有三叉神经出脑,下缘有面神经和前庭蜗神经出脑
    - 背侧面
      - 结合臂(小脑上脚)为进出小脑的纤维
      - 前髓帆
      - 菱形窝上半
  - 延髓
    - 腹侧面
      - 前正中裂——下端可见纤维束交叉,为锥体交叉
      - 锥　　体——深部有锥体束通过,上缘有展神经出脑
      - 前外侧沟——舌下神经于此出脑
      - 橄　　榄——深部埋有下橄榄核簇
      - 橄榄后沟——舌咽神经、迷走神经、副神经于此出脑
    - 背侧面
      - 后正中沟
      - 薄束结节——深部埋有薄束核
      - 楔束结节——深部埋有楔束核
      - 绳 状 体(小脑下脚)——主要由入小脑的纤维构成
      - 菱形窝下半

- 菱形窝
  - 小脑上脚——菱形窝上外界
  - 小脑下脚——菱形窝下外界
  - 后正中沟
  - 髓　　纹——自外侧角横行至中线的纤维,为延髓和脑桥的分界
  - 界　　沟——在外侧,与后正中沟平行
  - 内侧隆起——深面通行有神经纤维束
  - 面神经丘——深面埋有展神经核,核被面神经纤维环绕
  - 舌下神经三角——深面埋有舌下神经核
  - 迷走神经三角——深面埋有迷走神经背核
  - 前 庭 区——深面埋有前庭神经核群

§ 41 中脑、脑桥、延髓的内部构造

中脑、脑桥、延髓内部包括下列成分(图 350 ~ 352):

1. 脑神经核　与后 10 对脑神经有关。

2. 锥体外路的运动核　如红核、黑质、下橄榄核簇等。

3. 下行的运动传导束　包括锥体束和锥体外路的纤维束。

4. 上行的感觉传导束　因它们皆是止于丘脑的二级纤维,所以称为"丘系",如传导深感觉的内侧丘系,传导听觉的外侧丘系,传导浅感觉的脊髓丘系(即脊髓丘脑束)等。

5. 网状结构　包括各网状核和它们之间的纤维束。

一、中脑　中脑在横切面上可分三部:围绕中脑水管的灰质称中央灰质,其背侧为中脑顶盖;腹侧为大脑脚。大脑脚又分为脚底和被盖两部。中脑与第三、四对脑神经相关。

1. 中央灰质　细胞弥散,在腹侧有动眼神经核(平上丘)和滑车神经核(平下丘),动眼神经核的背侧有缩瞳核(动眼神经副核)。

2. 顶盖　分上丘和下丘,上丘细胞成层,为皮质下视觉反射中枢,下丘细胞成团,接受外侧丘系的纤维,为皮质下听觉反射中枢。

3. 大脑脚　分为前方的脚底和后方的被盖。脚底为运动束通过之处,其内 1/5 为额桥束,外 1/5 为顶颞桥束,中 3/5 为皮质脑干束和皮质脊髓束。被盖最前方为黑质,其细胞中含有色素,黑质背侧为红核,黑质和红核都是锥体外路的重要组成部分。在红核稍背侧,可见动眼神经根由后向前,自脚间窝出脑。上行的感觉束皆聚于红核的外侧,紧贴红核的是内侧丘系,其外是脊髓丘脑束,再背外侧是外侧丘系。外侧丘系的纤维达内侧膝状体和下丘,传导听觉。红核的外方还分布有中脑网状结构(楔状核)。

二、脑桥　脑桥中部有传导听觉的横行纤维,称斜方体。以它为界,分腹侧的基底部和背侧的被盖。脑桥与第五 ~ 八对脑神经相关。

1. 脑桥基底部　包括纵横两种纤维,纤维中间的灰质叫脑桥核。纵纤维属于下行的运动束,包括锥体束和额桥束、顶颞桥束的纤维,这些纤维越向下行越集中,分隔在横纤维中间;横纤维是脑桥核发至对侧小脑的纤维。

额桥束和顶颞桥束止于脑桥核后，脑桥核轴突横行至对侧，向外聚为小脑中脚达小脑；它们执行大脑皮质与脑桥和小脑的联系，属锥体外路系。

2. 脑桥被盖　在背面敞开，构成第四脑室底（菱形窝）的上半，越向上方室腔越小。被盖中埋有一些神经核和纤维：

1）展神经核　位于面丘深面，自核发出展神经根向前下行，在脑桥腹侧面下缘出脑。

2）面神经核　位斜方体后外方，自核发出神经根向背侧行，绕过展神经核，又折向腹外方出脑。上泌涎核位于脑桥下缘的被盖深部，属副交感性。

3）三叉神经感觉核、三叉神经脊束核和三叉神经运动核　此三核皆位于被盖的外侧部，脊束核和脊束的纤维居于脑桥的稍下部，并向下延伸至延髓和颈髓第四颈节，与胶状质相续。三叉神经根于脑桥中高斜穿脑桥臂进入被盖，根的内侧是三叉神经运动核，根的外侧是三叉神经感觉核。

4）前庭神经核　可分外侧核、内侧核和上核等，在脑桥下部前庭区的深面可见前庭神经外侧核和内侧核。

5）前庭蜗神经和斜方体　前庭蜗神经在脑桥和延髓交界处入脑，止于蜗神经前、后核，它们发出的纤维，在基底部和被盖之间横行越至对侧，叫斜方体，上行的内侧丘系穿过斜方体纤维之间，斜方体纤维至外侧转折上行，即为外侧丘系。

6）脑桥网状结构　位于被盖中的广泛区域（有桥尾侧网状核、桥颅侧网状核、桥被盖网状核等）。

三、延髓　延髓上部背面扩大，构成第四脑室底下半。延髓中除有管理体躯运动和感觉等结构外，主要为管理呼吸、循环和内脏运动的中枢，包括下列神经核和纤维。延髓与第九～十二对脑神经相关。

1. 锥体束和锥体交叉　锥体束在锥体深面下行，至延髓下缘，大部纤维形成锥体交叉，在对侧脊髓侧索中下降。

2. 薄束核、楔束核和内侧丘系　两核分别位于薄束结节和楔束结节深面，为感觉传导路第二级神经元所在。两核发出纤维，弓形绕过中央灰质腹侧进行交叉，叫内侧丘系交叉，交叉后在正中缝两侧垂直上行，为内侧丘系。

3. 舌下神经核　位于舌下神经三角深面，其轴突向前外行，组成舌下神经根，在锥体束与下橄榄核之间出脑。

4. 迷走神经背核　位于舌下神经核外侧、迷走神经三角深面，是管理内脏、血管运动的副交感性神经核。

5. 孤束核　位于迷走神经背核前外方，主要为内脏感觉纤维的中继核。核周围的纤维束为孤束。

6. 疑核　位孤束核前内方的网状结构中，管理咽、喉、软腭肌肉运动。

上述迷走神经背核、孤束核和疑核的纤维组成迷走神经根，于下橄榄核外侧出脑。舌咽神经位于迷走神经颅侧，是由孤束核、疑核和下泌涎核（位于延髓上部网状结构中）的纤维组成的。

7. 副神经核　位于疑核下端，分延髓部和脊髓部。

8. 三叉神经脊束核　位于孤束核外方，越向下方越靠外，核外方的纤维束为由脑桥进入的三叉神经脊束，该纤维束传导来自面部皮肤和口、鼻粘膜的痛、温、触觉，止于脊束核。

9. 下橄榄核和绳状体　在锥体外方呈囊袋状的核团为下橄榄核，它接受纹状体、红核、网状结构等处来的纤维，并发出橄榄小脑束至对侧，与脊髓小脑束的纤维共同组成绳状体（小脑下脚）入小脑，其功能与锥体外路有关。

10. 延髓网状结构　锥体束和下橄榄核背侧的广阔区域皆属网状结构范围，包括数个核团（网状巨细胞核、网状小细胞核、外侧网状核、旁正中网状核和腹侧网状核）和交织其间的纤维，并发出上升纤维和下降的网状脊髓束。网状结构不但可增强和抑制各种运动，还是呼吸中枢和血管运动中枢所在。呼气中枢靠上部背侧，吸气中枢靠下部腹侧，缩血管中枢（加压区）靠上部外侧，减压区在下部内侧。

§ 42　小脑的形态和构造

- 小脑
  - 分叶
    - 古小脑——绒球小结叶，与前庭神经和核相连
    - 旧小脑——包括前叶原裂以前和后叶的蚓锥体和蚓垂，借下脚与脊髓和延髓相连
    - 新小脑——前叶原裂以后和后叶大部，借中、上脚与脑桥至大脑皮质相连
  - 内部构造
    - 皮质——由分子层、梨状神经元层和粒层组成
    - 髓质——含有齿状核、顶核等灰质核团
  - 纤维联系
    - 结合臂（上脚）——通行有齿状红核束和脊髓小脑前束
    - 脑桥臂（中脚）——由脑桥核进入对侧小脑的纤维组成
    - 绳状体（下脚）——由脊髓小脑后束、橄榄小脑束、前庭小脑束组成

§ 43 丘脑核群及纤维联系(图 356、357)

- 丘脑前核
  - ←乳头丘脑束、穹窿
  - →扣带回
- 内侧核群:背内侧核
  - ←杏仁核簇、颞叶新皮质
  - →额前皮质
- 外侧核群
  - 背外侧核
    - ←不详
    - →扣带回
  - 后外侧核
    - ←少数上升纤维
    - →顶上小叶
  - 腹前核
    - ←苍白球、黑质
    - →额皮质 6 区
  - 腹外侧核
    - ←苍白球、黑质、齿状核
    - →额皮质 4 区
  - 腹后外侧核
    - ←内侧丘系、脊髓丘脑束
    - →顶叶皮质(3,1,2 区)
  - 腹后内侧核(弓状核)
    - ←三叉丘脑束
    - →顶皮质中央后回(3,1,2 区)
  - 丘脑枕
    - ←丘脑核间联系
    - →枕叶(18,19 区)皮质、顶下小叶
  - 内侧膝状体核
    - ←外侧丘系,下丘
    - →颞叶皮质(41,42 区)
  - 外侧膝状体核
    - ←视束
    - →枕叶皮质(17 区)
- 中线核群:室旁核、菱形核、连结核——与下丘脑有联系,与内脏功能有关
- 板内核群:中央中核、中央旁核、束旁核、中央外侧核、中央内侧核——脑干网状结构,经中央被盖束达板内核群,中央中核和束旁核还接受额叶 4 区和 6 区皮质及苍白球的传入投射,板内核传出投射可达广阔皮质区
- 丘脑网状核
  - ←大脑皮质
  - →?

§44　下丘脑纤维联系(图 359)

- 传入纤维
  - 内侧前脑束:基底嗅区、隔核、杏仁核周围区──→下丘脑外侧区
  - 海马结构──→穹窿──→乳头体内侧核、隔核、外侧视前区等
  - 脑干网状传入纤维
    - 中脑被盖腹背侧核──→乳头脚──→乳头体外侧核
    - 中脑中央灰质──→背侧纵束──→下丘脑背侧区
- 传出纤维
  - 内侧前脑束:下丘脑外侧区──→斜束核、内侧隔核──→穹窿──→海马
  - 下丘脑背外区、内侧部等──→背侧纵束──→中脑中央灰质、顶盖等
  - 乳头体内、外侧核
    - ──→乳头丘脑束──→丘脑前腹侧核、前内侧核
    - ──→乳头被盖束──→中脑被盖
  - 视上垂体束
旁室垂体束:视上核、旁室核──→垂体后叶(神经分泌)
  - 结节垂体束:结节区、弓状核──→正中隆起、漏斗

§45　垂体门脉系统(图 360)

垂体由颈内动脉发出的两组动脉供应。垂体上动脉围绕垂体柄上部形成一动脉环,垂体下动脉围绕垂体后叶形成一动脉环,这两组动脉皆进入垂体柄形成窦状血管(初级毛细血管网),继集合成血管进入前叶,在前叶又形成次级毛细血管网,称此系统为垂体门脉系统。下丘脑对垂体后叶的影响系通过视上垂体束和旁室垂体束而实现的,神经末梢在后叶血管周围释放激素入血流;而对垂体前叶系通过一个神经－血管通路而实现的。即下丘脑通过结节漏斗束释放激素入正中隆起的窦状血管,再经垂体门脉系达前叶,影响前叶分泌。垂体前叶系腺垂体,它是真正的内分泌器官。

§46　大脑的形态和构造(图 361～373)

- 大脑
  - 表面沟回
    - 额叶
      - 中央前回(外面)　运动中枢,局部定位如人躯干的倒置
      - 额上回(外面)
      - 额中回(外面)　后 1/3 为书写中枢,稍前为眼球协调运动中枢
      - 额下回(外面)　后 1/3 为运动性语言中枢,损伤后表现运动性失语症
      - 旁中央小叶(内面)　运动中枢
      - 眶回(底面)
    - 顶叶
      - 中央后回(外面)　感觉中枢,局部定位如人躯干的倒置
      - 顶上小叶(外面)
      - 缘上回(外面)　听感觉性语言中枢,损伤后呈感觉性失语症
      - 角回(外面)　视感觉性语言中枢,损伤后呈失读症
      - 楔前叶(内面)
    - 枕叶
      - 外面沟回
      - 楔叶(内面)、舌回(内面)　视觉中枢
    - 颞叶
      - 颞上回(外面)　听觉中枢
      - 颞中回(外面)
      - 颞下回(外面)
      - 颞横回(卷入大脑外侧裂内)　听觉中枢
      - 扣带回(内面)、海马回(内面)　内脏活动调节中枢
      - 海马回钩(内面)　嗅觉中枢
    - 岛叶　位于大脑外侧裂底部
  - 内部结构
    - 灰质
      - 大脑皮质　为高级中枢所在,由神经细胞和神经胶质构成,厚度为 2～3 毫米,细胞一般分 6 层,约 140 亿个
      - 皮质下核(基底神经节)　(新纹状体、旧纹状体属锥体外路系结构)
        - 尾状核——新纹状体
        - 豆状核
          - 壳——新纹状体
          - 苍白球—旧纹状体
        - 屏状核
      - 嗅脑　包括嗅球、嗅束、嗅三角、前穿质、海马、齿状回
    - 白质
      - 胼胝体　为连接两侧大脑半球新皮质的纤维
      - 联合系　为连接同侧半球不同部位皮质的纤维,有钩束、上下纵束和扣带等
      - 内囊　为上下行投射纤维集中通过的部位,分前脚、膝、后脚三部,脑血管出血压迫此部位,即产生半身瘫(偏瘫)等症状

§ 47　脑脊髓的动脉供应(图 383、386)

大脑动脉环(Willis):前交通动脉、大脑前动脉、颈内动脉、后交通动脉、大脑后动脉

- 颈内动脉
  - 眼动脉——主要分支有视网膜中央动脉
  - 后交通动脉
  - 脉络丛前动脉——供应内囊后脚后 2/3、苍白球、脉络丛等部
  - 大脑前动脉
    - 皮质支——供应半球内面顶枕裂以前皮质、胼胝体和半球背外面上部
    - 中央支——供应额叶眶面皮质、尾状核、豆状核前部、内囊前脚、膝和后脚前部
  - 大脑中动脉
    - 皮质支——供应半球背外面大部、颞极、岛叶
    - 中央支——供应尾状核体、豆状核和内囊上 3/5
- 椎动脉
  - 脑膜支——滋养大脑镰、小脑幕及邻近硬脑膜
  - 脊髓后动脉
  - 脊髓前动脉
  - 小脑下后动脉——供应延髓背外侧区、小脑半球下面和第四脑室脉络丛
  - 延髓动脉
  - 基底动脉
    - 脑桥动脉
    - 迷路动脉——供应耳蜗、前庭、半规管
    - 小脑下前动脉——供应小脑半球前下面、下蚓和脑桥一部
    - 小脑上动脉——供应小脑半球上面、上蚓、脑桥、中脑一部、第三脑室脉络丛
    - 大脑后动脉
      - 皮质支——大脑半球底面和内面一部
      - 中央支——供应丘脑、下丘脑、底丘脑、中脑大部、侧脑室和第三脑室脉络丛

§ 48　大脑的静脉与硬脑膜窦(图 374、375)

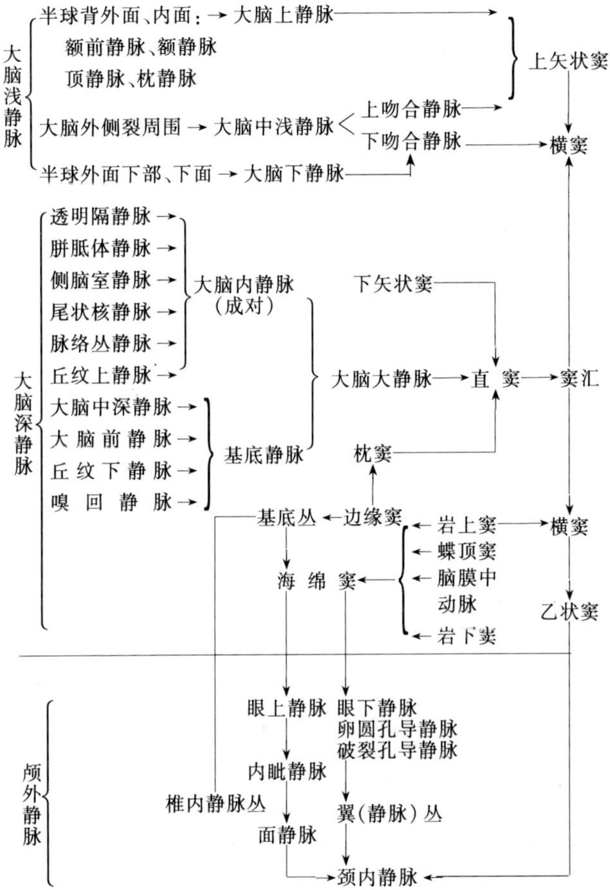

§49 脑室和脑脊髓液循环

一、脑室 脑室(图 372、373)是脑内的腔隙,共有四个:侧脑室一对,第三、四脑室各一个。侧脑室在每侧半球内部,半球的四个叶中容藏有侧脑室前角、后角、下角和中央部;侧脑室借室间孔与第三脑室相通。第三脑室是间脑中间的狭窄裂隙,向下经中脑水管通入第四脑室。第四脑室位于脑桥、延髓和小脑间,借正中孔和外侧孔与蛛网膜下腔相通,并向下续于脊髓中央管。

二、脑脊髓液循环(图 387) 脑脊髓液主要由侧脑室和第三脑室脉络丛生成,然后经第三脑室和中脑水管至第四脑室,又经第四脑室的正中孔和外侧孔入蛛网膜下腔。脑脊髓液流动甚慢,在脑、脊髓表面循环以后,主要经脑顶的蛛网膜颗粒滤入上矢状窦静脉血中。

脑脊髓液总量有 120~140 毫升,为无色透明的水样液,呈弱碱性,相对密度(比重)为 1.004~1.006,每升中含$(0\sim5)\times10^6$个淋巴细胞。脑脊髓液的压力,在卧位腰椎穿刺时,为 0.98~1.76 千帕(100~180 毫米水柱),一般不超过 1.96 千帕(200 毫米水柱),如果高于这个水平,就认为是颅内压增高。脑脊髓液主要功能是保护脑和脊髓免于震荡,并通过血管周围间隙供给脑以营养,输出代谢产物。当脑脊髓液还流的通路受阻(如第三脑室肿瘤、蛛网膜下腔粘连或蛛网膜颗粒闭塞),脑脊髓液即发生贮留,而引起脑积水。

§50 传 导 路

神经系统借神经元的链锁传导感觉和运动冲动,传导路即实现这一职能。传导路包括感觉传导路(传入路)和运动传导路(传出路)两大类。

感觉传导路

感觉可分浅感觉和深感觉。浅感觉系指痛觉、触觉和温度觉,即皮肤感觉；深感觉系指位置觉、运动觉和振动觉等，即肌肉、肌腱、关节和骨膜等的感觉，也称本体感觉。这两种感觉传导路都由三个神经元链锁组成。

一、浅感觉传导路(图 388)

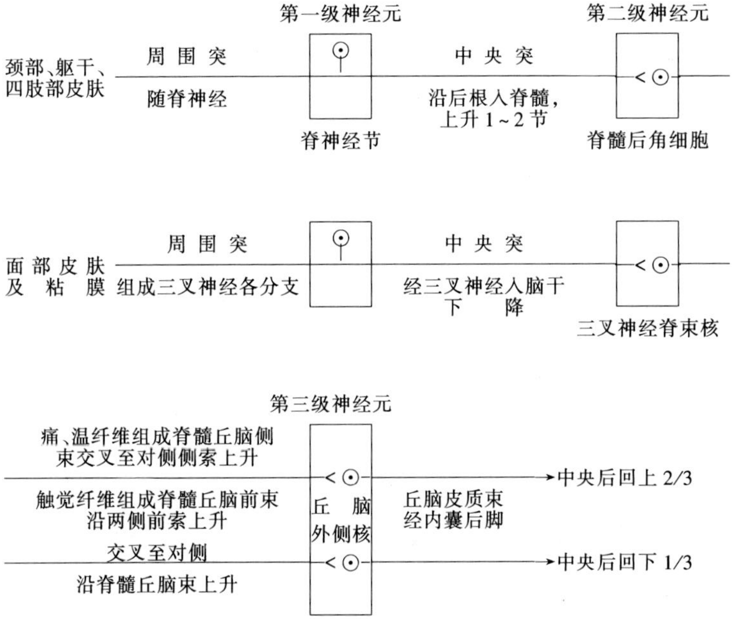

脊髓丘脑侧束的痛、温觉纤维有一定的局部定位关系：来自下肢和躯干的纤维占束的外侧部，来自上肢和颈部的纤维占束的前内侧部（图 395)。因此，从外周压迫脊髓的病变，可能先出现身体下部痛、温觉障碍，从中心向周边发展的脊髓病变（如脊髓空洞症)，患者可能首先出现身体上部的痛、温觉障碍。图 388 中显示两处病变和出现的体征：一为颈髓第 5~8 节左侧后角损伤，表现为同侧上肢出现节段性浅感觉障碍；一为胸髓左侧脊髓丘脑侧束损伤，呈现传导束性异常，身体右半胸部以下出现痛、温觉障碍。

二、深感觉和触觉传导路(图 389)

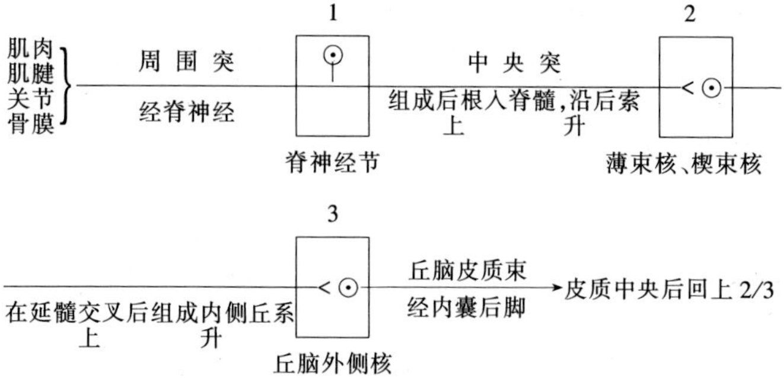

图 389 中显示颈髓后索损伤，由于肌肉、肌腱、关节活动时产生的感觉冲动不能传入大脑皮质，因此，这样的患者如闭眼站立，就不能确定身体的位置、姿势及运动方向，从而出现身体摇晃倾斜，容易跌倒，手对物体的性状、重量的感觉丧失，同时身体失掉了辨别两点距离的精细触觉的能力；肢体的振动觉也消失。

运动传导路

运动传导路管理骨骼肌的随意运动，包括锥体路和锥体外路两部分。

一、锥体路(图 390)　锥体路由上、下位两个神经元链锁组成。上位神经元起自大脑中央前回、运动前区和旁中央小叶等处皮质的巨型锥体细胞和其他锥体细胞，它们的轴突下行，组成脑髓中的锥体束纤维，其中，轴突止于脑神经运动核的称皮质脑干束(或皮质核束)，止于脊髓前角细胞的称皮质脊髓束。

1. *皮质脑干(核)束*　上位神经元在中央前回下 1/3 的皮质中，轴突经内囊膝、大脑脚、脑桥和延髓，沿途发出纤维多数达两侧的脑神经运动核(如动眼神经核、展神经核、三叉神经运动核、面神经核上半、疑核和副神经核)，形成突触；上述脑神经运动核中细胞发出的轴突组成脑神经的运动纤维，分布到同侧的眼外肌、表情肌、咀嚼肌、舌肌、软腭肌、咽肌、喉肌等处，管理这些肌肉的随意运动。一般认为，面神经核的下半和舌下神经核只接受对侧皮质延髓束的纤维，其他各核都接受两侧皮质延髓束的纤维，因此，当一侧皮质延髓束受损，只出现对侧舌肌和对侧眼裂以下的表情肌瘫痪，而额肌、眼轮匝肌、眼肌、咀嚼肌、软腭肌、咽肌和喉肌等不出现瘫痪现象。

2. 皮质脊髓束

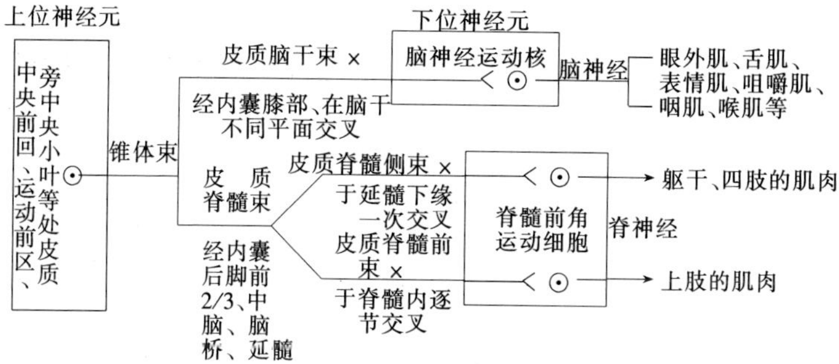

二、上位神经元瘫和下位神经元瘫 为表示锥体路的意义和应用，图390分别显示了大脑皮质、中脑、颈髓、腰髓几处病变及所出现的体征，以供定位诊断的参考。①左半球中央前回上部损伤，出现右下肢的痉挛性瘫痪，随意运动消失，肌肉张力增强，腱反射亢进，病理反射(Babinski)阳性。②中脑左侧大脑脚脚底处病变，累及了动眼神经等结构，出现右半身痉挛性瘫痪，肌肉张力增强，腱反射亢进，同时伴有同侧动眼神经麻痹(眼球向外下斜，上睑下垂)、右侧面神经核上瘫。③颈髓左侧侧索损伤，累及皮质脊髓侧束，出现左半身痉挛性瘫痪，肌肉张力增强，腱反射亢进，病理反射阳性。④腰髓左侧前角病变，出现左下肢弛缓性瘫痪，肌肉张力减低，腱反射消失，无病理反射，患肢肌肉出现萎缩。

上述四处病变皆累及锥体路(皮质脊髓束)，前三例为上位神经元的病变，后一例属下位神经元的病变。锥体路(皮质脊髓束)上、下位神经元的病变在体征上不同，宜进行鉴别。

上、下位神经元病变的鉴别

1）上位神经元瘫痪，其病变在大脑皮质运动区或锥体束行程中的某一部位，瘫痪范围较为广泛，肌肉没有萎缩，张力增强，腱反射亢进，病理反射阳性，即所谓“硬瘫”。下位神经元瘫痪的病变部位在脊髓前角、前根或周围神经干，瘫痪累及范围较为局限，肌肉出现萎缩、松弛；腱反射减弱或消失，无病理反射，即所谓“软瘫”。

2）上位神经元瘫痪，如病变在脑干部位，常累及皮质脑干束或脑神经核、脑神经根，而伴有脑神经损伤症状；下位神经元瘫痪未累及脑神经，不伴有脑神经损伤症状。

3）在延髓锥体交叉平面以上损伤时，对侧肢体出现瘫痪，在此平面以下损伤时，瘫痪则出现于病灶同侧。

应当指出，上、下位神经元瘫痪有时在一患者身上同时出现。如病变部位在下部颈髓，则患者同侧上肢出现“软瘫”，而同侧下肢出现“硬瘫”。

三、核上瘫和核下瘫(图 446) 皮质脑干束上、下位神经元病变所引起的症状分别称为核上瘫和核下瘫。由于多数脑神经运动核受两侧皮质脑干束管理，故核上瘫所出现的症状不显，而面神经和舌下神经的核上瘫和核下瘫有着明显的区别。

1. *面神经核上瘫和核下瘫* 面神经核位于脑桥下部、三叉神经脊束核的腹内侧，核上部的细胞接受两侧皮质脑干束的纤维，上部细胞发出纤维随面神经支配面部眼裂以上的表情肌；核下部的细胞只接受对侧皮质脑干束的纤维，下部细胞发出纤维随面神经支配眼裂以下的表情肌。

1）核上瘫 面神经核以上的皮质脑干束行程中的某一部位病变所出现的症状称面神经核上瘫。病变可发生于额叶皮质、内囊、中脑脚底等部位，体征只表现为病变对侧的口周围肌瘫痪，如鼻唇沟消失，不能提口角作微笑表情，吃饭时食物存留于面颊和牙龈之间等，但肌肉不萎缩，亦无电反应变化。

2）核下瘫 面神经核或核发出的神经纤维有病变时，称面神经核下瘫，如脑桥下部的病变(出血、肿瘤)、中耳炎累及面神经、腮腺疾患累及面神经等，皆引起病变同侧面部所有表情肌呈瘫痪状态。体征表现为眼睑不能闭合(眼轮匝肌瘫痪)，以致产生角膜干燥和流泪；不能提眉，额横纹消失，口周围肌瘫痪也表现如核上瘫的体征。面神经核下瘫由于损伤部位及其分支受累情况不同，而伴有其他症状，如泪腺及唾液腺分泌障碍(副交感神经纤维受累)、听觉过敏(镫骨肌的神经受累)及同侧味觉障碍(鼓索受累)等，核下瘫经久不愈，面肌有肌萎缩现象。

2. *舌下神经核上瘫和核下瘫* 舌下神经核位于延髓菱形窝舌下神经三角的深面，核发出纤维向前行，经锥体束与下橄榄核之间，于延髓前外侧沟出脑。核以上的皮质脑干束受累，患者伸舌时，舌尖偏向病灶的对侧，此为核上瘫，常因脑血管等病变所引起，并合并半身瘫(如图 446)。舌下神经核下瘫为舌下神经核、根或舌下神经干受损，伸舌时，舌尖偏向病灶侧。当病变累及两侧舌下神经核时，出现双侧核下瘫，此时舌肌全部麻痹，饮食及咽下都感困难。

四、锥体外路 上述锥体路管理人体的随意运动。锥体路以外的运动传导路,统称锥体外路。

在功能上,锥体外路系管理肌肉运动和调节肌肉紧张力、协调相同和不同作用的肌肉的联合运动、固定关节以维持体态姿势、进行习惯性和节律性动作等,例如某些防御性反应运动、走路时的双臂摆动、模仿、手势和面部表情等动作。锥体外路的运动是在锥体路的管理下完成的,并支持锥体路的随意运动。只有在锥体外路对肌肉保持稳定而适宜的紧张力和协调的情况下,锥体路才能进行肌肉的精细活动(如手的运动);有些活动(如骑车、跑步)开始时系由锥体路发动起来,当它成为习惯的自律性运动时,便处于锥体外路的管理之下。由此可见,大脑皮质的运动冲动经两条路径下行:一为锥体路系,一为锥体外路系,两者相互协调、相互依存,从而完成人体的整体的复杂的随意运动。

在结构上,锥体外路不是一个简单的、独立的结构系统,而是一个综合的、涉及脑内许多结构的功能系统,其中包括纹状体(尾状核和豆状核的壳)、苍白球、黑质、红核、中脑顶盖、脑桥核、小脑、下橄榄核簇、前庭核簇、脑干某些网状核以及它们的联络纤维等,上述各核和纤维最终都通过脊髓前角运动神经元而发挥效应,它们组成多神经元的复杂链锁。这里简述一下纹状体-苍白球系和皮质-脑桥-小脑系。

1. 纹状体-苍白球系(图 391) 由大脑皮质(主要是额叶)发出的纤维,直接地或通过丘脑间接地止于尾状核和壳(锥体系的旁支也止于此二核),尾状核和壳发出的纤维几乎完全止于苍白球,苍白球发出的纤维集合成束(豆状核襻),分别止于红核、黑质、丘脑下体(底丘脑核或称 Luy 氏体)(图 366)、网状结构等处,在这些核交换神经元后,主要经红核脊髓束和网状脊髓束下行,止于脊髓前角运动细胞,前角细胞发出的纤维,经脊神经分布到骨骼肌。

纹状体、苍白球病变的症状主要是肌肉张力的改变(张力亢进或减低)和运动状态的异常(运动过多或过少)。苍白球和黑质的病变多发生运动过少,表现为手指和脚趾的屈伸与分散运动(手足徐动),由肢体远端向近侧延伸,也可能累及躯干、面与喉部;这时患者肌肉僵硬,步态缓慢,面部毫无表情。纹状体病变有时出现运动过多过快,肢体作迅速、粗大、无规律的不随意运动(舞蹈病);或表现为躯干、颈与肢体肌肉的有力收缩,因而产生各式各样的扭曲状态,如头的后仰或过度前屈、躯干的扭转(扭转痉挛)等;或表

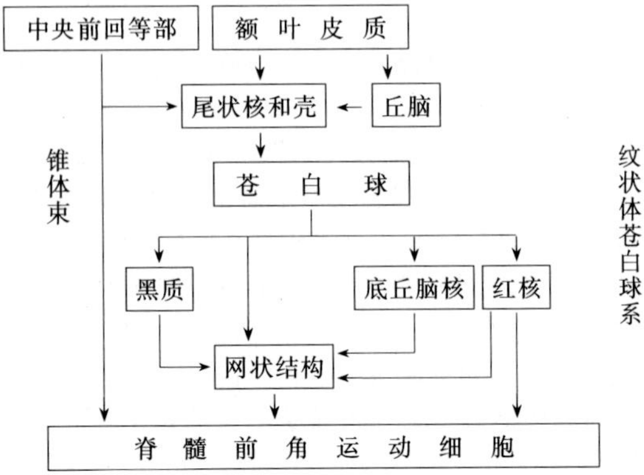

现为拮抗肌的交替收缩,致使肢体发生有规律的反复震颤(震颤麻痹)。但是,纹状体病变或苍白球病变所出现的上述症状不一定区分得那么严格,并且上述症状也可能由其他原因所引起。

2. 皮质-脑桥-小脑系(图 391) 大脑皮质发出的纤维一部分止于脑桥核,脑桥核的纤维越过中线,经对侧脑桥臂至小脑皮质,再至小脑齿状核,齿状核细胞的轴突经结合臂至对侧红核,红核纤维再行交叉,经红核脊髓束至脊髓前角细胞,最后分布于骨骼肌,这就是皮质-脑桥-小脑系。这样,大脑发出的随意运动,借由小脑来的冲动而调整,有小脑的参与,人的随意运动才能共济合作,起止适当,精细准确。如果皮质-脑桥-小脑系的某些环节出现病变,尤其是小脑产生病变,即出现共济失调和协同运动的障碍以及平衡紊乱等症状:如患者走路时,常呈现蹒跚步态,两脚叉开,微抬两臂,以保平衡;让患者两脚紧紧靠拢站立时,则身体摇晃不定,甚而倾斜;让患者由仰卧坐起时,患者却先抬起两腿,而不能用手撑床坐起,表现协同运动障碍,动作分解;让患者以手指鼻、两手对指或将一足跟放置另一腿膝盖前方时,皆出现失误、不准,这主要是由于对立肌的张力调节障碍所致。

§ 51 中枢神经病变举例

例 1(图 392) 为右侧内囊病变。内囊是许多神经纤维汇聚之处(图

367)，部位虽小，但当脑血管出血或脑血栓形成累及内囊后所引起的症状却极为广泛。本例病变累及内囊膝和后脚，出现以下症状：

1）左半身痉挛性瘫痪，肌张力亢进，左侧二头肌反射、髌腱反射等皆亢进；左侧腹壁反射和提睾反射消失；左侧病理反射（Hoffmann 反射和 Babinski 反射）阳性（因累及内囊后脚前 2/3 的锥体束，为上位神经元瘫）。

2）左半身（包括面部）浅、深感觉皆发生障碍，左眼角膜反射消失（因累及内囊后脚的丘脑皮质纤维）。

3）左侧眼裂以下表情肌麻痹；左侧舌肌麻痹，伸舌时舌尖向左侧偏斜，说话不清晰（因累及内囊膝皮质脑干束，造成面神经和舌下神经核上瘫）。

4）双眼左半视野偏盲（因累及视辐射）。

例 2（图 392） 为脑桥右半的病变。出现以下症状：

1）左半身痉挛性瘫痪，肌张力增强，深反射亢进，浅反射消失，病理反射阳性（因累及右半脑桥基底部锥体束）。

2）右侧面部痛、温觉及触觉皆发生障碍，右眼角膜反射消失（因累及右侧三叉神经感觉核和脊束核）；左侧面部感觉迟钝，左眼角膜反射也迟钝（因左侧三叉神经感觉核和脊束核交叉到右侧的上行纤维受累）；左半身浅感觉障碍（因累及右侧脑桥的脊髓丘脑束）。

3）右半面部表情肌麻痹，右眼球不能外展，右侧咀嚼肌瘫痪，张口时下颌偏向右（因累及右侧三叉神经运动核、面神经核及发出纤维和展神经核，表现出核下瘫）；左侧舌肌麻痹，伸舌时舌尖偏向左（因累及右侧的皮质脑干束分布至左侧舌下神经核的纤维，表现为舌下神经核上瘫）。

例 3（图 393） 为延髓外侧部综合征，常由椎动脉或小脑下动脉的血管闭塞所引起，病灶多位于延髓外侧部背侧，相当于下橄榄核中部平面。

1）交叉性偏身感觉障碍：同侧面部痛温觉障碍（累及左侧三叉神经脊束核），对侧半身痛温觉障碍（累及左侧脊髓丘脑束）。

2）同侧软腭、咽、喉肌及声带麻痹，咽反射消失及构音障碍（左侧舌咽、迷走神经损害）。

3）眩晕、呕吐及眼球震颤（前庭下核及下降根受损）。

4）左侧 Horner 综合征：眼睑下垂、瞳孔缩小、眼球后陷及面部出汗减少（中枢性左侧交感神经下行纤维受损）。

例 4（图 393） 为中脑腹侧部综合征，可因肿瘤、炎症、外伤、颞叶病变引起的沟回疝、颅底动脉瘤等引起的大脑脚底部的局部病灶。

1）同侧动眼神经麻痹，产生右眼睑下垂、眼球外斜、瞳孔散大、对光反射消失。

2）对侧舌肌麻痹。

3）对侧面神经核上瘫。

4）对侧上下肢偏瘫。

例5(图394、395)　为脊髓右半平5、6胸节高度损伤，可因血管的病变或脊髓压迫、外伤所致。出现以下症状：

1）右半身乳头以下呈痉挛性瘫痪，肌张力增强，腱反射亢进，病理反射阳性(损伤了同侧皮质脊髓束，属上位神经元瘫)。

2）右半身乳头以下深感觉和精细触觉消失(因损伤了同侧薄束和楔束)。

3）左半身在肋弓平面以下(低于损伤平面1～2个节)出现痛、温觉障碍(损伤了由对侧损伤平面1～2节段以下上升的脊髓丘脑侧束的纤维)；在同侧(右侧)损伤以下有一窄带，一切感觉皆消失(浅感觉的消失是因浅感觉纤维——脊髓丘脑束在同侧上升1～2节所致)；两侧触觉都存在(因脊髓丘脑前束可沿两侧前索上升)。

§52　脊神经的组成、分支和分布

一、脊神经组成(图396)　脊神经共31对(图343、400)：颈神经8对，胸神经12对，腰神经5对，骶神经5对，尾神经1对。每一脊神经由脊髓前根和后根在椎间孔处合成，前根纤维发自脊髓灰质前角和侧角细胞，属运动性，后根纤维属感觉性；后根在椎间孔处有膨大的脊神经节，节内含假单极神经元。假单极细胞有两突：中央突组成后根入脊髓，周围突组成脊神经的一部分，终于各种感觉末梢。

脊神经出椎间孔后分为前、后两支：后支较细，穿横突间隙向后行，分布于项、背、腰、骶部肌肉和皮肤；前支粗大，向外前行，支配颈、胸、腹的肌肉和皮肤及四肢的肌肉和皮肤。

此外，每一脊神经前支在椎间孔外方不远处还发出交通支，与交感干上的交感干神经节相联络，其中含有支配内脏的纤维(后述)。

二、脊神经的纤维成分 每一脊神经中包含有四种纤维成分(图396):

1. 体躯感觉纤维 末梢终于皮肤和肌肉的各种感受器(游离神经末梢、触觉小体、环层小体、神经肌梭、神经腱梭等),纤维向中枢传导皮肤的各种浅感觉和肌肉、肌腱、关节和骨膜的深感觉。

2. 内脏感觉纤维 传导胸、腹部内脏、血管和腺体的感觉。

3. 体躯运动纤维 末梢终于骨骼肌中的运动终板,支配颈、躯干、四肢各部骨骼肌运动。

4. 内脏运动纤维 为来自脊髓侧角交感神经元的纤维,分布到皮肤的汗腺、立毛肌、血管及肌肉中的血管,使汗腺分泌、血管收缩并调节肌肉营养。

三、脊神经后支分布概况(图401)

枕下神经(C_1 后支)——纯运动性,支配椎枕肌,使头回旋

枕大神经(C_2 后支)——最大,支配项肌(头下斜肌、头夹肌、头最长肌)及枕部皮肤

第三枕神经(C_3 后支)——支配项肌(头半棘肌)及枕部皮肤

颈神经($C_{4\sim8}$)后支、胸神经($T_{1\sim12}$)后支、腰神经($L_{1\sim5}$)后支 } 按节段支配项、背、腰部短肌、长肌及皮肤,其中腰$_{1\sim3}$后支的皮支名臀上皮神经,至臀上部皮肤

骶神经($S_{1\sim5}$)后支——很细,出骶后孔,其中骶$_{1\sim3}$后支的皮支名臀中皮神经,支配臀中部皮肤

尾神经(Co_1)后支——出骶管裂孔,分布尾部皮肤

四、脊神经前支分布

颈丛($C_{1\sim4}$前支)
- 皮　支
  - 枕小神经(C_2)——支配枕外部、耳郭后面及乳突部皮肤
  - 耳大神经($C_{2、3}$)——支配耳郭、乳突和腮腺区皮肤
  - 颈横神经($C_{2、3}$)——支配颈前面皮肤
  - 锁骨上神经($C_{3、4}$)——支配锁骨区、肩部和上胸部皮肤
- 肌　支
  - 胸锁乳突肌支($C_{2、3}$)
  - 斜方肌支($C_{3、4}$)
  - 颈深肌支——支配头前直肌、头侧直肌(C_1)、头长肌($C_{2\sim4}$)、颈长肌($C_{1\sim4}$)、中斜角肌($C_{3、4}$)、前斜角肌(C_4)
  - 肩胛提肌支($C_{3\sim5}$)
- 膈神经($C_{3\sim5}$)
  - 运动纤维——膈
  - 感觉纤维——心包、膈、纵隔胸膜和肋胸膜一部分
- 交通支
  - 至舌下神经的交通支(颈襻)($C_{2、3}$)——支配颏舌骨肌、肩胛舌骨肌、胸骨舌骨肌、胸骨甲状肌、甲状舌骨肌
  - 至迷走神经的交通支(C_1)——支配颅后窝硬脑膜感觉

- 臂丛（$C_{5\sim8}$、T_1 前支）
  - 锁骨上分支
    - 肩胛背神经（$C_{3\sim5}$）——支配菱形肌及肩胛提肌
    - 胸长神经（$C_{5\sim7}$）——支配前锯肌
    - 锁骨下神经（$C_{5、6}$）——支配锁骨下肌
    - 肩胛上神经（$C_{5、6}$）——支配冈上、下肌
    - 胸前神经（$C_5\sim T_1$）——支配胸大、小肌
    - 肩胛下神经（$C_{5、6}$）——支配肩胛下肌、大圆肌
    - 胸背神经（$C_{6\sim8}$）——支配背阔肌
  - 锁骨下分支
    - 外侧束
      - 肌皮神经（$C_{5\sim7}$）
        - 肌支——支配臂前群肌
        - 皮支——名前臂外侧皮神经（$C_{5、6}$），支配前臂外侧面皮肤
      - 正中神经（$C_6\sim T_1$）
        - 肌支——支配前臂掌面和手掌面部分肌肉
        - 皮支——支配手掌面桡侧三个半指皮肤
    - 内侧束
      - 臂内侧皮神经（$C_8\sim T_1$）——支配臂内侧面皮肤
      - 前臂内侧皮神经（$C_8\sim T_1$）——支配前臂内侧面皮肤
      - 尺神经（$C_7\sim T_1$）
        - 肌支——支配前臂和手掌面部分肌肉
        - 皮支——支配手掌面尺侧一个半指和手背面尺侧两个半指的皮肤
    - 后束
      - 桡神经（$C_5\sim T_1$）
        - 肌支——支配臂和前臂背面全部伸肌
        - 皮支——名臂后皮神经（$C_{5\sim8}$）、前臂后皮神经（$C_{5\sim8}$）、支配臂和前臂背面及手背桡侧两个半指皮肤
      - 腋神经（$C_{5、6}$）
        - 肌支——支配三角肌和小圆肌
        - 皮支——名臂外侧皮神经，支配臂外侧面皮肤

- 胸神经前支（$T_{1\sim12}$）
  - 肋间神经
    - 肌支——支配肋间肌，下 6 对肋间神经还支配腹肌
    - 皮支——分外侧皮支和前皮支，支配胸腹前面和外侧面皮肤；第二肋间神经外侧皮支名肋间臂神经，支配臂内侧面皮肤
  - 肋下神经（T_{12}）

- 腰丛（T_{12}、$L_{1\sim4}$ 前支）
  - 髂腹下神经（$T_{12}\sim L_1$）
    - 肌支——支配腹肌
    - 皮支——分外侧皮支和前皮支，支配大腿上外侧面及耻骨联合附近皮肤
  - 髂腹股沟神经（L_1）
    - 肌支——支配腹肌
    - 皮支——名阴囊前支，支配大腿上内侧面、阴茎根和阴囊的皮肤（在女性，支配阴阜和大阴唇皮肤）
  - 生殖股神经（$L_{1、2}$）
    - 肌支——为精索外神经，支配睾提肌及肉膜
    - 皮支——名腰腹股沟神经，支配大腿前面、腹股沟韧带下方一小区及阴唇皮肤
  - 股外侧皮神经（$L_{2、3}$）——支配大腿外侧面皮肤
  - 股神经（$L_{2\sim4}$）
    - 肌支——支配大腿前群肌肉
    - 皮支——名前皮支（$L_{2、3}$），支配大腿前面皮肤，另发一支名隐神经，支配小腿内侧面和足内侧缘皮肤
  - 闭孔神经（$L_{2\sim4}$）
    - 肌支——支配大腿内收肌群和闭孔外肌
    - 皮支——支配大腿内侧面中部皮肤和髋关节

骶(尾)丛($L_{4、5}$、$S_{1\sim5}$、Co_1)

- 肌支——支配梨状肌($S_{1、2}$)、闭孔内肌(L_5、S_1)、股方肌(L_5、S_1)
- 臀上神经($L_4\sim S_1$)——支配臀中、小肌、阔筋膜张肌
- 臀下神经($L_5\sim S_2$)——支配臀大肌
- 阴部神经($S_{1\sim4}$)
  - 肌支——支配会阴肌
  - 皮支——支配会阴和外生殖器皮肤
- 股后皮神经($S_{1\sim3}$)——支配大腿后面皮肤
- 坐骨神经
  - 胫神经($L_4\sim S_2$)
    - 肌支——支配小腿后群肌和足底肌
    - 皮支——为腓肠内侧皮神经，与腓吻合神经相合，形成腓肠神经,支配小腿后面及足外侧缘皮肤
  - 腓总神经($L_4\sim S_2$)
    - 肌支——支配小腿前群肌和外侧群肌
    - 皮支——为腓肠外侧皮神经,支配小腿前面、外侧面皮肤和足背皮肤,另发一腓吻合神经,与腓肠内侧皮神经吻合成腓肠神经

§53 反　　射

临床上,当用扣诊锤扣击髌腱时,小腿即产生前伸动作,称这一反应为髌腱反射(图 347)。凡感受器接受刺激,并将刺激转变为神经冲动,通过感觉神经,冲动传入脊髓和脑髓,再经神经元间的突触,冲动经运动神经传到效应器,引起一定的反应,这一活动称反射。完成这个反射的神经元链锁,叫反射弧。反射的种类很多,一般可分深反射、浅反射、内脏反射和病理反射等。

一、深反射　是扣击肌腱所引起的反射,是通过脊髓实现的。最简单的反射弧只有两个神经元,一般有中间神经元介入。常用的深反射有二头肌反射、三头肌反射、髌腱反射、跟腱反射等。正常情况下,深反射受上位神经元的制约,当锥体束损害时,脊髓反射弧因失去高位中枢的抑制,表现为反射亢进;当反射弧的任何一处(周围神经、神经根或脊髓灰质)遭受损害时,反射即减弱或消失。

二、浅反射　是由于皮肤或粘膜中的感受器受到刺激时所引起的肌肉收缩。常用的浅反射有角膜反射、咽反射、腹壁反射、提睾反射、肛门反射等。由脊神经传入的浅反射都有与相应的脊髓节段相关联的反射弧,此外,还有上行至大脑皮质,又经锥体束下达脊髓前角细胞的通路。因此,当锥体束受累或脊髓反射弧破坏时,皆可引起浅反射减弱或消失。

常用的浅、深反射

反射名称	刺激和反应	传入神经	中枢定位	传出神经	效应器
角膜反射	以细棉絮轻触角膜，眨眼	三叉神经第一支	大脑皮质和脑桥	面神经	眼轮匝肌
咽反射	以压舌板轻触咽后壁，软腭上举，恶心欲呕	舌咽、迷走神经	延髓	迷走神经	软腭肌、咽肌
腹壁反射 上腹壁 中腹壁 下腹壁	以钝针划上腹壁、中腹壁、下腹壁皮肤，腹肌向刺激侧收缩	肋间神经	$T_{7\sim9}$ $T_{9\sim10}$ $T_{11\sim12}$ （上达大脑皮质）	肋间神经	腹肌
提睾反射	以钝针划大腿内侧上 1/3 处皮肤，同侧睾丸上提	闭孔神经	$L_{1\sim4}$	生殖股神经	睾提肌
划跖反射（Babinski）	以钝针自后向前划足底外侧皮肤，足趾向跖面屈曲	胫神经	$S_{1、2}$	胫神经	屈趾肌等
肛门反射	以钝针划肛门周围皮肤，肛门外括约肌收缩	肛门神经	$S_{4、5}$	肛门神经	肛门括约肌
二头肌反射	叩诊锤扣击肱二头肌腱，屈肘	肌皮神经	$C_{5、6}$	肌皮神经	肱二头肌
三头肌反射	叩诊锤扣击鹰嘴上方的肱三头肌，伸肘	桡神经	$C_{6、7}$	桡神经	肱三头肌
髌腱反射	叩击膝盖下方的髌腱，伸小腿	股神经	$L_{2\sim4}$	股神经	股四头肌
跟腱反射	叩击跟腱，足向跖面屈曲	胫神经	$L_5\sim S_2$	胫神经	腓肠肌、比目鱼肌

三、内脏反射　是由于内脏和血管中的感受器受到刺激而引起的内脏活动(心肌、平滑肌收缩,腺体分泌)和体躯运动(骨骼肌收缩),如瞳孔反射、颈动脉窦反射、呼吸反射、呕吐反射、唾腺反射等(后详述)。有时,由于皮肤、感觉器中的感受器受到刺激时亦可引起内脏反射,如皮肤瞳孔反射、皮肤受到疼痛刺激时所引起的心跳、血压变化等。

四、病理反射　正常状态时不出现,当神经中枢尤其是锥体束受损时才出现,因锥体束对这类反射有抑制作用。常用的病理反射有弹中指反射(Hoffmann 反射)和划跖反射(Babinski 反射)。划跖反射亦属浅反射,用竹针等自后向前划足底外侧部皮肤,正常时引起足趾向足底屈曲,称划跖反射阴性,其反射中枢在第一、二骶髓;当锥体束受损时,则表现为蹰趾向上翘起,其他四趾呈扇形分开,称划跖反射阳性,即成为病理反射。但在熟睡的成人、3~4 岁以下的儿童及昏迷患者,划跖反射也可出现阳性。常用的浅、深反射见上表。

§ 54　皮肤感觉的节段性神经支配——皮节

一、皮节与皮神经(图 398、399)　每一脊神经后根及其神经节的纤维所分布的皮肤区域称作一个皮节。胚胎初期,身体的皮节像脊髓的节段一样,分布得很为规整。在成人,颈部和躯干的皮节保持着明显的节段状态,每节形成一个带状区,环绕身体,自背侧中线至腹侧中线;但四肢皮肤的节段性分布稍为复杂,因脊髓的颈膨大和腰膨大发出的神经根形成神经丛——臂丛、腰丛、骶丛,而后分布到四肢,皮节是循肢体的长轴而延长的。

应当指出,每一皮节的范围因人稍有动摇,且其边缘相互重叠,所以一根脊神经的病变常不发生感觉消失现象;而且,一根脊神经在四肢可以输送感觉纤维至几条周围神经,换句话说,一条皮神经可以包括几个脊髓节的感觉纤维;这可说明皮神经的分布区与皮节的关系,即:分布于皮节的纤维都包含在皮神经中,每条皮神经的分布区有时与一个皮节的分布区相同,有时比一个皮节的分布区范围广泛。

熟悉皮节的分布具有重要的应用意义:①可用以鉴别周围神经、神经根、中枢神经的病变。②可用以确定脊髓病变的部位。③可借以识别因内脏疾患所引起的反射性疼痛来源。④对中医疗法(如针灸)或为减轻神经痛而遮断(封闭、切断)神经根时,可作为选取部位的参考。

二、各皮节分布区域概述

部位	皮肤节段		皮肤分布区域
头颈部	由 $C_{2\sim4}$ 分布(面区由三叉神经分布)	C_1	无皮支和皮节分布区
		C_2	枕部(前界由耳郭上端至颅顶的垂线)、耳郭后半、颏下区
		C_3	颈部和项部(变动范围较大)
		C_4	颈、项下部、肩部
上肢	由 $C_5\sim T_2$ 分布,沿上肢长轴排列	C_5 $C_{6、7}$ C_8、T_1 T_2	臂上部外面,相当三角肌的范围 前臂和手的桡侧两面 前臂和手的尺侧两面 臂内面和腋窝(T_3 亦分布于腋窝)
躯干	由 $T_2\sim L_2$ 分布,皮节较为规则,例举部分节段如右所示	T_5	平男性乳头
		T_6	平剑突
		T_{10}	平脐
		L_1	腹股沟区(有时也波及腹股沟韧带下方)
		L_2	仅分布腰部髂嵴上方一窄带,延续至下肢
下肢	由 $L_2\sim S_2$ 分布	$L_{2、3}$	大腿前面、外侧面、内侧面
		$L_{4、5}$	小腿内侧面、足背内侧面
		$S_{1、2}$	足底、足背外侧、小腿外侧面、大腿后面
会阴	$S_{3\sim5}$围绕肛门呈同心圆形分布	S_3 $S_{4、5}$	紧围肛门皮肤 依次分布于外周

§ 55 肌　　节

肌节(附图 3)　前已述及,骨骼肌由胚胎的体节演发而来。体节约 40

对，呈节段性，所以肌节亦呈节段性，每一节段的肌肉是由同一节段的脊神经支配的。这种节段分布关系在躯干部较为规则，即脊神经后支按节段分布，支配项背肌，脊神经前支也按节段分布，支配肋间肌和腹肌等；四肢肌的节段关系较为复杂，因四肢肌的肌节经过融合、转移、分层等过程，已围绕肢体中轴分成前群、后群，有的部位分成三群，由近及远，并围绕关节而运动。一个脊髓节的神经所支配的肌肉，即属于一个肌节，四肢的每块肌肉常由数个肌节合成，因此，每块肌肉即由几个相邻的脊髓节的神经所支配。了解肌肉运动及其神经节段的支配关系，对于一些肢体瘫痪疾病的诊断和治疗具有理论和实际意义。

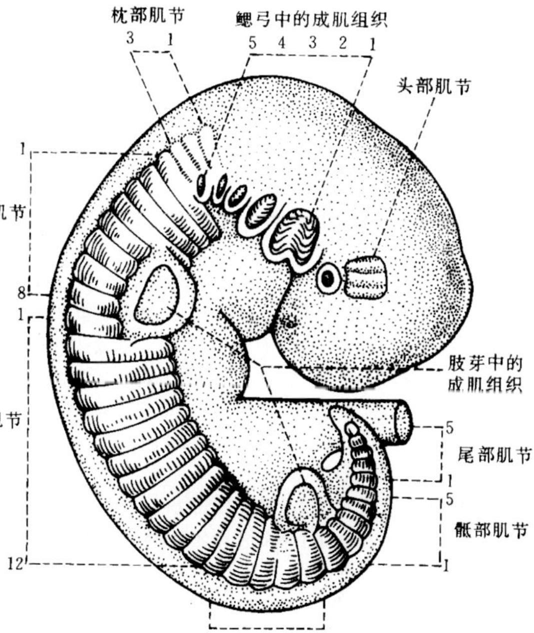

附图3　7毫米长人胚的肌节发育

§ 56　脑神经的分支和分布

- 动眼神经(Ⅲ)(图 477、478)
  - 上支——上睑提肌支、上直肌支
  - 下支——下斜肌支、内直肌支、下直肌支
    - →睫状节短根(副交感)→睫状神经节

- 三叉神经(Ⅴ)(三叉神经半月节)(图 436 437 445)
  - 眼神经(感觉)
    - 额神经
      - 眶上神经、额支——支配额部皮肤
      - 滑车上神经——支配额下部近中线的皮肤
    - 鼻睫神经
      - 睫状长神经(2 支)——含交感纤维,至瞳孔散大肌
      - 睫状节长根——至睫状神经节
      - 筛前神经、筛后神经——支配筛窦粘膜,筛前神经终支称鼻外支,分布鼻下部皮肤
      - 滑车下神经——支配结膜、泪囊、鼻侧面和眼睑皮肤
    - 泪腺神经——支配泪腺感觉
  - 上颌神经(感觉)
    - 脑膜支——支配硬脑膜感觉
    - 颧神经——分布颧部皮肤
    - 眶下神经——分布下睑、鼻外侧部、上唇及颊部皮肤
    - 上牙槽神经——分布上颌各牙及牙龈
    - 翼腭神经→翼腭神经节→
      - 腭大、小神经——分布腭粘膜和腭扁桃体
      - 鼻后支——支配鼻甲及鼻中隔粘膜,其中一支称鼻腭神经,出切牙管,支配硬腭前部粘膜
      - 咽支——分布鼻咽部粘膜
  - 下颌神经(混合)
    - 耳颞神经——分布颞部、耳郭外面和腮腺区皮肤
    - 颊神经——支配颊粘膜感觉
    - 舌神经——支配舌前 2/3 痛、温、触觉
    - 下牙槽神经——支配下颌各牙和牙龈;终支为颏神经,出颏孔,支配颏部皮肤
      - →下颌舌骨肌神经——支配下颌舌骨肌和二腹肌前腹运动
    - 咀嚼肌神经——支配颞肌、咬肌、翼内肌、翼外肌运动
    - 鼓膜张肌神经、腭帆张肌神经——支配同名肌肉

三叉神经周围的副交感性神经节

神经节	位　　置	根	支
睫状神经节（图 440）	眶腔内、视神经外侧	睫状节长根（感觉） 睫状节短根（副交感） 来自海绵丛的纤维（交感）	睫状短神经（6～10）
翼腭神经节（图 441）	翼腭窝内、上颌神经下方	神经节支（感觉） 来自颈内动脉丛的岩深神经（交感） 来自面神经的岩大神经（副交感）	眶支→泪腺 腭大、小神经 鼻后支——鼻腭神经 咽支
耳神经节（图 441）	卵圆孔下方、下颌神经内侧	来自下颌神经的分支（运动） 来自舌咽神经的岩小神经（副交感） 来自脑膜中动脉丛的分支（交感）	至耳颞神经支→腮腺（副交感） 翼内肌支 鼓膜张肌神经 腭帆张肌神经
下颌下神经节（图 440）	舌神经下方、下颌下腺上方	来自面神经鼓索的舌神经分支（副交感、感觉）	至下颌下腺、舌下腺及口腔粘膜支

面神经（Ⅶ）（膝神经节）（图 438 446 284）
- 岩大神经（副交感性）→翼腭神经节→节后纤维支配泪腺和鼻粘膜分泌
- 镫骨肌神经——支配镫骨肌
- 鼓索——含副交感和感觉纤维→舌神经→下颌下神经节和舌，支配下颌下腺、舌下腺分泌和舌前 2/3 味觉
- 耳后神经——支配枕肌、耳后肌运动及耳郭皮肤
- 二腹肌支——支配二腹肌后腹
- 茎突舌骨肌支——支配同名肌
- 腮腺丛
  - 颞支——支配眼轮匝肌、额肌、皱眉肌、耳前肌、耳上肌
  - 颧支——支配眼轮匝肌、提上唇肌、颧肌
  - 颊支——支配颊肌、口轮匝肌、笑肌
  - 下颌缘支——支配降口角肌、降下唇肌、颈阔肌
  - 颈支——支配颈阔肌

舌咽神经（Ⅸ）（上神经节、岩神经节）（图 440 441 447）
- 鼓室神经→鼓室丛→岩小神经（副交感性）→耳神经节→节后纤维支配腮腺分泌
- 咽支——与交感神经、迷走神经支共同构成咽丛、支配咽部粘膜感觉
- 茎突咽肌神经——支配同名肌，提咽
- 窦神经——分布颈动脉窦和颈动脉小球，向中传导血压和 CO_2 的刺激，调节心跳、血压和呼吸

- 迷走神经（Ⅹ）（颈静脉神经节、结状神经节）（图 406 449 453）
  - 颈部分支
    - 脑膜支——支配硬脑膜感觉
    - 耳　支——支配外耳道、耳甲艇、耳甲腔等处感觉
    - 喉上神经
      - 外支——支配环甲肌
      - 内支——支配会厌、舌根、梨状隐窝及声门裂以上喉粘膜感觉和分泌
    - 心 上 支——组成心丛，支配心脏活动（副交感性）
    - 喉返神经
      - 喉下神经——支配大部喉肌和声门裂以下喉粘膜感觉和分泌
      - 心下支——组成心丛，支配心脏活动（副交感性）
      - 气管支——与交感神经形成丛，管理气管感觉、粘膜分泌和平滑肌收缩
      - 食管支——与交感神经形成丛，管理食管感觉、粘膜分泌和平滑肌收缩
  - 胸部分支
    - 支气管前、后支——与交感神经形成肺丛，管理支气管平滑肌收缩、腺分泌，并向中传导张力感觉
    - 食管支——形成丛、功能同喉返神经的食管支
    - 心包支——管理心包感觉
  - 腹部分支
    - 左迷走神经分支形成胃前丛，管理胃的运动、分泌，并向中传导胃的特殊感觉（饥饿感、饱满感等）
    - 右迷走神经分支形成胃后丛，功能同上。并发出许多副丛（肝丛、肾丛、脾丛、肠系膜上、下丛等，管理腹部各脏器运动、分泌和感觉（至横结肠以上）

§57 自 主 神 经 系

一、概述　自主神经是整个神经系统的一部分，管理消化、呼吸、泌尿、生殖各器官的活动，营新陈代谢的功能，主要支配内脏和血管中的平滑肌、心肌和腺体（包括内分泌腺和外分泌腺），以保证机体内外环境的平衡。自主神经与体躯神经都是在大脑皮质的控制下进行活动的，两者在形态上与功能上密切相关，但自主神经又有其一些特点，主要是：

1）体躯神经可以在人的意志支配下管理骨骼肌的活动，而自主神经的活动不受人的意志直接支配，人们不能随意地调节与控制自己的内脏、血管

运动和腺体分泌。

2）体躯运动神经自中枢运动核发出后，随脑神经和脊神经直达骨骼肌，是由一个神经元完成的；而自主神经纤维从低位中枢到达支配器官是由两个神经元完成的。其中第一个神经元细胞体位于脑干和脊髓的自主性神经核中；它们的轴突自中枢发出后，在途中的一个自主性神经节交换神经元，神经节的细胞即第二个神经元再发出轴突到达支配器官。因此，将由中枢至神经节的纤维，称节前纤维，由神经节至效应器的纤维，称节后纤维（图396）。

自主神经依其本身的形态和功能，又分为交感神经和副交感神经两部分。内脏各器官一般都受交感神经和副交感神经的双重支配。当交感或副交感神经兴奋时，对于一个器官所表现的作用是对立的；如交感神经兴奋可使瞳孔散大、心搏加快、皮肤及内脏血管收缩而冠状动脉舒张、脾脏缩小、血压上升、消化道蠕动减弱、括约肌收缩、小支气管舒张、呼吸加快加深、肾上腺素大量分泌、血糖浓度升高等；副交感神经的作用表现为瞳孔缩小、心搏减慢、血管舒张、胃肠蠕动增强、括约肌弛缓、唾液分泌增加、小支气管收缩，并激发胰岛素的分泌，使血糖降低等。交感与副交感两种神经的作用既对立又统一，从而保证了内脏和整个机体的正常活动。如果某一神经产生病变，内脏活动即出现紊乱。

二、交感神经（图450） 交感神经的低位中枢位于脊髓胸节和上三个腰节的侧角内。侧角细胞的轴突经前根和脊神经，出椎间孔，随即离开脊神经，经白交通支进入交感干上邻近的交感干神经节，由交感节发出的纤维再分布到周围各器官。

1. 交感干神经节　交感干神经节共20～25对（颈部每侧有3个，胸部有11个，腰部和骶部各有4～5个），节间有神经纤维相连；因此，交感干神经节即连成一串，形成交感干。交感干排列在脊柱两侧，上至颈部，下达盆腔，两侧骶部交感干末端会合成一个尾交感干神经节，名奇神经节（图452）。

除上述位于脊柱两旁的交感干神经节外，还有位于脊柱前面腹腔动脉和肠系膜上、下动脉根部周围的神经节，它们夹在神经纤维形成的丛中，如腹腔神经丛（太阳丛）中的腹腔神经节，肠系膜上、下丛中的肠系膜上神经节和肠系膜下神经节，这些神经节又名椎前神经节（图453）。

2. 交感神经纤维的走行（图450、455）　交感神经节前纤维进入邻近交感干神经节后，其进一步去向有以下几种情形：

1）在邻近交感干神经节内交换神经元（有些节前纤维沿交感干上升，到颈部交感干神经节交换神经元；有些沿交感干下降，到腰骶部交感干神经节交换神经元），节后纤维经灰交通支返回脊神经，随脊神经分布到全身的肌肉和皮肤的血管、汗腺、立毛肌，调节血管收缩、立毛肌收缩和汗腺分泌。

2）在交感干神经节内交换神经元，节后纤维分布到周围器官。如：

颈上、中、下交感干神经节的节后纤维随血管分布到头颈各器官（下颌下腺、舌下腺、腮腺、泪腺、瞳孔散大肌、甲状腺及头面部血管和汗腺），并组成心上、中、下神经分布到心脏。

上胸部（$C_{1\sim5}$）交感干神经节的一部分节后纤维分布到食管、气管、支气管和肺。

腰骶部交感干神经节的节后纤维随血管分布于直肠、膀胱和男、女生殖器各器官。

3）节前纤维通过椎旁的交感干神经节，达于椎前神经节，在椎前节中交换神经元后，节后纤维分布到周围器官。如：

下胸部（$C_{6\sim12}$）脊髓侧角发来的节前纤维，通过 $C_{6\sim12}$交感干神经节后，组成内脏大、小神经，达腹腔神经节和肠系膜上神经节，于节中交换神经元，节后纤维随腹腔血管分布到各腹腔器官。

三、副交感神经（图 450） 副交感神经的低位中枢位于延髓、脑桥、中脑的副交感神经核（缩瞳核、上泌涎核、下泌涎核、迷走神经背核）和第 2～4 脊髓骶节。脑干各副交感神经核的纤维随脑神经至头颈胸腹各器官，骶部副交感神经核的纤维随盆内脏神经至盆腔各器官。

1. 中脑的缩瞳核 发出节前纤维，随动眼神经至睫状神经节（位于眼眶内、视神经外侧，图 478）交换神经元，节后纤维至瞳孔括约肌和睫状肌，能缩小瞳孔，使晶状体变厚（附图 5，缩瞳核又名动眼神经副核）。

2. 脑桥的上泌涎核 发出节前纤维，一部分随面神经至翼腭神经节（位于翼腭窝内、上颌神经下方，图 441）交换神经元，节后纤维至泪腺和鼻腔、腭的粘膜中的腺体（图 446）；另一部分随面神经分支——鼓索，经舌神经（三叉神经分支）至下颌下神经节（位于下颌下腺上方，图 446）交换神经元，节后纤维至下颌下腺和舌下腺。

3. 延髓的下泌涎核 发出节前纤维，随舌咽神经至耳神经节（位于卵圆孔下方、紧贴下颌神经内侧，图 441）交换神经元，节后纤维随耳颞神经（三叉神经分支）至腮腺。

主要内脏和血管的交感神经支配

反应器官	脊髓中枢	节前纤维	节后神经元	节后纤维
头颈部血管、汗腺、眼球、瞳孔	$T_{1、2}$	$T_{1、2}$脊神经、白交通支、沿交感干上升	颈上神经节	颈内、外动脉神经,颈丛,脑神经
上肢的血管和腺体	$T_{2\sim9}$	$T_{2\sim9}$脊神经、白交通支、交感干	颈中、下神经节,胸$_{1、2}$交感节	臂丛及血管周围
心	$T_{1\sim5}$	$T_{1\sim5}$脊神经、白交通支、交感干	颈上、中、下神经节,胸$_{1\sim5}$交感节	心上、中、下神经,胸心神经
食管、气管、支气管、肺	$T_{1\sim5}$	$T_{1\sim5}$脊神经、白交通支	$T_{1\sim5}$交感节	分支至各器官,形成丛
腹腔器官(横结肠以上)	$T_{6\sim12}$	$T_{6\sim12}$脊神经,白交通支,交感节,内脏大、小神经	腹腔神经节、肠系膜上神经节	组成副丛随血管至各器官
降结肠、乙状结肠和盆腔器官	$T_{10}\sim L_3$	$T_{10}\sim L_3$脊神经、白交通支、腰骶交感节	肠系膜下节、下腰和骶交感节	组成腹下丛和盆丛至各器官
下肢的血管和腺体	$T_{10}\sim L_3$	$T_{10}\sim L_3$脊神经、白交通支	全部腰骶交感节	腰骶丛及血管周围

4. *延髓的迷走神经背核*　发出节前纤维(图 449),构成迷走神经的重要成分,分布至心、气管、支气管、肺、食管、胃肠(降结肠以上)、肝、胰、肾等器官附近的神经节或壁内神经节,交换神经元后,节后纤维分布于上述器官和腺体。

5. *第 2~4 脊髓骶节侧角*　发出的副交感节前纤维(图 450),随脊神经出骶前孔,随即组成盆内脏神经,分布到降结肠、乙状结肠、直肠、膀胱等盆腔器官,在器官附近或壁内的副交感神经节交换神经元后,节后纤维分布于上述器官。

四、自主神经皮质下中枢——下丘脑(图 358、359)　下丘脑是自主神经的皮质下中枢,对内脏活动的协调关系密切。自主神经支配的器官所实现的活动,必须有下丘脑的参与才能完成,因为下丘脑是大脑皮质、皮质下核、下丘脑与自主神经系低位中枢间联络的重要中间环节。身体内部环境对外界变化不断适应,而下丘脑一方面接受上位中枢发来的冲动,另方面通过本身的投射纤维,把冲动传至下位交感和副交感低位中枢及脑干中的网状结构,从而发挥出效应。

下丘脑是指第三脑室前下壁和底上的一些结构,包括视交叉、灰结节、漏斗、乳头体,其中埋有许多弥散的细胞群(视上核、旁室核、结节核、丘脑下部后核、乳头体核等)。一般认为,此区的后外侧部(后核等)与交感神经功能活动有关,刺激此区可促使心动加速、血压上升、瞳孔散大、肠管蠕动和膀胱张力降低;此区的前内侧部(视前区和内侧结节核等)与副交感神经功能活动有关,刺激此区可使心搏减慢、周围血管舒张、肠蠕动和膀胱张力增强;视上核并与水的代谢有关,旁室核与糖的代谢有关。

下丘脑受损时,内脏活动可发生显著变化;如消化、呼吸、血压、心律改变,汗腺分泌及体温调节障碍(高热),水和脂肪代谢紊乱(尿崩症、肥胖症)和病态昏睡等。

§58 内脏感觉与内脏传入神经

一、内脏感觉 消化、呼吸、泌尿、生殖和心血管等内脏具有丰富的内感受器,它们接受各器官内部压(张)力的、温度的、化学的各种刺激,将刺激转变为神经冲动,经内脏传入神经传至中枢,大脑皮质对内外界发来的各种“信号”进行分析和综合,发出效应,从而使机体与内外环境保持统一和平衡。

在正常状态下,内脏的许多传入冲动是人们主观上意识不到的,如心脏的搏动、血管的舒缩、胃肠的蠕动、括约肌的开闭、支气管和肺的收缩和舒张、尿管的蠕动等都不被人们意识到,这可能由于内脏发出的冲动对皮肤的外感受器发出的冲动来说系属于阈下刺激,没有上升到意识平面;而在另一些时候,人们感受到一些内脏感觉,如胃肠的饥饿感和饱满感、渴感、恶心感、膀胱和直肠的膨胀感、气管和支气管的瘙痒感等,这可能由于一连串的阈下刺激重积起来,成为阈上刺激,所以被人们感知。当然,在某些病理或特殊情况下,人们耐受过内脏诱发的强烈疼痛,如心绞痛和血管痛,胆道、输尿管、膀胱因肌肉的痉挛性收缩引起的绞痛,胸膜和腹膜的炎性刺痛,以及手术中过度牵拉胃肠所引起的恶心感和牵扯痛等。总之,内脏的传入冲动,不论人们意识到或未意识到，对大脑皮质来说，都是很敏感的，都不是漠不相关的。

由于内脏的感觉纤维数量较少，口径较细，每根纤维分布的范围较广，感受器的形态多样，因此，内脏感觉具有一些不同于体躯感觉的特点：一般比体躯感觉迟钝，定位性和准确性差，常常是模糊的，手术中对胃肠进行切割或挟挤时不感到疼痛。

二、内脏感觉的传导径路 内脏发出的感觉冲动，通常借两种途径传向中枢(图 459)：

1. 借脑神经和盆神经中的感觉纤维传入 舌咽神经中感觉纤维的细胞体在上神经节和下(岩)神经节内，其周围突分布到咽、腭、扁桃体、颈动脉窦、颈动脉小球等处，中央突止于孤束核(图 447)。

迷走神经中感觉纤维的细胞体位于下(结状)神经节和上(颈静脉)神经节内，其周围突随迷走神经分布到颈胸腹各器官，中央突止于孤束核(图 449、459)。

盆内脏神经中感觉纤维的细胞体位于第 2～4 骶神经后根节中，周围突随盆内脏神经至盆腔器官，中央突入脊髓，沿后索或侧索上升(图 458、459)。

2. 借脊神经和交感神经中的感觉神经纤维传入 交感神经中感觉神经纤维的细胞体位于 T_1～L_3 的脊神经节内，其周围突经白交通支、交感干神经节(在节内通过，不换神经元)及各节的分支，分布到颈胸腹部各器官，中央突随后根入脊髓，沿脊髓侧索上升(图 396)。

肝的一部、膈和心包、纵隔胸膜等器官的感觉是沿膈神经中的感觉纤维传入的，细胞体主要在第四颈神经的脊神经节中，中央突入脊髓。

一般认为，脑神经和盆内脏神经中的感觉纤维主要传导内脏的特殊感觉（如器官壁的张力、血液中气体成分的变动、内脏的饥饿感和膨胀感等）和一些内脏的痛觉（如食管、膀胱、直肠、尿道、前列腺等器官的痛觉），脊神经和交感神经中的感觉神经纤维主要传导胃肠等胸、腹、盆腔器官的痛觉。

三、内脏传入纤维的脊髓节段(图 459) 内脏各器官的感觉神经支配，也像皮肤和肌肉一样，在脊髓内具有一定的节段性，了解各内脏器官的传入纤维所进入的脊髓节段，具有理论和实际意义。具体如下：

器官	传入脊髓节段	器官	传入脊髓节段
心	$T_{1\sim5}$	肾	$T_{11}\sim L_2$
支气管、肺	$T_{1\sim5}$	输尿管	$L_1\sim L_2$
胃、肝、胆、胰	$T_{6\sim9}$	直肠	$L_{1\sim3}$、$S_{2\sim4}$
小肠	$T_{9\sim11}$	膀胱	$L_{1\sim3}$、$S_{2\sim4}$
结肠	$T_{11}\sim L_2$	子宫	$L_{1\sim3}$、$S_{2\sim4}$

§59 内脏和皮肤的关联

内脏发生疾病时，常在体表的一定区域产生感觉过敏或疼痛，这种感觉过敏或疼痛有时发生在与该患病器官邻近的皮肤，有时在与该器官相隔很远的皮肤，这种现象叫反射性疼痛或牵涉性痛(图459、460)。例如肝脏疾患时，在右颈和肩部产生酸痛或感觉过敏；胃有病时，在两肩胛骨之间出现疼痛；心绞痛时，疼痛放散到左前胸和左臂内面；阑尾炎时，疼痛先发生于脐部；输尿管结石时，疼痛反射至腹股沟区等。

牵涉性痛的存在表明内脏与体表之间具有明显的联系和影响；这主要因为进入脊髓一定节段的感觉纤维，既通过脊神经分布到一定的皮肤区，又通过内脏传入神经分布到一定的内脏器官，就是说，某一内脏的感觉纤维与一定的皮肤区的感觉纤维都进入相同的脊髓节段。关于牵涉性痛的进一步道理，意见不一，大致有：

1）患病内脏的传入冲动，提高了脊髓感觉接受区中神经元(如胶状质)的兴奋性，形成所谓“过敏焦点”，因而对来自体躯的轻微刺激，便给予强烈反应，从而产生一定皮肤区的感觉过敏。

2）内脏传入冲动可直接激发体躯感觉接受区中的神经元，因而皮质中枢把来自患病内脏的感觉，认为是相应皮肤区的感觉。

内脏疾患除可以引起皮肤过敏和牵涉性痛外，有时还可引起一定皮肤区潮红、出汗、立毛及体壁的肌肉出现强直，这是由于患病内脏的传入纤维与脊髓侧角的交感神经元和脊髓前角的运动神经元发生了突触联系，所以内脏疾患时，体壁的一定区域产生了自主神经症状及肌肉强直现象。

与此相反，皮肤的各种病变也可影响到内脏的功能状态。因此，了解内脏传入神经与体躯传入神经的相互关联，既有助于内脏疾病的诊断，同时给各种新医疗法的临床实践提供形态学上的参考。

§60 心脏的神经支配和血压调节

一、心脏的神经支配(图456) 副交感神经节前纤维起自迷走神经背核，随迷走神经的心上支和心下支(又称心抑制神经)而行，终于心丛或心房壁内的神经节，节后纤维主要止于窦房结(右迷走神经)、房室结(左迷走神经)和心房肌，使心搏减慢，冠状血管收缩。交感神经节前纤维起自第1~5胸髓侧角，一部分在上胸部交感干神经节交换神经元，一部分上升，终于颈上、中、下交感神经节；节后纤维组成心上、心中、心下神经和胸心神经及心丛，分布至心脏，右侧纤维大部终于窦房结，左侧纤维大部终于房室结和房室束。作用可提高心传导系统的兴奋性，使心搏加速加强，冠状血管舒张。心脏的感觉神经分布于心肌、心包、主动脉壁和冠状血管壁等处，经迷走神经和交感神经各分支中的感觉纤维传向中枢，迷走神经分支传导血压和血中气体成分的变化，交感神经分支传导痛觉。

二、血压调节(图456)

1. 减压调节(颈动脉窦与主动脉弓反射) 血压升高时，分布于颈动脉窦的窦神经(舌咽神经分支)和分布于主动脉弓的迷走神经心下支接受压力刺激，这两种感觉纤维的细胞体分别在舌咽神经岩神经节和迷走神经结状神经节中，它们的中央突传入延髓孤束核，孤束核的纤维可达延髓网状结构(缩血管中枢)和迷走神经背核(心抑制中枢)，一方面对心抑制中枢起促进作用，另方面对缩血管中枢起阻抑作用。背核的纤维随迷走神经心上、下支至心丛(位于主动脉弓前下方，图452)交换神经元，节后纤维至心脏。网状结构的纤维组成网状脊髓束下降，抑制上胸髓交感神经元的兴奋。于是心搏减慢减弱，周围血管舒张，血压下降。

2. 加压调节(颈动脉体和主动脉体反射) 当血液中缺O_2或CO_2过多时，颈动脉小球(颈内动脉根部外膜下方的化学感受器)和主动脉小球(主动脉弓壁上的化学感受器)受到刺激而兴奋,由窦神经和迷走神经传入延髓,一方面刺激网状结构的呼吸中枢和缩血管中枢,通过交感神经和膈神经等引起呼吸加强,血管收缩,心搏增快;另方面也兴奋心抑制中枢(迷走神经背核),降低迷走神经的兴奋性。

另外,当动脉压降低时,上述的主动脉弓和颈动脉窦的压力感受器所受的刺激减弱,传入冲动频率减少,心抑制中枢的兴奋性降低,缩血管中枢的活动增强,结果也使血压回升。

§61 支气管、肺的神经支配和呼吸调节

一、支气管和肺的神经支配(图457) 副交感节前纤维发自延髓迷走神经背核,经迷走神经支气管前、后支,达支气管和肺内的神经节,神经节发出的节后纤维分布于支气管树和血管的平滑肌和腺体,可使支气管缩窄并分泌粘液。

交感节前纤维起自上胸部($T_{1\sim5}$)侧角交感核,经相应的脊神经、白交通支,至星状神经节和上胸部交感干神经节,自这些节发出的节后纤维与迷走神经分支共同组成肺丛,分布于支气管和血管的平滑肌,可使支气管扩张。

支气管和肺的感觉纤维一方面沿迷走神经传至延髓孤束核(传导支气管和肺泡的张力变化),一方面沿交感神经传入上5个胸脊髓节(传导痛觉,但肺的痛觉不明显)。

二、呼吸调节(图457) 前已述及,在脑干内有调节呼吸的中枢。呼吸中枢主要包括两部分:一为延髓网状结构的吸气与呼气中枢,分别位于网状结构的下部腹侧和上部背侧,两者交替兴奋,维持呼吸运动。再有一个位于脑桥上部和中脑下部网状结构中,即所谓呼吸调整中枢,它能调节延髓呼气和吸气中枢的活动,使呼吸动作更具有节律性和适应性。

呼吸运动的调节大致是这样:当肺泡扩张或缩小时,肺泡壁的压力感受器受到刺激,冲动沿迷走神经中的感觉纤维传至延髓孤束核;与此同时,血液中 CO_2 和 O_2 的成分的变化刺激颈动脉小球和主动脉小球的化学感受器,冲动分别沿舌咽神经的窦神经和迷走神经传入孤束核,孤束核的纤维作用于吸气中枢和呼气中枢,由两中枢发出网状脊髓束,下行达3、4、5颈髓和上

位胸髓运动神经元，它们发出运动纤维，随膈神经和肋间神经作用于膈和肋间肌，完成呼吸动作。

上述由肺泡压力感受器发起的反射称肺牵张反射，有两种反应方式：肺扩张时，传入冲动可抑制吸气中枢，兴奋呼气中枢；肺缩小时，冲动可兴奋吸气中枢，抑制呼气中枢。由化学感受器发起的反射也有两种方式：CO_2 增多、O_2 缺乏时，冲动可兴奋吸气中枢，抑制呼气中枢；CO_2 减少、O_2 增多时则相反。此外，O_2 和 CO_2 也能直接刺激呼吸中枢，但中枢对 CO_2 的反应较为敏感。延髓呼气和吸气中枢还把情况上传至呼吸调整中枢，而受到上位中枢的调节和管理。

§62 膀胱的神经支配和排尿

一、膀胱的神经支配（图 458） 膀胱是由副交感神经、交感神经、感觉神经和体躯运动神经支配的。副交感神经节前纤维起自第 2～4 骶髓侧角，经脊神经走出，随即组成盆神经，至膀胱附近或壁内神经节，节后纤维支配膀胱逼尿肌和膀胱内括约肌，使膀胱逼尿肌收缩和内括约肌弛缓，促使排尿。交感神经节前纤维起自第 1～3 腰髓侧角，经脊神经、白交通支和交感干神经节，其后，一部分至腹下神经节交换神经元，一部分经交感干下降至骶部交感节交换神经元，节后纤维随腹下丛至膀胱；其功能是维持膀胱血管运动，使逼尿肌弛缓，内括约肌收缩，贮尿。感觉神经纤维一部分随盆神经传入骶髓，传导膀胱膨胀感和痛觉，一部分随交感神经传入腰髓，主要传导痛觉。支配膀胱的体躯运动神经，其上位神经元在大脑旁中央小叶，纤维伴同锥体束下降，至第 2～4 骶髓两侧前角，前角细胞组成骶丛的阴部神经，支配尿道膜部括约肌和盆底肌，可随意控制排尿。

当膀胱贮有一定量的尿液时，感觉纤维将情况传入骶髓，冲动经后索入脑，产生尿意，中枢随即下达冲动，依情况既可兴奋骶髓副交感中枢、抑制交感中枢和体躯运动神经元而排尿，又可兴奋交感中枢和体躯运动神经元、抑制副交感中枢而使排尿受到意识控制。婴儿膀胱主要受骶髓支配，有尿时，传入纤维在骶髓内与副交感神经元形成反射性联系，从而可不自主地排尿。随年龄增长，锥体路发育，高位中枢乃加强了对骶髓反射弧的管理，膀胱内虽有尿,但能维持一定内压而不阵缩,尿道膜部括约肌亦紧闭,即可做到有意识地排尿。

二、膀胱功能的紊乱 上述各环节如某一部位发生病变,即产生排尿障碍。

1. 腰髓及以上的病变 如脊髓外伤等。如脊髓中枢与大脑联系完全断绝,可发生三种时相。①早期出现尿潴留:因脊髓处于休克状态,脊髓反射皆受抑制,膀胱肌麻痹,感觉消失。②不自主性排尿:约于3~4周后出现,因脊髓反射的抑制解除,逼尿肌开始恢复紧张,膀胱内括约肌弛缓,此期尿液淋漓,时间长短不定。③自动排尿:因不受高位中枢控制,骶髓反射相对亢进,尿达一定量时,即反射性地排尿,但很少有完全排空的。在不排尿期间,括约肌呈痉挛性收缩。此种病变同时影响阴茎不能勃起。

2. 骶髓中枢的病变 如脊髓外伤等。此时排尿的副交感中枢受到破坏,即出现所谓真性尿失禁。因逼尿肌与括约肌皆弛缓,膀胱的感觉亦不能上传,尿只是随着流入膀胱的多少不断滴出。如果膀胱颈部还保留有一定的弹性,因而便产生这种情况:即一方面膀胱被尿所胀满,另方面,尿慢慢克服膀胱颈的抵抗而不断滴出,形成所谓假性尿失禁(或矛盾性尿失禁、充满性尿失禁)。此种病变亦影响阴茎不能勃起。

3. 大脑或内囊等处的病变 因大脑与脊髓排尿中枢系双侧联系,所以一侧大脑病变对膀胱功能无何影响;如果脑的病变范围广、病情严重、患者意识不清时,排尿可失去意识控制,但膀胱功能近于正常。

§63 全身穴位局释

头颈部某些穴位局解

一、耳周围穴(图438~444) 与针治聋哑有密切关系。包括耳前组(上聋穴、听宫穴、下聋穴、听会穴)、耳下组(四号穴、医风穴)、耳后组(一、二、三、五号穴)。

1. 听宫 在耳屏前方凹陷处取穴,直刺1.0~2.0寸深。针体经皮及皮下→颞浅血管和耳颞神经前后→腮腺及面神经颞支→外耳道软骨前壁。

2. 听会 在耳屏下切迹前,略向外耳道方向斜刺1.5~2.0寸深。针体经皮及皮下→耳大神经后支→腮腺→面神经干、颞浅动脉外耳道支和耳颞神经外耳道支附近→上颌动脉后方→颞骨茎突附近、颈静脉孔外侧。

3. 上聋　位耳门穴(屏上切迹前方凹陷处)和听宫穴之间,向外耳道方向斜刺1.0~2.0寸深。针体经皮及皮下→耳颞神经、颞浅血管前后→外耳道软骨或与颞下颌关节囊间。

4. 下聋　位听宫穴和听会穴之间,向外耳道方向斜刺1.0~2.0寸深。进针径路与听会穴基本相同。

5. 四号穴　位于耳垂后根部、乳突与下颌骨髁突之间,向对侧耳垂方向刺1.0~2.0寸深。针体经皮及皮下→耳大神经后支附近→腮腺→面神经总干和耳后动脉附近→颞骨茎突前后→颈内静脉附近。

6. 医风　在乳突与下颌骨之间、耳垂下缘后方的凹陷中,向对侧内眼角方向刺1.5~2.0寸深。针体经皮及皮下→耳大神经后支附近→腮腺及面神经干分叉处→颈外动脉终支分叉处后方→翼静脉丛附近。

7. 一号穴　在医风穴上5~8分,稍向前内刺0.8~1.5寸深。针体经皮及皮下→耳大神经后支附近→腮腺后缘、耳后动脉和面神经耳后支→迷走神经耳支附近→外耳道软骨下壁或颞下颌关节后下方。

8. 二号穴　平齐耳屏,在耳郭与乳突中间的沟中,稍向前内刺0.5~1.0寸深。针体经皮及皮下→枕小神经、耳大神经后支、面神经耳后支、耳后动静脉附近→针尖刺入外耳道软骨。

9. 三号穴　在二号穴弧形向上7~9分处,向同侧口角方向刺0.6~1.2寸深。针体经皮及皮下→枕小神经、耳大神经后支、耳后动静脉附近→颅与耳郭软骨的间隙→外耳道软骨。

10. 五号穴　位乳突下缘后上方5分处,向对侧内眼角直刺1.5~2.0寸深。针体经皮及皮下→枕小神经附近→斜穿胸锁乳突肌和颈深肌→二腹肌深面→茎突根部或颈静脉孔附近。

对上述诸穴可概括如下:针大都未扎在血管神经干上。有些穴(一、四、五号,下聋,听会,医风)的针尖集中在颈动脉口下方的颈内动、静脉周围(图443)。此处各结构以颈内血管为中心而排列:后方有颈上交感节,前方有三叉神经下颌支、面神经鼓索和脑膜中动脉;舌咽、迷走、副神经则在颈内动静脉之间;各神经间有交通支并形成神经丛,网络血管壁,有的分支至鼓室。实践表明,这些穴位针感入耳明显。有些穴(下聋、听宫、二号、三号)的针尖从前向后穿外耳道软骨壁,此区神经血管丰富。有些穴(听会,下聋,医风,

一、四号)的针体均穿腮腺实质,而腮腺筋膜及腺中分布着丰富的血管和神经。

二、第二颈椎棘突与哑门(图 381) 哑门在第一、二颈椎之间,正坐低头,从枕骨正中往下摸,首先摸到的骨突即第二颈椎棘突,针沿此突上缘向喉的方向刺入,缓进勿捣,深达 1.0～2.0 寸。针经皮肤→项肌和项韧带→棘间韧带→黄韧带→硬膜外腔(内有丰富的静脉丛)→坚韧的硬脊膜。进针一般有两个阻力感,第一为项韧带,然后是落空感,第二个阻力是硬脊膜,针尖不要穿过硬脊膜,并避免偏上刺入枕骨大孔,以致损伤延髓。

三、第七颈椎棘突与大椎(图 381) 低头时,在项部平肩处能摸到一最高骨突,且能随头左右旋转,为第七颈椎棘突,该突下缘即为大椎穴。先直刺 5 分,然后斜向上刺 1～2 寸,进针径路与哑门穴同,注意针刺不要过深,免伤脊髓。

四、胸膜顶与肩井、缺盆 胸膜顶覆于肺尖上方,在第一肋骨以上,比锁骨内端高出 2～3 厘米。胸膜顶前方覆有前斜角肌,上外方通行有臂丛。针刺肩井时,要斜向后下,不要向下方直刺,直刺也不要超过 1.0～1.5 寸。针刺缺盆时(在锁骨上窝中点),宜向后方直刺。如向后内方刺时,不要超过 1 寸。

躯干部某些穴位局解

一、椎骨棘突与背部俞穴 棘突旁开 1.5 寸为俞穴线,背部俞穴与肺只隔较薄的肌肉和肋骨,有“胸薄如饼”之称。针刺时应斜刺或浅刺。

1. 肺俞(图 214) 进针层次为:皮肤→斜方肌→骶棘肌→第三、四胸椎横突间,再深可达肋间神经、血管及交感干附近。深度为 0.5～1 寸,注意勿直刺过深,避免损伤胸膜,导致气胸。

2. 肾俞(图 216) 进针层次为:皮肤→背阔肌→骶棘肌和腰方肌→第二、三腰椎横突间,再深可达腰神经及腰交感干。

二、骶后孔与八髎

八髎 与骶骨八个骶后孔相对。骶后孔在体表不易摸到,一般距骶中嵴约一横指。上髎与次髎相距一指半,次髎与中髎、中髎与下髎相距均为一横指。取穴方法一般先摸到髂后上棘,它与第二骶椎棘突平齐,髂后上棘内侧一横指处或第二骶椎棘突外侧一横指处为次髎。上髎一般刺 2～3 寸深,次髎一般刺 1.5～2 寸深,中髎刺 1～1.5 寸,下髎刺 1 寸左右。

三、胸骨柄上缘与天突

天突　在胸骨柄上缘 5 分凹陷处取穴，先直刺 5 分，再向下刺 1.5～2 寸。针经皮肤→颈前部肌肉→胸腺剩件(或胸腺)的中间或后方、气管前方→无名静脉(头臂干)和主动脉弓的前方。注意不要向左右斜刺，以防刺破胸膜，造成气胸；也不要直刺，以防刺破气管。

四、剑突与上脘　胸骨体下方可摸到剑突，正常人肝脏在剑突下 3 厘米。针刺肝上会划成切口，造成流血。

上脘　在剑突下 2.5 寸处，正是肝脏的下缘和胃的幽门部，直刺 1～2.5 寸深。上脘以上的穴均能刺到肝上，进针不宜过深。上脘以下的穴一般不能刺到肝上，进针深浅没什么危险。

四肢部某些穴位局解

一、肩峰与肩周围穴(图 419)　肩部稍后有一骨突，为肩峰。

1. 肩髃　臂向侧平举时，在肩峰前的凹陷处。从肩峰与大结节间进针，从外上向前下斜刺 0.5～0.8 寸。

2. 肩髎　在肩峰后下方凹陷处取穴，针斜向内下方刺入，可透极泉穴(位腋窝正中)。针经三角肌、冈下肌→肩关节后方、腋动脉、腋神经肌支，深度可达 2～3 寸。

二、肱骨内上髁与曲池、少海(图 419)　屈肘时，肘关节两侧明显看到肱骨内、外上髁。

1. 曲池　屈肘成直角，在肘横纹外侧尽头与肱骨外上髁连线中点取穴，直刺 1～2 寸。

2. 少海　屈肘成直角，在肱骨内上髁与肘窝中点间取穴，直刺 1～2 寸。曲池透少海，针经肱桡肌深部→桡神经→正中神经和肱动脉后方。

三、掌长肌腱与内关(图 419)

内关　在腕掌横纹上二寸、掌长肌腱与桡侧腕屈肌腱之间，直刺可透外关。针经屈腕肌之间→正中神经附近→前臂骨间膜→伸腕肌之间。

四、掌横纹与后溪(图 419)　轻握拳，在手内缘掌横纹尽头取穴，直刺 0.5～1.5 寸，针经掌骨前方骨间肌及指掌侧总动脉和神经。

五、大转子与环跳(图 434)

环跳　有两种取法：(1)体侧卧，腿微弯，从大转子最高点到臀裂上二横指处连一直线，其中、外 1/3 处就是环跳穴；(2)体俯卧，臀裂上端旁开一拳宽处为新环跳穴。直刺2～3寸深,针经臀肌,达坐骨神经周围。

六、腓骨头与阳陵泉

阳陵泉　屈膝，在腓骨头凹陷处取穴，直刺1～2寸深。在胫骨内侧髁下方凹陷为阴陵泉。阳陵泉可透阴陵泉。针经皮肤→腓骨长肌起端→腓浅神经与腓深神经分叉处→小腿骨间膜→胫神经→胫骨后缘与胫骨后肌之间。

七、胫骨粗隆与足三里(图433)

足三里　在胫骨粗隆下缘旁开一横指处取穴,直刺1～3寸深。针经皮肤→胫骨前肌、趾长伸肌之间→腓深神经与胫前动脉→小腿骨间膜。

八、外踝与悬钟、内踝与三阴交(图433)　外踝直上三寸腓骨前缘处为悬钟,内踝直上三寸胫骨后缘处为三阴交。悬中透三阴交时针经皮肤→胫骨后缘与比目鱼肌之间。

§64　内 分 泌 腺

内分泌腺(图334)是体内一些特殊的腺体,结构上有些特点:腺体小,无排泄管,腺实质常由上皮性腺细胞组成,腺细胞常集合成索、成团或成网,腺内血管丰富,腺细胞分泌的化学物质称为激素,直接进入血行,对机体的代谢、生长、发育和生殖等重要功能起调节作用。内分泌腺的活动与神经系统的功能活动互相调节,互相制约,共同组成体内的神经体液调节系统。内分泌腺包括垂体、甲状腺、甲状旁腺、肾上腺、胰腺中的胰岛、性腺(卵巢内的卵泡和黄体,睾丸内的间质细胞等)以及嗜铬系统等。胸腺与松果体是否属于内分泌腺尚不明确。

甲　状　腺

甲状腺如马蹄形,在颈下部气管两侧,分左、右两叶,中间有峡部相连(图404、405)。外面包以致密的结缔组织囊,结缔组织并伸入腺内,将腺分成小叶,又伸入小叶内,包围滤泡(图337)。滤泡大小不一,为球形或卵圆形盲囊,上皮一般为立方形,滤泡上皮直接与丰富的毛细血管和淋巴管相贴,因之,激素可直接入血液或淋巴中。滤泡腔中充满胶状物质,是滤泡上皮细胞的分泌物。胶体为含碘的物质,人体内 1/5 的碘贮藏在甲状腺内,碘化物通过酶的作用合成激素,即甲状腺素,贮藏在腺泡内。滤泡间组织中含有结缔组织、血管和神经。甲状腺素可促进细胞的氧化过程,促进全身物质代谢,调节机体的生长;当甲状腺功能亢进时,体内氧化过程加速,代谢作用升高,如突眼性甲状腺肿;当甲状腺功能减退时,代谢作用低下,生长发育受到影响。

甲 状 旁 腺

甲状旁腺为高粱米粒大小的扁卵圆形小体,位于甲状腺侧叶后面(图 140),有时藏于甲状腺实质内;甲状旁腺激素有调节体内钙、磷代谢的作用。在做甲状腺手术时,需注意不要切除甲状旁腺,否则引起血钙失常,出现手足搐搦症。

肾 上 腺

肾上腺(图 454)　左右各一,右为三角形,左为半月形,伏于肾的上端,共同为肾筋膜所包裹(图 210)。肾上腺分为表层的皮质和内部的髓质(图 339),皮质呈黄色,髓质呈灰白色。

肾上腺皮质较厚,可分三带:外层为球状带,由较小的柱状或立方上皮细胞组成,细胞被结缔组织分隔成团,核圆形,着色深,细胞质微嗜碱性,有时含有少量类脂颗粒;一般认为此区产生的激素可调节电解质和水的平衡(如醛固酮等)。中间最厚的一层为束状带,细胞大,呈多边形,胞质含有类脂颗粒,细胞排列成长索状,索与索中间有丰富的血窦;此区产生的激素可调节糖、蛋白质、脂肪的代谢,并可抑制发炎和过敏反应(如可的松等)。最深层为网状带,与髓质相接,细胞排列成索,并连成网,网间有血窦;细胞呈圆形或柱形,核染色深浅不一,胞质内含有脂滴和色素,此区能分泌性激素。

肾上腺髓质细胞索连成网状,网间有血窦。细胞呈多边形,胞质中含有嗜铬颗粒,易被铬盐染成褐色,故又称嗜铬细胞;颗粒含量多少不等,这些颗粒是髓质分泌的肾上腺素的前身。有少数交感神经节细胞夹在髓质细胞索间,它们的末梢终止于嗜铬细胞。髓质分泌肾上腺素和去甲肾上腺素。肾上腺素可使心跳增强、血管收缩、血压上升、支气管平滑肌松弛、促进糖原分解和新陈代谢等,与交感神经作用相同。去甲肾上腺素有强大升压作用,对高级神经无兴奋作用。

垂　体

垂体体积小，重约 0.5 克，悬于下丘脑（图 364），位于颅底蝶鞍内，是最重要的内分泌腺，可分泌多种激素影响其他内分泌腺的活动。垂体分远侧部、中间部和神经部（图 335）。前两部由原口腔顶外胚层向上突出而来，神经部由脑底突出形成。远侧部通称垂体前叶，中间部和神经部合称垂体后叶。

腺体部｛远侧部——前叶
　　　　中间部｝
神经部—神经部｝——后叶

1. 垂体前叶（远侧部）（图 336）　最大，细胞排成索、团，彼此连接成网，网眼是血窦。腺细胞有三种：主细胞（又称嫌色细胞、C 细胞），约占全部细胞的一半，成团存在，着色浅，无颗粒，是一种未分泌的腺细胞，或者说是其他两种细胞的前身。嗜酸性细胞（或称甲细胞、α 细胞），占前叶腺细胞的

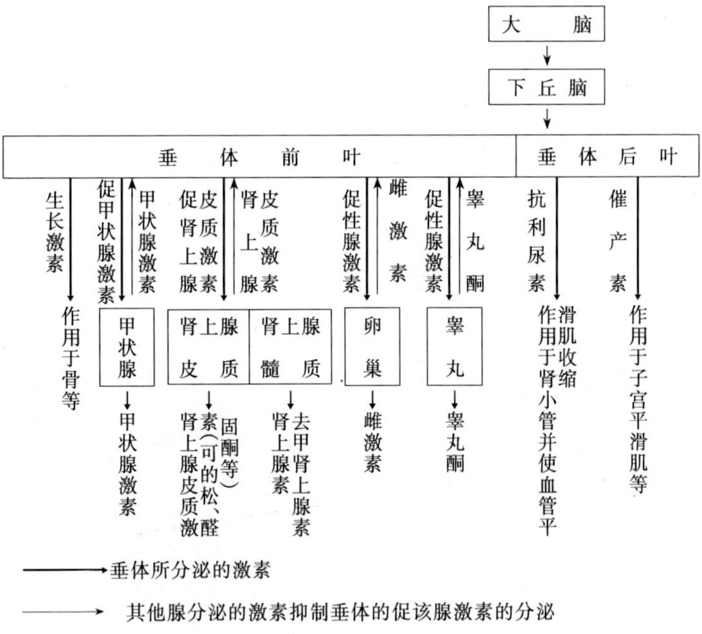

37%左右,胞体较大,呈圆形或卵圆形,核圆形,常偏于一侧,这种细胞能分泌生长激素,肢端肥大症的垂体肿瘤内含有大量这种细胞。嗜碱性细胞(或称乙细胞、β细胞)最少,胞体较大,呈球形或多角形,胞质内含有许多大小不等的嗜碱性颗粒。这种细胞能分泌促性腺激素、促甲状腺激素和促肾上腺皮质激素。

2. 垂体中间部　为一薄层,主要含嗜碱性细胞和许多含胶体的细胞。

3. 垂体后叶　没有腺上皮细胞,只有许多神经胶质细胞、无髓神经纤维、毛细血管和含有黄色素颗粒的梭形垂体细胞,在一般染色标本上还可见到染成粉红色大小不等的胶体(赫令体),它是后叶的激素或激素的前阶段。后叶分泌的激素有抗利尿素(作用于肾小管,促进水分再吸收,并可使血管平滑肌收缩)和缩宫素(催产素)。垂体分泌激素及其他内分泌腺相互关系示意如上。

§65　视　　器

视器(图 461～478)由眼球、眼睑、结膜、泪器和眼肌等组成。其中最主要的部分是眼球。

眼　　球

眼球近似球形,前后极距离约 24 毫米,后面由视神经连于间脑。眼球的壁由三层被膜构成,眼球内有透明的内容物。组成如下(图 464):

- 眼球
  - 眼球壁
    - 外膜(纤维膜)
      - 角膜
      - 巩膜
    - 中膜(血管膜)
      - 虹　膜
      - 睫状体
      - 脉络膜
    - 内膜(视网膜)
  - 内容物
    - 房　水
    - 晶状体
    - 玻璃体

一、眼球壁

1. 外膜(纤维膜) 由致密的结缔组织构成,厚而坚韧。其前 1/6 的部分如玻璃,完全透明,为角膜,无血管,上皮有丰富的神经末梢,感觉敏锐。角膜主体为胶原纤维组成的角膜基质,基质损伤时,形成白色瘢痕,如位于中央则影响视力;但角膜上皮损伤时容易再生。其余 5/6 乳白色的部分不透明,称巩膜(俗称白眼珠),后面有视神经通过。在巩膜接近角膜缘处,其中有环形的小管,为巩膜静脉窦(图 466)。

2. 中膜(血管膜) 含有大量血管和黑色素,而呈棕黑色,故又称血管膜,使眼球内部宛如一个暗箱。最前面是虹膜,形如圆盘,中央有一圆形的瞳孔(俗称“黑眼仁”),光线由此进入眼球中。一般所说的“黄眼珠”即指虹膜而言。虹膜中有两种走行的平滑肌,即靠近瞳孔边缘处有环行的瞳孔括约肌,收缩时可缩小瞳孔;在四周有放射走行的瞳孔散大肌,收缩时使瞳孔开大。瞳孔如照相机的光圈,调节着进入眼内光线的多少。虹膜根部连着睫状体,它位于角膜与巩膜移行部的内侧,整个睫状体形成圆环(图467),切面上呈三角形,其前部肥厚,称冠部(睫状冠),宽约2毫米,距角膜缘外方2毫米,此部受外伤时甚为严重,手术时不能经此部进入眼球,因冠部中有丰富的血管。从后面观,冠部有放射状突起,叫睫状突。睫状体后部较薄,称平坦部(睫状环),平坦部的外缘距角膜缘外方7毫米。睫状体可产生房水。睫状体内有睫状肌,收缩时可改变晶状体前面弯曲度,有调节远近物体在视网膜成象的作用。中膜的后部面积最大,称脉络膜,主要供应其内面视网膜的营养,并起着遮光作用,不使光线经此透入而影响成象的清晰度。

3. 内膜(视网膜) 是具有感光作用的神经组织膜。分两层:外层叫色素层,是一层色素上皮,与脉络膜紧密结合;内层称神经层,具有三层神经细胞,其中最外层(靠近脉络膜)由视杆细胞和视锥细胞组成(图 473)。视杆细胞在暗处感光最敏锐,但不能辨色,视锥细胞有形觉(决定视力好坏)和辨色的能力,夜盲症就是由于视杆细胞的功能障碍(例如缺乏维生素 A,不能合成感光物质)所引起的。第二层是双极细胞,第三层是神经节细胞。上述三层细胞是感受和传导光线刺激的神经元链锁。视网膜内、外两层可以分离,视网膜剥离症,即指内、外两层的分离。

视网膜后极稍内侧 1.5 毫米处,有一直径 1.5 毫米的淡红色圆形区,叫视神经乳头(图 469),它主要由节细胞的轴突集合而成。节细胞纤维穿出脉络膜和巩膜后,形成了视神经。视神经乳头处无视锥细胞和视杆细胞,不能感光，故称为生理盲点。视网膜中央动、静脉自此穿过，分布于视网膜内层。视网膜中央动、静脉供给视网膜内层的营养(外层由脉络膜血管供应)，它们没有吻合支，当发生阻塞的时候，视网膜可因乏氧而发生浮肿、坏死。视神经乳头外方稍下，在尸体标本上，有一小黄色区域，叫黄斑。观察生体眼底，可见黄斑为一反射轮，中央为一亮点，此处无血管分布。黄斑的中央凹陷，视锥细胞最多，也是视觉最敏锐之处。视力主要取决于黄斑的功能。

二、眼球内容物 眼球内容物包括房水、晶状体和玻璃体，这些结构清澈透明，以利光线透过。

1. *房水* 虹膜把角膜和晶状体之间的腔隙分隔为较大的眼前房和较小的眼后房，前、后房之间借瞳孔相交通，眼房内充满有澄清的液体，叫房水。房水是由睫状体上皮细胞分泌和血管渗透而来，由后房经瞳孔流入前房，通过虹膜与角膜交界处的虹膜角膜角(即前房角)，渗入巩膜静脉窦内，再回流入眼球壁外的静脉，如此循环，使眼球维持一定的压力。如果房水循环发生障碍，房水过多，可引起眼内压升高，称为青光眼。

2. *晶状体*(图 468、469) 是虹膜后方的一个无色透明而有弹性的物体，像双凸透镜，后面较前面凸隆，其作用是将物象聚集在视网膜上。晶状体外面包以晶状体囊，周围部较软，叫皮质，中心部坚硬，叫晶状体核。如晶状体混浊，影响视力，临床上称为白内障。

晶状体周缘借许多透明的纤维——晶状体悬器(睫状小带)由睫状突系于晶状体赤道上，可改变晶状体前面的弧度。当看远物时，晶状体不需调节，物象即可清晰地投射在视网膜上；而当看近物时，副交感神经兴奋，睫状肌收缩，使睫状体向前向中移位，于是晶状体悬器松弛，晶状体由于前表面变凸，而使整个晶体变厚，这样屈光力加强，进入眼球的物象才恰好聚集在视网膜上。随年龄的增长，晶状体的弹性逐渐降低，近距离视力减弱，远方视力正常，这就是老视。如看远方物体时，睫状肌仍然收缩，使晶状体过凸，物象结于视网膜前方，这称为假性近视，经治疗可以恢复。如果整个眼轴变长，物象亦结于视网膜前方，称此为真性近视。

3. *玻璃体*(图 468) 是像生鸡蛋清一样的透明物质，表面致密，形成一极薄的玻璃体膜，充满于晶状体和视网膜之间，占眼球内腔的 4/5。

眼睑和结膜

眼睑(图 461、474)俗称眼皮，由外向内可分皮肤、皮下组织、眼轮匝肌、睑板及睑结膜五层。眼睑皮肤很薄,皮下组织薄而疏松,容易发生水肿。在全身疾患(如肾、心疾病)时,亦可出现眼睑水肿。眼轮匝肌受面神经支配,收缩时可关闭睑裂。肌肉深部有白色的睑板,由致密结缔组织构成,内含多数上下纵行的睑板腺,开口于睑缘。腺分泌一种油脂样物质,以润泽睑缘使泪液不外溢,并不使角膜干燥。睑板上缘还有一块上睑提肌,受动眼神经支配,可使上睑张开。上、下睑板在内眦处借睑内侧韧带与眶内壁相连。最内层为睑结膜,是粉红色的粘膜,可清楚地见到其中有数条上、下行的小血管。睑结膜移行于巩膜的前部外面,成为球结膜,其移行部叫结膜穹窿,可分结膜上穹和结膜下穹,上穹比下穹深。闭眼时全部结膜围成一个结膜囊。

上、下睑缘的前唇各有一排睫毛,向外翘起,不与眼球相接触;睫毛可阻挡灰尘入眼。睑缘后唇有睑板腺的开口。睑缘如向眼球侧翻转,叫睑内翻;睫毛如倒向后方,称倒睫,可使角膜混浊。睫毛的毛囊发炎和毛囊附近的皮脂腺、汗腺发炎,称外麦粒肿(俗称针眼)。睑板腺发炎,称内麦粒肿。如睑板腺管堵塞,呈慢性增生性炎症,通常在眼睑皮下可触到一肿粒,叫睑板腺囊肿(俗称眼豆)。沙眼是一种传染性慢性结膜炎,为一种最常见的多发病。上睑的淋巴流入腮腺淋巴结,下睑的淋巴流入下颌下淋巴结。

泪　器

泪器由分泌泪液的泪腺和分泌导管构成(图 474)。泪腺位于眼眶外上角的凹窝中,有数条排泄管开口于结膜上穹,泪液借闭眼活动湿润眼球,防止角膜干燥。在上、下睑缘内端各有一小孔,叫上、下泪点。泪液经泪点进入泪小管,上泪小管上行,下泪小管下行,然后两小管水平内行约 10 毫米入泪囊。泪囊位于睑内侧韧带的深面,上端为盲端,下端借鼻泪管开口于下鼻道。泪道狭窄和堵塞,可引起流泪,临床上叫泪溢。

眼外肌和眼球运动

眼外肌共有七条:四条直肌、两条斜肌和一条上睑提肌。上、下、内、外直肌可分别牵引眼球基本上转向上、下、内、外;上斜肌止在眼球内上方,当眼球在内转的状态下,上斜肌收缩时,可使眼球转向下外方;下斜肌位于眼球内下方,眼球在内转时,它收缩可使眼球转向上外。上睑提肌位于上直肌上方,收缩时提起上睑,使眼睑张开。

双眼为什么能作联合运动,即同时转向上方(上视)、转向下方(下视)、转向一侧(侧视)或同时转向内侧(内集视)呢?这是受眼球联合运动神经中枢调节的。前已述及,端脑额中回后部是大脑皮质管理眼球共同运动的高位中枢。它发出下降纤维,参与组成皮质脑干束,与皮质下眼球运动中枢相关联。

在脑干中,中脑背侧的上丘是眼球垂直运动的反射中枢。上丘的上半管理眼球向上运动,它发出的纤维至两侧动眼神经核中主理上直肌和下斜肌的神经元;上丘的下半管理眼球向下运动,它发出的纤维至两侧滑车神经核和动眼神经核中主理下直肌的神经元,从而使两眼作向上或向下的运动。脑桥展神经核的上端有眼球同向运动反射中枢(或称副展神经核),它发出的纤维经内侧纵束(位于脑干中线两旁近背侧)至同侧的展神经核和对侧的动眼神经核中主理内直肌的神经元,一眼的外直肌与另一眼的内直肌同时收缩,从而使两眼向同一方向转动。另外,中脑中两侧动眼神经核的中间部分(称 Perlia 正中核)为眼球运动的集合中枢,由它发出的纤维可支配两眼内直肌同时收缩,从而使两眼向正中作辐辏运动。了解这些联系,对眼球联合运动障碍的定位诊断具有一定意义。可根据症状全面分析,判定病变是在周围神经,还是在中枢某处。

视器的血管

眶内结构由眼动脉获得血液,静脉血由眼静脉经眶上、下裂注入海绵窦(图 469、470)。

一、眼动脉 起自颈内动脉,经视神经孔入眶,先在视神经下外侧,渐转至其上方,沿上斜肌下缘迂曲前进,至内眦附近分为鼻背动脉和额动脉两终支。眼动脉发出下列动脉滋养眼球:

1. 视网膜中央动脉 于眼球后方 1.5~2 厘米处潜入视神经内,营养视神经及视网膜。

2. 睫状后短、后长动脉 睫状后长动脉有 2 支,穿透巩膜,于脉络膜外间隙前行至睫状体,与睫状前动脉吻合。睫状后短动脉为十数条小支,穿透巩膜,于脉络膜上形成丰富的丛。睫状后长、后短动脉于虹膜根部吻合,形成虹膜动脉大环,并于虹膜瞳孔缘形成动脉小环。两环互相吻合。

3. 睫状前动脉 来自眼动脉肌支,于角膜缘附近穿巩膜,入睫状体,分布睫状体并参与虹膜动脉环。

此外,眼动脉还发出分支滋养前额(眶上动脉)、泪腺(泪腺动脉)、筛窦

(筛前、后动脉)、睑内侧动脉和肌支等。其中,睑内侧动脉入上、下睑,与来自颞浅动脉的睑外侧动脉吻合,构成横行的睑上、下动脉弓(图 474)。行睑内翻矫正术时,需用手指压内、外眦,以达止血目的。

二、眼静脉 眼球中膜前半的静脉(包括巩膜静脉窦),汇入睫状静脉,中膜后部的静脉合成四条涡静脉(图 470)。它们最终合成眼上、下静脉,眼上静脉起于内眦,沿眶上壁后行,眼下静脉沿眶底后行,两者在前方与面静脉联络,向后经眶上、下裂注入海绵窦。

眶 的 局 解

眶腔(图 475 ~ 478)为四面棱锥形的深腔,深为 4 ~ 4.5 厘米。上壁很薄,借额骨眶部与颅前窝相隔,颅脑损伤可波及此壁;上壁与外壁交界处有眶上裂,裂中由内向外通行有鼻睫神经(三叉神经第一支)、动眼神经、滑车神经、展神经、额神经、泪腺神经(三叉神经第一支)和眼上静脉等结构。球后穴深刺时可达及这些结构;眶上裂损伤可出现眼肌麻痹、上睑下垂、瞳孔散大、眼底静脉曲张等症状。内壁借薄的骨片与筛窦隔开,眶部受钝力伤时,如内壁骨折,患者当擤鼻涕时,筛窦空气可进入眶腔,而发生眼眶或眼睑气肿。外壁与下壁交界处有眶下裂,其中通行有眼下静脉、翼静脉丛和面静脉的吻合支等。眶尖的视神经孔为直径 5 毫米的骨管,有视神经和眼动脉通过(图 476、附图 4)。

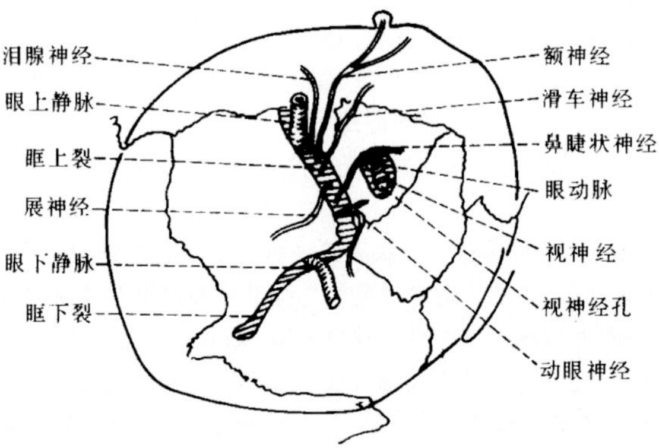

附图 4 视神经孔和眶上、下裂通过的结构

眶在前方借眶隔封闭(图 463、472)。眶隔是附着于眶上、下缘并与上、下睑板相连的薄结缔组织板,在内眦处与睑内侧韧带相连。眶腔有些血管神经穿通眶隔出现于额面部,手术中欲深入眶腔,必须切开眶隔。

眶腔内有相当大的间隙被脂肪组织——眶脂体所充填。它们宛如眼球的弹性软垫。脂肪组织与眼球之间隔以一致密的纤维膜,即眼球筋膜(Tenon 囊),筋膜并包绕各个眼肌,筋膜的前面与眼球仅借一些细丝相联,这些细丝不妨碍眼球在囊内运动,因此眼球筋膜仿佛是眼球运动的一个关节窝(图 474)。它们可阻挡眼球和眼球后间隙的相互感染和出血的蔓延,在做眼球摘除术时,除切断眼肌和血管神经外,可无须打开筋膜,以避免向颅内感染。

从眶上面观(图 475),上壁下方通行有眶上神经、额神经、眶上动脉、眼上静脉及滑车神经(靠后)等,它们的下方是上睑提肌和上直肌,上内有上斜肌,上外有泪腺,上直肌下方为动眼神经上支、鼻睫神经和眼动脉等。从眶外面观(图 478),贴眶壁的是外直肌和其深面的展神经,肌的内面有动眼神经下支,睫状神经节,睫状节短根,睫状长、短神经,鼻睫神经和眼动静脉等。

针刺眼周围穴(睛明、球后、承泣等)多刺入眶腔内,针刺方向应与眶壁平行,一般不易刺伤眼球,但有的穴位有时容易出血(如睛明穴即可伤及筛前、后血管),因此,最好用细针直出直入,不宜捻转提插,出针后,针眼如有血珠,宜用手掌压迫眼球片刻。

视觉传导路

视觉传导路由四个神经元链锁组成(图 473)。第一级神经元是视网膜的视锥细胞和视杆细胞,第二级神经元是双极细胞,第三级神经元是神经节细胞,节细胞的轴突组成视神经,视神经经视神经孔入颅腔,延续为视交叉。在视交叉处,来自两眼视网膜鼻侧半的纤维交叉,颞侧半的纤维不交叉,然后组成视束。因而左视束含有来自两眼视网膜左侧半的纤维,右视束含有来自两眼视网膜右侧半的纤维。视束绕过大脑脚外面,大部分到外侧膝状体交换神经元,小部分到上丘,组成了光反射的径路。由外侧膝状体第四级神经元发出的纤维,组成视辐射,经内囊后脚到达大脑枕叶距状裂上、下的大脑皮质。

视传导路在不同部位受到损伤,视觉会产生各种障碍。如一侧视神经损伤会产生该眼全盲；视交叉中部前方受压(如垂体瘤)，会造成双眼颞侧偏盲；视束受损将产生伤侧眼的鼻侧偏盲，对侧眼的颞侧偏盲等，临床情况虽较复杂，但可依传导路情况予以判断。

瞳孔神经支配和反射调节

一、瞳孔的神经支配(附图5)　虹膜中有两种走行的平滑肌，靠近瞳孔边缘处有环行的瞳孔括约肌，在四周有放射走行的瞳孔散大肌。它们分别受副交感神经和交感神经支配，以保持瞳孔的正常大小。

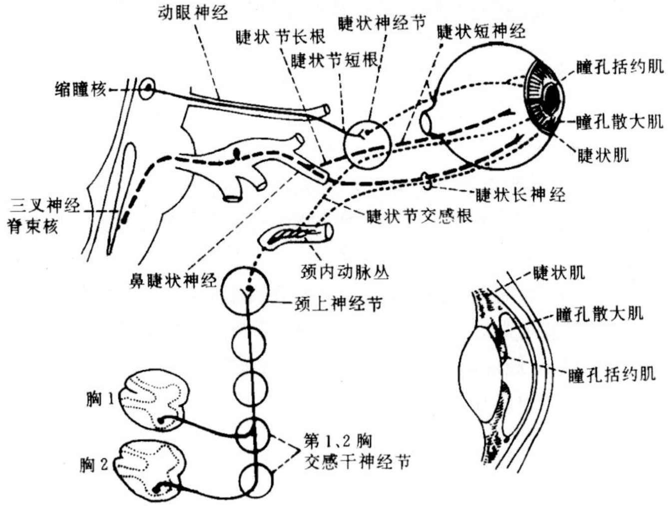

附图5　瞳孔的神经支配

副交感神经节前纤维起自中脑缩瞳核，随动眼神经至睫状神经节，节后纤维组成睫状短神经，达瞳孔括约肌和睫状肌。

交感神经节前纤维起自颈$_8$～胸$_2$侧角交感神经核，经脊神经、白交通支、胸交感干神经节至颈上神经节。颈上节发出的节后纤维随颈内动脉丛入颅，一部分纤维离开丛走向眼神经，最后经鼻睫神经和睫状长神经到达瞳孔散大肌；一部纤维离开丛穿过睫状神经节，再经睫状短神经分布于瞳孔散大肌。如果交感神经行程中的任何一处损伤(颈$_8$～胸$_{1、2}$侧角、交感干或颈上神经节)，则出现瞳孔缩小、眼睑下垂、眼球后陷等症状(Horner 症候群)，同时伤侧的面部伴有血管扩张、皮肤干燥。

二、瞳孔光反射 用手遮上一眼，用光照射另一眼时，被照射眼的瞳孔收缩，称直接对光反应；一眼受光照时，对侧眼瞳孔的反应为间接对光反应。其反射径路为：

光线刺激视网膜，经视神经、视交叉、视束、外侧膝状体，达顶盖前区的顶盖前核，顶盖前核的纤维绕中脑水管周围灰质至两侧缩瞳核，由核发出副交感神经节前纤维，随两侧动眼神经达睫状神经节交换神经元，节后纤维经睫状短神经至瞳孔括约肌和睫状肌，使瞳孔缩小。

三、视调节反射 当两眼看近物时，两眼球向内集合，同时晶状体凸度增加，瞳孔缩小，称此为视调节反射。其反射径路为：近物的光线作用于视网膜，兴奋经视传导路达枕叶皮质，由枕叶皮质至额中回后部(眼球共动中枢)，再经皮质脑干束至中脑动眼神经核，核发纤维支配双眼内直肌收缩；与此同时，皮质发纤维至中脑缩瞳核，核发副交感神经纤维，经睫状神经节至瞳孔括约肌和睫状肌，瞳孔括约肌使瞳孔缩小，睫状肌收缩可使晶状体悬器松弛，于是晶状体变凸，得以使近物象结于视网膜上。

四、暗反射 瞳孔在暗处便放大，为暗反射。其传入纤维至中脑上丘，上丘发纤维组成顶盖脊髓束至颈$_8$～胸$_2$侧角交感中枢，侧角细胞的纤维如前述的交感神经行程至瞳孔散大肌。

---

§66 听平衡器

耳分外耳、中耳、内耳三部分。外耳和中耳是传导声波的部分；内耳是感受声音和感受身体在静止和运动时的位置的器官，由于耳具有这样两种功能，所以合称听平衡器(图 479～500)。

外耳

外耳包括耳郭、外耳道和鼓膜三部分。

一、耳郭

1. 形态(图 479) 耳郭以弹性软骨为支架，外覆皮下组织和皮肤。皮肤真皮无乳头层，皮下组织极薄，故皮肤与软骨紧密相贴。耳郭卷向外的游离缘叫耳轮，以耳轮脚起于外耳门上方。在前方与耳轮平行的弧形隆起，叫对耳轮，对耳轮向上分上、下两脚，脚间的三角区叫三角窝；耳轮与对耳轮之间的凹沟为耳舟；对耳轮前方的深窝为耳甲，被耳轮脚分为上、下两部，上部叫耳甲艇，下部叫耳甲腔，耳甲腔通入外耳门。外耳门前方有一屏障，叫耳屏；对耳轮前下端与耳屏相对的隆起，叫对耳屏。耳屏与对耳屏之间的凹陷为屏间切迹。耳郭下端为耳垂，耳垂中没有软骨，只含结缔组织和脂肪。

大量耳针医疗实践证明，耳郭绝不是一个简单的孤立的传音装置，它和身体各部及各脏器之间有着广泛的联系，当内脏或身体某一部位患病时，耳郭的一定部位出现充血、变色、脱屑、压痛和电位变化等反应。其对应关系是(图 479)：

耳轮——盆腔器官、扁桃体	耳甲艇——腹腔器官
对耳轮——脊柱	耳甲腔——胸腔器官
对耳轮上脚——下肢	耳屏——鼻、咽部
对耳轮下脚——臀部	对耳屏——头部
耳舟——上肢	屏间切迹——内分泌腺、眼
三角窝——盆腔器官	耳垂——面部

2. 血管神经分布(图 480 ~ 483)

1) 动脉　颞浅动脉发出 3 ~ 4 条耳前支，分布于耳郭前面的前部；耳后动脉沿耳郭根部后面上行，发出数条耳后支，分布于耳郭后面；耳后动脉还发出几条穿支，分别穿过耳轮、三角窝、耳甲艇等处软骨至耳郭前面。另发出一条耳前支，于耳垂上方经软骨下缘分布于耳轮、耳舟、对耳轮等处。总括看来，耳后动脉滋养耳郭后面和前面的后部。

2) 静脉　耳郭前面的静脉较细小，位于动脉的浅面，在三角窝等处形成静脉网。有许多耳前静脉直接前行，汇入颞浅静脉，耳轮、对耳轮、耳舟和耳垂的静脉支主要汇成一大支——耳后静脉耳前支，于对耳轮下端绕过软骨下缘至耳郭后面，注入耳后静脉。耳郭后面的静脉合成 3 ~ 5 条耳后支，从边缘大致横行走向耳根，汇入耳后静脉。

3) 淋巴管　耳郭的淋巴管较丰富，多呈网状。前面的淋巴管注入耳前淋巴结和腮腺淋巴结，后面的淋巴管大部注入耳后淋巴结。

4) 神经　耳郭的神经很丰富，来源较多，有来自脊神经颈丛的耳大神经和枕小神经；有来自三叉神经的耳颞神经、面、舌咽、迷走各神经的分支以及随颈外动脉而来的交感神经。

在耳郭前面，耳大神经分布于耳垂、耳轮、耳舟、对耳轮、对耳屏以及耳甲艇、耳甲腔和三角窝的外侧部分。枕小神经分布于耳轮的上缘。耳颞神经分布于耳屏、耳轮脚以及耳垂、耳甲艇和三角窝的内侧部分。面神经的耳后神经(即耳支)和迷走神经耳支分布于耳甲艇、耳甲腔和三角窝等处。

在耳郭后面，上 1/3 由枕小神经分布，下 2/3 由耳大神经分布。

耳大神经起自颈丛($C_{2、3}$)，从胸锁乳突肌后缘中点走出，转折上行于肌的表面，在耳垂高度分成耳前支和耳后支。其中耳前支穿过耳垂至耳郭前面，有一支较大，沿耳舟上行，分布于耳垂、耳轮、对耳轮、耳舟的下 2/3、对耳屏以及耳甲艇、耳甲腔外侧部和三角窝尖部。耳后支分布于耳郭后面的下 2/3 部。

枕小神经亦起自颈丛(C_2)，沿胸锁乳突肌后缘上升，发出耳前支和穿支分布于耳郭前面的耳轮、耳舟的上部、对耳轮上脚和三角窝一部分，耳后支分布于耳郭后面上 1/3 的皮肤。

迷走神经耳支起自颈静脉神经节，是该节中假单极神经元的周围突，自节发出后前行，经颈静脉窝外侧壁，然后进入颞骨面神经管中，与面神经干汇合，出茎乳孔后，离开面神经干，沿耳郭后沟贴乳突骨面上行，发出一些小支，分布耳郭后面降压沟等处，并发穿支至耳郭前面。

面神经的耳后神经(耳支)在面神经出茎乳孔后发出，沿耳郭后沟上行，在耳后发出耳后支支配耳后肌和枕肌，另外亦发前穿支至耳郭前面。

迷走神经耳支前穿支和面神经耳后神经(即耳支)的前穿支，它们之间可能有交换纤维，它们皆穿过耳郭软骨，分布于耳甲艇、耳甲腔、外耳道、耳轮脚及三角窝等处。舌咽神经与迷走神经间有吻合支，其纤维随迷走神经分布。

耳郭的神经极为丰富，迷走、面、耳颞、耳大神经在耳甲艇、耳甲腔和三角窝等处形成稠密的网，神经纤维在表皮、真皮、皮下、毛囊、软骨膜等处形成多种感觉末梢：游离神经末梢、毛囊神经冠、梭形神经末梢(类 Rufini 小体，在软骨膜内)和环层小体(在皮下)。

二、外耳道(图 484)　是从外耳门至鼓膜间的管道，长为 2.5～3.5 厘米，其外 1/3 段以软骨、内 2/3 段以骨质作为基础，管壁表面衬有皮肤。软骨部的皮肤有毛囊和耵聍腺，耵聍腺分泌耵聍(俗称耳残)。由于外耳道皮肤与软骨膜和骨膜紧密连接，不易移动，同时感觉神经末梢丰富，所以发生外耳道疖肿时，疼痛显著。

外耳道是一弯曲的管道，在检查鼓膜时，在成人要向后上方牵拉耳郭，在儿童要向后下方牵拉耳郭，才能看到鼓膜。

三、鼓膜（图 484、485） 为半透明灰白色的卵圆形膜，长径约 10 毫米，短径约 9 毫米，厚度约 0.1 毫米，主要由致密结缔组织构成。外面覆有复层鳞状上皮，内面衬有粘膜。鼓膜位于外耳道和鼓室之间，其位置是倾斜的，与外耳道下壁成 45°角，幼儿由于颞骨鼓（室）部和乳突未发育，此倾斜度更大，鼓膜近乎水平。观察正常鼓膜时，呈青白色，发亮，其前上方有一小白点，为锤骨短突，由此向下为一条白线，叫锤骨线（锤骨柄）；此线下端是鼓膜最内陷的部分，叫鼓膜脐；从鼓膜脐向前下方观察，可看到一个楔形的反光发亮部分，叫光锥。锤骨短突的前后方有前后皱襞，将鼓膜分为上方小的松弛部和下方大的紧张部。中耳的炎症大部分可从鼓膜的外观中表现出来（如充血、穿孔、内陷），单纯性中耳炎穿孔，多发生在紧张部。

中　耳

中耳包括鼓室、咽鼓管和乳突小房三部分。

一、鼓室（图 486～489） 是颞骨岩部内不规则的空腔，上下、前后径约为 15 毫米，左右径仅 5～6 毫米，容积为 1～2 毫升，有六个壁：

1. 前壁（颈动脉壁） 上部有咽鼓管的开口，借咽鼓管与咽相通。

2. 后壁（乳突壁） 上部有鼓窦的开口，它与乳突小房相通。

3. 内壁（迷路壁） 为内耳的外侧壁，中央有一骨隆起，叫岬，由耳蜗突出形成。岬的后上方有一椭圆形大孔，叫前庭窗，与内耳的前庭相通，被镫骨底板封闭。前庭窗的后上方有一弓形隆起，叫面神经管，有面神经通行其中。岬的后下方有一圆孔，被结缔组织膜封闭，叫蜗窗。

4. 上壁（鼓室盖壁） 为一薄层骨板，上方即为颅中窝。

5. 下壁（颈静脉壁） 隔薄层骨板与颈内静脉相邻。

6. 外壁（鼓膜壁） 为鼓膜。

鼓室中有三个听小骨，即锤骨、砧骨和镫骨。三个听小管互相连接成一个骨链。锤骨靠外，以其柄连接鼓膜，有鼓膜张肌附于柄上，鼓膜张肌向内牵拉锤骨柄，可紧张鼓膜，使鼓膜内陷；镫骨在内侧，其底板嵌封在前庭窗上，并有镫骨肌向外牵拉镫骨；砧骨则连于两骨之间，形成锤砧关节和砧镫关节。鼓室中还有鼓索（面神经分支）通过，并分布有鼓室丛。鼓室粘膜薄而富有血管，呈红色，是咽鼓管粘膜的延续。鼓室内面及其中各结构都被鼓室粘膜覆盖。粘膜向后延至鼓窦及乳突小房。

二、咽鼓管（图 484、487） 是连通鼓室和咽的管道，长为 3.5～4 厘米，其一端开口于咽侧壁，叫咽鼓管咽口（图 137），一端开口于鼓室前壁。吞咽动作时，此管开放，空气由咽进入鼓室，维持鼓室内外气压的平衡，保证鼓膜的正常振动。咽鼓管由于某种原因闭塞时，鼓室内压变低，鼓膜内陷，听力下降，可用咽鼓管通气法，由咽口向鼓室打气，以恢复听力。

三、乳突小房和鼓窦（图 486、487） 鼓室后壁上方有一口，称鼓窦口，向后通入一大腔，为鼓窦。乳突内的蜂窝状小腔，叫乳突小房，乳突小房与鼓窦相通。乳突小房的发育程度（气化程度）不同，91% 的人，乳突气化良好，有少数人（9%），乳突骨质较为坚实，乳突小房小。乳突小房向后与乙状窦相邻。

四、乳突部的测量（图 490） 乳突部为进行中耳手术的途径。了解其深部结构的投影和测量具有应用意义。外耳道后壁上方常有一粗糙隆起，称外耳道上棘。外耳道上棘（在外耳道后壁上方）可作为测量的标志。

1）在外耳道上棘处乳突骨壁的厚度，最厚者为 5 毫米，最薄者为 1 毫米。

2）外耳道上棘（或外耳道后壁上缘）至鼓窦的距离，最深者 14 毫米，最浅者 10 毫米。至鼓窦口的距离，最深者 18.5 毫米，最浅者 11 毫米。

3）外耳道上棘至面神经管转弯处的距离，最深者 19.5 毫米，最浅者 13 毫米。

4）外耳道上棘至外半规管凸（图 488）最高点的距离，最大者 18 毫米，最小者 11 毫米。

5）外耳道后壁至横窦前壁的距离，最远者 20 毫米，最近者 4.5 毫米。

6）乙状窦的投影 乙状窦上弯曲处位于顶骨切迹的深部。乳突尖为乙状窦下弯曲的颅外标志。由顶骨切迹至乳突尖的直线即乙状窦在颅内的经路的投影。乙状窦前壁至乳突前缘的距离，最远为 21 毫米，最近为 4 毫米，平均为 10.4 毫米。

中耳炎是常见病、多发病之一。此病多因细菌从咽鼓管进入鼓室，使鼓室粘膜发炎化脓引起的。单纯型化脓性中耳炎有时可造成鼓膜穿孔，脓汁经鼓膜流出；炎症也可侵蚀面神经管和面神经而引起面神经瘫。胆脂瘤型中耳炎对骨质有侵蚀破坏作用，炎症向后蔓延可侵蚀乳突骨质，而引起乳突炎；向后内可侵蚀乙状窦；向上方可侵蚀鼓室盖，而引起脑膜炎和脑脓肿等严重合并症。所以对中耳炎，尤其对胆脂瘤型中耳炎应及时检查治疗，防止发生上述并发症。

内　　耳

内耳（图 491～498）兼管听觉和平衡感觉，结构复杂，称迷路，全部包在颞骨岩部骨质中，可分骨迷路和膜迷路两部分，膜迷路包于骨迷路中，两者形状大致相似。

一、骨迷路（图 491）　壁由致密的骨质围成，由前向后分耳蜗、前庭、骨半规管三部分，三者互相通连。

1. 耳蜗（图 493）　形如蜗牛壳，是一个中空的骨管，盘旋约两圈半形成的。中间的轴叫蜗轴，由骨松质构成；尖朝前外，叫蜗顶；底朝后内，对内耳道底，叫蜗底。蜗底到蜗顶距离约为 5 毫米。蜗轴侧壁有薄骨板伸入蜗管中，叫骨螺旋板，把蜗管分为不完全的上下两半（蜗顶为上，蜗底为下），上半叫前庭阶，下半叫鼓室阶，两阶在蜗顶部借蜗孔相通。在耳蜗底部，前庭阶接前庭窗，鼓室阶末端与蜗窗相对，壁上有蜗小管的开口，外淋巴借此管与蛛网膜下腔相通。

2. 前庭　为骨迷路中部的空腔。其外壁即鼓室的内壁，有前庭窗和蜗窗；内壁是内耳道的底，有小孔通行位听神经。前庭的前部借一大孔与耳蜗前庭阶通连，后部有五个小孔与三个骨半规管相通。

3. 骨半规管　为三个半环形的小管，互成直角排列。上半规管凸向上方，与颞骨岩部长轴垂直；后半规管凸向后外，与岩部长轴平行，外半规管凸向外方，居水平位。每个半规管都有两端通入前庭，一端膨大，叫壶腹脚，一端不膨大，叫单脚；上、后半规管的单脚合成一个总脚；因此三个半规管只有五个孔开口于前庭。

二、膜迷路（图 494）　套在骨迷路内，但较细小，由上皮和结缔组织膜构成，相应地分为蜗管、椭圆囊和球囊、膜半规管三部。

1. 蜗管（图 498）　套在耳蜗螺旋管内，起端以连合管与球囊相通；也环曲约两圈半，以盲端终于蜗顶。蜗管横切面呈三角形，由三个壁组成：

1）上壁　称前庭膜，为一菲薄的结缔组织膜，连于骨螺旋板和蜗螺旋管外壁之间。

2）外壁　是耳蜗外侧壁骨膜的增厚部分，其上方结缔组织中多血管，常突入上皮间形成血管纹，可以渗出内淋巴。

3）下壁　主要由膜螺旋板（基底膜）构成。膜螺旋板是由骨螺旋板的游离缘连至蜗螺旋管的外侧壁形成的。膜螺旋板（基底膜）中含有坚韧的纤维，称听弦。据估计，人耳基底膜约有 24 000 条听弦。从蜗底到蜗顶，听弦长度逐渐增加。基底膜上面的上皮结构复杂，形成感受声音刺激的结构，称螺旋器（Corti 器）。

螺旋器由多种上皮细胞组成。一种是支持细胞（如外柱细胞、内柱细胞、指细胞等），起支持作用；另一种是毛细胞，位于支持细胞中间，表面有短毛，可以感受刺激。上皮细胞上面覆盖一层薄膜，称盖膜，由胶样基质和纤维组成；在活体内，盖膜与毛细胞的纤毛轻松地接触。毛细胞的周围网络有神经纤维，这些神经纤维来自蜗轴处螺旋神经节内双极细胞的周围突，中央突随前庭蜗神经入脑。

2. 球囊、椭圆囊　位于前庭中，两个囊中各有由两种上皮细胞（支持细胞和毛细胞）所组成的位觉斑（听斑）（图 496），表面覆盖许多碳酸钙的小颗粒，称耳石。毛细胞周围缠络有前庭神经的纤维，位觉斑是身体平衡的感受器。球囊和椭圆囊各伸出一管合并成内淋巴管，伸到颅后窝形成内淋巴囊，终于硬膜下腔中。

3. 膜半规管（图 497）　是三个套在骨半规管内的膜性小管，很细，借结缔组织小梁与骨半规管相连。它们与椭圆囊借五个开口相通，其中有三个开口处膨大，为膜壶腹，在膜壶腹部有平衡感受器——壶腹嵴（图 495），是粘膜增厚，呈马鞍形突入腔内，也有支持细胞和毛细胞，纤毛极长，粘在一起成为一束，毛细胞可感受内淋巴的振动，通过神经纤维而传导。

上述骨迷路内含有外淋巴，膜迷路内含有内淋巴。

听觉的产生

声波（图 499）经耳郭、外耳道振动鼓膜，通过三个听小骨的杠杆作用，使镫骨来回叩击前庭窗，引起骨迷路中的外淋巴的震荡。锤骨柄作为杠杆的长臂，随鼓膜振动而移动，砧骨长脚作为短臂，连着镫骨附于前庭窗膜，锤砧关节作为支点。三个听小骨的作用在于使面积较大的鼓膜振动的能量集中在面积甚小的前庭窗上，使前庭窗的振幅大为减小，而增强了声波的力量（约增加 20 倍），得以推动外淋巴的波动，使空气传导转为液体传导。外淋巴的波动由前庭阶波及鼓室阶,在这个过程中,蜗管中的内淋巴由于前庭膜和基底膜受到影响也引起振动,于是刺激了基底膜上的螺旋器,由神经感受刺激而传向中枢。总括以上属于气传导。另外,声音可直接经过颅骨、耳蜗骨壁而传入内耳。如将振动的音叉柄放于乳突或前额处,即可听到音叉的声音,称此为骨传导。

外耳和中耳发生病变(如中耳炎)所引起的听力减退,为传导性耳聋;内耳和听神经病变所引起的听力障碍,为神经性耳聋。

听觉传导路(图 499)主要由三个神经元的链锁组成。第一级神经元细胞体在蜗轴中的螺旋神经节,周围突到螺旋器毛细胞,中央突合成前庭蜗神经入脑桥,止于蜗神经核。第二级神经元细胞体在蜗神经核内,轴突大部分横行,组成髓纹及斜方体至对侧,绕过上橄榄核后,折而上行,组成外侧丘系(蜗神经核的纤维有少数沿同侧外侧丘系上升),外侧丘系的纤维主要止于内侧膝状体。内侧膝状体的第三级神经元轴突组成听辐射,经内囊后脚止于颞横回。外侧丘系的一部分纤维止于中脑下丘,下丘纤维组成顶盖脊髓束达颈、胸髓前角细胞,而完成人突然受到声音刺激时所表现的各种反射性动作。

平衡调节

人体平衡的维持是由视觉、触觉、本体觉(肌、腱、关节觉)及前庭器官的协同作用共同完成的,而内耳前庭器官对维持身体姿势平衡起着重要作用。椭圆囊和球囊中的位觉斑可感受头部位置的刺激。当头部位置改变时,位觉斑的毛细胞受到耳砂的牵拉刺激,通过神经反射作用,从而使身体在静态中保持姿势的平衡。当身体作旋转运动和直线运动时所发生的姿势反射(如车辆突然开动或停止时身体的后仰或前倾、旋转后的眼球震颤或倾倒)主要是由壶腹嵴(球囊、椭圆囊也参与)管理的。内淋巴的流动刺激了壶腹嵴和位觉斑中的毛细胞,通过前庭神经传入中枢而维持身体在动态中的姿势平衡(图 500)。

平衡传导路的第一级神经元是前庭神经节(位于内耳道底)中的双极细胞,其周围突分布于半规管的壶腹嵴和球囊、椭圆囊中的位觉斑,中央突组成前庭蜗神经入脑桥,止于前庭神经核。第二级神经元即前庭神经各核发出的纤维有几种去向:

1) 前庭各核发出纤维组成内侧纵束(行于中线旁边内侧丘系的背侧),

向上止于动眼、滑车、展神经核，由各核发出纤维支配眼外肌，从而形成旋转后的眼球震颤的反射。

2）前庭核纤维组成内侧纵束，下降至副神经核和上部颈髓前角细胞，它们发出纤维支配颈部肌肉，以完成头颈的姿势反射性调节。

3）前庭神经外侧核的纤维组成前庭脊髓束，下降至颈髓和上部胸髓的前角细胞，亦完成姿势的反射调节。

4）另有一部分前庭纤维经绳状体进入小脑（有经前庭核间接进入的，有不经前庭核直接进入的），再于小脑内传递，并借小脑－红核－脊髓等通路而完成平衡调节（前述，见锥体外路项）。

5）前庭神经除与眼球肌肉和身体各部肌肉联系外，还与感觉中枢、脑干网状结构的血管运动中枢、迷走神经核等联络，所以当前庭器官受到过度刺激时，可引起眩晕、恶心、呕吐等反应。

前庭器官发育不全（有一部分聋哑人属此），上述平衡调节反应减弱；如果内耳前庭器官、前庭神经、前庭核、内侧纵束、小脑等部位产生病变，皆可引起眼球震颤、眩晕、姿势不稳等症状；如内耳性眩晕症（美尼耳综合征），即是由于膜迷路的病变（水肿、炎症、血管痉挛、出血等原因）所引起的。

汉英解剖学名词对照

方位术语

垂直　vertical
水平　horizontal
正中　median
矢状　sagittal
冠状　coronal
右　right
左　left
内侧　medial
中间　intermediate
外侧　lateral
内　interior，inside，inner(形)
外　exterior，outside，outer(形)
前　anterior
后　posterior
腹侧　ventral
背侧　dorsal
额(侧、的)　frontal
枕(侧、的)　occipital
上　superior，upper(形)
下　inferior，lower
颅(侧、的)　cranial
头侧(的)　cephalic
尾侧(的)　caudal
嘴(吻)侧　rostral
尖(的)　apical
基底(的)　basal
中　median，middle(形)
纵　longitudinal
横　transverse，transversal(形)
轴(的)　axial
浅　superficial
深　deep，porfound
近侧　proximal
远侧　distal
中央(的)　central
周围　peripheral
桡侧　radial
尺侧　ulnar
腓侧　fibular
胫侧　tibial
掌侧　palmar
跖侧　plantar

形态术语

大　large，great(形)，major(形)
小　small，lesser(形)，minor(形)
长　long，longus(拉)
短　short，brevis(拉)
硬　hard
软　soft
方　quadrate
卵圆　oval

圆　round, circular(形), teres(拉)
斜　oblique
辐射　radiate
交叉　decussation, chiasma(拉)
连合　communicating
投射　projection, projecting(形)
穿　perforating
三角　triangular, deltoid(形)
蚓状　vermiform
睫状　ciliary
乙状　sigmoid
半月状　similunar
网状　reticular
菱形　rhomboid
翼状　pterygoid, alar(形)
梨状　piriform
丛状　plexiform
乳头状　mamillary
舌状　lingual
膝状　geniculate
筛状　cribriform
弓状　arcuate
头状　capitate
原,(第一)
　初级　primary
次,(第二)
　次级　secondary
第三　third, tertius(拉)
第四　fourth, quartus(拉)
隆起　eminence
粗隆　tuberosity
结节　tuber, tubercle
转子　trochanter
突　process
棘　spine
嵴　crest
线　line
髁　condyle
上髁　epicondyle
凸　prominence
隆凸　protuberance
乳头　nipple, papilla(拉)
　papillary(形)
窝　concavity, fossa(拉)
凹　fovea
小凹　foveola
压迹　impression
隐窝　recess
腔　cavity
窦　antrum, sinus
管　canal, duct
小管　canaliculus, ductulus
孔　foramen, opening
小孔　foramina
口　mouth, apertura(拉), aditus(拉), ostium(拉), oral(形)
裂孔　hiatus
沟　groove, sulcus(拉)
裂　fissure
头　head, caput(拉)
颈　neck, cervix(拉), collum(拉), cervical(形)
冠　corona, coronal(形)
干　trunk
体　body, corpus(拉), corporal(形)
节　ganglion, ganglionic(形)

结　node
球　globe
盘　disc
尾　tail，cauda（拉），caudal（形）
脚　crus，peduncle，peduncular（形）
缘　margin，marginal（形）
唇　lip，labium（拉），labial（形）
切迹　notch，incisura（拉）
面　face，facial（形）
三角　triangle，trigone（拉），triangular（形）
峡　isthmus
板　lamina，laminar（形）
叶　lobe，lobar（形）
小叶　lobule
尖　apex，apical（形）
角　angle，horn，cornu（拉），cornual（形）
根　root，radix（拉），radical
支　branch，ramus（拉）
段　segment，segmental（形）
瓣　valve，valval（形）
橄榄　olive，olivary（形）

人体的分部和分区

颅　cranium，cranial（形）
额　front，frontal（形）
枕　occiput，occipital（形）
颞　temple，temporal（形）
耳　ear，auditory（形）
耳郭　auricle，auricular（形）
面　face，facial（形）
眼　eye，ocular（形）
睑　palpebra，palpebral（形）
鼻　nose，nasal（形）
口　mouth，oral（形）
唇　lip，labial（形）
颈　neck，cervical（形），jugular（形）
项（的）　nuchal（形）
躯干　trunk
背　back，dorsal（形）
胸　thorax，thoracic（形）pectoral（形）
乳房　mamma，breast
腹　abdomen，abdominal（形）
脐　umbilicus，umbilical（形）
骨盆　pelvis，pelvic（形）
髋　hip，coxal（形）
臀　buttock，nates，gluteal（形）
会阴　perineum，perineal（形）
肢　limb，extermity
上肢　upper limb（extremity）
下肢　lower limb（extremity）
腋　axilla，axillary（形）
肩峰　acromion，acromial（形）
臂　arm，brachial（形）
肘　elbow，cubital（形）
前臂　forearm，antebrachial（形）
手　hand，manual（形）
腕　wrist，carpal（形）
掌　palm，palmar（形），metacarpal（形）
鱼际　thenar（eminence）
小鱼际　hypothenar（eminence）
指　finger，digital（形）
拇指　thumb

示指　index finger
股　thigh, femur, femoral(形)
膝　knee, geniculate(形)
小腿　leg, crural(形)
腓肠　calf, sural(形)
踝　ankle, malleolus, malleolar(形)
内踝　medial malleolus
外踝　lateral malleolus
足　foot, pedal(形)
跗　tarsus, tarsal(形)
跖　sole, plantar(形)
跟　heel, calcaneal(形)
趾　toe
踇趾　great toe
足弓　arch of foot
正常　normal
变异　variation
异常　abnormal
畸形　anomaly(anomalies)
畸胎　monster

运　动　器

骨骼系　skeletal system
骨　bone, osseous(形)
骨膜　periosteum
骨内膜　endosteum
密质　compact substance
松质　spongy substance
小梁　trabeculae
中轴骨骼　axial skeleton
附肢骨骼　appendicular skeleton
长骨　long bone
短骨　short bone
扁骨　flat bone
不规则骨　irregular bone
骺　epiphysis
骨干　diaphysis
干骺端　metaphysis
骺线　epiphyseal line
骺软骨　epiphyseal cartilage
髓腔　medullary cavity
黄骨髓　yellow bone marrow
红骨髓　red bone marrow
滋养孔　nutrient foramen
纤维连结　fibrous joint
(韧带)连结　syndesmosis
缝　suture
滑膜关节　synovial joint
平面关节　plane joint
球窝关节　ball and socket joint
椭圆关节　ellipsoid joint
车轴关节　pivot joint
鞍状关节　saddle joint
关节　joint, articular(形)
关节面　articular suface
关节软骨　articular cartilage
关节腔　articular cavity
关节盘　articular disc
关节半月板　articular meniscus
关节唇　articular labrum
关节囊　articular capsule
纤维膜　fibrous membrane
滑膜　synovial membrane
韧带　ligament
椎骨　vertebra, vertebral(形)
脊柱　vertebral column

椎管　vertebral canal
椎体　vertebral body
椎弓　vertebral arch
椎间孔　intervertebral foramen
椎孔　vertebral foramen
棘突　spinous process
横突　transverse process
颈椎　cervical vertebra
横突孔　transverse foramen
寰椎　atlas
枢椎　axis
胸椎　thoracic vertebra
腰椎　lumbar vertebra
骶骨　sacrum, sacral(形)
骶角　sacral horn
尾骨　coccyx, coccygeal(形)
肋　rib, costal(形)
胸骨　sternum, sternal(形)
胸骨柄　manubrium
剑突　xiphoid process
胸　thorax, thoracic(形)
胸郭　thoracic cage
椎间盘　intervertebral disc
寰枕关节　atlanto - occipital joint
环转　circumduction
颅　cranium, cranial(形)
颅盖　clavaria, skull - cap
眶　orbit, orbital(形)
鼻腔　nasal cavity
颅囟　fontanel(le)
枕骨　occipital bone
蝶骨　sphenoid bone
颞骨　temporal bone
茎突　styloid process
顶骨　parietal bone
额骨　frontal bone
筛骨　ethmoid bone
下鼻甲　inferior nasal concha
泪骨　lacrimal bone
鼻骨　nasal bone
犁骨　vomer
上颌骨　maxilla, maxillary(形)
腭骨　palatine bone
颧骨　zygomatic bone
下颌骨　mandible, mandibular(形)
舌骨　hyoid bone
颞下颌关节　temporomandibular joint
肩胛骨　scapula, scapular(形)
肩峰　acromion, acromial(形)
锁骨　clavicle, clavicular(形)
肱骨　humerus, humeral(形)
大结节　greater tubercle
小结节　lesser tubercle
桡骨　radius, radial(形)
尺骨　ulna, ulnar(形)
腕骨　carpus, carpal(形)
掌骨　metacarpus, metacarpal(形)
指骨　phalanges, phalangeal(形)
胸锁关节　sternoclavicular joint
肩关节　shoulder joint
肘关节　elbow joint
(桡)腕关节　wrist joint
腕掌关节　carpometacarpal joint
掌指关节　metacarpophalangeal joint

手指间关节　interphalangeal joint
髋骨　hip bone
髋臼　acetabulum, acetabular(形)
髂骨　ilium, iliac(形)
坐骨　ischium, ischial(形), sciatic(形)
耻骨　pubis , pubic(形)
骨盆　pelvis, pelvic(形)
股骨　femur, femoral(形)
髌骨　patella, patellar(形)
胫骨　tibia, tibial(形)
腓骨　fibula, fibular(形)
跗骨　tarsus, tarsal(形)
距骨　talus, talar(形)
跟骨　calcaneus, calcaneal(形)
跖骨　metatarsus, metatarsal(形)
耻骨联合　pubic symphysis
髋关节　hip joint
膝关节　knee joint
踝关节　ankle joint
跗骨间关节　intertarsal joint
距下关节　subtalar joint
跗横关节　transverse tarsal joint
足弓　arch of the foot
背屈　dorsiflexion
跖屈　plantar flexion
外翻　eversion
内翻　inversion
肌肉系统　muscular system
肌　muscle, muscular(形)
肌腹　belley of muscle
肌腱　tendon, tendinous(形)
腱膜　aponeurosis, aponeurotic(形)
梭形肌　fusiform muscle
双羽肌　bipennate muscle
起点　origin
止点　insertion
筋膜　fascia, fascial(形)
浅筋膜　superficial fascia
深筋膜　deep fascia
滑膜囊　synovial bursa
腱鞘　tendon sheath
背阔肌　latissimus dorsi muscle
竖脊肌　erector spine muscle
骶棘肌　sacrospinalis muscle
胸腰筋膜　thoracolumbar fascia
颈阔肌　platysma
胸锁乳突肌　sternocleidomastoid muscle
斜角肌　scalene muscle
胸肌　pectoralis muscle
膈　diaphragm, diaphragmatic
中心腱　central tendon
腹股沟韧带　inguinal ligament
白线　linea alba
咀嚼肌　masticatory muscles
面肌　facial muscles
肩肌　shoulder muscles
三角肌　deltoid muscle
臂肌　brachial muscles
肱二头肌　biceps brachii muscle
肱三头肌　triceps brachii muscle
前臂肌　antebrachial muscles
旋前圆肌　pronator teres muscle
桡侧腕长伸肌　extensor carpi radialis longus muscle

指伸肌　extensor digitorum muscle

尺侧腕屈肌　flexor carpi ulnaris muscle

臀大肌　glutaeus maximus muscle

股四头肌　quadriceps femoris muscle

腓肠肌　gastrocnemius muscle

腓骨肌　peroneal muscles

内　　脏

内脏学　splanchnology

内脏　viscera

消化器　digestive apparatus

口腔　mouth cavity

唇　lip, labial(形)

颊　cheek, buccal(形)

腭　palatine(名,形)

唾液腺　salivary gland

牙　tooth, dental(形)

舌　tougue, lingual(形)

咽　pharynx, pharyngeal(形)

扁桃体　tonsil, tonsillar(形)

咽腔鼻部　nasal part of pharynx

（鼻咽）　(nasopharynx)

咽腔口部　oral part of pharynx

（口咽）　(oropharynx)

咽腔喉部　laryngeal part of pharynx

（喉咽）　(laryngopharynx)

食管　oesophagus, oesophageal(形)

胃　stomach, gastric(形)

小肠　small intestine, intestinal(形)

十二指肠　duodenum, duodenal(形)

空肠　jejunum, jejunal(形)

回肠　ileum, ileal(形)

大肠　large intestine

盲肠　caecum, caecal

阑尾　vermiform appendix

结肠　colon, colic(形)

升结肠　ascending colon

横结肠　transverve colon

降结肠　descending colon

乙状结肠　sigmoid colon

直肠　rectum, rectal(形)

肛(门)　anus, anal(形)

肛管　anal canal

肝　liver, hepatic(形)

胆囊　gall - bladder, cholecystic (形)

胆总管　(common) bile duct, choledochal duct

胰　pancreas, pancreatic(形)

外鼻　external nose

鼻腔　nasal cavity

鼻旁窦　paranasal sinus

喉　larynx, laryngeal(形)

甲状软骨　thyroid cartilage

环状软骨　cricoid cartilage

杓状软骨　arytenoid cartilage

会厌　epiglottis, epiglottic(形)

会厌软骨　epiglottic cartilage

喉腔　laryngeal cavity

气管　trachea, tracheal(形)

支气管　bronchus, broncheal(形)

肺　lung, pulmonary(形)

支气管肺段　bronchopulmonary

segment
胸腔　thoracic cavity
泌尿器　urinary apparattus
肾　kidney, renal(形)
输尿管　ureter, ureteric(形)
膀胱　urinary bladder, vesical (形), cystic(形)
尿道　urethra, urethral(形)
生殖系统　genital system
睾丸　testis, testicular(形)
附睾　epididymis
输精管　ductus deferens
输精管壶腹　ampulla of ductus deferens
精索　spermatic cord
精囊腺　seminal vesicle
前列腺　prostate, prostatic(形)
阴茎　penis, peneal(形)
阴茎头　glans of penis
尿道外口　external urethral orifice
阴茎包皮　prepuce
卵巢　ovary, ovarian(形)
输卵管　uterine tubes
输卵管伞　fimbriae of uterine tube
子宫　uterus, uterine(形)
子宫阔韧带　broad lig. of uterus
阴道　vagina, vaginal(形)
处女膜　hymen
乳房　mamma, mammary(形)
腹膜　peritoneum, peritoneal(形)
腹膜腔　peritoneal cavity
壁腹膜　parietal peritoneum
脏腹膜　visceral peritoneum
网膜　omentum, omental(形)
网膜囊　omental bursa
肠系膜　mesentery, mesenteric(形)
结肠系膜　mesocolon
(肝)镰状韧带　falciform ligament of liver
回盲肠　ileocaecal fold
肝肾隐窝　hepatorenal recess
直肠子宫陷凹　rectouterine fossa

脉 管 系

脉管系　vascular system
心　heart, cardiac(形)
动脉　artery, arterial(形)
静脉　vein, venous(形)
毛细血管　capillary
吻合　anastomosis, anastomotic (形)
吻合管　anastomotic vessel
侧副管　collateral vessel
动静脉吻合　arterio – venous anas-to-moses
终动脉　end artery
冠状沟　coronary sinus
右心房　right atrium
右心耳　right auricle
右心室　right ventricle
右房室口　right atrioventricular orifice
三尖瓣　tricuspid valve
右房室瓣　right atrioventricular valve

左心房　left atrium
左心耳　left auricle
左心室　left ventricle
二尖瓣　mitral valve
左房室瓣　left atrioventricular valve
心内膜　endocardium
心肌层　myocardium
心外膜　epicardium
房间隔　interatrial septum
室间隔　interventricular septum
窦房结　sino – atrial node
房室结　atrioventricular node
房室束　atrioventricular bundle
心包　pericardium, pericardiac(形)
肺动脉干　pulmonary trunk
主动脉　aorta, aortic(形)
升主动脉　ascending aorta
主动脉弓　aortic arch
头臂干　brachiocephalic trunk
颈总动脉　common carotid artery
颈动脉小球　carotid glomus(body)
颈动脉窦　carotid sinus
颈外动脉　external carotid artery
颈内动脉　internal carotid artery
锁骨下动脉　subclavian artery
桡动脉　radial artery
尺动脉　ulnar artery
掌浅弓　superficial palmar arch
降主动脉　descending aorta
胸主动脉　thoracic aorta
腹主动脉　abdominal aorta
腹腔动脉　coeliac artery
肠系膜上动脉　superior mesenteric artery
肠系膜下动脉　inferior mesenteric artery
肾动脉　renal artery
睾丸动脉　testicular artery
卵巢动脉　ovarian artery
髂总动脉　common iliac artery
髂内动脉　internal iliac artery
髂外动脉　external iliac artery
股动脉　femoral artery
腘动脉　popliteal artery
胫前动脉　anterior tibial artery
胫后动脉　posterior tibial artery
肺静脉　pulmonal veins
上腔静脉　superior vena cava
头臂静脉　brachiocephalic vein
颈内静脉　internal jugular vein
翼丛　pterygoid plexus
颈外静脉　external jugular vein
锁骨下静脉　subclavian vein
肱静脉　brachial veins
头静脉　cephalic vein
贵要静脉　basilic vein
奇静脉　azygos vein
半奇静脉　hemiazygos vein
椎静脉丛　vertebral venous plexus
下腔静脉　inferior vena cava
髂总静脉　common iliac vein
髂内静脉　internal iliac vein
直肠(静脉)丛　rectal venous plexus
髂外静脉　external iliac vein
小隐静脉　short saphenous vein

大隐静脉　long saphenous vein
腘静脉　popliteal vein
股静脉　femoral vein
门静脉　portal vein
肠系膜上静脉　superior mesenteric vein
脾静脉　splenic vein
肠系膜下静脉　inferior mesenteric vein
毛细淋巴管　lymph - capillaries
淋巴管　lymphatic vessels
淋巴干　lymphatic trunk
淋巴导管　lymphatic duct
淋巴结　lymph node
胸导管　thoracic duct
右淋巴导管　right lymphatic duct
颈深淋巴结　deep cervical lymph nodes
腋淋巴结　axillary lymph nodes
腹腔淋巴结　coeliac lymph nodes
脾　spleen, splenic(形)
胸腺　thymus

神　经　系

神经系　nervous system
中枢神经系　central nervous system
周围神经系　peripheral nervous system
神经元　neuron
神经胶质　neuroglia
树突　dendrite
轴突　axon
单极神经元　unipolar neuron,
假单极神经元　pseudounipolar neuron
双极神经元　bipolar neuron
多极神经元　multipolar neuron
感觉神经元　sensory neuron
运动神经元　motor neuron
联络神经元　associate neuron
尼氏体　Nissl bodies,(嗜染质)(chromophil substance)
神经元纤维　neurofibril
神经纤维　nerve fiber
神经膜　neurolemma
髓鞘　myelin sheath
突触　synapse, synaptic(形)
突触前部　presynaptic part
突触后部　postsynaptic part
突触间隙　synaptic cleft
突触小泡　synaptic vesicles
终足　terminal feet
电突触　electrical synapse
灰质　gray substance
白质　white substance
皮质　cortex, cortical(形)
神经核　nucleus, nuclear(形)
纤维束　tract
神经节　ganglion, ganglionic(形)
神经　nerve, nervous(形)
神经内膜　endoneurium
神经束膜　perineurium
神经外膜　epineurium
星形细胞　astrocyte
少突胶质细胞　oligodendrocyte
小胶质　microglia

室管膜　ependyma, ependymal(形)
脊髓　spinal cord
脊髓圆锥　conus medullaris
终丝　filum terminale
马尾　cauda equina
颈膨大　cervical enlargement
腰膨大　lumbar enlargement
灰质　gray substance
前角　anterior horn
后角　posterior horn
侧角　lateral horn
网状结构　reticular formation
前索　anterior funiculus
外侧索　lateral funiculus
后索　posterior funiculus
胶状质　substantia gelatinosa
脑　brain, encephalic(形)
脑干　brain stem
延髓　medulla oblongata, bulbar (形)
锥体　pyramid, pyramidal(形)
锥体交叉　pyramidal decussation
橄榄　olive, olivary(形)
脑桥　pons, pontine(形)
第四脑室　fourth ventricle
中脑　midbrain, mesencephalic(形)
传导通路　pathway
锥体系　pyramidal system
锥体外系　extrapyramidal system
小脑　cerebellum, cerebellar(形)
小脑蚓　vermis of cerebellum
小脑半球　cerebellar hemisphere
古小脑　archicerebellum
原裂　primary fissure
旧小脑　paleocerebellum
新小脑　neocerebellum
小脑皮质　cerebellar cortex
间脑　diencephalon
背侧丘脑　dorsal thalamus
枕　pulvinar
后丘脑　metathalamus
上丘脑　epithalamus
松果体　pineal body
下丘脑　hypothalamus
乳头体　mamillary body
第三脑室　third ventricle
丘脑　thalamus, thalamic(形)
端脑　telencephalon
外侧沟　lateral sulcus
颞叶　temporal lobe
中央沟　central sulcus
额叶　frontal lobe
顶叶　parietal lobe
顶枕沟　parieto – occipital sulcus
枕叶　occipital lobe
岛叶　insula
中央前沟　precentral sulcus
中央前回　precentral gyrus
海马沟　hippocampal sulcus
扣带沟　cingulate sulcus
距状沟　calcarine sulcus
楔叶　cuneus
海马旁回　parahippocampal gyrus
钩　uncus
海马　hippocampus, hippocampal (形)

齿状回　dentate gyrus
胼胝体　corpus callosum
穹窿　fornix
侧脑室　lateral ventricle
海马伞　fimbria of hippocampus
扣带　cingulum
内囊　internal capsule
基底核　basal nuclei
尾状核　caudate nucleus
豆状核　lenticular nucleus
屏状核　claustrum
杏仁体　amygdaloid body
纹状体　corpus striatum
壳　putamen
苍白球　globus pallidus
嗅脑　rhinencephalon
嗅球　olfactory bulb
嗅束　olfactory tract
嗅三角　olfactory trigone
大脑皮质　cerebral cortex
古皮质　archeocortex
旧皮质　paleocortex
新皮质　neocortex
边缘叶　limbic lobe
边缘系统　limbic system
硬膜　dura mater
大脑镰　falx cerebri
小脑镰　falx cerebelli
小脑幕　tentorium cerebelli
幕切迹　tentorial notch
硬脑膜窦　dural sinus
蛛网膜　arachnoid
蛛网膜下腔　subarachnoid space
蛛网膜下池　subarachnoid cistern
小脑延髓池　cerebellomedullary cistern
蛛网膜粒　arachnoid granulation
终池　terminal cistern
软膜　pia mater
齿状韧带　denticulate ligament
海绵窦　cavernous sinus
大脑前动脉　anterior cerebral artery
大脑中动脉　middle cerebral artery
基底动脉　basilar artery
大脑动脉环　cerebral arterial circle
大脑大静脉　great cerebral vein
脑脊液　cerebrospinal fluid
嗅神经　olfactory nerve
视神经　optic nerve
动眼神经　oculomotor nerve
睫状神经节　cliliary ganglion
滑车神经　trochlear nerve
三叉神经　trigeminal nerve
半月神经节　semilunar ganglion
眼神经　ophthalmic nerve
上颌神经　maxillary nerve
下颌神经　mandibular nerve
展神经　abducent nerve
面神经　facial nerve
翼腭神经节　pterygopalatine ganglion
下颌下神经节　submandibular ganglion
前庭蜗神经　vestibulocochlear nerve

前庭神经　vestibular nerve
蜗神经　cochlear nerve
舌咽神经　glossopharyngeal nerve
耳神经节　otic ganglion
迷走神经　vagus nerve
喉返神经　recurrent laryngeal nerve
副神经　accessory nerve
舌下神经　hypoglossal nerve
脊神经　spinal nerve
脊神经节　spinal ganglion
颈神经　cervical nerve
胸神经　thoracic nerve
腰神经　lumbar nerve
骶神经　sacral nerve
颈丛　cervical plexus
膈神经　phrenic nerve
臂丛　brachial plexus
正中神经　median nerve
桡神经　radial nerve
尺神经　ulnar nerve
腰骶丛　lumbosacral plexus
股神经　femoral nerve
坐骨神经　sciatic nerve
胫神经　tibial nerve
腓总神经　common peroneal nerve
阴部神经　pudendal nerve
自主神经系　autonomic nervous system
内脏神经系　visceral nervous system
交感神经　sympathetic nerve
副交感神经　parasympathetic nerve
交感干　sympathetic trunk
心丛　cardiac plexus
食管丛　esophageal plexus
腹腔丛　coeliac plexus
腹腔神经节　coeliac ganglion
腹下丛　hypogastric plexus

内 分 泌 器

内分泌腺　endocrine gland
甲状腺　thyroid gland
甲状旁腺　parathyroid gland
垂体　hypophysis ,hypophysial(形)
松果体　pineal body
肾上腺　suprarenal gland

感 觉 器

感觉器　sense organ
视器　visual organ
眼　eye, ocular(形)
眼球　eye – ball
巩膜　sclera,scleral(形)
角膜　cornea,corneal(形)
脉络膜　choroid(名,形)
睫状体　cililary body
虹膜　iris
视网膜　retina ,retinal(形)
(眼球)玻璃体　vitrous body of eye
晶状体　lens ,lentis(形)
眉　eyebrow, superciliary(形)
睑　eyelid,palpebral(形)
结膜　conjunctiva
泪腺　lacrimal gland

前庭蜗器　vestibulocochlear organ
耳　ear, auditory(形)
前庭迷路　vestibular labyrinth
蜗迷路　cochlear labyrinth
骨迷路　bony labyrinth
膜迷路　membranous labyrinth
耳蜗　cochlea, cochlear(形)
鼓室　tympanic cavity
鼓膜　tympanic membrane
听小骨　auditory ossicles
咽鼓管　auditory tube
外耳　external ear
耳郭　auricle, auricular(形)
嗅器　olfactory organ
味器　gustatory organ
皮肤　skin, cutaneous(形)